심경발휘

심경발휘(心經發揮)

초판 1쇄 인쇄 2019년 1월 15일
초판 1쇄 발행 2019년 1월 20일

지은이 / 정구(鄭逑)
옮긴이 / 이창일(李昌壹)
인 쇄 / 북토리

펴낸곳 / 도서출판 동과서
서울시 영등포구 국회대로 53길 23, 태성빌딩 4층
등록번호 / 제22-405호

D.K.S. Publishing Co.
23, Gukhoe-daero 53-gil, Yeongdeungpo-gu,
Seoul, 07229 Rep. of KOREA

전화 / (02)333-7533
팩스 / (02)6280-2353

값 49,000원

ISBN 978-89-6525-138-5 (93150)

心經發揮

정구(鄭逑) 지음
이창일(李昌壹) 역주

동과서

저자 : **정구(鄭逑, 1543~1620)**

경북 성주 출신으로 호는 한강(寒岡)이고, 조선 중기의 문신이며 사림이다. 중종, 인조, 명종, 선조, 광해군 대인 16세기 후반에서 17세기 초반에 영남학계를 대표했던 인물이다.

퇴계(退溪) 이황(李滉)과 남명(南冥) 조식(曺植)의 학풍을 이어받아, 낙중(洛中, 낙동강 중류 일대)에서 독자적인 학풍을 형성하였다. 『심경발휘』와 더불어 『오선생예설분류(五先生禮說分類)』 등 약 40여 종의 다양한 주제의 저술을 남겼고, 장현광(張顯光)과 허목(許穆)을 문인으로 두어 낙중학(洛中學)을 개척하였다.

성리학의 이론과 실제에 대한 균형 있는 추구로 예학(禮學)을 깊이 연구하여 서인의 김장생(金長生)과 대비되는 학술적 위치를 가지고 있으며, 영남 남인과 근기(近畿) 남인의 두 학맥에 영향을 주고, 근기 남인의 사상적 연원이 되었다. 서거 후 1625년 문목(文穆)이라는 시호를 받고, 성주의 회연서원(檜淵書院), 현풍의 도동서원(道東書院) 등에 제향되었다.

『심경발휘』는 조선의 지식인에 의해 씌여진 경전이라고 할 수 있을 정도로 성리학의 수준 높은 이해와 자신감이 반영된 저술이다.

역자 : **이창일(李昌壹)**

한국학중앙연구원 책임연구원.

고려대학교 심리학과 졸업. 한국학중앙연구원 철학박사(「소강절의 선천역학과 상관적 사유」, 2005). 서울불교대학교 심리학 박사(「성격유형론 연구-까르마 에토스(Karma Ethos), 2013).

저역서로 『민중과 대동』(모시는사람들, 2018), 『성리학의 우주론과 인간학』(한중연, 2018), 『심리학의 도』(한중연, 2016, 번역), 『주역점쾌』(연암서가, 2016), 『자연의 해석과 정신』(연암서가, 2015, 번역), 『심경철학사전』(한중연, 2014, 공저), 『주역, 인간의 법칙』(위즈덤하우스, 2011), 『정말 궁금한 예절 53가지』(위즈덤하우스, 2008), 『한 줄의 고전』(살림, 2008), 『소강절의 철학』(심산, 2007), 『새로운 유학을 꿈꾸다』(살림, 2006), 『황제내경』(책세상, 2004, 번역), 『사상의학』(책세상, 2003), 『음양과 상관적 사유』(청계, 2001, 번역), 『동무유고』(청계, 1999, 번역) 등이 있다.

관심 연구 주제는 동아시아의 철학과 심리학적 유산에 대한 현대적 해석이다.

敬之如神明

心經發揮

尊之如父母

○ 敬之如神明 : 신명처럼 공경하라 ○ 尊之如父母 : 어버이처럼 존경하라

明鏡止水

霽月光風

○ 明鏡止水 : 밝은 거울과 고요히 그쳐 있는 물

○ 霽月光風 : 비 갠 후 달이 뜨고 부는 밝고 상쾌한 바람

| 프롤로그:
새 그릇에 담은 '마음의 경전' |

인간은 스스로를 바라볼 때라야만, 자신을 움직여왔던 맹목적으로 보이는 힘을 이해하고 그로부터 벗어나 비로소 자신을 알기 시작한다. 인간의 자기 이해는 자연계에서 일어난 특별한 사건이다. 이 사건을 가능하게 만든 것이 인간의 마음이다. 이 마음 안에 '매우 미세하게 깃들어 있는 신성'으로 인해 이러한 일이 가능할 수 있었다. 이 신성은 그 기원이 천상의 하늘에서 온 것이다. 그래서 인간은 이 신성한 본성을 잘 보존하고 가꾸어가야 하며, 이것이 바로 인간의 길이며 또한 사명이다. 이 길을 걷지 못한다면, 이 사명을 자각하지 못한다면? 그는 인간 이전의 상태로 돌아가게 된다. 맹목적인 힘에 이끌려서 자신을 알지 못하고 단지 산다. 금수처럼. 혹은 그보다 더 못하게, 인두겁을 쓴 채로 말이다.

동아시아 한자문화권을 다스리던 고대의 성왕들은 이러한 사실을 알고 이를 비밀리에 전수하였다. 이러한 가르침은 뒤이은 위대한 현인들에게

연이어졌다. 그러다 이 가르침이 망각될지도 모른다는 우려를 했던 한 현인의 손에 의해서 '마음의 경전' 즉 『심경(心經)』이란 이름으로 묶여졌다.

『심경』은 내 '마음에 깃들어 있는 신성'을 찬미하는 경전이다. 신성을 찬미하는 경전은 세계의 여러 문화권에도 있다. 베다, 수트라, 니까야, 바이블, 탈무드, 꾸란 등이 오래 전에 생겨난 유명한 것들이다. 그러나 『심경』은 이들 경전에 비하면 늦게 생겨났다. 그리고 우주의 탄생이나 신들의 창조와 이적의 황홀한 행적도 없으며, 이를 배경으로 하여 인간의 본성을 알려주는 재미난 이야기도 없다. 다만 하늘이 내려준 신성을 받아 모신 존재라는 투철한 자각과 신성을 지키고 보호하는 엄숙한 사명을 가지고 살아야 하는 이유와 이를 유지하고 보호하는 방법을 알려줄 뿐이다.

『심경』은 이미 더 이상 비밀리 전수되던 방식이 아니라, 인간의 역사와 교감하면서 그 내용을 보강하고 수정되면서 부피를 늘리고 논의를 덧붙이게 되었다. 이것이 '새로운 『심경』' 곧 『심경부주』이다. 그러던 것이 조선에 건너와서 그 뜻을 자각한 현인의 눈에 띄게 되어, 깊이 음미되었다. 이후로 인간의 길과 사명에 목마른 자들이 앞을 다투어 이 경전을 가슴에 품고 가르침에 따라 살게 되었다. 그러다 어느 때 '또 다시 새로운 『심경』'을 엮게 되었다. 이것이 『심경발휘』이다. 그런데 이것이 세상에 나온 뒤로 『심경』을 다시 새롭게 엮으려는 움직임이 더 이상 생겨나지 않게 되었다. 『심경』이 다 발휘되어서인가?

우리나라의 전통에서 만들어져 나온 인간의 자기 이해에 대한 집요하고 철저한 해명을 담고 있는 경전은 그 수가 퍽이나 적다. 비록 자신의 글이라고는 고작 「서문」에만 있을지라도, 성왕과 현인들의 말에 무엇을 고치고 덧붙일 것이 있겠는가? 성왕과 현인들의 말씀을 잘 엮지 못할까 오직 두려울 뿐이다. 이토록 뜻깊은 경전인 『심경발휘』를 엮고 지은이는 조선의 16~17세기에 살았던 한강(寒岡) 정구(鄭逑, 1543~1620)이다.

이 한글로 번역된 『심경발휘』는 그간의 『심경부주』를 대신해서 '마음을 이해하는 새로운 심학의 경전'이 되어야 한다. 왜냐하면 이것이 더 새롭고 무엇보다 한쪽으로 치우치지 않은 균형을 담고 있기 때문이다. 오래된 가르침이지만 이러한 새로운 그릇에 담아 놓으면 더욱 참신할 것이다.

『심경발휘』를 이해하는 길잡이가 되는 「해제」에서는 역사적인 이해와 짧지만 현대적 이해를 위한 실마리를 적어보았다. 그리고 마음의 '수양(修養)에 관련된 언어'들을 한글로 옮길 때 어떤 말을 써야 하는지에 대해 '번역어 선택의 근거'를 제시해 보았다. 이어서 『심경발휘』의 본문을 한글로 옮기고, 본문에 등장하는 이들을 정리한 「인물목록」과 이 경전의 주인공 정구의 「연보」를 정리했다.

이른바 유교문명에 속하는 우리나라가 이러한 전통의 유산을 잘 이해하여 새로운 미래의 자산으로 삼을 수 있기를 기원한다. 인간의 자기 이해가 건강하지 못하면, 온 세상도 따라 건강하지 못할 것이다. 『심경발휘』를 영약(靈藥)으로 삼아 우리의 자기 이해가 건강해지기를 기원한다.

청계산 아래에서 이창일 삼가 적음

차 례

심경발휘 권3(卷之三)　373

심경발휘 권4(卷之四)　545

해제

1. 『심경(心經)』, 주자학의 위기

1) 심법(心法), 심학(心學), 엮은이 진덕수

『심경』은 '인간의 마음에 깃든 신성'을 보존하고 지켜서 인간의 존재를 최고로 높일 수 있는 방법을 알려주는 책이다. '마음에 깃든 신성'이란 현대적 어법이고, 마음에는 물질적 육체에 가까이 있는 인심(人心)뿐 아니라, 하늘이 내려준 도를 간직하고 있는 도심(道心)이 있다는 뜻이다. 이러한 방법은 유가의 성현들이 오래 전에 알려준 것으로 심법(心法)이라 불리고, 이에 대한 지식과 실천의 체계를 심학(心學)이라 했다. 그러므로 『심경』이란 심학의 근원이며 요체를 담고 있는 책이다. 이러한 위상 때문에 만물만사의 준칙(準則)을 뜻하는 경(經)의 자격이 부여되었다.

유가의 다른 경전과 달리 『심경』은 비교적 후대에 생겨났고, 이를 성립시킨 사람은 남송의 서산(西山) 진덕수(眞德秀, 1178~1235)[1]이다. 진덕수는 주자(朱子)의 제자인 첨체인(詹體仁, 1143~1206)[2]에게 배운 주자의 재전(再傳) 제자이다. 진덕수는 유가의 경전(『시경』, 『서경』, 『역경』, 『예기』, 『논어』, 『맹자』) 속에 담겨 있는 성현의 말씀 가운데서 심학의 내용을 추려내고, 이에 대한 송대의 유학자들, 주로 두 정자(程子)와 주자의 해설과 선별한 잠(箴)과 명(銘)의 글을 합해서 모두 37장으로 나누어 『심경』을 엮었다. 37장이라고 하지만, 그 분량은 매우 적다. 주로 마음의 수양을 위한 목적으로 엮은 것이기 때문이었다.

진덕수가 『심경』을 엮은 이유는 내적인 측면과 외적인 측면으로 나누어 살펴볼 수 있다. 먼저 내적인 측면을 보자면, '마음에 깃든 신성'을 보존하려는 뭇 가르침의 체계들이 그런 것처럼, 단정히 정좌하고 향을 피워서 주위를 정화시킨 다음에, 사뭇 떨리는 자세로 그 신성의 목소리를 경청하여 하늘의 뜻을 자각하기 위한 의식에 쓰고자 한 것이다. 이러한 일

---

1) 송나라 건녕부(建寧府) 포성(浦城) 사람. 자는 경원(景元) 또는 희원(希元)인데, 나중에 경희(景希)로 고쳐 불렀다. 호는 서산(西山)이고, 시호는 문충(文忠)이다. 영종(寧宗) 경원(慶元) 5년(1199) 진사(進士)로 관직을 시작했다. 주소(奏疏)를 올려 시정(時政)에 대해 자주 건의했다. 경원학금(慶元學禁) 이후 주자학이 다시 성행하는 데 크게 공헌했다. 『송사』에서는, "무릇 근세 대유들의 글이 모두 경원학금으로 끊어졌는데, 진덕수가 늦게나마 출현해서 홀로 떨쳐 일어나 유학의 정통을 자임하면서 (학문을) 강습하고 이를 실천했다. 경원학금이 풀리고 나서 바른 학문이 마침내 천하의 후세에 밝혀지는 데는 그의 힘이 매우 컸다(凡近世大儒之書, 皆顯禁以絕之. 德秀晩出, 獨慨然以斯文自任, 講習而服行之. 黨禁既開, 而正學遂明於天下後世, 多其力也)"라고 평했다. 저술로는 『대학연의(大學衍義)』, 『심경』, 『당서고의(唐書考疑)』, 『서산독서기(西山讀書記)』, 『문장정종(文章正宗)』, 『서산갑을고(西山甲乙稿)』, 『서산문집(西山文集)』 등이 있다. 임종욱 외, 『중국역대인명사전』(이회문화사, 2010) 관련 항목 참고. 『송사(宋史)』 「열전(列傳)」 제196, 「유림7(儒林七)」, 「진덕수(眞德秀)」 참고.

2) 첨체인은 어린 시절부터 주자를 따라 배웠다. 남송 건녕(建寧) 포성(浦城) 사람으로 자는 원선(元善)이다. 효종(孝宗) 융흥(隆興) 원년(1163) 진사(進士)로 관직의 길에 올랐다. 『송사』 「열전」 제152에 첨체인의 전기가 실려있는데, "영특하고 뛰어나며 남들과 달리 빼어난 재주가 있고 여러 서적을 널리 독파하였다(穎邁特立, 博極羣書)"라고 되어 있다. 저술로는 『상수총의(象數總義)』, 『역학계몽(曆學啓蒙)』, 『장자해(莊子解)』, 『첨원선선생유집(詹元善先生遺集)』 등이 있다. 『중국역대인명사전』 관련 항목 참고.

종의 마음 수련을 위한 의식용 매뉴얼이 『심경』이라는 것은 이후 유학자들이 세심(洗心)을 위해 『심경』을 애용한 것에서 자명하게 드러난다.

그런데 외적인 측면 즉 사상사적 측면에서 보자면, 진덕수가 『심경』을 엮은 의도는 다름 아닌 '주자학의 위기'를 극복하기 위한 것이다. 주자학의 위기는 실로 『심경』의 역사, 말하자면 진덕수의 『심경』, 명나라 정민정(程敏政)의 『심경부주』, 그리고 조선의 『심경발휘』에 이르기까지 관통되어 있는 문제 상황이다.

2) 주자학의 천명(闡明)

주자(1130~1200)가 서거하기 5년 전인 1196년(경원慶元 2년) 8월에 이른바 경원학금(慶元學禁)이라는 주자학에 대한 사상금지령이 내렸다. 이 사건은 주자가 서거한 2년 뒤인 1202년(가태嘉泰 2년) 2월에야 해금되었다. 그런데 경원학금은 학문 자체에 대한 탄압이라기보다는 당시 정치권력 투쟁 속에서 주자학 인사들이 대거 몸담고 있던 권력일파가 패배해서 일어난 것이었다. 이 때문에 주자학은 위학(僞學, 거짓 학문)으로 몰리고, 주자학을 추종하는 정치가들은 중앙정계로부터 축출당하거나 제거되었으며, 이와 관련된 학자들의 출사는 막히고 그 저서가 유포되는 것은 철저히 금지되었다. 그러나 이러한 파란은 정치적인 것이었기 때문에 오래지 않아서 해금이 이루어진다. 하지만 주자학은 새로운 전기를 맞이하지 않는 한 학문적으로 위축될 수밖에 없었다.

진덕수는 젊은 시절 주자학을 배우면서 주자학에 덧붙여진 위학의 오명을 씻어내기 위해 부심했다. 그리고 이러한 노력은 그의 일생을 일관하는 사명이 되었다. 곧 위축된 주자학에 활력을 불어넣어 주자학을 부흥시키는 것이다. 그는 경원학금 전 해에 진사(進士)로 관직을 시작하면서, 이후 수많은 상소문과 저술을 통해 주자학의 학문적, 사회적 승인을 위해 힘을 썼다. 이 가운데 『심경』이 있다. 그런데 『심경』에는 결정적으로 중요한 위상이 있다. 그것은 '심학'이다.

주자는 『중용장구(中庸章句)』의 「서문」과 주석에서, 이정(二程)에게 전수된 도의 근원은 상고시대 요순으로부터 유래한 것이며, 이는 공자의 문하에서 전수해 온 심법이고, 진실한 학문 즉 실학(實學)이라고 하였다. 그러므로 유학의 가장 중요한 가르침은 도통(道統)으로 내려온 심법이 아닐 수 없다. 그리고 진덕수는 그것을 『심경』(「심경찬(心經贊)」)에서 '심학'이라고 불러서, 유학의 가장 중요한 가르침을 심학으로 규정한 최초의 인물이 된다.[3] 후대의 인식 속에서 심학은 주로 양명학(陽明學)을 가리키는 것에 비해 주자학은 리학(理學)이라고 이해되지만, 이는 철학사 기술을 위한 개념에서 연유한 도식적인 이해일 뿐, 심학이란 유학이 전수해 온 도(道) 즉 유학의 핵심적 내용을 가리키는 것이다. 이러한 의미에서 『심경』은 유학의 본령인 심학을 담고 있으며, 심학의 도를 전수한 주자학에 대한 부당한 오명인 '위학'에 대하여 '실학' 즉 진실한 학문이라는 것을 천명하는 책이다. 또한 이것은 주자학의 위기 즉 위학의 오명에 대한 실제적인 해소를 통해 주자학의 위상을 회복하는 것이다.

그러나 당시에 이러한 사상사적 의의는 잠복되어 있었다. 『심경』의 가치는 보존되어 있었지만, 그것은 당시에 유행되지 않았다. 다만 마음 수련을 위한 주자학의 매뉴얼로 존속했을 뿐이다. 이러한 사상사적 의의는 중국에서는 250여년 뒤에 다시 음미되고, 이윽고 조선에 상륙해서야 비로소 그 가치가 온전히 발휘되기를 기다려야 했다.

3) 윤상수, 「眞德秀의 '心學'-심학 개념의 탄생 과정을 중심으로」, 『동양철학』 48(한국동양철학회, 2017), 45쪽 참고.

2. 『심경부주(心經附註)』

1) 또 다시 위기

진덕수가 주자학의 부흥을 고심했던 남송은 이민족의 원(元)에게 멸망당했다. 그러나 아이러니하게도 주자학은 원에서 최고의 권위를 얻게 된다. 원의 조정은 폐지된 과거제를 부활하면서 『사서(四書)』에 대한 주자의 집주(集註)를 과거시험의 출제범위로 정하여, 주자학이 관학으로 자리 잡게 했다. 이어 명나라에서도 주자학은 천하의 학문이 되었다. 1414년(영락永樂 12)부터 50년에 걸쳐, 『오경대전(五經大全)』과 『사서대전(四書大全)』, 『성리대전(性理大全)』의 편찬이 조정의 주도로 완결되었다. 그러나 천도(天道)는 무왕불복(無往不復, 가서 다시 오지 않는 것은 없음)하는 것이기에, 이러한 주자학의 화려한 부흥은 도리어 주자학의 위기가 도래할 것을 암시하였다.

명나라 황돈(篁墩) 정민정(程敏政, 1445~1499)[4]은 진덕수의 『심경』에 '주석을 부기'하여 『심경부주』를 지었다. 이에 대해서도 내외의 측면으로 나누어 살필 수 있다. 정민정 또한 진덕수처럼, 내 '마음에 깃들어 있는 신성'을 확인하기 위해 이 마음 수련의 매뉴얼인 『심경』을 이용하였다.

미천한 나는 공경을 다해 이 『심경』을 욀 때마다, 엄숙하여 상제가 아래를

---

4) 명나라 휘주부(徽州府, 안휘성) 휴녕(休寧) 사람. 자는 극근(克勤)이다. 10살 때 신동으로 알려졌고, 성화(成化) 2년(1466) 진사에 급제하여 편수(編修)에 임명되어 관직을 시작했다. 황태자를 가르치기도 했으며, 한림(翰林) 가운데 학문에 해박하기로는 민정(敏政)이라 일컬어졌다. 12년(1499) 회시(會試)를 주관했는데, 시제(試題)가 외부로 유출되어 탄핵을 받고 당인 등과 함께 체포되어 투옥되었다. 출옥한 뒤에 얼마 지나지 않아 죽었다. 시문으로 유명했고, 문집으로 『황돈집(篁墩集)』, 『송유민록(宋遺民錄)』, 『영시집(咏詩集)』이 있고, 그밖에 『명문형(明文衡)』과 『신안문헌지(新安文獻志)』 등을 편찬했다. 『중국역대인명사전』 관련 항목 참고.

> 내려다보시는 듯하고 성인 사부들이 눈앞에 계신 듯했다.[5]

자신은 이러한 심법으로 전수되어 온 도를 깨달을 수 있겠지만, 유가의 자득이란 수기치인(修己治人)의 도에 있기 때문에 배우는 자들을 위해 진덕수가 『심경』을 엮은 뜻을 음미하게 되었다.

> 성리의 학문이 밝지 못하게 되니 사람들의 마음이 (구렁텅이에) 빠져서 성명의 올바름은 귀와 눈의 욕심에 얹혀 있고, 입과 혀로만 이치를 떠들어댄다. 이것이 (서산) 선생께서 깊이 슬퍼하여 『심경』을 지으신 이유이다. 그렇다면 배우는 자가 어디에 힘을 쓴 뒤에야 사람이라는 이름에 욕됨이 없겠는가?[6]

정민정은 『심경』의 존재이유가 성리(性理)의 학문 즉 주자학을 밝혀서 인심을 구렁텅이에서 건져내기 위한 것이라 생각했다. 이제 정민정은 더 나가 『심경』의 어떠한 가르침이 실제로 인심을 구제할 수 있는가에 대해 묻는다. 이는 『심경』에서는 뚜렷하게 드러나지 않았던, 심학의 본래적인 가르침을 더욱 부각시키고 구체화하는 부주의 방향을 예고하는 것이었다.

> 대개 『심경』에서 가르친 것은 경(敬) 한 글자에서 벗어나지 않는다. 그러므로 그 말이 간략하면서도 뜻이 정밀하고 그 공부가 쉬우면서도 효과가 넓다 … 늦게 태어나 스승의 가르침을 받지 못해 학식이 부족한 내가 무엇을 알겠는가만 … 경을 말한 내용을 특별히 상세하게 (부주로) 덧붙였다.[7]

경에 대한 강조는 진덕수의 『심경』에서도 중요하지만, 이를 『심경』 전편을 흐르는 중심 개념으로 명확하게 드러낸 것은 정민정이다. 『심경부주』

---

5) 정민정, 「心經附註序」. 走每敬誦之, 蓋儼乎若上帝之下臨, 聖師之在目也. *走는 나를 뜻하는 겸양어.

6) 위와 같은 곳, 性學不明, 人心陷溺, 寄命于耳目, 騰理于口舌. 此先生之所深悲, 而心經所由述也. 然則學者宜何所用力而後, 無忝于人之名哉.

7) 위와 같은 곳, 蓋是經所訓, 不出敬之一言. 故其語約而義精, 其功簡而效博 … 晚生末學, 何所知識 … 而於言敬之說, 特加詳焉.

는 경에 대한 말씀들로 『심경』을 보강하는 임무를 띠게 된 것이다. 그런데 이러한 정민정의 『심경부주』는 『심경』의 본래 취지와 충돌하는 것처럼 보인다.

먼저 정민정은 마음 수련의 매뉴얼이라는 실제적 측면보다는 이에 대한 이론적 해명을 강화해서 『심경』의 심학을 부각하려는 의도를 가지고 있다. 그러나 이는 『심경』의 본래 목적을 위해서는 췌언(贅言)이 될지도 모른다. 유학의 마음 수련을 위한 실제적 매뉴얼의 간소함이 손상되어 복잡해지고, 이렇게 되면 흔한 성리학의 이론서 가운데 하나가 되어 차별성이 현저히 떨어질 우려가 있기 때문이다. 그런데 정민정의 이러한 의도는 『심경부주』의 체제에 영향을 미치게 된다.

『심경부주』는 『심경』 37장의 본문에 붙인 진덕수의 원주에 뒤에 정민정의 부주가 뒤따른다. 부주는 송대, 원대, 명대의 유학자 53명의 497조항으로 구성되었으며 주자와 정자의 말이 반을 넘고 있다.[8] 이어서 『심경』에는 진덕수 자신의 의견을 개진한 주석은 배제되어 있는 것에 비해, 정민정은 안(按)의 형식으로 자신의 논의를 적극적으로 덧붙이고 있으며, 임은(林隱) 정복심(程復心, 1257~1340)[9]이 그린 「심학도(心學圖)」와 같은 도설도 첨가했다.[10] 이로써 『심경부주』는 이전과 달리 제법 방대한 내용의 새로운 책이 되었다.

정민정은 이제 이론 중심의 성리서와 같은 면모로 탈바꿈된 듯한 『심

---

8) 오석원, 「심경의 구성과 수양론 연구(1)」, 『동양철학연구』 36(동양철학연구회, 2004), 364쪽 참고.

9) 원(元)나라 무원(婺源) 사람으로, 자는 자견(子見)이고, 호는 임은(林隱)이다. 어려서부터 이학(理學) 공부에 잠심하다. 보광(輔廣)과 황간(黃榦)의 설을 모아 절충하고 문장을 나누어 그림을 그리고, 그 그림에 설명을 붙여 『사서장도(四書章圖)』를 지었다. 정복심의 도설은 권근(權近, 1352~1409)의 『입학도설(入學圖說)』에 수록된 「대학지장지도(大學指掌之圖)」에 영향을 주고, 퇴계 이황의 『성학십도(聖學十圖)』의 여러 도설에도 큰 영향을 미쳤다. 이창일 외 지음, 『심경철학사전』(한중연, 2014), 306쪽 참고.

10) 이외로 왕백(王柏, 1197~1274)의 「인심도심도(人心道心圖)」가 있다. *왕백은 황간(黃幹)의 문인 하기(何基)를 좇아 공부했다.

경부주』를 만들고서, 『심경』보다 더욱 경을 중시하고 있는 심학의 실천적 측면에 대한 강조를 보여주고 있다. 이는 마음 수련의 매뉴얼이라는 『심경』의 본래적 성격을 더욱 강화하는 것이다. 비록 그렇지만 이미 이론 중심으로 변모된 외형은 이러한 정민정의 의도와 부합하지 않아 보인다. 오히려 정민정의 의도는 『심경부주』의 외형 보다는 그것의 사상사적 의의에서 더 잘 드러나 있다.

2) 존덕성과 도문학, 지와 행

정민정은 『심경』의 대미에 놓인 주자의 「존덕성재명(尊德性齋銘)」에 각별한 관심을 기울여서, 많은 분량의 부주를 더했다. '존덕성'이란 도문학(道問學)과 짝을 이루어 군자의 학문 전체를 보여주는 것이며[11], 주자는 이를 약례(約禮)와 박문(博文)의 두 가지 공부로 설명했다.[12] 주자학의 체계에서 존덕성은 함양(涵養)의 마음공부이며, 도문학은 치지(致知)의 경전 공부이다. 또한 존덕성은 행(行)이고 도문학은 지(知)이다. 말할 것도 없이 양자의 체계는 통일되어야 하며, 균형을 가지고 병진(竝進)되어야 하는 중용의 공부이다. 그런데 정민정은 주자의 정론(定論)이란 존덕성을 중시하고 있다는 주장을 펼친다.

> 주자는 만년에 배우는 자들이 오직 강설에만 힘쓰고 함양은 그만두어서 언어와 문자의 고루한 곳으로 흘러가는데도 자각하지 못한다고 하셨다. 그래서 또 존덕성을 중시하여 이미 이 「존덕성재명」을 지으시고 또 여러 번 따라 배

---

11) 『중용』 27장. "군자는 덕성을 높이고 학문을 따라가니, 광대함을 극진히 하고 정미함을 다하며, 고명함을 다하고 중용을 따르며, 옛것을 잊지 않고 새로운 것을 알며, 후함을 돈독히 하고 예를 높이는 것이다(君子, 尊德性而道問學, 致廣大而盡精微, 極高明而道中庸, 溫故而知新, 敦厚以崇禮)."

12) 주자가 말씀하였다. "덕성을 높이고 학문을 따라가서 '글로써 나의 지식을 넓히고 예로써 나의 행동을 단속하니', 두 가지로 공부해서 모두 치우치지 않게 해야 한다."(朱子曰. 尊德性而道問學, 博我以文, 約我以禮, 兩邊做工夫, 都不偏). 『심경발휘』 권4, 「7. 존덕성재명장」 9조목 참고.

우는 자들에게 징계하셨으니, 이는 정론(定論)이다. 그러므로 『심경』을 이로써 끝마치셨다. 후세의 배우는 자들이 진실로 여기에 힘써서 돌아가 기댈 곳을 안다면 덕이 닦아지고 도가 응집되어 성인이 되는 공부를 거의 기대할 수 있을 것이다.[13)]

이러한 주장은 주자와 동시대의 상산(象山) 육구연(陸九淵, 1139~1193)[14)]이 한 낯익은 주장이며, 정민정이 『심경부주』의 마지막 문장으로 실어놓은 주자의 사전(四傳)제자 초려(草廬) 오징(吳澄, 1249~1333)[15)]에게서 명확하게 볼 수 있는 것이었다. 더구나 부주에 실린 이 글은 「존덕성도문학재기(尊德性道問學齋記)」로서,[16)] 정민정과 약간 뒤이지만 거의 동시대인 왕양명(王陽明, 1472~1529)[17)]의 「주자만년정론(朱子晩年定論)」에 부록으로 들어가

13) 按. 朱子晩歲, 以學者, 專講說而廢涵養, 將流於言語文字之陋而不自覺. 故又於尊德性, 爲重, 旣爲程允夫作銘, 且屢有懲于從遊者, 蓋定論也. 故心經, 以是終焉. 後之學者, 誠力於斯, 而知所歸宿, 則德可修, 道可凝, 而作聖之功, 可幾矣. (「존덕성재명」에 대한 정민정의 안)

14) 남송 무주(撫州) 금계(金溪) 사람. 자는 자정(子靜)이고, 호는 존재(存齋) 또는 상산옹(象山翁)이며, 시호는 문안(文安). 주자와 대립하는 학문적 세력을 형성했다. 1175년 여조겸(呂祖謙)의 주선으로 아호사(鵝湖寺)에서 주자와 만나 변론을 벌인 아오지회(鵝湖之會)가 유명하다. 그러나 사상의 원류로는 이정의 학문을 계승했는데, 특히 정호(程顥)에 친화했다. 후일 명나라의 왕수인(王守仁)이 사상을 계승해 육왕학파(陸王學派)를 형성했다. 저술로는 『상산선생전집(象山先生全集)』이 있다. 『중국역대인명사전』 관련 항목 참고.

15) 원나라 무주(撫州) 숭인(崇仁) 사람. 자는 유청(幼淸) 또는 백청(伯淸)이고, 학자들은 초려선생(草廬先生)이라 부르며, 시호는 문정(文正)이다. 경전(經傳)에 정통했다. 송대에서는 관직에 나가지 않았으나, 원대가 되어 국자감승(國子監丞), 한림학사(翰林學士), 경연강관(經筵講官)이 되고, 『영종실록(英宗實錄)』의 편찬 총책임을 맡았다. 요로(饒魯, 1193~1264)의 제자인 정약용(程若庸, 미상)에게 배웠고, 그 후 정소개(程紹開, 미상)를 사사했다. 주자의 사전(四傳) 제자이다. 이학(理學)을 위주로 하면서 심학(心學)도 아울러 취하여 주륙이가(朱陸二家)의 사상을 조화시켰다. 『도통도(道統圖)』를 지어 주자 이후의 도통을 계승한 사람이 자신이라 했다. 허형(許衡, 1209~1281), 유인(劉因, 1249~1293)과 더불어 원나라의 저명한 학자다. 저술로는 『오경찬언(五經纂言)』, 『의례일경전(儀禮逸經傳)』, 『역찬언(易纂言)』, 『예기찬언(禮記纂言)』, 『오문정집(吳文正集)』 등이 있다. 그러나 조선의 선비들에게는 육구연의 학문을 중시했다고 비판받았다. 『중국역대인명사전』 관련 항목 참고.

16) 『吳文正公集』 권504, 「尊德性道問學齋記」.

17) 명나라 절강(浙江) 여요(餘姚) 사람. 호는 양명이고, 이름은 수인(守仁)이며, 자는 백안(伯安), 시호는 문성(文成)이다. 28살 때인 홍치(弘治) 12년(1499) 진사(進士)로 관직의 길에 나섰다.

있는 글이기도 하다. 오징은 주자와 육상산의 두 학문적 방법론을 절충하면서, 존덕성의 방향으로 무게 중심을 두어 균형을 취하려 했던 주륙절충론(朱陸折衷論)을 주장한 원대(元代)의 대표적인 인물이다.[18] 이런 경향은 『심경부주』가 생겨나기 전에 형성된 뚜렷한 사상사적 흐름이며, 점차 심학을 강조하는 시대정신의 소산일 수도 있을 것이다. 이른바 주자학의 심학화가 그것이다.

정민정은 『심경』을 존덕성을 표방하는 경전으로 만들기 위해서, 도문학의 방법론을 사용하여 부주를 제작하고, 그 실제적 내용은 존덕성을 주자의 만년 정론으로 귀결되도록 의도하였다. 그런데 이러한 의도는 매우 명확한 시대적 상황에서 연유한다. 말하자면, 관학이 된 주자학은 마음에 대한 차원을 잃어버렸다.

'영혼을 상실한' 이들이 성학을 속학(俗學)으로 타락시키고, 행(行)이 아닌 지(知)에 대한 집착으로 장구를 외우고 사색이 결여 된 문학(問學)에 이끌려서 덕성을 소홀히 여겼다. 이러한 주자학의 전반적인 전략에 대한 위기의식이 『심경부주』를 기획하게 만든 이유가 된 것이다. 주자 당시 육구연의 경고를 시작으로, 오징의 절충론을 거쳐 정민정에게로 이어지고, 동시대 선배인 정민정의 영향 속에서 왕양명의 사상이 예고되고 있었다. 박학의 추구로 인해서 지리해진 학문적 풍토에 염증을 느끼고 간이한 정신

35살 정덕(正德) 초에 유근(劉瑾)의 눈 밖에 나서 정장(廷杖)을 당하고 귀주용장(貴州龍場)에 좌천되어 지내던 어느 날 밤 깨친 것이 심즉리(心卽理), 지행합일(知行合一), 만물일체(萬物一體)의 가르침이었다. 이후 무장으로서 민란과 반란을 진압하는 직책을 수행했으며, 가정(嘉靖) 6년(1527)에는 양광총독(兩廣總督) 겸 순무로 등협(藤峽) 요민(猺民, 苗族)들의 반란을 진압하고 돌아오는 도중에 병으로 남안(南安)에서 죽었다. 주자학을 배웠지만 만족하지 않았고 선(禪)이나 노장에 심취하였으나, 담감천(湛甘泉, 1466~1560)을 만난 뒤부터 성현(聖賢)의 학문을 지향하게 되었다. 49살 때 처음으로 치양지(致良知)의 설을 제창하고 강학에 힘써 문하 제자가 더욱 융성해졌다. 저술로는 제자와의 토론을 모은 『전습록(傳習錄)』, 『왕문성공전서(王文成公全書)』 등이 있다. 『중국역대인명사전』 관련 항목 참고.

18) 이범학, 「원대 오징의 심학과 왕양명의 주자만년정론」, 『한국학논총』 33(국민대 한국학연구소, 2010), 527쪽 참고.

적 해방을 고대하는 시대정신이 바야흐로 편만해지고 있었던 것이다. 『심경부주』는 주자학에 닥친 또 하나의 위기를 극복하려는 시도였다.

『심경부주』는 이제 조선으로 유입되어 그 안에 잠복된 여러 가지 문제들을 드러내는 또 다른 역사의 흐름 속으로 들어가게 되었다.

3) 이황의 「심경후론」

조선에서 『심경부주』가 보급된 것은 15세기 중엽부터라고 하지만 분명하지 않다. 주세붕(周世鵬, 1495~1554)[19]이 『심경부주』을 강론했다는 기록, 1523년 광주에서 『심경부주』를 간행했다는 기록이 보인다. 정구와 관련해서 그의 스승 남명(南冥) 조식(曺植, 1501~1572)[20]은 1531년(중종 26) 이준경(李浚慶, 1499~1572)[21]으로부터 『심경부주』을 선물로 받았으며, 이후 조식의

---

19) 본관은 상주(尙州). 자는 경유(景游), 호는 신재(愼齋), 남고(南皐), 무릉도인(武陵道人), 손옹(巽翁). 1522년(중종 17) 별시문과에 급제하고 관직을 시작하였다. 1543년 경북 영주에 우리나라 최초의 서원인 백운동서원(白雲洞書院, 이후 紹修書院)을 건립하고, 향약을 시행하며 유교적 질서를 확립하기 위해 노력했다. 저술로는 『죽계지(竹溪誌)』, 『해동명신언행록(海東名臣言行錄)』, 『진헌심도(進獻心圖)』, 『무릉잡고(武陵雜稿)』 등이 있다. 『한국민족문화대백과』 관련 항목 참고.

20) 본관은 창녕(昌寧), 자는 건중(楗仲), 호는 남명, 시호는 문정(文貞)이다. 경상도 삼가현(지금의 경상남도 합천군 삼가면)의 토골(兎洞)에서 태어났다. 벼슬에 오르지 않고 산림의 처사로 있으면서, 경의(敬義)를 동시에 추구하는 지경실행(持敬實行)과 반궁실천(反躬實踐)을 학문의 바탕으로 삼았으며, 강학(講學)보다는 심득(心得)을 중시하였다. 학문에 있어서도 주자학을 토대로 하였으나, 도교나 선학(禪學)도 구애되는 것이 없었고, 선비의 절의와 기개를 중시하였다. 문인 정구는 “재주는 한 세상에 드높고 기개는 천년을 압도할 만하였습니다. 슬기는 천하의 변고를 통달하기에 충분하고 용맹은 삼군(三軍)의 장수를 빼앗기에 넉넉하셨으며, 우뚝 선 태산의 기상이 있으시고(泰山壁立之像) … 출처에 관한 옛사람의 한마디 말에서 깊은 의미를 깨달으시고는 초연히 스스로 본성의 문제에 관심을 돌리고 분연히 자신을 위하는 일에 힘을 쏟아, 은거하여 자신의 뜻을 이루기를 구하고 문을 닫고서 학문을 쌓으셨습니다”라고 평가했다. (『한강집(寒岡集)』 권11, 「제남명조선생문(祭南冥曺先生文)」) 대조적인 학문 양식을 보인 이황과 더불어 영남 사림의 양대 지도자 역할을 했다. 광해군 때 영의정에 추증되었다. 저술로는 『남명집』, 독서를 하다가 차기(箚記) 형식으로 남긴 『학기유편(學記類編)』 등이 있다. 『한국민족문화대백과』 관련 항목 참고.

21) 본관은 광주(廣州). 자는 원길(原吉), 호는 동고(東皐), 남당(南堂), 홍련거사(紅蓮居士), 연방노

사상에 큰 자리를 잡았다. 또한 정구의 스승인 퇴계(退溪) 이황(李滉, 1501~1570)은 그보다 더 이른 시기 성균관에 유학하던 1523년에 『심경부주』를 구입하였다.[22] 그런데 『심경부주』가 조선에 널리 알려진 것은 퇴계 이황에게서 비롯된다.

이황은 『심경부주』를 오랫동안 숙독하고 완미하였다. 정구와 관련해서 1563년 9월에 덕계(德溪) 오건(吳健, 1521~1574)[23]이 찾아와 『심경부주』를 질의하였다고 한다. 오건은 정구가 어린 시절 사사했던 스승이다. 그리고 1565년에는 정구가 이황에게 『심경부주』를 배우게 된다. 1566년 5월 21일은 뜻깊은 날이다. 이날 이황은 『심경부주』의 교열을 모두 마쳤기 때문이다. 『심경부주』를 안지 44년만의 일이다.

그런데 『심경부주』는 일찍부터 논란이 있었다. 논란은 크게 세 가지로 나눌 수 있다. 첫 번째는 정민정의 인격 부분에 관한 것이다. 이에 대해서 이황은 「심경후론」에서 '정민정은 잘못이 있으나, 유가의 경전에서부터

인(蓮坊老人). 서울 출신. 1531년(중종 26) 식년 문과에 급제하고 관직을 시작했다. 저술로는 『동고유고』, 『조선풍속(朝鮮風俗)』 등이 있다. 선조 묘정에 배향되고, 충청도 청안(淸安)의 구계서원(龜溪書院) 등에 제향되었다. 시호는 충정(忠正). 『한국민족문화대백과』 관련 항목 참고.

22) 『심경부주』가 조선에 유입된 시기와 기록에 대한 것은 다음의 글을 참고하였다. 권오영, 「조선조 심경 강론과 그 사상사적 의의」, 『심경』(한중연, 2009), 62~70쪽 참고. *『심경』은 5인의 공저이다. 글의 순서에 따라 「심경의 구성과 내용, 그리고 조선 유학의 논점」(한형조), 「조선조 심경 강론과 그 사상사적 의의」(권오영), 「심경부주를 통해 본 경(敬)의 공부론」(최진덕), 「집과 도량, 경수행과 그 현대적 적용」(이창일), 「심경, 주자학과 스피노자, 그리고 라이프니쯔」(이동희) 등으로 구성되어 있다.

23) 본관은 함양(咸陽). 자는 자강(子强), 호는 덕계(德溪)이다. 조식과 이황의 문인이었고, 조식에 더 가까웠다. 1558년 식년 문과에 병과로 급제하였다. 정구는 오건이 성주(星州) 향교에 학관으로 있을 때 배웠다. 문인 정구는 "준수한 기풍이 서릿발처럼 정갈하여 그 모습을 우러러볼 때 엄숙하였는데, 무엇보다 진퇴와 출처의 도리에 엄격한 것은 덕산(德山, 조식曺植)의 천 층 높은 기상(千層壁立)이었습니다. 난초 향기 같은 덕을 쌓아 그 앞에 나아가면 따사로움을 느끼는데, 인의의 도를 몸에 지녀 도덕이 넓고 흡족한 것은 퇴계(退溪, 이황李滉)의 만 경 너른 강(萬頃止水)이었습니다. 이들 두 선생 사이에 노닐며 그 기상을 우러러보고 도덕을 상상하는 가운데 많은 것을 얻으셨습니다"라고 평했다. (『한강집』 권11, 「제덕계오선생문(祭德溪吳先生文)」) 산천의 서계서원(西溪書院)에 제향되었다. 저술로는 『덕계문집』, 『정묘일기(丁卯日記)』 등이 있다. 『한국민족문화대백과』 관련 항목 참고.

주자학까지 망라되어 있는 이 책은 성현의 큰 가르침과 지극한 의논을 담고 있으니 존신(尊信)할 수 있다'고 하여, 엮은이와 그 내용을 같은 선에 놓지 않고 『심경부주』에는 문제가 없다고 보았다.[24] 두 번째는 체재의 불비이다.

> (정민정이) 이 『심경부주』에 인용한 것은 대부분 주자 본래의 주석이 아닙니다. 간혹 주자의 주석을 이용하였더라도 너무 간략히 줄였거나 그 주석 밖의 문자를 택하였고, 긴요하지 않은 것이 있는가 하면 심한 경우 주자를 가리키는 것에 자기 이름을 넣어 문자를 변환했거나 없는 것을 보태지 않으면 있는 것을 없앴으니, 황돈 선생(정민정)은 여기에서 의심을 받게 되었던 것입니다.[25]

대표적으로 월천(月川) 조목(趙穆, 1524~1606)[26]의 지적을 뽑아보았지만,[27] 제자들은 모두 이에 동의하며 입을 모았다. 그리고 세 번째는 사상

---

24) 「심경후론(心經後論)」. "내가 이 책을 보니, 경문은 『시경』, 『서경』, 『역경』으로부터 정자와 주자의 말씀에 이르기까지 모두 성현의 큰 가르침이고, 주석은 염락관민(주돈이, 이정, 장재, 주자)으로부터 그 뒤 제현들의 학설을 겸하여 취하였으니, 모두가 지극한 말씀이다. 어찌 황돈의 잘못 때문에 성현의 큰 가르침과 지극한 의논까지 아울러 높이고 믿지 않을 수 있겠는가?(吾觀是書, 其經, 則自詩書易, 以及于程朱說, 皆聖賢大訓也, 其註, 則由濂洛關閩, 兼取於後來諸賢之說, 無非至言也. 何可以篁墩之失, 而幷大訓至論, 不爲尊信乎)," 정민정의 인격 문제는 관직을 이용해 사익을 취한 혐의, 주자가 말년에 육상산의 심학으로 귀결했다는 『도일편(道一編)』에서의 저술 행적 등이다.

25) 조목, 『월천선생문집』 권4, 「심경품질(心經稟質)」. 此書所引, 多不用本註. 或用之而刪節太簡, 或攬取註外文字, 而間有不切者, 甚者其稱朱子者, 多參入己說, 而變換文字, 或增益所無, 或刪去所有, 篁墩先生已致疑於此. 이황은 조목의 질의에 대해 배우는 자의 급선무는 자구(字句)의 시비가 아닌, 의미의 체득(體得)에 있다는 취지의 답을 했다. 그러나 조목의 질의로 인해서 이황은 「심경후론」을 써서 입장을 분명하게 정해야 했다.

26) 경상북도 예안 출신. 본관은 횡성(橫城). 자는 사경(士敬), 호는 월천(月川). 1552년(명종 7) 생원시에 합격했으나 대과(大科)를 포기하고 학문과 수양에만 전념하였다. 이황의 문인으로 평생 동안 가장 가까이에서 이황을 모신 팔고제(八高弟)의 한 사람이다. 이기설(理氣說)보다 경학(經學)의 훈고(訓詁)에 관심이 많았다. 저술로는 『월천집』, 『곤지잡록(困知雜錄)』 등이 있다. 예천(醴泉)의 정산서원(鼎山書院), 예안(禮安)의 도산서원(陶山書院), 봉화의 문암서원(文巖書院) 등에 제향되었다. 『한국민족문화대백과』 관련 항목 참고.

27) 조목은 체재 개편을 위해 실제의 사례를 묶어 초고를 만들어 이황에게 질정하기도 했으나,

적 문제이다. 이에 대해서 이황은 「심경후론」을 지어 논란에 답을 했다.

논란의 핵심에는 『심경부주』가 존덕성만을 일변도로 내세워서 주자학의 균형을 잃게 되자 선학(禪學)의 이단설과 같은 것이 되었으며, 그 책임은 정민정에게 있다는 것이다. 그러나 이러한 논란은 주자학의 균형에 대한 섬세한 이해에 바탕해야 한다. 왜냐하면 『심경부주』는 실제로 존덕성에 힘을 싣고 있기 때문이다. 그러나 그것이 주자학이 아니라는 주장은 '굽은 것을 바로잡으려다 지나쳐버린 잘못'을 범한 것이다.

> 지와 행 두 가지가 서로 필요함은 수레의 두 바퀴와 같고 새의 양 날개와 같아서 하나를 버리고서 갈 수 있고 날 수 있는 것은 있지 않으니, 이것은 실로 주자의 말씀이다. 우리 유가의 법이 본래 이와 같으니, 노선생(주자)은 일생 동안 이 두 가지에 종사하여 조금이라도 한쪽으로 편중함이 있음을 깨달으면 즉시 맹렬히 살피고 통렬히 고치셨다. 그러므로 서신이 오가는 사이에 나타난 것이 서로 '억양'이 있으니 이는 바로 우리 유가의 법을 사용하여 서로 바탕이 되고 서로 구원해서 대중지정(大中至正)한 도에 나아간 것일 뿐이다.[28]

이황의 섬세한 인식은 역동적 균형을 강조하는 중용의 사유에 입각하고 있다. 지와 행 즉 도문학과 존덕성의 균형은 주자의 정론이며, 이 균형은 중용적 인식을 통해 도달하는 것이다. 주자의 정론은 생전의 편지글에서 어느 한쪽을 강조하는 것처럼 보이는 경우가 있지만, 이는 중용의 상황성에 따른 것이다. 그러므로 그 억양(抑揚, 누르고 올림) 즉 고저(高低)와 장단(長短), 기복(起伏)과 은현(隱現)에 따라 이를 조절하기 위한 강조의 차이가 존재하는 것이다. '억양'의 어느 한 끄트머리에 집착하게 되면 주자의 정론을 파악할 수가 없다. 그것은 '집기양단'(執其兩端, 양 끝을 절충함.

결국 성취하지는 못하고, 이황의 사후에는 스승을 뒤이어 『심경부주』를 강론하였다.

28) 「心經後論」. 二者之相須, 如車兩輪, 如鳥兩翼, 未有廢一, 而可行可飛者, 此實朱子之說也. 吾儒家法, 本自如此, 老先生, 一生從事於斯二者, 纔覺有一邊偏重, 卽猛省而痛改之. 故其見於書尺往復之間者, 互有抑揚, 此乃自用吾法, 而自相資相捄, 以趨於大中至正之道耳.

『중용』 6장)하는 '대중지정'(「중용장구서」)의 중용이며 우리 유가의 정통적인 방법이다. 따라서 『심경부주』의 논의들은 억양의 상황성을 통해서 파악해야 하며, 주자의 정론에서 벗어나는 것이 아니다.

이황의 중용론적 논리 저변에는 주자학의 위기에 대한 실존적 공감이 자리하고 있다. 말하자면, 정민정의 주석은 주자학이 속학(관학화)으로 전락된 이 시대는 이미 존덕심의 끄트머리가 지나치게 눌려버린 한 끝과 도문학이 지나치게 기승한 다른 한 끝이 균형을 상실하였다는 인식에 바탕하고 있다. 그러므로 주자학의 정론을 회복하기 위해서는 존덕심을 양(揚)하고 도문학을 억(抑)해야 했다. 이것이 현상적으로는 존덕심에 대한 지나친 강조로 보인 것이다.

이황 또한 평생을 이 두 양단 사이에서 갈등하면서 출처와 진퇴를 반복하던 현실의 선비였다. 그렇지 않다면 두 양단을 절충하는 주자의 정론을 실현하려고한 순정한 주자학자의 길을 걷고자 했다. 비록 철학(주자학)의 추상적인 개념에는 그 실존적 고투의 삶이 구체적으로 나타날 수는 없지만, 이황에게 더 중요한 것은 인심의 회복, 말하자면 도심의 명령을 충실하게 받아들이는 삶을 사는 것이 더 본질적인 것이었다. 그러므로 주자의 정론에 충실하면서, 이제 실제적인 '억양'을 해야 한다. 그 원론은 병진(竝進)의 길이었다. 하지만 『심경부주』를 문제 삼지 않는다는 행간의 뜻은 마음에 있었다. 그리고 그것이 『심경』의 본령이다.

> 그러므로 나 이황은 삼가 말하니, 지금의 배우는 자들이 마땅히 박문(博文)과 약례(約禮) 두 가지가 지극해야 함은 주자가 완성해 놓은 공부고, 두 공부가 서로 유익함은 우리 유가의 본래 법임을 알아야 한다. 이러한 방법으로 이 경문과 이 주석을 읽고 정민정(황돈)의 (다른 저서에서 드러난) 잘못을 그 사이에 뒤섞어 어지럽히지 않는다면 성인이 되고 현인이 되는 공부가 분명히 여기에 있을 것이니, 그 높이고 믿음이 마땅히 어떠하겠는가?[29)]

주자의 정론에 대한 중용적 인식을 기반으로 한 이황의 논리는 절묘했기 때문에 향후의 모든 논란은 수그러들게 되었다. 『심경부주』에 담긴 존덕성에 대한 강조와 육상산의 심학적 혐의가 완전히 일소된 것은 아니었으나, 이황의 「심경후론」에 따라 조선의 심경연구는 그 대세가 『심경부주』를 인정하고, 그 내부적인 체재를 보완하고 정비하며 육상산의 심학적 내용을 배제하는 방향으로 향했다. 더욱이 영남학파의 내부를 넘어서 기호학파에게도 파급되어, 이황의 논의를 계승하면서 기호학파의 관점을 반영한 『심경석의(心經釋疑)』가 편찬되고, 군주에게 성학을 교육하는 데까지 이르게 된다.[30]

그러나 또 다른 방향이 존재하였다. 이것은 논란이 되는 부분을 완전히 일소하고 새로운 체재로 재편하는 것이었다. 마치 진덕수의 『심경』에 대해 정민정이 부주를 낸 것과 같이, 그러나 한 발 더 나아가 진덕수의 『심경』에서 진덕수의 오류까지도 정리하는 발본색원의 급진적인 재편이었다. 이렇게 해서 생겨난 것이 정구의 『심경발휘』이다.

1573년 미암(眉巖) 유희춘(柳希春, 1513~1577)[31]의 제의에 따라 이황의 「심경후론」은 『심경부주』 끝에 첨부의 자격으로 간행되었으며,[32] 군주를 교육하는 공식적인 성군(聖君)의 지침서가 된 이후로 현재까지 유행되고 있

29) 위와 같은 곳. 故滉竊以謂今之學者, 當知博約兩至, 朱子之成功, 二功相益, 吾儒之本法. 以此讀此經此註, 而不以篁墩道一編之繆, 參亂於其間, 則所以爲聖爲賢之功, 端在於此矣, 其尊之信之, 當如何哉.

30) 홍원식, 「이황과 그의 직전(直傳) 제자들의 심경부주 연구」, 『퇴계학보』 121(퇴계학연구원, 2007), 86쪽 참고.

31) 본관은 선산(善山). 자는 인중(仁仲), 호는 미암(眉巖). 시호는 문절(文節)이다. 해남 출신. 1538년 별시 문과에 병과로 급제하여 관직을 시작했다. 경전에 널리 통했고 제자(諸子)와 역사에도 해박했다. 외할아버지 최보(崔溥)의 학통을 계승해 이항(李恒), 김인후 등과 함께 호남 지방의 학풍 조성에 기여하였다. 담양의 의암서원(義巖書院), 무장의 충현사(忠賢祠), 종성의 종산서원(鍾山書院)에 제향되었다. 저술로는 『미암일기』, 『속몽구(續蒙求)』, 『역대요록(歷代要錄)』, 『속휘변(續諱辨)』, 『천해록(川海錄)』, 『헌근록(獻芹錄)』, 『주자어류전해(朱子語類箋解)』, 『시서석의(詩書釋義)』, 『완심도(玩心圖)』, 『국조유선록(國朝儒先錄)』 등이 있다. 『한국민족문화대백과』 관련 항목 참고.

32) 『선조실록』, 선조 6년 1월 30일(신해辛亥) 기사 참고.

다. 이는 이황의 철학(도학)적 넓이와 도학자로서의 인품, 그리고 학파의 도통 계승의 의식, 공식적 성학 지침서라는 승인 등이 결합된 영향에서 기인되었으리라 생각할 수 있다. 다른 한편, 조목이 구상했으나 이루지 못한 『심경부주』의 체재에 대한 본질적인 검토는 정구에게서 철저하게 실현되었으나, 이후에는 유사한 저술이나 시도가 이어지지 않았다. 아마도 주자학에서 마음에 관한 논의 즉 심학을 『심경부주』 혹은 『심경발휘』와 같이 발췌와 편집을 통하는 간접적인 방식이 아니라, 직접 주자학의 원전으로부터 습득할 수 있는 주자학 원전의 보급과 유통, 원전 해득능력의 향상에 기인한 것은 아닌가 생각된다.[33]

33) 조선시대는 『심경부주』에 대한 100여 종 이상의 저술이 있는데, 이 가운데 특색이 있는 연구로 다음 3가지를 언급할 수 있을 것 같다. 박세채(朴世采, 1631~1695)는 이황의 「심경부주」가 택한 『심경부주』 이해 방식이 구차해 보이나, 성리학의 바른 길로 보았다. 반면 『심경발휘』는 비록 취할 점이 있으나 이황의 보완에 못 미친다고 평가하였다. 이에 입각해 『심경표제(心經標題)』를 저술했다. [이봉규, 「心經附注에 대한 조선성리학의 대응-이황과 송시열을 중심으로」, 『태동고전연구』 12(한림대 태동고전연구소, 1995), 84쪽 참고]. 이익(李瀷, 1681~1763)의 『심경질서(心經疾書)』는 『심경부주』의 구절들을 선별하여 고증과 설명을 더해 개념과 맥락을 분명하게 밝히고 있다. 이 과정은 주자의 주석이 지닌 권위를 벗어나서 진행된다는 점에서 17세기의 실사구시(實事求是)적 학문의 성과이다. [이익 지음(실시학사 경학연구회 옮김), 「해제」, 『성호 이익의 심경질서』(성균관대 사람의 무늬, 2016) 참고] 정약용(丁若鏞, 1762~1836)의 『심경밀험(心經密驗)』은 『심경』의 경문에 대해서 자신의 철학적 관점으로 주해하고 있는 저술이다. 정약용은 주자학의 심성(心性)에 대한 입론이 공맹(孔孟)의 수기치인에 대한 왜곡이라 보고, 공맹의 원의를 재해석하고 있는 독창적인 관점을 보여준다. 정약용 저(이광호 외역), 「심경밀험」, 『역주 대학공의, 대학강의, 소학지언, 심경밀험』(사암, 2016).

3. 『심경발휘』, 심학을 담는 새 그릇

1) 한강 정구

(1) 정구의 일대기

정구의 일대기를 주로 철학사상과 관련해서 간략하게 알아본다.[34] 정구는 『심경발휘』의 서문에서 쓴 것처럼, 서원(현재 청주) 정씨이다. 정구는 1543년(중종38)에 경상도 성주(星州) 사월리(沙月里) 본가에서 출생했다. 외할아버지가 한훤당(寒暄堂) 김굉필(金宏弼, 1454~1504)[35]이었고, 이는 정구의 인생에서 가문에 대한 자부심과 함께 도학자(주자학)로서 정체성을 형성하는 데 큰 영향을 미쳤다.

정구는 13세부터 본격적인 학문을 시작하는데, 첫 스승은 성주의 향교에 부임해 있던 덕계 오건이었다. 오건은 조식의 문하였으며, 이는 정구에게도 영향을 준다. 당시의 일화가 전해져 온다. 하루는 『역전(易傳)』을 가르쳤는데, 정구가 건괘(乾卦)와 곤괘(坤卦) 두 괘를 겨우 배우고 나머지는 다 유추하여 막힘이 없이 완전히 이해하자, 오건은 함께 배우는 제생(諸

---

34) 정구의 일대기는 『한강집』 「한강연보」에 기초를 두고, 『한강 정구』(예문서원, 2011) 제2장의 「한강 정구의 학문연원과 도통적 위상」(우경섭)을 참고하여 역자가 지은 것이다.

35) 본관은 서흥(瑞興). 자는 대유(大猷), 호는 사옹(簑翁), 한훤당(寒暄堂). 김종직(金宗直, 1431~1492)의 문하에 들어가 『소학(小學)』을 배우고, 스스로를 '소학동자'라 부르고 도학을 실천했다. 1480년(성종 11) 생원시에 합격하고, 이후 천거로 관직을 시작했다. 1498년 무오사화(戊午士禍)로 유배되자, 유배지에서도 학문과 교육에 힘써, 희천에서는 조광조(趙光祖, 1482~1519)에게 학문을 전수했다. 1504년 갑자사화(甲子士禍)에 연루되어 극형을 받는다. 후일 신원이 이루어져 영의정으로 추증되고, 문경(文敬)이라는 시호가 내려졌다. 1610년(광해군 2) 정여창(鄭汝昌), 조광조, 이언적(李彦迪), 이황(李滉) 등과 함께 오현(五賢)으로 문묘에 종사되었다. 현풍의 도동서원(道東書院), 아산의 인산서원(仁山書院), 서흥의 화곡서원(花谷書院), 희천의 상현서원(象賢書院), 순천의 옥천서원(玉川書院) 등에 제향되었다. 저술로는 『경현록(景賢錄)』, 『한훤당집(寒暄堂集)』, 『가범(家範)』 등이 있다. 『한국민족문화대백과』 관련 항목 참고.

生)들에게 “너희들은 마땅히 정생(鄭生)을 스승으로 모셔야 한다”라고 하였다. 정구는 오건에게 총망받는 학생이다.

그러나 정구는 21세(1563년, 명종 18)에 향시(鄕試)의 진사시(進士試)에 합격하였으나, 이듬해 봄에 회시(會試)에 응시하러 갔다가 시험장에 들어가지 않고 그만 돌아왔다. 이런 정구에게 오건은 ‘재주와 기량으로 크게 쓰일 것이니, 먼저 과거시험을 보고나서 원하는 대로 하라’고 했다. 하지만 정구는 과거 시험을 보지 않고 성리학(性理學)에 종사하기로 결심하였다. 위인(爲人)이 아닌 위기(爲己)의 학문을 선택한 것이다. 도를 얻지 못하면, ‘살아도 술에 취한 듯 사는 것이고 죽어도 제 정신에 못 죽고 꿈꾸다 죽는 것’처럼 허망한 것이라 생각했다.

실제 정구는 15세에 「취생몽사탄(醉生夢死嘆)」이라는 시를 지었는데, 말미쯤에서 “천군의 바른 이치 밝게 밝혀 되찾은 뒤, 동과 정 사이에서 경과 의를 함께 지키면, 끝에 가선 마침내 명덕이 밝아지고, 하루아침 자연스레 깨달음의 문을 뚫어, 부모님과 내 형제를 똑바로 바라보리(天君正理要明誠, 敬義夾持動靜間, 下梢遂使明德明, 依然一朝透覺關, 得見爺孃與弟兄)”라는 학문의 포부를 밝혔다.36) 인간은 변화무쌍한 존재이지만, 이처럼 초지(初志)를 확립하여 생평(生平)을 일관(一貫)하여 부동(不動)할 수도 있는 것 같다. 이미 심학의 요체를 얻고 있었다.

정구의 큰 스승은 두 분이었는데 퇴계 이황과 남명 조식이었다. 퇴계 선생은 21세에 첫 문안을 드리고, 이후로도 23세 무렵 『심경』의 의심난 부분을 질문하고 편지를 쓰기도 했다. 그러나 이러한 교류는 적었고 시기도 짧았다. 하지만 『심경발휘』 서문에서처럼, 퇴계가 주자의 글을 두고 탄식한 일화를 적을 정도로 그 만남은 짧지만 강렬하고 의미심장했다는 것을 알 수 있다. 도를 두고는 고금의 차이나 거리의 친소(親疏)가 아무런 장애가 될 수 없다.

---

36) 『한강집』 권1, 「취생몽사탄(醉生夢死嘆)」.

남명 선생은 24세에 첫 문안을 드렸는데, 정구가 이미 정한 출처에 대해서 인정하는 말을 했다. "사군자(士君子)의 큰 절개는 오직 출처(出處)를 어떻게 하느냐에 달려 있는데, 너는 출처에 대해 약간 아는 것이 있기에 나는 마음속으로 너를 인정한다." 두 선생은 10년 남짓 동안 살아계시다, 1570년(선조 3)과 1572년(선조 5)에 각각 퇴계가 먼저 세상을 떠난다. 이 시기 정구는 두 선생의 문하에 출입하였으며, 문인들과 교유하였다. 그런데 두 선생의 가르침은 정구에게 큰 영향을 미친다. 이를 『심경발휘』에 관련해서 말하면, 『심경발휘』를 접근하는 학문적 자세와 규모는 퇴계를 닮았다.

그러나 다른 한편 가장 퇴계를 닮지 않고 오히려 퇴계의 유지를 돌아보지 않을 정도였다. 말하자면, 주자학에 대한 수미일관한 이해방식과 경학적 접근, 그리고 『심경』을 이해하기 위한 존덕성과 도문학의 균형은 계승했다. 하지만 『심경부주』의 흔적을 일소해버린 것은 스승의 뜻을 따르지 않는 것이다. 조목이 『심경부주』에 대해 가진 강한 의혹을 접고 이를 따른 것은 문리보다 스승의 뜻을 쫓는 도의를 귀히 여겼기 때문이다. 그러나 정구는 그렇지 않았다. 이러한 파격은 어디에서 기인하는가? 과연 정구는 퇴계의 문인이며, 도통을 이은 전수자일 수 있는가?

나는 이러한 『심경발휘』의 파격을 이끈 동인에는 남명의 학풍이 있다고 본다. 남명의 학풍은 독서인의 모습이 아니라 무장의 기상을 추구하였고, 더 나가 구도에 뜻을 둔 처사(處士)의 모습이었다. 그래서 이미 정미한 경학의 연구는 기대할 수가 없다. 그 대신에 고요함을 위주로 삼는 경공부가 실제로 목숨을 걸고 싸워야 하는 일대승부와 같다는 충격적인 사실을 보여주었다. 극기복례(克己復禮)의 수양이 지성의 투철한 탐구만으로 성취되는 것이 아니라 목숨을 바쳐야 얻을 수 처절한 실존적 차원이 동시에 있다는 것을 각성시켜 준 것이다. 그러므로 인욕(人欲)을 막고 천리(天理)를 보존하는 것은 천 길의 낭떠러지와 같은 담대하고 웅장한 기상을 품어야 할 수 있는 일인 것이다. '칼을 찬 유학자'인 남명의 기상은 정구에게 『심경부주』에 얽혀 있는 불순한 요인을 세심히 구별하기보다는 단칼에 끊어내는 것, 주자가 맹자를 기리며 말한 것처럼 '이익을 말하는 양나라 혜왕을 만나고 처음부터서 바로 두 쪽으로 쪼개버린 것'과 같았다.[37] 그러나 그런 파격의 자리에 정구는 퇴계의 정밀한 논리와 정돈된 정신을 차곡하게 쌓아서 『심경발휘』를 만든 것이다.

『심경발휘』의 파격적인 면모에도 불구하고, 정구의 스승은 두 분이었지만, 도통이라는 점에서는 퇴계일 수밖에 없었다. 이는 정구의 의식 속에 분명하였다.[38]

정구는 주자학을 연마하다가 1580년(선조 13)에는 창녕현감으로 처음 관직에 나간다. 이후 『심경발휘』와 관련해서 정구가 『심경』을 본격적으로 강론한 것은 아마도 41세 무렵인 듯하다. 이 시기 회연초당(檜淵草堂)을 지은 뒤에 대나무와 매화를 심어 백매원(百梅園)을 가꾸었다. 여기서 문하의 제생과 함께 매달 초하룻날 강회(講會)를 갖는 계(契)를 결성했다. 아마도 이때부터 『심경』의 이해를 통해 얻은 자득(自得)한 바를 펼치기 시작한 것 같다. 이 때 나누어 가진 규약에는 성인이 되고자 하는 성학을 향한 다짐에 담겨 있어서, 『심경발휘』를 지은 뜻을 생생하게 느낄 수 있다. 장현광(張顯光, 1554~1637)[39]이 지은 행장에서 일부를 살펴본다.

---

37) 『심경발휘』 권3, 「10. 어아소욕장(魚我所欲章)」 4조목 참고.

38) 정구는 이황을 정맥(正脈)으로 조식을 고풍(高風)으로 평가했다. 이를 두고 조식의 고제(高弟)인 정인홍(鄭仁弘, 1535~1623)은 이황을 높이고 조식을 비하했다고 하여, 정구와 평생 갈등했다. 심지어 조식의 문하에서는 정구를 『정감록(鄭鑑錄)』의 '정도령'으로 지목하고 역성(易姓)혁명의 역심(逆心)을 품은 자라고 모함하는 지경에 이르기도 하였다. 또한 정구는 이황과 조식의 학문과 기상을 묻은 선조에게 '이황의 덕기(德器)는 혼후(渾厚)하고 독실(篤實)하여 배우는 자가 입문하기 쉽다고 하고, 조식의 기국(器局)은 준정(峻整)하고 호매(豪邁)하여, 배우는 자가 핵심을 파악하기 어렵다'고 했다. 이를 보아 도학의 도통은 이황에게 기우는 것으로 볼 수 있다.

39) 본관은 인동(仁同). 자는 덕회(德晦), 호는 여헌(旅軒). 경북 인동 출신. 정구의 조카사위이다. 일생을 학문과 교육에 종사했고, 수많은 천거에도 뜻을 두지 않았다. 1636년 12월 병자호란 이후 삼전도(三田渡)에서의 항복 소식을 듣고 세상을 버릴 생각으로 동해가의 입암산(立嵒山)

"우리 함께 약조를 맺은 사람들은 무엇보다 자로(子路)의 의롭고 용맹한 기상에 더욱 감동을 받아 분발하여야 한다. 세력과 이해를 초탈하여 마음이 빈부(貧富)에 흔들리지 않아야 한다. 그래야만 인욕(人欲)을 잠재우고 천리(天理)로 나아갈 수 있을 것이다. … 제군은 이미 옛 성현과 같은 인물이 되겠다고 목표를 정했으니, 어찌 서로 힘쓰지 않을 수 있겠는가? … 성인이나 현인의 경지에 들어가는 일은 저 하늘을 오르는 것처럼 특별히 높거나 먼 것은 아니다. 실은 사람의 도리에 당연한 것으로 이를테면 남자는 밭을 갈고 여인은 베를 짜듯 각자의 직분에 따라 당연히 행하는 평범한 것이다. … 더구나 우리 함께 약조를 맺은 사람들은 모두 맹자(孟子)가 말한, 요(堯) 임금이나 순(舜) 임금과 같은 성인이 될 수 있는 사람들이다. … 낡은 버릇을 떨쳐 버리고 기질을 변화시킨다면 지금 사람이 어찌 옛사람에게 미치지 못할 것인가. 수준이 높은 사람은 성현이 될 수 있을 것이고 낮다 하더라도 길인(吉人)과 선사(善士)는 될 것이다. 오직 자신이 어떻게 노력하는가에 달려 있을 뿐이다. … 이렇게 되면 하늘로부터 인의예지(仁義禮智)의 본성을 받고 태어난 책임을 보답하여 이 하늘과 땅 사이에 나란히 끼어 그 존재가 동등해질 수 있을 뿐만 아니라, 안으로는 집안에서 부형(父兄)의 기대에 부응해 드리고 밖으로는 우리 벗들이 계를 맺은 본의를 달성하게 될 것이니, 이 어찌 통쾌하고 즐겁지 않겠는가!"[40)]

정구는 관직에 제수되었으나 사양하고 나가지 않았으며, 강학을 지속했다. 그러다가 간혹 관직에 나갈 때는 주로 학교를 세우는 일에 전념하여 성리학의 교화에 전념했다. 왜란이 발발하자 군수(郡守)와 부사(府使)의 지위로 전란을 극복하기 위해 노력했다.

「연보」에는 47세부터 『심경』 강독의 기록이 등장하고, 이윽고 61세(1603, 선조 36)에 『심경발휘』가 편찬된다. 『심경발휘』는 오랜 시간 강독을 통해서 방대한 『주자대전』과 『주자어류』 등의 문헌에서 심학에 관한 보옥(寶

에 들어간 지 반년 후에 세상을 떠났다. 퇴계학파로 분류되고 있으나, 그 철학은 오히려 이이(李珥)의 이기심성론에 크게 영향을 받은 것으로 남인계열의 학자들 중에서는 매우 이색적이고 독창적인 면모를 보인다. 저술로는 『여헌집』, 『성리설(性理說)』, 『역학도설(易學圖說)』, 『용사일기(龍蛇日記)』 등이 있다. 『한국민족문화대백과』 관련 항목 참고.

40) 『한강연보』 제2권, 「한강 정선생 행장(寒岡鄭先生行狀)」.

玉)같은 글을 모아서 정련한 것이다. 그런데 72세(1614, 광해 6)에는 팔거현(八莒縣) 노곡(蘆谷)의 정사(精舍)가 화마에 휩싸여 그간의 저술이 사라졌는데, 『심경발휘』만은 무사했다고 한다. 그러나 73세(1615)는 풍을 맞아 몸의 오른쪽이 마비되어 계속 고생이 심했다.

정구가 77세(1619) 되던 해에는 가야산의 북쪽 모서리가 무너져 내리고 그날 아침에 사수(泗水)가의 나뭇가지에 상고대가 끼는 이변이 일어나자, 큰 인물이 서거할 조짐이라는 풍문이 돌았는데, 아니나 다를까 이듬해 78세(1620, 광해 12)가 되던 1월 5일 운명하고 말았다. 당일 아침에는 『가례회통(家禮會通)』을 펼쳐 읽고, 흐트러진 주위를 정돈하였다. 때는 짧은 해가 너머가 컴컴해진 유시(酉時) 무렵이었다.

(2) 도통의 전수자

정구의 자호는 한강(寒岡)이다. 한강이라는 호에는 주자를 배우고 싶은 염원이 담겨 있다. 정구는 일찍 9세에 아버지를 여의고 창평(蒼坪)의 선영(先塋)에 모셨다. 다시 26세가 되자 어머니도 돌아가자 그 곳에 합장했다. 이는 자가 70세에 어머니를 떠나보낸 사건과 연결된다. 주자가 어머니를 장사지낸 곳이 한천(寒泉)이다. 한천은 지명의 이름이지만, 『시경(詩經)』의 맥락에서 '불효자'를 가리키는 말이기도 하다. 주자는 한천에서 평생 가장 중요한 강학과 저술 생활을 시작하였다. 주자의 친근한 호인 회암(晦庵)도 한천과 연관이 되어 있다.

> 건도 6년(1170) 정월, 풍수에 정통한 채원정(蔡元定)이 땅을 골라주어서 주자는 모친 축씨(祝氏)를 건양(建陽)의 숭태리(崇泰里) 뒷산 천호(天湖) 북쪽 한천오(寒泉塢)에 장사지냈다. … 그는 건양 서북쪽 노산봉(蘆山峰) 꼭대기 운곡(雲谷)에 세 칸짜리 초당을 짓고 회암(晦庵)이라 편액을 달아서 쉬어가는 장소로 삼았다. 이곳도 그가 새로 머물러 지내면서 유람도 하고 저술도 하는 공간이 되었다.41)

한강(寒岡)의 한(寒)은 '한천'에서 온 것이며, 강(岡)은 선영(先塋) 아래의 바깥 산등성이를 가리킨다. 정구는 31세(1573선조 6) 되던 해 그곳에 집을 짓고 한강정사(寒岡精舍)라 했다. 주자가 어머니를 모신 곳에 한천정사(寒泉精舍)를 지었듯이 말이다. 더욱이 한천은 주자의 학문이 피어난 곳이다. 가령 '한천편(寒泉編)'이라고 하면 『근사록(近思錄)』을 대신한 것이고, 그곳에서 『가례(家禮)』가 저술되기도 했다.

그러나 무엇보다 한(寒)은 도학의 진리를 지키는 마음의 자세를 감각으로 표상한 것이기도 하다. 포부는 크나 출사를 거부했으니 한사(寒士)이다. 더구나 스승 이황이 혹애(惑愛)한 매화도 한매(寒梅)가 제 격이다. 일양(一陽)이 시생(始生)하는 동지(冬至)의 복괘(復卦)가 이지적인 표상이라면, 한천이나 한매는 서정적이다. 세한(歲寒)을 견디어 내는 지조(志操)도 빠트릴 수 없다.

주자를 배우고자 했던 정구에게 동방으로 건너 온 도가 전수되는 순서는 중요했다. 정구는 이황의 문인으로서, 이황은 "경의의 학문을 위주로 하여 정자와 주자의 도통을 계승하고 조선의 도학 전통을 집대성한 인물"[42]이다. 남명은 스승이나 도통의 전수자는 아니었다. 그리고 이황 이전의 김종직(金宗直, 1431~1492), 조광조 등도 도통의 반열에는 오르지 못했고, 목은(牧隱) 이색(李穡, 1328~1396)이나 포은(圃隱) 정몽주(鄭夢周, 1337~1392)도 절의나 문장이 아닌 도학의 견지에서는 도통의 전수자가 아니었다. 정구는 요순, 공맹, 주자를 거쳐 동방에는 김굉필, 이황으로 이어지는 도통인식을 가지고 있었던 것이다.[43]

---

41) 수징난(束景南) 지음(김태환 옮김), 『주자평전(상)』(역사비평사, 2015), 580쪽 참고.

42) 『한강집』 제11권, 「축문(祝文)」, 「연경서원의 춘추 향사문(硏經書院春秋享祀文)」. 學主敬義, 道承洛閩, 集成我東. 연경서원(硏經書院)은 1564년(명종 19) 이황의 학문과 덕행을 기리기 위하여 창건한 생사당(生祠堂, 살아 있을 때에 받들어 모시는 사당)이다.

43) 김굉필에 대한 추앙은 영남 출신이면서 중앙정계에서도 명성을 떨쳤던 것이 작용하였다. 정구는 26세 때 천곡서원(川谷書院)을 건립하는 과정에서 이정과 주자를 주벽(主壁)으로 삼고, 김굉필을 배향하면서, 그 지방 출신의 고려 말의 이조년과 이인복을 별사(別祠)에 모시는 일

정구는 서거 후에 영남학계의 대표자로 언급되었으며, 1626년(인조 4) 신흠(申欽, 1566~1628)[44]이 쓴 「신도비명」에서 공식적인 논의가 정해졌다. 즉 "선생(정구)은 이 선생(퇴계)을 직접 만나 눈으로 보고 깨달아 그 정통을 전수받았다."[45] 이듬해 『한강집』의 초간되었고, 약 40년 뒤에는 다시 중간되어 많은 것을 보충했다. 이 간행을 주도한 인물이 당시 우의정에 있던 미수(眉叟) 허목(許穆, 1595~1682)[46]이었는데, 허목은 정구의 문인이었다. 이어 허목이 정구의 적전(嫡傳)으로 되는 다분히 정치적인 과정을 거쳐서 영남에서 일구어 온 정구의 도가 근기(近畿, 경기 연천)로 옮겨져 가는 계기가 된다.

이러한 사상사적 흐름에서 정구는 김굉필과 이황의 적통을 이어 받은

을 단행하는 데 앞장섰다. 이 과정에서 지방 사류들의 반발이 있었으나 이황의 도움을 얻어 성사시켰다. 또한 김굉필을 제향하는 도동서원(道東書院)의 건립에 힘을 썼다. 도동은 '해동으로 도가 왔다'는 의미로서 정구의 도통의식에서 김굉필이 차지하는 위상을 시사하는 좋은 예이다. 우경섭, 위의 책, 53~59쪽 참고.

44) 본관은 평산(平山). 자는 경숙(敬叔), 호는 현헌(玄軒)·상촌(象村)·현옹(玄翁)·방옹(放翁). 1586년 별시문과에 급제하여 관직을 시작했다. 1599년 선조의 총애를 받아, 장남 신익성(申翊聖, 1588~1644)이 선조의 부마가 되었다. 1627년 정묘호란이 일어나자 좌의정으로서 세자를 수행하고 전주로 피난했고, 같은 해 9월 영의정에 오른 후 죽었다. 문장이 뛰어나고 사림의 신망을 받았다. 조선 중기 한문학의 정종(正宗)으로 칭송되었다. 춘천의 도포서원(道浦書院)에 제향되었다. 시호는 문정(文貞)이다. 저술로는 『상촌집』, 『야언(野言)』 등이 있다. 『한국민족문화대백과』 관련 항목 참고.

45) 『한강연보』 제2권, 「신도비명(神道碑銘) 병서(幷序)」.

46) 본관은 양천(陽川). 자는 문보(文甫), 화보(和甫), 호는 미수(眉叟). 1617년 거창현감으로 부임한 아버지를 따라가서 정구(鄭逑)를 찾아가 스승으로 모셨다. 과거를 보지 않은 유일(遺逸)로서 삼공(三公)의 지위에 올랐다. 당시 노론의 영수 송시열(宋時烈, 1607~1689)의 처벌에 남인들은 온건론을 주장하던 탁남(濁南)과 청남(淸南)으로 갈라지자, 청남의 영수가 되었다. 육경학(六經學)에 관심을 두면서 고학(古學)의 경지를 개척하였다. 도가(道家)와 불교에 개방적이었다. 독특한 도해법(圖解法)으로 해설한 『심학도(心學圖)』, 『요순우전수심법도(堯舜禹傳授心法圖)』를 지어 후학들을 교육하였다. 시서화(詩書畵)에 모두 능했으며, 글씨는 특히 전서에 뛰어나 동방 제1인자라는 찬사를 받았다. 저술로는 『동사(東事)』, 『방국왕조례(邦國王朝禮)』, 『경설(經說)』, 『경례유찬(經禮類纂)』, 『미수기언(眉叟記言)』 등이 있다. 연천의 미강서원(嵋江書院), 나주의 미천서원(眉川書院), 창원의 회원서원(檜原書院)에 제향되었다. 시호는 문정(文正)이다. 『한국민족문화대백과』 관련 항목 참고.

유일한 계승자이자, 남인의 영수 허목에게 도학을 전수해 준 스승으로 자리잡게 되었다. 그리고 이러한 인식은 이익에게도 계승된다. 이익은 허목의 「신도비명」을 지으면서 정구와 맺은 사승관계를 강조하였다.[47] 또한 채제공(蔡濟恭, 1720~1799)[48]은 이익의 묘갈명을 지으면서, 이황과 정구, 정구와 허목, 이어서 이익으로 이어지는 근기남인의 도통론을 천명한다.[49] 이러한 천명을 정약용에게 이르러 명실상부하게 확정된다. 곧 "퇴계와 한강의 학문만이 홀로 영남에 전해졌다."[50]

2) 『심경발휘』의 체재

(1) 서문, 저술의 이유

정구가 『심경발휘』를 지은 이유와 이를 구체화시킨 『심경발휘』의 체재, 기존 『심경부주』에 대한 관계와 퇴계의 입장 등은 『심경발휘』 '서문'에 잘 드러나 있다. '서문'에서 정구는 '하늘에게서 부여 받아 마음에 간직된 정미(精微)함을 보존하느냐 그렇지 못하느냐에 따라, 잘 되면 요순(堯舜)이 되고, 못 되면 포악하고 잔인하여 남을 해치는 걸주(桀紂)나 도척(盜跖)이

---

47) 『미수기언(眉叟記言)』, 「부록(附錄)」, 「신도비명(神道碑銘) 병서(幷序)」. 허목은 사후에 문목공(文穆公) 정구가 있는 창원의 회원서원(檜原書院)에 배향(配享)되었다.

48) 본관은 평강(平康). 자는 백규(伯規), 호는 번암(樊巖), 번옹(樊翁). 시호는 문숙(文肅)이다. 홍주 출생. 1743년 문과정시에 병과로 급제하여 관직을 시작했다. 영조의 깊은 신임을 얻고, 사도세자 죽음에 대한 책임자들을 처단할 때 형조판서 겸 판의금부사로서 옥사를 처결하고, 정조의 신임을 얻었다. 학문의 적통(嫡統)은 동방의 주자인 이황을 시작으로 정구와 허목을 거쳐 이익으로 이어진다고 하였다. 정치적으로 서인에 강경한 태도를 견지한 청남(淸南)이었다. 저술로는 『번암집』이 있다. 『한국민족문화대백과』 관련 항목 참고.

49) 『樊巖先生集』 卷51, 「墓碣銘」, 「星湖李先生墓碣銘」. "퇴계는 우리 동방의 공자이시고, 그 도를 한강에게 전해주시고 한강은 그 도를 미수에게 전해주셨다. 선생(이익)이 미수를 사숙한 것은 미수를 배워서 저 퇴계의 (도통의) 단서에 접촉하려 한 것이었다(退溪我東夫子也, 以其道而傳之寒岡, 寒岡以其道而傳之眉叟. 先生私淑於眉叟者, 學眉叟而以接夫退溪之緖)."

50) 『與猶堂全書』, 「第一集詩文集」 第十七卷, 「文集」, 「行狀」, 「玄坡尹進士行狀」. 退溪寒岡之學, 獨傳於大嶺之南.

되며, 더욱 못되면 사람이 아닌 금수(禽獸)가 된다'고 하였다. 그래서 마음 속의 정미함을 보존하고 지켜서 요순이 되는 길을 전달해준다. 이것이 심학(心學)이다. 그런데 심학이란 요순이 되는 길이므로 또한 성학(聖學)이다. 이 성학의 핵심은 경(敬)이며, 경은 고대 성왕의 말씀이지만, 이정(二程)에서부터 새롭게 음미되어 주자로 전수된 도통(道統)의 연원을 가지고 있다. 이는 『심경』을 거쳐 『심경부주』의 노선을 분명하게 천명하는 것이며, 퇴계의 『심경』 이해를 계승하는 것이다. 그래서 퇴계가 심학의 요체를 담은 '심경'에 대해서 '외경하기를 신명처럼 하고, 높이기를 부모처럼'하였기 때문에, 『심경발휘』 첫머리는 제목을 가운데 두고 양 옆에 이 두 글귀로 멋지게 장식되어 있다.

하지만 정구는 기존 『심경부주』에 대해서 불편함을 숨기지 않는다. 그 이유는 '정씨의 주석' 때문이다. 여기서 정씨는 정민정이다.

> 항상 정씨(程氏, 정민정)가 한 주석에는 취사선택한 부분이 명확하지 않는 것이 많다고 의심을 했고, 정자와 주자가 밝혀서 보여주신 큰 가르침들도 편집되어 들어가지 않은 것들이 자못 많아서, 이 책(『심경부주』)에 대한 유감이 되지 않을 수 없었다. 이에 (채 들어가지 못한 내용을) 뽑아서 밖으로 드러내어 부문으로 나누고 편집했다. 경(敬)이란 한 글자에 관해서는 서산(西山)이 한 방식을 대강 모방했지만, 특별히 여러 조목들을 상세하게 더 덧붙였다. 이렇게 해서 사람들이 정자와 주자 및 여러 선생들이 이 글자에 대해 반복해서 절실하게 가르쳐주는 공이 이와 같다는 것을 알도록 바란 것이다. 그렇게 되면 마땅히 두려운 듯 가다듬고 노력하려는 생각을 해서 온 힘을 다할 것이고 감히 다른 것을 찾지 않을 것이니, 모두 이 책(『심경부주』)을 보완하는 점들이다.[51]

『심경발휘』는 『심경부주』를 '보완'하기 위해서 지은 것이지만, 실제 『심

---

51) 『심경발휘』 「서문」.

경부주』의 주석을 '마치 벌초하듯' 필요 없는 것처럼 거의 모두 베어내 버렸다. 정씨의 주석은 명확하지 않고, 이정과 주자의 가르침이 많이 빠져 있다. 그래서 정구는 이정과 주자의 가르침을 찾아내어서 벌초 한 자리에 분명하게 채워 넣은 것이다. 그리고 아마도 『심경발휘』는 심학의 핵심인 경을 가장 방대하게 조사하고 경의 의미를 치밀하게 분류하여 제시한 유일한 책으로 간주되어야 할 정도로, 많은 공을 들여 경에 대해서 집중해서 조명했다. 이러한 정구의 보완 작업은 실제로 심학의 가르침을 담은 『심경』의 가능성을 최고도로 발휘한 것이다. 말하자면, 심학을 구성하려 했지만 이전 진덕수의 『심경』은 미미했고, 정민정의 『심경부주』는 부실했던 전철을 벗어나, 『심경발휘』에서 비로소 그 가능성이 온전히 발휘된 것이다.

진덕수의 『심경』을 알아준 이는, 비록 『심경부주』를 통해서이기는 하지만 해동의 이황이 유일했으나, 미흡한 (『심경부주』의) 이러한 형식 때문에 심학의 진가가 발휘되지 못하다가, 이황을 이은 정구에 의해서 온전한 형식을 갖추고 여기에 심학의 가르침을 담자 『심경』의 명실이 상부하게 되었다. 나는 제목인 '심경발휘'의 뜻이 여기에 있다고 생각한다.

(2) 『심경발휘』와 『심경부주』의 비교

두 책의 차이를 비교하기 위해서 형식과 내용을 나누어 살펴보는 것이 효과적일 것 같다. 먼저 형식적인 것은 두 책의 목차를 비교하면 확연히 드러난다.

『심경부주』와 『심경발휘』의 목차에 제시된 제목은 편의를 위해서 임의로 만든 것이다. 예컨대, '인심도심장'은 본래는 문장으로 표시되어 있는 것("書帝曰. 人心惟危, 道心惟微, 惟精惟一, 允執厥中")을 줄여서 제목으로 만든 것이다. 숫자(① ② …)는 비교를 위해 적었다.

<table>
<tr><th></th><th>心經附註</th><th>心經發揮</th><th>卷</th></tr>
<tr><td>권두</td><td>①心經附註序 ②心經總目
③心經贊 ④心學圖</td><td>①心經發揮序
②心經發揮目錄</td><td>권두</td></tr>
<tr><td rowspan="2">卷之一</td><td rowspan="2">①人心道心章 ②上帝臨女章
③視爾友君子章 ④閑邪存誠章
⑤敬以直內章 ⑥懲忿窒慾章
⑦遷善改過章 ⑧不遠復章
⑨子絶四章 ⑩顔淵問仁章
⑪仲弓問仁章
⑫天命之謂性章
⑬詩云潛雖伏矣章</td><td>①人心道心章 ②上帝臨女章
③視爾友君子章 ④閑邪存誠章
⑤敬以直內章 ⑥懲忿窒慾章
⑦遷善改過章 ⑧不遠復章</td><td>卷之一</td></tr>
<tr><td>①子絶四章 ②顔淵問仁章
③仲弓問仁章 ④天命之謂性章
⑤詩云潛雖伏矣章</td><td>卷之二</td></tr>
<tr><td>卷之二</td><td>①誠意章 ②正心章
③禮樂不可斯須去身章
④君子反情和志章
⑤君子樂得其道章
⑥人皆有不忍人之心章
⑦矢人函人章 ⑧赤子之心章</td><td rowspan="2">①誠意章 ②正心章
③禮樂不可斯須去身章
④君子反情和志章
⑤君子樂得其道章
⑥人皆有不忍人之心章
⑦矢人函人章 ⑧赤子之心章
⑨牛山之木章 ⑩魚我所欲章
⑪仁人心章 ⑫無名之指章
⑬人之於身也兼所愛章
⑭鈞是人也章 ⑮饑者甘食章
⑯鷄鳴而起章 ⑰養心章</td><td rowspan="2">卷之三</td></tr>
<tr><td>卷之三</td><td>①牛山之木章 ②仁人心章
③無名之指章
④人之於身也兼所愛章
⑤鈞是人也章 ⑥飢者甘食章
⑦魚我所欲章</td></tr>
<tr><td>卷之四</td><td>①鷄鳴而起章 ②養心章
③養心說 ④聖可學
⑤視聽言動四箴
⑥心箴 ⑦敬齋箴
⑧求放心齋銘 ⑨尊德性齋銘</td><td>①養心說 ②聖可學
③視聽言動四箴
④心箴 ⑤敬齋箴
⑥求放心齋銘 ⑦尊德性齋銘</td><td>卷之四</td></tr>
<tr><td>권말</td><td>①再書 (정민정)
②識 (왕조汪祚)</td><td>①太極圖說 ②定性書
③好學論 ④西銘
⑤仁說 ⑥誠說
⑦明道先生行狀略
⑧晦庵朱先生行狀略</td><td>附錄</td></tr>
<tr><td></td><td>心經後論 (퇴계)</td><td>心經贊 (진덕수)</td><td></td></tr>
</table>

• 『심경발휘』의 권두

『심경발휘』는 『심경부주』에 있는 정민정의 「서문」과 「심학도」를 제외했다. 그리고 정구의 「서문」이 대신했다. 또한 진덕수의 「심경찬」과 거기에 부속된 안약우(顔若愚)의 발문(跋文)은 책의 맨 뒤로 옮겨 놓았다.

• 『심경발휘』의 권1~권2

『심경발휘』는 기존 『심경부주』의 권1에 속한 전체 13장을 둘로 나누었다. 『심경발휘』는 권1에 8개의 장을 놓고 권2에 5개의 장을 놓았다. 전체 13장의 규모와 순서는 모두 같다. 『심경발휘』가 이렇게 한 것은 '정돈' 때문이다. 즉, 『심경부주』의 권1에 속한 삼경(三經, 『서경』, 『시경』, 『역경』)과 『논어』 및 『중용』을 구분하여, 권1에는 삼경만을 놓고 권2에는 『논어』와 『중용』을 두어 정리한 것이다. 권1의 가장 큰 특징은 ⑤장의 「경이직내장」를 매우 방대하게 구성했다는 것이다.

• 『심경발휘』의 권3

『심경발휘』는 『심경부주』에서 엉클어진 순서를 바로잡으면서, 『심경부주』의 권3과 권4에 속한 『대학』, 『예기』, 『맹자』의 장들을 모두 합해서 권3으로 구성했다. 그리고 『심경부주』의 배열과 다르게 장을 배치했는데, 이는 『심경부주』에서 뒤바꿔 놓은 『맹자』의 순서를 바로잡기 위한 것이다. 예컨대 『심경부주』에서 '인인심(仁人心)장'은 ②장이고, '어아소욕(魚我所欲)장'은 ⑦장인데, 이는 『맹자』 「고자(告子)」장에서 '어아소욕장'이 '인인심장'보다 먼저 있는 순서를 따라서, 『심경발휘』에서는 장을 바꾸어 정했다.

• 『심경발휘』의 권4

『심경발휘』는 『맹자』에 속한 내용을 권3으로 보내고, 다른 것은 이선과 같이 두었다.

• 『심경발휘』의 부록

『심경발휘』의 부록은 『심경부주』에 전혀 없는 내용으로 새롭게 만든 것이다. 여기에는 『근사록』의 「도체(道體)」에 등장하는 염락관민(주돈이, 정호, 정이, 장재, 주자)의 글을 싣고 있다. 그리고 정호의 「행장」과 주자의 「행장」을 싣고 있는데, 이는 맹자 이후 단절된 도통의 실마리를 발견한 정호와 그 행장을 지은 정이에 대한 존숭과 성학(심학)을 실천한 현인의 모습을 살피기 위한 것이라 생각된다. 말할 것도 없이 주자의 「행장」도 이러한 목적을 위해 넣었다.

• 『심경발휘』의 끝

『심경부주』의 권말에는 정민정의 '재서'(후서)와 제자 왕조의 '지'가 실려 있으며, 『심경부주』를 유명하게 만든 이황의 「심경후론」이 첨가되어 있다. 그런데 『심경발휘』는 이러한 내용을 모두 제거하고, 진덕수의 「심경찬」만을 두었다. 이황의 「심경후론」을 첨가하지 않은 것은 아마도 이것이 『심경부주』에 대한 후론이기 때문에, 『심경』의 진가를 발휘한 『심경발휘』에는 적절하지 않다고 여긴 것이라 생각된다.

3) 『심경발휘』의 특징

(1) 주석의 특징

정구가 『심경발휘』에서 보여준 특징을 몇 가지로 나누어서 그 요지만을 간략하게 소개하고자 한다.

『심경발휘』는 진덕수의 『심경』은 거의 그대로 수록하였다. 진덕수가 붙인 주석에 불과한 것은 간혹 생략되는 경우가 있다. 예컨대 권3의 「4. 군자반정화지(君子反情和志)」에서는 진덕수의 주석를 없애고, 좀 더 정확하고 자세한 주석으로 대치하였다. 그러나 『심경』의 내용은 그대로 수용하고 있다.

하지만 정민정의 『심경부주』에서 정민정의 의견이 담긴 '안(按)'은 모조리 삭제하였다. 그리고 '부주' 부분도 거의 남기지 않고 삭제했으며, 권3에 속하는 「6. 인개유불인인지심장(人皆有不忍人之心章)」, 「7. 시인함인장(矢人函人章)」, 「10. 어아소욕장(魚我所欲章)」 같은 경우는 '부주'의 내용은 하나도 남기지 않고 삭제하였다.

정구가 부주의 내용을 삭제한 뒤에 실행한 주석의 방향은 4가지 목표를 향하고 있다. 첫 번째는 심학의 이해를 위한 대안 제시이다. 이는 정구의 가장 중요한 목표이며, '발휘'라는 제목에 반영되어 있다. 두 번째는 심학의 이해를 위해 경을 중심으로 한 주석을 펼치는 것이다. 이는 권1의 「5. 경이직내장(敬以直內章)」으로 성립되었다. 『심경발휘』의 전체 분량에서 거의 4분의 1정도에 해당하며, 『심경부주』보다 10배나 많은 내용을 싣고 있어서 다른 장들과 균형이 깨질 정도로 집중적인 주석이 더해진 경우이다. 이러한 집중적인 주석의 목적은 자명하다. 정구가 「서문」에서 밝혔듯이 심학(성학)의 핵심은 경이라는 하나의 글자에 있기 때문이다.

세 번째는 심학의 형이상학적 토대를 제시하는 것이다. 이는 '염락관민'의 형이상학적 원전들을 포함시키는 것이다. 『심경발휘』의 「부록」에 등장하는 글은 『근사록』의 「도체(道體)」에서 볼 수 있는 것이다. 이는 심학(성학)의 '도체' 즉 주자학의 형이상학적 근거를 제시한 가장 정통적인 원전이 심학의 토대가 되어야 한다는 원론적인 입장을 강화하는 것이다. 그리고 학습을 위한 교과서의 역할도 기대한 것으로 보인다. 이런 점에서 정이가 쓴 정호의 「행장」과 황간이 쓴 주자의 「행장」은 심학(성학)을 구현한 성현의 모습을 보여주어, 성학에 뜻을 둔 배우는 자들이 목표성취를 위한 동기를 강화하려는 교과서의 역할을 하고 있다.

네 번째는 「존덕성재명장」에 대한 정민정의 부주에서 드러난 존덕성으로 기울어진 성학의 균형을 회복하는 것이다. 존덕성과 더불어 도문학의 균형은 본래 주자의 원론적 구상이고, 퇴계도 「심경후론」에서 계승한 것이다. 정구는 존심양성(存心養性)의 존덕성뿐 아니라, 격물치지(格物致知)의 도문학을 균형있게 제시하는 주석을 드러내었다.

이러한 주석의 방향에 따라 주석에는 새로운 내용이 첨가되었다. 이는 『심경부주』에 없는 새로운 것이다. 그리고 진덕수의 원주나 정민정의 부주가 근거한 주자학의 원전(『주자대전』, 『주자어류』 등)에서 직접 인용하여, 생략된 내용을 첨가하고 맥락을 좀 더 풍부하고 정확하게 제시하고 있다. 진덕수의 『서산독서기』에 발췌된 주자학의 원전을 수용한 것도 있으나, 이 경우에도 양자를 비교하여 원전에 충실하게 한 것이다. 그래서 기존 『심경부주』보다 분량이 늘어나게 되었다.

(2) 「경이직내장」의 특징

「경이직내장」은 경의 의미를 종합적으로 탐구하기 위해, 42부문의 총 302조목으로 구성되어 있다. 『심경발휘』의 백미라고 할 수 있는 장이다. 42부문은 7~8개의 범주로 다시 묶어서 그 내용을 살필 수 있다.52)

8개 범주	42부문의 제목 (조목 수)	조목 수
1. 경과 의의 상관관계	1) 경과 의에 대해서 (1조목~20조목. 총 20조목) 2) 경과 의는 손님과 주인의 관계 (21조목~28조목. 총 8조목) 3) 경과 의는 치우치거나 그만두어서는 안 됨 (29조목~35조목. 총 7조목)	35

52) 대표적으로 7개 범주는 1) 경과 의의 관계, 2) 경의 특성, 3) 경과 다른 덕목과의 관계, 4) 경의 효과, 5) 경이 미치는 범위, 6) 경의 존재론적 의미, 7) 경의 실천 방법 등으로 구분할 수 있다.(전재강, 「심경발휘에 나타난 한강 심학의 특징」, 『한강 정구』, 174~175쪽 참고) 8개 범주로 나눈 경우는 '2) 경의 특성' 부분을 '경의 의미와 수양방법론' '경의 외적 양상'으로 구분하고 있으며, 다른 범주는 서로 비슷하다.(엄연석, 「한강 정구 심경발휘의 경학사상적 특징과 의의」, 『퇴계학논집』 13(영남퇴계학연구원, 2013), 195~196쪽 참고)

2. 경의 의미와 수양방법론	4) '경이직내'에 대하여 (36조목~43조목. 총 8조목) 5) '경'이라는 글자에 대하여 (44조목~72조목. 총 29조목) 6) '주일무적' (73조목~74조목. 총 2조목) 7) '정제엄숙' (75조목~76조목. 총 2조목) 8) '상성성'법 (77조목~78조목. 총 2조목) 9) '기심수렴' (79조목. 총 1조목) 10) 세 선생이 언급한 경의 차이점 (80~82조목. 총 3조목)	47
3. 경의 외적 양상	11) 외(畏)라는 글자는 경에 가까움 (83~88조목. 총 6조목) 12) 불경(不敬)하지 말 것 (89~95조목. 총 7조목) 13) 경의 조목들 (96~100조목. 총 5조목) 14) 경의 방법은 마땅히 외자와 함께 통합해서 보아야 함 (101~103조목. 총 3조목) 15) 경의 모습 (104~109조목. 총 6조목)	27
4. 경과 다른 수양론적 덕목 사이의 관계	16) 공(恭)과 경을 겸해서 말함 (110~123조목. 총 14조목) 17) '장엄'[莊]과 경을 겸하여 말함 (124~126조목. 총 3조목) 18) 경과 간이(簡易) (127~131조목. 총 5조목) 19) 경과 신(愼) (132조목. 총 1조목) 20) 경과 성(誠) (133~142조목. 총 10조목) 21) 경과 인(仁) (143~154조목. 총 12조목)	45
5. 경의 과정과 효과	22) 경과 극기(克己) (155~158조목. 총 4조목) 23) 경이 백가지 간사함을 이김 (159~166조목. 총 8조목) 24) 경을 하면 욕심이 적어짐 (167~172조목. 총 6조목) 25) 경과 치지(致知) (173~187조목. 총 15조목) 40) 경하면 호연함 (281~282조목. 총 2조목) 41) 경하면 화락함 (283~285조목. 총 3조목)	38
6. 경의 시공간적 적용 범위	26) 정(靜) (188~217조목. 총 30조목) 27) 동정(動靜)을 겸한 경(敬) (218~240조목. 총 23조목) 28) 내외(內外)를 겸한 경(敬) (241~245조목. 총 5조목) 29) 일에 따라 경(敬)을 다함 (246~252조목. 총 7조목) 30) 어떤 일에도 경하지 않음이 없음 (253조목. 총 1조목) 31) 어느 때고 경하지 않음이 없음 (254~255조목. 총	70

	2조목) 32) 어느 곳이든 경하지 않음이 없음 (256~257조목. 총 2조목)	
7. 경의 우주론과 수양론적 관점	33) 천지의 경 (258조목. 총 1조목) 34) 성현의 경 (259~267조목. 총 9조목)	10
8. 경의 실천 가능성과 방법	35) 악인, 어리석은 사람, 불초한 사람도 모두 경할 수 있음 (268~270조목. 총 3조목) 36) 일상에 거처하며 평소 경을 함 (271~272조목. 총 2조목) 37) 처음에는 모름지기 억지로 힘써야 함 (273~274조목. 총 2조목) 38) 경은 잠시라도 끊어져서는 안 됨 (275~278조목. 총 4조목) 39) 익숙하면 오래감 (279~280조목. 총 2조목) 42) 경은 서둘러서는 안 됨 (286~302조목. 총 17조목)	30
	총	302조목

위의 8개 범주는 경에 대한 포괄적인 의미를 망라한 것이다. 그런데 정구는 경의 의미와 그것을 수양하는 방법을 두 번째로 미루고("2. 경의 의미와 수양방법론"), '경과 의를 함께 유지'하는 경의협지(敬義夾持)의 원칙을 먼저 제시하고 있다.("1. 경과 의의 상관관계") 이는 경이직내(敬以直內)와 짝이 되는 의이방외(義以方外) 즉 일을 처리하거나 사물을 대하는 데 있어서 이치에 따르는 것으로 강학(講學)과 예학(禮學)도 포함된다. 존덕성에 대하여 도문학을 균형 있게 배치하려는 지속적인 의도를 선두에 내세운 것이다.

이어서 "2. 경의 의미와 수양방법론"은 경의 대표적인 4가지 의미인 '주일무적' '정제엄숙(整齊嚴肅)' '상성성(常惺惺)' '기심수렴(其心收斂)' 등의 내용을 소개하고 이 주장들의 차이점에 대해서 제시하고 있다. "3. 경의 외적 양상"에서는 외경(畏敬)으로부터 시작하여 경의 세부적인 항목들을 소개하고, "4. 경과 다른 수양론적 덕목 사이의 관계"에서는 장경(莊敬)으로부터 시작하여 중요한 수양론적 덕목들과 맺는 상관관계를 보여준다. "5. 경의 과정과 효과"에서는 경을 하여 얻게 되는 효과를 보여준다.

"6. 경의 시공간적 적용 범위"는 경을 무사(無事) 할 때와 유사(有事) 할 때의 경(敬) 즉 본체를 관조하는 경과 사물을 대하거나 사안을 처리할 때의 정신을 집중하여 일을 성취하는 경(敬), 이 두 측면을 보여주고, 언제 어느 때라도 경을 유지해야 마음의 평안을 얻을 수 있다는 것을 강조하고 있다.

"7. 경의 우주론과 수양론적 관점"은 경의 존재론적 탐색이다. 경의 존재 근거를 이루는 우주론적 배경을 제시한다. "8. 경의 실천가능성과 방법"에서 경은 일상적이며, 누구라도 할 수 있고, 어디서든지 어느 때라도 할 수 있는 것이라 설명하고, 경을 실천하는 데 필요한 사항들을 보여주고 있다.

4) 경과 예

정구는 사상사적으로 영남 예학의 종장으로 여겨지는데, 그 학통을 경기도 연천의 미수 허목에게 전해주어, 사계(沙溪) 김장생(金長生, 1548~1631)[53]의 기호 예학과 두 갈래의 큰 줄기를 이루면서 한국 예학의 대표적인 학통을 이끈 인물로 평가받고 있다.[54]

---

53) 본관은 광산(光山). 자는 희원(希元), 호는 사계(沙溪). 시호는 문원(文元). 서울 출신. 송익필(宋翼弼, 1534~1599)과 이이(李珥)에게 배웠다. 1578년(선조 11) 학행(學行)으로 천거되어 관직에 올랐다. 인조반정 이후로는 서인의 영수 격으로 영향력이 매우 컸다. 김장생의 문인은 송시열(宋時烈, 1607~1689)을 비롯하여 당대의 비중 높은 명사를 즐비하게 배출하였다. 예학을 깊이 연구해 아들 김집(金集, 1574~1656)에게 계승시켜 조선 예학의 태두로 예학파의 한 주류를 형성하였다. 저술로는 『상례비요(喪禮備要)』, 『가례집람(家禮輯覽)』, 『전례문답(典禮問答)』, 『의례문해(疑禮問解)』, 『근사록석의(近思錄釋疑)』, 『경서변의(經書辨疑)』, 『사계선생전서(沙溪先生全書)』 등이 있다. 문묘에 배향되고, 연산의 돈암서원(遯巖書院), 안성의 도기서원(道基書院) 등 10개 서원에 제향되었다. 『한국민족문화대백과』 관련 항목 참고.

심학과 예학은 밀접한 관련을 가지고 있다. 심학의 핵심을 경이라 보는 정구의 입장은 공자의 극기복례(克己復禮)가 경을 통하지 않고는 이를 수 없는 경지이며, 『대학』과 『중용』의 가르침은 모두 경이고, 맹자가 말한 존심과 사단의 확충이 "모두 경(敬)이 아니고서는 할 수 없는 것이다." 또한 "예악(禮樂)의 근본을 찾아보아도 또한 경(敬)이다." 따라서 심학은 예악의 근본이다.[55] 더구나 "경은 인사의 근본이다."[56] 이러한 경을 성취하여 도달하는 최종적 경지는 성(誠)의 달성이다.

> 성(誠)은 하늘의 도이고 경은 인사의 근본이니, 경의 도가 이루어지면 성이 되고 하늘[天]이 된다. 그러므로 군자의 배움은 경에 처음과 끝을 두는 것이다.[57]

경(敬)의 도를 이루기 위해서는 인사의 근본에 대한 이해와 인사의 형식과 규범에 대한 것을 체득하지 않을 수 없다. 인사의 실제적 운용은 이를 바탕으로 해서 이루어지는 것이기 때문이다. 이 바탕이 되는 것이 예이다. 그러므로 예학이란 심학의 가능성을 실현할 수 있는 실제에 속한다. 그래서 군자는 예를 배우고 이를 경에 입각해서 체화하여, 결국은 성(誠) 즉 하늘의 경지에 이르게 된다. 성인이 되는 것이며, 성학의 완성이다. 이러한 관련성은 『심경발휘』와 더불어 정구의 또 다른 중요한 저술인 『오선생예설분류(五先生禮說分類)』[58]로 이어진다.

---

54) 금장태, 「한강 정구의 예학사상」, 『한강 정구』, 231쪽 참고.

55) 「심경발휘 서문」 참고.

56) 『심경발휘』 「경이직내장」, 133조목, 140조목 참고.

57) 『심경발휘』 「경이직내장」, 140조목 참고. 위의 말은 남헌 장씨(장경부)의 말이다.

58) 송대 오선생(이정, 사마광, 장재, 주자)들의 예설을 전집(前集)과 후집(後集)으로 나누어 분류 편찬한 것이다. 전집에는 천자제후(天子諸侯)와 관련된 예설을 관혼상제(冠昏喪祭)의 예 및 잡례(雜禮)로 분류하여 실었고, 후집에는 사대부 및 서인 관련 예설을 역시 관혼상제와 잡례로 분류하여 수록하였다. 정경주, 「『오선생예설분류(五先生禮說分類)』의 편차와 그 의의」, 『퇴계학과 유교문화』58, 경북대 퇴계연구소, 2016, 136쪽 참고.

> [예(禮)는] 천리(天理)를 절도지우고 형식화[節文]하고, 인사를 의례(儀禮)로 규범화[儀則]한 것으로서, 그것을 펼치면 삼백 가지의 예의(禮義)와 삼천 가지의 위의(威儀)의 질서가 있으며, 그것을 통합하면 한 몸과 마음을 지탱하는 것이 되어 잠시도 군자의 몸을 떠나지 않는다. 도덕(道德)과 인의(仁義)가 그것으로 이루어지고 군신, 부자형제 관계가 그것에 따라 안정된다. 그래서 옛 사람들은 보고 듣고 말하고 행동하는 가까운 것에서부터 멀리 집안과 고을 나라에 이르기까지 그 성(誠)과 경(敬)을 쓰지 않는 경우가 없었다.59)

예를 성경(誠敬)의 반석에 세우기 위해서 선결되어야 하는 것은 심학(성학)의 굳건한 토대이다. 그래서 『심경발휘』는 심학 자체의 의미를 해명하는 것에 머물지 않고, 예학으로 이어져서 그 진가를 남김없이 '발휘'하게 된다. 이래서 정구를 두고 "예학은 마땅히 한강을 으뜸으로 삼아야 한다(禮學當以寒岡爲最)"라고 한 박세채의 말이 수긍되는 까닭이다.

정구의 심학은 인간과 금수의 갈림길에서 인간이 되고 성인이 되는 길을 제시해 주는 인간학이다. 『심경발휘』는 예학의 토대가 되는 심학의 가능성을 전방위로 타진하고 있는 인간학이다. 그러므로 단지 존덕성에만 주안을 두는 글이 아니라, 도문학 즉 덕성의 근거를 이루는 이치에 대한 탐구와 덕성의 실현을 위한 예의 중요성에 다리를 놓아, 양자의 균형을 모색한 저술이다.

『심경발휘』는 성학의 두 날개를 균형잡기 위한 이론적 모색뿐 아니라 전란의 와중에서 성학을 추구하는 선비가 할 수 있는 일이 어떤 것인지를 시사하고 있다. 심학이 비록 '마음에 깃든 신성'을 보존하고 지키는 보편적인 가르침이지만, (다른 학파의 가르침이나, 다른 문명권과 달리) 이는 유가의 오래된 가르침에 따라 수기치인(修己治人)의 도 즉 한 마음의 평안을 구하는 것뿐만 아니라, 천하를 이상적으로 다스리는 두 가지 목표를 가지고 있다. 단지 심학은 이를 위한 가장 중요한 토대이고 기본일 뿐

---

59) 『한강집』 권10, 「오선생예설분류서(五先生禮說分類序)」.

이다. 『심경발휘』에서는 명시적으로 드러나지 않지만, 이 또한 유학의 '위기' 속에서 저술되었다.

조선 문명이 '개 같은 왜적'에게 침탈당해 금수로 전락할 위기와 마음의 수련과 실제적 실현 양태인 예의 미비라는 유학의 위기 말이다. 그래서 정구는 수기치인의 도를 성취하기 위해 가장 기저에 있는 마음의 문제를 다룬 『심경』의 전통에 충실하면서도, 이를 통해 예학의 철학적 토대를 구축해서, 성경(誠敬)의 예학이 문명의 질서로 실현되기를 원하는 성학의 원대한 포부를 『심경발휘』를 통해서 보여준 것이라 할 수 있을 것이다.

4. 정구의 저술

정구는 많은 저술이 있지만 72세가 되는 1614년(광해 6)에 노곡(蘆谷)의 정사(精舍)가 불이 나서 대부분 소실되는 불운을 겪은 것도 있고, 실전(失傳)된 것도 있다. 아래는 「연보」와 「행장」에 기재된 저술을 연대에 맞춘 것이고, 괄호 속은 편찬할 때의 나이, 동그라미는 현재 전하는 저술을 표시한 것이다.60)

『개정주자서절요총목(改定朱子書節要總目)』(31), 『가례집람보주(家禮輯覽補註)』(31), 『한훤당연보(寒暄堂年譜)』(32, ○)
『창산지(昌山志)』(38), 『동복지(同福志)』(42), 『함주지(咸州志)』(45, ○), 『통천지(通川志)』(50), 『임영지(臨瀛志)』(52), 『관동지(關東志)』(54), 『고금문수(古今文粹)』(56), 『악천한적(樂天閒適)』(56), 『주자시분류(朱子詩分類)』(56), 『중화집설(中和集說)』(56), 『고금충모(古今忠謨)』(56),

60) 우경섭, 앞의 책, 42~43쪽 참고.

『의안집방(醫眼集方)』(58), 『성현풍절(聖賢風節)』(59),

『심경발휘(心經發揮)』(61, ○), 『오선생예설분류(五先生禮說分類)』(61, ○),

『수사언인록(洙泗言仁錄)』(62, ○), 『염락갱장록(濂洛羹墻錄)』(62), 『경현속록(景賢續錄)』(62),

『곡산동암지(谷山洞庵志)』(62), 『와룡암지(臥龍岩志)』(62), 『무이지(武夷志)』(62),

『고금치란제요(古今治亂提要)』(64), 『고금인물지(古今人物志)』(65),

『유선속록(儒先續錄)』(65), 『복주지(福州志)』(65),

『광사속집(廣嗣續集)』(72),

『예기상례분류(禮記喪禮分類)』(73), 『역대기년(歷代紀年)』(73, ○),

『봉산욕행록(蓬山浴行錄)』(75, ○), 『오복연혁도(五服沿革圖)』(75, ○), 『일두실기(一蠹實紀)』(75),

『고금명환록(古今名宦錄)』(미상)

『경세기년(經世記年)』(미상)

5. 경의 현대적 의미

정구는 경의 의미와 더불어 연관된 거의 모든 분야에 대해 설명했다. 이 설명은 경을 말하고 있는 주자학과 주자학의 선하를 이루는 도학자들의 언설을 통해서 제시되고 있다. 그런데 '과연 경이 무엇인가?'라는 질문은 현대의 우리들에게 중요한 질문인 것 같다. 그러나 이미 「해제」의 분량이 지나치게 많아지고 있으며, 이에 대한 해답은 한글로 번역되는 『심경발휘』 이후에 진척되어야 하는 일이라고 생각하기 때문에, 본격적으로 다루지 못하는 것에 대해 독자 분들의 양해를 바란다. 다만 여기서는 대강의 얼개를 간략히 제시하는 것으로 대신하겠다.

경을 현대적으로 이해하는 것은 아마도 철학보다는 심리학의 주제라고 생각된다. 그런데 심리학은 인간의 '마음'과 그것이 '밖'으로 드러난 '행동'을 연구하는 학문이다. 이 학문이 반드시 과학의 틀 속에서 이루어져야 한다고 할 수는 없지만, 과학적 접근은 무엇보다 중요하다. 그렇게 하지 않으면 현대인들을 설득하기 어려울 것이다. 아마도 이러한 측면에서 경은 주의집중(attention)이라는 인지심리학의 영역에서 다루어지는 것이 일차적인 접근 방법일 것이다.[61]

'주일무적(主一無適)'이라는 경의 정의 가운데 가장 대표적인 것을 음미하면, 경은 주의집중 과정이다. 우리가 살아가면서 무언가를 성취하기 위해서 우리의 인지는 그 목적에 이바지해야 한다. 만일 인지과정에 혼란과 착오가 있다면 궁극적으로 우리의 삶은 온전하게 영위될 수 없을 것이다. 전반적인 삶의 적응을 위해 마음의 인지과정은 주의를 통한 선택과 집중을 통해, 우리의 신체적 기관과 협동하여 목표를 달성한다. 이러한 과정은 다양하고 정확한 측정을 통해서 주의집중의 양적 상태를 설명할 수 있다.

이는 전통 용법으로 체(體)에 대한 용(用)에 관계하는 경, 말하자면 유사시(有事時)의 경이라고 할 수 있을 것이다. '글씨를 잘 쓰기 위해,' 그러한 한 가지 목표를 효과적으로 성취하기 위해 주의 집중하는 것이다. 그러나 '글씨를 잘 쓰기 위해'와 같은 어떤 의도가 없는 상태, 말하자면 무사시(無事時)의 경이 있다. 이것은 용에 대한 체에 관계하는 경이다. 이는 본체를 관조하는 것이기 때문에 과학의 영역이 아니다. 과학이라는 의미를 넓게 사용해도 이것은 양적 측정의 세계가 아니며, 의도 너머에 있는 '의도가 없는 의도' 즉 무심의 영역에 속하는 것이다. 따라서 이때는 경을 주의집중이라고 할 수 없다. 그 '한 가지' 목표가 '특정한 일[有事]'이 아니라 (유학의 신성이라고 할 수 있는) 태극(太極)과 같은 본체이기 때문이다. 이

---

61) 이에 대한 초보적이고 개괄적인 접근은 다음을 참고. 이창일, 「집과 도량, 경수행과 그 현대적 적용」, 『심경』.

지점이 향후 『심경발휘』의 언설을 통해서 새롭게 음미되어야 할 지점이라고 생각한다. 그런데 이미 다른 지적 전통에서는, 특히 불교와 도가의 세계에서, 이는 좌선(坐禪)이나 좌망(坐忘) 등으로 알려져 온 이른바 '명상'의 영역이다. 비단 동아시아뿐 아니라 '마음에 깃든 신성'을 이야기 하는 지구촌의 어디에서든 이러한 영역을 쉽게 확인할 수 있다. 아마도 이는 지구촌이 근대세계로 접어들기 이전에는 매우 흔한 상식에 속했을 것이다.

정구를 모시었던 제자들은 선생이 가끔씩 '흙덩이처럼 보인다'는 기록을 남기고 있다.

> 선생이 무흘(武屹)에 계실 당시 내가 곁에서 모시고 있었을 적의 일이다. 저녁밥을 먹은 뒤에 선생이 옷깃을 여미고 꿇어앉아 눈을 감고 아무 말 없이 있는데, 어깨와 등줄기가 꼿꼿한 가운데 그 기상이 온화하면서도 근엄하여 마치 흙으로 빚은 사람 같았다. 자정쯤에 이르러서야 눈을 들고 좌우를 둘러보았다. 때마침 달빛이 휘영청 밝고 산천은 정적이 감돌았다. 선생은 방문을 열고 나가 중당(中堂)에서 산보하는데 기분이 유쾌하여 스스로 즐거워하는 흥취가 있었다. <제자 배상룡(裵尙龍)의 기록>[62]

> 선생은 비록 한가로이 지낼 때라도 게으른 모습을 몸에 드러내지 않았다. 잠시도 몸을 기울여 어디에 기대는 적이 없었고 또 잠시도 옷을 벗은 적이 없었다. 가끔 눈을 감고 꿇어앉아서 전혀 움직이지 않아 조금 멀리에서 바라볼 때는 마치 흙으로 빚은 인형처럼 보여 가까이 접근할 수 없을 것만 같았으나, 막상 곁으로 나아가고 보면 부드럽고 따스한 기운이 마치 봄바람 속에 앉아 있는 것처럼 느껴졌다. <제자 이서(李紓)의 기록>[63]

이는 이황이나 주자에게서도 발견될 수 있는 경을 수행하는 한 모습이었을 것이며, 여느 선비들도 모두 이러했을 것이다. 이것은 유사시의 경

---

62) 『한강언행록(寒岡言行錄)』, 「유편(類編)」, 「학문(學問)」.
63) 위와 같은 책, 「지경(持敬)」.

즉 특정한 일을 성취하기 위한 주의집중만으로 모두 해결될 수 없는 경의 다른 측면이다. 그리고 이런 다른 측면이 지금 우리 현대인에게 중요하다. 이것은 이른바 영성(spirituality)의 측면이다. 이 때 경은 유학의 울타리에서 벗어나, 유학자들은 공식적으로 거부했지만, 도가와 공유하며 더나가 불교와 공통의 지반을 가지고, 또한 고금에 구애되지 않고 문화의 공간에 막혀 있지 않는 포괄적인 의미의 '명상' 속에서 논의될 수 있다.

영성의 전통에서 명상은 인간의 발달과 성장을 촉진시키는 유일한 수단이다. 그런데 이 수단이 무시되고 망각되어 왔다. 그러던 중에 서구의 세계에서 이 '명상'을 제한적인 의미에서나마, 고통의 경감이라는 병리적 영역에서 재해석해 활용하기 시작했다. 우리는 고통(pain)은 아픔(suffering)이 섞여 있다는 사실을 어렴풋이 안다. 신체적 통증을 가리키는 고통에는 모종의 심리적 기제가 은폐되어 있기 때문이다. 이 기제는 사실을 왜곡하는 마음의 불안이다. 불안은 인간 존재의 고뇌에서 기인한다.

명상을 활용하는 한 예로 서구의 세계는 불교 전통의 '명상'을 심리학과 의학의 영역에서 재해석하여, 엠비에스알(MBSR: Mindfulness Based Stress Reduction, 마음 챙김에 기반 한 스트레스 감소)이라는 프로그램을 개발하였다.[64] 이는 무심(無心)이라는 '명상'의 가장 공통적인 지반에 착안하여, 고통을 경감하려는 실제적 의도에서 개발된 의학적-심리학적 방법(道)이다. 이어서 생겨난 여러 방법들[65] 가운데 액트(ACT: Acceptance and Commitment Therapy, 수용과 전념치료)와 같은 방법에서는 병리적인 측면에 국한되지 않고 일반인 모두에게 마치 현실의 고(苦)가 실제 실존적 사실이라는 불

---

64) 1979년 메사추세츠 대학병원의 존 카밧-진(Jon Kabat-Zinn)이 불교의 명상법을 이용해 개발한 스트레스 감소 프로그램이다. 마음챙김(mindfulness)이란 위빠싸나 명상(vipassanā meditation)의 핵심 개념으로, 주의를 집중하되 주관을 개입하지 않고 있는 그대로 관찰하는 것이다. 우리의 경(敬)도 이러한 개념 지형을 가지고 있다.

65) MBSR 이외에도 '마음 챙김에 근거한 인지 치료(MBCT)', '변증법적 행동 치료(DBT)' 등이 있다.

교의 가르침과 방불하게, 마음의 경직성이 모든 고통의 진원지라는 사실을 새삼 표방한다. 그리고 이러한 마음의 병을 일으키는 마음의 경직성은 말하고 생각하는 인간의 존재 즉 마음이 작용할 때 부지불식간에 형성되는 마음의 망상체계(개념화된 과거와 미래의 지배, 제한된 자기 인식, 가치 명료화, 접촉의 결여, 무활동, 충동성, 회피지속, 개념화된 자기에 대한 집착, 인지적 융합, 경험 회피)에서 비롯하는 것이다. 이러한 일종의 망상체계는 본래의 마음을 벗어나서(방심) 어떤 의도에 걸리거나 사로잡혀서 무언가를 억지로 하려는 마음에서 연유한다. 그래서 경직성에서 유연성을 회복하기 위해 이 체계를 분석하고 여기에서 벗어나는 가장 능동적인 길로 '마음 챙김'의 방법을 제시한다.[66] 이는 『심경발휘』에서 내내 어려운 한자의 개념을 통해서 전달하려는 메시지와 거의 같다.

그런데 이러한 제한된 방법 이외에도 개인(person)을 성장시키고 발달시켜서 개인 너머의 존재가 되려는 인간의 욕구, 말하자면 자기실현을 넘어서 다른 존재들과 더불어 유대와 일체를 형성하려는 초(超) 개인 즉 트랜스퍼슨(transperson)을 향한 욕구를 정당하게 만족시켜주는 데도 명상이나 경은 유용한 수단이 된다. 성학의 목표가 바로 이것이다. 성인이 되고 하늘이 되는 배움. 그러나 불행히도 성학은 망각되었고 정치권력의 이데올로기가 되어서 그 정당성을 제대로 발휘해본 적이 없는 사문(死文)이 되었다. 그러나 이 차원이 결여되면 심리신체적이며 영적 존재인 인간에게 고뇌는 사라지지 않는다. 이러한 점에서 경의 현대적 재해석과 활용은 시급한 일이다. 심학은 늘 인간의 위기 즉 마음의 위기 때 등장했다. 지금의 현대 또한 이러한 위기를 맞이하고 있다.

'명상'이 중요하다면 불교에서 퍽이나 잘 발달되고 체계화된 '명상' 즉 좌선을 재해석하면 되지, 굳이 유가의 경을 재해석할 필요가 있는가? 그

---

66) 제이슨 루오마(Jason B. Luoma) 외(최영희 외 공역), 『수용전념치료 배우기』(학지사, 2012), 31~51쪽 참고.

러나 유가의 경에는 불교의 '명상'에서 잘 다루지 못하는 영역이 있다. 이 영역은 한 사람이 장경(莊敬)의 몸가짐을 가지고서 '신명처럼 외경(畏敬)하고 부모처럼 높이는' 존경의 인간관계를 맺으며, 애경(愛敬)의 공동체를 가꾸어 가는 세속의 질서이다.

본래 출세간의 가르침인 불교가 유가에 미치지 못하는 것이 이러한 세속의 질서이다. 경은 명상의 체계를 내세우는 가르침이 흔히 망각하기 쉬운 외(外)의 측면을 포함하여, 내외(內外)를 함께 발양하는 통합의 체계를 강점으로 하고 있다. 이 때문에 예(禮)와 동떨어져서 경을 말할 수 없는 것이다.

비록 예나 예의 규범이 신분제 사회 구조와 공고히 결합하고 있는 '전근대성'에 머물러 있기 때문에 유가의 사상이 지금과 같은 민주의 시대에는 인기가 없으며, 착오적인 사상으로 평가받고 있는 것이 사실이다. 그러나 장경의 몸가짐은 불교나 도가와 다른 인간완성의 상을 보여주고 있다.

'마음에 깃든 신성'이 인간의 실존적 사실이라면, 이에 대한 유가 심학의 메시지는 어디에 있는가? 그것은 장경의 몸가짐을 가지고, 세속을 살아가는 인간의 모습이라고 할 수 있을 것 같다. 지금의 세계는 이미 다양한 문화 속에서 장경의 몸가짐만이 인간의 완성된 모습이라고 할 수는 없을 것이다. 그러나 음식남녀의 세계 속에서 장경의 몸가짐을 가진 인간이 살아가는 세계의 비전은 우리가 살아야 하는 미래의 선택지를 더욱 풍부하게 하는 것이라 생각한다.

장경한 몸가짐은 '일하고 탐구하는' 지금의 인간상에서 '내면을 돌보며 일하고 탐구하는' 인간이 보여줄 수 있는 상이며, 이는 유학을 통해서 등장할 수 있는 오래되었으나 새로운 인간의 상이다. 이제 『심경발휘』를 읽으면서, 이러한 인간상을 살펴보도록 하자.

번역어 선택

『심경발휘』의 언어는 심학(心學)에 관련된 '수양(修養)의 언어'들이 많다. 이 개념들은 한글로 옮겨 놓으면 그 의미가 석연하게 이해되지 않을 때가 있다.

한글 번역은 대부분 관용적인 번역어를 따르지만, 의미의 전달을 위해서 한글의 쓰임에 맞게 옮길 때도 있다. 그리고 '수양의 언어'들은 중요하기 때문에 일관된 한글 용어로 옮기고, 그 근거를 각각 제시하였다. 이것이 최선이라고 할 수는 없지만, 더 나은 번역어가 생겨나면 더 잘 이해할 수 있는 길이 열리기 때문에, 이런 개념의 이정표를 세우는 것도 의미가 있으리라 생각한다.

1. "도심유미(道心惟微)"의 미(微)는 "매우 미세함"[精微]으로 번역한다. 주자는 "미(微)는 정미(精微)이다"(微者, 精微也., 「인심도심장」 5조목)라고 했는데, 여기서 정(精)은 미세함[微]을 강조하는 '매우' '대단히' '몹시' 등의 의미라고 보았기 때문이다.

2. 유정유일(惟精惟一)에서 유정(惟精)은 "정성(精誠)을 다하다"로 번역하고, 유일(惟一)은 "한결같이 하다"로 번역했다. "한결같다"는 현대 한글의 형용사는 "처음부터 끝까지 변함없이 꼭 같다"는 뜻이다. 여기에는 '한결같다' '하나같다' '변함없다' '시종여일(始終如一, 처음과 끝이 한결 같다)하다' 등의 뜻이 중첩되어 있다. 영어로 흔히 constant와 대응한다.

주자는 '유일'에 대해서 이렇게 풀이했다. "유일(惟一)은 항상 이와 같이 지켜야 하는 것이다. 지금 사람들은 진실로 그 처음의 분간은 정밀하지만 뒤로 가면서 물욕(物欲, 사물에 사로잡혀 생겨난 욕심)에 의해 인심이 따라 끌려가게 되므로 '유일'이 귀한 것이다(惟一, 便是要常守得恁地, 今人固有其初揀得精, 後來被物欲引從人心去, 所以貴於惟一. 這惟精惟一, 便是舜教禹做工夫處 「인심도심장」, 13조목) 주자의 뜻은 일관(一貫) 즉 '처음부터 나중에 이르기까지 변하지 말라'는 데에 있는 것 같다. 그래서 '한결 같다'고 풀이했다.

3. 욕(欲)은 맥락에 따라 "욕구"나 "욕심"으로 번역한다. 이와 관련해서 "人欲"은 그대로 "인욕"이라고 하고, '사물에 사로잡혀 생겨난 욕심'을 뜻하는 "物欲"은 그대로 "물욕"이라 옮겼다.

한자어 욕(欲)과 욕(慾)은 구분이 없이 통용되고 있으며, 주로 욕(欲)을 많이 사용한다. 욕(欲)은 욕구, 욕망, 욕심 등으로 번역할 수 있는데, 한자 보다는 한글의 쓰임에 서로 차이가 있다. 욕구(needs)는 주로 이목비구와 사지가 생리적 활동을 하는데, 결핍에서 만족으로 향하고 만족이 채워지면 다시 결핍에 이르러 만족을 추구하는 자율적인 순환성을 가지고 있다. 욕구는 생리적 욕구가 가장 대표적이다. 그러나 인간에게는 생리적 욕구를 넘어서 인간 존재의 내부에서 자연스럽게 발생하는 욕구들이 있는데, 이것은 주로 계층적(hierarchical)으로 구성되어 있다. 심리학자 매슬로(Abraham H. Maslow, 1908~1970)에 따르면, 생리적 욕구를 기저로 해서, 안전의 욕구(safety needs),

사랑과 소속의 욕구, 존경의 욕구, 자아실현(self-actualization)의 욕구, 자아를 넘어선 초개인적(transpersonal) 욕구 등이 있다.

군자의 욕구는 주로 상위 차원(계층)에 속하는 것이며, 이 욕구는 의식(마음)이 계층적으로 높은 수준에 이를 때 만족될 수 있다. 그러나 욕망(慾望, wants or desire)은 '바라다'는 의미에서는 욕구와 큰 차이가 없지만, 이 말은 생리적이기 보다는 정신적인 차원을 가리킨다. 욕망의 특징은 정신이 결핍을 본질적으로 소유하고 있기 때문에 완전한 만족이 이루어지지 않는 것이다. 욕구가 결핍과 만족의 영원한 순환성을 가지고 있는데, 이 결핍을 본질적이라고 한다면, 이 맥락에서 욕망이라고 할 수도 있을 것이다.

그리고 욕심은 탐욕(貪慾)을 가리키는 것으로, 정신적 요인이 개입하여 이목비구와 사지가 만족을 무시하고 지나치게 추구하거나, 이 과정에서 의식적으로나 무의식적으로 타인의 것을 무자비하게 탈취하면서 만족을 추구하는 것을 가리킨다. 또한 욕심은 가치평가의 맥락이 강하게 전제되는 것이 특징이다. 유학의 입장에 서 있는 『심경발휘』의 맥락에서는 욕(欲)은 기(氣)의 용사(用事, 활동)를 제어하지 못할 때 욕심이 된다. 기의 용사를 제어하는 본성의 힘을 자각하고 보존하여 이를 키우는 것이 수양이고, 학문의 목표이며, 군자의 존재이유가 된다. 욕(欲)을 주로 욕구나 욕심으로 번역하고, 다른 의미의 지평이 있을 때는 다른 번역을 제시하고, 그 이유를 밝히기로 한다.

4. 주일(主一)은 "하나를 위주로 하다"로 번역한다. 이와 관련해서 주경(主敬)은 "경을 위주로 하다"로 번역한다.

'주일'을 한 가지에 '집중하다'로 해석할 때, 집중(集中)은 '한곳을 중심으로 하여 모이다' 또는 '한 가지 일에 모든 힘을 쏟아 붓다' 등의 뜻을 가진다. 이는 '몰두' '골몰' 등과 유사한 뜻으로, '무언가 분산된 것을 하나로 모으다'라는 의미 지형을 가지고 있다. 영어로는 concentration, focus, center 등과 대응한다. 그런데 이것은 마음의 의식적인 지향을 반영하는 번역어이다. 경은 의식을 포함한 무심(無心)의 영역까지 다루고 있으므로, 경의 대표적인 정의인 '주일'은 집중만 있는 것은 아니다.

주일은 '전일(專一)'로 옮기기도 한다. 이때는 '마음과 힘을 모아 오직 한 곳에만 쓴다'는 뜻이다. 그런데 흥미롭게도 영어로 보면, the whole mind, concentration, concentrate one's whole mind 등과 대응하여, 전일하다=집중하다=주의를 기울이다=관심을 갖다 등은 영어로는 큰 구별이 없어 보인다. 그리고 이 역시도 집중의 경우처럼 무심의 영역을 다루기에는 미흡하다.

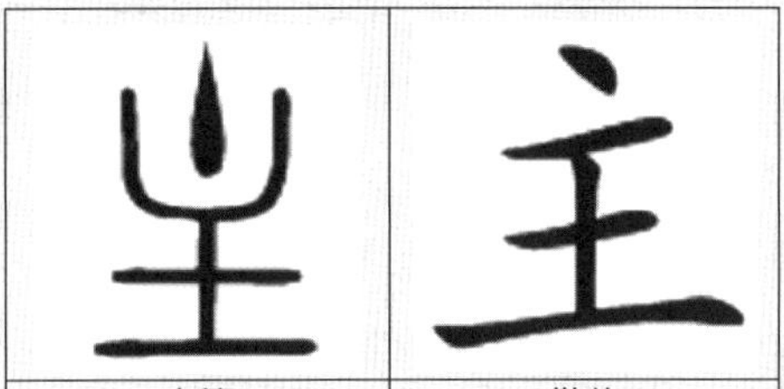

小篆 楷体

『설문해자(說文解字)』(권5, 【丶部】 主)에 따르면 주(主)는 "등잔 가운데의 불"(鐙中火, 主也)를 상형한 글자이다. 그 주석에서는, "등잔 위에 타고 있는 불이 주(主)이다. 그 형태가 매우 미세하지만 온 방을 밝게 밝히는 것에서, 백성에게 어둠을 깨우치게 밝혀주고, 은혜를 널리 베푼다는 의미로 유추되어 주인과 임금의 뜻을 가지게 되었다."(『說文解字注』. 火是爲主. 其形甚微而明照一室, 引伸假借爲臣主, 賓主之主)

이를 보면 주(主)에는 그 자체로 중심(中心)의 의미가 들어 있고, 주인과 임금의 뜻에서 '다스리고 주재(主宰)하다'는 의미도 있다. 이런 의미 지형에서 나는 주(主)에 대응하는 한글을 살펴보았다. 그것의 명사형은 '으뜸'이고 동사형은 '주(主)로 하다' 또는 '위주(爲主)로 하다'였다. 여기서 '위주'는 한자어가 아니라 현대 한글이다. '위주로 하다'는 '중심이 되다'는 뜻이며 이는 군주나 주인의 함의를 가진 것이다. 그리고 위주로 하다는 영어의 oriented, centered, focused 등과 대응한다. 이는 앞서 '집중'과 대응하는 말들이다.

이를 살펴보았을 때, '주일'의 주는 동사형으로써 '집중하다'나 '전일하다' 보다는 더 의미 면적이 넓은 '위주로 하다'가 더 나아 보인다. 여기에는 중심, 집중, 전일 등의 뜻이 모두 포함되어 있다.

일신(一身)을 주재하는 것이 심(心)일 때, 심은 그 중심(中心)을 가리킨다. 이 중심(中心)을 잃지 않고 보존하는 것이 곧 존심(存心)이고, 이 존심은 의식적일 때나 무심할 때나 모두 경(敬)을 통해야 한다. 그래서 일심(一心)을 주재하는 것은 경(敬)이 된다. 일신의 주재가 심이고, 심의 주재가 경이라면 경은 동정(動靜)과 내외(內外)를 막론하여 위주가 되어야 하는 것이다. 주(主) 자의 의미를 잘 음미하면, 경과 수양의 전체 그림을 쉽게 파악할 수 있다.

5. 전일(專一)은 "(마음과 힘을 모아) 오직 한 곳으로 함"으로 옮기고, 문맥에 따라 "전일하다"로 쓴다. 전일은 '집중하다' '모아서 하나가 되다(聚集爲一)' '순수하고 정결하고 잡스럽지 않다(純淨不雜)' 등과 같으며, 이웃 중국어에서는 '마음이 한결같다(心思专一)'처럼 '한결 같다'의 뜻이 있다.

6. 경(敬)은 그대로 "경"으로 옮긴다. 경은 다양한 함의를 가지고 있기 때문에, 그리고 그 때문에 그 의미 지형을 탐색한 것이 정구의 노력이므로, 다양한 형태로 옮겨질 수는 있지만 그 자체로 이해되어야 한다. 경은 다른 언어로 설명되는 것이 아니라, 그 자체로 설명하는 상위의 언어이기 때문이다. 이는 서양철학에서 이데아(idea)나 모나드(monad), 심리학에서 이드(id) 혹은 아니마(anima)나 아니무스(animus) 등이 그대로 쓰는 이유와 같다.

7. 무적(無適)은 "(마음이 다른 곳으로) 가는 일이 없음"으로 옮긴다. 그래서 경의 대표적인 정의인 "主一之謂敬, 無適之謂一"은 "하나를 위주로 하

는 것을 경이라 하고, (마음이 다른 곳으로) 가는 일이 없는 것을 하나라고 한다"라고 옮긴다. 이것의 축약형인 "主一無適"은 "하나를 위주로 하여 (마음이 다른 곳으로) 가는 일이 없음"으로 옮긴다.

8. 함영(涵泳)은 "물에 잠겨 젖어들 듯 깊이 이해함"으로 옮기고 문맥에 따라 그대로 "함영"을 쓴다. 함영은 나(자아)의 경계가 되는 피부의 촉감이 대상을 거부하지 않는 수용의 상태에 빗대어서, 무심하게 본체를 관조한다는 의미를 가지고 있다. 그래서 함영은 정(靜)에 속하며, 이해와 같이 동(動)의 영역에 해당하는 성찰(省察)에 속하지 않는다. 그러나 번역은 '깊은 이해'라고 옮겨, 어떤 인위적인 매개도 없이 자연스럽게 '몸소 체득(體得)한다'는 의미와 상응하기를 바랬다.

9. 지(持)는 "유지" 또는 "(붙들어) 유지"로 번역했다. 이와 관련해서 "지경(持敬)"이라고 하면 경을 '계속'해서 '변함없이' '유지'하고 '보존'하는 것을 뜻하므로, "유지"가 좋게 보였다. 간혹 "경을 파지(把持)"하는 것으로 생각하는데, 이는 무언가를 꽉 움켜쥐는 것으로 경을 실체로 오인할 수 있기 때문에 피했다.

지기(持己)는 그러므로 "자기의 본마음을 유지"하여 보존하는 것을 뜻한다. 하지만 '유지'라는 말에는 애쓰지 않고 다소 안일하게 '현상을 유지한다'와 같은 언어 사용이 배어있어서, '매다'의 뜻을 가지고 있는 유(維)가 덜 개입하고 있는 것이 약간의 흠이다. '유'는 밧줄 같은 것으로 붙들어 매는 것이다. 하지만 주자의 말에서는 '유지'가 잘 쓰인다. 말의 의미가 약간 달라지기는 했으나, 이를 믿고 '유지'로 선택했다.

"사람의 마음이 언제나 항상 환하게 빛나고 있다면, 사지는 제어되지 않더라도 저절로 법도를 따르게 되어 이를 계속 유지하는 것이다."(人心常炯炯在此,

則四體不待羈束, 而自入規矩, 來維持之. 「경이직내장」 77조목)

"이를 유지하고 주재하는 것은 전적으로 경(敬)이라는 글자에 있습니다"(其維持主宰, 全在敬字. 「경이직내장」 139조목)

10. 거경(居敬)은 "경에 늘 머물러 있음"으로 옮겼다. 거(居)는 ~에 있다, 차지하다, 머물다, 저장하다, 품다, 두다, 먹다 등의 의미가 있는데, 경의 효과는 자발적으로 해야 나타나는 것이기 때문에, 집처럼 편한 하게 거처(居處)하는 듯이 경의 상태에 머물러 있다는 뜻이 가장 적합해 보인다. '늘(항상)'의 뜻을 넣은 것은 경은 동정(動靜)을 가리지 않고 하는 것이기 때문이다.

11. 수(守)는 "지키다"로 옮겼다. 지(持, 유지)가 내부라면, 수(守)는 외부로부터 방어한다는 의미 맥락이 있다. 즉 공격에 대해 방어이다. 그래서 지수(持守)라고 하면 "몸과 마음의 내외(內外)를 유지하고 지키는 것"이다.

【번역 일러두기】

○ 『심경발휘』는 한국학중앙연구원 장서각 소장본이며, 전 4권(卷)의 건곤 2책(冊)으로 되어 있다. 한국역사정보시스템의 원문을 이용했다.

○ 각 조목의 문장 앞에 별 표시(*)가 하나 붙은 것은 진덕수 『심경』의 문장이다. 별 표시가 두 개 붙은 것(**)은 정민정 『심경부주』의 문장이다. 별 표시가 없는 것이 『심경발휘』의 새로운 문장이다.
『심경발휘』는 권1~권3 앞부분까지는 『심경부주』의 장과 이름이 같으나, 조목의 수와 내용은 더 풍부하다. 그래서 『심경발휘』는 장을 가리키는 제목은 같지만 간혹 그 안에 포함된 조목들 가운데 『심경부주』의 다른 장에 속한 문장들이 있다. 예) 『심경부주』의 「안연문인장」에 속한 내용을 『심경발휘』에서는 「상제임여장」에 포함시킨 경우

○ 서지사항에서 『사고전서』를 표시할 때는 일본 교토(京都) 대학의 인문과학연구소(人文科学研究所)에서 구축한 <한적 리포지토리>(漢籍リポジトリ, Kanseki Repository, http://www.kanripo.org/)를 이용했다. 주석에 등장하는 알파벳과 숫자의 표기는 『사고전서』에 표기된 페이지를 나타낸다. 예) 26a은 26장의 홀수 면을 가리킨다. b는 짝수 면이다.

○ 이정(二程) 관련 문헌(『유서(遺書)』, 『외서(外書)』, 『문집(文集)』, 『수언(粹言)』, 『정씨경설(程氏經說)』)의 표기는 권수와 문장의 순서를 표기했다. 예) 『이정외서(二程外書)』 권2, 64번째 문장

○ 『주자어류(朱子語類)』(전8책)는 여정덕 편(黎靖德 編), 왕성현 교점(王星賢點校)의 출판본(北京 : 中華書局, 1994)에 따라 조목을 만든 것이다. 『주자대전(朱子大全)』은 『주희집(朱熹集)』(成都 : 四川敎育, 1996) 판본을 사용하였다. 『주자대전』의 주자 편지글은 편지의 순서를 표기했고, 편지를 쓴 연도는 진래(陳來)의 『주자서신편년고증(朱子書信編年考證)』(北京: 三聯書店, 2007. 이하 『편년고증』으로 표기)을 참고 했다.

○ 문장에 등장하는 인물과 『주자어류』의 주자 문인들에 대한 소개는 필요할 때 가급적 간략하게 표시하고, 중요한 인물은 책 뒤에 부록으로 따로 묶었다.

○ 『심경발휘』의 문장은 원전에서 정구가 직접 발췌한 것이지만, 간혹 진덕수의 저술(주로 『서산독서기』)에서 발췌한 것도 있다. 이러한 부분은 주석에서 간략하게 표시하였다. 또한 문장 말미의 원전 표기는 한문으로 쓴 본문에 없는 것은 모두 역자가 붙인 것이다.

○ 수양에 관련된 개념적 용어에 상응하는 한글 번역어의 선택 기준은 별도로 제시했다.
예) 거경(居敬) : '경에 늘 머무름,' 주일(主一) : '하나를 위주로 함' 등.

○ 편지글은 편지를 주고받은 상대의 연령을 따지지 않고 격식을 차린 글이라는 특성이 있기 때문에 우리말의 경어체를 사용했고, 각 어록(語錄) 특히 『주자어류』는 평소의 대화를 기록한 어록이라는 특성을 살리려고 평어체를 사용했다.

心經發揮序

심경발휘 서문

心經發揮序
심경발휘 서문

人惟一心之微, 而爲堯爲舜者在是, 爲桀爲跖者在是. 上焉而參天地贊化育者在是, 下焉而同草木歸禽獸者亦在是. 吁其可警也.

사람은 오직 한 마음의 정미(精微, 매우 미세함)함에 따라 요(堯)임금이 되고 순(舜)임금이 되는 것이 여기에 있고, 걸(桀)임금이 되고 도척(盜跖)이 되는 것도 여기에 있다.[1] 위로는 천지에 참여하고 화육을 돕는 것이 여기에 있고, 아래로는 초목과 같고 짐승처럼 되는 것도 여기에 있다. 아, 경계해야 할 것이다.

夫要其幾, 不越乎敬之一字而已. 自堯舜精一之訓, 而所以精之一之者, 非敬矣乎. 肅然如上帝之臨, 惕然若君子之友, 邪思閑而誠思存, 忿思懲而慾思窒, 善必遷而過必改, 改又必於不遠, 孰非以敬爲主乎.

---

1) 요임금과 순임금은 제왕이지만 선한 덕을 완성한 자의 대명사이며, 하(夏)나라의 걸왕(桀王)과 은(殷)나라의 주왕(紂王) 및 도척은 포악무도하고 극악한 자의 대명사이다. 주자가 수립한 유학의 도통(道統)에서 요순은 첫 번째 시작이다. 도통은 요(堯), 순(舜), 우(禹), 당(湯), 문왕(文王), 무왕(武王), 주공(周公), 공자(孔子), 안연(顔淵), 증자(曾子), 자사(子思), 맹자(孟子), 이정자(二程子) 등으로 이어진다. 주자의 「중용장구서(中庸章句序)」 참고.

무릇 그 기틀의 핵심은 경(敬)이라는 한 글자를 넘지 않는다. 요임금과 순임금이 하신 '오직 정밀하고 한결같이 하라'는 정일(精一)의 가르침에서부터 말하면, 정밀히 하고 한결같이 하라는 것이 경(敬)이 아니겠는가? 숙연하게 '상제께서 굽어보시는 듯'하고 두려운 마음을 가지고 '군자가 벗을 사귀는 듯'하며, '간사한 생각을 막고 진실한 생각을 보존'하며, '노여운 생각을 징계하고 욕심내는 생각을 막으며,' '선함을 보면 반드시 옮겨 가고 허물이 있으면 반드시 고치는데,' 고칠 때는 반드시 금세 고쳐야 하니, 그 어느 것이 경을 위주로 삼는 것이 아니겠는가?

故聖人胷襟曠然若無物, 而答爲仁之問, 則因材之篤, 亦不出於克復敬恕. 至於子思子之戒懼, 子曾子之誠正, 蓋無非敬焉, 而求之禮樂之本, 則亦敬也. 鄒孟之所以寡慾存心, 擴四端而充惡欲者, 皆非敬而能焉乎.

그러므로 성인의 가슴속은 탁 트이고 넓어서 마치 아무것도 없는 것 같지만, 인(仁)을 실천하는 법을 묻는 제자들의 물음에 대답할 때는 타고난 자질에 따라서 자기의 사사로움을 이기고 예를 회복하는 '극기복례(克己復禮),' 경(敬)과 서(恕) 등에서 벗어나지 않았다. 자사(子思)[2]가 말하신 '보이지 않을 때에도 경계하고 삼가고, 들리지 않을 때에도 걱정하고 두려워하는' 계신공구(戒愼恐懼)의 가르침, 증자(曾子)[3]가 말하신 '뜻을 성실하게 하고 마음을 바르게 한다'는 성의정심(誠意正心)의 가르침에 이르기까지, 대개 경(敬)이 아닌 것이 없으며, 예악(禮樂)의 근본

---

2) 자사(기원전 483~402). 전국 시대 노(魯)나라 추읍(陬邑) 사람. 이름은 급(伋)이고, 자사는 자(字)다. 공자(孔子)의 손자고, 『중용(中庸)』의 저자로 알려져 있다. 증자(曾子)에게서 배우고, 맹자(孟子)는 그의 재전제자(再傳弟子)이다.

3) 증자(기원전 505~436). 춘추 시대 말기 노(魯)나라 남무성(南武城) 사람. 이름은 삼(參)이고, 자는 자여(子輿)다. 증점(曾點)의 아들이다. 공자의 수제자이며 『대학(大學)』을 지었다고 한다. 자사에게 도(道)를 전하고, 자사의 제자가 이를 다시 맹자(孟子)에게 전했다.

을 찾아보아도 또한 경(敬)이다. 추나라 맹자(孟子)[4]께서 말씀한 '욕심을 적게 갖고' '마음을 보존'하고 인의예지의 사단(四端)을 넓히고 욕심을 싫어하는 마음을 채워나가는 것은 모두 경(敬)이 아니고서는 할 수 없는 것이 아니겠는가?

然而先古聖賢, 實未有名言敬之一字提掇, 而表章之, 推之爲聖學之綱領者. 爰自伊洛萬古道統之要, 昭乎其有的矣, 西山先生又歷選前後經傳之訓, 編爲此書, 以立心學之大本. 於是敬之爲公於此心, 益明且顯.

그러나 앞선 옛 성현들 중에 실제로 경(敬)이라는 한 글자를 일으켜 깨워서 이름을 부여하고 세상에 드러내 밝히며 더 미루어서 성학(聖學)의 강령으로 만든 분은 없으셨다. 그러다가 이락(伊洛, 정호程顥와 정이程頤)[5]으로부터 만고 도통의 핵심이 환하게 드러나게 되었으며, 서산선생(西山先生, 진덕수眞德秀)이 또 역대로 경전의 가르침을 두루두루 골라 이 책을 엮어서 심학(心學)의 큰 근본을 세웠다. 이에 경(敬)이라는 것이 이 마음을 수양하는 데 공통의 기준이 된다는 것이 더욱 분명해지고 드러났다.

使學者而無意於此心, 則已, 如其有意, 寧可一日一時之捨此書, 而他求乎. 自堯舜以至於程朱, 所以由此心, 而入聖域, 而參贊焉者, 一開卷而秩然可見, 凜乎若先聖先師之指示此心, 吁其可敬矣.

만일 배우는 자가 이 마음을 수양하는 데 뜻이 없다면 그만이지만, 뜻이 있다면 어찌 한 날 한 때라도 이 책을 버려두고 다른 것을 찾을

4) 맹자(기원전 372?~289?). 추(鄒)나라 출생. 이름은 맹가(孟軻)이고 자는 자여(子輿) 또는 자거(子車). 고대 시대 성인의 도통을 이은 마지막 계승자. 이후 천년 뒤에 송나라의 이정자에게서 부활함. 「중용장구서」 참고.

5) 이정은 형 정호(程顥, 1032~1085)와 동생 정이(程頤, 1033~1107)를 함께 높여서 부르는 이름이다. 맹자 이후 끊어진 도통을 부활시키고 계승한 성현이다. 「중용장구서」 참고.

수 있겠는가? 요순으로부터 정자와 주자(朱子)에 이르기까지 이 마음을 통하여 성인의 경지로 들어가 천지와 함께 나란히 서서 셋이 되어 천지간 만물의 변화와 생육을 돕는 것은 이 책을 한번 펴봄으로써 질서정연하게 알 수 있으니, 마치 선대의 성인과 현인들이 이 마음을 가리켜 보여주시는 것 같아서 두렵기만 하다. 아, 경외해야 할 것이다.

夫皇朝程篁墩爲之附註, 而吾退溪李先生最愛此書, 至於係後論, 於篁墩之書, 而引魯齋神明父母之喩. 西山之後, 唯先生爲深知此書之味, 而自西山而言之, 亦未爲不遇後世之子雲矣.

명나라의 정황돈(程篁墩, 정민정程敏政)이 『심경』에 주석을 덧붙여서 『심경부주』를 지었고, 우리의 퇴계(退溪) 이선생(李先生)[6]이 무엇보다 이 책을 가장 좋아하여 정황돈의 책에 「심경후론(心經後論)」을 달고, 노재(魯齋)[7]가 말한 '나는 『소학(小學)』에 대해 신명(神明)처럼 공경하고 부모처럼 떠받든다'라는 비유를 인용하는 데 이르렀다. 서산 이후에 오직 선생만이 이 책의 맛을 깊이 알았던 것으로, 서산의 입장에서 말하면 후세의 자운을 만난 듯이, 자신의 책을 알아준 이를 만나지 못한 것이 아니다.[8]

---

6) 이황(1501~1570). 자 경호(景浩), 호 퇴계(退溪), 퇴도(退陶), 도수(陶叟), 시호 문순(文純)이다. 경상도 예안현(禮安縣) 온계리(溫溪里) 출생. 정구의 스승이며, 우리나라에서 『심경(心經)』의 가치와 의의를 발견한 최초의 인물이다. 저술로는 대표적으로 『성학십도(聖學十圖)』, 『퇴계전서(退溪全書)』 등이 있다.

7) 노재 허씨(魯齋許氏) 허형(許衡, 1209~1281)은 남송 시대의 학자. 주자의 사서장구집주(四書章句集註)가 과거시험에 채택되게 하는 데 크게 기여하였다.

8) 주자가 교정을 보았던 한유(韓愈)의 글을 약간 달리 표현한 것이다. 전 시대에 인정받지 못했던 글을 뛰어난 후세 사람이 알아봐준다는 뜻이다. 『주문공교한창려선생집(朱文公校昌黎先生集)』 권17, 「여빙숙논문서(與馮宿論文書)」. (9b) "옛날 양자운(楊子雲)이 『태현경(太玄經)』을 저술하니 사람들이 모두 그것을 비웃었다. 이에 자운이 말하기를 세상이 나를 알아주지 않은 것은 해가 되는 것은 아니다. 그러나 후세에 또 다시 (나와 같은) 양자운이 나오게 되면 반드시 좋아할 것이다(昔楊子雲著太玄, 人皆笑之. 子雲之言曰. 世不我知無害也. 後世復有揚子雲, 必好之矣)." 양자운은 양웅(揚雄, 기원전53~기원후18)이다. 서한(西漢) 때 사상가.촉군(蜀郡) 성도(成都) 사람,

逑之愚陋，自少受讀，亦嘗親質於先生矣．唯其魯莽作輟，今且老而無得．誠此書之羞，而亦非書之過也．惟幸天誘其衷，酷嗜一念，尙不能自已於摧頹之餘，耿耿常思所以不終負此書者，隱微幽獨之中．蓋有欲已而不能者矣．

나 정구는 어리석고 볼품이 없지만, 어릴 적부터 이 책을 배웠고 또한 일찍이 직접 선생께 질문하기도 했다. 오직 둔하고 무뎌서 그만두었다가 이제 늙고 나서는 아무것도 얻는 것이 없을 따름이다. 진실로 이 책을 보면 부끄럽지만, 이는 책의 잘못이 아니다. 그런데 다행히 하늘이 내 마음을 달래주시어, 이 책을 매우 좋아하는 생각 하나만은 오히려 몸이 쇠약해진 터에도 스스로 그칠 수 없었고, 늘 애를 태우며 책을 헛되이 저버리지 않겠다는 생각이 저 깊은 내면에 깔려 있었다. 생각하자면 그만두고자 했어도 그럴 수 없었던 것이다.

常怪程氏之註其所取舍，或多未瑩，至於程朱發明開示之大訓，頗多未入編中，不能不爲此書之遺憾．於是拈取表出，分門緝錄．其於敬之一字，則略倣西山之例，特加條詳．欲使人知程朱諸先生之反覆丁寧於此一字，其功如是．則當竦然思所以加勵，宜無所不用其力，不敢他求，皆所以爲羽翼此書之地也．

항상 정씨(程氏, 정민정)가 한 주석에는 취사선택한 부분이 명확하지 않는 것이 많다고 의심을 했고, 정자와 주자가 밝혀서 보여주신 큰 가르침들도 편집되어 들어가지 않은 것들이 자못 많아서, 이 책(『심경부주』)에 대한 유감이 되지 않을 수 없었다. 이에 (채 들어가지 못한 내용을) 뽑아서 밖으로 드러내어 부문으로 나누고 편집했다. 경(敬)이란 한 글자에 관해서는 서산(西山)이 한 방식을 대강 모방했지만, 특별히 여러 조목들을 상세하게 더 덧붙였다. 이렇게 해서 사람들이 정자와

자운은 자이다. 저서로 『태현경(太玄經)』, 『법언(法言)』, 『방언(方言)』, 『훈찬편(訓簒篇)』 등이 있다.

주자 및 여러 선생들이 이 글자에 대해 반복해서 절실하게 가르쳐주는 공이 이와 같다는 것을 알도록 바란 것이다. 그렇게 되면 마땅히 두려운 듯 가다듬고 노력하려는 생각을 해서 온 힘을 다 할 것이고 감히 다른 것을 찾지 않을 것이니, 모두 이 책(『심경부주』)을 보완하는 점들이다.

諸先生之言而有註解之說, 合當分脚細書, 而緣不便老人之目, 只空一字, 以標其爲註而聯書其下. 且附錄周子太極圖說, 程子定性書, 伊川好學論, 橫渠西銘, 朱子仁誠等說, 與夫程朱行狀略, 遂目之曰心經發揮. 豈敢爲播示外人計哉. 只爲便此殘年檢閱翫讀之資耳.

여러 선생의 말씀들이 주석으로 있을 때는 마땅히 글씨를 두 줄로 작게 써야하지만, 노인의 눈에는 불편하므로 다만 한 글자를 비어 놓고 그것이 주석이라는 것을 표시하고 그 밑에 이어 썼다. 그리고 주자(周子)의 「태극도설(太極圖說)」, 정자(程子)의 「정성서(定性書)」, 이천(伊川)의 「호학론(好學論)」, 횡거(橫渠)의 「서명(西銘)」, 그리고 주자(朱子)의 「인설(仁說)」과 「성설(誠說)」, 「명도선생행장략(明道先生行狀略)」, 「회암선생행장략(晦庵先生行狀略)」 등을 부록으로 만들고, 제목을 『심경발휘』라고 이름 붙였다. 어찌 감히 바깥사람들에게 퍼트려 보이자는 의도로 한 것이겠는가? 단지 이렇게 늙은 말년에 좀 편히 성현의 말씀을 살펴보고 음미하며 읽는 데 도움이 되려 했을 뿐이다.

因念昔者, 請問於李先生, 至朱子血氣已衰, 心志亦不復强之云, 先生喟然以爲朱夫子尙爾有此嘆, 如我當如何. 當時雖竊奉承, 而猶不能深知先生心事. 今而眞知之矣. 先生且云爾, 則況我今日復如何哉. 每到此段, 未嘗不三復感歎, 掩卷而忘言也云爾.

예전에 이 선생께 질문을 청할 때를 생각해보니, (『심경부주』 제일

마지막 문단에서) 주자가 '혈기가 이미 쇠하고 마음의 의지도 다시 강하지 못하다'라고 한 말에 이르러 선생께서 한숨을 쉬시면서 말하시길, '주 부자께서도 오히려 이러한 탄식이 있었는데 나 같은 사람은 어떠해야 하겠는가?' 하였다. 그 때는 선생이 하신 말씀을 받들고 따를 뿐이었고 선생의 마음속을 깊이 알 수 없었다. 그런데 이제야 선생의 속뜻을 참으로 알게 되었다. 선생께서도 그렇게 말씀하였으니, 더구나 나는 지금 또 어떻겠는가? 매양 그 문단에 이를 때면 세 번을 다시금 감탄하며 책을 덮고서 할 말을 잊지 않은 적이 없었다.

萬曆癸卯秋八月壬辰西原鄭逑序

만력 계묘년(1603, 선조36) 8월 가을의 임진 날, 서원(청주)사람 정구 서문을 쓰다.

1. 인심도심장(人心道心章)

<『서경(書經)』, 「대우모(大禹謨)」>

○ 총 25조목

書帝曰. 人心惟危, 道心惟微, 惟精惟一, 允執厥中.<大禹謨>

『서경』에서 순임금이 말씀하였다.[1] "인심은 위태롭고 도심은 매우 미세하니 정성을 다 하고 한결같이 해야 진실로 그 중(中)을 잡을 것이다."<『서경』「대우모」>

1) 정구는 『심경부주』에서는 "帝曰"로 된 것에, "書"를 붙여서 "書帝曰"로 했다.

1. *朱子曰. 心之虛靈知覺, 一而已矣, 而以爲有人心道心之異者, 以其或生於形氣之私, 或原於性命之正, 而所以爲知覺者不同. 是以, 或危殆而不安, 或微妙而難見爾. 然人莫不有是形, 故雖上智, 不能無人心, 亦莫不有是性. 故雖下愚, 不能無道心. 二者雜於方寸之間, 而不知所以治之, 則危者愈危, 微者愈微, 而天理之公, 卒無以勝夫人欲之私矣. 精, 則察夫二者之間而不雜也, 一, 則守其本心之正而不離也. 從事於斯, 無少間斷, 必使道心常爲一身之主, 而人心每聽命焉, 則危者安, 微者著, 而動靜云爲, 自無過不及之差矣.

주자(주희朱熹, 1130~1200)가 말씀하였다. "마음의 허령지각 즉 '비어 있고 빛나는 지각(知覺)'은 하나일 뿐인데 인심(人心)과 도심(道心)이 차이가 있다고 한 것은 혹 형기(形氣)의 사사로움에서 생겨나고 혹은 성명(性命)의 바름에서 근원하여, 지각하는 것이 같지 않기 때문이다. 이 때문에 혹은 위태로워 편안하지 못하고 혹은 미묘하여 보기가 어렵기 때문이다. 그러나 사람은 이 형체를 가지고 있지 않은 이가 없으므로 비록 상지(上智, 지극히 지혜로운 자)[2]라도 인심이 없을 수 없고, 또한 이 성(性)을 가지고 있지 않은 자가 없다. 그러므로 비록 하우(下愚, 가장 어리석은 자)라도 도심이 없을 수 없다. 이 두 가지가 방촌(方寸, 사방 한 치 곧 마음) 사시에 섞여 있어서 이를 다스릴 줄 모른다면 위태한 것은 더욱 위태롭게 되고 매우 미세한 것은 더욱 더 미세하게 되어, 천리의 공정함[公]이 마침내 저 인욕(人欲)의 사사로움을 이기지 못한다. 정밀함이란 저 두 가지 사이를 살펴서 섞이지 않게 하는 것이고, 한결같음이란 그 본마음의 바름을 지켜서 떠나지 않게 하는 것이니, 여기에 종사하여 조금이라도 그치거나 끊어짐이 없게 해서 반드시 도심이 항상 한 몸의 주재가 되고 인심이 매번 (도심의) 명령

2) 『논어(論語)』「양화(陽貨)」 3장. 공자께서 말씀하셨다. "오직 지극히 지혜로운 자와 가장 어리석은 자는 변화되지 않는다(子曰. 唯上知與下愚, 不移)."

을 따르게 한다면, 위태로움은 편안함이 되고 매우 미세함은 드러나게 되어 움직임과 고요함, 말하고 행동하는 것들이 저절로 지나침이나 못 미치게 되는 실수가 없게 될 것이다." (『중용장구(中庸章句)』, 「중용장구서(中庸章句序)」)

2. **又曰. 惟精惟一, 自堯舜以來所傳, 未有他議論, 先有此言. 聖人心法, 無以易此. 學只是學此道理. 孟子以後失其傳, 亦只是失此.**

또 말씀하였다. "'유정유일'은 요순(堯舜)으로부터 전해져 온 것으로 다른 논의는 없고 먼저 이 말만 있다. 성인의 심법이니 이것을 바꿀 수 없다. 배움이란 다만 이 도리를 배우는 것일 뿐이다. 맹자 이후에 그 전통을 잃은 것은 또한 다만 이것을 잃은 것일 따름이다. (『주자어류』 권78, 「상서1(尙書一)」, 「대우모(大禹謨)」, 제213조목. 장흡張洽의 기록)[3]

3. **又曰. 人心惟危, 道心惟微. 只於兩者交界處理會. 堯舜時未有文字, 其相授受口訣只如此.**

또 말씀하였다. "'인심유위, 도심유미'는 단지 두 문장이 만나는 곳에 대해 이해하는 것일 뿐이다. 요순의 시대에는 문자가 없어서 서로 구결(口訣, 마주 대하고 말로 주고받은 비밀스러운 뜻)로 주고받은 것이 다만 이와 같을 뿐이다." (위와 같은 곳, 제221조목. 등린滕璘의 기록)

4. **又曰. 人心道心, 伊川說天理人欲便是.〈程子曰. 人心人欲, 道心天理. 又曰. 人心惟危, 人欲也, 道心惟微, 天理也.〉 曰. 固是. 但此不是有兩物, 只是一人之心, 合道理底是天理, 徇情欲底是人欲. 正當於其分界處理會. 五峰云, 天理人欲, 同行異情, 說得最好.**

또 말씀하였다. "인심과 도심에 대해 이천 선생(정이程頤, 1033~1107.

---

3) 정구는 원 출처에 해당하는 『주자어류』의 문장을 기본으로 해서 중간 부분을 생략하고 새롭게 정리하고 있다. 『심경부주』의 문장은 『서산독서기』와 같다.

북송오자)은 천리(天理)와 인욕이 바로 이것이라고 하였습니다.〈정자가 말씀하였다. "인심은 인욕이고 도심은 천리이다. (『이정외서(二程外書)』 권2, 64번째 문장) 또 말씀하였다. "'인심유위'는 인욕이며, '도심유미'는 천리이다." (『이정외서』 권3, 15번째 문장)〉 말씀하였다. "진실로 옳다. 다만 이것은 두 개로 나누어진 것이 아니고, 단지 사람의 마음일 뿐이니, 도리에 합당한 것은 천리이며 정욕(情慾)을 따르는 것은 인욕이다. 바로 그 나누어지는 곳에 대해 이해해야 한다. 오봉 선생(호굉胡宏, 1106~1162)은 '천리와 인욕은 같이 가지만 실정은 다르다'[4]라고 하였는데, 이 설명이 매우 좋다." (위와 같은 곳, 제221조목. 등린의 기록)

5. 又曰. 人心者, 人欲也, 危者, 危殆也, 道心者, 天理也, 微者, 精微也. 物物上有箇天理人欲, 分明與他劈做兩片, 自然分曉. 堯舜禹所傳心法, 只此四句.

또 말씀하였다. "인심은 인욕이고, '위(危)'는 위태함이며, 도심은 천리이고, '미(微)'는 정미(精微) 즉 매우 미세함이다. 사물마다는 천리와 인욕이 있으니, 분명하게 그것을 두 조각으로 나누면 저절로 분명하게 이해된다. 요임금, 순임금, 우임금이 서로 전한 심법(心法)은 단지 이 네 구절뿐이다." (위와 같은 곳, 제225조목. 두종주竇從周의 기록)

6. 又曰. 人心亦未是十分不好底, 人欲只是饑欲食寒欲衣之心爾, 如何謂之危. 旣無義理, 如何不危.

또 말씀하였다. "인심도 또한 매우 좋지 않은 것은 아니지만, 인욕은 단지 굶주리면 먹고자 하고, 추우면 옷 입고자 하는 마음일 뿐인데, 어떻게 위태하다고 말하는가? 이미 의리가 없으니 어떻게 위태롭지 않겠는가?" (위와 같은 곳, 제191조목. 황사의黃士毅의 기록)

---

4) 호굉(胡宏). 『知言』(「지언부록(知言附錄)」. 12b)

7. 又曰. 人心不全是不好. 若人心是全不好底, 不應只下箇危字. 蓋爲人心易得走從惡處去, 所以下箇危字. 若全不好, 則是都倒了, 何止於危. 若說道心天理, 人心人欲, 却是有兩箇心. 人只有一箇心, 但知覺得道理底是道心, 知覺得聲色臭味底是人心, 不爭得多. 人心, 人欲也, 此語有病. 雖上智不能無此, 豈可謂全不是. 道心人心, 本只是一箇物事, 但所知覺不同. 惟精惟一, 是兩截工夫, 猶擇善而固執之.

또 말씀하였다. "인심이 전적으로 좋지 않은 것은 아니다. 만약 인심이 전적으로 좋지 않다면 응당 '위태함[危]'이라는 글자를 뒤에 붙이지 않았을 것이다. 대개 인심은 쉽게 악한 곳으로 달려가 따르기 때문에 '위태함[危]'이라는 글자를 뒤에 붙인 것이다. 만약 전적으로 좋지 않다면 완전히 반대 상황이 되니, 어찌 위태함 정도로 그치겠는가? 만약 '도심은 천리이고 인심은 인욕'이라고 말한다면 도리어 두 개의 마음이 있는 것이다. 사람은 단지 하나의 마음을 가지고 있을 뿐이나, 도리를 지각하면 도심이고, 소리와 빛, 냄새와 맛을 지각하면 인심이니 그 차이가 많지 않다. '인심은 인욕이다'라는 말은 어폐가 있다. 비록 상지(上智)라도 이것이 없을 수 없으니 어찌 전적으로 아니라고 할 수 있겠는가? 도심과 인심은 본래 하나의 사물이지만 지각하는 것이 같지 않을 뿐이다. '유정유일'은 두 가지 공부이니, '택선고집(선을 택해서 굳게 잡는 것이다)'[5]과 같다." (위와 같은 곳, 제193조목. 소좌蕭佐의 기록)

8. 又曰. 人心自是不容去除, 但要道心爲主, 卽人心自不能奪, 而亦莫非道心之所爲矣. 然此處極難照管, 須臾間斷, 卽人欲便行矣.

또 말씀하였다. "인심은 본래 제거할 수 없는 것이니, 다만 도심이

---

5) 『중용장구』 제20장. "성(誠)은 하늘의 도요, 성(誠)하려고 하는 것은 사람의 도이다. 성실한 자는 힘쓰지 않고도 도에 맞으며 생각하지 않고도 도를 알아 마음을 쓰지 않고 자연히 도에 부합되니, 성인(聖人)이시고, 성실히 하려는 자는 선을 택하여 굳게 잡는 자이다(誠者, 天之道也, 誠之者, 人之道也. 誠者, 不勉而中, 不思而得, 從容中道, 聖人也. 誠之者, 擇善而固執之者也)."

주재하게 되면 곧 인심은 저절로 빼앗을 수 없으며, 또한 도심이 하는 바가 아님이 없게 됩니다. 그러나 이러한 경지는 단속하기가 매우 어려우니, 잠깐이라도 그치거나 끊어지면 인욕이 곧바로 행사하게 됩니다." (『주자대전』 권56, 「정자상에게 답함4(答鄭子上)」)[6)]

9. 又曰. 如喜怒, 人心也, 然無故而喜, 喜至於過而不能禁, 無故而怒, 怒至於甚而不能遏, 是皆爲人心所使也. 須是喜其所當喜, 怒其所當怒, 乃是道心.

또 말씀하였다. "기뻐하고 노여워하는 것은 인심이지만, 까닭 없이 기뻐하고 기쁨이 지나쳐서 금지할 수 없게 되고, 까닭 없이 노여워하고 노여움이 심해져서 막을 수 없게 되는 것은 모두 인심이 하게 만든 것이다. 모름지기 마땅히 기뻐해야할 곳에 기뻐하고 마땅히 노여워야할 곳에 노여워하는 것이 바로 도심이다." (『주자어류』 권78, 「상서1(尙書一)」, 「대우모(大禹謨)」, 제196조목. 심한沈僴의 기록)

10. 又曰. 飢欲食, 渴欲飮者, 人心也. 得飮食之正者, 道心也. 須是一心只在道上, 少間那人心自降伏得不見了, 人心與道心爲一, 恰似無了那人心相似. 只是要得道心純一, 道心都發見在那人心上.

또 말씀하였다. "굶주리면 먹고 싶고 목마르면 마시고 싶은 것이 인심이다. 먹고 마시는 것의 바름을 얻는 것이 도심이다. 모름지기 하나의 마음이 도에 있게 되고, 얼마 후 그 인심이 스스로 항복하여 나타나지 않으면, 인심과 도심이 하나가 되어 마치 그 인심은 없는 것처럼 된다. 단지 도심이 순일하게 되기만 하면 도심은 모두 그 인심에서 피어나 드러나게 된다." (위와 같은 곳, 제199조목)

6) 이 편지는 1191년(소희昭熙 2년, 62세)에 쓴 것이다. (『편년고증』, 342참고)

11. 問. 如何是惟微. 曰. 是道心略瞥見些子, 便失了底意思. 惟危, 是人心旣從形骸上發出來, 易得流於惡."

물었다. "어떠한 것이 '유미'입니까?" 말씀하였다. "도심은 언뜻 조금 볼 수 있다가 곧 사라진다는 뜻이다. '유위'라는 것은 인심은 이미 육신에서 피어나는 것이라 쉽게 악에 흐를 수 있다는 것이다." (위와 같은 곳, 제195조목. 습개경襲蓋卿의 기록)

12. 問. 危, 是危動難安否. 曰. 不止是危動難安. 大凡徇人欲, 自是危險. 其心忽然在此, 忽然在彼, 又忽然在四方萬里之外, 莊子所謂其熱焦火, 其寒凝冰. 凡苟免者, 皆幸也. 動不動便是墮坑落塹, 危孰甚焉.

물었다. "'위[危]'는 위태롭게 움직여서 편안하기 어렵다는 뜻이 아닙니까?" 말씀하였다. "위태롭게 움직여서 편안하기 어려운 것만이 아니다. 대개 인욕을 순순히 따르면 저절로 위험하게 된다. 그 마음이 갑자기 여기에 있다가 갑자기 저곳에 있으며, 또한 갑자기 사방의 만 리 밖에 있기도 하니, 장자(莊子)가 말한 '(사람의 마음이란) 뜨거워지면 불같이 타오르고, 차가워지면 얼음처럼 얼어붙는다'[7]는 것이다. 무릇 (위험에서) 간신히 모면한 것은 모두 요행이니, 움직이거나 움직이지 않는 것이 곧 구덩이에 떨어지는 것이라, 어느 위험이 더 심하겠는가?" (위와 같은 곳, 제212조목. 진문위陳文蔚의 기록)

13. 又曰. 聖人那人心, 也不能無, 但聖人是常合著那道心, 不教人心勝了道心. 道心便只是要安頓教, 莫隨那人心去. 這兩者也須子細辨別, 所以道人心惟危, 道心惟微. 這箇便須是常常戒愼恐懼, 精去揀擇. 若揀得不精, 又便只是人心. 大概這兩句, 只是箇公與私, 只是一箇天理, 一箇人欲. 那惟精, 便是要揀教精, 惟一, 便是要常守得恁地. 今人固有其初揀得精, 後

7) 『장자(莊子)』 외편(外篇), 「재유(在宥)」.

來被物欲引從人心去, 所以貴於惟一. 這惟精惟一, 便是舜教禹做工夫處.

또 말씀하였다. "성인의 그 인심도 또한 없을 수 없으나 다만 성인은 항상 그 도심에 합치하여 인심이 도심을 이기지 못하게 할 뿐이다. 도심은 단지 잘 정돈하도록 하는 것이니 그 인심을 따라 가서는 안 된다. 이 두 가지 것은 또한 모름지기 자세하게 변별해야 하니, '인심유위, 도심유미'라고 한 것은 이것이 모름지기 항상 경계하고 두려워하며 정밀하게 분간해 선택해야 하는 것이기 때문이다. 만약 분간하여 선택하는 것이 정밀하지 않다면 이는 단지 인심일 뿐이다. 대개 이 두 구절은 다만 공(公)과 사(私)일 뿐이고, 하나의 천리와 하나의 인욕일 뿐이다. 저 '유정'이란 분간하는데 정밀하도록 해야 하는 것이며, '유일'은 항상 이와 같이 지켜야 하는 것이다. 지금 사람들은 진실로 그 처음의 분간은 정밀하지만 뒤로 가면서 물욕(物欲, 사물에 사로잡혀 생겨난 욕심)에 의해 인심이 따라 끌려가게 되므로 '유일'이 귀한 것이다. 이 '유정유일'은 순임금이 우임금에게 공부하도록 한 곳이다." (위와 같은 곳, 제224조목. 황의강黃義剛의 기록)

14. 問. 如飲食男女之欲, 出於其正, 卽道心矣. 又如何分別. 曰. 這箇畢竟是生於血氣.

물었다. "음식남녀의 욕구 즉 '음식에 대한 욕구와 남녀에 대한 욕구'[8] 같은 것이 그 바름에서 나오면 도심이 되는데, 또한 어떻게 분별할 수 있습니까?" 말씀하였다. "이는 결국 혈기(血氣)에서 생기는 것이다." (위와 같은 곳, 제201조목. 진문위의 기록)

15. 又曰. 道心, 人心之理.

---

8) 『예기(禮記)』 「예운(禮運)」. "음식과 남녀 간의 일에는 사람의 큰 욕구가 존재한다(飲食男女, 人之大欲存焉)."

또 말씀하였다. "도심은 인심의 이치이다." (위와 같은 곳, 제203조목. 감절甘節의 기록)

16. 又曰. 人心如卒徒, 道心如將.

또 말씀하였다. "인심은 군졸과 같고, 도심은 장수와 같다." (위와 같은 곳, 제206조목. 동백우童伯羽의 기록)

17. 又曰. 虛明安靜, 乃能精粹而不雜, 誠篤確固, 乃能純一而無間."

또 말씀하였다. "비우고 밝고 편안하고 고요해야 비로소 정밀하고 순수하여 섞이지 않을 수 있으며, 성실하고 돈독하며 확고해야 비로소 순일해서 틈이 없을 수 있다." (위와 같은 곳, 제215조목. 심한의 기록)

18. 又曰. 志氣淸明, 思慮精一, 炯然不昧, 而常有以察於幾微之間, 則精矣. 立心之剛, 用力之篤, 毅然自守, 而常有以謹於毫釐之失, 則一矣.

또 말씀하였다. "뜻과 기운이 맑고 밝으며 사려가 정밀하고 한결같아서 밝고 어둡지 않아 항상 기미의 사이를 살피는 것이 있으면 '정밀'하다. 마음을 세움이 강하고 힘을 씀이 돈독하며 의연히 스스로 지키어 항상 털끝만큼의 작은 잘못에도 삼가는 것이 있으면 '한결' 같다." (『주자어류』 권140, 「습유(拾遺)」, 제104조목)

19. **問. 聖人亦有人心, 不知亦危否. 曰. 聖人, 全是道心主宰, 故其人心, 自是不危, 若只是人心, 也危. 故曰, 惟聖罔念作狂.

물었다. "성인도 인심을 가지고 있으니, 또한 위태로움을 모르지 않습니까?" 말씀하였다. "성인은 전적으로 도심이 주재하기 때문에 그 인심이 저절로 위태롭지 않다. 만약 인심뿐이라면, 또한 위태롭다. 그래서 '성인일지라도 제대로 생각을 하지 않으면 미친 사람처럼 된다'[9]라

고 하였다." (『주자어류』 권78, 「상서1」, 「대우모」, 제192조목. 동수董銖의 기록)

20. 又曰. 如顏子擇中庸處, 便是精, 得一善拳拳服膺勿失處, 便是一.

또 말씀하였다. "예컨대 안자가 중용(中庸)을 선택한 곳이 '정밀함'이며, '잘 받들어 가슴속에 두어 잃지 않는'10) 곳이 '한결같음'이다." (위와 같은 곳, 제212조목. 진문위의 기록)

21. 又曰. 曾子戰戰兢兢, 只是戒愼恐懼, 常恐失之. 君子未死之前, 此心常恐保不得, 便見得人心至危. 且說世間甚物事似人心危. 且如一日之間, 內而思慮, 外而應接, 千變萬化, 劄眼中便走失了, 劄眼中便有千里萬里之遠, 所謂人心惟危, 道心惟微. 只理會這箇道理分曉, 自不危. 惟精惟一, 便是守在這裏, 允執厥中, 便是行將去.

또 말씀하였다. "증자가 말한 '두려워 떠는 것'11)은 단지 '경계하고 삼가며 걱정하고 두려워하여'12) 항상 실수할까 두려워하는 것이다. 군자는 죽기 전에 이 마음이 항상 보존되지 못할까 두려워하니 곧 인심은 지극히 위태로운 것임을 볼 수 있다. 게다가 세상의 어떤 사물이 인심이 위태로운 것과 같겠는가를 말한 것이다. 또 예컨대 하루 사이

---

9) 『서경(書經)』 「다방(多方)」. "성인일지라도 제대로 생각을 하지 않으면 미친 사람처럼 되고, 미친 사람이라 할지라도 제대로 생각만 하면 성인이 될 수 있다(惟聖罔念作狂, 惟狂克念作聖)."

10) 『중용(中庸)』 8장. 공자께서 말씀하였다. "안회의 사람됨이 중용을 택하여 하나의 선을 얻으면 잘 받들어 가슴속에 두어 잃지 않는다(回之爲人也, 擇乎中庸, 得一善, 則拳拳服膺而弗失之矣)."

11) 『논어』 「태백(泰伯)」 3장. 증자가 병이 위중하자, 제자들을 불러 말했다. "(이불을 걷고) 나의 발과 손을 보아라. 『시경』에 이르기를 '전전긍긍 두려움에 떨어, 깊은 못에 임한 듯이 하고, 엷은 얼음을 밟는 듯이 하라' 하였으니, 이제서야 나는 (이 몸을 훼상시킬까 하는 근심에서) 면한 것을 알겠구나, 제자들아(曾子有疾, 召門弟子曰. 啓予足, 啓予手. 詩云, 戰戰兢兢, 如臨深淵, 如履薄氷, 而今而後 吾知免夫, 小子)."

12) 『중용장구』 1장. "도라는 것은 잠시도 떠날 수가 없는 것이다. 떠날 수가 있다면 그것은 도가 아니다. 그런 까닭에 군자는 보이지 않을 때에도 경계하고 삼가하는 것이며, 들리지 않을 때에도 걱정하고 두려워하는 것이다(道也者, 不可須臾離也. 可離, 非道也. 是故, 君子戒愼乎其所不睹, 恐懼乎其所不聞)."

에도 안으로는 깊이 생각하고 밖으로는 사물을 응대하고 접촉하니, 수많은 변화가 눈에 들어오면 곧 달아나 잃어버리고, 눈에 닿으면 곧 천리만리 먼 곳에 있다. 이른바 '인심유위, 도심유미'이니, 단지 이 도리를 분명하게 이해해야 절로 위태하지 않을 것이다. '유정유일'은 바로 마음속에 잘 지키는 것이고, '윤집궐중'은 곧 실천해 나가는 것이다." (『주자어류』 권35, 「논어17(論語十七)」, 「태백편(泰伯篇)」, 〈증자가 병이 들어 문하의 제자들에게 말하다(曾子有疾謂門弟子章)〉, 제2조목. 임각林恪의 기록)[13]

22. 答張敬夫書曰. 舜禹授受之際, 所以謂人心私欲者, 非若衆人所謂私欲者也, 但微有一毫把捉底意思, 則雖云本是道心之發, 然終未離人心之境. 所謂動以人, 則有妄, 顔子之有不善, 正在此間者是也. 旣曰有妄, 則非私欲而何. 須是都無此意思, 自然從容中道, 才方純是道心也. 必有事焉, 却是見得此理而存養下功處, 與所謂純是道心者, 蓋有間矣. 然旣察本原, 則自此可加精一之功而進夫純耳, 中間儘有次第也. 惟精惟一, 亦未離夫人心, 特須如此克盡私欲, 全復天理. 儻不由此, 則終無可至之理耳.

「장경부(장식)에게 답함」에서 말씀하였다. "순임금과 우임금이 주고받을 때 인심과 사사로운 욕심[私欲]을 말한 것은 보통 사람들이 말하는 사사로운 욕심과는 다릅니다. 하나라도 털끝만큼의 붙잡아둔 뜻이 있다면 비록 이는 도심이 피어난 것이라고 말할지라도 결국은 인심이 경지를 벗어나지 못하니, (정자의) 이른바 '인욕이 발동하면 기짓됨이 있을 것이니, 안자에게 불선(不善)한 것이 있다면 바로 이 (인심과 도심의) 사이에 있는 것이다'[14]는 것입니다. 이미 거짓됨이 있다면 사사로운 욕심이 아니고 무엇이겠습니까? 모름지기 모두 이러한 뜻이 전혀

13) 『주자어류』에는 질문과 답이 나누어져 있는데, 정구는 이를 합해서 하나의 문장으로 만들었다.

14) 『이정유서』 권11, 109번째 문장). "성인은 천(天)으로 움식이고 현인은 인(仁)으로 움직이니, 안자가 불선(不善)이 있다면 어찌 보통 사람들과 같은 것이겠는가? 오직 이 사이에 있을 뿐이다(聖人之動以天, 賢人之動以人, 若顔子之有不善, 豈如衆人哉. 惟只在於此間爾)."

없고 자연스럽게 마음을 쓰지 않고 도에 들어맞아야 비로소 순수한 도심입니다. '필유사언(반드시 일삼는 것을 두다)'[15]이란 이런 이치를 알고서 존양(存養, 보존하고 기름) 공부를 하는 곳인데, 이른바 '순수한 도심'이라는 것과는 아마도 간격이 있을 것 같습니다. 하지만 이미 본원을 살폈으면 여기로부터 '정일'의 공부를 더하여 저 순수한 곳에 나아갈 수 있을 따름이며, 그 중간에 다만 차례가 있을 뿐입니다. '유정유일'도 저 인심을 떠날 수는 없으니 모름지기 이와 같이 사사로운 욕심을 모두 극복한다면 온전히 천리를 회복할 수 있습니다. 혹시라도 이를 따르지 않으면 끝내 도달할 수 있는 이치는 없을 것입니다." (「장경부에게 답함5(答張敬夫)」, 『주자대전』 권32)[16]

23. 勉齋黃氏曰. 聖人於人心道心, 知乎發於形氣者惟危, 發於義理者惟微, 故欲人於此用工, 而精以察之於始, 一以守之於終. 凡一念之發, 必察其發於形氣乎, 發於義理乎. 發於形氣, 則摧折之, 發於義理, 則擴充之. 如是則精之事得矣. 又從而堅持固執, 念念不忘, 使前之擴充者, 常昭著光明, 前之摧折者, 必潛遁退聽, 而至於無焉. 此一之事也. 既精且一, 則心之所發, 身之所爲. 無不合乎中矣.

면재 황씨(황간黃榦, 1152~1221. 주자의 문인이며 셋째 사위)가 말씀하였다. "성인은 인심과 도심에 대해서 형기에서 피어나는 것이 '유위'이고 의리에서 피어나는 것이 '유미'라는 것을 알았기 때문에, 사람들이 이에 대해서 공부를 하여 그 처음에는 정밀하게 살피고 그 끝까지 한결같이 지키기를 바랬다. 무릇 한 생각이 피어날 때는 반드시 형기에서 피어난 것인가 의리에서 피어난 것인가를 살펴야하니, 형기에서 피어났으면 꺾어버리고 의리에서 피어났으면 확충해야 한다. 이와

15) 『맹자(孟子)』 「공손추상(公孫丑上)」 2장.

16) 이 편지는 1174년(순희淳熙 원년, 45세)에 쓴 것이다. (『편년고증』, 119쪽 참고)

같이 한다면 '정밀히 함'[精]의 일을 할 수 있을 것이다. 또한 이어서 굳게 간직하고 진실로 붙잡아서 자꾸 생각하여 잊지 않고, 이전에 확충한 것을 항상 밝게 비추게 하고, 전에 꺾어버린 것을 반드시 깊이 숨기고 물러나 순종하게 만들어 없애는 데 이르게 해야 하니, 이것이 '한결같이 함'[一]의 일이다. 이미 정밀하게 하고 한결같이 한다면 마음에서 피어나는 것과 몸이 하는 것들이 중(中)에 합치하지 않음이 없게 된다." [호광(胡廣)17), 『서경대전(書經大全)』 권2, 「대우모(大禹謨)」. 26a]

24. **西山眞氏曰. 人心惟危以下十六字, 乃堯舜禹傳授心法, 萬世聖學之淵源, 先儒訓釋, 雖衆, 獨朱子之說, 最爲精確, 夫所謂形氣之私者, 指聲色臭味之欲而言也, 性命之正者, 指仁義禮智之理而言也. 聲色臭味之欲, 皆發於氣, 所謂人心也, 仁義禮智之理, 皆根於性, 所謂道心也. 人心之發, 如銛鋒, 如悍馬, 有未易制馭者, 故曰危, 道心之發 如火始然, 如泉始達, 有未易充廣者, 故曰微. 惟平居莊敬自持, 察一念之所從起, 知其爲聲色臭味而發, 則用力克治, 不使之滋長, 知其爲仁義禮智而發, 則一意持守, 不使之變遷, 夫如是, 則理義常存, 而物欲退聽, 以之酬酢萬變, 無往而非中矣.

서산 진씨(진덕수眞德秀, 1178~1235)가 말씀하였다. "'인심유위'로 시작하는 16글자는 곧 요임금이 순임금에게 순임금이 우임금에게 전수한 심법(心法, 마음을 다스리고 기르는 방법)이니, 영원한 성학의 연원입니다. 앞선 선유들이 이를 해석한 것이 비록 많지만 주자의 학설만이 가장 정밀하고 확실합니다. 이른바 '형기의 사사로움'이라는 것은 소리와 빛, 냄새와 맛의 욕구를 가리켜 말한 것이며, '성명의 바름'이

17) 호광(1370~1418)은 1400년 진사로 급제하여 관료를 시작했다. 그의 업적은 왕명을 받들어 『주역대전(周易大全)』, 『서전대전(書傳大全)』, 『시경대전(詩經大全)』, 『예기대전(禮記大全)』, 『춘추대전(春秋大全)』, 『사서대전(四書大全)』, 『성리대전(性理大全)』 등의 편수를 주관했다. 『중국역대인명사전』 관련 항목 참고.

라는 것은 인의예지의 이치를 가리켜 말한 것입니다. 소리와 빛, 냄새와 맛의 욕구는 모두 기(氣)에서 피어나는 것이니 이른바 '인심'이며, 인의예지의 이치는 모두 성리(性理)에 뿌리를 둔 것이니 이른바 '도심'입니다. 인심의 피어남은 날카로운 칼이나 사나운 말처럼 제어하기 쉽지 않으니 '위태하다'라고 한 것이며, 도심의 피어남은 불이 처음 타거나 샘이 처음 나오는 것처럼 확충하기가 쉽지 않으니 '매우 미세하다'라고 한 것입니다. 오직 평소 장중하고 경건하게 스스로 본 마음을 유지하고 보존하여 생각이 말미암아 일어나는 것을 살펴서 그것이 소리와 빛, 냄새와 맛에서 피어나는 것을 알게 되면, 힘을 써서 다스려 번식해서 자라나지 못하게 하고, 그것이 인의예지가 되어 피어난 것을 알게 되면, 한결같은 의지로 간직하고 지켜서 옮겨가지 않도록 해야 합니다. 무릇 이와 같이 한다면 의리는 항상 보존되고, 물욕(物欲)은 물러나 순종하게 되어 수만 가지 변화를 주고받음에 가는 곳마다 중(中)이 아님이 없을 것입니다." [진덕수(眞德秀), 『대학연의(大學衍義)』 권2, 「제왕위학지본(帝王爲學之本)」. 2b~3a][18]

25. 又曰. 大舜十六字, 開萬世心學之源, 後之聖賢, 更相授受, 雖若不同, 然大抵教人守道心之正, 而遏人心之流耳. 孟子於仁義之心, 則欲其存而不放本心, 欲其勿喪赤子之心, 欲其不失, 凡此皆所謂守道心之正也. 易言懲忿窒慾, 孔子言克己, 大學言好樂憂患, 則不得其正, 孟子言寡欲, 以小體之養爲戒, 以飢渴之害爲喩, 凡此皆所謂遏人心之流也. 心一而已爾, 由義理而發, 無以害之, 可使與天地參, 由形氣而發, 無以檢之, 至於違禽獸不遠始也. 特毫毛之間, 終焉有霄壤之隔, 此精一之功, 所以爲理學之要歟.

또 말씀하였다. "위대한 순임금이 전한 16글자는 영원한 심학의 연원을 개창하고, 뒤의 성현들이 다시 서로 주고받았으니, 비록 (그 가

---

18) 『대학연의』는 신하가 황제에게 바친 글의 형식을 하고 있으므로 존칭어로 번역했다.

르침들이) 같지는 않지만 대저 사람들에게 도심의 바름을 지키고 인심으로 흘러가는 것을 막도록 했을 따름이다. 맹자가 인의의 마음에 대해서 본심을 보존하고 잃어버리지 않도록 한 것, 적자(赤子, 어린아이)의 마음을 잃지 않도록 한 것이나 상실하지 않도록 한 등, 무릇 이 모두는 이른바 '도심의 바름'을 지키는 것이다. 『주역』은 '징분질욕(분함을 징계하고 욕심을 막음)'을 말하고, 공자는 '극기(극기복례, 자기를 이기고 예를 회복함)'를 말하고, 『대학』이 '좋아하고 즐기는 것이 있거나 근심하는 것이 있으면 그 바름을 얻지 못함'을 말하고, 맹자가 과욕(寡欲)을 말하면서[19] 소체(小體)를 기르는 것으로 경계로 삼고,[20] 굶주림과 목마름의 해로움으로 비유를 삼은 것[21] 등은 무릇 이 모두가 이른바 인심으로 흘러가는 것을 막는다는 것이다. 마음은 하나일 뿐이

19) 『맹자』 「진심하(盡心下)」 35장. 맹자께서 말씀하였다. "마음을 기르는 것은 욕심을 적게 하는 것보다 더 좋은 것이 없으니, 그 사람됨이 욕심이 적으면 비록 보존되지 못함이 있더라도 보존되지 못한 것이 적을 것이요, 사람됨이 욕심이 많으면 비록 보존됨이 있더라도 보존된 것이 적을 것이다(孟子曰. 養心, 莫善於寡欲, 其爲人也寡欲, 雖有不存焉者, 寡矣, 其爲人也多欲, 雖有存焉者. 寡矣)."

20) 『맹자』 「고자상(告子上)」 15장. 공도자가 물었다. "다 같은 사람인데 어떤 사람은 대인(大人)이 되고 어떤 사람은 소인(小人)이 되는 것은 어째서 입니까." 맹자가 말씀하였다. "대체(大體)를 따르면 대인이 되고 소체(小體)를 따르면 소인(小人)이 된다." 다시 물었다. "다 같은 사람이면서 어떤 사람은 대체를 따르고 또 어떤 사람은 소체를 따르는 것은 어째서 입니까?" 말씀하였다. "이목(耳目)의 기관은 생각하지 못하여 사물에 가려지니, 사물이 사물과 접촉하면 거기에 끌려갈 뿐이요, 마음의 기관은 생각할 수 있으니 생각하면 얻고 생각하지 못하면 얻지 못한다. 이것은 하늘이 우리에게 부여해 주신 것이니, 먼저 그 큰 것을 세운다면 그 작은 것이 빼앗지 못할 것이니, 이것이 대인이 되는 이유일 따름이다(曰. 公都子問曰. 鈞是人也, 或爲大人, 或爲小人何也. 孟子曰. 從其大體, 爲大人, 從其小體, 爲小人. 鈞是人也, 或從其大體, 或從其小體, 何也. 曰. 耳目之官, 不思而蔽於物, 物交物則引之而已矣. 心之官則思, 思則得之, 不思則不得也. 此天之所與我者, 先立乎其大者, 則其小者不能奪也, 此爲大人而已矣)."

21) 『맹자』 「진심상(盡心上)」 27장. 맹자께서 말씀하셨다. "굶주린 사람은 달게 먹고 목마른 사람은 달게 마신다. 이는 음식의 정상적인 맛을 알 수 없도록 굶주림과 목마름이 미각을 해쳤기 때문이다. 어찌 입과 배만 굶주림과 목마름의 害를 입겠는가. 사람의 마음까지도 모두 해를 입게 되는 것이다(孟子曰. 饑者甘食, 渴者甘飮. 是未得飮食之正也, 饑渴害之也. 豈惟口腹有饑渴之害. 人心亦皆有害)."

니, 인의를 따라 피어나서 해칠 수 없다면, 천지와 더불어 (삼재의 하나로) 참여할 수 있으며,[22] 형기를 따라 피어나서 단속할 수 없다면 '금수와 차이가 멀지 않은'[23] 처지가 시작된다. 작은 털끝만큼의 차이일지라도 결국에는 하늘과 땅차이가 되니, 이는 '정일'의 공부가 리학(理學)의 요체가 되는 까닭일 것이다." (『성리대전(性理大全)』 권32, 「성리4(性理四)」, 「심(心)」. 36a~37a)

22) 『중용』 22장. "만물의 본성을 다 하게 할 수 있으면 천지 만물의 화육(化育)을 도울 수 있고, 천지 만물의 화육을 도울 수 있으면 천지와 함께 삼재(三才)의 하나로 참여할 수 있게 된다(能盡物之性, 則可以贊天地之化育, 可以贊天地之化育, 則可以與天地參矣)."

23) 『맹자』 「고자상(告子上)」 8장. "밤에 맑았던 기운이 보존될 수 없으면 금수와의 차이가 멀지 않게 된다(夜氣不足以存, 則其違禽獸不遠矣)."

2. 상제임여장(上帝臨女章)

<『시경(詩經)』>

ㅇ 총 3조목

詩, 上帝臨女, 無貳爾心.<大雅大明 ○ 貳, 疑也>

『시경』에서, "상제가 너를 굽어보시니 네 마음을 두 가지로 하지 말라" 하였다.<『시경(詩經)』「대아문왕지십(大雅文王之什)」, 「대명(大明)」. ○ 이(貳)는 의심함이다>

無貳無虞. 上帝臨女.<魯頌閟宮 ○ 亦述武王伐紂之事. 虞, 慮也>

"두 마음을 품지 말고 근심하지 말라. 상제가 너를 굽어보신다."<『시경(詩經)』「노송(魯頌)」, 「비궁(閟宮)」. ○ 또한 무왕이 주왕을 방벌한 사실을 기록한 것이다. 우(虞)는 근심함이다>

1. 呂氏曰. 紂以天子之威, 如林之衆來戰, 武王方自眇, 然諸侯而起, 苟較強弱而計衆寡, 其心必疑貳矣. 然當是時, 武王方一心以奉天討, 若上帝實臨之, 較計之私, 豈得而容哉.

여씨(여조겸呂祖謙, 1137~1181)가 말씀하였다. “주왕이 천자의 위세로 숲과 같은 무리를 끌고 전쟁을 하려 하자, 무왕은 자신의 병력을 작다고 생각했으나, 제후들이 들고 일어나 병력의 강력을 비교하고 중과부적이라고 생각했으니 그 마음에 반드시 의심이 일었을 것이다. 그러나 당시에 무왕은 한 마음으로 하늘을 대신한 방벌을 받들었는데, 상제가 실제로 굽어보시는 것 같으니, 비교하고 헤아리는 사사로움이 어찌 허용될 수 있었겠는가?” (『여씨가숙독시기(呂氏家塾讀詩記)』 권25, 「정대아(正大雅)」, 「문왕칠장(文王七章)」. 14b~15a)

2. 慶源輔氏曰. 辭意嚴恪, 洋洋乎, 如在其上, 如在其左右, 學者, 當常常涵泳此二句, 以存心養性而事天也.

경원 보씨(보광輔廣, 주자의 문인)가 말씀하였다. “글의 뜻이 엄격하니 ‘(제사를 지낼 때 귀신이) 넘실넘실 그 위에 있는 듯 하고, 좌우에 있는 듯’[24]하다. 배우는 자는 마땅히 항상 이 두 구절을 함영(涵泳, 물에 잠겨 젖어들 듯 깊이 이해함)하여 ‘존심양성(마음을 보존하고 본성을 기름)’하고 하늘을 섬겨야 할 것이다.” [호광(胡廣), 『시전대전(詩傳大全)』 권16, 「대아3(大雅三)」. 18b~19a]

3. *西山眞氏曰. 詩意雖主伐紂而言, 然學者平居, 諷詠其辭, 凜然如上帝之實臨其上, 則所以爲閑邪存誠之助, 顧不大哉. 又見義而無必爲之勇, 或以利害得喪, 二其心者, 亦宜味此言, 以自決也.

---

24) 『중용장구』 16장. “제사를 지낼 때면 귀신이 넘실넘실 그 위에 있는 듯 하고 좌우에 있는 듯 하다(承祭祀, 洋洋乎如在其上, 如在其左右).”

서산 진씨가 말씀하였다. "시의 뜻은 비록 주왕을 방벌하는 것에 주안을 두었으나, 배우는 자는 평소 거처할 때 그 시를 읊조려서 엄숙하게 상제가 실제로 위에서 굽어보는 듯 여긴다며, '한사존성(간사함을 막고 성실함을 보존)'[25]에 도움 되는 것이 오히려 크지 않겠는가? 또 의로움을 보고도 반드시 실천하려는 용기가 없거나, 이해득실로 그 마음이 둘로 갈라진 자도 또한 이 말을 음미하여 스스로 결단해야 할 것이다." (『서산독서기』 권3, 「심」. 10b~11b)

程子曰. 存心, 則上帝臨女.〈以下言事天之道〉

정자가 말씀하였다. "마음을 보존하면 상제가 너를 굽어본다." (『이정유서(二程遺書)』 권5, 38번째 문장) 〈아래는 하늘을 섬기는 도를 말하고 있다〉

**又曰. 毋不敬, 可以對越上帝.

또 말씀하였다. "경하지 않음이 없으면 상제를 대할 수 있다." (『이정유서』 권11, 16번째 문장)

又曰. 忠信所以進德, 終日乾乾, 君子當終日對越在天也.

또 말씀하였다. "'충(忠)과 신(信)은 덕을 진전시키는 것'[26]이니, '종일토록 부지런히 힘씀'[27]은 군자가 마땅히 종일토록 하늘에 계신 분을 대하는 것이다." (『이정유서』 권1, 15번째 문장)

又曰. 顔子猶視聽言動不敢非禮, 乃所以事天也.

또 말씀하였다. "안자는 오히려 보고 듣고 말하고 행동하는데 감히

25) 『주역(周易)』, 건괘(乾卦)의 「문언전(文言傳)」. 『심경발휘』 권1, 「4. 한사존성장(閑邪存誠章)」 참고.

26) 『주역』 「건·문언전(乾·文言傳)」. 충신(忠信)은 『논어(論語)』 「위령공(衛靈公)」 5장에 나오는 말이다.

27) 『주역』 「건괘(乾卦)」, 구삼(九三)의 효사(爻辭).

예가 아닌 것을 하지 않으니, 이는 하늘을 섬기는 것이다."(『이정외서(二程外書)』 권12, 82번째 문장)

**龜山楊氏曰. 道無顯微之間, 愼其獨, 所以對越在天也.

구산 양씨(양시楊時, 1053~1135. 이정의 문인)가 말씀하였다. "도는 드러남과 미묘함의 사이가 없으니, 홀로 있음을 삼가는 것은 하늘에 계신 분을 대하는 것이다."(『서산독서기』 권18, 「경상(敬上)」. 35a)

建安葉氏曰. 日用之間, 無非天理之流行, 所謂終日對越在天者, 亦敬循乎此理而已.

건안 섭씨(섭채葉采, 주자의 문인)가 말씀하였다. "일용지간 즉 '일상의 생활 속'에 천리가 유행하지 않는 것이 없으니, 이른바 '종일토록 하늘에 계신 분을 대한다'는 것 또한 이 이치를 공경히 따르는 것일 뿐이다."(『근사록집해(近思錄集解)』 권1, 「도체(道體)」 19장)[28]

**張子曰. 天體物而不遺, 猶仁體事而無不在也. 禮儀三百, 威儀三千, 無一物之非仁也. 昊天曰明, 及爾出王, 昊天曰旦, 及爾游衍, 無一物之不體也.〈言天體物, 猶仁體事〉

장자(장재張載, 1020~1077. 북송오자)가 말씀하였다. "하늘은 사물의 본체가 되어 빠뜨릴 수 없는 것은 인(仁)이 일의 본체가 되가 되어 있지 않음이 없는 것과 같다. '예의 3백 가지와 위의 3천 가지'[29]가 어느 하나도 인(仁)이 아님이 없다. '하늘[昊天]은 밝으신지라 네가 나가고 들어오는 것을 함께하시고, 하늘은 훤히 아시는지라 네가 노닐고 다니

28) 『근사록집해』는 건안 섭씨가 주자와 여조겸이 편찬한 『근사록』(1176년 간행)을 최초로 주석한 책이다. 주자 사후 48년 뒤인 1248년에 완성되었다.

29) 『중용장구』 27장. "크고 위대하도다. 예의가 3백 가지요, 위의가 3천 가지이다(優優大哉. 禮儀三百, 威儀三千)."

는 것을 살펴보시느니'[30] 어느 하나도 본체가 되지 않는 것이 없다." (『장자전서(張子全書)』 권3, 『정몽(正蒙)』, 「천도편(天道篇)」. 22b)[31] 〈하늘이 사물의 본체가 되는 것은 인이 일의 본체가 되는 것과 같음을 말한 것이다〉

**朱子曰. 體物, 猶言爲物之體也, 蓋物物有箇天理. 體事, 謂事事是仁做出來. 如禮儀三百, 威儀三千, 須是仁做始得. 凡言體, 便是做他那骨子.

주자가 말씀하였다. "'체물(體物)'은 사물의 본체가 되니, 대개 사물마다 천리가 있다고 말하는 것과 같다. '체사(體事)'는 일마다 인(仁)에서 나오는 것을 말한다. 예컨대 '예의 3백 가지와 위의 3천 가지'와 같은 것은 모름지기 인(仁)에서 시작되는 것이다. 무릇 '체(體)'를 말하면 그 것의 골자가 되는 것이다." (『주자어류』 권98, 「장자의 글1(張子之書一)」, 제21조목. 반시거潘時擧의 기록)[32]

**問. 此段, 莫是言人之所以爲人者, 皆天之所爲, 故雖起居動作之頃, 而所謂天者未嘗不在也. 曰. 公說天體物不遺, 旣說得是, 則所謂仁體事而無不在者, 亦不過如此.

물었다. "이 단락은 사람이 사람인 까닭은 모두 하늘이 하신 것이므로 비록 일어나고 거처하며 움직이고 일을 하는 때도 이른바 하늘이 일찍이 있지 않은 적이 없다는 것을 말한 것이지 않습니까?" 말씀하였다. "그대가 '하늘은 사물의 본체가 되어 빠뜨릴 수 없다'고 한 말은 이미 옳은 말이니, 이른바 '인(仁)이 일의 본체가 되가 되어 있지 않음이 없다'는 것 또한 이와 같음에 지나지 않는다." (『주자어류』 권81, 「시2(詩二)」, 「주남관저(周南關雎)」, 「판(板)」, 제161조목. 양도부楊道夫의 기록)[33]

---

30) 『시경』 「대아생민지십(大雅生民之什)」, 「판(板)」.
31) 『심경부주』(「안언문인상(顏淵問仁章)」)에 있다.
32) 『심경부주』(「안연문인장」).
33) 『심경부주』(「안연문인장」).

**又曰. 橫渠此語, 是將赤心, 片片說與人. 荀揚, 何嘗有此.

또 말씀하였다. "횡거 선생의 이 말은 진실한 마음[赤心, 아이와 같은 마음]을 하나하나 사람들에게 해 준 것이다. 순자나 양자(양웅揚雄) 같은 이들에게 어찌 이런 말이 있기나 할 것인가!" (『주자어류』 권34, 「논어16(論語十六)」, 「술이편(述而篇)」, 제60조목. 보광輔廣의 기록)[34]

西山眞氏曰. 無貳者一也, 主一者敬, 而能一者誠也. 湯之所以事天, 曰顧諟明命爾. 文王之所以事天, 曰翼翼小心爾. 夫豈求之外哉. 凜然自持, 常若對越, 游衍出王, 無非與神明周旋者矣.

서산 진씨가 말씀하였다. "'무이'는 한결같음이며, '주일(하나를 위주로 함)'이 경이며, 한결같이 할 수 있는 것이 성(誠)이다. 탕임금이 하늘을 섬기는 것은 '(하늘의) 밝은 명(命)을 돌아 본다'[35]고 말하고, 문왕이 하늘을 섬기는 것은 '공경하고 조심하다'고 말할 뿐이다. 어찌 밖에서 구하는 것일런가! 엄숙하게 스스로 본 마음을 유지하고 보존하여 항상 하늘을 대하는 듯하고, 나가고 들어옴과 노닐고 다님에 신명과 모든 것을 함께 하지 않음이 없는 것이다. (『대학연의』 권13, 「격물지치지요1(格物致知之要一). 21b~22a)[36]

---

34) 『심경부주』(「안연문인장」). 정구는 『서산독서기』(권7, 「인하(仁下)」. 43b)의 글을 인용했다. 그런데 이 글은 이미 정민정이 원본이 되는 『주자어류』의 글을 조금 손 본 것이다.

35) 『서경(書經)』(「상서(商書)」, 「태갑상(太甲上)」)의 이 말은 『대학장구(大學章句)』(전1장)를 통해 더욱 유명해졌다. "태갑(太甲)에 '하늘의 밝은 명(命)을 돌아본다' 하였다(太甲曰. 顧諟天之明命)."

36) 정구는 원문 중간에 진덕수가 천자에게 간언하는 내용들을 제외하고 발췌했다.

3. 시이우군자장(視爾友君子章)

<『시경(詩經)』>

○ 총 4조목

視爾友君子, 輯柔爾顏, 不遐有愆. 相在爾室, 尚不愧于屋漏, 無曰不顯, 莫予云覯. 神之格思, 不可度思, 矧可射思.<大雅, 抑. ○ 輯, 和也. 遐, 何通, 愆, 過也, 尙, 庶幾也. 屋漏, 室西北隅也. 覯, 見也. 格至, 度測, 矧況, 射, 斁通, 厭也.>

"그대가 군자와 벗하는 것을 보건대, 네 얼굴을 온화하며 부드럽게 하여, 어떤 잘못이 있지 않을까 해야 한다네. 그대가 홀로 방에 있을 때에, 방안 귀퉁이에도 부끄럽지 않게 할지니, 드러나지 않다고 해도 나를 보는 이가 없다고 말하지 말라. 신(神)의 이르름을 헤아릴 수 없는데 하물며 싫어할 수 있겠는가.[37]"<『시경』「대아탕지십(大雅蕩之什)」의 2장「억(抑)」이다. ○ 집(輯)은 '온화함'이다. 하(遐)는 '어찌[何]'와 통하고, 건(愆)은 '허물'이며, 상(尙)은 '거의[庶幾]'이다. 옥루(屋漏)는 '방의 서북쪽'이다. 구(覯)는 '보다'이다. 격(格)은 '이르름'이고, 탁(度)은 '헤아림'이며, 신(矧)은 '하물며'이고, 역(射)은 역(斁)과 통하며 '싫다'의 뜻이다>

---

37) "神之格思, 不可度思, 矧可射思"의 구절은 『중용』의 이른바 "귀신장"(16장)에 인용되어 더욱 유명해졌다.

1. 楚語左史倚相曰. 昔衛武公年數九十五矣, 猶箴儆於國曰, 自卿以下, 至于師長士, 苟在朝者, 無謂我老耄而舍我. 必恭恪於朝夕, 以交戒我. 在輿有旅賁之規, 位宁有官師之典, 倚几有誦訓之諫, 居寢有暬御之箴, 臨事有瞽史之道, 宴居有師工之誦. 史不失書, 矇不失誦, 以訓御之. 於是作懿戒以自儆. 及其沒也, 謂之睿聖武公.〈韋昭曰, 懿讀爲抑, 卽此篇也〉

『국어(國語)』「초어(楚語)」의 좌사(左史) 의상(倚相)이 말하였다. "옛날 (춘추시대) 위(衛)나라 무공(武公)[38]은 나이 95세에도 오히려 나라에 글을 써 경계하여 이르길, '경(卿) 이하 스승과 선비에 이르기까지 진실로 조정에 있는 자는 나는 늙었으니 나를 내버려두라 말하지 말고, 반드시 아침저녁으로 공손하게 하고 조심하며 교제하면서 나를 경계하라. 내가 수레에 있을 때에는 여분(旅賁, 친위 군사나 측근에서 시중드는 신하)의 규정이 있게 하고, 뜰에 있을 때에는 관사(官師, 중간과 하급의 관리)의 법이 있게 하며, 안석에 기대 있으면 송훈(誦訓, 글 외는 일을 맡은 벼슬)의 간언이 있게 하고, 침실에 있으면 설어(暬御, 가까이서 모시는 사람)의 주의[箴]가 있게 하고, 일을 할 때는 고사(瞽史, 천도를 아는 자)의 인도가 있게 하며, 사사로이 거처할 때에는 사공(師工, 악관)의 읊어 줌이 있게 하되, 사관은 기록하는 데 실수하지 않으며, 눈먼 이는 외우는 데에 실수하지 않도록 가르치고 다스려라. 이에 좋은 경계문을 지어 스스로 경계한다' 하였는데, 그가 세상을 떠나니 예성무공(睿聖武公)이라 시호하였다."〈위소(韋昭)가 말하기를 의(懿)는 억(抑)으로 읽으니 바로 이 편이다[39]〉 [주자(朱子), 『시경집전(詩經集傳)』 권7, 「탕지십(蕩之什)」, 「억12장(抑十二章)」. 6b~7a]

2. 西山眞氏曰. 自卿以下, 無一人不使任箴規之職, 自在輿以下, 無一處不

38) 위 무공은 춘추시대 위나라 임금이며, 무공은 시호이다. 재위(在位) 55년에 향년(享年) 95세였고, 선정(善政)을 베풀었다.

39) 위소(韋氏), 『국어(國語)』, 「초어상(楚語上)」 제17. (10b) "의(懿)는 억(抑)으로 읽는다(懿讀曰抑)."

欲聞箴規之言, 猶且作抑詩, 使人誦之不離其側, 如是而意不誠心不正者, 未之有也.

서산 진씨가 말씀하였다. "경(卿) 이하는 한 사람이라도 잠규(箴規, 경계하여 바로잡음)의 직책을 맡게 하지 않는 적이 없고, '수레에 있을 때' 이하는 한 곳에서라도 잠규의 말을 들으려 하지 않은 적이 없는데도, 오히려 「억」시를 지어서 사람들에게 이를 읊조리고 그 곁을 떠나지 않게 하니, 이와 같으면서도 뜻이 성실하지 않고 마음이 바르지 않는 자는 없을 것이다." (『서산독서기』 권30, 「성의정심지요2(誠意正心之要二)」. 6b)

3. *鄭氏曰. 神見人之爲也, 汝無謂是幽昧不明, 無見我者. 神見汝矣.

정씨(정현鄭玄, 127~200)가 말하였다. "신은 사람이 하는 것을 보고 있으니, 너는 어둡고 밝지 않아서 나를 보는 자가 없다고 말하지 말라. 신이 너를 보고 있다." [육덕명(陸德明)[40], 『모시(毛詩)』 권18, 「모시대아(毛詩大雅)」, 정현전(鄭氏箋), 「탕8장(蕩八章)」. 5b]

4. **朱子曰. 言視爾友於君子之時, 和柔爾之顔色, 其戒懼之意, 常若自省曰, 豈不至於有過乎. 蓋常人之情, 其修於顯者, 無不如此, 然視爾獨居於室之時, 亦當庶幾不愧于屋漏, 無曰此非顯明之處而莫予見也. 當知鬼神之妙, 無物不體, 其至於是, 有不可得而測者, 不顯亦臨, 猶懼有失, 況可厭射而不敬乎. 此, 言不但修之於外, 又當戒謹恐懼乎其所不睹不聞也.

주자가 말씀하였다. "네가 군자와 벗할 때를 살펴보면 너의 얼굴빛을 온화하고 유순하게 하여, 경계하고 두려워하는 뜻을 가지고 항상 스스로 살피면서, '어찌 이러한 잘못에 이르게 되었는가'라고 하는 듯한다. 대개 평소 사람의 정(情)이란 드러나는 곳에서 닦음은 이와 같지

40) 육덕명(陸德明, 591~624)은 진(陳)나라, 수(隋)나라, 당(唐)나라 때의 관리이자 경학자(經學者), 훈고학자이다. 저술로 한유(漢儒)들의 훈고(訓詁)를 정리해서 『경전석문(經典釋文)』 권을 편찬하고, 『노자소(老子疏)』와 『역소(易疏)』 등이 있다.

않음이 없으나, 네가 홀로 방에 거처할 때를 살펴보아도 또한 혹시라도 방 귀퉁이에 부끄러움이 없게 하여야 하니, '여기는 드러난 곳이 아니어서 나를 보는 이가 없다'고 말하지 말라. 마땅히 귀신(鬼神)의 묘함이 사물마다 본체가 되지 않음이 없으니, 여기에 이르름을 헤아릴 수 없다는 것을 알고서, 드러나지 않을 때에도 신은 강림하여 오히려 잘못함이 있을까 두려워하여야 하는데, 하물며 신을 싫어하여 공경하지 않을 수 있겠는가. 이는 단지 밖에서 닦을 뿐만 아니라 또한 보이지 않거나 들리지 않아도 삼가 조심하고 두려워해야[41] 하는 것을 말한 것이다." (『시경집전』 권7, 「탕지십」, 「억12장」. 5a~5b)

41) 『중용장구』 1장. "도라는 것은 잠시도 떠날 수 없는 것이니, 떠날 수 있다고 한다면 그것은 도가 아니다. 그렇기 때문에 군자는 보이지 않아도 조심하는 것이요, 들리지 않아도 두려워하는 것이다(道也者, 不可須臾離也, 可離非道. 是故君子戒愼乎其所不睹, 恐懼乎其所不聞)."

4. 한사존성장(閑邪存誠章)

<『주역』「문언전」>

○ 총 10조목

易乾之九二, 子曰. 庸言之信, 庸行之謹, 閑邪存其誠.<乾文言>

『주역』 건괘의 구이 효사에서 공자가 말씀하였다. "평소의 말도 믿음직하고 평소의 행실도 삼가고, 간사함을 막고 성실함을 보존한다."<『주역』, 건괘의 「문언전」>

1. *程子曰. 庸信庸謹, 造次必於是也.

정자가 말씀하였다. "평소의 믿음과 평소의 삼감은 '아무리 급박한 때라도 반드시 여기에 힘써야 한다'[42]." [정이(程頤), 『이천역전(伊川易傳)』 권1, 「문언전(文言傳)」. 8a]

2. *又曰. 閑邪則誠自存, 不是外面, 捉一箇誠將來存著. 今人外面, 役役於不善, 於不善中, 尋箇善來存著, 如此, 則豈有入善之理. 只是閑邪則誠自存.

또 말씀하였다. "간사함을 막으면 성실함이 저절로 보존되니, 외면에 하나의 성실함을 가져다 보존하는 것은 아니다. 지금 사람들은 외면에서 불선(不善)한 것에만 온힘을 다 쓰면서 불선한 가운데에 하나의 선(善)을 찾아 보존하려 하니, 이와 같으면 어찌 선에 들어갈 리가 있겠는가? 다만 간사함을 막으면 성실함은 저절로 보존될 뿐이다." (『이정유서』 권15, 45번째 문장)[43]

3. *又曰. 如何是閑邪, 非禮勿視聽言動, 邪斯閑矣.

또 말씀하였다. "어떻게 해야 간사함을 막는가? '예가 아니면 보지도 듣지도 말하지도 움직이지도 말아야 하니'[44] (이러면) 간사함이 이렇게 막아질 것이다." (『이정유서』 권2상, 93번째 문장)

---

42) 『논어』 「이인」 5장. "군자는 밥 한 끼 먹는 동안에도 인을 떠나서는 안 된다. 아무리 급박한 때라도 반드시 여기에 힘써야 하고 경황 중에도 반드시 여기에 힘써야 할 것이다(君子無終食之間, 違仁. 造次, 必於是, 顚沛, 必於是)."

43) 『심경부주』는 "閑邪則誠自存, 不是外面, 將一箇誠來存著"으로 되어 있다. 정구 원문에 해당하는 정자의 글을 더 연장해서 발췌하였다.

44) 『논어』 「안연(顔淵)」 1장. 『논어』 「안연(顔淵)」 1장. 공자가 말씀하였다. "예가 아니면 보지 말며, 예가 아니면 듣지 말며, 예가 아니면 말하지 말며, 예가 아니면 움직이지 말아야 한다(子曰. 非禮勿視, 非禮勿聽, 非禮勿言, 非禮勿動)." 사물(四勿)로 알려져 있다.

4. 又曰. 閑其邪者, 乃在於言語飮食進退, 與人交接之際而已矣.

또 말씀하였다. "그 간사함을 막는다는 것은 말할 때, 음식을 먹을 때, 나가거나 물러설 때, 사람들과 사귀고 응대할 때에 있을 뿐이다." (『이정유서』 권25, 15번째 문장)

5. **又曰. 閑邪更著甚工夫. 但惟是動容貌整思慮, 則自然生敬, 敬只是主一也.

또 말씀하였다. "간사함을 막는 것에 다시 무슨 공부가 있겠는가. 오직 (사납거나 거만하지 않게) 용모를 나타내고[45] 생각을 정돈하면 자연히 경(敬)이 생기니, 경은 단지 '주일' 즉 하나를 위주로 하는 것일 뿐이다." (『이정유서』 권15, 45번째 문장)

6. 又曰. 閑邪則固一矣. 然主一, 則不消言閑邪.

또 말씀하였다. "간사함을 막으면 진실로 한결같이 된다. 그러나 하나를 위주로 한다면, 간사함을 막는 것을 굳이 말할 필요가 없다." (『이정유서』 권15, 54번째 문장)

問. 閑邪主一, 如何. 曰. 主一似持其志, 閑邪似無暴其氣. 閑邪只是要邪氣不得入, 主一則守之於內. 二者不可有偏, 此內外交相養之道也.

물었다. "'간사함을 막음[閑邪]'과 '하나를 위주로 함[主一]'은 어떤 것입니까?" 말씀하였다. "'주일'은 그 뜻을 간직하는 것과 같으며, '한사'는 그 기를 사납게 하지 말라는 것과 같다.[46] 한사는 단지 간사한 기운

---

45) 『논어』 「태백(太白)」 4장. "군자가 귀하게 여겨야 할 도(道)에 3가지가 있다. 용모를 나타낼 때는 거칠거나 거만하지 말고, 얼굴빛을 가다듬을 때는 진실되게 하고, 말을 할 때는 비속하거나 도리에 어긋나지 않게 해야 한다(君子所貴乎道者三. 動容貌, 斯遠暴慢矣, 正顔色, 斯近信矣, 出辭氣, 斯遠鄙倍矣)."

46) 『맹자』 「공손추상(公孫丑上)」 2장. "무릇 마음은 기를 거느리는 장수인 셈이고 기는 몸에 가득 차 있는 것이니, 마음이 가장 중요하고 기가 그 다음이다. 그러므로 그 뜻을 간직하되, 그

이 들어오지 못하게 한다는 것일 뿐이며, '주일'은 안에서 지킨다는 것이다. 두 가지는 한쪽에 치우칠 수 없으니, 이것은 안팎을 서로 기르는 방법이다." (『주자어류』 권96, 「정자지서2(程子之書二)」, 제29조목. 김거위金去僞의 기록)

7. **又曰. 閑邪則誠自存. 如人有室, 垣墻不修, 不能防寇, 寇從東來, 逐之則復有自西入, 逐得一人, 一人復至, 不如修其垣牆, 則寇自不至. 故欲閑邪也.

또 말씀하였다. "간사함을 막으면 성실함은 저절로 보존된다. 예컨대 사람이 방에 있을 때 담장을 고치지 않으면 도적을 막을 수 없으니, 도적이 동쪽에서 올 때 쫓아내면 다시 서쪽에서 들어오고, 한 놈을 쫓으면 다시 한 놈이 오니, 담장을 고쳐서 도적이 저절로 이지지 못하게 하는 것이 더 나을 것이다. 그러므로 간사함을 막고자 하는 것이다." (『이정유서』 권15, 178번째 문장)

8. **又曰. 敬是閑邪之道, 閑邪存其誠, 雖是兩事, 然亦只是一事, 閑邪則誠自存矣. 天下, 有一箇善, 一箇惡, 去善, 卽是惡, 去惡, 卽是善. 譬如門, 不出, 便入.

또 말씀하였다. "경은 '한사'의 방법이니 간사함을 막고 그 성실함을 보존함은 비록 두 가지 일이나, 또한 하나의 일일뿐이니, '한사'하면 성실함은 저절로 보존된다. 천하에는 하나의 선이 있고 하나의 악이 있으니, 선을 없애면 곧 악이요, 악을 없애면 곧 선이다. 문에 비유하자면, 나가지 않으면 곧 들어오는 것과 같다." (『이정유서』 권18, 12번째 문장)

기를 사납게 하지 말라고 한 것이다(夫志, 氣之帥也, 氣, 體之充也, 夫志至焉, 氣次焉. 故曰持其志, 無暴其氣)."

9. **朱子曰. 庸言庸行, 盛德之至. 到這裏不消得恁地. 猶自閑邪存誠, 便是無斁亦保. 雖無厭斁, 亦當保也. 保者, 持守之意.

주자가 말씀하였다. "평소의 말과 행동은 성대한 덕이 지극함이다. 여기에 이르면 이렇게 할 필요도 없다. 오히려 저절로 '한사존성(간사함을 막고 성실함을 보존)'하니, 바로 '싫고 꺼려함이 없어도 보존한다'는 것이다. 그러나 비록 싫고 꺼려함이 없더라도 또한 마땅히 보존해야 한다. '보존'은 간직하고 지킨다[持守]는 뜻이다." (『주자어류』 권69, 「역5(易五)」, 「건하(乾下)」, 제4조목. 난연暖淵의 기록)[47]

10. 又曰. 閑邪存誠, 不大段用力.

또 말씀하였다. "간사함을 막고 성실함을 보존하는 것은 크게 힘을 쓰지 않아도 된다." (위와 같은 곳, 제22조목. 임기손林夔孫의 기록)

---

47) 『심경부주』(「한사존성장」)에는 뒷부분에 해당하는 "此正是無射亦保之意, 無射亦保, 雖無厭斁, 亦當保也. 保者, 持守之意"의 구절만 발췌되어 있다.

5. 경이직내장(敬以直內章)

<『주역』「문언전」>

○ 총 302조목

○『심경발휘』에서 가장 많은 분량을 차지하며, 이전의 『심경부주』와 확연하게 구분되는 특징을 가진 장이다. 정구가 「서문」에서 이른 것처럼 '경'이라는 한 글자에 대한 성현들의 사유를 여러 측면에서 살펴볼 수 있도록 공들여 편집한 것이다. 『심경발휘』의 핵심이자 주안이라고 할 수 있다. 모두 42개 부문 총 302조목으로 나누어서 경의 의미를 조명하였다.

子曰. 坤之六二, 君子, 敬以直內, 義以方外, 敬義立而德不孤, 直方大不習無不利, 則不疑其所行也.<坤文言>

공자가 말씀하였다.[48] "『주역』 곤괘 육이의 효사는 '군자는 경을 하여 안을 곧게 하고, 의를 실천하여 밖을 방정하게 하니, 경과 의가 확립되어 덕이 외롭지 않다. 곧고 방정하며 커서, 익히지 않아도 이롭지 않음이 없으니, 그가는 바를 의심하지 않는다'라고 하였다."<『주역』, 곤괘의 「문언전」>

48) "子曰"은 『심경부주』에는 없고 정구가 붙인 것이다.

1) 경과 의에 대해서 (1조목~20조목. 총 20조목)
2) 경과 의는 손님과 주인의 관계 (21조목~28조목. 총 8조목)
3) 경과 의는 치우치거나 그만두어서는 안 됨 (29조목~35조목. 총 7조목)
4) '경이직내'에 대하여 (36조목~43조목. 총 8조목)
5) '경'이라는 글자에 대하여 (44조목~72조목. 총 29조목)
6) 주일무적 (73조목~74조목. 총 2조목)
7) 정제엄숙 (75조목~76조목. 총 2조목)
8) '상성성'법 (77조목~78조목. 총 2조목)
9) 기심수렴 (79조목. 총 1조목)
10) 세 선생이 언급한 경의 차이점 (78~80조목. 총 3조목)
11) 외(畏)라는 글자는 경에 가까움 (83~88조목. 총 6조목)
12) 불경(不敬)하지 말 것 (89~95조목. 총 7조목)
13) 경의 조목들 (96~100조목. 총 5조목)
14) 경의 방법은 마땅히 외자와 함께 통합해서 보아야 함 (101~103조목. 총 3조목)
15) 경의 모습 (104~109조목. 총 6조목)
16) 공(恭)과 경을 겸해서 말함 (110~123조목. 총 14조목)
17) '장엄'[莊]과 경을 겸하여 말함 (124~126조목. 총 3조목)
18) 경과 간이(簡易) (127~131조목. 총 5조목)
19) 경과 신(愼) (132조목. 총 1조목)
20) 경과 성(誠) (133~142조목. 총 10조목)
21) 경과 인(仁) (143~154조목. 총 12조목)
22) 경과 극기(克己) (155~158조목. 총 4조목)
23) 경이 백가지 간사함을 이김 (159~166조목. 총 8조목)
24) 경을 하면 욕심이 적어짐 (167~187조목. 총 21조목)
25) 경과 치지(致知) (173~187조목. 총 15조목)
26) 정(靜) (188~217조목. 총 30조목)
27) 동정(動靜)을 겸한 경(敬) (218~240조목. 총 23조목)
28) 내외(內外)를 겸한 경(敬) (241~245조목. 총 5조목)
29) 일에 따라 경(敬)을 다함 (246~252조목. 총 7조목)
30) 어떤 일에도 경하지 않음이 없음 (253조목. 총 1조목)
31) 어느 때고 경하지 않음이 없음 (254~255조목. 총 2조목)
32) 어느 곳이든 경하지 않음이 없음 (256~257조목. 총 2조목)

33) 천지의 경 (258조목. 총 1조목)
34) 성현의 경 (255~267조목. 총 13조목)
35) 악인, 어리석은 사람, 불초한 사람도 모두 경할 수 있음 (267~270조목. 총 4조목)
36) 일상에 거처하며 평소 경을 함 (271~272조목. 총 2조목)
37) 처음에는 모름지기 억지로 힘써야 함 (273~274조목. 총 2조목)
38) 경은 잠시라도 끊어져서는 안 됨 (275~278조목. 총 4조목)
39) 익숙하면 오래감 (279~280조목. 총 4조목)
40) 경하면 호연함 (281~282조목. 총 2조목)
41) 경하면 화락함 (283~285조목. 총 3조목)
42) 경은 서둘러서는 안 됨 (286~302조목. 총 7조목)

1) 경과 의에 대해서 (1조목~20조목. 총 20조목)

1. *伊川先生曰. 君子主敬以直其內, 守義以方其外. 敬立而內直, 義形而外方, 義形於外, 非在外也.

이천 선생이 말씀하였다. "군자는 경을 위주로 하여[主敬] 그 안을 곧게 하고, 의를 지킴으로써 그 바깥을 방정하게 한다. 경이 확립되고 안이 곧게 되며 의가 드러나고 바깥이 방정해진다. 의가 바깥으로 드러나는 것은 의가 밖에 있다는 것이 아니다. [정이천(程伊川), 『역전(易傳)』「곤문언전(坤文言傳)」]

2. *又曰. 言敬無如聖人之言. 易所謂敬以直內, 義以方外, 須是直內乃是主一之義. 至於不敢欺, 不敢慢, 尙不愧於屋漏, 皆是敬之事也, 但存此涵養, 久之, 自然天理明.

또 말씀하였다. "경을 말한 것에 성인의 말만한 것이 없다. 역에서 이른바 '경이직내, 의이방외'는 모름지기 안을 곧게 하는 것이니 바로 '주일'의 뜻이다. 감히 속이지 않고, 감히 태만하지 않으며, 혹시라도 방 귀퉁이에 부끄럽지 않게 한다는 것에 이르러서는 모두 경의 일이니, 다만 이것을 보존하여 함양해서 오래되면 자연스럽게 천리(天理)가 밝아진다. (『이정유서』 권15, 177번째 문장)

3. 又曰. 乾卦言聖人之學, 坤卦言賢人之學. 若夫敬以直內, 義以方外, 則雖聖人不越乎此, 無異道故也.

또 말씀하였다. "건괘는 성인의 학을 말하고, 곤괘는 현인의 학을 말했다. 저 '경이직내, 의이방외' 같은 것은 비록 성인일지라도 이를

넘어서지 않으니, 별스런 다른 도가 없기 때문이다." (『이정수언(二程粹言)』 제3편, 43번째 문장)

4. 又曰. 敬以直內, 義以方外, 合內外之道也.

또 말씀하였다. "'경이직내'하고 '의이방외'하는 것은 안팎[內外]을 통합하는 도이다." (『이정유서』 권11, 18번째 문장)

5. **又曰. 敬義夾持, 直上. 達天德自此.

또 말씀하였다. "경의협지(敬義夾持) 즉 경과 의를 함께 지니고 곧장 위로 올라가야 한다. 천덕(天德) 즉 '하늘이 부여해 준 덕'에 도달하는 것[49]도 여기에서 비롯된다." (『이정유서』 권5, 30번째 문장)

**朱子曰. 最是他下得夾持兩字好. 敬主乎中, 義防於外, 二者相夾持, 要放下霎時也不得. 只得直上去, 故便達天德.

주자가 말씀하였다. "그가 '협지(夾持, 함께 지님)'라는 두 글자를 쓴 것이 가장 훌륭하다. 경은 안을 위주로 하고, 의는 밖에서 바로잡는 것이니, 이 두 가지는 함께 지녀야지, 잠깐이라도 놓쳐서는 안 된다. 단지 곧바로 올라가기 때문에 하늘의 덕에 도달할 수 있는 것이다." (『주자어류』 권95, 제138조목. 동백우의 기록)

**又曰. 表裏夾持, 更無東西走作去處, 上面只更有箇天德.

안팎을 함께 지니면서 다시 여기저기로 내달리는 일이 없으면 그

---

49) 『중용(中庸)』 32장. "오직 천하에 지극히 성실한 자라야 천하의 대도를 경륜해가고, 천하의 대본을 세우며, 천지의 화육을 알 수 있으니, 어찌 달리 의지하는 것이 있겠는가? 어진 그 마음 간절하고 지극하며, 연못같은 그 마음 깊고 깊으며, 하늘같은 그 마음 넓고 크구나. 진실로 총명과 성스로운 지혜가 있어 '천덕'에 통달한 사람이 아니면 그 누가 이런 분을 알아보겠는가?(唯天下至誠, 爲能經綸天下之大經, 立天下之大本, 知天地之化育, 夫焉有所倚. 肫肫其仁, 淵淵其淵, 浩浩其天. 苟不固聰明聖知達天德者, 其孰能知之)."

위에는 다만 '하늘의 덕'이 있을 뿐이다. (위와 같은 곳, 제139조목. 섭하손葉賀孫의 기록)

又曰. 直上者, 無許多人欲牽礙也.

또 말하였다. "곧장 위로 올라간다는 것은 수많은 인욕에 끌리는 장애가 없다는 것이다." (위와 같은 곳, 제140조목. 양방楊方의 기록)

6. *龜山楊氏曰. 盡其誠心而無僞焉, 所謂直也, 若施之於事, 則厚薄隆殺, 一定而不可易, 爲有方矣. 所主者敬, 而義則自此出焉. 故有內外之辨.

구산 양씨가 말하였다. "'성실한 마음[誠心]'을 다하여 거짓이 없는 것이 이른바 '곧음'이고, 만약 이것을 일에 시행하면 후박(厚薄, 후하고 박함)과 융쇄(隆殺, 올리고 내림)가 일정하여 바꿀 수 없으니, 이것이 '방정함'이 있는 것이 된다. 위주가 되는 것이 경이고, 의는 여기에서 나온다. 그러므로 안팎[內外]의 구분이 있는 것이다." [양시(楊時), 『구산집(龜山集)』 권11, 「어록2(語錄二), 6b~7a)][50)]

7. 朱子曰. 敬以直內, 是持守工夫, 義以方外, 是講學工夫.

주자가 말씀하였다. "'경이직내'는 '유지하고 지키는[持守]' 공부이고, '의이방외'는 강학 공부이다." (『주자어류』 권69, 「역5(易五)」, 「건하(乾下)」, 제141조목. 황승경黃升卿의 기록)

8. **又曰. 敬以直內, 是無纖毫私意, 胸中洞然, 徹上徹下, 表裏如一. 義以方外, 是見得是處決定是恁地, 不是處決定不恁地, 截然方方正正. 須是自將去做工夫. 聖門學者問一句, 聖人答他一句, 便領略將去, 實是要行得. 如今說得儘多, 只是不曾就身己做看. 某之講學所以異於科擧之文, 正是要

50) 『양시집』의 원문과 약간의 글자 출입이 있다.

切己行之. 若只恁地說過, 依舊不濟事. 若實是把做工夫, 只是敬以直內義以方外, 八箇字, 一生用之不窮.

또 말하였다. "'경이직내'는 조금이라도 털끝만큼의 사사로운 뜻이 없어 가슴이 환히 위아래로 투철하게 통하고 겉과 속이 한결같은 것이다. '의이방외'는 옳은 곳에서 이렇게 결정하고, 옳지 않은 곳에서는 이렇지 않게 결정하는 것을 알아서 확실히 방정하고 또 방정히 하는 것이니, 반드시 스스로 공부해야 하는 것이다. 성인 문하에서 배우는 자가 한 구절을 물으면 성인이 그 한 구절에 답하시니, 중요한 곳을 간략하게 해가는 것이지만 실제는 실천으로 체득하게 하려는 것이다. 마치 지금 말하는 것만 많고 자기 몸으로 실천하고 보지 않는 것과 같다. 나의 강학이 과거 시험의 공부와 다른 점은 바로 자기에게 절실한 것을 실천하게 하려는 것이다. 만약 이렇게 말만 하고 그치면 여전히 일을 성취하지 못한다. 만약 진실로 공부한다면, '경이직내, 의이방외'라는 여덟 글자는 평생 동안 써도 끝이 없을 것이다." (위와 같은 곳, 제147조목. 섭하손의 기록)

9. 又曰. 敬義二字, 隨處加功, 久久自當得力. 義利之間, 只得著力分別, 不當預以難辨爲憂. 聖門只此便是終身事業.

또 말씀하였다. "경과 의 두 글자로 처하는 곳에 따라 노력을 더하면, 오래 되어 저절로 힘을 얻게 될 것입니다. 의리와 이익의 사이에서는 힘을 들여 분별해 낼 뿐 미리 분별하기 어렵다고 근심해서는 안 됩니다. 성인의 문하에서는 오직 이것만이 평생의 사업입니다." (「모순경에게 답함(答毛舜卿)」, 『주자대전』 권54)[51]

10. 又曰. 敬有死底, 敬有活底. 敬只守主一之敬, 若遇事不濟之以義辨其

51) 이 편지는 1183년(순희 10년, 54세)에 쓴 것으로 추정된다. (『편년고증』, 220쪽 참고)

是非, 則不活. 若熟後敬便有義, 義便有敬, 靜以察其敬與否, 動以察其義與否, 敬義夾持, 循環無端, 則內外透徹.

또 말씀하였다. "경에는 죽은 것과 살아 있는 것이 있다. 경은 단지 하나를 위주로 하는 것을 지키는 경일 때, 만일 일을 만나서 의로써 시비를 판단하지 못한다면 이것은 죽은 것이다. 만일 익숙하게 된 뒤라면 경에는 의가 있고 의에는 경이 있을 것이다. 고요할 때는 경인가 그렇지 않은가를 살피고, 움직일 때는 의인가 그렇지 않은가를 살펴야 한다. 경과 의를 함께 지니고 끝없이 순환하게 되면 안팎이 투철해진다." (『주자어류』 권12, 「학문6(學六)」, 제130조목. 두종주의 기록)[52]

11. 又曰. 敬是立己之本, 義是處事截然方正, 各得其宜.

또 말씀하였다. "경은 자기를 확립하는 근본이고, 의는 일을 처리하는데 분명하고 방정하여 각기 그 마땅함을 얻은 것이다." (『주자어류』 권69, 「역5(易五)」, 「건하(乾下)」. 제149조목. 양도부의 기록)

12. 涵養須用敬, 處事須是集義.

"함양할 때는 반드시 경을 사용하고, 일을 처리할 때는 반드시 의로움을 쌓아서 해야 한다." (『주자어류』 권12, 「학문6(學六)」. 양도부의 기록)

13. 又曰. 敬義非兩截事.

또 말씀하였다. "경과 의는 두 가지로 끊어진 일이 아니다." (「임택지에게 답함21(答林擇之)」, 『주자대전』 권43)[53]

---

52) 『주자어류』의 원문에 비해서 문장의 생략과 글자의 출입이 있다. 정구는 『주자어류』를 직접 인용하지 않고 『서산독서기』의 요약된 문장을 이용했다.

53) 이 편지는 1169년(건도乾道 5년, 40세)에 쓴 것이다. (『편년고증』, 66쪽 참고) 임택지는 남송의 학자 임용중(林用中, 생몰미상)이다. 택지는 자이고, 호는 동병(東屛). 고전(古田) 출신. 저술에 『초당집(草堂集)』이 있다.

14. 又曰. 敬義只是一事. 如兩脚立定是敬, 才行是義. 合目是敬, 開眼見物便是義.

또 말씀하였다. "경과 의는 단지 하나의 일이다. 마치 두 다리로 안정되게 서 있는 것은 경이고, 걸어가는 것은 의이다. 눈을 감는 것은 경이고, 눈을 뜨고 사물을 보는 것은 의이다." (위와 같은 곳. 제149조목. 두종주의 기록)

15. 又曰. 敬者, 守於此而不易之謂, 義者, 施於彼而合宜之謂.

또 말씀하였다. "경은 여기[마음]에서 지켜서 바꾸지 않는 것을 말한다. 의는 저기[일처리]에 베풀어 합당한 것을 말한다." (위와 같은 곳, 제134조목. 임기손의 기록)

16. 又曰. 敬要回頭看, 義要向前看.

또 말씀하였다. "경은 머리를 뒤로 해 돌아보아야 하고, 의는 앞을 향해 바라보아야 한다." (위와 같은 곳, 제135조목. 오수창吳壽昌의 기록)

17. 問. 丹書敬勝怠者吉, 怠勝敬者滅, 義勝欲者從, 欲勝義者凶. 曰. 敬便豎起, 怠便放倒. 以理從事, 是義, 不以理從事, 便是欲. 這處敬與義, 是體用, 與坤卦說同. 〈武王踐阼三日, 召師尙父而問. 黃帝顓頊之道存乎. 師尙父曰. 在丹書, 王欲聞之, 則齊矣. 王齊三日, 端冕, 東面而立, 師尙父亦端冕, 奉書而入, 西面而道書之言. 王聞書之言, 惕若恐懼, 退而爲戒書, 於席之四端, 及几鑑盥槃楹杖帶屨觴豆牖劍弓矛, 各爲銘焉. 席前左端之銘曰, 安樂必敬, 前右端之銘曰, 無行可悔〉

물었다. "『단서(丹書)』[54]에 '경이 나태를 이기는 자는 길하고 나태가 경을 이기는 자는 멸망하며, 의가 욕심을 이기는 자는 순종하고, 욕심

---

54) 『단서(丹書)』는 황제, 전욱, 요, 순의 도(道)가 적혀 있는 책인데, 그 내용을 듣기 위해서 무왕이 3일 동안 목욕재계해야 할 정도로 신성한 책이다. 『대대례기(大戴禮記)』 권6, 「무왕천조(武王踐阼)」 참고. 「무왕천조」를 『단서(丹書)』라고 부른다.

이 의를 이기는 자는 흉하다'고 하였습니다."

말씀하였다. "경하면 서게 되고[竪起], 나태하면 거꾸러진다. 이치에 따라 일하는 것이 의이고, 이치에 따라 일하지 않는 것이 욕심이다. 여기서 경과 의는 본체와 작용이니, 곤괘(坤卦)에서 말한 것과 같다."

(『주자어류』「대학4(大學四)」, 「혹문상(或問上)」, 「전2장(傳二章)」. 제56조목. 서우徐寓의 기록) 〈무왕이 즉위한지 3일 만에 사상보(師尙父, 강태공姜太公)[55]를 불러 물었다. "황제, 전욱의 도가 보존되어 있습니까?" 사상보가 말했다. "『단서』라는 책에 있습니다. 왕께서 그것을 듣고자 하신다면 재계해야 합니다." 왕이 3일 동안 목욕재계한 뒤에 단정하게 의관을 갖추고 동쪽을 향해 서고, 사상보도 의관을 단정히 하여 『단서』를 받들고 들어와 서쪽을 향하고 『단서』의 글을 읽고 말했다. 무왕은 『단서』의 말씀을 들었다. 무왕이 『단서』의 말씀을 듣고는 두려워하고, 물러나 경계하는 글을 지어서, 좌석의 네 모서리, 자리, 거울, 손을 씻는 쟁반, 기둥, 지팡이, 허리띠, 신발, 제사 그릇, 창, 검, 활, 창 등에 각각 명문을 새겼다. 좌석의 오른쪽 모서리에는 '편안하고 즐거울 때는 반드시 경건하라'는 명문을 새기고, 좌석의 오른쪽 모서리에는 '뉘우칠 만한 행동을 하지 말라'는 명문을 새겼다.〉[56]

18. 名堂室記曰. 晦堂者, 燕居之所也. 堂旁兩夾室, 暇日默坐, 讀書其間. 名其左曰敬齋, 右曰義齋. 蓋熹嘗讀易而得其兩言曰敬以直內, 義以方外, 以爲爲學之要, 無以易此, 而未知其所以用力之方也. 及讀中庸, 見其所論修道之敎, 而必以戒愼恐懼爲始, 然後得夫所以持敬之本. 又讀大學, 見其所論明德之序, 而必以格物致知爲先, 然後得夫所以明義之端. 旣而觀夫二者之功, 一動一靜, 交相爲用, 又有合乎周子太極之論, 然後又知天下之理幽明鉅細, 遠近淺深無不貫乎一者. 樂而玩之, 固足以終吾身而不厭, 又何

55) 강태공은 은(殷)나라 말기의 여상(呂尙)을 말한다. 성(姓)은 강(姜)이고 씨(氏)는 여(呂)이며 이름은 상(尙)이다. 주나라 문왕(文王)의 스승이 되어, 무왕(武王)을 도와 은(殷) 나라 주왕(紂王)을 치고 나라를 세운 공으로, 제(齊) 나라에 봉작(封爵)되었다. 태공망(太公望), 사상보(師尙父)라고도 한다. 『사기(史記)』 권32, 「제태공세가(齊太公世家)」.

56) 『대대례기(大戴禮記)』 권6, 「무왕천조(武王踐阼)」. 『단서(丹書)』라고 부른다. 정구는 원문의 내용을 고치지 않았는데, 글자를 대폭 생략해서 요지를 전달하고 있다.

暇夫外慕哉.

「명당실기(名堂室記)」에서 말씀하였다.

"'회당(晦堂)'은 한가하게 거쳐하는 장소이다. 당(堂) 곁에는 두 개의 작은 협실(夾室)이 있는데, 한가한 날에는 그 곳에서 정좌(靜坐)하거나 독서를 한다. 왼쪽의 협실을 '경재(敬齋)'라 하고, 오른쪽 협실은 '의재(義齋)'라 이름 붙였다. 내가 예전에 『주역』을 읽었을 때 '경이직내, 의이방외'라는 두 구절을 알고서 이를 학문의 요체라고 생각했는데, 이와 바꿀만한 것이 없었다. 그러나 어떻게 힘을 써야 하는지 그 방법은 알지 못했다. 또 『중용』을 읽다가 '수도지위교(修道之謂教)'를 논하면서 반드시 '계신공구(戒愼恐懼)'를 시작으로 삼은 뒤에 '경을 유지함[持敬]'의 근본을 얻는다는 것을 알았다. 또 『대학』을 읽다가 명덕(明德)의 차례를 논하면서 반드시 격물치지(格物致知, 사물의 이치를 궁구하여 앎을 지극하게 함)[57]를 우선으로 삼은 뒤에야 의(義)를 밝히는 단서를 얻는다는 것을 알았다. 얼마 뒤에 두 가지 공부가 한번은 움직임[動]의 공부가 되고 한번은 고요함[靜]의 공부가 되며, 서로 주고받으면서 힘을 쓰는 방법이 되고, 또 주자(주돈이周敦頤, 1017~1073. 북송오자)의 태극론(太極論)에 합치함을 관찰하였다. 그런 뒤에 또 천하의 이치는 밝게 드러난 것과 숨어 있는 것, 큰 것과 작은 것, 멀과 가까움[遠近]과 깊고 얕음[深淺] 등에, 하나로 관통하지 않음이 없음을 알았다. 즐겁게 완상하면, 죽을 때까지 해도 싫지 않은데 어느 겨를에 세상이 사모하

57) 『대학(大學)』 1장. "옛날에 밝은 덕을 천하에 밝혀 보고자 했던 자들은 먼저 자기 나라부터 잘 다스렸고, 자기 나라를 잘 다스리고자 했던 자들은 먼저 자기 집안부터 잘 단속하였으며, 자기 집안을 잘 단속하고자 했던 자들은 먼저 자신부터 닦았고, 자신을 닦고자 했던 자들은 먼저 자신의 마음을 바르게 하였으며, 자신의 마음을 바르게 하고자 했던 자들은 먼저 자신의 뜻을 성실하게 하였고, 자신의 뜻을 성실하게 하고자 했던 자들은 먼저 자신의 앎을 지극하게 하였는데, 자신의 앎을 지극하게 하는 것은 사물의 이치를 궁구하는 데에 있었다(古之欲明明德於天下者, 先治其國, 欲治其國者, 先齊其家, 欲齊其家者, 先修其身, 欲修其身者, 先正其心, 欲正其心者, 先誠其意, 欲誠其意者, 先致其知, 致知, 在格物)."

는 것들을 좇으리오?"[58] (『주자대전』 권78, 「명당실기(名堂室記)」)

19. 西山眞氏曰. 敬則此心, 無私邪之累, 內之所以直也. 義則事事物物, 各當其分, 外之所以方也.

서산 진씨가 말씀하였다. "경하면 이 마음에 사사롭고 간사한 허물이 없게 되니 안이 이 때문에 곧아지게 되고, 의하면 사물마다 제각기 그 분수에 합당하게 되니 밖이 이 때문에 방정하게 된다." (『대학연의』 권2, 「제왕위학지본(帝王爲學之本)」. 15a)

20. 敬義齋銘曰. 惟坤六二, 其德直方, 君子體之, 爲道有常. 內而立心, 曰直是貴, 惟敬則直, 不偏以陂. 外而制事, 曰方是宜, 惟義則方, 各當其施. 曰敬伊何, 惟主乎一, 凛然自持, 神明在側. 曰義伊何, 惟理是循, 利害之私, 罔汨其眞. 靜而存養, 中則有主, 動而酬酢, 莫不中矩. 大哉敬乎, 一心之坊, 至哉義乎, 萬事之綱. 敬義夾持, 不貳不忒, 表裏洞然, 上達天德. 昔有哲王, 師保是詢, 丹書有訓, 西面以陳. 敬與怠分, 義與欲對, 一長一消, 禍福斯在. 怠心之萌, 闒焉沈昏, 欲心之熾, 蕩乎狂奔. 惟此二端, 敗德之賊, 必壯乃猶, 如敵斯克. 怠欲旣泯, 敬義斯存, 直方以大, 協德于坤. 一念少差, 眡此齋扁, 嚴師在前, 永詔無倦.

「경의재명」에서 말씀하였다.

곤괘의 육이 효사는 그 덕이 곧음과 방정함인데, 군자가 이를 체득해서 도(道)를 행함에 변함이 없네.

안으로 마음을 세우는 데는 곧음이니 이것이 귀중하고, 오직 경으로 하면 곧아지나니, 편벽되지 않아야 하네.

58) 이 글은 1176년(순희 3년, 병신, 47세)에 쓴 것이다. 주희는 이 해에 아버지의 고향인 무원을 방문하는데, 4월 12일 무원에 도착해 6월 상순 떠날 때까지 약 두 달 정도를 머문다.

밖으로 일을 제어하는 데는 방정함이니 이것이 마땅하고, 오직 의로 하면 방정하니 각각 그 베풂에 마땅하네.

경이란 무엇인가? 마음을 전일하게 하는 것이니, 늠름하게 스스로 본 마음을 유지하고 보존하면 신명이 곁에 있게 되네.

의란 그 무엇인가? 오직 리(理)를 따르는 것이니, 이익과 손해의 사사로움은 그 진실을 해하네.

고요할 때 존양하면, 마음에 주재가 있고, 움직일 때 주고받으면 법도에 어긋남이 전혀 없네.

위대하다 경이여, 일심(一心)의 방정함이여, 지극하다 의여, 만사의 기강이네.

'경의협지'하면, 둘이 되지 않고 어그러지지도 아니하며, 겉과 속이 환해져서 위로는 하늘의 덕에 이르게 되네.

옛날에 명철하신 임금님의 사보(師保)에게 이것을 물었고, 단서(丹書)의 가르침으로 서쪽을 향해서 말씀하였네.59)

경은 태만과 분별되고 의는 욕심과 반대되고, 이것이 커 가면 저것이 없어지니 화(禍)와 복(福)은 이러함에 있네.

태만한 마음이 싹트면 용열해지고 혼미해지며, 욕심이 타오르면 방탕하여 광분해지네.

이 두 단서야말로 덕(德)의 적이니, 반드시 장대하게 꾀하여 적(敵)을 무찌르듯 이를 이겨라.

태만과 욕심이 이미 사라지면 경(敬)과 의(義)가 이에 존재하니, 곧음과 방정함으로써 성대해져 곤의 덕에 합하게 되네.

한 순간에 조금만 잘못해도 이 재실의 편액을 보면, 엄한 스승이 앞에 계시어 길이 태만하지 말라 알려주시네. (진덕수, 『서산문집(西山文集)』 권33, 「경의재명(敬義齋銘)」)

---

59) 앞서 『단서』의 내용을 가리킨다.

2) 경과 의는 손님과 주인의 관계 (21조목~28조목. 총 8조목)

21. 問. 人有專務敬以直內, 不務方外, 何如. 程子曰. 有諸中者, 必形諸外. 惟恐不直內, 內直則外必方.

물었다. "어떤 사람이 오로지 '경이직내'만 힘쓰고 바깥을 방정하게 하는 것[方外]을 힘쓰지 않으니 어떻습니까?"

정자가 말씀하였다. "마음속에 있는 것은 반드시 바깥으로 드러난다. 오직 안을 곧게 하지 못할까 두려우니, 안이 곧으면 밖은 반드시 방정해진다." (『이정유서』 권18, 11번째 문장)

22. 又曰. 敬以直內, 則義以方外.

또 말씀하였다. "경을 하여 안을 곧게 하면, 의를 실천하여 밖을 방정하게 한다." (『이정유서』 권11, 112번째 문장)

23. **五峯胡氏曰. 居敬, 所以精義也. 朱子曰. 近世爲精義之說, 莫詳於正蒙, 而五峯此言, 尤精切簡當, 深可玩味.

오봉 호씨(호굉胡宏)가 말하였다. "경에 늘 머물러 있는 것 즉 '거경'은 의를 정밀히 하는 것이다."

주자가 말씀하였다. "근세에 의를 정밀하게 한다는 설은 장횡거(張橫渠)의 『정몽(正蒙)』보다 상세한 것이 없고, 오봉의 이 말은 더욱 정밀하고 간절하며 간략하고 합당하니, 깊이 완미(곰곰이 곱씹어 음미함)할 만하다." (『주자대전』 권38, 「강원적에게 답함3(答江元適)」)[60]

---

60) 이 편지는 1164년(융흥隆興 2년, 35세)에 쓴 것이다. (『편년고증』, 31쪽 참고)

24. **朱子曰. 敬以直內, 便能義以方外, 非是別有箇義. 敬譬如鏡, 義便是能照底.

주자가 말씀하였다. "경을 하여 안을 곧게 하면 곧 의를 실천하여 밖을 방정하게 할 수 있으니, 별도로 의가 있는 것이 아니다. 비유하자면, 경은 거울과 같고 의는 비출 수 있음이다."(『주자어류』 권69, 「역5(易五)」, 「건하(乾下)」, 제144조목. 요덕명廖德明의 기록)

25. **又曰. 才敬以直內, 便義以方外, 義便有敬, 敬便有義. 如居仁便由義, 由義便居仁.

또 말씀하였다. "잠시라도 경을 하여 안을 곧게 하면 의를 실천하여 밖을 방정하게 할 수 있으니, 의로우면 경이 있고 경을 하면 의가 있는 것이다. 예컨대 (마음을) 인에 늘 머무르면 의를 따라 하게 되고, 의를 따라 하면 인에 늘 머무르는 것과 같다."(『주자어류』 권114, 「주자11(朱子十一)」, 「훈문인2(訓門人二)」, 제37조목)

26. 問. 敬莫只是涵養, 義便分別是非. 曰. 不須恁地說. 不敬時, 便是不義.

물었다. "경은 함양일 뿐이고, 의는 옳고 그름[是非]를 분별하는 것이 아닙니까?"

말씀하였다. "반드시 이렇게 말할 필요는 없다. 불경(不敬)할 때가 바로 불의(不義)이다."(위와 같은 곳)

27. 又曰. 若無敬以直內, 也不知義之所在.

또 말씀하였다. "만약 경을 하여 안을 곧게 하는 것이 없으면 또한 의가 있는 곳도 알 수 없다."(『주자어류』 권45, 「논어27(論語二十七)」, 「위령공편(衛靈公篇)」, 제48조목. 반시거의 기록)

28. 又曰. 若此心常在軀殼中爲主, 便須常如烈火在身, 有不可犯之色. 事物之來, 便成兩畔去.

또 말씀하였다. "만약 마음이 몸 안에 늘 머무르면서 주재가 된다면 언제나 몸에 맹렬한 불길이 있는 것처럼 침범할 수 없는 기색이 있을 것이다. 사물이 다가오면 선악이 갈라지는 것이다." (『주자어류』 권13, 「학문7(學七)」, 「역행(力行)」, 33조목. 여대아余大雅의 기록)

〈二上言敬義賓主(이상은 경과 의는 빈주(賓主)의 관계임을 말했다)〉

3) 경과 의는 치우치거나 그만두어서는 안 됨

(29조목~35조목. 총 7조목)

29. 問. 必有事焉, 當用敬否. 程子曰. 敬只是涵養一事. 必有事焉, 須當集義, 只知用敬, 不知集義, 却是都無事也. 又問. 義莫是中理否. 曰. 中理在事, 義在心.

물었다. "'필유사언(반드시 일삼는 것을 두다)'하려면, 마땅히 경을 해야 하지 않습니까?"

정자가 말씀하였다. "경은 단지 함양의 한 가지 일이다. 반드시 일삼는 것을 두는 것에는 모름지기 의를 축적 즉 '집의'해야 하는데, 단지 경을 하는 것만을 알고 집의를 모른다면 이는 오히려 아무 일도 안한 것일 뿐이다."

또 물었다. "의는 이치에 들어맞는 것이지 않습니까?"

말씀하였다. "이치에 들어맞는 것은 일에 있는 것이고, 의는 마음에 있는 것이다." (『이정유서』 권18, 101번째 문장)

30. 問. 敬義何別. 曰. 敬只是持己之道, 義便知有是有非, 順理而行, 是爲義也.

물었다. "경과 의는 어떻게 구별됩니까?"

말씀하였다. "경은 단지 지기(持己, 자기의 본 마음을 유지하고 보존함)의 도일 뿐이다. 의는 옳고 그름이 있다는 것을 알고서, 이치를 순순히 따라서 실천하면 이것이 의가 된다. (『이정유서』 권18, 101번째 문장)

31. 朱子曰. 敬立而內自直, 義形而外自方. 若欲以敬要去直內, 以義要去方外, 卽非矣.

주자가 말씀하였다. "경이 확립되면 안이 저절로 곧아지고, 의가 드러나면 밖이 자연히 방정해진다. 만일 경으로 안을 곧게 하고자 하고 의로서 밖을 방정하게 하고자 한다면, 틀린 것이다." (『주자어류』 권69, 「역5(易五)」, 「건하(乾下), 제145조목. 동수의 기록)

又曰. 義是心頭斷事底. 心斷於內, 而外便方正, 萬物各得其宜.

또 말씀하였다. "의는 마음으로 일을 판단하는 것이다. 마음이 안에서 판단하고 밖이 곧 방정해지면 만물이 각기 그 마땅함을 얻는다." (위와 같은 곳, 제146조목. 서우의 기록)

又曰. 義如利刀相似, 都割斷了許多牽絆.

또 말씀하였다. "의는 마치 예리한 칼과 같으니, 수많은 속박들을 모두 끊어 버리는 것이다." (『주자어류』 권5, 「성리2(性理二)」, 「성정심의 등 명칭의 의미(性情心意等名義)」, 제125조목. 증조도曾祖道의 기록)

又曰. 胸中許多勞勞攘攘, 到此一齊割斷了.

또 말씀하였다. "가슴속에 있는 수많은 노고와 복잡한 것들이 여기에 이르러 한꺼번에 끊어져 버린다." (위와 같은 곳, 제126조목)

32. 又曰. 敬義工夫不可偏廢. 彼專務集義而不知主敬者, 固有虛驕急迫之病, 而所謂義者或非其義. 然專言主敬, 而不知就日用間念慮起處, 分別其公私義利之所在, 而決取舍之幾焉, 則恐亦未免於昏憒雜擾, 而所謂敬者有非其敬矣.

또 말씀하였다. "경과 의의 공부는 어느 하나도 그만 둘 수 없습니다. 오직 '집의'하는 데에만 힘쓰고 '경을 위주로 함[主敬]'을 모르는 자들은 헛되고 교만하며 성급한 병이 있으니, 이른바 의(義)라는 것은 그들이 말하는 의가 아닐 것입니다. 그러나 경을 위주로 한다고만 말하고 일상의 생활 속에서 일어나는 생각에 나아가 그 공사(公私)와 의리(義利)의 소재를 분별하여 취할 것인지 버릴 것인지의 기미를 판단할 줄 모른다면, 이 역시도 흐리멍덩하고 잡스럽고 소란스러운 것을 벗어나지 못하니, 이른바 경은 그들이 말하는 경이 아닐 것입니다." (『주자대전』 권59, 「여정숙에게 답함1(答余正叔)」)61)

33. 又曰. 能敬以直內矣, 亦須義以方外. 能知得是非, 始格得物. 不以義方外, 則是非好惡不能分別, 物亦不可格.

또 말씀하였다. "경을 하여 안을 곧게 할 수 있으면 반드시 의를 실천하여 밖을 방정하게 할 수 있다. 시비를 알 수 있으면 비로소 사물을 궁구(窮究) 즉 '격물(格物)'할 수 있다. 의로써 밖을 방정하게 하지 않으면 시비(是非)와 호오(好惡, 좋아함과 싫어함)을 분별할 수 없고, 사물도 또한 궁구할 수 없다." (『주자어류』 권116, 「주자13(朱子十三)」, 「문인들을 가르침4(訓門人四)」. 제38조목)

34. 又曰. 聖人指示爲學之方, 周遍詳密, 不靠一邊, 故曰敬義立而德不孤. 若只恃一箇敬字, 更不做集義工夫, 其德亦孤立而易窮矣. 須是精粗本末隨處照管, 不令工夫少有空闕不到之處, 乃爲善學也.

또 말씀하였다. "성현이 학문의 방법을 가리켜 보여주신 것이 두루 상세하고 면밀하여 한편으로 치우치지 않았기 때문에, '경과 의가 확립되면 덕(德)이 외롭지 않다'고 했습니다. 다만 하나의 경이라는 글자만을 믿고 '집의' 공부를 하지 않으니, 그 덕도 고립되어 쉽게 궁색해지

---

61) 이 편지는 1188년(순희 15년, 59세)에 쓴 것이다. (『편년고증』, 288쪽 참고)

는 것입니다. 모름지기 '정밀함과 (커서) 거침[精粗]'과 '근본과 말엽[本末]'을 따르는 곳마다 잘 살펴서 단속하여 공부가 조금이라도 비거나 빠뜨려 도달하지 못한 곳이 없게 해야 학문을 잘하는 것입니다." (『주자대전』 권54, 「항평보(안세)에게 답함1(答項平父安世)」)62)

35. 張南軒曰. 居敬集義工夫並進, 相須而相成也. 若只要能敬, 不知集義, 則所謂敬者亦塊然, 無所爲而已, 烏得心體之周流哉.

장남헌(장식張栻, 1133~1180)이 말하였다. "'거경(경에 늘 머물음)'과 '집의(의를 축적함)' 공부가 아울러 진전되어서 서로 필요로 하고 서로 이루어주니, 만약 단지 경만 하고 의를 축적할 줄을 모른다면 이른바 경이라는 것도 흙덩이처럼 하는 바가 없을 뿐이니, 어떻게 마음의 본체[心體]가 두루 유행[周流]하는 경지를 얻겠는가?" [장식(張栻), 『남헌집(南軒集)』 권32, 「답문(答問)」, 「여자약에게 답함(答呂子約)」]

又曰. 集義, 只是事事求箇是而已.

또 말하였다. "'집의'란 단지 일마다 옳음을 구하는 것일 뿐이다." (『근사록집해』 권2, 「위학(爲學)」, 61장)

〈以上言敬義不可偏廢(이상은 '경과 의는 치우치거나 그만둘 수 없음'을 말한 것이다)〉

62) 이 편지는 1182년(순희 9년, 53세)에 쓴 것이다. (『편년고증』, 213쪽 참고)

4) '경이직내'에 대하여 (36조목~43조목. 총 8조목)

36. **程子曰. 切要之道, 無如敬以直內.

정자가 말씀하였다. "간절하고 요긴한 방법으로 '경이직내'만한 것이 없다." (『이정유서』 권15, 76번째 문장)

37. 又曰. 心敬, 則內自直.

또 말씀하였다. "마음이 경을 하면 안은 저절로 곧아진다." (『이정외서』 권7, 3번째 문장)

38. 又曰. 以敬直內, 則不直矣. 必有事焉而勿正, 則直也.

또 말하였다. "경으로 안을 곧게 하려는 (기대를 가지고) 한다면 곧아지지 않는다. '필유사언이물정(반드시 일삼음이 있으나 효과를 미리 기대하지 말라)'해야 곧아진다."[63] (『이정유서』 권11, 41번째 문장)

39. **又曰. 敬以直內, 有主於內, 則虛, 自然無非僻之心, 如是則安得不虛.

또 말하였다. "'경을 하여 안을 곧게 해서 안에 주재가 있게 되면 (마음이) 비워져서 저절로 그릇되고 치우친 마음이 없게 되니, 이와 같으면 어찌 마음이 비워지지 않겠는가?" (『이정유서』 권15, 49번째 문장)

40. **有言未感時, 知何所寓. 曰. 操則存, 舍則亡, 出入無時, 莫知其鄕, 更怎生尋所寓. 只是操而已, 操之之道, 敬以直內也.

---

63) 경이직내(敬以直內)와 이경직내(以敬直內)의 미묘한 차이이다. 후자는 경을 수단으로 하여 효과를 내고자 하는 의도가 있는 것을 나타내는 표현이다. 그러나 문맥에 따라서 두 표현에 큰 차이가 없는 경우도 빈번하다.

"아직 감응하지 않았을 때에는 마음을 어디에 붙여 두어야 합니까?"

말씀하였다. "'(마음은) 잡으면 보존되고 놓으면 잃어서 나가고 들어옴이 일정한 때가 없어서 그 방향을 알 수 없으니,'[64] 다시 어떻게 붙여 둘 곳을 찾겠는가? 다만 잡을 뿐이니, 잡는 방법은 '경이직내'이다." (『이정유서』 권15, 61번째 문장)

41. **尹彦明嘗言. 先生敎人, 只是專令用敬以直內, 若用此理, 則百事不敢輕爲, 不敢妄作, 不愧屋漏矣, 習之旣久, 自然有所得也.**

윤언명(윤돈尹焞, 1071~1142. 이정의 문인)은 일찍이 말하였다. "이천선생이 사람을 가르칠 때 단지 '경이직내'만을 오로지 쓰게 하셨는데, 만일 이 이치를 쓴다면 모든 일에서 감히 경솔히 않고 감히 거짓된 짓을 하지 않아, 사람이 보지 않는 곳에서도 부끄러움이 없게 되니, 익히기를 오래하면 자연스럽게 얻는 것이 있을 것이라 말씀하였다." (『이정외서』 권12, 148번째 문장)

42. **朱子曰. 敬以直內, 最是緊切工夫.**

주자가 말씀하였다. "'경이직내'는 가장 긴요하고 절실한 공부이다." (『주자어류』 권69, 「역5(易五)」, 「건하(乾下). 제140조목. 섭하손의 기록)

43. **又曰. 敬以直內, 則湛然虛明, 萬理具足.**

또 말하였다. "'경이직내'하면 맑고 고요한 듯 비어 있으면서 밝게 되니 모든 이치가 다 갖추어져 있다." (『주자어류』 권126, 「석씨(釋氏)」, 제31조목)

〈以上單言敬以直內(이상은 '경이직내'만을 말한 것이다)〉

---

64) 『맹자』 「고자상(告子上)」 8장. "공자께서는 '잡으면 보존되고 놓으면 잃어서 나가고 들어옴이 일정한 때가 없어서 그 방향을 알 수 없는 것은 오직 마음을 이른 것일 뿐이다'라고 하셨다(孔子曰. 操則存, 舍則亡, 出入無時, 莫知其鄕, 惟心之謂與)." 『심경발휘』 권3, 「9. 우산지목장(牛山之木章)」 참고.

5) '경'이라는 글자에 대하여 (44조목~72조목. 총 29조목)

44. 程子曰. 操約者, 敬而已矣.

정자가 말씀하였다. "(마음을) 잡아 간략히 하는 것이 경일 따름이다." (『이정유서』 권11 107번째 문장)

西山眞氏曰. 又嘗書一約字, 而注敬字於其下, 亦此意.

서산 진씨가 말하였다. "또 약(約) 한 글자를 쓰고 그 아래에 경(敬)자를 주석한 것 또한 이 뜻이다."[65] (『서산독서기』 권19, 「경상」. 16b)

45. **程子曰. 學者, 不必遠求, 近取諸身, 只明人理, 敬而已矣, 便是約處.

정자가 말씀하였다. "배우는 자들은 먼 데서 구할 필요 없이, 가까이 자기 몸에서 취하여 다만 사람의 도리[人理]를 밝혀 경을 할 따름이니, 이것이 곧 간략한 곳이다." (『이정유서』 권2상(二上), 50번째 문장)

46. 問. 心術最難, 如何執持. 曰. 敬.

물었다. "마음을 쓰는 것이 가장 어렵습니다. 어떻게 해야 (마음을) 붙잡을 수 있습니까?"

답했다. "경하라." (『이정유서』 권22상, 13번째 문장)

47. **又曰. 必有事焉, 須把敬來做件事著, 此道最是簡, 最是易, 又省工夫. 爲此語, 雖近似常人所論, 然持之久, 必別.

---

65) 『서산독서기』 「경상」에서는 정자의 말을 발췌하고(44조목), 그 아래에 서산이 주석을 달고 있다.

또 말씀하였다. "필유사언(반드시 일삼음이 있다)에는 모름지기 경을 다잡아서 한 가지 일을 하여야 하니, 이 방법이 가장 간략하고 가장 쉬우며 또 공부하는 데 힘이 덜 든다. 이런 말을 하는 것이 비록 보통 사람들이 할 수 있는 말과 매우 비슷하나, 오랫동안 (경을) 유지하면 반드시 특별한 효험이 있을 것이다." (『이정유서』 권15, 49번째 문장)

48. 又曰. 必有事焉, 謂必有所事, 是敬也.

또 말씀하였다. "'필유사언(반드시 일삼음이 있다)'은 '필유소사(반드시 일삼아야 하는 것이 있다)'를 말하니, 이것이 경이다." (『이정유서』 권15, 186번째 문장)

又曰. 勿忘是敬也. 같은 곳

또 말씀하였다. "'물망(잊지 않음)'이 경이다." (위와 같은 곳)

49. 又曰. 人心不能不交感萬物, 亦難爲使之不思慮, 若欲免此, 唯是心有主. 如何爲主, 敬而已矣. 有主則虛, 虛謂邪不能入, 無主則實, 實謂物來奪之.

또 말씀하였다. "사람의 마음[人心]은 만물과 교감하지 않을 수 없는 것이나 사려를 하지 못하게 하는 것은 어렵다. 이러한 어려움을 면하고자 하려면 오직 마음에 주재가 있어야 한다. 어떻게 하면 주재가 될 수 있는가 하면, 경일 따름이다. 주재가 있으면 마음이 비게 되고, 비어 있으면 간사한 것이 들어올 수 없다. 그러나 주재가 없으면 채워지게 되는데, 채워지면 사물이 들이닥쳐 마음을 빼앗게 된다." (『이정유서』 권15, 177번째 문장)

朱子曰. 思慮息不得, 只敬便自然無.

주자가 말씀하였다. "사려를 멈추게 할 수는 없으며, 단지 경을 하면 자연스럽게 없어진다.” (『주자어류』 권97, 「정자지서3(程子之書三)」, 제60조목. 진순陳淳의 기록)

50. 朱子曰. 敬字工夫, 乃聖門第一義, 徹頭徹尾, 不可頃刻間斷.

주자가 말씀하였다. “‘경자 공부(경의 의미에 대한 공부)’는 성인 문하의 가장 중요한 것이니, 철두철미하게 잠시라도 그치거나 끊어져서는 안 된다.” (『주자어류』 권12, 「학문6(學六)」, 「지수(持守)」, 제85조목)

51. 又曰. 聖門之學, 別無要妙, 徹頭徹尾, 只是箇敬字而已.

또 말씀하였다. “성인 문하의 학문이란 특별히 오묘한 것[要妙]이 없고, 처음부터 끝까지 하나의 경(敬)이라는 글자일 따름입니다.” (『주자대전』 권41, 「정윤부에게 답함6(答程允夫)」)[66]

52. 又曰. 敬之一字, 眞聖門之綱領, 存養之要法. 一主乎此, 更無內外精粗之間.

또 말씀하였다. “경 한 글자는 진실로 성인 문하의 강령이며, 존양의 중요한 방법이다. 여기에 한결같이 위주를 두면, 다시는 ‘내외’와 ‘정조’ 사이에 차이가 없게 된다.” (『주자어류』 권12, 「학문6」, 「지수」, 제85조목)

53. 又曰. 敬, 天德也. 敬便徹上徹下, 與天無間

또 말씀하였다. “경은 ‘하늘의 덕[天德]’이다. 경은 위와 아래로 투철하게 관통하여 하늘과 차이가 없다.” [포운룡(鮑雲龍)[67], 『천원발미(天原發微)』

---

66) 이 편지는 1169년(건도 5년, 40세)에 쓴 것이다. (『편년고증』, 64쪽 참고)

67) 포운룡(鮑雲龍, 1226~1296). 송말원초 때 휘주(徽州) 흡현(歙縣) 사람. 자는 경상(景翔)이고, 호는 노재(魯齋)다. 경사(經史)에 정통했고, 특히 『주역(周易)』에 밝았다. 원나라가 들어서자 은거하여 학문과 강학에 힘썼다. 저서에 『천원발미(天原發微)』 등이 있다. 『중국역대인명사전』(이회문화사, 2010) 관련항목 참고.

권5상(五上), 「이중(二中)」, 137a 문장][68]

54. 又曰. 敬之一字, 萬善根本, 涵養省察格物致知, 種種功夫, 皆從此出, 方有據依.

또 말씀하였다. "경이란 한 글자는 모든 선(善)의 근본이니, 함양(涵養)과 성찰(省察), 격물(格物)과 치지(致知) 등 여러 종류의 공부들은 모두 여기에서 나와야 비로소 근거가 있게 됩니다." (『주자대전』 권50, 「반공숙에게 답함6(答潘恭叔)」)[69]

55. 又曰. 敬字, 前輩都輕說過了, 唯程子看得重. 人只是要求放心. 何者爲心. 只是個敬. 人纔敬時, 這心便在身上了

또 말씀하였다. "경이라는 글자는 이전의 많은 사람들이 가볍게 말하고 지나친 것이지만, 오직 정자만이 중요하게 보았다. 사람은 다만 '잃어버린 마음을 찾아야[求放心]'[70]할 뿐이다. 무엇으로 마음을 삼아야 하는가? 단지 경일 뿐이다. 사람이 경을 하면 마음이 몸에 간직된다." (『주자어류』 권12, 「학문6」, 「지수」, 제80조목. 황의강의 기록)

56. 又曰. 聖人言語, 當初未曾關聚. 到程子始關聚說出一個敬來教人.

또 말씀하였다. "성인의 말씀은 처음에는 종합되지 않았다. 그러다 정자에 이르러 비로소 경이라는 말로 종합해서 사람들을 가르치게 되

68) 포운룡의 『천원발미』에서만 보이는 주자의 말이다.

69) 이 편지는 1187년(순희 14년, 58세)에 쓴 것이다. (『편년고증』, 268쪽 참고)

70) 『맹자』 「고자상」 11장. 맹자께서 말씀하셨다. "인은 사람의 마음이고, 의는 사람의 길이다. 그 길을 버려두고 가지 않고, 그 마음을 잃고도 찾을 줄을 모르니, 슬프구나. 사람들은 닭이나 개를 잃어버리면 찾을 줄 알면서, 마음을 잃고서는 찾을 줄 모른다. 학문의 도란 다른 것이 아니라 그 잃어버린 마음을 찾는 것일 뿐이다(孟子曰. 仁, 人心也, 義, 人路也. 舍其路而不由, 放其心而不知求, 哀哉. 人有雞犬放, 則知求之, 有放心而不知求. 學問之道, 無他, 求其放心而已矣)." 『심경발휘』 권3, 「11. 인인심장(仁人心章)」 참고.

었다.” (위와 같은 곳, 제75조목. 소호邵浩의 기록)

57. 又曰. 聖賢言語, 大約似乎不同, 然未始不貫. 只如夫子言非禮勿視聽言動, 出門如見大賓, 使民如承大祭, 言忠信行篤敬, 這是一副當說話. 到孟子又却說求放心, 存心養性. 大學則又有所謂格物致知正心誠意. 至程先生又專一發明一個敬字. 若只恁看, 似乎參錯不齊, 千頭萬緒, 其實只一理. 只是就一處下工夫, 則餘者皆兼攝在裏. 聖賢之道, 如一室然, 雖門戶不同, 自一處行來便入得.

또 말씀하였다. “성현들의 말씀은 같지 않은 듯하지만, 처음부터 일관되지 않은 적이 없다. 예컨대 공자께서는 ‘예가 아니면 보지도 듣지도 말하지도 행동하지도 말라’ ‘문을 나서면 소중한 손님을 본 듯 하고, 백성을 부릴 때는 귀중한 제사를 받들듯이 하라’[71] ‘말은 충실하고 믿음직하며 행동은 독실하고 경건하게 해야 한다’[72]라고 하셨는데, 모두 한 가지의 말이다. 맹자도 ‘잃어버린 마음을 찾는다’ ‘마음을 보존하고 본성을 기른다’[73] 등을 말했다. 『대학』에서도 ‘격물, 치지, 정심, 성

---

71) 『논어』 「안연(顔淵)」. 2장. 중궁이 인을 물었다. 공자가 말씀하였다. “문을 나서면 큰 손님을 대하듯 하고, 사람을 부릴 적에는 큰 제사를 받들듯이 하며, 자기가 바라지 않는 일은 남에게 베풀지 말라. 나라에서도 원망이 없고 집안에서도 원망이 없을 것이다(仲弓問仁. 子曰, 出門如見大賓, 使民如承大祭, 己所不欲, 勿施於人, 在邦無怨, 在家無怨. 仲弓曰, 雍雖不敏, 請事斯語矣).”

72) 『논어』 「위령공」 5장. 자장(子張)이 뜻이 행해지는 것에 대해 물으니, 공자께서 말씀하셨다. “말을 충실하고 믿음직하며, 행동을 독실하고 경건하게 하면 비록 오랑캐 나라라 하더라도 뜻이 행해질 수 있겠지만, 말이 충실하거나 믿음직하지 못하고 행동이 독실하거나 경건하지 못하면 비록 내가 사는 고을에선들 뜻이 행해질 수 있겠는가? 서 있을 때는 그것(忠信篤敬)이 눈앞에 나란히 있는 것을 보고, 수레에 탔을 때는 그것이 멍에에 기대 있는 것을 보아야 한다. 이 정도는 되어야 뜻이 행해질 수 있는 것이다.” 자장이 이 말씀을 잊지 않고자 허리띠에 써넣었다. (子張問行. 子曰. 言忠信, 行篤敬, 雖蠻貊之邦, 行矣. 言不忠信, 行不篤敬, 雖州里, 行乎哉. 立則見其參於前也. 在輿則見其倚於衡也. 夫然後行. 子張書諸紳.)

73) 『맹자』 「진심상(盡心上) 1장. 맹자께서 말씀하셨다. “자기 마음을 다하는 자는 자기의 본성을 알게 되며, 자기의 본성을 알게 되면 하늘을 알게 된다. 그 마음을 보존하고 그 본성을 기르는 것이 하늘을 섬기는 것이다. 요절과 장수에 동요되지 않고, 자신을 닦고서 (죽음을) 기다리는 것이 천명을 지키는 것이다(孟子曰. 盡其心者, 知其性也, 知其性則知天矣. 存其心, 養其性, 所

의' 등을 말했다. 정 선생(정자)의 경우는 '경'이라는 한 글자를 밝혀내는데 전념을 다했다. 이렇게 본다면 뒤섞여서 가지런하지 못하고 수없이 뒤얽혀 있는 듯하지만, 실제로는 단지 하나의 이치[理]일 뿐이다. 단지 한 가지를 공부하면 나머지도 모두 그 속에 포함되어 있다. 성현의 도는 마치 집과 같아서 드나드는 문이 같지 않아도 어느 한 곳으로 가면 들어갈 수 있다." (위와 같은 곳, 제72조목. 양도부의 기록)

58. 又曰. 程先生所以有功於後學者, 最是敬之一字有力. 人之心性, 敬則常存, 不敬則不存.

또 말씀하였다. "정 선생이 후학들에게 공이 있는 이유는 경이라는 한 글자가 가장 크다. 사람의 심성은 경하면 언제나 보존되고, 불경(不敬)하면 보존되지 않는다." (위와 같은 곳, 제83조목. 황탁黃卓의 기록)

59. 又曰. 人之爲學, 千頭萬緖, 豈可無本領. 此程先生所以有持敬之語. 只是提撕此心, 敎他光明, 則於事無不見, 久之自然剛健有力.

또 말씀하였다. "사람이 학문을 하는 데는 수없이 많은 갈래가 있으나, 어찌 본령이 없을 수 있겠는가! 이 때문에 정 선생이 '경을 유지하라[持敬]'는 말이 있는 것이다. 단지 이 마음을 이끌어내어서 밝게 빛날 수 있게 하면 일에 있어서 깨닫지 못하는 것이 없으니, 오래 지나면 저절로 굳세고 힘차게 된다." (위와 같은 곳, 제81조목. 양양楊驤의 기록)

60. 又曰. 敬者, 聖學始終之要, 未知則敬以知之, 已知則敬以守之. 若不敬, 則其心, 顚倒眩瞀而不自知, 豈能有主哉.

또 말씀하였다. "경은 성학의 처음과 끝을 일관하는 요점이니, 경을 아직 모른다면 경을 하여 이를 알고, 이미 알았다면 경을 하여 지킵니

以事天也. 殀壽, 不貳, 修身以俟之, 所以立命也)."

다. 만일 불경하면 그 마음이 뒤집히고 어지럽게 되어 저 자신도 모르게 되니, 어찌 마음에 주재가 있을 수 있겠습니까?" (『주자대전』 권55, 「부순공(서)에게 답함(答符舜功叙)」)[74]

61. 又曰. 敬者, 一心之主宰, 而萬事之本根.

또 말씀하였다. "경은 한 마음의 주재이고 만사의 근본이다." (『서산독서기』 권22, 「대학(大學)」. 4a)

62. 又曰. 敬, 只是此心自做主宰處

또 말씀하였다. "경은 다만 이 마음을 스스로 주재하는 것일 따름이다." (『주자어류』 권12, 「학문6」, 「지수」, 제92조목)

63. 又曰. 敬, 則萬理俱在.

또 말씀하였다. "경을 하면 온갖 이치가 갖추어진다." (위와 같은 곳. 제88조목 감절의 기록)

64. 又曰. 心中若無一事時, 便是敬.

또 말씀하였다. "마음속에 한 가지의 일이라도 없는 듯 할 때가 바로 경이다." (『주자어류』 권120, 「주자17(朱子十七), 「문인들을 가르침8(訓門人八)」, 제45조목. 습개경의 기록)

65. 又曰. 敬無許多事.

---

74) 정구는 『서산독서기』(권19, 「경상」. 18a)에서 정리되어 있는 문장을 이용하고 있다. 원래 문장은 다음과 같다. "경 한 글자는 곧 성학의 시작과 끝을 일관하는 요점이다. 아직 (경을) 모르는 자는 경이 아니면 (성학을) 알 수 없고, 이미 아는 자는 경이 아니면 지키지 못합니다. 만약 어느 날 먼저 대체를 안 뒤에 경을 하여 지킨다고 한다면, 불경한 자들은 그 마음이 전도되고 어지러워 겨를이 없을 것이니, 또 장차 어떻게 대체를 살펴서 알겠습니까?(敬之一字, 乃聖學始終之要. 未知者, 非敬無以知, 已知者非敬無以守. 若日先知大體, 而後敬以守之, 則夫不敬之人, 其心顚倒繆亂之不暇, 亦將何以察夫大體而知之耶)."

또 말씀하였다. "경을 하면 그렇게 많은 일이 없다." (『주자어류』 권12, 「학문6」, 「지수」, 제101조목. 양방의 기록)

66. 又曰. 人能存得敬, 則吾心湛然, 天理粲然, 無一分着力處, 亦無一分不着力處.

또 말씀하였다. "사람이 경을 보존할 수 있으면, 나의 마음은 맑고 고요하며 천리(天理)는 찬란해져서, 조금도 힘쓸 필요가 없으며, 또한 조금도 힘쓰지 않는 것도 없다." (위와 같은 곳, 제95조목. 양방의 기록)

67. 又曰. 敬, 則心有主宰, 而無偏系. 惟勿忘勿助者, 知之.

또 말씀하였다. "경을 하면 마음에 주재가 있어 한 쪽으로 치우쳐서 얽매이지 않습니다. 오직 잊지도 않고 조장하지도 않는 자만이 이를 압니다." (『주자대전』 권40, 「하숙경에게 답함31(答何叔京)」)[75]

68. 又曰. 而今只是理會個敬, 一日則有一日之效, 一月則有一月之效.

또 말씀하였다. "그리고 지금 단지 경을 이해한다면, 하루에는 하루의 효과가 있고, 한 달에는 한 달의 효과가 있을 것이다." (『주자어류』 권12, 「학문6」, 「지수」, 제82조목. 임기손林夔孫의 기록)

69. 因歎敬字工夫之妙, 聖學之所以成始成終者, 皆由此.

(주자는) 경(敬) 공부의 오묘함에 감탄하면서, "성학의 시작과 마침이 되는 것은 모두 여기서 말미암는다"고 말씀하였다. (위와 같은 곳, 제73조목. 심한의 기록)

---

75) 이 편지는 1169년(건도 5년, 40세)에 쓴 것으로 추정된다. (『편년고증』, 64쪽 참고) 하숙경은 송나라 학자 하호(何鎬, 1128~1175)를 말한다. 숙경은 자이고 호는 대계(臺溪)이며 소무(邵武) 출신. 저술에 『역설(易說)』, 『논어설(論語說)』 등이 있다.

又曰. 程夫子所謂敬者, 亦不過曰正衣冠, 一思慮, 莊整齊肅, 不慢不欺而已. 但實下功夫, 時習不懈, 自見意味.

또 말씀하였다. "정부자(정이천)께서 말한 경도 '의관(衣冠)을 바르게 하고, 생각을 전일하게 하며, 모습을 엄숙하고 가지런하게 하며, 거만하거나 속이지 않는 것'이라 말하는 것에[76] 지나지 않을 따름입니다. 다만 실제 공부를 할 때는 때때로 익히고 게으르지 않아야 스스로 의미를 발견할 것입니다." (『주자대전』 권46, 「방경도(뢰)에게 답함1(答方耕道耒)」)[77]

70. 敬齋銘曰. 敬者, 宅心之要, 而聖學之淵源也.〈此是敬齋銘序, 銘見朱子敬齋箴下〉

「경재명」에서 말씀하였다. "경은 마음을 보존하는 요체이며, 성학의 연원이네." (「경재명(敬齋銘)」, 『남헌집』 권36. 3b) 〈이것은 장식의 「경재명」 서문이다. 「경재명」은 주자의 「경재잠」에 보인다〉[78]

71. 東萊呂氏曰. 南軒曰. 心在焉, 則謂之敬. 且如方對賓客談論, 而他有所思, 雖思之善, 亦不敬也. 纔有間斷便是不敬.

동래 여씨(여조겸呂祖謙)가 말하였다. "남헌 장씨는 '마음이 보존되어 있는 것을 경(敬)이라 한다. 예컨대 손님을 만나서 담소를 나눌 때 손님에 대해 생각한 것이 있을 때 그 생각이 선(善)한 것이라 해도 불경(不敬)한 것이다. 조금이라도 그치거나 끊어짐이 있다면 곧 불경이 된다.'라고 말했다." [여교년(呂喬年), 『여택논설집록(麗澤論說集録)』 권10, 「문인소기잡설2(門人所記雜說二)」. 19a]

72. **西山眞氏曰. 秦漢以下諸儒, 皆不知敬爲學問之本. 自程子始指以示

76) 정자가 경에 대해 말한 것을 주자가 정리하여 말한 것이다.
77) 이 편지는 1170년(건도 6년, 41세)에 쓴 것이다. (『편년고증』, 81쪽 참고)
78) 『심경발휘』 권4, 「5. 주자경재잠(朱子敬齋箴)」 참고.

人, 而朱子又發明之, 極其切至, 二先生有功於聖門, 此其尤大者也.

서산 진씨가 말하였다. "진한(秦漢) 이래 여러 유자들은 모두 경이 학문의 근본이 된다는 것을 몰랐다. 그런데 정자에 이르러 비로소 사람들에게 가리켜 보여주었고, 주자가 또 밝게 드러내어 절실함을 지극히 다 하였으니, (정자와 주자) 두 선생이 성인의 문하에 공(功)이 있음은 이것이 더욱 크다고 하겠다." (『서산독서기』 권19, 「경상」. 18b)[79]

〈以上單言敬字(이상은 '경'자만을 말한 것이다)〉

79) 『심경부주』 「우산지목(牛山之木)」. 약간의 글자 출입이 있다.

6) 주일무적 (73조목~74조목. 총 29조목)

73. 程子曰. 主一之謂敬, 無適之謂一.

정자가 말씀하였다. "'주일(하나를 위주로 함)'을 경이라 하고, '무적(마음이 다른 곳으로 가는 일이 없음)'을 하나[一]라 한다."[80]

**其全文曰. 大凡人心, 不可二用, 用於一事, 則他事更不能入者, 事爲之主也. 事爲之主, 尙無思慮紛擾之患, 若主於敬, 又焉有此患乎. 所謂敬者, 主一之謂敬. 所謂一者, 無適之謂一. 且欲涵泳主一之義, 一則無二三矣.

위 구절의 전문이다.

"대체로 사람의 마음은 두 가지로 쓸 수 없으니, 한 가지 일에 (마음을) 쓰면 다른 일이 들어올 수 없는 것은 그 일이 위주가 되기 때문이다. 일이 위주가 되어도 사려가 어지러운 걱정이 없는데, 만약 경에 위주를 둔다면 또 어찌 이러한 근심이 있겠는가! 이른바 '경'은 '하나를 위주로 하는 것을 경이라 하고,' 이른바 '하나[一]'라는 것은 '(마음이 다른 곳으로) 가는 일이 없는 것을 하나'라 한다.' 게다가 '주일'의 의미를 함영(물에 잠겨 젖어들 듯 깊이 이해함)하려고 한다면, 하나이기 때문에 둘이나 셋이 없는 것이다." (『이정유서』 권15, 177번째 문장)[81]

**又曰. 主一, 則旣不之東, 又不之西, 如是則只是中, 旣不之此, 又不之彼, 如是則只是內, 存此則自然天理明, 學者, 須是將敬以直內, 涵養此意,

80) '주일(主一)'과 '무적(無適)'은 본래 떨어져 있는 구절인데, 위처럼 대구(對句)가 되어 유명하게 되었다. 정구는 아래에서 이에 대한 전문을 소개하면서 정확한 본래의 문맥을 밝히고 있다.

81) 『심경부주』 권3, 「우산지목」에는 일부가 실려 있다. 위의 '大凡人心'에서 '又焉有此患乎'까지이다.

直內是本.

또 말씀하였다. "'주일(하나를 위주로 함)'하므로 이미 동쪽으로 가지 않고 서쪽으로도 가지 않으니 이와 같이 하면 다만 중(中)이요, 이미 이리로 가지 않고 저리로도 가지 않으니 이와 같이 하면 다만 안[內]이다. 이를 보존하면 자연스럽게 천리(天理)가 밝아진다. 배우는 자라면 모름지기 '경이직내'하여 이 뜻을 함양해야 하니, 안[內]을 곧게 하는 것이 바로 근본[本]이다." (『이정유서』 권15, 45번째 문장)[82]

**或曰. 敬何以用功. 程子曰. 莫如主一. 蘇季明曰. 昞, 常患思慮不定, 或思一事未了, 他事如麻又生. 曰. 不可. 此不誠之本也. 須是習, 習能專一時便好. 不拘思慮與應事, 皆要求一.

혹자가 말하였다. "경(敬)은 어떻게 공부하는 것입니까?"

정자가 말씀하였다. "주일(하나를 위주로 함)만한 것이 없다."

소계명(蘇季明, 소병蘇昞. 장재와 이정의 문인)이 말하였다. "저 소병은 사려가 안정되지 못하여 한 가지 일을 생각하는 것을 마치기도 전에 다른 일이 삼 가닥처럼 어지럽게 또 생겨나는 것이 항상 근심입니다."

정자가 말씀하였다. "그래서는 안 된다. 이는 성실하지 못한 것의 뿌리이다. 모름지기 반복적으로 익혀야 하니, 반복적인 익힘은 전일(오직 한 곳으로만 함)[83]할 때에 좋게 된다. 사려하거나 일에 호응하는 것에 구애하지 말고 모두 전일하기를 구해야 한다." (『이정유서』 권18, 83번째 문장)

問. 主一. 曰. 只是專一.

---

82) 『심경부주』 권1, 「한사존성(閑邪存誠)」.

83) 전일(專一)은 심리신체적으로 전심전력의 의미를 가지고 있다.

물었다. "'주일'이 무엇입니까?"

(정자가) 답하시었다. "'전일(오직 한 곳으로만 함)'일 뿐이다." (『성리대전』 권46. 「학4(學四)」, 「존양지경부(存養持敬附). 28b)[84)]

又曰. 涵養吾一.

(정자가) 또 말씀하였다. "함양하면 나는 오직 한 곳으로만 하게 된다." (『이정유서』 권15, 3번째 문장)

朱子曰. 主一是敬字注解. 要之, 事無小無大, 常令自家精神思慮盡在此. 遇事時如此, 無事時也如此.

주자가 말씀하였다. "'주일'은 경이란 글자에 대한 해석이다. 요컨대 일은 크고 작은 것을 가리지 않고 자신의 정신과 사려를 여기서 극진하게 해야 한다. 일을 마주할 때도 이와 같고, 일이 없을 때도 이렇게 해야 한다." (『주자어류』 권12, 「학문6」, 「지수」, 제70조목. 동백우의 기록)

又曰. 無適者, 只是持守得定, 不馳騖走作之意耳. 持守得定而不馳騖走作, 卽是主一, 主一卽是敬. 只是展轉相解, 非無適之外別有主一, 主一之外又別有敬也.

또 말씀하였다. "'무적'이라는 것은 다만 유지하고 지켜서 안정된 것이니, 치닫거나 다급하게 함부로 날뛰지 않는다는 뜻일 뿐입니다. 유지하고 지켜서 안정되고 치닫고 다급하며 함부로 날뛰지 않는 것이 바로 '주일'이고, '주일'은 바로 경입니다. 이것은 다만 같은 말을 되풀이해서 해석한 것이지, '무적' 외에 별도로 '주일'이 있고, '주일'의 밖에 별도로 경이 있는 것이 아닙니다." (「방자실(근)에게 답함(答方子實芹之)」, 『주자대전』 권59)[85)]

---

84) 『성리대전』의 본래 글은 "呂與叔問主一. 程子云只是專一"이다.

又曰. 一者, 其心湛然, 只在這裏.

또 말씀하였다. "'하나[一]'라는 것은 그 마음이 맑고 고요하게 단지 여기에 있는 것이다." (『주자어류』 권12, 「학문6」, 「지수」, 제66조목. 동백우의 기록)

問. 主一無適. 曰. 只是莫走作. 如讀書時只讀書, 著衣時只著衣. 此卽主一無適之義.

'주일무적'에 대해 묻습니다.

말씀하였다. "이리저리 내 닫지 않는 것일 뿐이다. 예컨대 독서할 때는 독서를 할 뿐이고, 옷을 입을 때는 옷을 입을 뿐이다. 이것이 곧 '주일무적'의 의미이다." (『주자어류』 권96, 「정자지서2」, 제38조목. 양도부의 기록)

74. **又曰. 做了這一事, 却做一事. 今人做一事未了, 又要做一事, 心下千頭萬緖.

또 말씀하였다. "이 한 가지 일을 마치고 나서 한 가지 일을 하는 것이다. 지금 사람들은 한 가지 일도 마치지 않고, 다시 한 가지 일을 하려하기 때문에 마음속이 천 갈래 만 갈래로 복잡한 것이다." (위와 같은 곳, 제23조목. 감절의 기록)[86]

又曰. 主一, 兼動靜而言.

또 말씀하였다. "'주일'은 움직임과 고요함[動靜]을 겸해서 말한 것이다." (「서거보에게 답함(答徐居甫)」, 『주자대전』 권58)[87]

又曰. 主一是敬表德, 只是要收斂. 處宗廟只是敬, 處朝廷只是嚴, 處閨門

---

85) 이 편지는 1190년(소희 원년, 61세)에 쓴 것이다. (『편년고증』, 320쪽 참고)

86) 『심경부주』는 원문과 약간 글자가 다른데, 정구는 원전을 충실히 옮겨 놓았다.

87) 이 편지는 1190년 이후에 쓴 것으로 추정된다.

只是和, 便是持敬.

또 말씀하였다. "'주일'은 경이 덕을 드러낸 것이니 거두어들이는 것[收斂]이 중요할 뿐이다. 종묘에 있을 때는 공경할 뿐이고, 조정에 있을 때는 엄숙할 뿐이며, 규방에 있을 때는 화락할 뿐이니, 바로 '지경(경을 유지함)이다." (『주자어류』 권118, 「주자15」, 「훈문인6(訓門人六)」 제60조목)

又曰. 聖賢千言萬語, 大事小事, 莫不本於敬. 收拾得自家精神在此, 方看得道理盡. 看道理不盡, 只是不曾專一.

또 말씀하였다. "성현의 수많은 말씀과 크고 작은 일들은 경(敬)에 근본하지 않는 것이 없다. 자기의 정신을 수습하여 여기에 두어야 비로소 도리를 완전히 살필 수 있다. 도리를 완전히 살피지 못하는 것은 단지 전일하지 못하기 때문이다." (『주자어류』 권12, 「학문6」, 「지수」, 제70조목. 동백우의 기록)

問. 方應此事未畢, 而復有一事至, 則當何如. 曰. 也須是做一件了, 又理會一件, 亦無雜然而應之理. 但甚不得已, 則權其輕重可也.

물었다. "막 이 일에 호응하면서 채 끝내지 못했는데, 다시 한 가지 일이 다가오면 어떻게 해야 합니까?"

말씀하였다. "또한 반드시 한 가지를 끝내고, 또 한 가지를 이해해야 한다. 잡다하게 호응하는 이치란 없다. 다만 부득이하다면 그 경중을 저울질하는 것은 괜찮다." (『주자어류』 권96, 「정자지서2」, 39조목. 양도부의 기록)

又曰. 敬, 莫把做一件事看, 只是收拾自家精神, 專一在此. 未說道有甚底事分自家志慮, 只是觀山玩水, 也煞引出了心, 那得似教他常在裏面好. 如世上一等閑物事, 一切都絕意, 雖似不近人情, 要之, 如此方好.

또 말씀하였다. “경은 하나의 일을 하는 것이 아니라 다만 자기의 정신을 수습하여 전일하여 여기에 있는 것이다. 이런 저런 일들이 자신의 의지를 어지럽히는 것은 말할 것도 없고, 단지 산수를 감상하는 일조차도 완전히 그곳에 마음을 빼앗기곤 하는데, 어떻게 경이 항상 내면에 잘 있도록 할 수 있겠는가? 가령 세상의 가장 사소한 일조차도 완전히 관심을 끊는 것이 비록 인지상정에는 가깝지 않은 듯하나, 요컨대 이와 같이 해야 비로소 좋아질 것이다. (『주자어류』 권12, 「학문6」, 「지수」, 제129조목. 섭하손의 기록)

***又曰. 學問, 只要專一, 如修養家想無成有, 釋氏想有成無, 只是專一. 然他底難, 自家道理, 本來是有, 只要人去理會, 甚順且易. 又如莊子用志不分, 乃凝於神, 亦是如此敎人, 但他只是箇空寂, 儒者之學, 則有許多道理, 若看透徹, 可以貫事物, 可以洞古今.**

또 말씀하였다. “학문은 단지 전일하여야 하니 예컨대 수양가(修養家)들이 무(無)를 생각하여 유(有)를 이루고 석씨가 유(有)를 생각하여 무(無)를 이루니, 이것이 전일함이다. 그러나 저들의 공부는 하기가 어렵지만 자신에게 있는 도리는 본래 있는 것이어서 단지 사람이 가서 이해하기만 하면 되니, 매우 순하고 또 쉽다.” (『주자어류』 권96, 「정자지서2」, 제51조목. 섭하손의 기록)[88]

또 “『장자(莊子)』에서 (공자가 말한) ‘뜻을 한데 모아 마음이 흩어지지 않으면 정신이 응집할 수 있다’[89]는 것도 이렇게 사람을 가르친 것

88) 『서산독서기』에 실린 『주자어류』의 글인데, 정구는 『주자어류』의 원문을 변형해서 실은 『서산독서기』의 문장을 옮겨 놓았다.

89) 이 말은 장자의 말이 아니라 공자의 말이다. 『장자』 외편(外篇), 「달생(達生)」에서, 공자는 초나라로 가다가 숲 속에서 어떤 꼽추 노인이 마치 줍듯이 매미를 잡는 것을 보고 신출귀몰한 그 솜씨에 대해 말을 나눈 뒤에 제자들에게 다음처럼 말한다. “공자는 제자를 돌아보고 말했다. 뜻을 한데 모아 마음이 흩어지지 않으면 곧 신과 같아진다고 하지만, 그것은 저 꼽추 노인을 두고 하는 말일 게다(孔子顧謂弟子曰. 用志不分, 乃凝於神, 其痀僂丈人之謂乎).” 『장자』의

인데, 다만 저들은 오직 공적(空寂)일 뿐이요 우리 유학은 수많은 도리가 있으니, 만약 이것을 투철하게 본다면 사물을 꿰뚫을 수 있고 고금을 통찰할 수 있다." (『주자어류』 권126, 「석씨(釋氏)」, 제44조목. 보광의 기록)

問. 伊川云, 主一之謂敬, 無適之謂一. 又曰. 人心常要活, 則周流無窮而不滯於一隅. 或者疑主一則滯, 滯則不能周流無窮矣. 竊謂, 主一則此心便存, 心存則物來順應, 何有乎滯. 曰. 固是. 然所謂主一者, 何嘗滯於一事. 不主一, 則方理會此事, 而心留於彼, 這却是滯於一隅.

물었다. "이천 선생은 '하나를 위주로 하는 것을 경이라 하고, (마음이 다른 곳으로) 가는 일이 없는 것을 하나라고 한다'고 하셨고, 또 말씀하기를, '사람의 마음이 항상 살아있으려면 두루 흘러 끝이 없고 한 귀퉁이에 정체되어서는 안 된다'[90]고 했습니다. 어떤 이는 '하나를 위주로 하면 정체된다고 의심하는데, 정체되면 두루 흘러 끝이 없을 수 없다'고 합니다. 제가 생각하기에는, '하나를 위주로 하면 이 마음은 곧 보존되고, 마음이 보존되면 사물이 다가올 때 순순히 호응하는 것인데, 어떻게 정체될 수 있겠습니까?"

말씀하였다. "진실로 옳다. 그러나 이른바 '하나를 위주로 하는 것'이 어떻게 한 가지 일에 정체되는 것이겠는가? 하나를 위주로 하지에 못하면 막 이 일을 이해하려는데 마음은 저기에 머물고 있게 되니, 이것이 오히려 한 귀퉁이에 정체되는 것이다." (『주자어류』 권96, 「정자지서2」, 제39조목. 양도부의 기록)[91]

南軒張氏曰. 正當深思, 於主一上進步, 要是常常省厲, 使凝斂淸肅之時多,

문맥에서 '凝於神'를 위처럼 풀지만, 『심경』에서는 문맥에 맞게 조절했다.

90) 『이정유서』 권5, 3번째 문장.

91) 위의 양도부의 기록(『주자어류』 권96, 「정자지서2」, 39조목)이 이어서 나온다. 정구는 이를 2개로 나누고, 뒤의 것을 먼저 싣고 앞의 것을 여기 나중에 실었다.

則當漸有向進矣.

남헌 장씨가 말씀하였다. "바르고 마땅하게 깊이 생각하여 하나를 위주로 하여 나아가야 하니, 항상 위태로움을 살피어 생각을 집중하고 거두어들여 맑고 엄숙해지는 때가 많으면 점차 앞으로 나아가게 될 것입니다." (『남헌집』 권25, 「답여자약(呂子約). 10a)

又曰. 所謂未應事前, 此事先在, 旣應之後, 此事尙存, 正緣主一工夫未到之故, 須是思此事時只思此事, 做此事時只做此事, 莫教別底交互出來, 久久自別.

또 말씀하였다. "이른바 아직 일에 호응하지 않기 전에는 이 일이 먼저 있고, 이미 호응한 뒤에도 이 일이 여전히 존재한다면, 바로 주일 공부가 아직 이르지 않았기 때문입니다. 모름지기 이 일을 생각할 때는 단지 이 일만을 생각하고, 이 일을 할 때는 이 일만을 생각할 뿐이며, 서로 다른 것들이 번갈아서 나오지 않게 해야 하니, 오래하면 저절로 구별됩니다." (『남헌집』 권27, 「답반숙창(答潘叔昌)」. 13b)

又曰. 所謂主一無適, 眞學者指南. 故某欲其於操舍之間體察, 而居毋越思, 事靡他及, 乃是實下手處. 若於此用力, 自然漸覺近裏趨約, 意味日別, 見則爲實見, 得則爲實得. 不然, 徒談高說妙, 元只在膠膠擾擾域中爾.

또 말씀하였다. "이른바 '주일무적'은 진실로 배우는 자들의 지남(指南, 나침반)이 됩니다. 그래서 저도 '마음을 잡고 놓은 그 사이'를 몸소 살펴서 거처함에 분수에 지나친 생각을 하지 않고 일은 다른데 미치지 않고자 하니, 이는 진실로 일을 시작하는 곳입니다. 만일 이에 힘을 쏟으면 자연히 점차 깨달아서 내면에 가까이 다가가 요약됨을 추구하여 의미가 날마다 새롭게 구별되니, 보는 경우 실제로 보게 되고, 얻는 경우 실제로 얻는 것이 됩니다. 그러나 그렇게 하지 않으면 단지

고론준담이나 하거나 기묘한 말만 하는 것이니, 원래 혼란스럽고 어지러운 지경에 있을 따름입니다.” (『남헌집』 권27, 「답호광중(荅胡廣仲)」. 7a)

主一箴曰. 人稟天性, 其生也直, 克順厥彝, 則靡有忒. 事物之感, 紛紜朝夕, 動而無節, 生道或息. 惟學有要, 持敬勿失, 驗厥操舍, 乃知出入. 曷爲其敬, 妙在主一. 曷爲其一, 惟以無適. 居毋越思, 事靡他及, 涵泳于中. 匪忘匪亟, 斯須造次, 是保是積, 既久而精, 乃會於極. 勉哉勿倦, 聖賢可則.

(남헌 장씨가) 「주일잠」에서 말하였다.

사람은 하늘에게서 본성을 받아 그 태어남이 곧고, 능히 그 떳떳함을 따르니 사특함이 있지 아니 하네.

사물에 감응함에 아침저녁으로 뒤섞여 어지러운데, 움직일 때 절도가 없으면 삶의 도가 사라질지도 모르네.

오직 배움만이 핵심이니 경을 유지하여 잃지 않아야 하고, (마음을) 잡고 놓은 것을 증험하니 마음의 출입(出入)을 알게 되네.

어떻게 그 경을 하는가? 묘방은 하나를 위주로 하는 데 있네.

어떻게 그 하나를 할 수 있는가? 오직 (마음이 다른 곳으로) 가는 일이 없는 데 있네.

거처함에 지나친 생각을 하지 않고 일은 다른 데에 미치지 않으며, 물에 젖어들 듯 마음속으로 깊이 이해하네.

잊지도 않고 급하게도 하지 않고 이 잠시 잠깐의 사이라도 보존하고 쌓으니, 이미 오래되어 정밀해지면 지극함에 이르네.

힘쓰고 게으르지 않으면 성현을 본받을 수 있다네. (『서산독서기』 권19, 「경상」. 26a~26b)

主一銘曰. 人之心, 一何危. 紛百慮, 走千岐. 惟君子, 克自持. 正衣冠, 攝威儀, 澹以整, 儼若思. 主于一, 復何之. 事物來, 審其幾. 應以專, 匪可移. 理在我, 寧彼隨. 積之久, 昭厥微. 靜不偏, 動靡違. 嗟勉哉, 自邇卑, 惟勿替, 日在玆.

(남헌 장씨의) 「주일재명(主一齋銘)」[92)]

사람의 마음이 하나를 위주로 하면 무엇이 위태로우랴.

(마음이) 어지러워지면 백 가지 생각이 천 가지로 나뉘네.

오직 군자만이 능히 자기의 본 마음을 유지하고 보존할 수 있네.

의관을 바로 하고 위의(威儀)를 갖추고, 고요히 단정하고 생각에 잠긴 듯 엄숙하게 할 수 있네.

하나에 위주를 두는 것은 어떻게 해야 회복할 수 있을까?

사물이 다가오면 그 기미를 살피네.

전일하게 호응하니, 다른 데로 갈 수 없네.

이치는 내게 있으니 어찌 다른 곳을 따라가겠는가?

오래토록 쌓아 가면 저 은미한 것도 밝게 드러나네.

고요할 때는 치우치지 않고 움직일 때는 어긋나지 않게 되네.

아! 힘써 나아가라. 가깝고 낮은 데서부터 시작하여,

오직 멈추지 말고 날마다 여기에 머물러야 하네. (『남헌집』 권36, 「주일재명(主一齋銘)」)

東萊呂氏曰. 敬也者, 純一不雜之謂也. 事在此而心在彼, 安能體得敬字.

동래 여씨가 말하였다. "경이라는 것은 순일하여 잡스럽지 않는 것을 말한다. 일이 여기에 있는데 마음은 저기에 있으면 어찌 경의 의미

---

92) '주일명'의 본래 이름은 '주일재명'이다. 정구는 『서산독서기』(권19, 「경상」. 26b)에 실린 글을 옮겼다. 그런데 이는 진덕수가 애초 잘못 옮긴 것이다. 일반적으로 「주일명」이라고 하면, 『심경부주』 「정심장(正心章)」에 실린 임용중(林用中)의 「주일명(主一銘)」을 말하는 경우가 대부분이다. 『근사록』 「존양(存養)」이나 『주자어류』, 『주자대전』에도 그렇다. 정구는 남헌 장씨(장남헌)의 「주일재명」을 옮긴 것이나, 온전한 제목을 제시하지 않아서 혼란을 초래했다.

를 몸소 깨달을 수 있겠는가?" (『여택논설집록』 권10, 「문인소기잡설2」. 6a)

西山眞氏曰. 所謂主一者, 靜時要一, 動時亦要一. 平居暇日, 未有作爲, 此心亦要主於一, 此是靜時敬, 應事接物, 有所作爲, 此心亦要主於一, 此是動時敬. 靜時能敬, 則無思慮紛紜之患, 動時能敬, 則無擧措煩擾之患. 如此則本心常存而不失, 爲學之要, 莫先於此.

서산 진씨가 말씀하였다. "이른바 '주일'이라는 것은 고요할 때는 하나를 구하고, 움직일 때도 하나를 구하는 것이다. 평소 거처하는 한가로운 날에 이 마음도 하나에 위주를 두어야 하니 이것이 고요할 때의 경이다. 일에 호응하고 사물을 접촉하면서 작위(作爲, 온갖 행위)할 때 이 마음도 하나에 위주를 두어야 하니 이것이 움직일 때의 경이다. 고요할 때 경을 할 수 있으면 생각이 어지럽게 되는 근심이 없고, 움직일 때 경을 할 수 있으면 행동거지로 해서 생기는 번거롭고 어지러운 근심이 없게 된다. 이와 같으면 본래의 마음이 항상 보존되어 잃지 않게 되니, 학문을 하는 핵심이란 어느 것도 이보다 먼저인 것은 없다." (『성리대전』 권47, 「학5」, 「존양지경정부」. 7a)

〈以上言主一無適(이상은 '주일무적'에 대해 말했다)〉

7) 정제엄숙 (75조목~76조목. 총 2조목)

75. 又曰. 整齊嚴肅, 則心便一, 一則自是無非僻之干

또 말씀하였다. "정제엄숙(몸가짐이 가지런하고 엄숙한 태도)하면 마음이 하나가 되니, 하나가 되면 저절로 그릇되고 편벽한 것의 간섭이 없게 된다." (『주자어류』 권120, 「주자17」, 「문인들을 가르침8」, 제75조목, 등린의 기록)93)

其全文曰. 有以一爲難見, 不可下工夫, 如何一者, 無他. 只是整齊嚴肅, 則心便一, 一則自是無非僻之干. 此意但涵養久, 則天理自然明.

그 전문이다.

"하나가 됨은 알기 어려워 공부에 착수할 수가 없어서 어떻게 하나가 되는가를 묻는 자가 있는데, 다른 것이 없다. 다만 '정제엄숙'하면 마음이 하나가 되니, 하나가 되면 저절로 그릇되고 편벽한 것들의 간섭이 없게 된다. 이 뜻은 다만 함양하기를 오래한다면 천리가 저절로 밝아진다는 것일 뿐이다." (『이정유서』 권15, 54번째 문장)

76. 又曰. 嚴威儼恪, 非敬之道, 但致敬, 須自此入.〈朱子曰. 恪, 是恭敬中朴實緊切處. 問. 恪是有嚴意否. 曰. 太莊太嚴, 厲了〉

또 말씀하였다. "엄격하고 위엄이 있으며 근엄하고 삼가하는 것은 경의 방법이 아니지만, 다만 경을 지극히 함은 모름지기 이것으로부터 들어가야 한다." (『이정유서』 권15, 182번째 문장) 〈주자가 말씀하였다. "'각(恪)'은 공경 가운데 (꾸미지 않는) 질박하고 필요하며 절실한 곳이다." (제자가) 물었다. "'각

93) 『주자어류』는 정자의 말을 주자가 인용하면서 문답이 이루어지고 있다.

(恪)'에는 엄숙하다는 뜻이 있다는 것입니까." 말씀하였다. "지나치게 장중하고 엄숙하여 괴로운 것이다.") (『주자어류』 권105, 「주자2(朱子二)」, 「논자주서(論自注書)」, 제15조목. 서우의 기록)

又曰. 有從伊川學, 伊川令看敬字. 請益, 伊川, 整衣冠, 齊容貌而已. 尹子聞之, 於言下有箇省覺處.

또 말씀하였다. "이천 선생을 따라 배웠는데, 이천 선생은 경을 잘 보라고 하였다. 더 청하자 이천 선생은 의관을 바르게 하고, 용모를 가지런히 할 뿐이었다. 윤자(윤돈)가 이를 듣고서 그 말에서 살피고 깨닫는 것이 있었다." (『이정외서』 권12, 87번째 문장)[94]

**朱子曰. 伊川, 整齊嚴肅一段, 是切至工夫, 說與人.

주자가 말씀하였다. "이천 선생의 '정제엄숙' 한 단락은 간절하고 지극한 공부를 사람들에게 말한 것이다." (『서산독서기』 권19, 「경상」. 27a)

問敬. 曰. 不必解說, 只整齊嚴肅便是.

경에 대해서 물었다.

말씀하였다. "풀이해서 말할 필요도 없이 다만 '정제엄숙'이 곧 경이다." (『주자어류』 권12, 「학문6」, 「지수」, 제105조목. 황승경의 기록)

問. 上蔡常惺惺之說, 如何. 曰. 不如程子云云, 尤切人能如此, 則其心常惺惺.

---

94) 정구는 『이정외서』의 문장을 바꾸어서 편집했다. 편집된 내용은 『주역전의대전』(「곤문언전」)의 세주에서 변환된 내용을 볼 수 있다. 본 문장은 다음과 같다. "昔有趙承議從伊川學, 其人性不甚利, 伊川亦令看敬字. 趙請益, 伊川曰. 整衣冠齊容貌而已. 趙擧示先生, 先生于趙言下有箇省覺處." 내용은 조승의가 이천에게 종유하는데 사람됨에 문제가 있자 이천선생이 경을 알려주었는데, 이를 조승의에게 윤화정(윤돈)이 듣고서 깨달은 바가 있다는 것이다. 그래서 내용의 주체는 윤화정이다. 같은 내용이 『송원학안(宋元學案)』 권27, 「화정학안(和靖學案)」에 등장한다.

물었다. "상채 선생(사량좌謝良佐, 1050~1103. 이정의 문인)의 '상성성(항상 깨어 있음)'의 설은 어떻습니까?"

말씀하였다. "정자가 말씀한 것만 못하지만, 더욱 절실한 사람은 이와 같을 수 있으니 그 마음이 항상 깨어있는 것이다." (『주자어류』 권17, 「대학4(大學四)」, 「혹문상(或問上)」, 제13조목. 증조도의 기록)[95)]

問. 心思擾擾. 曰. 程先生云, 嚴威整肅, 則心便一. 一則自無非僻之干. 只才整頓起處, 便是天理, 無別天理. 但常常整頓起, 思慮自一.

물었다. "생각이 어지럽습니다."

말씀하였다. "정선생께서는 '정제엄숙하면 마음은 하나가 된다. 하나가 되면 절로 그릇되고 편벽한 것들의 간섭이 없게 된다'고 말씀 하셨다. 다만 정리정돈이 되는 곳이 곧 천리이니, 천리와 다를 것이 없다. 다만 항상 정리정돈이 되면 사려는 저절로 하나가 된다." (『주자어류』 권120, 「주자17」, 「문인들을 가르침8」, 제75조목. 등린의 기록)

又曰. 持敬之說, 不必多言. 但熟味整齊嚴肅, 嚴威儼恪, 動容貌, 整思慮, 正衣冠, 尊瞻視, 此等數語, 而實加工焉, 則所謂直內, 所謂主一, 自然不費安排, 而身心肅然, 表裏如一矣.

또 말씀하였다. "경을 유지하는 것을 말할 때는 많은 말이 필요하지 않다. 다만 '정제엄숙' '엄위엄각' '동용모(몸가짐을 바로함)' '정사려(생각을 정돈함)' '정의관(의관을 바로함)' '존첨시(시선을 정중하게 함)' 등의 말을 익숙하게 음미하여 실천한다면, 이른바 '직내(안을 곧게 함)' '주일(하나에 위주를 둠)' 등이 자연히 안배하지 않아도 되며, 몸과 마

95) 『주자어류』의 본래 맥락을 축소해서 정리했다. 본래 문장은 다음과 같다. 물었다. "상채선생이 말한 '경이라는 것은 항상 깨어있는 법이다'라고 하였는데, 이 설은 극히 정밀하고 절실합니다." 말씀하였다. "정이천 선생이 정제엄숙이라고 말한 것이 좋은데 그만 못하다. 대개 사람들이 이처럼 할 수 있는 것은 그 마음이 여기에 있어서 곧 깨어있기 때문이다(問. 上蔡說, 敬者, 常惺惺法也, 此說極精切. 曰. 不如程子整齊嚴肅之說爲好. 蓋人能如此, 其心卽在此, 便惺惺)."

음이 숙연해져서 겉과 속이 하나처럼 될 것이다.” (『주자어류』 권12, 「학문6」, 「지수」, 제106조목. 황승경의 기록)

**又曰. 比因朋友講論, 深究學者之病, 只是合下, 欠却持敬工夫, 所以事事滅裂. 其言敬者, 又只說能存此心, 自然中理, 至於容貌詞氣, 往往全不加功, 設使眞能如此存得, 亦與釋老何異. 又況心慮荒忽, 未必眞能如此存得邪. 程子言敬, 必以整齊嚴肅, 正衣冠, 尊瞻視, 爲先, 又言未有箕踞而心不慢者, 如此乃是至論. 而先聖說克己復禮, 尋常講說, 於禮字, 每不快意, 必訓作理字然後已. 今乃知其精微縝密, 非常情所能及耳.

또 말씀하였다. “요사이 붕우(朋友)들과 강론하면서 배우는 자들의 병통을 깊이 생각해 보니, 다만 본래 경을 유지하는[持敬] 공부가 결여되었기 때문에 일마다 지리멸렬한 것이었습니다. 경을 말하는 것도 ‘단지 이 마음을 보존하면 자연 도리에 맞는다’고 하여, 용모와 말씨에 이르러서는 왕왕 전혀 공부를 더하지 않으니, 설령 참으로 이와 같이 마음을 보존할 수 있다고 하더라도 또한 석씨나 노자의 학문과 무엇이 다르겠습니까. 또 하물며 심려가 거칠고 소홀하여 반드시 이와 같이 보존하지도 못하는 것이랴! 정자가 경을 말씀하시면서 반드시 ‘정제엄숙’과 ‘정의관(의관을 바르게 함)’ ‘존첨시(시선을 공손히 함)’ 등을 먼저 하여야 한다고 하였고, 또 말씀하기를 ‘두 다리를 뻗고 걸터앉아 있으면서 마음이 태만하지 않은 자는 있지 않다’고 하였으니, 이와 같이 하여야 비로소 지극한 의논이 됩니다. 선성(先聖) 공자께서 말씀하신 극기복례 즉 ‘자기의 사사로운 욕심을 이겨 예(禮)로 돌아감’을 평소 강설할 적에 예(禮)라는 글자에 대해서는 매번 마음이 석연치 않아서, 반드시 이치[理]라는 글자로 풀이한 뒤에야 그만두었습니다. 그런데 이제야 비로소 그 매우 미세하고 치밀함이 보통 사람의 생각으로는 미칠 수 있는 것이 아님을 알았습니다.” (『주자대전』 권43, 「임택지에게 답함9(答林擇之)」)96)

**南軒張氏曰. 古人衣冠容止之間, 不是要作意矜持, 只是循他天則合如是. 爲尋常因循怠弛, 故須著勉强自持, 外之不肅而謂能敬於內, 可乎.

남헌 장씨가 말씀하였다. "옛 사람들은 의관과 용모와 행동거지[容止]의 사이에 뜻을 두어 긍지를 가지려고 한 것이 아니고, 다만 저 하늘의 준칙[天則]이 마땅히 이와 같아야 함을 따르는 것이다. 평소 인습적이고 나태하기 때문에 모름지기 힘써 자기의 본마음을 유지하고 보존하는 것이니, 바깥의 모습이 엄숙하지 못하면서도 속마음으로 경을 한다고 (그것이) 될 수나 있겠는가?" (『남헌집』 권25, 「기여백공(寄呂伯恭)」. 4a)[97]

**又曰 詳考從古聖賢論下學處, 莫不以正衣冠, 肅容貌爲先. 蓋必如此然後, 得所存而不流於邪僻. 易所謂閑邪存其誠, 程氏所謂制之於外以養其中者, 此也.

또 말씀하였다. "예로부터 옛날의 성현들이 하학(下學)을 논하는 곳을 자세히 살펴보면, 의관을 바르게 하고 용모를 엄숙하게 하는 일을 우선시하지 않음이 없었습니다. 대개 반드시 이렇게 한 후에야 마음을 보존할 곳을 얻어서 간사하고 편벽한 곳으로 흐르지 않습니다. 『주역』의 건괘 「문언전(文言傳)」에서 '간사한 것을 막고 그 성실함을 보존한다'는 말은 정자의 '밖을 제어하는 것은 그 마음속을 기르는 것이다'[98]는 것입니다." (『주자대전』 권33, 「여백공에게 답함5(答呂伯恭)」)[99]

〈以上言整齊嚴肅(이상은 '정제엄숙'에 대해 말했다)〉

---

96) 이 편지는 1170년(건도 6년, 41세)에 쓴 것이다. (『편년고증』, 79쪽 참고)

97) 『심경부주』 「군자반정화지장(君子反情和志章)」.

98) 『이성문십』 권8, 사잠병서(四箴并序). 『심경발휘』 권4, 「3. 시청언동사잠(視聽言動四箴)」 참고.

99) 이 편지는 1170년(건도 6년, 41세)에 쓴 것이다. (『편년고증』, 73쪽 참고) 『심경부주』 「군자반정화지장」.

8) '상성성' 법 (77조목~78조목. 총 2조목)

77. **上蔡謝氏曰. 敬, 是常惺惺法.

상채 사씨(사량좌謝良佐)가 말씀하였다. "경은 상성성 즉 '항상 깨어 있는 방법'이다." [사량좌(謝良佐), 『상채어록(上蔡語錄)』 권2. 15a]

**朱子曰. 惺惺, 乃心不昏昧之謂, 只此便是敬. 今人說敬, 以整齊嚴肅言之, 固是. 然心若昏昧, 燭理不明, 雖强把捉, 豈得爲敬.

주자가 말씀하였다. "'성성'은 바로 마음이 어둡지 않은 것을 이르니, 다만 이것이 곧 경이다. 지금 사람들은 경을 말하면서 '정제엄숙'이라 하니 참으로 옳다. 그러나 만약 마음이 어두워 이치를 보는 것에 밝지 않으면, 비록 억지로 마음을 붙잡아 둔다고 해서 어찌 경이 될 수 있겠는가?" (『서산독서기』 권19, 「경상」. 28b)

又曰. 今人心聳然在此, 尙無惰慢之氣, 況心常能惺惺者乎. 故心常惺惺, 自無客慮.

또 말씀하였다. "지금 사람의 마음이 여기에 우뚝 솟아 있어도 오히려 태만한 기운이 없는데, 하물며 마음이 항상 깨어 있다면 어떻겠는가? 그러므로 마음이 '상성성' 즉 항상 깨어 있으면 저절로 떠도는 잡념이 없게 된다." (『주자어류』 권12, 「학문6」, 「지수」, 제85조목)

又曰. 須用常提掇起得惺惺, 不要昏晦. 若昏晦. 則不敬莫大焉.

또 말씀하였다. "반드시 항상 일으켜 세워서 깨어 있게 하여 어둡지 않게 해야 한다. 만약 어두우면 불경이 이보다 큰 것이 없을 것이다." (『주자어류』 권118, 「주자15」, 「훈문인6」. 제54조목)

**又曰. 古人瞽史誦詩之類, 是規戒警誨之意, 無時不然, 被他恁地聒後, 自住不得. 大抵學問, 須是警省. 瑞巖僧, 每日間, 常自問主人翁, 惺惺否, 自答曰惺惺. 今時學者, 却不能如此. 又引釋氏說心云, 不得跳擧, 不得昏沈. 是他見得此心, 只有兩項. 跳擧, 是走作時, 昏沈, 是放倒時. 惟敬則都無此病. 或問謝氏之說, 佛氏亦有此語. 曰. 其喚醒此心則同, 而其爲道則異. 吾儒, 喚醒此心, 欲他照管許多道理, 佛氏則空喚醒在此, 無所作爲.

또 말씀하였다. "옛 사람이 고사(瞽史)의 직책을 두어 시를 외우도록 한 것 같은 일[100]은 바로 규범과 계율을 두고 경계하여 가르치는 뜻이 어느 때이고 이렇게 하지 않음이 없는 것이다. 저들이 이처럼 떠들썩하게 만들면 자연 편하게 안주할 수 없게 된다. 대저 학문은 경계하고 살펴야 한다. 승려 서암(瑞巖)[101]은 매일 아침저녁으로 '주인옹은 성성한가[깨어계신가]?'라고 자문하고는 '성성하다[깨어계시네]'라고 자답하곤 했다. 그런데 오늘날의 배우는 자들은 이렇게 하지 못한다." (『주자어류』 권12, 「학문6」, 「지수」, 제15조목. 진문위의 기록)

또한 또 석씨가 마음에 대해 말하면서 '도거(跳擧)하지 말며 혼침(昏沈)하지 말라'고 한 것을 인용하셨다. 이는 저들이 이 마음이 단지 두 가지가 있음을 본 것이다. '도거'는 마음이 다른 곳으로 달려가는 때이고 '혼침'은 방종하고 게으른[放惰] 때이니, 오직 경을 하면 이러한 병통이 모두 없어지게 된다. (『서산독서기』 권19, 「경상」. 29a)

혹자가 물었다. "사씨의 말은 불씨에도 이러한 말이 있습니다." 말씀하였다. "이 마음을 불러 깨우는 것은 같으나, 그 방도는 다르다. 우리 유가는 이 마음을 불러 깨워서 수많은 도리를 비추어보고 관리하려

---

100) 고사(瞽史)는 주대(周代)의 두 관직명을 가리킨다. 고(瞽)는 태사(太師)로서 임금을 곁에서 모시고 송시(誦詩)와 풍간(諷諫)을 맡았으며, 사(史)는 태사(太史)로 천문을 맡았다.

101) 당나라 때의 승려. 청원행사(青原行思)의 법계(法系, 南宗禪)로 제6세(世)다. 민월(閩越, 福建) 출신. 속성(俗姓)은 허(許)씨고, 법명(法名)은 사언(師彥)이다. 계율이 엄격하고 분명했다. 시호는 공조선사(空照禪師)다. 『중국역대불교인명사전』(이회문화사, 2011), 관련 항목 참고.

하지만, 불씨는 공연히 불러 깨워 여기에 있게 하여 작위(作爲)하는 바가 없다."(『주자어류』 권17, 「대학4」, 「혹문상」, 「경1장(經一章)」, 제16조목. 심한의 기록)102)

又曰. 人心常炯炯在此, 則四體不待羈束, 而自入規矩, 來維持之. 但常常提警, 教身入規矩內, 則此心不放逸, 而炯然在矣. 心旣常惺惺, 又以規矩繩檢之, 此內外交相養之道也.

또 말씀하였다. "사람의 마음이 언제나 항상 환하게 빛나고 있다면, 사지는 제어되지 않더라도 저절로 법도를 따르게 되어 이를 계속 유지하는 것이다. 다만 언제나 경계하면서 몸이 법도를 벗어나지 않고 따르게 만든다면, 이 마음은 방일하지 않고 환하게 보존될 따름이다. 마음이 상성성 즉 항상 깨어있고 또한 법도로써 이를 단속한다면, 이것이 바로 안팎을 서로 기르는 방법이다."(『주자어류』 권12, 「학문6」, 「지수」, 제13조목. 황승경의 기록)

78. 勉齋黃氏曰. 持守之方, 無出主敬, 所謂常惺惺法. 是將持敬, 人心胸內事, 摸寫出了.

면재 황씨가 말씀하였다. "유지하고 지키는[持守]의 방법은 경을 위주로 하는[主敬] 것을 벗어나지 않으니, 이른바 '상성성'의 방법이다. 경을 유지하게 되면 사람의 마음속 일들이 베낀 듯이 그대로 나오게 된다." [황간(黃榦), 『면재집(勉齋集)』 권8, 「복호백량서(復胡伯量書)」. 8a]103)

〈以上言常惺惺法(이상은 '상성성'법에 대해 말했다)〉

---

102) 이 77조목의 전체 문장은 『서산독서기』에서 3개의 서로 다른 문장을 이어서 새롭게 구성한 것이다. 두번째 문장은 『주자어류』나 『주자대전』에 보이지 않는다. 『서산독서기』의 이런 방식은 『심경부주』에 계승되었고, 정구는 원문과 몇 글자 정도의 출입만 있는 『심경부주』의 문장을 그대로 수용했다.

103) 정구는 『성리대전』(권47, 「학5」, 「존양지경정부」. 3a)에 실린 글을 이용했다.

9) 기심수렴(마음을 거두어들임) (79조목. 총 1조목)

79. *和靖尹氏曰. 敬者, 其心收斂, 不容一物之謂.

화정 윤씨(윤돈)가 말씀하였다. "경이란 이 마음이 수렴 즉 '거두어 들여져' 하나의 사물이라도 용납하지 않는 것을 말한다." (『심경부주』「경이직내장」)104)

**和靖自言. 初見伊川先生時, 敎某看敬字, 某請益, 先生曰, 主一則是敬. 當時, 雖領此語, 不若近時看得更親切.

윤화정이 스스로 말하였다. "처음 이천 선생을 보았을 때 나에게 경이라는 글자의 의미를 보라고 하시었는데, 내가 더 말씀을 청하니, 선생께서는 '하나를 위주로 하는 것이 경이다'라고 하시었다. 당시에 비록 이 말씀을 이해하였으나 (그때보다) 근래에 본 것이 더욱 가깝고 절실하였다."

**祁寬問. 如何是主一. 先生曰. 敬, 有甚形影. 只收斂身心, 便是主一. 且如人, 到神祠中, 致敬時, 其心收斂, 更着不得毫髮事, 非主一而何.

기관(祁寬. 윤순의 문인)이 물었다. "어떻게 하는 것이 주일 즉 '하나를 위주로 하는 것'입니까?"

화정 선생이 말하였다. "경이 무슨 형체와 그림자가 있겠는가? 단지 몸과 마음을 거두어들이는 것이 바로 하나를 위주로 하는 것일 뿐이

---

104) 이 문장은 정민정이 윤화정의 경에 대한 논의를 새롭게 구성한 것이다. 『심경부주』에서 정민정이 새롭게 구성한 이 문장으로부터 경을 나타내는 대표적인 명제 가운데 하나가 되는 철학사의 전통이 만들어졌다.

다. 예컨대 사람이 사당에 들어가서 경을 지극하게 할 때 그 마음은 거두어들여져서 다시 털끝만큼의 일도 붙일 수가 없으니, 이것이 하나를 위주로 하는 것이 아니라면 무엇이겠는가?" (『이정외서』 권12, 87번째 문장)

朱子曰. 心主這一事, 不爲他事攙亂, 便是不容一物也.

주자가 말씀하였다. "마음이 이 한 가지 일을 위주로 하고, 다른 일이 섞여서 어지럽게 되지 않는 것이 곧 하나의 사물이라도 용납하지 않는 것이다." (『주자어류』 권17, 「대학4」, 「혹문상」, 제18조목. 심한의 기록)

問, 心收斂, 不容一物. 曰. 這心都不著一物, 便收斂. 他上文云, 今人入神祠, 當那時直是更不著得些子事, 只有箇恭敬, 此最親切. 今人若能專一此心, 便收斂緊密, 都無些子空罅. 若這事思量未了, 又走做那邊去, 心便成兩路.

"'마음을 거두어들여 하나의 사물이라도 용납하지 않는다'에 대해서 묻습니다."

말씀하였다. "이 마음이 전혀 하나의 사물에 붙어있지 않으면 거두어들이는 것[收斂]이다. 그(윤화정)가 앞의 글에서 말하길, '오늘날 사람들이 사당에 들어가는 바로 그때는 다만 작은 일이라도 붙어있지 않은데 공경하는 마음이 있기 때문이다'라고 하였다. 이 말이 가장 가깝고 절실하다. 요즘 사람들이 만일 이 마음을 전일하게 할 수 있다면, 긴밀하게 수렴하여서 조금이라도 빈틈이 없을 것이다. 만일 이 일을 아직 다 생각하지도 않았는데 또 다른 곳으로 가버린다면, 마음에는 곧 두 갈래의 길이 생겨날 것이다." (위와 같은 곳, 제17조목. 섭하손의 기록)

又曰. 和靖只就一箇敬字做工夫, 終被他做得成.

또 말씀하였다. "윤화정은 단지 경의 글자에 나아가 공부하였을 뿐인데 결국에는 성공을 이룰 수 있었다." (『주자어류』 권101, 「정자문인(程子門人)」, 「윤언명(尹彦明)」, 제102조목. 감절의 기록)[105]

〈以上言其心收斂(이상은 '기심수렴'에 대해 말했다)〉

105) 정구는 『주자어류』 원문에서 "윤화정은 이정의 문인으로 있을 때 정말로 우둔하였다(在程門直是十分鈍底)"는 주자의 인물평을 생략했다.

10) 세 선생이 언급한 경의 차이점 (78조목~80조목. 총 3조목)

80. **朱子曰. 敬者, 聖學之所以成始成終者也. 觀程子謝氏尹氏數說, 足以知其用力之方矣. 或問. 三先生言敬之異. 曰. 譬如此室, 四方皆入得. 若從一方, 入至此, 則三方入處, 皆在其中矣.

주자가 말씀하였다. "경은 성학의 시작과 끝이 되는 것이다. 정자, 사량좌, 윤화정 등의 설을 살펴보면, 그 힘써야 할 방법을 충분히 알 수 있다." (『주자어류』 권12, 「학문6」, 「지수」, 제73조목. 심한의 기록)

누군가 물었다. "세 선생님이 언급하신 경에는 차이가 있습니다."

말씀하였다. "비유컨대 여기 집이 있다면 네 방향에서 모두 들어갈 수 있는 것과 같다. 만일 한 군데 방향에서 들어갔다면, 세 방향에서 들어간 곳도 모두 집 안쪽일 뿐인 것과 같다." (위와 같은 곳, 제82조목. 임기손의 기록)[106]

81. 問. 敬, 諸先生之說, 各不同. 然總而行之, 常令此心常存, 是否. 曰. 其實只一般. 若是敬時, 自然主一無適, 自然整齊嚴肅, 自然常惺惺, 其心收斂不容一物. 但程子整齊嚴肅, 與謝氏尹氏之說又更分曉.

물었다. "경에 대한 여러 선생님들의 말씀이 각각 다릅니다. 그러나 총괄해서 행할 때 늘 이 마음을 항상 보존토록 하는 것이지 않습니까?"

말씀하였다. "그 실상은 한가지일 뿐이다. 만약 경을 할 때라면, 저절로 '주일무적(하나를 위주로 하여 마음이 다른 곳으로 가는 일이 없음)'하고, 저절로 '정제엄숙'하며, 저절로 '상성성(항상 깨어 있음)'하고,

---

106) 『서산독서기』(권19, 「경상」. 30a)에서는 이 두 기록을 합해서 하나의 문장을 만들었고, 『심경부주』는 이를 그대로 따랐다. 정구도 이를 수용했다.

'기심수렴불용일물(이 마음이 거두어들여져 하나의 사물이라도 용납하지 않음)'하게 된다. 다만 정자의 '정제엄숙'이라는 말씀과 사량좌 및 윤화정 등의 말은 분명하게 이해해야 한다." (『주자어류』 권17, 「대학4」, 「혹문상」, 제8조목. 반리손潘履孫의 기록)

82. **西山眞氏曰. 持敬之道, 當合三先生之言, 而用力焉. 然後內外交相養之功, 始備.**

서산 진씨가 말하였다. "경을 유지하는 방법은 마땅히 세 선생의 말씀을 합해서 힘써야 한다. 그런 뒤에야 안팎을 서로 기르는 공부가 비로소 갖추어진다." (『서산독서기』 권19, 「지경」. 30a)

〈以上言三先生言敬之異(이상은 세 선생이 언급한 경의 차이에 대해 말했다)〉

11) 외(畏)라는 글자는 경에 가까움 (83조목~88조목. 총 6조목)

83. 問. 敬宜何訓. 曰. 是不得而訓也, 惟畏庶幾近之.

물었다. "'경'을 어떤 뜻으로 새겨야 마땅합니까?"

말씀하였다. "새기기 어려우나, 오직 외(畏, 두려움)라는 글자가 거의 가까울 듯하다." (『주자어류』 권15, 「대학2(大學二)」, 「경하(經下)」, 제140조목, 황간의 기록)

84. 又曰. 敬, 只是一箇畏字.

또 말씀하였다. "경은 단지 외(畏, 두려움)라는 글자일 따름이다." (『주자어류』 권12, 「학문6」, 「지수」, 제100조목. 여도呂燾의 기록)

85. 又曰. 整齊收斂, 這身心不敢放縱, 便是敬. 嘗謂敬字似甚字, 恰似箇畏字相似.

또 말씀하였다. "'정제'하고 '수렴'하여 이 몸과 마음이 감히 방종하지 않게 되면 곧 경이다. 일찍이 '경이라는 글자가 무슨 글자와 비슷한가'라 하였는데, 흡사 외(畏)라는 글자와 비슷할 듯하다." (『주자어류』 권120, 「주자17」, 「문인들을 가르침8」, 제34조목. 서우의 기록)

86. 又曰. 敬只是有所畏謹, 不敢放縱. 如此則身心收斂, 如有所畏. 常常如此, 氣象自別. 存得此心, 乃可以爲學.

또 말씀하였다. "경은 단지 두려워하고 삼가는 것이 있어 감히 방종하지 않을 뿐이다. 이와 같으면 몸과 마음이 수렴되어 마치 두려워하는 것이 있게 될 것이다. 항상 이와 같다면 기상이 저절로 달라질 것이다. 이 마음을 보존할 수 있어야 비로소 학문을 할 수 있다."(『주자어류』 권12, 「학문6」, 「지수」, 제98조목. 유지劉砥의 기록)

**87. 勉齋黃氏曰. 敬者, 主一無適之謂, 程子語也. 然師說, 又以敬字惟畏爲近之. 蓋敬者, 此心肅然, 有所畏之名. 畏則心主於一. 如入宗廟見君父之時, 自無雜念, 閑居放肆之際, 則念慮紛擾, 而不主於一矣. 二說, 蓋相表裏, 學者體之, 則可見矣.

면재 황씨가 말하였다. "경은 '주일무적'이라 하는 것은 정자의 말씀이다. 그러나 스승 주자의 말씀에도 '경이라는 글자는 오직 외(畏)가 가깝다'고 하였다. 대개 경이란 이 마음이 숙연하여 두려움이 있는 것을 이름붙인 것이다. 두려워하면 마음은 하나에 위주를 둔다. 마치 종묘에 들어가서 군부(君父, 임금)를 알현할 때에는 저절로 잡념이 없어지고, 한가롭게 제멋대로 할 때에는 생각이 어지러워 하나에 위주를 두지 못한다. 두 선생의 말씀이 서로 표리가 되니 배우는 자들이 이를 몸소 행한다면, 알 수 있을 것이다."(『면재집』 권3, 「경설(經說)」, 「논어집주학이소의(論語集注學而疏義)」. 9a)

**88. 覺軒蔡氏曰. 敬字之義甚大. 先師朱子裒集程門論敬要語, 詳且密矣. 黃氏又述先師敬字之義惟畏爲近之, 尤精切. 蓋人之一心, 虛靈知覺, 常肅然而不亂, 炯然而不昏, 則寂而理之體, 無不存, 感而理之用, 無不行. 惟夫虛靈知覺, 旣不能不囿於氣, 又不能不動於欲, 則此心之體用, 亦將隨之而昏且亂矣, 此所以不可不敬也. 苟能惕然悚然, 常若鬼神父師之臨其上, 深淵薄冰之處其下, 則虛靈知覺者, 自不容於昏且亂矣. 此敬字之義, 所以惟畏爲近之, 其說, 不可易矣.

각헌 채씨(채모蔡模, 주자의 외손자이자 채원정의 손자)가 말하였다. "경이라는 글자의 뜻은 참으로 크다. 앞선 스승이신 주자가 정자의 문하에서 경을 논의한 중요한 말씀을 모은 것이 상세하고 치밀하다. 황씨도 '스승 주자가 경이라는 글자는 오직 외(畏)가 가깝다'고 술회하였으니, 더욱 정밀하고 간절하다. 대개 사람의 한 마음은 '허령지각'이 항상 숙연하여 어지럽지 않고 환히 밝아서 어둡지 않으면, 고요하여 이치의 본체가 보존되지 않음이 없고, 감동하여 이치의 작용이 유행하지 않음이 없다. 오직 저 허령지각이 이미 기질에 갇히지 않을 수 없고, 또 욕심에 움직이지 않을 수 없으니, 이 마음의 본체와 작용이 또한 이를 따라서 어둡고 어지러워지니, 이것이 경을 하지 않으면 안 되는 까닭이다.

진실로 두렵고 두려워하며 항상 귀신과 부사(父師)가 그 위에서 굽어보는 듯 하고, 깊은 연못과 얇은 얼음이 그 아래에 있는 듯하면, 허령지각은 절로 어둡고 어지러워지는 것을 용납하지 않을 것이다. 이것이 '경이라는 글자는 오직 외(畏)가 가깝다'는 이유이니, 그 말씀은 바뀔 수가 없는 것이다." (『면재집』 권3, 「경설」, 「경설(敬說)」. 25a)

〈以上言畏字近敬(이상은 외라는 글자가 경에 가까움에 대해서 말했다)〉

12) 불경(不敬)하지 말 것 (89조목~95조목. 총 7조목)

89. 程子曰. 思無邪, 無不敬, 只此二句, 循而行之, 安得有差. 有差者, 皆由不敬不正也.〈毋不敬, 可以對越上帝, 已見上帝臨女章〉

정자가 말씀하였다. "'사무사(思無邪, 생각에 간사함이 없음)'[107]와 '무불경(無不敬, 불경함이 없음)[108]'의 두 구절을 따라서 실천하면 어찌 어긋남이 있겠는가? 어긋남이 있는 것은 모두 불경(不敬)과 부정(不正, 바르지 않음)에서 연유한다."〈'경하지 않음이 없으면 상제를 대할 수 있다'는 「3. 상제임여장」 3조목에서 이미 보였다〉 (『이정유서』 권2상, 50번째 문장)

90. 問寢不尸. 曰. 毋不敬.

"'잘 때에는 시신처럼 (몸을 뻗어 눕지) 않았다'[109]는 구절을 물었다."

말씀하였다. "'불경(不敬)하지 말라'는 뜻이다." (『이정외서』 권8, 5번째 문장)

91. 又曰. 忘敬而後無不敬.

또 말씀하였다. "경을 (한다는 것조차) 잊은 후에야 경을 하지 않음이 없는 것이다." (『이정유서』 권3, 91번째 문장)

92. 范氏曰. 經禮三百, 曲禮三千, 一言以蔽之曰毋不敬.

범씨(범조우范祖禹, 1041~1098. 이정의 문인)가 말하였다. "'기본적인

---

107) 『논어』 「위정(爲政)」 2장. 공자가 말씀하였다. "시 삼백 편을 한마디로 덮어 표현하자면 그 생각에 간사함이 없다고 할 수 있다(子曰. 詩三百, 一言以蔽之, 曰思無邪)."

108) 『예기(禮記)』 「곡례상(曲禮上)」. 「곡례」에서 말한다. "공경하지 않는 것이 없어서, 단정하고 엄숙하기를 무언가 생각하는 것 같이 하며, 말을 안정하게 한다면 백성을 편안하게 할 수 있을 것이다(曲禮曰, 毋不敬, 儼若思, 安定辭. 安民哉)."

109) 『논어』 「향당(鄕黨)」 15장. 잘 때에는 시신처럼 몸을 뻗어 눕지 않았으며, 거처할 때에는 용모를 꾸미지 않으셨다(寢不尸, 居不容).

예의가 3백 가지'요, '구체적인 예절이 3천 가지'110)인데, 한 마디로 덮어 표현하자면 '무불경'이다." (『서산독서기』 권18, 「경상」. 39b)

93. 藍田呂氏曰. 毋不敬者, 正其心也.

남전 여씨(여대림呂大臨, 1040~1092. 이정의 문인)가 말하였다. "'무불경'이라는 것은 그 마음을 바로하는 것이다." (『서산독서기』 권18, 「경상」. 39a)

朱子曰. 毋不敬, 是統言主宰處

주자가 말씀하였다. "'무불경'은 주재하는 곳을 통괄해서 말한 것입니다." (『주자대전』 권40, 「하숙경에게 답함30(答何叔京)」)111)

94. 西山眞氏曰. 毋不正者, 其綱也, 見於事親事君事長與夫威儀容止起居動作者, 其目也.

서산 진씨가 말하였다. "'무불경'이라는 것은 강령이며, 사친(부모 섬김), 사군(임금 섬김), 사장(윗사람 섬김)과 위의용지(예법에 맞는 몸가짐과 태도), 기거동작 등에 드러나는 것은 그 조목들이다." (『서산독서기』 권18. 39b~40a)

95. 又曰. 敬者, 禮之綱領也. 曰毋不敬者, 謂身心內外, 不可使有一毫之不敬也.

또 말씀하였다. "경이라는 것은 예의 강령이다. '무불경'이라 한 것은 심신의 내외에 한 털끝만큼이라도 불경이 있어서는 안 되는 것을 말한다." (『대학연의』 권28, 「성의정심지요1」. 2b)

〈以上言毋不敬(이상은 '무불경'에 대해서 말했다)〉

---

110) 『예기(禮記)』 「예기(禮器)」. "기본적인 예의가 3백 가지요, 구체적인 예절이 3천 가지인데, 그 정신은 하나이다(經禮三百, 曲禮三千, 其致一也)."

111) 이 편지는 1169년(건도 5년, 40세)에 쓴 것이다. (『편년고증』, 64쪽 참고)

13) 경의 조목들 (96조목~100조목. 총 5조목)

96. 朱子曰. 坐如尸, 立如齊, 頭容直, 目容端, 足容重, 手容恭, 口容止, 氣容肅, 皆敬之目也.

주자가 말씀하였다. "'앉아 있을 때는 시동처럼 하고, 서 있을 때는 재계하는 것처럼 하며, 고개는 꼿꼿하고, 눈빛은 단정하며, 걸음걸이는 신중하고, 손놀림은 공손하며, 입모양은 지긋이 다물고, 기상은 엄숙해야 하는 것 등은[112] 모두 경의 조목들이다." (『주자어류』 권12, 「학문6)」, 「지수」, 제109조목. 황승경의 기록)

97. 又曰. 足容重, 至色容莊, 是天理付與自家, 合當如此, 一或不然, 便是壞了天理

또 말씀하였다. "'걸음걸이는 신중함[足容重]'에서 '얼굴빛은 장중함[色容莊]'까지는 천리가 나 자신에게 부여한 것이니 마땅히 이와 같아야 한다. 하나라도 혹여 그렇지 못하면, 이는 천리를 무너뜨린 것이다."

---

112) 구용(九容)을 가리킨다. 구용은 군자가 지녀야 하는 '아홉 가지 용모'를 가리킨다. 그런데 『예기(禮記)』에서 제시된 군자의 용모는 11가지 정도이고, 『소학(小學)』에서 이를 9가지로 정리했다. 여기서 "앉아있을 때"는 구용에 속하지 않고 위에 나열된 순서도 다다. 아마도 머리속에 기억하는 대로 적었기 때문일 것이다. 곧 구용으로 정리되기 이전 『예기』 원래의 맥락에서 논의되고 있는 것을 볼 수 있다. 『예기』 「옥조(玉藻)」는 다음과 같다. "군자의 용모는 우아하여 존중할 대상을 보면 몸가짐을 정돈하고 삼간다. 걸음걸이는 신중하고, 손놀림은 공손하며, 눈빛은 단정하며, 입모양은 지긋이 다물고, 목소리는 조용히 하고, 고개는 꼿꼿하고, 기상은 엄숙해야 하는 것, 서 있는 모양은 덕스럽게 하고, 얼굴빛을 장중하게 하고, 앉을 때는 시동처럼 하고, 평소 거처할 때와 제사에서 고유할 때는 온화한 용모를 지닌다(君子之容舒遲, 見所尊者齊遫. 足容重, 手容恭, 目容端, 口容止, 聲容靜, 頭容直, 氣容肅, 立容德, 色容莊, 坐如尸, 燕居告溫溫)." 『소학』(내편(內篇), 「경신(敬身)」)에서 구용은 다음과 같다. 足容重, 手容恭, 目容端, 口容止, 聲容靜, 頭容直, 氣容肅, 立容德, 色容莊.

(『서산독서기』 권19, 「경상」. 2b)[113]

98. 問. 色容莊最難. 曰. 心肅則容莊, 非是外面做那莊出來.

물었다. "'얼굴빛은 장중함[色容莊]'이 가장 어렵습니다."

말씀하였다. "마음이 엄숙하면 용모가 장중하니, 외면을 장중하게 꾸며서 나온 것이 아니다." (『주자어류』 권114, 「주자11」, 「문인들을 가르침2」, 제7조목. 곽우인郭友仁의 기록)

99. 又曰. 如出門如見大賓, 使民如承大祭等類, 皆是敬之目.

또 말씀하였다. "'문을 나서면 마치 소중한 손님을 만난 듯이 하고, 백성을 부릴 때는 마치 귀중한 제사를 받들 듯이 한다' 등과 같은 부류는 모두 경의 조목들이다. (『주자어류』 권12, 「학문6)」, 「지수」, 제75조목. 소호의 기록)

100. 問敬齋箴. 曰. 此是敬之目, 說有許多地頭去處.

"「경재잠」에 대해 묻습니다."

말씀하였다. "이는 경의 조목을 여러 측면에서 말한 것이다." (위와 같은 곳, 제124조목. 심한의 기록)

〈以上言敬之目(이상은 경의 조목들에 대해서 말했다)〉

---

113) 정구는 주자의 말을 『서산독서기』의 기록에 근거해서 발췌했는데, 이는 『주자어류』(권114, 「주자11(朱子十一)」, 「문인들을 가르침2(訓門人二)」, 제22조목)의 문장을 변형시킨 것이다. "또 '발은 진중하다'와 같은 경우, 모름지기 진중하는 것은 천리가 본디 자신에게 부여한 것이니 마땅히 진중해야 한다. 만약 자신이 진중하지 못하면 스스로 천리를 무너뜨린 것이다(又如說足容重, 須著重, 是天理合下付與自家, 便當重. 自家若不重, 便自壞了天理)."

14) 경의 방법은 마땅히 외(畏)자와 함께 통합해서 보아야 함 (101조목~103조목. 총 3조목)

101. **致堂胡氏曰. 敬也者, 存心之要法, 檢身之切務也. 有言主一之謂敬, 無適之謂一, 如執大圭, 如奉槃水, 如震霆之在上也, 淵谷之在下也, 師保之在前也, 鬼神之在左右也. 是則持敬之道.**

치당 호씨(호인胡寅, 1098~1156)가 말하였다. "경이라는 것은 '존심'의 핵심 방법이며, 몸을 검속하는 절실한 의무이다. '하나를 위주로 하는 것을 경이라 하고, (마음이 다른 곳으로) 가는 일이 없는 것을 하나라고 한다'는 말이 있다. 이는 마치 대규(大圭, 의식에 쓰는 귀한 옥으로 만든 술잔)를 잡은 듯, 쟁반의 물을 받들듯, 뇌성벽력이 위에 있는 듯, 깊은 골자기가 아래에 있는 듯, 지엄한 스승이 앞에 계시는 듯, 귀신이 좌우에 있는 듯 하는 것이니, 이는 '경을 유지[持敬]'하는 방법이다." (『서산독서기』 권18, 「경상」. 9a~8b)

102. **朱子曰. 曾子曰, 戰戰兢兢, 如臨深淵, 如履薄冰. 此乃敬之法. 此心不存, 則常昏矣. 今人有昏睡者, 遇身有痛痒,〈音審. 寒病〉 則蹶然而醒. 蓋心所不能已, 則自不至於忘. 中庸戒愼恐懼, 皆敬之意.**

주자가 말씀하였다. "증자는 '두려움에 떨며 삼가하고 조심하여 깊은 연못에 다가간 듯, 얇은 얼음을 밟는 듯하다'고 하였는데, 이것이 바로 경의 방법이다. 이런 마음이 보존되지 않으면 항상 혼미하게 된다. 지금 정신없이 자는 사람이 있는데, 몸에 추위로 인한 병이 나 아프다면 〈심(審)이라 읽는다. 추위로 인한 병이다〉[114] 벌떡 일어나 잠을 깰 것이다.

대개 마음이 그만두지 못하면 저절로 잊어버리지 못한다. 계신공구 즉 '경계하고 삼가며 조심하고 두려워함'은 모두 경의 뜻이다." (『주자어류』 권35, 「논어17(論語十七)」, 「태백(泰伯)」, 「증자유질위문제자장(曾子有疾謂門弟子章), 제3조목. 장흡의 기록)

103. 又曰. 敬非別是一事, 常喚醒此心便是.

또 말씀하였다. "경이란 별다른 일이 아니라, 항상 이 마음을 일깨우는 것이다." (『주자어류』 권6, 「성리3(性理三)」, 「인의예지등명의(仁義禮智等名義)」, 제84조목. 주명작周明作의 기록)

〈以上言敬之法當與畏字通看(이상은 경의 방법을 마땅히 외자와 함께 통합해서 보아야 함에 대해서 말했다)〉

---

114) 정구는 의약(醫藥)에 상당한 지식이 있었다. 눈병을 모은 『의안집방(醫眼集方)』, 출산과 육아에 대한 내용을 정리한 『광사속집(廣嗣續集)』 등이 알려진다.

15) 경의 모습 (104조목~109조목. 총 6조목)

104. 程子曰. 儼然正其衣冠, 尊其瞻, 視其中, 自有箇敬處. 雖曰無狀敬, 自可見.

정자가 말씀하였다. "엄숙하게 의관을 바르게 하고, 시선을 정중하게 하며, 정 가운데를 바라보면, 저절로 경이 있다. 경을 형상지을 것이 없다고 하나, 저절로 볼 수 있다." (『이정유서』 권18, 10번째 문장)

105. 又曰. 敬則自然儼若思

또 말씀하였다. "경하면 자연스레 엄약사 즉 '단정하고 엄숙하게 생각에 잠긴 듯이' 한다." (『이정외서』 권2, 68번째 문장)

106. 問. 敬之貌, 如何. 朱子曰. 於儼若思時, 可以見敬之貌.〈鄭氏曰. 儼, 矜莊貌. 人之坐思, 貌必儼然〉

물었다. "경의 모습은 어떠한 것입니까?"

주자가 말씀하였다. "'단정하고 엄숙하게 생각에 잠긴 듯이' 할 때 경의 모습을 볼 수 있다."〈정씨(정현)이 말하였다. "엄(儼)은 엄숙하고 공경스러운 모습이다. 사람이 앉아서 심사숙고하면, 그 모습은 반드시 엄숙하고 공경스럽게 되는 것이다〉[115] (『서산독서기』 권18, 「경상」. 39a)[116]

107. 又曰. 儼若思, 敬者之貌也, 安定辭, 敬者之言也.

또 말씀하였다. "'엄약사'는 경을 할 때의 모습이고, '안정사(말을

---

115) '儼若思'에 대한 정현의 주석인데, 정구가 첨가한 것으로 보인다. (『禮記注疏』 권1, 「曲禮上」)
116) 『주자어류』 등에서 찾을 수 없고, 『서산독서기』에만 있는 고유한 문장이다.

안정되게 함)'는 경을 할 때의 말이다." (『주자대전』 권40, 「하숙경에게 답함 30」)[117)]

108. 又曰. 平居須是儼然若思.

또 말씀하였다. "평상시 거처할 때는 모름지기 엄약사 즉 '단정하고 엄숙하게 생각에 잠긴 듯'해야 한다." (『주자어류』 권12, 「학문6」, 「지수」, 제50조목. 황승경의 기록)

109. 南軒張氏曰. 儼若思, 雖非敬之道, 而於此時, 可以體敬焉.

남헌 장씨가 말씀하였다. "'엄약사'가 비록 경의 방법은 아니지만, 이 때에 경을 체득할 수 있다." (『남헌집』 권35, 「서증오교수(書贈吳教授)」. 8b)

〈以上言敬之貌(이상은 경의 모습에 대해 말한 것이다〉

117) 이 편지는 1169년(건도 5년, 40세)에 쓴 것이다. (『편년고증』, 64쪽 참고)

16) 공손[恭]과 경을 겸해서 말함 (110조목~123조목. 총 14조목)

110. 程子曰. 聖人修己以敬, 以安百姓, 篤恭而天下平. 惟上下一於恭敬, 則天地自位, 萬物自育, 氣無不和, 四靈何有不至, 此體信達順之道. 聰明睿智, 皆由是出, 以此事天饗帝.

정자가 말씀하였다. "성인은 경으로 자기를 닦아서 백성을 편하게 해주며, 돈독하고 공손하니 천하가 평안해진다. 오직 위와 아래가 공경으로 하나가 되면 천지가 저절로 자리를 바로 하고, 만물이 저절로 길러져서, 기운이 조화롭지 않음이 없으니, 네 가지 신령스러운 영수(靈獸)가[118] 어찌 이르지 않겠는가? 이는 체신달순(體信達順)[119] 즉 '성실한 믿음과 조화에 이르는' 방법이다. 총명과 예지가 모두 여기[敬]에서 나오니, 이로써 하늘을 섬기고 상제를 제향(祭享)한다."[120] (『이정유서』 권6, 10번째 단락)[121]

---

118) 봉황, 기린, 거북, 용을 가리킨다.

119) '체신달순(體信達順)의 도'란 '중화(中和)에 이르는 도' 즉 치중화(致中和)의 도라고 할 수 있다. 이것은 주자의 해석이다. 물었다. "體信達順이 무엇입니까?" 말씀하시었다. "신(信)은 실제의 이치이고, 순(順)은 조화의 기운일 따름이다. 체신(體信)이란 중(中)에 이른다는 뜻이고, 달순(達順)이란 조화에 이른다는 의미이다(問. 體信達順. 曰. 信, 只是實理, 順, 只是和氣. 體信是致中底意思, 達順是致和底意思)." 『주자어류』 권44, 「논어26(論語二十六)」, 「헌문(憲問)」, 제127조목. 동수의 기록. 여기서는 해석보다 문장의 일차적인 뜻을 위주로 옮겼다.

120) 『논어』 「헌문」 45장. 자로가 군자에 대해 물었다. 그러자 공자께서 말씀하였다. "경으로써 몸을 닦는 것이다." 자로가 말했다. "이와 같을 뿐입니까?" 말씀하셨다. "몸을 닦아서 사람을 편안하게 하는 것이다." 자로가 말했다. "이와 같을 뿐입니까?" 말씀하셨다. "몸을 닦아서 백성을 편안하게 하는 것이니, 몸을 닦아서 백성을 편안하게 함은 요순(堯舜)께서도 오히려 부족하게 여기셨다." (子路問君子. 子曰. 修己以敬. 曰. 如斯而已乎. 曰. 修己以安人. 曰. 如斯而已乎. 曰. 修己以安百姓, 修己以安百姓, 堯舜其猶病諸.)

121) 『논어』 「헌문」 45장의 집주에 있는 정자의 말과 약간의 출입이 있을 뿐이다. 그러나 주자의 집주에서는 『이정유서』의 '聖人修己以敬, 以安百姓'의 문장에서 성인(聖人)과 경(敬)을 제거하고 압축해서 '君子修己以安百姓'으로 나타내었다. 정구는 이러한 상황을 잘 알고 있었을 것으로

又曰. 敬則自是聰明. 人之所以不聰不明, 止緣身心惰慢, 便昏塞了. 敬則虛靜, 自然通達.

또 말씀하였다. "경은 곧 스스로 총명한 것이다. 사람이 총명하지 못한 이유는 다만 몸과 마음이 게으른데서 연유해 어두워지고 막혀버렸기 때문이다. 경을 하면 허정 즉 비고 고요해져 자연스럽게 통달하게 된다." (『주자어류』 권44, 「논어26」, 「헌문(憲問)」, 제129조목. 섭하손의 기록)

又曰. 聰明睿智皆由是出, 非程子實因持敬而見其效, 何以語及此.

또 말씀하였다. "'총명예지가 모두 여기에서 나온다'는 것은 정자가 실제로 경을 유지해서[持敬] 그 효험을 본 것이 아니라면, 어떻게 이런 말을 언급할 수 있겠는가?" (『근사록집해』 권4, 「존양(存養)」, 31조목의 주석)

又曰. 是他曾因此出些聰明睿智來.

또 말씀하였다. "정자는 이것[敬]으로 인해 총명예지가 생겨난 것이다." (『주자어류』 권44, 「논어26」, 「헌문」, 제131조목. 임기손의 기록)

又曰. 平日須提掇精神, 莫令頹塌放倒, 方可看得義理分明.

또 말씀하였다. "평상시에 정신을 일으켜 깨워서 피곤해서 쓰러지거나 게으름을 피우지 않도록 해야 비로소 의리를 분명하게 볼 수 있다." (위와 같은 곳, 제132조목. 섭하손의 기록)

111. 又曰. 居處恭, 執事敬, 與人忠, 此是徹上徹下語, 聖人元無二語.

또 말씀하였다. "'거처하기를 공손히 하고, 일을 집행하는데 공경히 하고, 남을 대하기를 충실하게 함'[122]은 위아래를 투철하게 통하는 말

보이며, 오히려 경(敬)을 살린 정자의 원 문장을 여기서 제시하고 있다.

122) 『논어』 「자로(子路)」 19장. 번지가 인을 묻자, 공자가 말씀하였다. "거처할 적엔 공손하고, 일을 집행할 때엔 공경하며, 사람을 대할 때는 충실해야 한다. 이는 비록 오랑캐의 나라에 가

이니, 성인은 원래 두 말씀이 없다."(『이정유서』 권2상, 2번째 문장)

又曰. 充此, 便睟面盎背, 有諸中, 必形諸外, 觀其氣象, 便見得.

또 말씀하였다. "이를 충실히 하면, 수면앙배(睟面盎背, 맑고 윤택하게 얼굴에 나타나고 넉넉하며 두텁게 등에 나타난다)[123]하니, 마음속에 있는 것은 반드시 밖으로 드러나므로 그 기상을 살피면 볼 수 있다."(『이정유서』 권5, 23번째 문장)

112. 又曰. 發於外者, 謂之恭, 有諸中者, 謂之敬.

또 말씀하였다. "밖으로 피어나는 것을 공손이라고 하며, 마음속에 있는 것을 경이라 한다."(『이정유서』 권6, 166번째 문장)

113. 又曰. 敬是持己, 恭是接人. 與人恭而有禮, 言接人當如此也.

또 말씀하였다. "경은 '자기의 본마음을 유지하고 보존함[持己]'이고, 공손은 사람과 교제하는 것이다. 남에게 공손하고 예의가 있는 것은 사람과 교제하는데 마땅히 이와 같아야 함을 말한 것이다."(『이정유서』 권18, 9번째 문장)

114. 問. 正其衣冠, 端坐儼然, 自有一般氣象, 此是敬否. 謝氏曰. 不如就事上尋便分明. 事思敬, 居處恭, 執事敬, 若只靜坐時有之, 却只是坐如尸也.

물었다. "의관을 바로 하고 엄숙하고 단정히 앉으면, 저절로 하나의 기상이 있게 되는데, 이것이 경이 아닐는지요?"

더라도 버려서는 안 될 것이다(樊遲問仁. 子曰. 居處恭, 執事敬, 與人忠. 雖之夷狄, 不可棄也)"

123) 『맹자』 「진심상(盡心上)」. "군자는 타고난 본성인 인의예지의 덕이 마음에 뿌리박혀 있어서 그 드러나는 빛이 맑고 윤택하게 얼굴에 나타나고 넉넉하며 두텁게 등에 나타난다(君子所性, 仁義禮智根於心, 其生色也, 睟然見於面, 盎於背)."

사씨가 말하였다. “일에 따라 생각하는 것이 더 분명할 것이다. 일할 때 경을 생각하고, 거처할 때 공손하며, 일을 집행할 때 경을 하는 것이니, 만약 정좌할 때 이를 가지고 있다면, 오히려 시신처럼 앉아있는 것일 뿐이다.” (『상채어록』 권3. 4b~5a)

115. 朱子曰. 人常恭敬, 則心常光明

주자가 말씀하였다. “사람이 항상 공경하면 마음도 항상 밝게 빛난다.” (『주자어류』 권12, 「학문6」, 「지수」, 제93조목. 양도부의 기록)

116. 又曰. 恭主容, 敬主事. 有事著心做, 不易其心而爲之, 是敬

또 말씀하였다. “공손은 용모를 위주로 하고, 경은 일을 위주로 한다. 일이 있을 때 마음을 기울여 하면서도, 그 마음을 바꾸지 않고 하는 것이 바로 경이다.” (『주자어류』 권6, 「성리3」, 「인의예지등명의」, 제146조목. 진순의 기록)

117. 又曰. 恭形於外, 敬主於中. 自誠身而言, 則恭較緊, 自行事而言, 則敬爲切.

또 말씀하였다. “공손은 밖으로 드러나고, 경은 마음속에 위주가 된다. 자신을 성실하게 하는 것으로 말하면 공손은 비교적 긴요하고, 일을 실천하는 것으로 말하면 경이 절실하다. (위와 같은 곳, 진순의 기록)

118. 又曰. 初學, 則不如敬之切, 成德, 則不如恭之安

또 말씀하였다. “처음 학문을 시작하는 데는 경만큼 절실한 것이 없고, 덕을 이루는 데는 공손만큼 안정된 것이 없다.” (위와 같은 곳, 제147조목. 정단몽程端蒙의 기록)

119. 問. 敬主於中者也, 恭發於外者也. 曰. 凡言發於外, 比似主於中者較大. 蓋必充積盛滿, 而後發於外, 則發於外者, 豈不如主於中者. 然主於中者, 却是本, 不可不知.

"'공손은 밖으로 드러나고, 경은 마음속에 위주가 된다'에 대해서 물었다."

말씀하였다. "대개 밖으로 드러나는 것이 마음속에 위주가 되는 것에 비해서 비교적 크다고 말한다. 대개 반드시 가득 쌓이고 꽉 찬 후에야 밖으로 드러나는 것이니, 바깥에 드러나는 것이 어찌 마음속에 위주가 되는 것만 못하겠는가? 그러나 마음속에 위주가 되는 것이 근본임을 알지 않을 수 없다." (위와 같은 곳, 제150조목. 심한의 기록)

120. 又曰. 本領雖在敬上, 若論那大處, 恭反大如敬. 若不是裏面積盛, 無緣發出來做得恭.

또 말씀하였다. "본령은 경에 있지만, 큰 것을 논하자면 공손이 오히려 경보다 중요하다. 만일 마음속에 가득 쌓이지 않았다면, 드러나 공손할 수 있는 연유가 없는 것이다." (위와 같은 곳, 제148조목. 진문위의 기록)

121. 又曰. 恭字軟, 敬字硬.

또 말씀하였다. "공(恭)이란 글자는 부드러우나, 경이라는 글자는 굳다." (위와 같은 곳, 제149조목. 양지표의 기록)

122. 西山眞氏曰. 敬有堅强意, 恭有柔巽意.

서산 진씨가 말씀하였다. "경에는 굳세고 강한 뜻이 있고, 공에는 유순하고 부드러운 뜻이 있다." (『서산독서기』 권18, 「경상」. 12a)

123. 北溪陳氏曰. 坐如尸, 立如齊, 便是敬之容. 正其衣冠, 尊其瞻視, 儼然人望而畏之, 便是恭之容. 敬, 工夫細密, 恭, 氣象闊大. 敬, 意思卑屈, 恭, 體貌尊嚴. 但恭只是敬之見於外者, 敬只是恭之存於中者. 敬與恭不是二物, 如形影然, 未有內無敬而外能恭者, 亦未有外能恭而內無敬者.

북계 진씨(진순陳淳, 1159~1223)가 말씀하였다. "'앉아 있을 때는 시동처럼 하고, 서 있을 때는 재계하는 것처럼 함'은 경의 모습이고, '의관을 바르게 하고, 시선을 정중하게 하며, 엄숙하면 사람들이 바라보며 두려워하게 되는 것'은 공손의 모습이다. 경은 공부의 세밀한 것이고, 공손은 기상의 넓고 큰 것이다. 경은 (자기의) 의사를 낮추고 굽히는 것이고, 공손은 체모가 존엄한 것이다.

다만 공손은 경이 밖으로 드러난 것일 따름이며, 경은 단지 공손이 마음속에 보존되어 있는 것이다. 경과 공손이 두 가지가 아닌 것은 마치 형체와 그림자 같은 것이니, 마음속에 경이 없는데 바깥으로 공손할 수는 없는 것이며, 바깥으로 공손할 수 있는데 마음속에 경이 없을 수 없는 것이다." [진순(陳淳), 『북계자의(北溪字義)』 권상(卷上), 「공경(恭敬)」]

〈以上兼言恭敬(이상은 공(恭)과 경을 겸해서 말한 것이다)〉

17) '장중'[莊]과 경을 겸하여 말함 (124조목~126조목. 총 3조목)

**124. 伊川先生, 甚愛表記, 君子莊敬日强, 安肆日偷之語. 蓋常人之情, 纔放肆, 則日就曠蕩, 自檢束, 則日就規矩.

이천 선생은 『예기』 「표기」의 '군자가 장중하고 공경하면 날로 강해지고 편안하고 안일하면 날로 게을러진다'는 말을 매우 좋아하셨다. 대개 인지상정이란 조금만 방심하고 게으르면 날로 방탕한 데로 나가고, 스스로 단속하면 날로 법도로 나간다. (『이정외서』 권12, 153번째 문장)

**問. 强, 是志强否. 朱子曰. 志也强, 氣力也强. 今人放肆, 則日怠惰一日, 那得强. 伊川云, 人莊敬, 則日就規矩, 莊敬, 自是耐得辛苦, 自不覺其日就規矩也.

물었다. "강함은 의지의 강함이 아닙니까?"

주자가 말씀하였다. "의지도 강하고, 기력도 강함이다. 지금 사람들은 방탕하고 게으르면 날마다 하루보다 더 게을러지니 어찌 강할 수 있겠는가? 이천 선생이 '사람이 장경 즉 장중하고 공경하면 날로 법도에 나아간다'고 하였으니, 장중하고 공경하는 것은 저절로 괴로움과 어려움을 인내하여, 날로 법도에 나아가는 것을 자각조차 못할 정도가 되는 것이다." (『주자어류』 권87, 「예4(禮四)」, 「표기(表記)」, 제176조목. 서우의 기록)[124]

125. 問. 人之燕居, 形體怠惰, 心不慢, 可否. 曰. 安有箕踞而心不慢者. 昔呂與叔六月中來緱氏, 閒居中某嘗窺之, 必見其儼然危坐, 可謂敦篤矣.

물었다. "사람이 한가롭게 거처할 때에 몸은 게으르지만 마음은 거

124) 『심경부주』 「예악불가사수거신장(禮樂不可斯須去身章)」.

만하지 않을 수 있지 않을까요?"

말씀하였다. "어찌 두 다리를 뻗고 걸터앉아 있으면서도 마음이 거만하지 않는 자가 있겠는가? 예전에 여여숙(여대림)이 6월에 (하남의) 구시[緱氏, 하남성의 지명]에 왔는데, 한가히 거처할 때 내가 그 모습을 살펴보니, 반드시 엄숙하게 꿇어 앉아 있는 것을 보았으니 돈독하다고 할 만하였다." (『이정유서』 권18, 41번째 문장)

126. **東萊呂氏曰. 敬之一字, 固難形容, 古人所謂心莊則體舒, 心肅則容敬, 此兩語, 當深體也.

동래 여씨가 말하였다. "경이라는 한 글자는 진실로 형용하기 어려우니, 옛 사람들이 이른바 '마음이 장중하면 몸이 펴지고, 마음이 엄숙하면 용모가 공경해진다'125)는 이 두말을 마땅히 깊게 체득해야 한다." (여조겸, 『동래별집(東萊別集)』 권10, 「여학자급재자(與學者及諸弟)」. 55a)

問. 肅與莊何別. 西山眞氏曰. 莊, 謂嚴而重, 肅, 謂靜而恭, 氣象, 固不同也. 心嚴重則體安舒, 心輕肆則體躁擾, 以身驗之, 斯可見矣.

물었다. "엄숙[肅]과 장중[莊]은 어떻게 구별됩니까?"

서산 진씨가 말하였다. "장중은 위엄이 있고 중후한 것이며, 엄숙은 고요하고 공손한 것이니, 기상이 진실로 같지 않다. 마음이 위엄이 있고 중후하면 몸이 편하고 펴지며, 마음이 가볍고 제멋대로라면 몸이 조급하고 소란스러우니, 몸으로 징험하면 알 수 있을 것이다." (『서산독서기』 권18, 「경상」. 12a~12b)126)

〈以上兼言莊敬(이상은 장중[莊]과 경을 겸해서 말한 것이다〉

125) 『예기』 「치의(緇衣)」 17장. 공자가 말씀하였다. "백성은 임금을 마음으로 삼고, 임금은 백성을 몸으로 삼아야 한다. 마음이 장중하면 몸이 펴지고, 마음이 엄숙하면 용모가 공경해진다(子曰. 民以君爲心, 君以民爲體, 心莊則體舒, 心肅則容)."

126) 『심경부주』 「예악불가사수거신장」.

18) 경과 간이(簡易) (127조목~131조목. 총 5조목)

127. 程子曰. 居敬, 則心中無物, 是乃簡也.

정자가 말씀하였다. "거경 즉 경에 늘 머물러 있으면 마음속에 어떤 것도 없으니, 이것이 곧 간이(簡易)함이다." (『이정유서』 권22상, 80번째 문장)

又曰. 居敬則自然簡, 居簡而行簡, 則似乎簡矣, 然乃所以不簡. 蓋先有心於簡, 則多却一簡矣.

또 말씀하였다. "경에 늘 머물러 있으면 저절로 간이해지니, 간이함에 늘 머물러서 간이함을 실천하면, 간이해지는 것 같지만, 간이 하지 않게 되는 것이다. 대개 먼저 간이함에 마음을 두면 도리어 간이함이 하나 더 많아질 뿐이다." (『이정유서』 22상-80)[127]

128. 又曰. 持身以敬, 則心不放逸, 而義理著明. 故其所以見於事者, 自然操得其要, 而無煩擾之患.

또 말씀하였다. "경으로 자신을 유지하고 보존하면 마음이 방탕하고 안일하지 않고 의리가 밝게 드러난다. 그러므로 일에서 드러나는 것이 자연스럽게 그 핵심을 붙잡을 수 있게 되어 괴롭고 어지러운 근심이 없게 된다." (『사서혹문(四書或問)』 권11, 「옹야(雍也)」. 2b)

---

127) 이 조목의 구조는 『이정유서』의 문장을 2개로 나누어서, 원래 앞에 있는 구절을 뒤로 돌리고, 뒤에 있는 문장("居敬則心中無物是乃簡也")을 앞으로 배치한 것이다. 이 조목은 『논어』 「옹야」(6장 2절)에 대한 정자의 주석으로 유명하다. 중궁(仲弓)이 물었다. "경에 늘 머물러서 간이함을 실천하여 그 백성들에게 임하면 또한 괜찮지 않겠습니까? 간이함에 늘 머물러서 간이함을 실천하면 간이함이 너무 지나치지 아겠습니까?" 공자가 말씀하였다. "옹아, 너의 말대로 그렇다." (仲弓曰. 居敬而行簡, 以臨其民, 不亦可乎. 居簡而行簡, 無乃大簡乎. 子曰. 雍之言然).

129. 朱子曰. 居敬是自處以敬, 行簡是所行得要.

주자가 말씀하였다. "경에 늘 머물러 있는 것은 스스로 경에 거처하는 것이고, 간이함을 행한다는 것은 행하는 것이 요점을 얻는 것이다." (『주자어류』 권30, 「논어12(論語十二)」, 「옹야편1(雍也篇一), 「중궁이 자상백자에 대해 묻는 장(仲弓問子桑伯子章)」, 제12조목. 보광의 기록)

又曰. 居敬, 則明燭事幾, 而無私意之擾, 故其行必簡

또 말씀하였다. "경에 늘 머물러 있으면 일의 기틀을 훤히 밝혀서 사사로운 뜻으로 인한 번거로움이 없게 되므로 그 실천이 반드시 간이합니다." (『주자대전』 권41, 「정윤부에게 답함8(答程允夫)」)[128]

130. 南軒張氏曰. 主一之謂敬, 敬則專而不雜, 序而不亂, 常而不迫其行, 自然簡也.

남헌 장씨가 말씀하였다. "하나를 위주로 하는 것을 경이라 하니, 경을 하면 전일해져서 번잡하지 않고, 순서가 있어서 어지럽지 않으며, 항상되어서 그 실천을 다급하지 않게 하니, 저절로 간이하게 된다." (『서산독서기권』 권18, 「경상」. 19a)

131. 敬簡堂記曰. 心宰萬物而敬者, 心之道所以生也, 生則萬理森然, 而萬事之綱, 總攝於此. 凡至乎吾前者, 吾則因其然而酬酢之, 故動雖微而吾固經緯乎事之先, 事雖大而吾處之若起居飮食之常, 雖雜然並陳, 而釐分縷析, 條理不紊, 無他, 其綱旣立, 如鑑之形物, 各止其分, 而不與之俱往也, 此所謂居敬而行簡者歟.

「경간당기(敬簡堂記)」

마음은 만물을 주재하고 경이란 마음의 도가 생겨나는 것이니, 마음

---

128) 이 편지는 1172년(건도 8년, 43세)에 쓴 것이다. (『편년고증』, 98쪽 참고)

의 도가 생겨나면 만리(萬理)가 삼연(森然, 빼곡히 갖추어져 있음)하고 만사의 강기(綱紀)가 여기에서 모두 포함[總攝]되네.

무릇 내 앞에 이르는 것을 나는 그 연유에 따라 주고받으므로[酬酌] 움직임이 비록 미묘해도 나는 진실로 일에 앞서 진행 과정[經緯]을 알며, 일이 비록 커도 나는 기거(起居)와 음식(飮食) 같은 일상에 처하며, 비록 복잡하게 늘어서있어 극히 작은 것들도 세밀하게 분석하여 조리가 어지럽지 않으니, 다른 것이 아니라 그 강기가 이미 수립되어 있어서네.

비유하자면 거울이 사물을 드러낼 때 각기 그 나뉨에 그쳐서 함께 가지 않는 것과 같네.

이것이 이른바 '경에 늘 머물러서 간이함을 실천하는 것'이리라. (『남헌집』 권12, 「경간당기」. 8b~9b)

〈以上兼言敬簡(이상은 경과 간이[簡]을 겸해서 말한 것이다)〉

19) 경신(敬愼)[129] (132조목. 총 1조목)

132. 問. 敬愼何異. 曰. 執輕如不克, 執虛如執盈, 入虛如有人, 愼之至也. 敬則愼在其中矣.

물었다. "경과 신(愼)은 어떻게 다릅니까?"

말씀하였다. "가벼운 것을 잡되 이기지 못한 듯 하며, '빈 그릇을 잡되 가득 찬 것을 잡듯 하며, 빈 방에 들어가되 사람이 있는 방에 들어가듯 하는 것'[130]이 지극한 삼가함[愼]이다. 경하면 신(愼)은 그 속에 있다." (『상채어록』 권2, 8조목)

問敬與愼. 曰. 敬字大, 愼字細小. 如人行路, 一直恁地去, 便是敬. 前面險處, 防有喫跌, 便是愼. 愼是惟恐有失之意.

"경과 신에 대해 묻습니다."

말씀하였다. "경이라는 글자는 크고, 신이라는 글자는 세세하고 작다. 예컨대, 사람이 길을 걸을 때는 똑바로 가야 하는데 이것이 곧 경(敬)이다. 길 앞에 험난한 곳이 있을 때는 넘어지는 것을 막아야 하는데 이것이 바로 신(愼)이다. 신(愼)은 실수가 있을까를 두려워하는 의미이다." (『주자어류』 권70, 「역6(易六)」, 「수(需)」, 제37조목. 임기손의 기록)

北溪陳氏曰. 禮謂執虛如執盈, 入虛如有人, 只就此二句體認持敬底工夫, 意象最親切

129) 다른 부문들과 달리 경신(敬愼)은 겸언(兼言)이나 여(與) 자를 써서 구분하지 않고 하나로 합쳐서 쓰고 있다.

130) 『예기』(「소의(少儀)」. 14장)의 구절이다.

북계 진씨가 말씀하였다. "『예기』에서 말한 '빈 그릇을 잡되 가득 찬 것을 잡듯 하며, 빈 방에 들어가되 사람이 있는 방에 들어가듯 하는 것'과 같은 두 구절에 나가 경을 유지[持敬]하는 공부를 몸소 깨달을 따름이니, 의미가 가장 가깝고 절실하기 때문이다." (『성리대전』 권47, 「학5」, 「존양지경정부」. 6a)

〈以上言敬愼(이상은 경신(敬愼)을 말한 것이다)〉

20) 경과 성(誠) (133조목~142조목. 총 10조목)

133. 程子曰. 誠者天之道, 敬者人事之本.〈敬者, 用也〉

정자가 말씀하였다. "성(誠)은 하늘의 도이며, 경(敬)은 인사의 근본이다."〈경은 작용이다〉(『이정유서』 권11, 111번째 문장)

134. 又曰. 誠然後能敬, 未及誠時, 却須敬而後能誠.

또 말씀하였다. "성실[誠] 한 뒤에 경을 할 수 있으니 성실에 아직 이르지 못할 때는 모름지기 경을 한 뒤에야 능히 성실하게 된다."(『이정유서』 권6, 167번째 문장)

朱子曰. 敬是竦然如有所畏之意, 誠是眞實無妄之名, 意思不同. 誠而後能敬者, 意誠而後心正也, 敬而後能誠者, 意雖未誠, 而能常若有畏, 則當不敢自欺而進於誠矣. 此程子之意也.

주자가 말씀하였다. "경은 삼가는 것이 마치 두려운 것이 있는 듯하다는 의미이며, 성실은 진실하여 거짓이 없는 것[無妄]을 이름 붙인 것이니, 의미와 생각이 같지 않다. '성실한 뒤에 경을 할 수 있다'는 것은 뜻이 성실한 뒤에 마음이 바르게 되기 때문이며, '경을 한 뒤에 능히 성실하게 된다'는 것은 뜻이 비록 성실하지는 않아도 항상 두려운 것이 있는 듯이 할 수 있으니, 감히 스스로 속이지 않으면서 성실에 나아가는 것이다. 이것이 정자가 말하신 뜻이다."(『주자대전』 권53, 「호계수에게 답함13(答胡季隨)」)131)

---

131) 이 편지는 1194년(소희 5년, 65세)에 쓴 것이다. (『편년고증』, 374쪽 참고)

135. 又曰. 主一者謂之敬, 一者謂之誠, 主則有意在.

또 말씀하였다. "하나를 위주로 하는 것을 경이라 하고, 하나를 성(誠)이라 하니, 위주를 두면 뜻이 있게 된다." (『이정유서』 권24, 43번째 문장)

西山眞氏曰. 主一指用功而言, 一指本然全體而言. 主則猶用意, 所謂誠之者, 人之道也. 至於一則不待用意, 所謂誠者天之道也.

서산 진씨가 말하였다. "'하나를 위주로 함[主一]'은 (작용의) 공부를 가리켜말한 것이고, '하나'는 본연의 온전한 본체를 가리켜말한 것이다. 위주를 두면 뜻을 두는 것과 같으니 이른바 '성실하려고 하는 것이 사람의 도'라는 것이다. '하나'에 이르러서는 뜻을 두는 것이 필요 없으니, 이른바 '성은 하늘의 도'라는 것이다." (『서산독서기』 권19, 「경상」. 31a)

又曰. 在學者用功, 須當主於一, 主者念念守此, 而不離之意也. 及其涵養旣熟, 此心湛然自然無二無雜, 則不待主而自一矣. 不待主而自一, 卽所謂誠也. 敬是人事之本, 學者用功之要, 至於誠則達乎天道矣. 此又誠敬之分也.

또 말하였다. "배우는 자에게 있어서 공부는 모름지기 '하나'에 위주를 두어야 하니, '위주를 두는 것'은 이것을 지키려고 생각하고 생각하여 떠나지 않는다는 뜻이다. 함양이 이미 익숙하게 되면 이 마음은 맑고 고요하게 되어, 저절로 둘이 없고 섞임도 없게 되니, 위주를 두는 것이 필요 없이도 저절로 하나가 된다. 위주를 두는 것이 필요 없이도 저절로 하나가 되는 것이 바로 이른바 성(誠)이다. 경(敬)은 인사의 근본이고 배우는 자들이 공부를 하는 핵심이니, 성(誠)에 이르게 되면 천도에 통달하는 것이다. 이것이 또한 성(誠)과 경(敬)이 구분되는 것이다." (『서산집[西山先生眞文忠公文集]』 권31, 「문답(問答)」, 〈문경자(問敬字)〉. 11a~11b)

136. 問. 敬是存誠之道否. 謝氏曰. 然須是體便見得.

물었다. "경은 성(誠)을 보존하는 방법이 아닐른지요?"

사씨가 말하였다. "그렇기는 하지만, 모름지기 몸소 실천해야 알 수 있는 것이다." (『상채어록』 권2. 10b~11a)

137. 朱子曰. 誠只是一箇實, 敬只是一箇畏.

주자가 말씀하였다. "성(誠)은 단지 하나의 진실함이고, 경은 단지 하나의 두려워함[畏]일 뿐이다." (『주자어류』 권6, 「성리3」, 「인의예지등명의」, 제31조목. 정단몽의 기록)

138. 問. 先敬, 然後誠. 曰. 且莫理會先後. 問. 敬是把捉工夫, 誠則到自然處. 曰. 敬也有把捉時, 也有自然時, 誠也有勉爲誠時, 亦有自然誠時. 且敬只是箇收斂畏懼, 不縱放, 誠只是箇朴直慤實, 不欺誑. 初時須著如此不縱放, 不欺誑, 到得工夫到時, 則自然不縱放, 不欺誑矣.

"'먼저 경(敬)을 하고 난 뒤에 성실[誠]하게 된다'는 것에 대해 묻습니다."

말씀하였다. "선후를 따지지 말아야 한다."

물었다. "경은 붙잡아 두는 공부이며, 성실[誠]은 저절로 이르는 것입니까?"

말씀하였다. "경도 붙들어 잡아야 할 때가 있고, 또한 저절로 그런 때가 있으며, 성실[誠]도 힘써 성을 하는 때도 있으며, 또한 저절로 성실[誠]이 되는 때가 있다. 게다가 경은 단지 (마음을) 거두어들이고 두려워하며 제멋대로 하지 않는 것이며, 성실[誠]은 단지 꾸미지 않고 곧고 성실하며 거짓으로 속이지 않는 것이다. 처음에는 모름지기 이와 같이 제멋대로 하지 않고, 거짓으로 속이지 않아야 하는데, 공부가 어느 정도 되고 때가 되면 저절로 제멋대로 하거나 거짓으로 속이지 않게 된다." (『주자어류』 권113, 「주자10(朱子十)」, 「문인들을 가르침1(訓門人一)」, 제21조목. 보광의 기록)

139. 又曰. 誠字, 在道則爲實有之理, 在人則爲實然之心, 而其維持主宰, 全在敬字. 今但實然用力於敬, 則日用工夫自然有總會處,

또 말씀하였다. "성(誠)이라는 글자는 도(道)에 있어서는 '실제로 있는 이치'가 되고, 사람에게 있어서는 '실제로 그러한 마음'이 되니, 이를 유지하고 주재하는 것은 전적으로 경(敬)이라는 글자에 있습니다. 이제 다만 실제로 경에 힘을 쓴다면 일상생활 속의 공부는 저절로 통괄하여 모이는 곳이 있게 됩니다." (『주자대전』 권46, 「증치허에게 답함1(答曾致虛)」132)

140. 南軒張氏曰. 誠者天之道, 敬者人事之本, 敬道之成, 則誠而天矣. 然則君子之學, 始終乎敬者也.

남헌 장씨가 말하였다. "성은 하늘의 도이고 경은 인사의 근본이니, 경의 도가 이루어지면 성(誠)이 되고 하늘[天]이 된다. 그러므로 군자의 배움은 경에 처음과 끝을 두는 것이다." (『남헌집』 권35, 「서증오교수(書贈吳敎授)」. 8a)

141. 問. 誠敬兩字有異否. 東萊呂氏曰. 只是一般, 所謂存誠, 存便是敬

물었다. "성과 경 두 글자는 서로 다르지 않겠습니까?"

동래 여씨가 말하였다. "단지 마찬가지일 뿐이니, 이른바 존성(存誠, 성을 보존함)133)의 '보존함'이 곧 경이다." (『여택논설집록』 권10, 「문인소기잡설2」. 12a)

---

132) 이 편지는 1169년(건도 5년, 40세)에 쓴 것이다. (『편년고증』, 67쪽 참고)

133) 『심경발휘』 권1, 「4. 한사존성장(閑邪存誠章)」 참고.

142. 西山眞氏曰. 敬則誠, 不敬則私欲雜之而不誠矣.

서산 진씨가 말씀하였다. “경을 하면 성실하게 되며, 불경(不敬)하면 사사로운 욕심이 섞여서 성실하게 되지 못한다.” (진덕수, 『대학연의』 권28, 「성의정심지요1」. 8b)

〈以上言敬與誠(이상은 경과 성(誠)을 말한 것이다〉

21) 경과 인(仁) (143조목~154조목. 총 12조목)

143. 程子曰. 學要在敬也, 誠也. 中間便有箇仁.〈元註, 敬主事〉

정자가 말씀하였다. "배움의 요점은 경(敬)에 있고 성(誠)에 있다. 그 가운데에 인(仁)이 있다.〈(『이정유서』의) 원주, '경은 일을 위주로 한다.'[134]〉 (『이정유서』 권14, 11번째 문장)

144. **又曰. 才不敬, 便私欲萬端, 害於仁.〈全文見敬恕章〉

또 말씀하였다. "불경(不敬)하면 사사로운 욕심이 만 가지 단서가 되어 인(仁)에 해가 된다."〈전문은 '경서장(「중궁문인장」)'에 보인다〉[135] (『이정유서』 권15, 85번째 문장)[136]

145. 又曰. 敬以直內, 義以方外, 仁也.

또 말씀하였다. "'경이직내'하고 '의이방외'하는 것이 인이다." (『이정유서』 권11, 41번째 문장)

問. 如何以此便謂之仁. 朱子曰. 亦是仁也. 若能到私欲淨盡, 天理流行處, 皆可謂之仁.

물었다. "어떻게 해서 이것을 바로 인이라고 할 수 있습니까?"

주자가 말씀하였다. "또한 인이다. 만일 사사로운 욕심이 다 깨끗해

---

134) 『논어』 「자로」 19장. "樊遲問仁. 子曰. 居處恭, 執事敬, 與人忠, 雖之夷狄, 不可棄也"에 대한 집주에 "공손은 용모를 위주로 하고, 경은 일을 위주로 한다(恭主容, 敬主事)"라고 되어 있다.

135) 『심경부주』에는 '경시장'이 따로 없으며, '중궁문인장(仲弓問仁章)'을 부르는 다른 이름이다. 『심경발휘』 권2, 「3. 중궁문인장(仲弓問仁章)」 참고.

136) 『심경부주』 「중궁문인장」.

지고 천리가 유행하는 곳에 이를 수 있다면 모두 인이라 할 수 있다.” (『주자어류』 권96, 「정자지서2」, 제20조목. 진순의 기록)

146. 又曰. 大率把捉不定, 皆是不仁.

또 말씀하였다. “대개 붙잡아 두는 것이 안정되지 못하면 모두 불인(不仁)이다.” (『주자어류』 권12, 「학문6」, 「지수」, 제119조목. 황직경의 기록)

朱子曰. 人心湛然虛定者, 仁之本體. 把捉不定者, 私欲奪之, 而動搖紛擾矣. 然則把捉得定, 其惟篤於持敬乎.

주자가 말씀하였다. “사람의 마음이 맑고 고요히 비어 있고 안정된 것이 인의 본체이다. 붙잡아 두는 것이 안정되지 못한 것은 사사로운 욕심이 이를 빼앗아서 동요되고 어지러워진 것이다. 그러므로 붙잡는 것이 안정될 수 있는 것은 오직 경을 유지하는 것을 독실하게 하는 데 있을 뿐이다.” (위와 같은 곳)

147. 又曰. 執事敬者, 固爲仁之端也. 推而成之, 則篤恭而天下平矣.

또 말씀하였다. “‘일을 집행할 때 경을 다함’이라는 것이 진실로 인을 실천하는 단서이다. 이를 미루어 이루면, ‘돈독하고 공손하니 천하가 평안하게 되는 것’[137]이다.” (『이정유서』 권4, 29번째 문장)

148. 問. 孔門諸子問仁, 聖人多告之以敬, 如何. 楊氏曰. 齋莊中正, 仁之守也. 要得爲仁須主敬, 學要得從灑掃應對上做起, 曲禮一篇, 其文似乎淺末, 假使學到聖人之於天道, 亦不能出此.

물었다. “공자 문하의 여러 제자들이 인을 물었을 때 성인께서 경으로 많이 일러주셨는데, 어째서입니까?”

---

137) 『중용장구』 33장. “군자가 돈독하고 공손하니 천하가 평안해진다(君子篤恭而天下平).”

구산 양씨가 말씀하였다. "'재장중정(齋莊中正, 삼가하고 장중하며 중을 지키고 바름)'[138]은 인의 지킴이다. 인을 실천하는 것은 모름지기 경을 위주로 해야 하며, 학문은 쇄소응대(灑掃應對) 즉 ,물을 뿌리고 쓸며 청소하고 응대하고 대접하는 일'에서 시작해야만 하는 것이니, (『예기』)「곡례(曲禮)」 한 편의 문장이 천근하고 말엽적인 것 같지만, 가령 학문이 '성인이 하늘의 도를 행하는 것'[139]에 이른다고 해도 이를 벗어날 수 없다." (『서산독서기』 권19, 「경상」. 31b)

149. 問. 學以何爲極. 武夷胡氏曰. 仁. 仁從何入. 曰從敬入. 何謂敬. 曰. 心不在焉, 是爲不敬.

물었다. "학문을 해서 어떤 궁극에 이릅니까?"

무이 호씨(호안국胡安國, 1074~1138)가 말하였다. "인이다."

"인은 어디를 따라 들어갑니까?"

"경을 따라 들어간다."

"무엇을 경이라 합니까?"

"마음에 보존되어 있지 않으면 이는 경을 하지 않은 것이다." (『서산독서기』 권19, 「경상」. 31b)

150. 朱子曰. 百行萬善, 固是都合著力, 然如何件件去理會. 百行萬善, 總於五常, 五常又總於仁. 所以孔孟只教人求仁. 求仁只是主敬求放心.

---

138) 『중용장구』 31장. 오직 천하의 지극한 성인이라야, 총명예지할 수 있어서 다스릴 수 있으며, 관유온유(너그럽고 온유함)하여 허용할 수 있으며, 발강강의(강직하고 굳셈)하여 집행할 수 있으며, 재장중정(삼가하고 장중하며 중을 지키고 바름)하여 경할 수 있으며, 문리밀찰(문리로 사물을 세심히 살핌)하여 분별할 수 있다(唯天下至聖, 爲能聰明睿知, 足以有臨也, 寬裕溫柔, 足以有容也, 發强剛毅, 足以有執也, 齋莊中正, 足以有敬也, 文理密察, 足以有別也).

139) 『맹자』 「진심하(盡心下)」. 24장. 인이 부자 사이에 베풀어지고, 의가 군신 사이에 지켜지고, 예가 손님과 주인 사이에 지켜지고, 지가 현자에게서 밝혀지고, 성인이 하늘의 도를 행하는 것, 이것들은 명이지만, 거기에는 성이 있으니, 군자는 명이라고 하지 않는다(仁之於父子也, 義之於君臣也, 禮之於賓主也, 智之於賢者也, 聖人之於天道也, 命也, 有性焉, 君子不謂命也).

주자가 말씀하였다. "온갖 행위와 수만 가지 선함은 진실로 힘을 다해야 하는 것이나, 어떻게 사사건건마다 이해할 수 있겠는가? 온갖 행위와 수만 가지 선함은 오상(五常)에 총괄되고, 오상은 인(仁)에 총괄된다. 공자와 맹자께서는 다만 사람에게 '인을 찾으라'고 가르쳤을 뿐이니, '인을 찾는다'는 것은 다만 '경을 위주로 하는 것[主敬]'과 '잃어버린 마음을 찾는 것[求放心]'일 뿐이다." (『주자어류』 권6, 「성리3」, 「인의예지등명의」, 제81조목. 이방자李方子의 기록)

151. 又曰. 學者當知孔門所指求仁之方, 日用之間, 以敬爲主, 不論感與未感, 常是如此涵養, 造次顚沛, 無時不習. 此心之全體, 貫乎動靜語默之間, 而無一息之間斷, 其所謂仁歟.

또 말씀하였다. "배우는 자는 마땅히 공자의 문하에서 가리킨 '인을 찾는 방법'에 대해 알고, 일상생활 속에서 경을 위주로 삼아야 하니, (움직여서) 감응할 때와 (고요하여) 감응하지 않을 때를 막론하고 항상 이와 같이 함양(涵養)하여 다급하거나 어려움에 처하더라도 익히지 않는 때가 없어야 한다. 이 마음의 전체는 '동정어묵지간(움직이거나 고요하며 말하거나 침묵하는 사이)'을 관통하여 한 순간이라도 그치거나 끊어짐이 없으니, 이것이 이른바 인이다." (『주자어류』 권12, 「학문6」, 「지수」, 제117조목)

152. 又曰. 敬不須言仁, 敬則仁在其中矣.

또 말씀하였다. "경을 하는 데는 인을 말할 필요가 없으니, 경을 하면 인이 그 안에 있는 것이다." (『주자어류』 권6, 「성리3」, 「인의예지등명의」, 제145조목. 양방의 기록)

153. 問. 五峯曰敬以養吾仁, 又曰敬則仁矣, 二說如何. 曰. 敬以養吾仁,則是先識仁了, 然後別以敬養之, 而敬與仁爲二矣. 敬則仁却是, 就此實下工夫, 仁便只在這裏, 此意極爲親切.

물었다. "호오봉은 '경을 하여 나의 인을 기른다'[140]고 말하고, 또 '경을 하면 인이다'라고 했는데, 두 말은 어떠합니까?"

말씀하였다. "'경을 하여 나의 인을 기른다'고 하면 이는 먼저 인을 알고 난 뒤에 따로 경으로써 그것을 기르는 것이니, 경과 인은 둘이 된다. '경을 하면 인이다'는 것이 오히려 옳은데, 이런 실제에서 공부하면 인은 단지 여기에 있으니, 이 뜻이 가장 가깝고 절실하다." (『서산독서기』 권19, 「경상」. 32b)[141]

154. 西山眞氏曰. 敬則仁, 不敬則私欲賊之, 而不仁矣.

서산 진씨가 말씀하였다. "경을 하면 인이고, 경을 하지 않으면 사사로운 욕심이 해를 끼쳐 불인(不仁)이 된다." (진덕수, 『대학연의』 권28, 「성의정심지요1」. 8b)

〈以上言敬與仁(이상은 경과 인(仁)을 말한 것이다〉

140) 호굉(胡宏), 『지언(知言)』(권3, 21번째 문장)의 구절이다.

141) 이 조목의 논의는 현행 『주자대전』과 『주자어류』 및 여러 주자 저술 속에서 발견되지 않고, 『서산독서기』에만 있다.

22) 경과 극기(克己) (155조목~158조목. 총 4조목)

155. 程子曰. 敬以直內, 義以方外, 所以爲克己復禮也.

정자가 말씀하였다. "'경이직내'하고 '의이방외'하여서 '극기복례(자기를 극복하여 예로 돌아감)'를 하는 것이다." (『이정외서』 권3, 11번째 문장)

156. **又曰. 敬卽是禮, 無己可克. 始則須絶四.

또 말씀하였다. "경을 하는 것이 곧 예이고, (경을 하면) 극복할 자기란 없게 되니, 처음 시작은 모름지기 '네 가지를 끊어야'[142] 한다." (『이정유서』 권15, 5번째 문장과 109번째 문장)[143]

朱子曰. 敬則無己可克, 其說高矣. 然夫子當時只告顔子, 以克己復禮而已. 蓋敬是常常存養底道理, 克己是私欲發時便與克除去, 兩不相妨.

주자가 말씀하였다. "'경을 하면 극복할 자기란 없다'라는 정자의 말씀은 수준이 높다. 그러나 공자 당시에는 다만 안자(顔子)에게 '극기복례'만을 일러주셨을 따름이다. 대개 경은 항상 존양(存養, 보존하고 기름)하는 도리이며, '극기'는 사사로운 욕심이 피어날 때에 극복하고 제거하는 것이니, 이 두 가지는 서로 방해가 되지 않는다." (『주자어류』 권97, 「정자지서3(程子之書三)」, 제53조목. 등린의 기록)

---

142) 『논어』 「자한(子罕)」 4장. "공자는 네 가지를 끊어 버리셨다. 사사로운 의도가 없으셨으며, 기필코 하려 함이 없으셨고, 한곳에 붙잡혀서 막힘이 없으셨으며, 자기를 사사롭게 함이 없으셨다(子絶四, 毋意, 毋必, 毋固, 毋我)."

143) 이 조목은 『심경부주』(「자절사장(子絶四章)」)에 있다. 『심경부주』는 이 조목을 『이정유서』의 두 가지 유사한 정자의 말을 조합해서 만들었다. "敬卽便是禮, 無己可克"(『이정유서』 권15, 5번째 문장), "敬則無己可克, 始則須絶四(『이정유서』 권15, 109번째 문장) 등이다. 양자를 살펴보고 번역했다.

又曰. 敬則無己可克者, 是無所不敬, 故不用克己, 此是大敬, 如聖敬日躋, 於緝熙敬止之敬也.

또 말씀하였다. "'경을 하면 극복할 자기란 없다'는 것은 경을 하지 않음이 없는 것이기 때문에, '극기'를 하지 않는 것이다. 이것은 커다란 경이니, 예컨대 (『시경』에서) '성스러운 덕과 공경하는 덕이 날로 발전하였다[聖敬日躋],'144) '아, 덕을 밝히시고 경건하게 머무셨네[於緝熙敬止]'145) 등의 경과 같다." (『주자어류』 권42, 「논어24(論語二十四)」, 「안연편하(顏淵篇下)」, 제18조목. 동백우의 기록)

又曰. 能純於敬, 則自無邪僻, 何用克己. 若有邪僻, 只是敬心不純, 只可責敬. 故敬則無己可克.

또 말씀하였다. "경에 순수할 수 있으면 절로 간사함과 치우침이 없게 되니, 어찌 '극기'를 하겠는가? 만약 사특함과 치우침이 있다면 다만 경을 하는 마음이 순수하지 않을 뿐이니, 다만 경에 책임을 묻을 수 있을 뿐이다. 그러므로 '경을 하면 극복할 자기란 없다.' (『주자어류』 권9, 「학3(學三), 「지행을 논함(論知行)」, 제26조목. 정단몽의 기록)

西山眞氏曰. 絶四克己之事, 能敬則禮復矣, 故曰無己可克.

서산 진씨가 말씀하였다. "절사(絶四)와 '극기'의 일은 경을 할 수 있으면 예가 회복되므로 '경을 하면 극복할 자기란 없다'고 한다." (『서산독서기』 권19, 「경상」. 38a)

---

144) 『시경』 「상송(商頌)」, 「장발(長發)」. "상나라 탕왕이 제때에 탄생하여, 성스러운 덕과 공경하는 덕이 날로 발전하였다(湯降不遲 聖敬日躋)."

145) 『시경』 「대아(大雅)」, 「문왕편(文王篇)」. "덕이 아름다우신 문왕이시여. 아, 덕을 밝히시고 경건하게 머무셨네(穆穆文王, 於緝熙敬止)." 『대학』 전(傳)8장에 이 시를 인용하면서 더욱 유명하다.

157. 朱子曰. 敬是涵養操持不走作, 克己則和根打併了, 教他盡淨.

주자가 말씀하였다. "경은 함양하고 붙잡고 유지하여 달아나지 않게 하는 것이고, '극기'는 뿌리를 잘 털고 다듬어서 깨끗하게 하는 것이다." (『주자어류』 권12, 「학문6」, 「지수」, 제124조목. 심한의 기록)

又曰. 敬如治田而灌漑之功, 克己則是去其惡草也.

또 말씀하였다. "경하는 것은 밭을 갈고 물을 대는 노력과 같은데, '극기'는 밭에서 나쁜 풀을 제거하는 것과 같다." (위와 같은 곳, 제123조목. 정단몽의 기록)

158. 問. 持敬克己, 工夫相資相成否乎. 曰. 若不敬, 則此心散漫, 何以能克己. 若不克己, 非禮而視聽言動, 安能爲敬.

물었다. "경을 유지하는 것(지경)과 '극기'의 공부는 서로 의지하고 서로 이루어지는 것이 아닐는지요?"

말씀하였다. "만약 경을 하지 않는다면 이 마음은 산만해지니 어떻게 극기할 수 있겠는가? 만일 극기하지 못한다면, 예가 아니어도 보고, 듣고, 말하고, 행동하는 것들이 어찌 공경하게 될 수 있겠는가?" (『주자어류』 권42, 「논어24」, 「안연편하」, 제18조목. 동백우의 기록)

〈右言敬與克己(위는 경과 극기(克己)를 말한 것이다)[146]〉

146) 옛 책은 오른쪽에서 왼쪽으로 세로쓰기를 했기 때문에, 오른쪽은 지금의 위쪽에 해당한다.

23) 경이 백가지 간사함을 이김 (159조목~166조목. 총 8조목)

159. 程子曰. 敬勝百邪.

정자가 말씀하였다. "경은 백 가지 간사함을 이긴다." (『이정유서』 권11, 34번째 문장)

160. 又曰. 敬是閑邪之道.〈敬以直內, 則無非僻之心, 整齊嚴肅, 則無非僻之干等語, 竝已見上〉

또 말씀하였다. "경은 간사함을 막는 방법이다."〈'경이직내'하면 그릇되고 편벽한 마음이 없고, '정제엄숙'하면 그릇되고 편벽한 것들의 간섭이 없다는 등의 말은 이미 앞서 보았다〉[147] (『이정유서』 권18, 12번째 문장)

161. 致堂胡氏曰. 可願莫如善, 敬立則百善從, 宜遠莫如邪, 敬立則百邪息.

치당 호씨(호인胡寅)가 말씀하였다. "바랄만 한 것으로는 선(善) 만한 것이 없으니, 경이 서면 백가지 선이 따르고, 멀리해야 마땅한 것으로는 간사함만 한 것이 없으니, 경이 서면 백가지 간사함이 사라진다." (『서산독서기』 권18, 「경상」. 8b)

162. *朱子曰. 敬是個扶策人底物事. 人當放肆怠惰時, 才敬便扶策得此心起. 常常會恁地, 雖有些放僻邪侈意思, 也退聽.

주자가 말씀하였다. "경은 사람을 거들어 도와주는 사물이다. 사람이 제멋대로 하고 게을러질 때 경을 한다면 이 마음이 일어나도록 거들

147) 39조목, 75조목 등을 참고.

어 도와줄 수 있다. 항상 이렇게 할 수 있다면, 비록 '제멋대로 하고 편벽되며 간사하고 사치스러운'[148] 생각이 있더라도 또한 물리칠 수 있다." (『주자어류』 권12, 「학문6」, 「지수」, 제96조목. 섭하손의 기록)[149]

163. 又曰. 敬字, 不可只把做一箇敬字說過, 須於日用間體認是如何. 此心常卓然公正, 無有私意, 便是敬. 有些子計較, 有些子放慢意思, 便是不敬. 故曰敬以直內, 要得無些子偏邪.

또 말씀하였다. "경이라는 글자는 단지 하나의 경이라는 글자라고만 여겨서 말할 수 없으며, 반드시 일상생활 속에서 어떤 것인지를 몸소 깨달아야 한다. 이 마음은 항상 탁월하게 공정하며 사사로운 뜻이 없는데 이것이 곧 경이다. 조금이라도 헤아리는 생각이나 조금이라도 제멋대로 하려는 생각 있으면 곧 불경(不敬)이다. 그러므로 '경이직내'라고 하였으니, 조그마한 편벽됨과 간사함도 없어야 한다." (『주자어류』 권44, 「논어26」, 「헌문」, 「자로문군자장(子路問君子章)」, 제132조목. 섭하손의 기록)

164. 又曰. 學者常用提省此心, 使如日之升, 則群邪自息.

또 말씀하였다. "배우는 자들은 항상 이 마음을 일깨워 해가 뜨는 것처럼 하면, 여러 간사함이 저절로 사라질 것이다." (『주자어류』 권12, 「학문6」, 「지수」, 제24조목. 동백우의 기록)

165. 又曰. 言忠信, 行篤敬, 立則見其參於前, 在輿則見其倚於衡, 只是常常見這忠信篤敬在眼前, 自然邪妄無自而入, 非是要存這忠信篤敬, 去除那

---

148) 『맹자』 「양혜왕상(梁惠王上)」 7장. "항산이 없이도 항심을 가질 수 있는 것은 선비만이 가능한 일이다. 일반 백성의 경우는 항산이 없으면 항심을 지킬 수 없게 된다. 진실로 항심이 없어지게 되면 제멋대로 하고 편벽되고 간사하고 사치스럽게 행동하는 등 못할 짓이 없게 된다(無恒産而有恒心者, 惟士爲能. 若民則無恒産, 因無恒心. 苟無恒心, 放僻邪侈無不爲已)."

149) 『심경부주』 「우산지목장(牛山之木章)」.

不忠不敬底心.

또 말씀하였다. "'말이 충실하고 믿음직하며, 행실이 돈독하고 경건'하며, '수레에 탔을 때는 그것이(忠信篤敬) 멍에에 기대 있는 것을 보아야 한다'[150] 등의 말은 다만 '충실하고 믿음직함'과 '돈독하고 경건함'이 항상 눈앞에 있다면 절로 간사하고 거짓된 것이 들어오지 못한다는 것이지, 저 '충실하고 믿음직함'과 '돈독하고 경건함'을 보존한 뒤에 다시 충실하지 못하고 경건하지 못한 마음을 없앤다는 것이 아니다." (위와 같은 곳, 제142조목. 심한의 기록)

166. 問. 且如持敬, 豈不欲純一於敬. 然自有不敬之念, 固欲與己相反, 愈制則愈甚. 曰. 要之, 邪正本不對立, 但恐自家胸中無個主. 若有主, 邪自不能入.

물었다. "가령 경을 유지하면서 어찌 경에 순수하게 전일하려고 하지 않았겠습니까? 그러나 스스로 불경한 생각을 가지고 있으면 진실로 원하는 것이 자기와 상반되어 제어할수록 더욱 더욱 심해집니다."

말씀하였다. "요컨대, '간사함'과 '바름'은 본래 대립되지 않지만, 다만 자신의 마음속에서 주재가 없을까 염려될 뿐이다. 주재함이 있다면 간사함은 저절로 들어올 수 없을 것이다." (위와 같은 곳, 제125조목)

〈以上言敬勝百邪(이상은 경이 백가지 간사함을 이김에 대해 말한 것이다)〉

150) 『논어』 「위령공」 5장.

24) 경을 하면 욕심이 적어짐 (167조목~172조목. 총 6조목)

167. 朱子曰. 敬則天理常明, 自然人欲懲窒消治.

주자가 말씀하였다. "경하면 천리가 항상 밝아서 저절로 사람의 욕심이 응징되고 막혀서 사라지게 된다." (『주자어류』 권12, 「학문6」, 「지수」, 제49조목. 양방의 기록)

168. 又曰. 敬, 則欲寡而理明.

또 말씀하였다. "경하면 욕심이 적어져서 이치가 밝게 된다." (『근사록』 권1, 「도체(道體)」. 5a)

169. **又曰. 敬所以抵敵人欲, 人常敬則天理自明, 人欲, 上來不得.

또 말씀하였다. "경은 인욕을 대적하는 것이니, 사람이 항상 경을 하면 천리가 저절로 밝아져 인욕이 올라올 수가 없다." (『서산독서기』 권19, 「경상」. 18b~8a)[151]

170. 又曰. 敬則內欲不萌, 外誘不入.

또 말씀하였다. "경을 하면 마음속의 욕심이 싹트지 않고 외부의 유혹이 들어오지 않는다." (『주역전의대전(周易傳義大全)』 권21, 중부(中孚)괘에 대한 세주. 1b)

171. 又曰. 只是一箇敬. 徹上徹下, 只是這箇道理. 到得剛健, 便自然勝得許多物欲之私.

---

151) 『심경부주』 「우산지목장」.

또 말씀하였다. "단지 하나의 경(敬)일 뿐이다. 위아래로 투철하게 통해서 오직 이 도리일 뿐이다. 강건할 수 있게 되면 저절로 수많은 물욕(物欲)의 사사로움을 이길 수 있다." (『주자어류』 권118, 「주자15」, 「훈문인6」, 제52조목)

172. 南軒張氏曰. 若何而能敬. 克其所以害敬者, 則敬立矣. 害敬者, 莫甚於人欲. 自容貌顏色辭氣之間, 而察之天理人欲, 絲毫之分耳. 遏止其欲而順保其理, 則敬在其中. 引而達之, 擴而充之, 則將有常而日新, 日新而無窮矣.

남헌 장씨가 (「경간당기(敬簡堂記)에서) 말하였다. "어떻게 하면 경을 할 수 있을까? 경을 해치는 것을 극복하면 경이 수립되네. 경을 해치는 것은 인욕보다 심한 것이 없네. 용모, 안색, 말씨 등에서부터 천리와 인욕의 조그마한 나뉨을 살필 뿐이네. 그 욕심을 막아서 그치고 그 이치를 따르고 보존하면 경이 그 속에 있네. 끌어당겨 통하게 하고, 넓혀서 채워 가면 항상됨이 있어 날마다 새롭고, 날마다 새로워지고 그치지 않을 것이네." (『남헌집』 권12, 「경간당기」. 9b~10a)[152]

〈以上言敬則欲寡(이상은 경을 하면 욕심이 적어짐을 말한 것이다〉

152) 『심경발휘』 「경이직내장」 131조목 참고.

25) 경과 치지(致知) (173조목~187조목. 총 15조목)

173. 程子曰. 涵養須用敬, 進學則在致知

정자가 말씀하였다. "함양은 모름지기 경을 해야 하며, 학문에 나아감은 '앎을 지극하게 함(치지)'에 있다." (『이정유서』 권18, 28번째 문장)

174. **又曰. 入道莫如敬, 未有能致知而不在敬者.

또 말씀하였다. "도에 들어가는 것에 경만한 것이 없으니, '치지'할 수 있는데 경에 있지 않은 자는 있어 본 적이 없다." (『이정유서』 권3, 98번째 문장)[153]

175. 朱子曰. 涵養須用敬, 進學則在致知者, 兩言雖約, 其實入德之門, 無踰於此.

주자가 말씀하였다. "'함양수용경, 진학즉재치지(함양은 모름지기 경을 해야 하며, 학문에 나아감은 앎을 지극하게 함에 있음)' 이 두 말씀이 비록 간략하나, 실제로 덕으로 들어가는 문은 이를 넘는 것이 없습니다." (『주자대전』 권33, 「여백공에게 답함4(答呂伯恭)」)[154]

176. 又曰. 涵養須用敬, 進學則在致知. 此二言者, 體用本末, 無不該備

또 말씀하였다. "'함양수용경, 진학즉재치지,' 이 두 말씀은 체용(본체와 작용)과 본말(근본과 말엽)이 갖추어지지 않은 것이 없습니다." (『주자대전』 권35, 「유자징에게 답함2(答劉子澄)」)[155]

---

153) 『심경부주』 「우산지목장」.

154) 이 편지는 1170년(건도 6년, 41세)에 쓴 것이다. (『편년고증』, 73쪽 참고)

155) 이 편지는 1170년(건도 6년, 41세)에 쓴 것이다. (『편년고증』, 75쪽 참고) 유자징(1134~

177. 又曰. 程子二言, 實學者, 立身進步之要, 而二者之功, 蓋未嘗不交相發也. 然程子教人持敬, 不過以整衣冠肅容貌爲先, 而所謂致知者, 又不過讀書史應事物, 求其理之所在而已.

또 말씀하였다. "정자의 두 말씀은 실제로 배우는 자가 입신(立身)하여 진보하는 요체이며, 이 두 가지 공부는 서로를 밝혀준다. 그러나 정자는 사람들에게 '지경(경을 유지함)'이란 단지 의관을 바르게 하고 용모를 엄숙하게 하는 것을 먼저 하는 것에 불과하며, 이른바 '치지(앎을 지극히 함)'라는 것도 경서와 사서를 읽고 사물에 응대하며, 그 속에 이치가 있는 것을 찾는 것에 지나지 않는다는 것을 가르쳐 주었다." (『서산독서기』 권19, 「경상」. 19a)

178. 又曰. 爲學有大要, 所以程子推出一個敬字與學者說. 要且將個敬字收斂個身心, 放在模匣子裏面, 不走作了. 然後逐事逐物看道理. 嘗愛古人說得學有緝熙於光明, 此句最好. 蓋心地本自光明, 只被利欲昏了. 今所以爲學者, 要令其光明處轉光明, 所以下緝熙字. 〈緝, 如緝麻之緝, 連緝不已之意. 熙, 則訓明字〉 心地光明, 則此事有此理, 此物有此理, 自然見得.

또 말씀하였다. "학문을 하는 데는 커다란 요점이 있으니, 정자는 경이라는 한 글자를 끄집어내서 배우는 자들에게 말씀하셨다. 우선 경으로 몸과 마음을 거두어들여서 상자 속에 물건을 넣듯이 자신 안에 놓아두고 다른 데로 달려가지 않아야 한다. 그런 뒤에 사물을 따라서 이치를 보아야 한다. 일찍이 옛 사람이 '학문이 계속 밝혀서 빛나는 경지에 이르도다'[156]라는 말씀을 좋아했는데, 이 구절은 매우 좋다. 생각건대 마음은 본래 절로 밝게 빛나지만, 다만 이익을 탐하는 욕심으

1190)은 주자, 여조겸(呂祖謙), 장식(張栻)과 교유하였던 문인이다.

156) 『시경』 「경지(敬之)」. "날로 나아가며 달로 진전하여, 학문이 계속 밝혀서 빛나는 경지에 이르도다(日日就月將, 學有緝熙於光明)."

로 해서 어두워졌을 따름이다. 지금 학문을 하는 까닭은 그 밝고 빛나는 곳을 다시 밝게 빛나게 만드는 것이라, '끊임없이 밝힌다'는 글자를 넣은 것이다. 〈집(緝)은 '삼베를 엮는다[緝麻]'의 '엮는다[緝]'와 같은데, 계속 이어져서 끊어지지 않는다는 뜻이다. 희(熙)는 '밝힌다[明]'는 뜻이다〉 마음이 밝게 빛나면 이 일에는 이 일의 이치가 있고, 이 사물에는 이 사물의 이치가 있다는 것을 자연스럽게 알 수 있다." (『주자어류』 권12, 「학문6」, 「지수」, 제78조목. 오치吳雉의 기록)

179. **又曰. 學者工夫, 唯在居敬窮理二事, 此二事互相發. 能窮理, 則居敬工夫日益進, 能居敬, 則窮理工夫日益密.

또 말씀하였다. "배우는 자의 공부는 오직 '거경(경에 늘 머무름)'과 '궁리(이치를 궁구함)' 두 가지 일에 있으니, 이 두 가지 일은 서로를 밝혀준다. 이치를 궁구하면 경에 늘 머무르는 공부가 날로 더 나아갈 수 있고, 경에 늘 머무르면 이치를 궁리하는 공부가 날로 더 치밀할 수 있다." (『주자어류』 권9, 「학3, 「지행을 논함」, 제18조목. 보광의 기록)[157]

180. 又曰. 主敬以立其本, 窮理以進其知, 使本立而知益明, 知精而本益固.

또 말씀하였다. "경을 위주로 하여 그 근본을 확립하고 이치를 궁구하여 그 앎에 나아가며, 근본이 확립되어 앎이 더욱 밝아지고 앎이 정밀하여 근본이 더욱 견고하게 합니다." (『주자대전』 권75, 「정씨유서후서(程氏遺書後序)」)

181. 又曰. 持敬是窮理之本, 窮得理明, 又是養心之助.

또 말씀하였다. "경을 유지하는 것은 이치를 궁구하는 것의 근본이고,

---

157) 『심경부주』 「존덕성재명(尊德性齋銘)」.

이치를 궁구하여 이치가 밝아지는 것은 또 마음을 기르는 데 도움을 주는 것이다." (『주자어류』 권9, 「학3」, 「지행을 논함」, 제21조목. 임기손의 기록)

182. 又曰. 涵養窮索, 二者不可廢一, 如車兩輪, 如鳥兩翼.

또 말씀하였다. "함양과 궁구하여 찾는 것, 이 두 가지를 하나라도 그만두어서는 안 되는 것은 마치 수레에 두 바퀴가 있고 새에 두 날개가 있는 것과 같은 것이다." (『주자어류』 권9, 「학3, 「지행을 논함」, 제16조목. 요덕명의 기록)

183. 又曰. 持敬致知, 實交相發, 而敬常爲主. 所居旣廣, 則所向坦然, 無非大路. 聖賢事業, 雖未易以一言盡, 然大槪不出諸此.

또 말씀하였다. "경을 유지함(지경)과 앎에 이름(치지)은 실제로 서로를 밝혀주는 것이나, 경이 항상 위주가 됩니다. 거처하는 바가 이미 넓게 되면 지향하는 바도 평탄하여 큰 길이 아님이 없을 것입니다. 성현의 사업은 비록 한 마디로 쉽게 말할 수는 없지만, 대개는 여기에서 벗어나지 않습니다." (『주자대전』 권63, 「손경보에게 답함4(答孫敬甫)」)[158]

184. 又曰. 涵養本原, 思索義理, 須用齊頭做, 方能互相發. 程子下須字在字, 便是要齊頭著力.

또 말씀하였다. "본원을 함양하는 것과 의리를 시색하는 것은 모름지기 똑같이 해야 서로를 밝혀줄 수 있다. 정자가 '모름지기(須)'와 '~에 있음(在)' 등의 글자를 덧붙인 것은 똑같이 힘써 해야 하는 것이기 때문이다." (『사서대전(四書大全)』, 「대학혹문(大學或問)」. 146a)

185. 問. 涵養體認, 致知力行, 雖云互相發明, 然畢竟當於甚處著力. 曰.

---

158) 이 편지는 1196년(경원 2, 병진, 67세)에 쓴 것이다.

四者不可先後, 須當以涵養爲先. 若不涵養而專於致知, 則是徒然思索, 若專於涵養而不致知, 却鶻突去了. 以某觀之, 四事只是三事, 蓋體認便是致知也.

물었다. “함양(涵養, 물에 젖어들 듯이 깊게 이해하고 기름)과 체인(體認, 몸소 깨달음), 치지(致知, 앎을 지극히 함)와 역행(力行, 힘써 실천함) 등이 비록 서로를 밝혀준다고 하지만, 힘써야 할 곳은 결국 어디입니까?”

말씀하였다. “네 가지는 선후가 없지만, 모름지기 ‘함양’을 우선해야 한다. 만약 함양하지 않고 오로지 ‘치지’만 한다면 헛된 사색이 되고, 만약 오로지 함양만 하고 치지하지 않으면 도리어 모호하게 된다. 내가 살피기에, 네 가지 일은 다만 세 가지 일인데, ‘체인’은 곧 치지이기 때문이다.” (『주자어류』 권115, 「주자12(朱子十二)」, 「문인들을 가르침3(訓門人三)」, 제11조목)

186. 又曰. 無事時, 且存養在這裏, 提撕警覺, 不要放肆, 到那講習應接, 便當思量義理, 用義理做將去. 無事時, 便著存養收拾此心.

또 말씀하였다. “무사시(無事時) 즉 ‘아무 일이 없을 때’는 존양(보존하고 키움)이 이 속에 있으니 살피고 각성해서 제멋대로 하지 않게 해야 하고, 강습하고 응접할 때에 이르러서는 의리를 잘 생각하고 의리를 실천해나가야 할 것이다. ‘아무 일이 없을 때’란 곧 존양하여 이 마음을 거두어들이는 것이다.” (위와 같은 곳, 제34조목)

187. 南軒張氏曰. 二程先生, 所以教學者, 不越於居敬窮理二. 蓋居敬有力, 則其所窮者愈精, 窮理浸明, 則其所居者, 益有地, 二者, 實互相發也.

남헌 장씨가 말씀하였다. “이정 선생이 학문을 가르친 것은 ‘거경(경에 늘 머물음)’과 ‘궁리(이치를 궁구함)’의 두 가지 일을 넘지 않는다.

대개 '거경'에 힘을 쏟으면 그 궁리하는 것이 더욱 정밀해지고, 궁리가 점차 밝아지면 그 늘 머무는 것이 더욱 바탕이 있게 되니, 두 가지는 진실로 서로를 밝혀준다." (『성리대전』 권51, 「학9(學九)」, 「교인(教人)」. 34a)

〈以上言靜敬與致知(이상은 경과 치지(致知)를 말한 것이다〉

26) 정(靜) (188조목~217조목. 총 30조목)

188. 周子曰. 聖人定之以中正仁義, 而主靜, 立人極焉. 自註云, 無欲故靜.

주자(주렴계)가 말씀하였다. "성인이 중정(中正)과 인의(仁義)로 안정시키되 고요함[靜]을 위주로 하고, 인극(人極)을 확립했다." 자주(自註)에 '무욕이기 때문에 고요하다'라고 말하였다. (『근사록집해』「도체」, 「태극도설(太極圖說)」)

朱子曰. 靜者, 誠之復, 而性之貞也. 苟非此心寂然無欲而靜, 則亦何以酬酢事物之變, 而一天下之動哉.

주자가 말씀하였다. "고요함은 성(誠)의 회복이고 성(性)의 정(貞)이다.[159] 진실로 이 마음이 적막하게 무욕하여 고요하지 않으면, 어떻게 사물의 변화를 주고받아서 천하의 움직임을 한결같이 할 수 있겠는가?" (『서산독서기』 권1, 「천명지성(天命之性)」. 52b~53a)

問. 無欲故靜. 曰. 欲動情勝, 則不能靜.

"'무욕이기 때문에 고요하다'에 대해 묻습니다."

말씀하였다. "욕심이 움직이고 정(情)이 이기면 고요할 수 없다." (『주자어류』 권94, 「주자지서(周子之書)」, 「태극도(太極圖)」, 제99조목. 요덕명의 기록)

189. 程子曰. 靜中觀天地生物氣象.

---

159) 『근사록집해』에는 性之貞이 性之眞으로 되어 있다. 『서산독서기』와 『성리대전』 등에서는 모두 性之貞으로 되어 있으며, 정구는 이를 따랐다. 정(貞)은 천지(天地)의 사덕(四德)을 가리키는 원형리정(元亨利貞) 가운데 정(貞)을 가리킨다. '원형리정'은 춘하추동(春夏秋冬) 사계절의 덕(德)이다. 정(貞)은 '겨울의 덕'이며, 천도(天道)의 '고요함'을 상징한다.

정자가 말씀하였다. "고요한 가운데 천치가 만물을 낳는 기상(氣象)을 살핀다." (『이정유서』 권6, 52번째 문장)[160]

190. 又曰. 靜後, 見萬物自然皆有春意.

또 말씀하였다. "고요한 뒤에 만물이 절로 봄의 뜻을 가지고 있는 것을 볼 수 있다." (『이정유서』 권6, 68번째 문장)[161]

建安葉氏曰. 胸中擾擾, 詎識此意.

건안 섭씨가 말하였다. "가슴속이 조급하고 시끄러우면 어찌 이 뜻[춘의]을 알리요?"[162] (『근사록집해』, 「존양」, 29조목)

問. 程子云云如何. 此還是指聖賢而言否. 潛室陳氏曰. 觀物內會心靜者, 能之, 固是聖賢. 如此吾人胸次, 豈可不見此境界. 靜却不分聖賢.

물었다. "정자가 말씀하신 것이 어떤 것인지요? 이 역시 성현을 가리켜 말한 것이 아닙니까?"

잠실 진씨(진식陳埴, 주자의 문인)가 말하였다. "사물을 살펴보면서 안으로 마음을 고요히 할 수 있는 자라면 그럴 수 있으니, 진실로 이는 성현이시다. 이와 같이 우리의 마음도 어찌 이러한 경계를 보지 못하겠는가? 고요함은 오히려 성현을 나누지 않는다." [모성래(茅星來), 『근사록집주(近思錄集註)』 권4. 37b]

191. 又曰. 靜中, 須有物始得.

---

160) 문장 앞에 '고요한 가운데(靜中)'이라는 말은 정자가 한 것이 아니고, 정구가 넣은 것이다.

161) 춘의(春意)는 학문의 궁극적 깨달음을 시적으로 표현한 것이다.

162) 『근사록집해』 「존양」(29장)에서 섭채는 정명도가 지은 「춘일우성(春日偶成)」(『이정문집』 권3) 가운데 3~4구절인 "만물을 조용히 살펴보면 모두가 자득하여, 사계절의 아름다운 홍취가 사람과 똑같네(萬物靜觀皆自得, 四時佳興與人同)"를 인용하고, "마음속이 조급하고 시끄러우면 어찌 이러한 뜻을 알리요"라는 설명을 붙이고 있다.

또 말씀하였다. "고요한 가운데라야 모름지기 사물이 있음을 비로소 알 수 있다."(『이정유서』 권18, 83번째 문장)

192. **謝顯道從明道先生於扶溝, 明道一日謂之曰. 爾輩在此相從, 只是學某言語, 故其學, 心口不相應, 盍若行之. 請問焉. 曰且靜坐.

사현도(사상채)가 명도 선생(정호程顥, 1032~1085. 북송오자)을 구부(扶溝, 하남성 부구)에서 수행하였는데, 명도 선생이 어느 날 말씀하였다. "그대들이 이곳에 있으며 수행하는데 다만 나의 말만을 배울 뿐이라, 그 배움이 마음과 입이 서로 호응하지 않으니 어찌 실천하는 것만 하겠는가?"

사현도가 청해 물었다.

말씀하였다. "우선 정좌하라."(『이정외서』 권12, 78번째 문장)163)

193. 伊川每見人靜坐, 便嘆其善學.

이천 선생은 매번 사람들이 정좌하는 것을 보면 배움을 잘 한다고 감탄하셨다. (위와 같은 곳)

朱子曰. 這却是一箇總要處.

주자가 말씀하였다. "이야말로 하나의 핵심을 포괄한 곳이다."(『주자어류』 권96, 「정자지서2」, 제57조목)

194. 暇日靜坐, 和靖思叔侍, 伊川指面前水盆語曰. 淸靜中一物不可著, 才著物便搖動.

어느 한가한 날 정좌를 하면서 윤화정과 장사숙이 이천 선생을 모시고 있었는데, 이천 선생이 눈앞의 물그릇을 가리키며 말씀하였다.

---

163) 『심경부주』 「우산지목장」.

"맑고 고요한 가운데는 어떤 것도 붙일 수 없는데, 만일 어떤 것이 붙게 되면 요동치게 된다." (『이정외서』 권12, 71번째 문장)

195. 上蔡謝氏曰. 近道莫如靜, 齋戒以神明其德, 天下之至靜也.

상채 사씨가 말씀하였다. "도에 가까운 것으로 고요함만한 것이 없으니, 재계하여 그 덕을 신묘하게 밝히는 것은 천하의 지극한 고요함이다." (『상채어록』 권1)

196. 延平李氏曰. 曩從羅先生學, 終日相對靜坐, 先生極好靜坐. 某時未有知, 退入室中, 亦只靜坐而已. 先生令靜中看喜怒哀樂未發之謂中, 未發時, 作何氣象. 又曰. 羅先生, 後入羅浮山靜極. 〈朱子曰. 被李先生靜得極了, 便自見得是有箇覺處〉

연평 이씨(이통李侗, 1093~1163. 주자의 스승)가 말씀하였다. "예전에 (나의 스승이신) 나 선생(나종언羅從彦, 1072~1135)을 따라 배울 때 하루 종일 마주 대하고 정좌했는데, 선생은 정좌를 매우 좋아하셨다. 당시에는 아직 모를 때라서 물러가 방안에 들어가서도 정좌를 했을 따름이었다. 선생이 '고요한 가운데 희노애락이 아직 피어나지 않은 것을 중(中)이라 한다'고 할 때의 '아직 피어나지 않았을 때'를 어떤 기상으로 지어야하는가' 하시었다." [주자(朱子), 『연평답문(延平答問)』 권1. 20a~20b][164]

또 말씀하였다. "나종언 선생은 후에 나부산에서 고요함의 극치에 들어갔다." (『연평답문』 권2, 「부록(附錄)」. 1b~2b)[165] 〈주자가 말씀하였다. "이연

---

164) 『심경부주』 「천명지위성장(天命之謂性章)」. 그런데 정구는 『심경부주』의 글을 그대로 옮기지 않고, 『연평답문』의 글을 약간 정리한 채로 그대로 실었다. 흥미롭게 『심경부주』에는 "선생은 정좌를 매우 좋아했다"는 『연평답문』의 글이 생략되었는데, 정구는 이를 되살려 실어놓고 있다.

165) 『연평답문』(「부록」)에 다음과 같이 기록되어 있다. "예전에 나 선생이 『춘추』를 말씀하시는 것을 보았는데, 별로 좋지 못했다. 나부산에 도착해서 고요함이 지극하게 된 후에 또 어떻게 이해했는지 모르겠다. 〈이때 나선생은 이미 돌아가셨다〉(舊見羅先生說春秋, 頗覺不甚好, 不知

평 선생에게 고요함의 극치를 깨닫게 해주었다면, 스스로 얻은 것에 깨달은 것이 있을 것이다.〉(『주자어류』 권103, 「나씨의 문인(羅氏門人)」, 「이원중(李愿中)166)」, 제27조목. 섭하손의 기록)

197. 問. 周先生說靜, 與程先生說敬, 義同而其意異否. 曰. 程子是怕人理會不得他靜字意, 便似坐禪入定. 周子之說只是無欲故靜, 其意大抵以靜爲主.

물었다. "주렴계 선생이 '고요함'[靜]을 말한 것과 정 선생이 경(敬)을 말한 것은 뜻은 같지만 그 의미는 다르지 않겠습니까?"

말씀하였다. "정자는 사람들이 고요함의 의미를 이해하지 못하고 좌선(坐禪)이나 입정(入定)과 같은 것이라 여기지 않을까 걱정한 것이다. 주자(周子)의 말은 단지 '욕심이 없기 때문에 고요하다'는 것이니, 그 의미는 대체로 고요함을 위주로 한 것이다." (『주자어류』 권94, 「주자지서」, 「태극도」, 제103조목. 섭하손의 기록)

198. 又曰. 明道教人靜坐, 李先生亦教人靜坐. 蓋精神不定, 則道理無湊泊處. 須是靜坐, 方能收斂.

또 말씀하였다. "명도 선생은 사람들에게 정좌를 가르쳤고, 연평 이 선생도 사람들에게 정좌를 가르쳤다. 대개 정신이 안정되지 않으면 도

到羅浮靜極後, 又理會得如何. 〈是時羅, 已死〉)." 이에 대해서 『주자어류』(권11, 「학문5(學五)」, 「독서법하(讀書法下)」, 제145조목. 황의강의 기록)에는 좀 더 구체적으로 기록되어 있다. "후일(나 선생은) 사람들을 따라 광주(廣州)에 들어가, 나부산(羅浮山)에서 2~3년을 머무르면서 그곳에서 마음이 고요해져서, 비교적 투철하게 이해하셨을 것이다. 진순의 기록에서는, '그곳에서 고요해져서 틀림없이 공부가 진전되었을 것이다. 다만 돌아오는 중에 돌아가셔서 그 내용을 물어보지 못했다'고 한다. 나는 처음에 『춘추』를 해석하는 것이 마음을 고요하게 하는 것과 무슨 관련이 있는지 의심했지만, 나중에야 비로소 깨닫게 되었다. 대개 고요하면 마음이 비워져서 도리를 알 수 있게 된다(羅先生解春秋也淺, 不似胡文定. 後來隨人入廣, 在羅浮山住三兩年, 去那裏心靜, 須看得較透. 淳錄云, 那裏靜, 必做得工夫有長進處. 只是歸來道死, 不及叩之. 某初疑解春秋, 干心靜甚事, 後來方曉. 蓋靜則心虛, 道理方看得出)."

166) 이원중(李愿中)은 연평선생(延平先生) 이통(李侗)이다.

리가 깃들 곳이 없다. 모름지기 정좌해야 수렴할 수 있다."(『주자어류』 권12, 「학문6」, 「지수」, 제137조목. 소좌의 기록)

199. **問. 程子常教人靜坐, 如何. 曰. 亦是他見人要多慮, 且教人收拾此心耳. 初學, 亦當如此.

물었다. "정자는 항상 사람들에게 정좌를 가르쳤는데, 왜 그런 것입니까?"

말씀하였다. "또한 정자는 사람들이 많은 생각을 하려는 것을 보아서, 우선 사람들이 이 마음을 수습하도록 한 것일 따름이다. 처음 배우는 자들도 또한 이와 같이 해야 한다."(『주자어류』 권115, 「주자12」, 「문인들을 가르침3」, 제32조목)167)

200. 又曰. 始學工夫, 須是靜坐. 靜坐則本原定.

또 말씀하였다. "처음 공부할 때는 모름지기 정좌해야 한다. 정좌하면 본원이 안정된다."(『주자어류』 권12, 「학문6」, 「지수」, 제140조목. 황사의士毅의 기록)

201. 又曰. 靜坐無閒雜思慮, 則養得來便條暢.

또 말씀하였다. "정좌하면서 드는 잡다한 생각을 없애면 (심신을) 기를 수 있게 되어 조리가 통하게 된다."(위와 같은 곳, 제138소목. 진순의 기록)

202. 又曰. 靜坐非是要如坐禪入定, 斷絶思慮. 只收斂此心, 莫令走作閑思慮, 則此心湛然無事, 自然專一. 及其有事, 則隨事而應, 事已, 則復湛然矣.

---

167) 『심경부주』 「우산지목장」.

또 말씀하였다. "정좌는 좌선하여 선정에 들어가는 것처럼 생각을 끊어버려야 하는 것이 아니다. 다만 이 마음을 수렴하여 다른 데로 달려가서 생각을 막아버리지 않게 하면, 이 마음이 맑고 고요히 어떤 일도 없게 되어 저절로 전일하게 된다. 일이 있게 되면 일에 따라 응대하고, 일을 마치게 되면 다시 고요하게 되는 것이다." (위와 같은 곳, 제141조목. 여대아의 기록)

203. **又曰. **心於未遇事時須是靜, 臨事方用, 便有氣力, 如當靜時不靜, 思慮散亂, 及至臨事, 已先倦了. 伊川解靜專處云, 不專一則不能直遂, 閑時須是收斂定, 做得事便有精神.**

또 말씀하였다. "마음이 아직 일을 만나지 않았을 때에는 반드시 고요해야 일에 임해서 비로소 작용할 때에 곧 효력이 있는 것인데, 만약 고요해야만 할 때 고요하지 못하고 생각이 어지럽게 흩어진다면, 일에 임했을 때는 이미 먼저 지치게 된다. 이천 선생이 (『주역』의) '고요함이 전일이다'[168]는 구절을 해설한 부분에서 '전일하지 않으면 곧바로 이룰 수 없다'[169]고 말씀하시니, 한가할 때 반드시 수렴하여 안정되어야만 일을 처리할 때 정신이 있는 것이다." (위와 같은 곳, 제144조목. 황순黃罃의 기록)[170]

204. 又曰. **心要精一. 方靜時, 須湛然在此, 不得困頓. 如鏡樣明, 遇事時方好.**

또 말씀하였다. "마음은 정밀하고 전일해야 한다. 바야흐로 맑고 고

---

168) 『주역』 「계사상전」 6장. "건은 그 고요함을 전일하고 그 움직임은 곧다(夫乾, 其靜也專, 其動也直)."
169) 『이정유서』 권11, 135번째 문장. 정이천이 지은 『이천역전』은 「계사전」에 대한 주석이 없다. 후인들이 주소(註疏)를 지으면서, 정이천의 말로 위 구절을 해석했다.
170) 『심경부주』 「우산지목장」.

요할 때 고요히 여기에 있어야 하며, 피곤해서 지쳐서는 안 된다. 마치 거울처럼 밝아야만 일을 만났을 때 잘 할 수 있다." (위와 같은 곳, 제145조목. 두종주의 기록)

205. 又曰. 爲學工夫, 須要靜, 靜多不妨. 程子曰爲學須是靜. 又曰靜多不妨. 才靜, 事都見得. 然總亦只是一箇敬.

또 말씀하였다. "학문하는 공부는 모름지기 고요해야 하며 고요함은 많더라도 무방하다. 정자는 '학문을 하려면 모름지기 고요해야 한다' 하고, 또 '고요함은 많더라도 무망하다'고 했다. 고요하면 일을 모두 알 수 있다. 그러나 총괄하자면 역시 하나의 경일 따름이다." (『주자어류』 권119, 「주자16(朱子十六)」, 「문인들을 가르침7(訓門人七)」, 제29조목. 채여蔡輿의 기록)

206. 又曰. 主靜, 所以養其動.

또 말씀하였다. "고요함을 위주로 하는 것은 그 움직임을 기르는 것이다." (『서산독서기』 권19, 「경상」. 34b)[171]

207. 又曰. 靜者, 養動之根

또 말씀하였다. "고요함은 움직임을 기르는 뿌리이다." (위와 같은 곳. 34b)

208. **又曰. 持敬, 以靜爲本.

또 말씀하였다. "경을 유지하는 것(지경)은 고요함을 근본으로 삼는다."[172]

---

171) 『주자어류』(권71, 「역7(易七)」, 「서합(噬嗑)」, 제54조목. 진순의 기록)에도 있다.

172) 가장 가까운 문장은 『주자대전』(권32, 「장흠부에게 답함(答張欽夫)」)에 있는 "경이라는 글자의 공부가 움직임과 고요함을 관통하되 반드시 고요함을 근본으로 삼는다(敬字工夫, 通貫動靜, 而必以靜爲本)"이다. 이는 『심경부주』(「우산지목장」)에도 실려 있다. *장흠부는 장식이다. 흠부는 그의 자이다.

209. 又曰. 主靜, 看夜氣一章, 可見.

또 말씀하였다. "고요함을 위주로 하는 것은 (『맹자』의) 「야기(夜氣)」[173]한 장을 보면 알 수 있다." (『주자어류』 권94, 「주자지서」, 「태극도」, 제98조목. 요덕명의 기록)

210. 問靜坐用功之法. 曰. 靜坐只是恁靜坐, 不要閑勾當, 不要閑思量, 也無法.」

"정좌의 공부 방법에 대해서 묻습니다."

말씀하였다. "정좌는 단지 이렇게 '고요히 앉아있는 것'일 따름이며, 일하는 것을 막거나 생각하는 것을 막을 필요는 없으나, 또한 일정한 방법이란 것이 없다." (『주자어류』 권120, 「주자17」, 「문인들을 가르침8」, 제16조목)

211. 又曰. 靜便定, 熟便透.

또 말씀하였다. "고요하면 안정되고, 익숙하면 투철하다." (『주자어류』 권12, 「학문6」, 「지수」, 제146조목. 황의강의 기록)

212. 又曰. 讀書閑暇, 且靜坐, 教他心平氣定, 見得道理漸次分曉. 這箇却是一身總會處.

또 말씀하였다. "책을 읽다가 한가할 때는 또 조용히 앉아 그 마음이 평온하고 기운이 안정 되도록 하면, 도리를 점차 분명하게 깨닫게

---

173) 『맹자』 「고자상(告子上)」 8장. "밤낮으로 자라나고 새벽의 맑은 기운일 때는 (나무도 사는 것을) 좋아하고 (죽기를) 싫어하는 것은 사람과 서로 가까워서 (차이가) 얼마 되지 않는데, 아침과 낮에 하는 것에 의해 곡망(梏亡) 즉 '형틀에 묶여서 본성을 잃음'이 있으니, 곡망이 되풀이 되면 밤의 기운이 보존될 수 없고, 밤의 기운이 보존될 수 없으면 금수와 거리가 멀지 않게 된다(其日夜之所息, 平旦之氣, 其好惡與人相近也者幾希, 則其旦晝之所爲, 有梏亡之矣. 梏之反覆, 則其夜氣不足以存, 夜氣不足以存, 則其違禽獸不遠矣)." 『심경발휘』 권3, 「9. 우산지목장(牛山之木章)」 참고.

될 것이다. 이것이 오히려 한 몸을 총괄하는 곳이다." (『주자어류』 권11, 「학문5(學五)」, 「독서법하(讀書法下)」, 제19조목)

213. **又曰. 延平先生, 嘗言道理, 須是日中理會, 夜裏, 却去靜處, 坐地思量, 方始有得, 某依此說去做, 眞箇是不同.

또 말씀하였다. "연평 선생은 일찍이 '도리는 모름지기 낮 동안에 이해하고 밤에는 오히려 고요한 곳에 가서 앉아 생각하고 헤아려야 비로소 얻음이 있을 것이다' 하였으니, 내가 이 말씀을 따라 해 보니, 효과가 참으로 각별[174]하였다." (『주자어류』 권104, 「주자1(朱子一)」, 「자논위학공부(自論爲學工夫)」, 제25조목. 황의강의 기록)[175]

214. 問. 延平先生靜坐之說, 如何. 曰. 這事難說. 靜坐理會道理, 自不妨. 只是討要靜坐, 則不可. 理會得道理明透, 自然是靜. 今人都是討靜坐以省事, 則不可. 蓋心下熱鬧, 如何看得道理出. 須是靜, 方看得出. 所謂靜坐, 只是打疊得心下無事, 則道理始出, 道理旣出, 則心下愈明靜矣.

물었다. "연평 선생의 정좌에 대한 설은 어떻습니까?"

말씀하였다. "이 일은 말하기 어렵다. 정좌(靜坐)는 도리를 이해하는 데 저절로 방해가 되지 않는다. 다만 정좌를 따지고 드는 것은 좋지 않다. 도리를 밝고 투철하게 이해하면 자연히 고요하게 된다. 지금 사람들이 모두 정좌를 따지고 들어 일을 살핀다면 좋지 않다. 바음이 시끄럽고 떠들썩하면 어떻게 도리를 볼 수 있겠는가? 모름지기 고요해야 볼 수 있게 된다. 이른바 정좌는 것은 단지 마음에 일이 없도록 깨끗하게 정리하면 도리가 나오기 시작할 뿐이며, 도리가 이미 나오면 마음이 더욱 밝고 고요해진다." (『주자어류』 권103, 「나씨의 문인」, 「이원중」, 제

174) 여기서 不同은 '같지 않다'는 뜻이 아니라, '각별하다(自別)'의 뜻이다.
175) 『심경부주』 「우산지목장」.

11조목. 심한의 기록)

215. 又曰. 吳公濟云, 逐日應接事物之中, 須得一時辰寧靜, 以養衛精神. 要使事愈繁而心愈暇, 彼不足而我有餘. 其言雖出於異說, 然試之亦略有驗. 豈周夫子所謂主靜者邪.

또 말씀하였다. "오공제(吳公濟)[176]는 '매일 일과 사물에 응대하고 접촉하는 가운데 반드시 편안하고 고요한 시간을 가지고 정신을 기르고 보호해야 한다. 일이 번잡할수록 마음은 더욱 한가해지고, 일처리가 만족스럽지 않아도 나에게 여유가 있게 해야 한다'고 했다. 그 말은 비록 이설(異說)에서 나오기는 했으나, 시험 삼아서 해보면 조금 효과는 있을 것이다. 그러나 어찌 주렴계 선생이 말씀하신 '고요함을 위주로 한다'는 것이겠는가?" (『주자어류』 권12, 「학문6」, 「지수」, 제155조목. 양도부의 기록)

216. 先生與泳說. 看文字罷, 常且靜坐.

선생께서 호영(胡泳)에게 말씀하였다. "글 보는 것을 마치고 나면 항상 정좌부터 하라." (『주자어류』 권116, 「주자13」, 「문인들을 가르침4」. 제28조목)

217. **南軒張氏曰. 一二年來, 頗專於敬字上勉力, 愈覺周子主靜之意, 爲有味. 程子謂於喜怒哀樂未發之前, 更怎生求. 只平日涵養, 便是. 此意, 當深體之也.

남헌 장씨가 말씀하였다. "한두 해 동안에 자못 오로지 경이란 글자의 의미에 힘을 써보니, 주렴계 선생의 '고요함을 위주로 함[主靜]'에 담긴 뜻에 맛이 있음을 더욱 깨달았다. 정자가 '희로애락이 아직 피어나

---

176) 오공제는 오즙(吳楫)의 자이며, 숭안(崇安) 사람이다. 소흥(紹興) 말년에 과거시험에 응시했으나 떨어져 출사하는 생각을 접고 문을 닫은 채 책만 읽었다. 불교의 선학(禪學)과 노자를 좋아하였다.

기 전에 다시 무엇을 구하는가, 다만 평소에 함양하는 것이 곧 이것이다' 하시니, 이 뜻을 마땅히 깊이 체득해야 한다." (『남헌집』 권25, 「기여백공(寄呂伯恭)」. 6a)[177]

西山眞氏曰. 南軒此言, 蓋合敬靜爲一, 學者宜深味之.

서산 진씨가 말씀하였다. "남헌의 이 말은 경과 정(고요함)을 합하여 하나로 만든 것이니, 배우는 자는 마땅히 깊이 음미해야 한다." (『서산독서기』 권19, 「경상」. 36b)

〈以上言靜(이상은 정(靜)에 대해 말한 것이다〉

177) 『심경부주』 「우산지목장」.

27) 동정(動靜)을 겸한 경(敬) (218조목~240조목. 총 23조목)

218. 程子曰. 敬則自虛靜, 不可把虛靜喚做敬.

정자가 말씀하였다. "경을 하면 저절로 비어지고 고요해지나, 비어지고 고요한 것을 가지고 경이라고 부를 수는 없다." (『이정유서』 권15, 105번째 문장)

219. 問. 敬莫是靜否. 曰. 才說靜, 便入於釋氏之說也. 不用靜字, 只用敬字, 才說著靜字, 便是忘也. 孟子曰, 必有事焉而勿正, 心勿忘勿助長也. 必有事焉, 便是心勿忘, 勿正便是勿助長.

물었다. "경은 고요함이지 않습니까?"

말씀하였다. "고요함만을 말하면 석씨의 설에 들어갈 것이다. 고요함이라는 글자를 쓰지 않고 다만 경이라는 글자를 쓴 것이니, 고요함이라는 글자를 쓰게 되면 곧 '잊어버림'[忘]이다. 맹자께서는 '반드시 일삼는 것을 두고 그 성과를 미리 기대하지 말아서 마음에 잊어버리지 말며 자라는 것을 돕지 말라'[178]하셨는데, '필유사언(반드시 일삼는 것을 두다)'이 곧 '심물망(마음에 잊어버리지 않다)'이고 '물정(그 성과를 미리 기대하지 말라)'은 곧 '물조장(자라는 것을 돕지 말라)'이다." (『이정유서』 권18, 35번째 문장)

220. 又曰. 必有事者, 主養氣而言, 故必主於敬.

또 말씀하였다. "'반드시 일삼는 것을 두다'는 양기(養氣, 기를 기름)

178) 『맹자』 「공손추상(公孫丑上)」 2장.

를 위주로 말한 것이기 때문에 반드시 경을 위주로 해야 한다." (『이정유서』 권1, 62번째 문장)

朱子曰. 必有事焉者, 敬之謂也. 若曰其心儼然, 常若有所事云爾. 夫其心儼然肅然, 常若有所事, 則雖事物紛至而沓來, 豈足以亂吾之知思, 而宜不宜可不可之幾, 已判然於胸中矣.

주자가 말씀하였다. "'반드시 일삼는 것을 두다'라는 것은 경(敬)을 이른 것이니, '그 마음이 엄숙하여 항상 일삼는 것이 있는 것처럼 하라'고 말하는 것과 같을 따름입니다. 그 마음이 엄숙하고 숙연하여 항상 일삼는 것이 있는 것처럼 한다면, 비록 사물이 어지러이 뒤섞여 올지라도 어찌 나의 앎과 생각을 어지럽힐 수 있으며, 의(宜, 마땅함)와 불의(不宜, 마땅하지 않음), 가(可)와 불가(不可)의 기미가 이미 가슴 속에서 분명해질 것입니다." (『주자대전』 권40, 「하숙경에게 답함6(答何叔京)」)[179]

221. 朱子曰. 聖人定之, 以中正仁義, 而主靜, 正是要人靜定其心, 自作主宰. 程子又恐只管靜去, 遂與事物不相交涉, 却說箇敬, 云敬則自虛靜, 須是如此做工夫

주자가 말씀하였다. "'성인이 중정과 인의로 안정시키되 고요함[靜]을 위주로 한다'는 것은 바로 사람들이 고요하게 그 마음을 안정시켜 스스로 주재하게 하려는 것이다. 정자도 단지 고요함만을 추구하여 마침내 사물과 서로 교섭하지 않을까 걱정해서 오히려 경(敬)을 말하고, '경하면 스스로 비어지고 고요해진다'라고 했으니, 모름지기 이와 같이 공부해야 한다." (『주자어류』 권94, 「주자지서」, 「태극도」, 제101조목. 요덕명의 기록)

179) 이 편지는 1167년(건도 3년, 38세)에 쓴 것이다. (『편년고증』, 43쪽 참고)

222. 間. 靜坐工夫, 與役役應接不同. 曰. 不必如此, 反成坐馳. 但收斂勿令放逸, 到窮理精後, 自然思慮不至妄動. 凡所云爲, 莫非至理, 亦何必兀然靜坐, 然後爲持敬.

물었다. "정좌 공부와 열심히 일하고 응대하며 접촉하는 것 등은 다르지 않습니까?"

말씀하였다. "(정좌 공부가) 이와 같을 필요는 없으니, 오히려 좌치 즉 '몸은 앉아 있으나 마음은 내달리는 것'[180] 됩니다. 단지 (심신을) 수렴하고 방일하지 말도록 할 뿐이니, 궁리가 정밀해진 뒤에는 자연히 생각이 함부로 움직이는데 이르지 않습니다. 그러면 모든 언행들이 바른 이치가 아닌 것이 없을 것이니, 어찌 반드시 꼼짝 않고 정좌한 뒤에라야 경을 유지하는 것(지경)이 되겠습니까?"[181] (『주자대전』 권55, 「이수약(굉조)에게 답함1(答李守約閎祖)」)[182]

223. 又曰. 明道說靜坐可以爲學, 上蔡亦言多著靜不妨. 此說終是小偏. 才偏, 便做病. 道理自有動時, 自有靜時. 學者, 只是敬以直內, 義以方外. 見得世間無處不是道理, 不必專於靜處求. 所以伊川謂只用敬, 不用靜, 便說得平.

또 말씀하였다. "명도 선생은 '정좌로 학문을 할 수 있다'고 말하였고, 사상채도 '고요함은 많더라도 무방하다'고 말하였다. 그런데 이 말은 마침내 조금 치우쳤다. 조금이라도 치우치면 병폐가 된다. 도리에

---

180) 좌치는 좌선한다고 하면서 몸은 앉아 있으나 마음은 내달리는 것을 말한다. 『장자(莊子)』 「인간세(人間世)」에 등장하는 말이다. "저 텅 빈 곳을 보아라, 텅 빈 방에서 흰 광채가 뿜어져 나오지 않는가. 길하고 상서로운 경지는 모든 것이 멈추어진 상태에 머무르게 되니, 멈춘 상태가 되지 못하는 것, 그것을 앉아 있으나 내달린다고 한다(瞻彼闋者, 虛室生白. 吉祥止止, 夫且不止, 是之謂坐馳)."

181) 이 조목은 「이수약에게 답함」을 기본 골격으로 하고 있으나, 편지에는 없는 질문 부분은 『서산독서기』를 기초로 해서 정구가 재구성한 것이다. 『서산독서기』(권19, 「경상」. 34b) 참고.

182) 이 편지는 1188년(순희 15년, 59세)에 쓴 것이다. (『편년고증』, 285쪽 참고)

는 저절로 움직임의 때가 있고, 저절로 고요함의 때가 있다. 배우는 자는 단지 '경이직내, 의이방외'할 뿐이다. 세상에서 도리가 아닌 곳이 없다는 것을 깨닫게 되면 오로지 고요한 곳에만 전일할 필요는 없다. 이천 선생이 '단지 경(敬)을 쓸 뿐 정(靜)을 쓰지 않는다'고 한 것이 균형을 말한 것이다." (『주자어류』 권102, 「양씨의 문인(楊氏門人)」, 「나중소(羅仲素)」, 제3조목. 양도부의 기록)

224. 又曰. 不必特地將靜坐做一件功夫. 但只著一敬字, 通貫動靜, 則於二者之間, 自無間斷處.

또 말씀하였다. "특별히 정좌를 하나의 공부로 여길 필요는 없습니다. 다만 경이란 한 글자를 동정(動靜) 즉 움직일 때와 고요할 때에 관통시키면 둘 사이에는 자연히 그치거나 끊어지는 곳이 없을 것입니다." (『주자대전』 권62, 「장원덕에게 답함7(答張元德)」)[183]

225. 又曰. 某舊見李先生, 嘗教令靜坐. 後來看得不然, 只是一箇敬字好. 方無事時, 敬於自持.〈凡心不可放入無何有之鄕, 須收斂在此〉 及應事時, 敬於應事, 讀書時, 敬於讀書, 便自然該貫動靜, 心無時不存.

또 말씀하였다. "내가 예전에 이연평 선생을 뵈었을 때 좌정을 가르치셨다. 그런데 나중에 그렇지 않다는 것을 알았으니, 다만 경이란 한 글자가 좋았을 따름이어서 바야흐로 일이 없을 때는 스스로 본마음을 유지하고 보존하는 것에 경을 다했다.〈무릇 마음은 '무하유지향(아무것도 없는 마음)[184]'에 멋대로 들어가게 해서는 안 되며, 모름지기 수렴하여 여기에 있도록 해야 한다.〉 일에 응대할 때는 일에 응대함에 경을 다하고, 독서를 할 때는 독서에 경을 다하면 자연히 동정(動靜)을 관통하게 되어 마음이 있지

183) 이 편지는 1197년(경원慶元 2년, 68세)에 쓴 것이다. (『편년고증』, 446쪽 참고)

184) 무하유지향(無何有之鄕)은 무위자연을 말하는 도가의 이상향을 나타내는 말이다. 『장자(莊子)』 「소요유(逍遙遊)」, 「응제왕(應帝王)」, 「지북유(知北遊)」 등에 등장한다.

않은 때가 없게 된다."(『주자어류』 권120, 「주자17」, 「문인들을 가르침8」, 제105조목. 요덕명의 기록)

226. 又曰. 存養之功, 亦不當專在靜坐時, 須於日用動靜之間, 無處不下功夫, 乃無間斷耳.

또 말씀하였다. "존양(存養)의 공부는 또한 오로지 정좌할 때에만 해당하는 것은 아니며, 반드시 일상생활에서 움직일 때나 고요할 때 어디에서든 공부하지 않은 곳이 없어야 그치거나 끊어짐이 없게 됩니다."(『주자대전』 권56, 「방빈왕에게 답함2(答方賓王)」)[185]

227. 又曰. 無事靜坐, 有事應酬, 隨時處無非自己身心運用, 但常自提撕, 不與俱往, 便是功夫. 事物之來, 豈以漠然不應爲是耶.

또 말씀하였다. "일이 없을 때는 정좌하고 일이 있을 때에는 응대하고 주고받으며, 때에 따라서 자기의 몸과 마음이 운용하지 않음이 없는 것에 처신하되, 다만 항상 스스로 기운을 내서 (일에 끌려) 함께 가지 않도록 하는 것이 곧 공부이니, 사물이 왔을 때에 어찌 무관심하게 응대하지 않는 것을 옳다 하겠습니까?"(『주자대전』 권61, 「임덕구에게 답함9(答林德久)」)[186]

228. 又曰. 無事則靜坐, 有書則讀書, 以至接物處事, 常教此心光 常教此心光瞻瞻地, 便是存心. 豈可凡百放下, 祇是靜坐.

또 말씀하였다. "일이 없으면 정좌하고 책이 있으면 독서하여 사물과 접촉하고 일을 처리하는 데서 항상 이 마음을 빛나게 하는 것이 바로 '마음을 보존하는 것'[存心]이다. 어찌 모든 것을 내던지고 정좌만을 할

---

185) 이 편지는 1189년(순희 16년, 60세)에 쓴 것이다. (『편년고증』, 304쪽 참고)
186) 이 편지는 1198년(경원 4년, 무오, 69세)에 쓴 것이다. (『편년고증』, 476쪽 참고)

수 있겠는가?" (『주자어류』 권115, 「주자12」, 「문인들을 가르침3」, 제14조목)

229. 又曰. 若有事時, 則此心, 便卽專在這一事上, 無事, 則此心湛然.

또 말씀하였다. "만일 일이 있을 때라면 이 마음은 곧 오로지 이 한 가지 일에 있으며, 일이 없으면 이 마음은 맑고 고요하다." (『주자어류』 권96, 「정자지서2」, 제51조목. 섭하손의 기록)

230. 又曰. 人須通達萬變, 心常湛然在這裏. 亦不是閉門靜坐, 塊然自守. 事物來, 也須去應. 應了, 依然是靜. 動了靜, 靜了動, 動靜相生, 循環無端. 如人之噓吸, 噓之所以爲吸, 吸之所以爲噓. 尺蠖之屈, 以求伸也, 龍蛇之蟄, 以存身也. 屈伸消長, 闔闢往來, 其機不曾停息. 此理萬古不易. 如目有瞬, 瞬了又開, 開了又瞬. 至纖至微, 無時不然.

또 말씀하였다. "사람은 모름지기 만 가지 변화에 통달해야 하고, 마음은 항상 맑고 고요하게 여기에 있어야 하니, 또한 문을 걸어 잠그고 정좌하며 우두커니 스스로 지키는 것이 아니다. 사물이 오면 또한 반드시 가서 응대하고, 응대하고 나면 변함없이 고요하다. 움직이고 나면 고요하고, 고요하고 나면 움직이니, 움직임과 고요함(동정)이 서로 낳아주어 순환에 끝이 없다. 마치 사람의 '들숨과 날숨' 같으니, 내쉬는 것은 들어 마시는 것의 이유가 되고, 들어 마시는 것은 내쉬는 것의 이유가 된다. '자벌레가 몸을 굽히는 것은 펴는 것을 구하기 위해서요, 용과 뱀이 칩거함은 몸을 보존하기 위해서이다.'[187] 굽힘과 폄[屈伸], 꺼짐과 자라남[消長], 닫힘과 열림[闔闢], 감과 옴[往來] 등은 그 기틀이 멈추고 쉰 적이 없다. 이 이치는 오랜 세월동안 변하지 않은 것이다. 예컨대 눈을 깜짝할 때, 깜짝하고 나서 다시 눈을 뜨고, 눈을 뜨고 나서 다시 깜짝이니, 지극히 세밀하고 지극히 은미하지만, 그렇지 않을

187) 『주역』 「계사하전」 5장.

때가 없다." (『주자어류』 권115, 「주자12」, 「문인들을 가르침3」, 제35조목)

231. 又曰. 只說涵養於未發, 而已發之失乃不能制, 是有得於靜而無得於動. 只知制其已發, 而未發時不能涵養, 則是有得於動而無得於靜也.

또 말씀하였다. "다만 미발에서 함양할 뿐 이발의 잘못을 제어할 수 없다면 이것은 고요함에서 터득한 것이 있을 뿐, 움직임에서는 터득한 것이 없는 것을 말할 뿐이다. 다만 이발을 제어할 줄만 알 뿐 미발의 때에 함양하지 못한다면, 이것은 움직임에서 터득한 것이 있을 뿐, 고요함에서는 터득한 것이 없는 것이다." (『주자어류』 권113, 「주자10」, 「문인들을 가르침1」. 제4조목)

232. 又曰. 應事得力, 則心地靜, 心地靜, 應事分外得力, 便是動救靜, 靜救動. 其本只在湛然純一, 素無私心始得. 無私心, 動靜一齊當理, 才有一毫之私, 便都差了.

또 말씀하였다. "일에 응대하는 데 힘을 갖추면 마음이 고요해지고, 마음이 고요해지면 일에 응대하는 것 이외에도 힘을 갖추게 되니, 바로 움직임이 고요함을 돕고 고요함이 움직임을 도운 것이다. 그 근본은 맑고 고요하며 순일(純一)한 데 있으니, 평소에 사사로운 마음이 없어야 비로소 할 수 있다. 사사로운 마심이 없으면 움직임과 고요함이 한결같이 이치에 맞고, 조금이라도 털끝만큼의 사사로운 마음이 있으면 모두 어그러진다." (『주자어류』 권115, 「주자12」, 「문인들을 가르침3」, 제35조목)

233. 又曰. 無事時只得無事, 有事時也如無事時模樣. 只要此心常在, 所謂動亦定, 靜亦定也.

또 말씀하였다. "일이 없을 때는 단지 일이 없게 하고, 일이 있을 때도 마치 일이 없을 때 같이 해야 한다. 다만 이 마음을 항상 보존해서 있게 하면 되니, 이른바 '움직일 때도 평정[定]이요, 고요할 때도 평정[定]이다'[188]라는 것이다. (위와 같은 곳, 제32조목)

234. 問. 存養多用靜否. 曰. 不必然. 孔子却都就用處教人做工夫. 今雖說主靜, 然亦非棄事物以求靜. 旣爲人, 自然用事君親, 交朋友, 撫妻子, 御僮僕. 不成捐棄了, 只閉門靜坐, 事物之來, 且曰候我存養. 又不可只茫茫隨他事物中走. 二者須有個思量倒斷始得.

물었다. "'존양'에는 고요함을 많이 써야 하지 않습니까?"

말씀하였다. "반드시 그렇지는 않다. 공자조차도 오히려 사람들에게 쓰임이 있는 곳에 나아가 공부하라고 가르치셨다. 이제 비록 '고요함을 위주로 함(주정)'을 말하더라도 역시 사물을 내버려둔 채 고요함을 구하는 것은 아니다. 이미 인간이라면 자연히 임금과 어버이를 섬기고 붕우와 교제하며 처와 자식을 돌보고 아랫사람들을 부리는 일을 하는 것이다. 그 일을 버리고서 단지 문을 닫고 정좌하며 사물이 다가오면 '내가 보존하고 기를 때까지 기다리라'고 말해서는 안 된다. 또한 아득히 저 사물을 좇아가서도 안 된다. 이 두 가지는 모름지기 생각이 멈추어야 비로소 얻을 수 있다." (『주자어류』 권12, 「학문6」, 「지수」, 제143조목. 유지의 기록)

又曰. 動時, 靜便在這裏. 動時也有靜, 順理而應, 則雖動亦靜也. 故曰知止, 而後有定, 定而後能靜. 事物之來, 若不順理而應, 則雖塊然不交於物以求靜, 心亦不能得靜. 惟動時能順理, 則無事時能靜, 靜時能存, 則動時

188) 『이정문집』 권2, 「답횡거선생정성서(答橫渠先生定性書)」. "이른바 평정[定]이라는 것은 움직일 때도 평정하고 고요할 때도 평정하여 보내고 맞이함(의 구분)도 없고 안과 밖(의 구분)도 없는 것입니다 (所謂定者, 動亦定, 靜亦定, 無將迎, 無內外)." 『심경발휘』 「부록」, 「2. 정성서(定性書)」 참고.

得力. 須是動時也做工夫, 靜時也做工夫, 兩莫相靠, 使工夫無間斷, 始得. 若無間斷, 靜時固靜, 動時心亦不動, 動亦靜也. 若無工夫, 則動時固動, 靜時雖欲求靜, 亦不可得而靜, 靜亦動也. 動靜, 如船之在水, 潮至則動, 潮退則止, 有事則動, 無事則靜. 雖然, 動靜無端, 亦無截然爲動爲靜之理. 如人之氣, 吸則靜, 噓則動. 又問答之際, 答則動也, 止則靜矣. 凡事皆然. 且如涵養致知, 亦何所始. 但學者, 須自截從一處做去.

또 말씀하였다. "움직일 때도 고요함이 곧 여기에 있다. 움직일 때도 또한 고요함이 있으니, 이치에 따라 응대하면 비록 움직임도 역시 고요한 것이다. 그래서 (『대학』에서) '머물 곳을 안 뒤에 안정(평정)될 수 있고, 안정(평정)된 뒤에 고요할 수 있다'고 한 것이다. 사물이 다가왔을 때 만약 이치에 따라 응대하지 않으면, 비록 우두커니 사물과 교제하지 않으면서 고요함을 구하더라도 마음은 역시 고요할 수 없다. 오직 움직일 때 이치에 따를 수 있으면 일이 없을 때도 고요할 수 있고, 고요할 때 보존할 수 있으면 움직일 때 힘을 갖출 수 있다. 반드시 움직일 때도 공부하고 고요할 때도 공부해야 하니, 두 가지가 서로 어긋나지 않고 공부가 그치거나 끊어짐이 없어야 비로소 터득할 수 있다. 만약 잠시라도 단절되지 않는다면 고요할 때는 진실로 고요하고, 움직일 때도 마음은 역시 움직이지 않으니, 움직임이 곧 고요함이 되는 것이다. 만약 공부가 없다면 움직일 때는 진실로 움직이나, 고요할 때는 비록 고요하고 싶어도 고요할 수 없으니, 고요함이 곧 움직임이 되는 것이다.

움직임과 고요함은 마치 물 위에 떠 있는 배가 밀물이 들어오면 움직이고 썰물에 물러나면 멈추는 것처럼, 일이 있으면 움직이고 일이 없으면 고요하게 된다. 비록 그렇더라도 '움직임과 고요함은 실마리가 없으며'[189] 또한 '딱 잘라서 음이 되고 양이 되는 이치는 없다.'[190] 예

189) 『정씨경설(程氏經說)』 권1, 7번째 문장. "동(動)과 정(靜)은 실마리가 없고 음(陰)과 양(陽)은

컨대 사람의 기운이 숨을 들이쉬면 고요하고 내쉬면 움직이는 것과 같다. 또한 묻고 답할 때, 답하면 움직이고 멈추면 고요한 것과 같다. 모든 일이 다 그렇다. 예를 들자면 함양하는 공부와 치지의 공부도 어디부터 시작하는 것인가? 단지 배우는 자는 모름지기 스스로 어느 한 곳을 단호히 좇아서 공부해가야 한다." (위와 같은 곳)

235. **又曰. 夫人心, 活物, 當動而動, 當靜而靜, 不失其時, 則其道光明, 是乃本心全體大用.

또 말씀하였다. "무릇 사람의 마음은 살아 있는 것이라 움직여야 할 때 움직이고 고요해야 할 때 고요하여 때를 잃지 않으면 그 도(道)가 밝게 빛나니, 이것이 곧 본래의 마음이 가진 전체(全體, 온전한 본체)와 대용(大用, 큰 쓰임)이다." (『주자대전』 권39, 「허순지에게 답함14(答許順之)」)[191]

236. **問. 敬通貫動靜而言. 然靜時少, 動時多, 恐易得撓亂. 曰. 如何都靜得. 有事須著應. 人在世間, 未有無事時節, 要無事, 除是死也. 自早至暮, 有許多事, 不成說事多撓亂, 我且去靜坐. 敬不是如此. 若事至前, 而自家却要主靜, 頑然不應, 便是心都死了. 無事時敬在裏面, 有事時敬在事上. 有事無事, 吾之敬未嘗間斷也. 且如應接賓客, 敬便在應接上, 賓客去後, 敬又在這裏. 若厭苦賓客, 而爲之心煩, 此却是自撓亂, 非所謂敬也. 故程子說學到專一時方好. 蓋專一, 則有事無事皆是如此. 程子此段, 這一句是緊要處.

물었다. "경은 움직임과 고요함을 관통하여 말하는 것입니다. 그러나 고요한 때는 적고 움직일 때는 많으니, 쉽게 동요되어 혼란스러워질까

시초가 없다(動靜無端, 陰陽無始)."

190) 『이정유서』 권2상, 167번째 문장.

191) 이 편지는 1168년(건도 4년, 39세)에 쓴 것이다. (『편년고증』, 50쪽 참고) 『심경부주』 「우산지목장」.

걱정됩니다."

말씀하였다. "어떻게 모두 고요할 수 있겠는가. 일이 있을 때는 모름지기 응대해야 한다. 사람이 세상에 살면서, 일이 없을 때는 있지 않을 것이니, 일이 없어야 한다면 이말 저말 할 것 없이 죽어야 한다. 아침부터 저녁까지 수많은 일이 벌어지는 상황에서, 일이 많아서 동요되고 혼란스러울 테니 나는 우선 어디 가서 고요히 앉아 있어야 하겠다고 한다는 것은 말도 안 된다. 경이란 것은 이와 같은 것이 아니다. 만약 일이 눈앞에 있는데도 자신은 오히려 고요함을 주장하며 완고하게 응대하지 않는다면, 마음은 이미 죽어 버린 것이다. 일이 없을 때는 경이 여기에 있고, 일이 있을 때는 경은 일에 있는 것이다. 일이 있든 없든 나의 경은 일찍이 그치거나 끊어짐이 없다.

예컨대 손님을 맞이할 때는 경이 곧 맞이하는 데 있고, 손님이 돌아간 뒤에는 경은 또한 여기에 있는 것과 같다. 만약 손님을 싫어해서 마음이 괴롭다면 이것은 도리어 스스로가 동요되어 혼란스러운 것이니 경이 아니다. 그러므로 정자가 '학문은 전일함에 이르렀을 때 비로소 좋은 것이다'라고 말씀하셨다. 생각건대 전일하면 일이 있든 없든 모두 이와 같다. 정자가 이 대목에서 이렇게 말한 이 한 구절이 긴요한 곳이다." (『주자어류』 권12, 「학문6」, 「지수」, 제116조목. 심한의 기록)192)

237. **問. 靜坐久之, 一念不免發動, 當如何. 曰. 也須看一念是要做甚麽事. 若是好事, 合當做底事, 須去幹了. 或此事思量未透, 須着思量教了. 若是不好底事, 便不要做. 自家纔覺得如此, 這敬便在這裏.**

물었다. "정좌를 오래해도 하나의 생각이 나는 것을 피할 수 없는데, 어떻게 해야 합니까?"

말씀하였다. "또한 반드시 그 생각이 어떤 일을 하려는 것인지 살펴

192) 『심경부주』 「우산지목장」.

야 한다. 만약 좋은 일이어서 마땅히 해야 할 일이라면 반드시 주관해야 한다. 혹시 그 일에 대한 생각이 투철하지 않다면 모름지기 더 생각하여 끝내야 한다. 만약 좋지 않은 일이라면 하지 말아야 한다. 스스로가 이와 같이 알아챘다면, 이 경은 여기에 있는 것이다."(『주자어류』 권12, 「학문6」, 「지수」, 제128조목. 섭하손의 기록)[193]

238. **又曰. 濂溪云, 定之以中正仁義而主靜. 中與仁是發動處, 正是當然定理處, 義是截斷處, 常要主靜. 豈可只管放出不收斂. 截斷二字最緊要.

또 말씀하였다. "주렴계 선생은 '중정과 인의로써 안정시키되 고요함을 위주로 한다'고 말했다. 중(中)과 인(仁)은 발동하는 곳이고, 정(正)은 마땅히 정해진 이치가 있는 곳이며, 의(義)는 단호히 결단하는 곳이니, 항상 고요함을 위주로 해야 한다. 어떻게 (마음을) 잃어버리기만 하고 수렴하지 않을 수 있겠는가? '단호히 결단함'이란 두 글자가 가장 긴요하다."(『주자어류』 권113, 「주자10」, 「문인들을 가르침1」, 제7조목)

239. **答張敬夫書曰. 來喩謂靜則溺於虛無, 如佛老之論, 則誠有此患. 若以天理觀之, 則動之不能無靜, 猶靜之不能無動也. 靜之不能無養, 猶動之不可不察也. 但見得一動一靜互爲其根, 敬義夾持, 不容間斷之意, 則雖下靜字, 元非死物, 至靜之中, 有動之端焉. 是乃所以見天地之心者, 而先王之所以至日閉關. 蓋當此之時, 則安靜以養乎此耳, 固非遠事絶物, 閉目兀坐而偏於靜之謂. 但未接物時, 便有敬以主乎其中, 則事至物來, 善端昭著, 而所以察之者益精明耳. 來教又謂某言以靜爲本, 不若遂言以敬爲本, 此固然也. 然敬字工夫通貫動靜, 而必以靜爲本. 今若遂易爲敬, 雖若完全, 然却不見敬之所施有先有後, 則亦未得爲的當也. 至如來教所謂要須靜以涵動之所本, 察夫動以見靜之所存, 動靜相須, 體用不離, 而後爲無滲漏也. 此

193) 『심경부주』 「우산지목장」.

數句卓然, 意語俱到, 謹以書之座右, 出入觀省.

「답장경부서」에서 말씀하였다. "보내 주신 편지에서 '고요하면 허무에 빠진다'고 하였는데, 불가나 도가의 논의라면, 참으로 이러한 근심이 있습니다. 하지만 만약 천리(天理)의 측면에서 본다면 움직임은 고요함이 없을 수 없으니, 고요함은 움직임이 없을 수 없는 것과 같습니다. 고요함을 기르지 않을 수 없음은 움직임을 살피지 않을 수 없는 것과 같습니다. 그러나 단지 '한번 움직이고 한번 고요한 것이 서로 그 뿌리가 되니'[194] 경(敬)과 의(義)를 함께 지니고 그치거나 끊어지는 뜻을 허용하지 않는 것을 본다면, 비록 고요함이라는 글자를 놓더라도 원래 죽은 것이 아니니 지극히 고요한 가운데 움직임의 단서가 있습니다. 이것이 바로 '천지의 마음을 본다'[195]는 것으로 선왕들이 '동지와 하지에 문을 걸어 잠근 것'[196]은 이런 때를 맞이해서는 편안하고 고요함으로 이를 존양했을 뿐이지, 진정 일을 멀리하고 사물과 관계를 끊고 눈을 감고서 꼼짝 않고 앉아 고요함에 치우치는 것을 말한 것이 아닙니다. 다만 아직 사물과 접촉하지 않았을 때 바로 경을 두어 그 마음을 주재한다면 일이 이르고 사물이 오더라도 선한 단서는 밝게 드러나고 살피는 것은 더욱 정밀해지고 분명할 것입니다.

또 보내주신 편지에서, '제가 고요함으로 근본을 삼는 것이 결국 경으로 근본을 삼는 것만 못하다'고 하였는데, 이는 진실로 그렇습니다. 그러나 경이라는 글자의 공부는 움직임과 고요함을 관통하지만 반드시 고요함으로 근본을 삼아야 합니다. 이제 만약 경(敬)으로 바꾸게 된다면 비록 완전하다고는 하나, 오히려 경을 시행하는 것에 선후(先後)가

194) 「태극도설(太極圖說)」.

195) 『주역』 복괘(復卦)의 「단전(彖傳)」. "복에서 천지의 마음을 본다(復, 其見天地之心乎)."

196) 『주역』 복괘의 「대상전(大象傳)」. "우레가 땅 속에 있는 것이 복이니, 선왕이 이를 본받아서 동짓날에 관문을 닫아 상인과 여행자가 다니지 못하게 하며, 임금은 사방을 시찰하지 않는다(雷在地中復, 先王以, 至日閉關, 商旅不行, 后不省方)."

있음을 볼 수 없으니 또한 정당하지 않을 것입니다. 보내 주신 편지에서 '모름지기 고요함은 움직임이 근본한 것을 함양하고 움직임을 살펴 고요함이 보존된 것을 보아서, 움직임과 고요함은 서로 필요하고 본체와 작용은 나누어지지 않게 한다'는 것과 같이 한 뒤에야 낭비하고 새는 것이 없게 될 것입니다. 이 몇 구절은 탁월하여 뜻과 말이 함께 갖춰져 있으니 삼가 그것을 적어 좌우명으로 삼아 나고 들 때마다 보고 살피겠습니다." (『주자대전』 권32, 「장흠부에게 답함49(答張欽夫)」)[197]

240. 西山眞氏曰. 程子曰. 敬則自虛靜, 不可把虛靜喚做敬. 問. 敬莫是靜否. 曰. 才說靜, 便入於釋氏之說也. 不用靜字, 只用敬字, 才說著靜字, 便是忘也. 孟子曰, 必有事焉而勿正, 心勿忘勿助長也. 必有事焉, 便是心勿忘, 勿正便是勿助長. 又曰. 必有事焉, 主養氣而言, 故必主於敬.
或問先生. 於喜怒哀樂未發之前下動字, 下靜字. 曰. 謂之靜則可, 然靜中須有物始得, 這裏便是難處, 學者莫若自理會敬, 能敬則知此矣. 詳此數條, 則又不專以靜爲主.

서산 진씨가 말하였다. "정자는 '경하면 저절로 비어지고 고요해지나, 비어지고 고요한 것을 가지고 경이라고 부를 수는 없다'고 하였다." (『이정유서』 권15, 105번째 문장)[198]

"'경은 고요함이지 않습니까?'라고 물었다.

(정자가) 말씀하였다. '조금이라도 고요함을 말하면 석씨의 설로 들어간다. 고요함이라는 글자를 쓰지 않고 다만 경이라는 글자를 쓴 것이니, 고요함이라는 글자를 쓰게 되면 곧 잊어버림[忘]이다. 맹자께서는 반드시 일삼는 것을 두고 그 성과를 미리 기대하지 말아서 마음에 잊

197) 이 편지는 1169년(건도 5년, 40세)에 쓴 것이다. (『편년고증』, 60쪽 참고) 『심경부주』 「우산지목장」.
198) 『심경발휘』 권1, 「5. 경이직내장」 218조목 참고.

어버리지 말며 자라는 것을 돕지 말라고 하셨는데, 필유사언(반드시 일삼는 것을 두다)이 곧 심물망(마음에 잊어버리지 않다)이고 물정(그 성과를 미리 기대하지 말라)은 곧 '물조장(자라는 것을 돕지 말라)이다." (『이정유서』 권18, 35번째 문장)[199]

또 말씀하였다. '반드시 일삼는 것을 두다는 양기(養氣)를 위주로 말한 것이기 때문에 반드시 경을 위주로 해야 한다.' (『이정유서』 권1, 62번째 문장)

누군가 선생께 물었다. '희로애락이 아직 피어나지 않았을 때에는 움직임이라는 글자를 놓아야 합니까, 고요함이란 글자를 놓아야 합니까?'

말씀하였다. '고요함이라고 해야 할 것이나, 고요함 가운데 모름지기 무언가[物] 있어야[200] 비로소 되니, 여기가 곧 어려운 것이다. 배우는 자는 스스로 경을 이해하는 것이 더 나으니,[201] 경할 수 있으면 이를 알 수 있다.' (『이정유서』 권18, 83번째 문장)[202]

이 여러 조목을 상세하게 살피면 오로지 고요함을 위주로 여긴 것은 아니다." (『서산독서기』 권19, 「경상」. 33b~33a)

〈以上言敬兼動靜(이상은 동정(動靜)을 겸하여 경(敬)을 말한 것이다〉

---

199) 『심경발휘』 권1, 「5. 경이직내장」 219조목에 나온다.

200) '고요한 가운데 무언가 있다'에서 무언가는 허령불매한 지각이다. 본체는 무(無)가 아닌 유(有) 즉 리(理)가 있다고 본 것이다. 공(空)을 말하는 불가와 무(無)를 숭상하는 도가와 철학적으로 구별되는 지점이다.

201) 조목의 원문에 "學者莫若自理會敬(배우는 자는 스스로 경을 이해하는 것이 더 낫다)"라고 한 것은 정구가 고쳐 쓴 것이다. 『이정유서』의 원문과 이를 발췌한 『서산독서기』 및 『심경부주』는 "學者莫若且先理會得敬(배우는 자는 우선 먼저 경을 이해하는 것이 더 낫다)"라고 되어 있다. 정구의 글이 후자 보다 더 주체적이고 명확하게 보인다.

202) 『심경부주』(「천명지위성장」)에 있다.

28) 내외(內外)를 겸한 경(敬) (241조목~245조목. 총 5조목)

241. 問. 敬何以用工. 曰. 只是內無妄思, 外無妄動.

물었다. "경은 어떻게 공부해야 합니까?"

말씀하였다. "단지 안으로는 거짓된 생각이 없고 밖으로는 거짓된 행동이 없어야 할 따름이다." (『주자어류』 권12, 「학문6」, 「지수」, 제104조목. 반병潘柄의 기록)

242. 問敬. 曰. 一念不存, 也是間斷, 一事有差, 也是間斷.

"경에 대해 물었다."

말씀하였다. "하나의 생각이라도 보존하지 못해도 그치거나 끊어진 것이고, 하나의 일이라도 잘못이 있어도 그치거나 끊어진 것이다." (위와 같은 곳, 제103조목. 반병의 기록)

243. 又曰. 以敬爲主, 則內外肅然, 不忘不助而心自存.

또 말씀하였다. "경을 위주로 삼으면 안과 밖이 숙연해져서 잊지도 않게 되고 조장하지도 않게 되어 마음이 저절로 보존됩니다." (『주자대전』 권31, 「장경부에게 답함24」)[203]

244. 北溪陳氏曰. 敬字道理, 貫動靜, 徹表裏, 一始終, 本無界限. 閒靜無事時也用敬, 應事接物時也用敬, 心在裏面也如此, 動出外來做事也如此. 初頭做事也如此, 做到末梢也如此, 此心常無間斷, 纔間斷, 便不敬.

북계 진씨가 말씀하였다. "경이란 글자의 도리는 움직임과 고요함을

203) 이 편지는 1173년(건도 9년, 44세)에 쓴 것이다. (『편년고증』, 105쪽 참고)

꿰뚫고 겉과 속을 통하며 처음과 끝을 한결같이 하니 본래 한계가 없다. 한가롭고 일이 없을 때도 경을 하여야 하고, 일에 응대하고 사물을 접촉할 때도 경하여야 하며, 마음의 내면도 이와 같아야 하고, 밖에 나아가 일을 할 때도 이와 같아야 한다. 처음에 일을 시작할 때도 이와 같아야 하고, 끝에 이르러서도 이와 같아야 하니, 이 마음은 항상 그치거나 끊어짐이 없어야 하니, 그치거나 끊어지게 되면 곧 불경(不敬)이다." (『북계자의』 권상, 「경(敬)」)

245. 西山眞氏曰. 端莊靜一, 乃存養工夫. 端莊, 主容貌而言, 靜一, 主心而言. 蓋表裡交正之功, 合而言之, 敬而已.

서산 진씨가 말씀하였다. "단정하고 장중하며 고요히 하나에 집중하는 것이 곧 존양의 공부이다. '단정과 장중'은 용모에 주안을 두어 말한 것이고, '고요히 하나에 집중함'은 마음을 위주로 해서 말한 것이다. 생각건대 안과 밖을 서로 바로 잡아주는 공부이니, 합해서 말하면 경일 따름이다." (『성리대전』 권47, 「학5」, 「존양지경정부」. 7a~7b)

〈以上言敬兼內外(이상은 내외(內外)를 겸하여 경(敬)을 말한 것이다〉

29) 일에 따라 경(敬)을 다함 (246조목~252조목. 총 7조목)

246. 程子曰. 君子之遇事, 無巨細, 一於敬而已. 簡細, 故以自崇, 非敬也. 飾私智以爲奇, 非敬也. 要之無敢慢而已.

정자가 말씀하였다. "군자가 일을 만났을 때 크고 작은 것에 관계없이 경에 위주를 둘 뿐이다. 간단하고 작다고 해서 스스로를 높이는 것은 경이 아니며, 사사로운 지식을 꾸며서 기이하다고 여기는 것은 경이 아니다. 요컨대 감히 자만이 없어야 할 뿐이다." (『이정유서』 권4, 29번째 문장)

247. **上蔡謝氏曰. 事至應之, 不與之往, 非敬乎. 萬變而此常存, 奚紛擾之有. 夫子曰事思敬, 正謂此耳.

상채 사씨가 말씀하였다. "일이 이르면 그것에 호응하되 마음이 그 일을 따라가지는 않는 것이 경이 아니겠는가? 만물은 변화하여도 이 마음은 항상 보존되니, 어찌 어지럽힘이 있겠는가. 공자께서 '일할 때는 경을 생각한다'[204]고 한 것이 바로 이를 이르신 것이다." (『상채어록』 권1. 18a)[205]

248. 朱子曰. 敬不是塊然兀坐, 耳無聞, 目無見, 全不省事之謂. 只收斂身

204) 『논어』 「계씨(季氏)」 10장. 구사(九思) 가운데 하나이다. 공자가 말씀하였다. "군자는 아홉 가지 생각함이 있으니, 볼 때는 밝음을 생각하며, 들을 때는 귀가 밝음을 생각하며, 얼굴빛은 온화함을 생각하며, 모습은 공손함을 생각하며, 말은 진실함을 생각하며, 일은 공경함을 생각하며, 의심스러우면 의심을 풀 질문을 생각하며, 분할 때는 생겨날 어려움을 생각하며, 얻게 되면 의로움을 생각한다(孔子曰. 君子, 有九思, 視思明, 聽思聰, 色思溫, 貌思恭, 言思忠, 事思敬, 疑思問, 忿思難, 見得思義)."

205) 『심경부주』 「우산지목장」.

心, 整齊純一, 便是敬.

주자가 말씀하였다. "경은 우두커니 꼼짝 않고 앉아 귀로 아무것도 듣지 않고 눈으로 아무것도 보지 않으면서, 전혀 일을 살피지 않는 것을 이르지 않는다. 단지 몸과 마음을 수렴하여 단정하고 가지런히 하고 순일한 것이 바로 경이다." (『주자어류』 권12, 「학문6」, 「지수」, 제75조목. 소호의 기록)[206)]

249. 又曰. 敬不是萬事休置之謂, 只是隨事專一, 謹畏, 不放逸耳.

또 말씀하였다. "경은 만사를 그만두어 버리는 것을 이르는 것이 아니라, 다만 일에 따라 전일하고, 삼가고 두려워하며 제멋대로 하지 않는 것일 따름이다." (위와 같은 곳, 제99조목)

250. 又曰. 敬不是閉目黙坐. 須是隨事致敬,

또 말씀하였다. "경이란 눈을 감고 묵묵히 앉아 있는 것이 아니다. 모름지기 일에 따라 경을 다하는 것이다." (『주자어류』 권13, 「학문7」, 「역행」, 제33조목. 여대아의 기록)[207)]

251. 又曰. 敬不是只恁坐地. 擧足動步, 常要此心在這裏.

또 말씀하였다. "경은 단지 그렇게 땅바닥에 앉아 있는 것만이 아니다. 발을 들어 걸음을 걸을 때도 항상 이 마음이 여기에 있어야 한다." (『주자어류』 권12, 「학문6」, 「지수」, 제97조목. 진순의 기록)

252. 又曰. 二先生所論敬字, 須該貫動靜看方得. 夫方其無事而存主不懈

---

206) 『주자어류』와 『서산독서기』(권19, 「경상」. 40b)의 글은 약간 다르다. 정구는 『서산독서기』의 편집을 따랐다.

207) 정구는 『주자어류』의 글을 고쳤다. 『주자어류』의 원문은 "敬不是閉眼黙坐, 便爲敬須是隨事致敬"으로 되어 있다.

者, 固敬也. 及其應物而酬酢不亂者, 亦敬也. 故曰, 毋不敬, 儼若思. 又曰, 事思敬, 執事敬, 豈必以攝心坐禪而謂之敬哉.

또 말씀하였다. "두 선생[二程]이 논의하신 경이라는 글자는 모름지기 움직일 때와 고요할 때를 관통해서 보아야만 알 수 있습니다. 무릇 일이 없을 때에도 마음을 보존하고 주재하여 게으르지 않는 것이 진실로 경입니다. 사물에 응대하여 서로 주고받으면서 어지럽지 않는 것도 또한 경입니다. 그래서 '공경하지 않는 것이 없어서, 단정하고 엄숙하기를 무언가 생각하는 것 같이 한다'고 했고, 또 '일할 때는 경을 생각'하며 '일을 집행할 때엔 공경하라'고 했으니, 어찌 반드시 마음을 잡고 좌선하는 것만을 경이라 이르겠습니까?" (『주자대전』 권45, 「요자회(덕명)에게 답함1(答廖子晦德明)」)208)

〈以上言隨事致敬(이상은 일을 따라서 경(敬)을 다함에 대해 말한 것이다〉

208) 이 편지는 1174년(순희 원년, 45세)에 쓴 것이다. (『편년고증』, 128쪽 참고)

30) 어떤 일에도 경(敬)하지 않음이 없음 (253조목. 총 1조목)

253. **明道先生曰. 某書字甚敬, 非是欲字好, 只此是學.

명도 선생이 말씀하였다. "나는 글자를 쓸 때 매우 경을 다하니, 이는 글자를 좋게 쓰려고 한 것이 아니요, 단지 이것이 학문일 뿐이다."

(『주자어류』 권59, 「맹자9(孟子九)」, 「고자상(告子上)」, 제163조목. 섭하손의 기록)[209]

朱子曰. 只此求放心.

주자가 말씀하였다. "다만 이는 잃어버린 마음을 찾는 것일 뿐이다."

(위와 같은 곳)

〈以上言無事不敬(이상은 어떤 일도 경(敬)하지 않음이 없음을 말한 것이다〉

---

209) 이 조목은 정명도와 주자의 말로 구성되어 있지만, 기존의 『심경부주』(『서산독서기』)에서는 이런 구분이 없이 정명도의 말로만 되어 있다. 정구가 이 조목을 구분한 것에서 그의 입장을 볼 수 있다. 원본에 해당하는 구절은 아래와 같이 『주자어류』에서 발견할 수 있다. (제자가 말했다) "정자는 '나는 글자를 쓸 때 심히 경을 다하는데, 다만 이렇게 하는 것이 학문일 뿐이다'라고 했는데, 이 또한 잃어버린 마음을 거두어들이는 것일 뿐, 글자를 좋게 쓰려는 것은 아닙니다." (주자가) 말씀하였다. "그러하다. 예를 들어 쇄소응대(물 뿌리고 쓸며 응대하고 접촉하는 일)나, 박학(널리 배움), 심문(따져 물음), 신사(신중히 생각함), 명변(밝게 분별함) 등도 모두 잃어버린 마음을 찾으려는 것이다(明道先生曰. 某書字甚敬, 非是欲字好, 只此是學, 只此求放心. 曰. 如程子說, 吾作字甚敬, 只此便是學. 這也可以收放心, 非是要字好也. 曰. 然. 如洒掃應對, 博學審問愼思明辨, 皆所以求放心)." (『주자어류』 권59, 「맹자9(孟子九)」, 「고자상(告子上)」, 제163조목. 섭하손의 기록) 이를 보았을 때, 『심경부주』(『서산독서기』)의 글은 상당한 압축을 통해 생겨난 것이다. 이 과정에서 주자의 말이 정명도의 말로 휩쓸려서 사라지게 되었다. 정구는 기존 『심경부주』의 압축한 문장이 실제 내용을 잘 보존하고 있다고 판단하여 수용하지만, 정명도와 주자의 말을 명료하게 구분해서 싣고 있다. 정구는 기존의 편집 방식(『심경』과 『심경부주』)과 자신의 새로운 방식을 절충하고 있으며, 이러한 정신은 『심경발휘』 전편에 일관되어 있다.

31) 어느 때고 경(敬)하지 않음이 없음 (253~255조목. 총 2조목)

254. **程子曰. 雞鳴而起, 孳孳爲善, 若未接物, 如何爲善, 只主於敬, 便是爲善.

정자는 '닭이 울면 일어나서 부지런히 선을 행하는데,[210] 만약 아직 사물을 접하지 않았으면 어떻게 선을 행합니까'라는 질문에 대해서, "단지 경을 위주로 하는 것이 곧 선을 행하는 것이다"라고 말씀하였다. (『이정유서』 권15, 184번째 문장)[211]

255. **李季修問所謂敬之說, 當用力, 誠不可怠惰, 而嚮晦宴息, 亦當隨時. 南軒張氏曰. 嚮晦入宴息, 乃敬也. 知嚮晦宴息之爲非怠惰, 乃可論敬之理矣.

이계수(李季修. 장식의 문인)가 편지에서 '이른바 경에 대한 말씀을 마땅히 힘써야 하니, 진실로 게을리 할 수 없으나, 날이 저물어 편히 쉬는 것도 또한 때를 따라야 합니다'라고 물었다.

남헌 장씨가 말하였다. "날이 저물어 편히 쉬는 것이 곧 경입니다. 날이 저물어 편히 쉬는 것이 게으름이 아닌 것을 알게 되야 비로소 경의 이치를 논의할 수 있습니다." (『서산독서기』 권19, 「경상」. 41b~42a)[212]

---

210) 『맹자』 「진심상(盡心上)」 13장. 맹자께서 말씀하셨다. "닭이 울면 일어나서 부지런히 선(善)을 행하는 자는 순(舜)임금의 무리이다(孟子曰. 鷄鳴而起, 孳孳爲善者, 舜之徒也)."

211) 『심경부주』 「계명이기장(鷄鳴而起章)」. 이 조목은 『이정유서』에 토대를 둔 것이다. "순임금은 '부지런히 선을 행하는데' 만일 사물과 아직 접하지 않았을 때는 어떻게 선을 행합니까? 경을 위주로 할 뿐이니, 이것이 선을 행하는 것이다(舜孳孳爲善, 若未接物, 如何爲善. 只是主於敬, 便是爲善也)" (『이정유서』 권15, 184번째 문장) 그런데 정구는 구분되는 질문을 합해서 정자의 말로 만들고 있다.

212) 『심경부주』 「예약불가사수거신장」. 『서산독서기』의 원문은 『심경부주』와 내용은 같지만 편

西山眞氏夜氣箴曰. 子盍觀夫冬之爲氣乎. 木歸其根, 蟄坏其封, 凝然寂然, 不見兆眹, 而造化發育之妙, 實胚胎乎其中. 蓋闔者闢之基, 貞者元之本, 而艮所以爲物之始終. 夫一晝一夜者, 三百六旬之積, 故冬爲四時之夜, 而夜乃一日之冬, 天壤之間, 群動俱闃窈乎如未判之鴻濛. 維人之身, 嚮晦宴息, 亦當以造物而爲宗, 必齊其心, 必肅其躬, 不敢弛然自放於牀第之上, 使慢易非僻, 得以賊吾之衷. 雖終日乾乾, 靡容一息之間斷, 而昏冥易忽之際, 尤當致戒謹之功. 蓋安其身所以爲朝聽晝訪之地, 而夜氣深厚, 則仁義之心, 亦造乎其不窮, 本旣立矣. 而又致察於事物周旋之頃, 敬義夾持, 動靜交養, 則人欲無隙之可入, 天理皦乎其昭融. 然知及之, 而仁不能守之, 亦空言, 其奚庸. 爰作箴以自砭, 常凜凜乎.

서산 진씨의 「야기잠」에서 말하였다.

"그대는 어찌 저 겨울의 기(氣)됨을 살피지 않는가? 나무가 그 뿌리로 돌아가 흙 속에 겨울잠 잘 때에는 엉키고 고요하여 조짐을 볼 수 없지만, 조화와 발육의 묘(妙)함이 실로 그 가운데에 싹트고 있네.

대개 합(闔, 닫다)은 벽(闢, 열다)의 기반이고 정(貞, 겨울의 덕)은 원(元, 봄의 덕)의 근본인데, '멈춤[艮]은 사물의 시종(始終, 시작과 마침)이 되는 것'[213]이네.

무릇 (한 해의) 한 번 낮이 되고 한 번 밤이 되는 것은 3백6십 일이 쌓인 것이기 때문에 겨울은 사시(四時)의 밤이고, 밤은 바로 하루의 겨울이니, 하늘과 땅 사이에 여러 동물이 모두 고요하고 잠잠한 것이 마

지의 물음과 대답의 순서가 다르게 되어 있다. "南軒張氏曰. 心生生而不窮者, 道也. 敬則生矣. 生則烏可已也. 怠則放, 放則死矣. 是以君子以畏天命不敢違寧懼其一失, 而同於庶物也. 又曰. 敬則心之道昭昭然, 非如釋氏坐忘槁木死灰之謂也. 又曰嚮晦入宴息乃敬也. 知嚮晦宴息之爲非怠惰, 乃可論敬之理矣. 答李季修云所謂敬之說當用力誠不可怠惰, 而嚮晦宴息亦當隨時, 某以爲云云, (『서산독서기』 권19, 「경상」. 41b~42a)." 정구는 『서산독서기』와 『심경부주』의 순서를 따르지 않고, 독자적으로 내용의 흐름을 원만하게 전달하는 순서를 제시해서 편집했다.

213) 『주역』 「설괘전(說卦傳)」 5장. "간괘는 … 만물이 마침을 이루고 시작을 이루는 것이다(艮 … 萬物之所成終而所成始也)."

치 하늘과 땅이 갈라지기 이전의 홍몽(鴻濛, 태초의 원기元氣)과 같네.

사람의 몸도 날이 저물면 편안히 쉬니, 또한 마땅히 조물(造物)의 이치로써 으뜸을 삼아 반드시 그 마음을 가지런히 하고 반드시 그 몸을 숙연히 하여, 감히 침상 위에 해이하게 제멋대로 굴어 방치하여 게으르고 안이하며 그릇되고 치우친 마음이 나의 충심(衷心)을 해칠 수 있게 해서는 안 되는 것이네.

비록 종일토록 부지런히 힘써 한순간이라도 그치거나 끊어짐을 허용하지 않지만 어둡고 깜깜하며 소홀하기 쉬울 때에 더욱 경계하고 삼가는 공부를 해야 한다. 대개 (밤에) 몸을 편안하게 하는 까닭은 아침에 정사를 듣고 낮에 방문하는 터전을 삼으려는 것이니, 밤의 기운이 깊고 후하면 인의의 마음 또한 그 끝없는 데에 이르러 근본이 이미 서게 되네.

또 사물과 응대할 때를 극진히 살려서, 경(敬)과 의(義)를 함께 지니고 동(動)과 정(靜)을 서로 기른다면 인욕(人欲)이 들어 올 틈이 없어서 천리(天理)가 밝아지게 될 것이네.

그러나 '앎이 여기에 이르더라도 인이 그것을 지켜 내지 못하면'214) 또한 빈 말이니, 무슨 소용이 있겠는가? 이에 잠(箴)을 지어 스스로를 경계하나니, 항상 두렵고 두렵네!" (『서산집[西山先生眞文忠公文集]』 권33, 「잠(箴)」, 〈야기잠(夜氣箴)〉. 23b~24b)

〈以上言無時不敬(이상은 어느 때고 경(敬)하지 않음이 없음을 말한 것이다)〉

214) 『논어』 「위령공(衛靈公)」 32장. "앎이 거기에 이르더라도 인이 그것을 지켜 내지 못하면 비록 얻는다 하더라도 반드시 잃게 마련이다(知及之, 仁不能守之, 雖得之, 必失之)."

32) 어느 곳이든 경하지 않음이 없음 (256조목~257조목. 총 2조목)

256. **龜山楊氏曰. 翟霖送伊川西遷, 道宿僧舍, 坐處背塑像. 先生令轉椅勿背. 霖曰. 豈以其徒敬之故, 亦當敬邪. 先生曰. 但具人形貌, 便不當慢. 因賞此語曰, 孔子云, 始作俑者, 其無後乎, 爲其象人而用之也. 蓋象人而用之, 其流必至於用人, 君子無所不用其敬. 見似人者, 不忽, 於人, 可知矣. 若於似人而萌輕忽之心, 其流必至於輕忽人.

구산 양씨가 말씀하였다. "적림(翟霖)이 서쪽으로 귀양 가는 이천 선생을 전송하면서 도중에 절에 머물게 되었는데, 앉은 자리가 불상과 등을 지는 곳이었다. 이천 선생은 의자를 돌려서 등지지 않게 하였다.

적림이 말하였다. '승려들이 불상을 공경하기 때문에 또한 공경해야 하는 것입니까?'

이천 선생이 말씀하였다. '다만 사람의 형태와 용모를 갖추고 있으면 곧 함부로 대해서는 안 된다.'

(나는) 그래서 이 말씀을 기리면서 말하길, '공자께서는 처음에 용(俑, 허수아비)을 만든 자는 후손이 없을 것이라고 하시었으니, 이는 사람을 형상하여 장례에 사용하였기 때문이다.[215] 사람을 형상하여 장례에 사용하면 그 흐름이 반드시 산 사람을 사용함에 이를 것이니, 군자는 그 경을 쓰지 않는 바가 없다. 사람과 비슷한 것을 보고도 소홀히 하지 않는다면 사람에게 대하는 것을 알 수 있으니, 만약 사람과 유사한 것에 가볍고 소홀히 하는 마음이 싹튼다면 그 흐름의 끝에는

---

215) 『맹자』 「양혜왕상(梁惠王上)」 4장. "중니(仲尼)께서 말씀하시기를 '처음으로 용을 만든 자는 아마 후손이 없을 것이다.' 하였으니, 이는 사람을 형상하여 장례에 사용하였기 때문이다(仲尼曰, 始作俑者, 其無後乎, 爲其象人而用之也)."

반드시 사람을 가볍게 보고 소홀히 여기는 데에 이를 것이다' 하였다." (『구산선생어록(龜山先生語錄)』 권3, 「여항소문(餘杭所聞)」. 17a~17b)[216]

257. 朱子曰. 聖人無所不用其敬, 雖至小沒緊要底物事, 也用其敬. 如周禮, 夢亦有官掌之, 此有甚緊要. 然聖人亦將做一件事.

주자가 말씀하였다. "성인은 경을 쓰지 않음이 없으니, 비록 지극히 작고 중요하지 않은 사물과 일이라도 경을 쓴다. 『주례』에서는 꿈도 또한 맡아보는 관리가 있었는데, 이것이 그렇게 중요한 것이 있었겠는가?[217] 그러나 성인은 또한 하나의 일을 만들었다." (『주자어류』 권86, 「예3(禮三)」, 「주례(周禮), 제70조목. 심한의 기록)

〈以上言無所不敬(이상은 어느 곳이든 경(敬)하지 않음이 없음을 말한 것이다〉

216) 『심경부주』 「예악불가사수거신상」.

217) 『주례』에서 꿈을 맡아 보는 관리에 대해서는 『심경발휘』 권3, 「9. 우산지목장」, 25조목의 주석 참고.

33) 천지의 경 (258조목. 총 1조목)

258. 程子曰. 天地設位, 而易行乎其中, 只是敬也. 敬則無間斷.

정자가 말씀하였다. "'천지가 자리를 정하고 역이 그 가운데에 행하는 것'[218]은 다만 경일 뿐이다. 경을 하면 그치거나 끊어짐이 없다." (『이정유서』 권11, 15번째 문장)

朱子曰. 天地也似有箇主宰, 方始恁地變易, 便是天地底敬. 天理只是直上去, 更無四邊滲漏, 更無走作.

주자가 말씀하였다. "천지도 마치 주재하는 것이 있는 것처럼 처음부터 이렇게 변역(變易)하니, 이것이 바로 천지의 경(敬)이다. 천리(天理)는 곧게 위로 향할 뿐 다시 사방으로 물새는 것이 없이 없고, 또한 다른 데로 달려가는 것도 없다." (『주자어류』 권96, 「정자지서2」, 제19조목. 섭하손의 기록)

又曰. 易是自然造化. 聖人本意只說自然造化流行, 程子是將來就人身上說. 敬則這道理流行, (營錄云: "敬便易行也.") 不敬便間斷了.

또 말씀하였다. "역은 저절로 그러한 조화다. 성인의 본래 뜻은 다만 저절로 조화가 유행한다는 것을 말한 것일 뿐인데, 정자는 사람의 몸에 나아가서 설명했다. 경하면 이 도리가 유행하고, 불경(不敬)하면 그치거나 끊어지게 된다." (『주자어류』 권96, 「정자지서2」, 제17조목. 진순의 기록)

〈以上言天地底敬(이상은 천지의 경을 말한 것이다)〉

---

218) 『주역』 「계사상」 7장. "하늘과 땅이 자리를 베풀면 역이 그 가운데 행해지니, 이루어진 본성에 잘 보존하는 것이 도의의 문이다(天地設位, 而易行乎其中矣, 成性存存, 道義之門)."

34) 성현의 경 (255조목~267조목. 총 13조목)

259. 程子曰. 聖人齋戒, 敬也. 以神明其德.

정자가 말씀하였다. "성인이 삼가고 경계하는 것이 경이다. 이로써 그 덕을 신묘하게 밝힌다." (『이정외서』 권2, 57번째 문장)

問. 齋戒只是敬否. 曰. 固是敬, 但齋較謹於戒. 湛然純一之謂齋, 肅然警惕之謂戒. 到湛然純一時, 那肅然警惕也無了.

물었다. "재계(齋戒)가 곧 경이 아닐는지요?"

말씀하였다. "진실로 경이니, 재(齋)가 계(戒)보다 더 삼가는 것이다. 맑고 고요히 순일한 것을 일러 '재(齋)'라 하고, 숙연히 두려워하는 것을 이러 '계(戒)'라 한다. 맑고 고요히 순일한 때에 이르면 저 숙연히 두려워하는 것은 또한 사라지게 된다." (『주자어류』 권97, 「정자지서3」, 제9조목. 황의강의 기록)

又曰. 明道愛擧聖人以此齋戒, 以神明其德夫. 雖不是本文意思, 要之意思自好. 問. 恐是篤恭而天下平之意. 曰. 否. 只如上蔡所謂敬是常惺惺法.

또 말씀하였다. "명도 선생은 '성인이 이것으로 재계하고 그 덕을 신묘하게 밝힌다'[219]는 구절을 인용하기 좋아하셨다. 비록 본래 문장의 뜻은 아니지만[220] 생각은 참 좋다."

물었다. "이것은 '군자가 돈독하고 공손하면 천하가 화평해진다'[221]

219) 『수역』「계사상전」 11장.
220) 『주역』의 맥락은 성인이 서법(筮法)의 효용에 대해 찬미하는 것이다.
221) 『중용』 33장.

라는 뜻이 아닐는지요?"

말씀하였다. "아니다. 이는 사상채가 말씀한 '경이란 항상 깨어있는 방법이다'라고 한 것과 같을 뿐이다." (『주자어류』 권75, 「역11(易十一)」, 「상계하(上繫下)」, 제78조목. 황간의 기록)

260. 又曰. 顔子之不惰者, 敬也.

또 말씀하였다. "안자가 (보여 준) 게으르지 않는 것이 경이다." (『이정유서』 권11, 110번째 문장)

261. 朱子曰. 聖人相傳, 只是一個字. 堯曰欽明, 舜曰溫恭, 聖敬日躋, 君子篤恭而天下平.

주자가 말씀하였다. "성인이 서로 전하신 것은 단지 하나의 글자다. 요임금은 '공경하고 밝다'[222]라고 하였고, 순임금은 '온화하고 공손하다'[223]라고 하였으며, 탕임금은 '성스럽고 공경하는 덕을 매일 높이셨다'고 하였다, (『중용』 33장에서는) '군자가 돈독하고 공손하면 천하가 화평해진다'고 하였다." (『주자어류』 권12, 「학문6」, 「지수」, 제69조목. 감절의 기록)

262. 又曰. 敬是徹上徹下工夫. 雖做得聖人田地, 也只放下這敬不得. 如堯舜, 也終始是一箇敬.

또 말씀하였다. "경은 위부터 아래까지 철저하게 관통하는 공부이다. 비록 성인의 경지에 이른다 해도 이 경만은 놓칠 수 없다. 예컨대 요

---

222) 『서경』 「우서(虞書)」, 「요전(堯典)」. "옛날 요임금을 상고하건대 방훈(放勳)이시니, 공경하고 밝고 문채롭고 생각함이 편안하고 편안하시며 진실로 공손하고 능히 겸양하시어 광채가 사표(四表)에 입혀지시며 상하에 이르셨다(若稽古帝, 堯曰放勳, 欽明文思安安, 允恭克讓, 光被四表, 格于上下)."

223) 『서경』 「우서(虞書)」, 「순전(舜典)」. "깊고 지혜로우며, 빛나고 밝으시며, 온화하고 공손하며, 성실하고 독실하시다(濬哲文明溫恭允塞)."

순임금도 처음부터 끝까지 경이었다." (『주자어류』 권7, 「학문1(學一)」, 「소학(小學)」, 제11조목. 섭하손의 기록)

263. 又曰. 修齊治平, 都少個敬不得. 如湯之聖敬日躋, 文王小心翼翼之類, 皆是. 只是他便與敬爲一. 自家須用持著, 稍緩則忘了, 所以常要惺惺地. 久之成熟, 可知道從心所欲, 不踰矩. 顔子亦只持敬.

또 말씀하였다. "수신, 제가, 치국, 평천하 등은 모두 조금이라도 경이 없으면 할 수 없다. 예컨대 탕임금이 '성스럽고 공경하는 덕을 매일 높이셨다'와 문왕이 '조심하고 공경한다'[224]는 것들이 모두 이것이다. 성인들은 단지 경과 하나가 되었을 뿐이다. 스스로 반드시 유지함을 써야하는데, 조금이라도 느슨하면 곧바로 잃어버리기 때문에 언제나 깨어 있어야 한다. 오랫동안 익숙해지면 (공자가 말씀하신) '마음이 바라는 것을 좇더라도 법도를 벗어나지 않는' 경지를 알 수 있게 된다. 안자도 단지 경을 유지했을 뿐이다." (『주자어류』 권12, 「학문6」, 「지수」, 제74조목. 소호의 기록)

264. 感興詩云, 放勛始欽明, 南面亦恭己, 大哉精一傳, 萬世立人紀, 猗歟歎日躋, 穆穆歌敬止, 戒彝光武烈, 待旦起周禮, 恭惟千載心, 秋月照寒水, 魯叟何常師, 刪述存聖軌.

「감흥시」

요임금 비로소 공경하고 명철하시고

순임금 또한 남면하고 자신을 공손히 하셨네.[225]

위대하도다, 정일(精一)의 가르침을 전하여[226]

---

224) 『시경』 「대아(大雅)」, 「대명(大明)」.

225) 『논어』 「위령공(衛靈公)」 4상. 공자께서 말씀하였다. "인위적으로 다스리지 않고서도 잘 다스리신 사람은 순임금일 것이다. 무엇을 하셨는가? 몸을 공손히 하고 바르게 남면을 하셨을 따름이다(子曰. 無爲而治者其舜也與. 夫何爲哉. 恭己正南面而已矣)."

만세토록 사람의 기강 세우셨다네.[227]

아아! 날로 나아감 찬미하고

덕이 아름답게 공경함을 노래하네.

오랑캐의 사냥개를 경계하시니 무왕의 공열 빛나고[228]

주공은 새벽 기다려 주대의 예도를 일으켰다네.[229]

삼가 천년의 마음을 생각하니

가을 달이 차가운 물을 비추는 듯하네.

노나라 공자 어찌 일정한 스승 있었겠나만[230]

시서(詩書)와 예악(禮樂)을 정리하고 본받아 저술하시어[231] 성인의 법을 보존하셨네. [『주자대전』 권4, 「재거감흥20수(齋居感興二十首)」. 이 가운데 10번째 수(首)]

265. 西山眞氏曰. 孔子之告顔淵, 以非禮勿視聽言動, 而回也請事斯語焉, 此敬也. 曾子, 戰戰兢兢, 臨深履薄, 以終其身, 亦敬也. 後之學者, 欲遡聖學之淵源者, 其必自曾顔始.

---

226) 『서경』 「대우모(大禹謨)」. 순임금이 우임금에게 명하기를 '인심은 위태롭고 도심은 은미하니, 정밀하게 하고 한결같이 하여야 진실로 그 중도를 잡을 것이다(人心惟危, 道心惟微, 惟精惟一, 允執厥中).'

227) 『서경』 「이훈(伊訓)」. "아아! 선왕(탕임금)께서는 처음으로 사람들의 기강을 닦았습니다(嗚呼. 先王肇修人紀)."

228) 『서경』 「여오(旅獒)」. "서쪽의 오랑캐 여족이 그들의 큰 개를 공물로 바쳐왔다. 태보가 이에 여오라는 글을 지어 임금님을 훈계하였다(西旅底貢厥獒, 太保乃作旅獒, 用訓于王)." 『서경』 「군아(君牙)」. "크게 받들었도다, 무왕의 많은 공이여(丕承哉, 武王烈)."

229) 『맹자』 「이루하(離婁下)」 20장. "주공은 세 왕을 겸하시어 네 가지 일을 시행할 것을 생각하시되 부합하지 않는 것이 있으시면 우러러 생각하여 밤으로써 날을 이어서, 다행히 터득하시면 그대로 앉아 날이 새기를 기다리셨다(周公思兼三王, 以施四事, 其有不合者, 仰而思之, 夜以繼日, 幸而得之, 坐以待旦)."

230) 『논어』 「자장(子張)」 22장. 자공이 말하였다. "선생님께서 어찌 배우시지 않으셨겠는가만, 또한 어찌 일정한 스승이 계시겠는가(子貢曰. 夫子焉不學, 而亦何常師之有)."

231) 산술(刪述). 공자가 시(詩)와 서(書)를 산정(刪定, 정리)하고, 예(禮)와 악(樂)을 조술(祖述, 앞선 것을 본받아 저술해 밝힘)한 것을 가리킨다.

서산 진씨가 말하였다. "공자께서 안연에게 이르시길, '예가 아니면 보지도 듣지도 말하지도 행동하지도 말라'고 하시니, '저 안연이 비록 불민하지만 이 말씀을 섬기겠습니다'라고 한 이것이 경이다. 증자가 '두려움에 떨며 삼가하고 조심하며 깊은 연못에 다가간 듯, 얇은 얼음을 밟는 듯 하며 종신토록 다했다'는 것이 또한 경이다. 뒤에 배우는 자들이 성학의 연원을 거슬러 올라가고자 한다면 반드시 증자와 안연으로부터 시작해야 한다." (『서산독서기』 권18, 「경상」. 7b~8a)

266. 又曰. 聖人之敬, 純亦不已, 即天也. 君子之敬, 自强不息, 由人而天也. 聖人之敬, 安而行之.

또 말씀하였다. "성인의 경은 순수하고 또한 그치지 않으니 곧 (저절로 그러한) 하늘이다. 군자의 경이란 자강불식 즉 ' 스스로 힘쓰며 쉬지 않는 것'[232]이니 사람을 말미암아 하늘(에 이르는 것)이다. 성인의 경은 (힘쓰지 않고) 편안히 행하는 것이다." (진덕수, 『대학연의』 권28, 「성의정심지요1」. 1b)

267. 敬齋胡氏曰. 雝雝在宮, 肅肅在廟, 不顯亦臨, 無斁亦保, 此聖人之敬也.

경재 호씨(호거인胡居仁, 1434~1484)가 말하였다. "'화락하게 궁중에 계시며 공경스럽게 사당에 계시며 드러나지 않아도 임한 듯이 하시며 싫어함이 없을 때라도 보전하시네'[233]하는 것이 성인의 경이다." [호거인(胡居仁, 1434~1484), 『거업록(居業錄)』 권8, 「경전제8(經傳第八)」. 62b]

〈以上言聖賢底敬(이상은 성현의 경을 말한 것이다〉

---

232) 『주역』 건괘의 「대상전(大象傳)」. "하늘의 운행은 강건하니 군자가 이를 본받아서 스스로 힘쓰며 쉬지 않는다(天行健, 君子以, 自彊不息)."

233) 『시경』 「대아」, 「문왕지십6(文王之什6)」, 「사재(思齊)」.

35) 악인, 어리석은 사람, 불초한 사람도 모두 경할 수 있음 (268조목~270조목. 총 3조목)

268. 程子曰. 惡人齋戒, 亦敬也. 故可以事上帝.

정자가 말씀하였다. "악한 사람이 삼가고 경계하는 것도 또한 경이다. 그러므로 상제를 섬길 수 있는 것이다." (『이정외서』 권2, 57번째 문장)[234)]

269. 朱子曰. 二程教學者, 所以只說一箇敬字, 正是欲無智愚賢不肖, 皆得力耳.

주자가 말씀하였다. "이정(二程)께서 경 한 글자를 말씀하신 것은 바로 지혜로운 자나 어리석은 자, 현명한 자나 불초한 자에 관계없이 모두 힘쓰게 하고자 한 것이다." (『주자어류』 권94, 「주자지서」, 「태극도」, 제102조목. 유자환劉子寰의 기록)

270. 又曰. 此一服藥, 人人皆可服, 服之便有效, 只是自不肯服耳.

또 말씀하였다. "여기 약 한 첩이 있는데 모든 사람들이 약을 먹을 수 있고 먹고 나면 효과가 있는데도, 다만 스스로 먹으려 하지 않을 뿐이다." (위와 같은 곳)

〈以上言惡人愚不肖皆可以敬(이상은 악한 사람, 어리석은 사람, 불초한 자들도 모두 경을 할 수 있음을 말한 것이다〉

---

234) 이 조목은 앞선 259조목의 뒷부분이다. 『이정유서』의 전체 문장은 다음과 같다. "성인이 삼가고 경계하는 것이 경이다. 이로써 그 덕을 신령하게 밝힌다. 악한 사람이 삼가고 경계하는 것도 또한 경이다. 그러므로 상제를 섬길 수 있는 것이다(程子曰. 聖人齋戒, 敬也. 以神明其德. 惡人齋戒, 亦敬也. 故可以事上帝)."

36) 일상에 거처하며 평소 경을 함 (271조목~272조목. 총 2조목)

271. 程子曰. 人每至神廟佛殿處便敬, 何也, 只是每常不敬, 見彼乃敬. 若還常敬, 則到佛殿廟宇, 亦只如此.

정자가 말씀하였다. "'사람들은 매번 사당이나 불전이 있는 곳에 이를 때면 경건한데, 왜 그렇습니까?'라고 묻는데, 이는 항상 불경(不敬)하다가 신불을 보니 경건하게 되는 것일 뿐이다. 만약 반대로 항상 경건하다면 불전이나 사당에 이르러도 이와 같을 뿐이다." (『이정유서』 권19, 51번째 문장)

272. 又曰. 使民出門者, 事也. 非因是事上方有此敬. 蓋素敬也.

또 말씀하였다. "백성을 다스리거나 문을 나서 벼슬하고 교제하는 것은 일이다. 이 일 때문에 이 경이 생겨나는 것은 아니다. 대개 평소 경을 하는 것이다." (『이정유서』 권18, 10번째 문장)

〈右言居常素敬(위는 일상에 거처하며 평소 경을 함에 대해 말한 것이다〉

37) 처음에는 모름지기 힘써 노력해야 함

(273조목~274조목. 총 2조목)

273. 問. 敬還用意否. 曰. 其始安得不用意. 若能不用意, 却是都無事了.

물었다. "경은 의도를 갖지 않는 것입니까?"

말씀하였다. "처음에는 어찌 의도를 갖지 않을 수 않겠는가? 만약 의도를 갖지 않을 수 있다면, 오히려 전혀 아무 일도 하지 않는 것이다." (『이정유서』 권18, 35번째 문장)

274. **問. 持敬覺不甚安. 朱子曰. 初學如何便得安. 除是孔子方始恭而安. 初要持敬, 也須勉强. 但覺見有些子放去, 便收斂提掇起, 敬便在這裏, 常常相接, 久後自熟.

물었다. "경을 유지하는 것이 매우 편치 않을 것을 깨달았습니다."

주자가 말씀하였다. "초학자가 어찌 편안함을 얻을 수 있겠는가? 어쨌든 공자님 정도는 되어야 '공손하면서도 편안할 수 있다.'[235] 처음에 경을 유지하려면 또한 모름지기 힘써 노력해야 한다. 다만 약간이라도 잃어버린 것을 알아차리게 될 경우는 거두어들이고 일으켜 깨우면 경이 여기에 있게 되니 항상 서로 이어지게 하면 오랜 뒤에는 저절로 익숙해질 것이다." (『주자어류』 권120, 「주자17」, 「문인들을 가르침8」, 제36조목. 섭하손의 기록)[236]

〈以上言始須勉强(이상은 처음에는 모름지기 힘써 노력해야 함을 말한 것이다)〉

---

235) 『논어』 「술이(述而)」 7장. "공자께서는 온화하시면서도 엄숙하시며, 위엄이 있으면서도 사납지 않으시며, 공손하시면서도 편안하셨다(子溫而厲, 威而不猛, 恭而安)."

236) 『심경부주』 「우산지목장」. 정구는 『주자어류』의 원문이 아닌 『심경부주』를 따르고 있다.

38) 경은 그치거나 끊어져서는 안 됨 (275조목~278조목. 총 4조목)

275. 問. 持敬易散漫, 如何. 曰. 只喚著, 便在此.

물었다. "경을 유지할 때 쉽게 산만해지는데 어떻게 해야 합니까?"

말씀하였다. "생각을 되살려 불러일으키면, 여기에 있게 된다." (『주자어류』 권12, 「학문6」, 「지수」, 제111조목. 정가학鄭可學의 기록)

276. 又曰. 持敬而未免弛慢, 是未嘗敬也, 須是無間斷, 乃可.

또 말씀하였다. "경을 유지하고도 (마음이) 느슨해지고 게으름을 벗어나지 못하는 것은 아직 경을 하지 못한 것이니, 모름지기 잠시라도 그치거나 끊어짐이 없어야 (경을 유지) 할 수 있다." (『주자어류』 권118, 「주자15」, 「훈문인6」, 제20조목)

277. 問. 人於誠敬, 有作輟. 曰. 只是在人, 人須自責. 如爲仁由己, 作與輟都不干別人事, 須是自家肯做.

물었다. "성(誠)과 경(敬)을 진작하는 사람도 있고 그만두는 사람도 있습니다."

말씀하였다. "다만 사람에게 달려 있을 뿐이니, 사람은 모름지기 스스로 책임을 가져야 한다. 예컨대 '인의 실천은 자기에게 달려 있다'[237] 하니, 진작하고 그만두는 것은 모두 남들과 상관없는 일이며 모름지기 자신이 하려고 해야 하는 것이다." (『주자어류』 권12, 「학문6」, 「지수」,

237) 『논어』 「안연(顔淵)」 1장. 안연이 인을 물었다. 공자가 말씀하였다. "'극기복례'가 인이니, 하루라도 '극기복례'하면 천하가 모두 인으로 돌아갈 것이다. 인의 실천은 나에게 있으며 남에게 있는 것이겠는가(顔淵問仁. 子曰. 克己復禮爲仁, 一日克己復禮, 天下歸仁焉. 爲仁由己, 而由人乎哉)."

제113조. 김거위의 기록)

278. 又曰. 初學於敬, 不能無間斷, 只是纔覺間斷, 便提起此心. 只是覺處, 便是接續.

또 말씀하였다. "처음 경을 배우는 사람들은 그치거나 끊어짐이 없을 수 없으니, 다만 그치거나 끊어짐이 있는 것을 깨닫게 되면 곧바로 마음을 깨워 일으킬 뿐이다. 다만 깨닫는 곳에서 계속 이어질 뿐이다."
(『주자어류』 권11, 「학문5(學五)」, 「독서법하(讀書法下)」, 제4조목. 섭하손의 기록)

〈以上言敬不可間斷(이상은 경은 그치거나 끊어져서는 안 됨을 말한 것이다〉

39) 익숙하면 오래감 (279조목~280조목. 총 4조목)

279. 武夷胡氏曰. 敬之一字, 力行十年, 須別.

무이 호씨가 말씀하였다. "경이라는 한 글자를 10년 동안 힘써 실천하면 반드시 보통과 달리 된다." (『서산독서기』 권19, 「경상」. 42a)

280. 問. 持敬患不能久, 當如何下功夫. 曰. 都無他法, 只是習得熟, 熟則自久.

물었다. "경을 유지하는데 오래할 수 없는 것이 근심입니다. 어떻게 공부해야 합니까?"

말씀하였다. "다른 방법은 전혀 없으니, 단지 익숙하게 할 뿐이다. 익숙해지면 자연히 오래 유지된다." (『주자어류』 권12, 「학문6」, 「지수」, 제112조목. 동수의 기록)

〈以上言熟則久(이상은 익숙하면 오래감을 말한 것이다)〉

40) 경하면 호연(浩然)함 (281조목~282조목. 총 2조목)

281. 程子曰. 內直, 則其氣浩然.

정자가 말씀하였다. "안이 곧으면 그 기가 호연(浩然, 지극히 크고 지극히 굳셈)[238]하다." (『이정외서』 권11, 79번째 문장)

282. 又曰. 主一無適, 敬以直內, 便有浩然之氣.

또 말씀하였다. "'주일무적'하고 '경이직내'하면 '호연지기(지극히 크고 지극히 굳센 기운)'가 생긴다." (『이정유서』 권15, 4번째 문장)

〈以上言敬則浩然(이상은 경하면 호연함을 말한 것이다〉

238) 『맹자』 「공손추상(公孫丑上)」 2장. 맹자께서 말씀하셨다. "나는 말을 알며, 나는 나의 '호연지기'를 잘 기른다." 공손추가 말하였다. "감히 여쭙겠습니다. 무엇을 호연지기라 합니까?" 맹자께서 말씀하셨다. "말하기 어렵다. 이 호연지기는 지극히 크고 강하니, 곧은 '도의'로 잘 기르고 해치지 않으면 천지 사이에 꽉 차게 된다. 이 호연지기는 '도의'와 짝하고 있으니, 이것이 없으면 굶주리게 된다. (曰. 我, 知言, 我, 善養吾浩然之氣. 敢問何謂浩然之氣. 曰. 難言也. 其爲氣也, 至大至剛, 以直養而無害, 則塞于天地之間. 其爲氣也, 配義與道. 無是, 餒也.)

41) 경하면 화락함 (283조목~285조목. 총 3조목)

283. 程子曰. 敬則自然和樂.

정자가 말씀하였다. "경하면 저절로 '온화하고 즐거워진다[和樂]'." (『주자대전』 45, 「요자회(덕명)에게 답함1」)239)

又曰. 謂敬爲和樂, 則不可. 然敬須和樂, 只是中心沒事也.

또 말씀하였다. "경을 '화락'이라고 할 수는 없다. 그러나 경은 모름지기 화락하지만 마음속에 아무 일도 없는 것일 뿐이다." (『이정유서』 권2상, 122번째 문장)

問. 初學莫未能和樂否. 上蔡謝氏曰. 雖不能便和樂, 亦須以和樂養之.

물었다. "초학자는 아직 화락할 수 없지 않겠습니까?"

상채 사씨가 말씀하였다. "화락할 수 없다고 하나, 또한 모름지기 화락으로 길러야 한다." (『상채어록』 권2. 6b)

朱子曰. 所謂樂者, 亦不過謂胸中無事, 而自和樂耳, 非是著意放開一路, 而欲其和樂也. 然欲胸中無事, 非敬不能.

주자가 말씀하였다. "이른바 '즐거움'[樂]이라는 것은 가슴 속에 아무런 일이 없어 저절로 화락한 것을 말한 것에 불과하며, 방개(放開, 막히고 닫힌 것이 없는 경지)만을 생각하고서 그 화락을 원하는 것은 아니다. 그러나 가슴속에 아무런 일이 없고자 한다면 경이 아니고는 할

239) 이 편지는 1174년(순희 원년, 45세)에 쓴 것이다. (『편년고증』, 128쪽 참고) 정자의 이 말은 전해지는 이정 관련 글에는 없고, 주자의 편지 글 속에 등장한다. 숙연하고 엄숙한 경의 모습과 화락은 언뜻 어울리지 않아 보인다. 이어지는 조목에서 이 말의 뜻을 부연하고 있다.

수 없다."(『주자대전』 45, 「요자회(덕명)에게 답함」)

284. 又曰. 旣得後, 便須放開, 不然, 却只是守.

또 말씀하였다. "이미 터득한 뒤에는 (마음을 구애받지 않고) 열어 놓아야 하니, 그렇지 않으면 오히려 단지 지키는 것일 뿐이다."(『이정유서』 권3, 9번째 문장)

朱子曰. 旣自得之後, 則自然心與理會, 不爲禮法所拘而自中節也. 若未能如此, 則是未有所自得, 才方是守禮法之人爾. 亦非謂旣自得之, 又却須放敎開也.

주자가 말씀하였다. "이미 자득한 뒤로는 저절로 마음과 이치가 더불어 맞게 되어 예법의 구애받지 않고 저절로 절도에 들어맞게 됩니다. 만약 이와 같이 않다면 이는 자득한 것이 없어서 겨우 예법을 지키는 사람일 뿐입니다. 그리고 또 이미 자득하였으면 또한 모름지기 방달(放達, 거리낌이 없고 구해받지 않은 경지)해야 한다고 말하는 것도 아닙니다."(『주자대전』 45, 「요자회(덕명)에게 답함」)

285. 問. 敬而不能安樂者, 何也. 曰. 只是未熟在. 如飢而食, 喫得多, 則飽矣.

물었다. "경을 하면서도 편안하고 즐겁지 못하는 것은 무엇 때문입니까?"

말씀하였다. "아직 익숙하지 않아서이다. 예컨대 배가 고파 밥을 먹는데 너무 많이 먹으면 질리는 것과 같다."(『주자어류』 권115, 「주자12」, 「문인들을 가르침3」, 제23조목)

〈以上言敬則和樂(이상은 경하면 화락함을 말한 것이다〉

42) 경은 서둘러서는 안 됨 (286조목~302조목. 총 7조목)

286. **程子曰. 學者, 須敬守此心, 不可急迫. 當栽培深厚, 涵泳於其間然後, 可以自得, 但急迫求之, 只是私己. 終不足以達道.

정자가 말씀하였다. "배우는 자는 모름지기 이 마음을 경으로 지켜야 하니 급하게 서둘러서는 안 된다. 재배하기를 깊고 두텁게 하고 그 사이에서 '물에 잠겨 젖어들 듯 깊이 이해'한 후에야 자득할 수 있으니, 급하게 서둘러서 구한다면 다만 자기를 사사롭게 하는 것일 뿐이다. 결국에는 도에 이르지 못할 것이다." (『이정유서』 권2상, 14번째 문장)[240]

**問. 今於下工夫之時, 不痛自警策, 而遽栽培涵泳, 恐或近於放倒. 南軒張氏曰, 敬守此心, 栽培涵泳, 正是下工夫處, 若近於放倒, 則何栽培涵泳之有.

물었다. "이제 공부할 때에 통렬히 스스로 경책(警策, 정신이 들게 회초리 침)하지 않고, 갑자기 재배하고 함영하면, 방도(放倒, 뒤집어짐)에 가까울까 두렵습니다."

남헌 장씨가 말하였다. "경으로 이 마음을 지켜서 재배하고 함영하면 바로 공부하는 곳이니, 만약 '방도'에 가깝다고 하면 어찌 재배와 함영이 있겠는가?" (『남헌집』 권32, 「답호계수(答胡季隨)」. 17a)[241]

287. 又曰. 今學者, 敬而不見得, 又不安者, 只是心生, 亦是太以敬來做事得重, 此恭而無禮, 則勞也. 恭者私爲恭之恭也, 禮者非體之禮, 是自然底

240) 『심경부주』 「우산지목장」.
241) 『심경부주』 「우산지목장」.

道理也. 只恭而不爲自然底道理, 故不自在也, 須是恭而安.

또 말씀하였다. "지금 배우는 자는 경을 하지만 자득하지 못하고 또 편안하지 못한 것은 단지 마음이 막 생겨난 것 즉 '마음을 보존하는 것이 아직 미숙'하기 때문이다.[242] 또한 경을 실천하는 일에 종사하기를 너무 무겁게 한 탓이니, 이는 공손하기는 해도 예의가 없으니 수고스러운 것이다. (여기서) 공손이란 '사사롭게 공손히 하는 공손'이며, 예란 '본체가 아닌 예(본질적이지 않은 예)'이니, 이렇게 수고스럽게 되는 것이 자연스러운 도리이다. 단지 공손하기만 할 뿐 자연스러운 도리가 되지 않기 때문에 자재(自在, 구속과 방해가 없음)하지 못한 것이니, 모름지기 '공손하면서도 편안해야 한다.' (『이정유서』 권2상, 140번째 문장)

288. 又曰. 伊川所謂道箇敬字, 也不大段用得力.

또 말씀하였다. "이천 선생은 '경 한 글자를 말하는 것은 또한 크게 힘을 들이지 않아도 된다'라고 하셨다." (『주자어류』 권62, 「중용1(中庸一)」, 「제1장(第一章)」, 제95조목. 임사林賜의 기록)

289. **又曰. 學者, 須恭敬. 但不可令拘迫, 拘迫, 則難久也.

또 말씀하였다. "배우는 자는 모름지기 공경해야 한다. 다만 구속하고 압박해서는 안 되니, 구속하고 압박하면 오래하기 어렵다." (『이정유서』 권18, 41번째 문장)[243]

290. 又曰. 執事須是敬, 又不可矜持太過.

또 말씀하였다. "일을 집행하는 데는 모름지기 경이어야 하며, 또한

242) 맹자의 맥락에서 보면 조장(助長)하기 때문이다. 곧 자연스럽지 못하고 인위적으로 효과를 내려고 하는 것이기 때문에 결국 사사로운 마음이 개입한 것이다. 사사로운 마음이 개입했기 때문에 존심 즉 본래의 마음을 보존하지 못한 것이다.

243) 『심경부주』 「예악불가사수거신장」.

긍지가 너무 지나쳐서도 안 된다." (『이정유서』 권3, 37번째 문장)

291. 問. 學爲敬, 不免有矜持, 如何. 謝氏曰. 矜持過當却不是, 尋常作事, 用心過當, 便有失. 要在勿忘勿助長之間耳.

물었다. "경을 배우는데 긍지가 생기는 것을 면할 수 없으니, 어떻게 해야 합니까?"

상채 사씨가 말하였다. "긍지는 정도가 지나치면 오히려 좋지 않으니, 평소에 일을 하거나 마음을 쓰는데 정도가 지나치면 실수가 있게 된다. 요점은 '물망'(마음에 두고 잊지 않음)과 '물조장'(자라는 것을 억지로 돕지 않음)의 사이에 있을 따름이다." (『상채어록』 권2. 6b)

300. 問. 主敬只存之於心, 少寬四體亦無害否. 朱子曰. 心無不敬, 則四體自然收斂, 不待十分着意安排, 而四體自然舒適. 著意安排, 則難久而生病矣.

물었다. "경을 위주로 하는 것은 단지 마음에 이를 보존하는 것일 뿐이니, 몸을 조금 편안하게 하더라도 또한 해로움은 없지 않겠습니까?"

주자가 말씀하였다. "마음이 경을 하지 않음이 없다면 몸은 자연스럽게 수렴되니, 의도를 가지고 공들여 안배하지 않더라도 몸은 자연스럽게 편안해진다. 의도를 가지고 안배를 한다면 오래하기 어렵고 병이 날 것이다." (『주자어류』 권12, 「학문6」, 「지수」, 제107조목)

301. 問. 行篤敬. 曰. 篤者, 重而有深沈之意, 敬而不篤, 則恐有拘迫之患.

"'행독경(행실은 돈독하고 경건함)'에 대해 물었다."

말씀하였다. "독(篤)이란 깊이 있고 침착하다는 뜻이 있으니, 경건하면서 돈독하지 못하면 구속되고 압박되는 근심이 있게 될 것이다." (『주자어류』 권45, 「논어27(論語二十七)」, 「위령공편(衛靈公篇)」, 제10조목. 반시거의 기록)

又曰. 人之持敬, 若拘迫不和, 便非自然之理.

또 말씀하였다. "사람이 경을 유지할 때 만일 구속하고 압박하여 조화를 이루지 못한다면 자연스러운 이치가 아니다." (『주자어류』 권22, 「논어4(論語四)」, 「학이편하(學而篇下)」, 제46조목. 만인걸萬人傑의 기록)[244]

302. **又曰. 此心, 本自光明廣大, 自家只著些子力去, 提省照管他便了, 不要苦著力, 苦著力, 反不是.

또 말씀하였다. "이 마음은 본래 밝게 빛나고 광대한 것이니, 스스로가 단지 조금만 힘을 써서 살피고 관여하면 되고, 고달프게 힘을 쓰지 말아야 하니, 고달프게 힘을 쓰면 도리어 옳지 않다." (『주자어류』 권12, 「학문6」, 「지수」, 제24조목. 동백우의 기록)[245]

〈以上言敬不可急迫(이상은 경은 급하게 서둘러서는 안 됨을 말한 것이다)〉

244) 여기 301조목의 두 구절은 서로 다른 원천에서 왔으나, 『서산독서기』(권19, 「경상」. 39b)에서 하나로 연결되어 있고 정구는 이를 따랐다.

245) 『심경부주』 「예악불가사수거신장」.

6. 징분질욕장(懲忿窒慾章)

〈『주역』, 손괘(損卦)의 「대상전(大象傳)」〉

○ 총 16조목

損之象曰. 山下有澤, 損, 君子以, 懲忿窒慾.

『주역』 손괘의 「대상전」에서 말하였다. “산 아래 못이 있는 것이 손괘이니, 군자를 이를 본받아서 ‘징분질욕’ 즉 분노를 징계하고 욕심을 막는다.”

1. *伊川先生曰. 修己之道, 所當損者, 惟忿與慾. 故懲戒其忿怒, 窒塞其意欲也.

이천 선생이 말씀하였다. "자기를 닦는 방법에 마땅히 덜어내야 하는 것은 오직 분노와 욕심이다. 그러므로 그 분노를 징계하고, 그 '하고자 하려는 뜻[意欲]'을 막는 것이다." (『이천역전』 권1, 「문언전」. 8a)

2. **朱子曰. 懲忿如摧山, 窒慾如塡壑.

주자가 말씀하였다. "'징분'은 산을 무너뜨리듯이 하고, '질욕'은 골짜기를 메우듯이 한다." (『주자어류』 권72, 「역8(易八)」, 「손(損)」, 제84조목. 심한의 기록)[246]

3. 又曰. 懲忿如救火, 窒欲如防水.

또 말씀하였다. "'징분'은 불을 끄는 것과 같이 하고, '질욕'은 물의 범람을 막는 것과 같이 한다." (위와 같은 곳, 제82조목. 여대아의 기록)

4. **又曰. 觀山之象以懲忿, 觀澤之象以窒慾. 人怒時, 自是恁突兀起來. 故孫權曰, 令人氣湧如山. 慾如汙澤然, 其中穢濁, 解汙染人, 須當塡塞.

또 말씀하였다. "(손괘에서) 산의 상징을 보고 '징분'하고, 연못의 상징을 보고 '질욕'하는 것이니, 사람이 분노할 때는 절로 이처럼 돌발적으로 일어난다. 그래서 (『삼국지』의) 손권이 '사람으로 하여금 분노의 기운이 산처럼 용솟음치게 하는구나'[247] 한 것이다. 욕심은 웅덩이나

---

246) 『심경부주』 「징분질욕장」에서는 순서가 바뀌어져 있다. "窒慾如塡壑, 懲忿如摧山."

247) 『삼국지(三國志)』 권47, 「오서2(吳書二)」, 「오주전3(吳主傳第二)」. 위(魏)나라 요동태수(遼東太守) 공손연(公孫淵)이 오나라에 표문(表文)을 올리고 신(臣)이라 칭하였다. 오나라의 손권은 크게 기뻐하여 장미(張彌)와 허안(許晏)을 보내어 공손연을 연왕(燕王)으로 봉해주었다. 그러나 공손연은 장미와 허안을 목베어 위나라에 바쳤다. 손권은 이 말을 듣고 크게 노하여 말했다. "내 나이 60세에 세상의 온갖 일을 모두 경험하였는데, 근래에 쥐새끼들에게 퇴각을 당하니, 사람으로 하여금 노여움의 기운이 산처럼 용솟음치게 한다(朕年六十, 世事難易, 靡所不嘗, 近爲鼠

연못과 같아서 그 가운데의 더럽고 흐린 것이 사람을 오염시킬 수 있으니 모름지기 메워버려야 한다." (위와 같은 곳, 제83조목. 보광의 기록)[248]

5. **明道先生曰. 人之情, 易發而難制者, 惟怒爲甚. 第能於怒時, 遽忘其怒, 而觀理之是非, 亦可見外誘之不足惡, 而於道, 亦思過半矣.

명도 선생이 말씀하였다. "사람의 감정 가운데 피어나기는 쉬운데 절제하기 어려운 것은 오직 분노가 심합니다. 하지만 분노할 때에 문득 그 분노를 빨리 잊고서 이치의 옳고 그름을 살필 수 있다면, 또한 바깥에서 나를 유혹하는 것이 미워할 대상이 아니라는 것을 알 수 있으니, 이러면 도(道)에 있어서 또한 '생각이 반절은 넘어선 것'[249]입니다." (『이정문집(二程文集)』 권2, 1번째 문장. 「답횡거선생정성서(答橫渠先生定性書)」)

朱子曰. 觀理之是非, 纔見己是而人非, 則其爭愈力. 孟子所謂我必不仁也, 其自反而仁矣, 其橫逆由是也, 則曰此亦妄人而已矣.

주자가 말씀하였다. "'이치의 옳고 그름을 살필' 때는 자기는 옳고 남은 그르다고 한다면 그 다툼에 힘을 더 쏟는다. 맹자가 이른바 '(어떤 사람이 나에게 횡포를 부릴 때, 군자는) 내가 필시 그에게 불인하게 대했을 것이라 생각하고, 스스로 반성해 보아도 인으로 대했는데, 그가 나에게 이렇게 횡포를 부린 것이라면, 그때서야 (군자는) 이 사람은 거짓된 사람이다'라고 할 것이다'[250]라는 것이다." (『주자어류』 권95,

---

子所前却, 令人氣湧如山)."

248) 『심경부주』는 문답으로 이루어진 『주자어류』의 원문을 편집해서 싣고 있으며, 정구는 이를 따르고 있다. 『주자어류』의 원문과 『서산독서기』는 거의 같다.

249) 나머지 절반은 저절로 알 수 있다. 『주역』 「계사전하(繫辭傳下)」 9장. "지혜로운 사람은 단사만 보면 생각이 반은 지날 것이다(知者, 觀其彖辭 則思過半矣)."

250) 『맹자』 「이루하(離婁下)」 28장. "여기에 어떤 사람이 있는데, 그가 나에게 횡포를 부린다면, 군자는 반드시 스스로를 반성하기를, '내가 필시 그에게 불인하게 대했을 것이며, 내가 필시 그에게 무례하게 대했을 것이다. 그렇지 않다면 이런 횡포가 어찌 나에게 올 수 있단 말인가'라고 할 것이다. 스스로 반성해 보아도 인으로 대했고 스스로 반성해 보아도 예의가 있었는

「정자지서1(程子之書一)」, 제113조목. 등린의 기록)

又曰. 若知其理之曲直, 不必較却好. 若見其直而又怒, 則愈甚.

또 말씀하였다. "만약 이치의 시비곡직을 알았다고 해도, 굳이 따지려 들지 않는 것이 좋다. 만약 자기가 바른 것을 알고서 또 노여워하면 사태가 더욱 악화될 것이다." (위와 같은 곳, 제114조목. 정가학의 기록)

6. **伊川先生曰. 孔子曰, 棖也慾, 焉得剛, 甚哉, 慾之害人也. 人之爲不善, 欲誘之也, 誘之而弗知, 則至於滅天理而不反. 故目欲色, 耳欲聲으로以至鼻之於香, 口之於味, 四支之於安佚, 皆然, 此皆有以使之也. 然則何以窒其欲, 曰思而已矣. 學者, 莫貴於思, 惟思而能窒慾. 曾子三省, 窒慾之道也.

이천 선생이 말씀하였다. "공자께서 '신장(申棖)은 욕심이 많으니, 어찌 강직하다고 할 수 있겠는가'[251] 하셨으니, 심하구나, 욕심이 사람을 해침이여! 사람이 불선을 하는 것은 욕심이 유혹하기 때문이니, 유혹하는 데도 알아채지 못하면 천리를 없애는데 이르러 돌아오지 못한다. 그러므로 눈이 좋은 색을 바라고, 귀가 좋은 음악을 바라는 것에서 코가 좋은 향기에 대해서, 입이 맛있는 음식에 대해서, 사지(四肢)가 편안함에 대해서도 모두 그러하니, 이것은 그렇게 하도록 시켰기 때문이다. 그렇다면 어떻게 그 욕심을 막아야 하는가? 생각할 따름이다. 배우는 자는 생각하는 것보다 더 귀한 것이 없으니, 오직 생각하면 욕심

데, 그가 나에게 이렇게 횡포를 부린 것이라면, 군자는 반드시 스스로를 반성하기를, '내가 필시 성의를 다하지 않았을 것이다'라고 할 것이다. 스스로를 반성해 보아도 성의를 다하였는데, 그가 나에게 이렇게 횡포를 부린 것이라면, 그때서야 군자는 '이 사람은 망령된 사람이다'라고 할 것이다(有人於此, 其待我以橫逆, 則君子必自反也, 我必不仁也, 必無禮也. 此物, 奚宜至哉. 其自反而仁矣, 自反而有禮矣, 其橫逆, 由是也, 君子必自反也, 我必不忠. 自反而忠矣, 其橫逆, 由是也, 君子曰, 此亦妄人也已矣)."

251) 『논어』「공야장(公冶長)」 10장.

을 막을 수 있다. 증자(曾子)가 '하루 세 번 반성한 것'[252]이 '질욕'의 방법이다." (『이정유서』 권25, 27번째 문장)[253]

問. 此莫是言慾心一萌, 當思禮義以勝之否. 曰. 然.

물었다. "이는 욕심이 일단 싹트면 마땅히 예의를 생각해서 이겨내야 한다는 것이 아닙니까?"

말씀하였다. "그렇다." (『주자어류』 권97, 「정자지서3(程子之書三)」, 제57조목. 김거위의 기록)

問. 莫是要喚醒否. 曰. 然.

물었다. "(마음을) 불러서 깨워야 한다는 것이 아닙니까?"

말씀하였다. "그렇다." (위와 같은 곳, 제59조목)

問. 思與敬如何. 曰. 人於敬上未有用力處, 且自思入, 庶幾有箇巴攬處. 思之一字, 於學者最有力.

물었다. "생각과 경은 어떠한 것입니까?"

말씀하였다. "사람이 경에 대해서는 힘쓸 곳이 없으니, 우선 생각으로부터 들어간다면 거의 파악하는 곳이 있을 것이다. 생각이라는 한 글자는 배우는 이가 가장 힘 써야 하는 것이다." (위와 같은 곳, 제57조목. 김거위의 기록)

7. 又曰. 忿欲, 忍與不忍, 便見有德無德.

또 말씀하였다. "분노와 욕심을 참느냐 못 참느냐에 따라 덕이 있고

---

252) 『논어』 「학이(學而)」 4장. 증자가 말하였다. "나는 날마다 세 가지 일로 나 자신을 반성하니, 남을 위하여 일을 꾀하면서 진심을 다하지 않았는가, 벗과 사귀면서 진실하지 않았는가, 배운 것을 익히지 않았는가 하는 것이니(曾子曰. 吾日三省吾身, 爲人謀而不忠乎, 與朋友交而不信乎, 傳不習乎)."

253) 『이정유서』의 문장과 글자의 출입이 약간 있으나, 정구는 『심경부주』의 글을 그대로 실었다.

없음을 알게 된다." (『이정유서』 권6, 83번째 문장)

8. **先生謂張思叔曰. 吾受氣甚薄, 三十而浸盛, 四十五十而後完. 今生七十二年, 校其筋骨, 於盛年, 無損也. 思叔請曰. 先生豈以受氣之薄而厚爲保生耶. 先生黙然曰. 吾以忘生徇欲爲深恥.

이천 선생이 장사숙(장역張繹, 1071~1108. 정이의 문인)에게 말씀하였다. "나는 태어날 때 받은 기운이 매우 약했으나, 서른이 되자 점점 왕성해졌고 마흔을 지나 쉰이 되니 온전해졌다. 이제 나이가 일흔 둘인데 근골(筋骨)을 비교하면 젊었을 때보다 줄어든 것이 없다."

장사숙이 물었다. "선생님께서는 어찌 태어날 때 받은 기운이 약했는데도 후하게 해서 생명을 보양(保養)할 수 있었습니까?"

이천 선생이 침묵하시다 말씀하였다. "나는 생명을 망각하고 욕심을 따르는 것을 매우 수치스럽게 여긴다." (『이정유서』 권21상, 9번째 문장)

9. **張思叔, 詬詈僕夫. 伊川先生曰. 何不動心忍性. 思叔慙謝.

장사숙이 마부를 욕하고 꾸짖었다.

이천 선생이 말씀하였다. "어찌하여 마음을 요동치게 하고 성질을 참지 않는가?"[254] (이에) 장사숙은 부끄러워하며 용서를 빌었다. (『이정외서(二程外書)』 권12, 70번째 문장)[255]

10. 上蔡謝氏曰. 任意喜怒, 都是人慾. 須察見天理, 涵養始得.

---

254) 정이천이 말한 '動心忍性'은 '마음을 안정되게 하지 못하고 참을성을 기르지 않는가'라는 의미로 쓰였다. 그러나 이 말은 본래 '마음을 분발하고 본성을 강인하게 단련한다'는 의미를 가지고 있다. 『맹자』 「고자하(告子下)」 15장. "하늘이 장차 그 사람에게 큰일을 맡기려 할 때에는, 반드시 먼저 그 心志를 괴롭게 하고, 그 살과 뼈를 고달프게 하며, 그 신체와 피부를 주리게 하고, 그 몸을 궁핍하게 하며, 그가 하는 일마다 잘못되고 뒤틀리게 하는데, 이는 '마음을 분발시키고 성격을 강인하게 함'으로써 그의 부족한 능력을 키워주려는 것이다(天將降大任於是人也, 必先苦其心志, 勞其筋骨, 餓其體膚, 空乏其身, 行拂亂其所爲, 所以動心忍性, 曾益其所不能)."

255) 『심경부주』 「정심장(正心章)」.

상채 사씨(사량좌謝良佐)가 말하였다. "마음대로 기뻐하고 노여워하는 것은 모두 사람의 욕심이다. 모름지기 천리를 잘 살펴서 알아야 하니, 함양해야 비로소 얻을 수 있다." (『서산독서기』 권4, 「정」. 60b)

11. 西山李氏曰. 欲爲聖賢之事, 必去世俗之欲.

서산 이씨(이과李過)[256]가 말하였다. "성현의 일을 하려고 한다면 반드시 세속의 욕심을 없애야 한다." (『서산독서기』 권4, 「치정(治情)」. 62b)

12. 武夷胡氏曰. 克己可以治怒, 順理可以忘怒.

무이 호씨(호안국胡安國)가 말하였다. "'극기'하면 분노를 다스릴 수 있고, 이치에 따르면 분노를 잊을 수 있다." (위와 같은 곳. 61b)

13. **五峯胡氏曰. 氣感於物, 發如奔霆, 狂不可制, 惟明者能自反, 勇者能自斷.

오봉 호씨가 말하였다. "기가 사물에 느껴 통할 때는 피어나는 것이 마치 빠른 번개와 같아 빠르기가 엄청나서 제어할 수 없으니, 오직 밝은 자만이 스스로 돌이켜볼 수 있고, 용맹한 자만이 스스로 결단할 수 있다." (『서산독서기』 권4, 「기(氣)」. 22a)

14. **朱子曰. 徇人欲, 自是危嶮, 莊子所謂其熱焦火, 其寒凝冰.

주자가 말씀하였다. "인욕을 따르면 저절로 위험하게 되니, 장자(莊子)가 말한 '(사람의 마음이란) 뜨거워지면 불같이 타오르고, 차가워지면 얼음처럼 얼어붙는다'는 것이다." (『주자어류』 권78, 「상서1(尙書一)」, 「대우모(大禹謨)」, 제212조목. 진문위의 기록)[257]

---

256) 자는 계변(季辨)이며 호는 서계(西溪)이다. 『서계역설(西溪易說)』을 지었다. 『중국역대인명사전』 관련 항목 참고.
257) 『심경발휘』 권1, 「1. 인심도심장」 12조목 참고.

15. 問. 稟性太急, 力於懲忿上做工夫, 然遇事不知不覺忿暴, 何從而去此病. 曰. 亦在乎熟耳. 一旦如何便盡打疊得. 須是日夜懲戒之以至於熟, 久當自去.

물었다. "(저는) 성질이 너무 급해서 '징분' 공부에 힘을 쏟고 있습니다만, 일을 만나면 부지불식간에 분노가 폭발하니, 이 병을 어디서부터 없애야 합니까?"

말씀하였다. "이 또한 익숙함에 달렸을 따름이다. 어떻게 하루아침만에 완전히 정리되겠는가? 모름지기 아침저녁으로 징계하여 익숙한 데 이르러야 하니, 오래 지나면 저절로 없어질 것이다." (『주자어류』 권118, 「주자15」, 「훈문인6」, 21조목)

16. **又曰. 向見呂伯恭說, 少時性氣粗暴, 嫌飮食不如意, 便敢打破家事, 後日久病, 只將一冊論語早晚閑看, 至躬自厚而薄責於人, 忽然覺得意思一時平了, 遂終身無暴怒. 此可爲變化氣質之法.

또 말씀하였다. "전에 여백공(呂伯恭)의 말을 들어보니, '젊을 때는 성품이 거칠고 사나워서 음식이 마음에 들지 않으면 기분이 상해서 감히 집안의 물건을 때려 부쉈는데, 뒤에 오랫동안 병을 앓다가, 『논어』 한 책만을 아침저녁으로 한가히 읽는 중에, 자신을 책망하는 데 엄격하고 남을 책망하는 데 관대하다[258]는 구절에 이르자, 갑자기 마음이 일시에 평안해지는 것을 느끼고서는 마침내 죽을 때까지 불쑥 화를 내는 일이 없었다'고 하니, 이것은 기질(氣質)을 변화시킬 수 있는 방법이라 할 것입니다." (『주자대전』 권54, 「노덕장에게 답함4(答路德章)」)[259]

258) 『논어』 「위령공(衛靈公)」 14장. 공자께서 말씀하셨다. "자신을 책망하는 데 엄격하고 남을 책망하는 데 관대하면 원망이 멀어질 것이다(子曰. 躬自厚而薄責於人, 則遠怨矣)."
259) 이 편지는 1186년(순희 13년, 57세)에 쓴 것으로 추정된다. (『편년고증』, 258쪽 참고)

7. 천선개과장(遷善改過章)

〈『주역』, 익괘(益卦)의 「대상전」〉

○ 총 9조목

益之象曰. 風雷益, 君子以, 見善則遷, 有過則改.

『주역』 익괘의 「대상전」에서 말하였다. “바람과 우레가 있는 것이 익괘이니, 군자는 이를 본받아서 선함을 보면 옮겨 가고 허물이 있으면 고친다.”

1. *伊川先生曰. 爲益之道, 无若見善則遷, 有過則改也. 見善能遷, 則可以盡天下之善, 有過能改, 則无過矣. 益於人者, 无大於是.

이천 선생이 말씀하였다. "유익하게 하는 도는 '선함을 보면 옮겨가고 허물이 있으면 고친다' 만한 것이 없다. 선함을 보고 옮겨 갈 수 있으면 천하의 선함을 다 할 수 있고, 허물이 있는데 고칠 수 있으면 허물이 없을 것이다. 사람에게 유익한 것이 이 보다 더 큰 것은 없다." (『이천역전』, 익괘의 「대상전」 주석)260)

2. **朱子曰. 遷善, 當如風之速, 改過, 當如雷之猛.

주자가 말씀하였다. "'선함으로 옮겨가는 것[遷善]'은 바람이 빠른 것처럼 하고, 허물을 고치는 것[改過]은 우레가 맹렬한 것처럼 해야 한다." (『주자어류』 권72, 「역8(易八)」, 「익(益)」, 제93조목. 증조도의 기록)

又曰. 風是一箇急底物, 見人之善, 己所不及, 遷之如風之急. 雷是一箇勇決底物, 己有過, 便斷然改之, 如雷之勇, 決不容有些子遲緩.

또 말씀하였다. "바람은 급하게 움직이는 사물이니, 다른 사람의 선함을 보고 내가 미치지 못한 것이 있으면 바람이 급하게 부는 것처럼 옮겨간다. 우레는 용감하게 결단하는 사물이니, 자기에게 허물이 있으면 곧 단호하게 고치는 것을 우레가 용감한 것처럼 하되, 결코 조금이라도 주저함을 용납하지 않는다." (위와 같은 곳, 제94조목. 임사의 기록)

3. **問. 莫是才遷善, 便是改過否. 曰. 不然. 遷善字輕, 改過字重. 遷善如滲淡之物, 要使之白, 改過如黑之物, 要使之白, 用力自是不同. 遷善者, 但見是人做得一事强似我, 心有所未安, 卽便遷之. 若改過, 須是大段勇猛始得.

---

260) 『심경부주』는 원문을 약간 줄인 것이나, 정구는 『이천역전』의 원문을 그대로 옮기고 있다.

물었다. "선함으로 옮겨가면 곧 허물을 고치는 것이 아닙니까?"

말씀하였다. "그렇지 않다. '천선'이라는 글자의 의미는 가볍고 '개과'라는 글자의 의미는 무겁다. '천선'은 색깔이 옅은 사물을 희게 하는 것과 같고 '개과'는 검은 사물을 희게 하는 것과 같으니, 힘쓰는 것이 같지 않다. '천선'이란 다만 남이 어떤 일을 하는 것을 보고 나도 그와 같아지려 애쓰는 것이니, 마음에 편안하지 못한 점이 있으면 곧 옮겨가는 것이다. '개과'와 같은 것은 모름지기 대단히 용맹스러워야 비로소 할 수 있는 것이다." (위와 같은 곳, 제93조목. 증조도의 기록)[261]

4. **明道先生曰. 子路亦百世之師. 人告之以有過則喜.

명도 선생이 말씀하였다. "자로는 또한 영원한 백세(百世)의 스승이다. 사람들이 허물이 있음을 알려주면 기뻐하였다." (『이정유서』 권3, 115번째 문장)[262]

5. **又曰. 年十六七時, 好田獵, 旣而自謂已無此好. 周茂叔曰. 何言之易也. 但此心, 潛隱未發, 一日萌動, 復如初矣. 十二年暮歸, 在田野間見田獵者, 不覺有喜心. 方知果未也.

또 말씀하였다. "내(정명도)가 나이 16~17세에는 사냥을 좋아했는데, 이윽고 스스로가 '이미 이것을 더 이상 좋아하지 않는다'라고 했다. 주무숙(주렴계)이 말씀하시길, '어찌 쉽게 말하는가. 다만 이 마음은 잠기고 숨겨져 피어나지 않을 뿐, 어느 날인가 싹터서 움직이면 다시 처음과 같을 것이다'라고 하셨다. 12년이 지나 저녁 때 집으로 돌아오다가 들판에서 사냥하는 사람을 만나게 되었는데, 나도 모르는 사이에 기뻐하는 마음이 생기니, 이제야 과연 '피어나지 않았을 뿐'이라는 말

---

261) 정구는 『주자어류』에서 직접 문장을 옮겨 왔다.

262) "백세의 스승" 이하 구절인 "사람들이 … 기뻐하였다"는 주석인데, 정구는 이를 하나의 문장으로 만들었다.

을 알게 되었다.” (『이정유서』 권7, 3번째 문장)

**建安葉氏曰. 周子用功之深, 故知不可易言, 程子治心之密, 故能隨寓加察, 在學者, 警省克治之力, 尤不可以不勉也.

건안 섭씨가 말씀하였다. “주자(周子, 주렴계)는 공부가 깊었기 때문에 쉽게 말할 수 없음을 알았고, 정자는 마음 다스림이 치밀하였기 때문에 따라 붙어서 더 잘 살필 수 있었으니, 배우는 자의 경계하고 살피며 극기하고 다스리는 공부에 있어서 더욱 힘쓰지 않으면 안 될 것이다.” (『근사록(近思錄)』 권5, 「극치(克治)」. 8b)

6. **伊川先生曰. 罪己責躬, 不可無, 然亦不當長留在心胸爲悔.

이천 선생이 말씀하였다. “자기를 벌주고 자신을 책망하는 것이 없어서는 안 되지만, 오랫동안 마음속에 담아두고 후회만 해서도 안 된다.” (『이정유서』 권3, 96번째 문장)

延平李氏曰. 有失處, 罪己責躬, 固不可無, 然過此以往, 又將奈何. 常留在胸中, 却是積下一團私意也. 到此境界, 須推求其所以愧悔不去爲何而來. 若來諭所謂, 似是於平日事親事長處, 不曾存得恭順謹畏之心. 卽隨處發見之時, 卽於此處就本源處推究涵養之, 令漸明, 卽此等固滯私意, 當漸化矣.

연평 이씨가 말하였다. “실수한 곳이 있을 때 자기를 벌주고 자신을 책망하는 것은 진실로 없을 수 없는 일이나, 이를 넘어가면 또 장차는 어찌할 것인가? 항상 가슴속에 담아두고 있으면 오히려 한 덩어리의 사사로운 뜻을 쌓는 것이다. 이 지경에 이르면 모름지기 부끄럽고 후회하는 마음이 없어지지 않는 이유가 어디에서 오는 것인지를 찾아야 한다. 가령 보내 온 편지에서 ‘평소에 어버이를 섬기고 윗사람을 섬기는 경우에 일찍이 공손하게 따르고 삼가 두려워하는 마음을 보존하지 못한 것 같다'고 했다. 곧 가는 곳에 따라 (마음이) 드러날 때, 바로 여기에서 본원에 나아가 궁구하고 함양해서 점차 밝아지게 되면, 이와 같이 굳고 막혀 있는 사사로운 뜻은 당연히 점차 변화된다." [주자(朱子), 『연평답문(延平答問)』. 46b~47a][263]

**朱子曰. 悔字難說. 旣不可常存在胸中以爲悔, 又不可不悔. 若只說不悔, 則今番做錯且休, 明番做錯又休, 不成說話. 問. 如何是着中底道理. 曰. 不得不悔, 但不可留滯. 旣做錯此事, 他時更遇此事, 或與此事相類, 便須懲戒, 不可再做錯了.

주자가 말씀하였다. "'뉘우침[悔]'이라는 글자의 의미는 말하기 어렵다. 항상 가슴속에 뉘우치는 마음을 가져서는 안 되지만, 또한 뉘우치지 않을 수도 없다. 만약 뉘우치지 않는다고 한다면 이번에 그르쳤을 때도 마음이 편하고, 다음에 그르쳤을 때도 또한 마음이 편할 것이니, 말이 되지 않는다."

물었다. "어떻게 하면 치우치지 않는 도리가 됩니까?"

말씀하였다. "뉘우치지 않을 수 없지만 다만 (그러한 마음에) 머물러 있어서도 안 된다. 이미 이 일을 그르쳤다면, 다른 때에 다시 이 일을 만나거나 혹은 이 일과 비슷한 종류의 일을 만났을 때 반드시 경계하여 다시 그르치지 않아야 한다." (『주자어류』 권13, 「학문7」, 「역행」, 제136조목. 호영胡泳의 기록)

東萊呂氏曰. 胸中存留悔心, 極害事.

동래 여씨가 말씀하였다. "가슴속에 뉘우치는 마음이 머물러 있으면 일에 매우 해롭다." (『여택논설집록』 권10, 「문인소기잡설2」. 8a)

---

263) 이 편지는 1163년(주자 34세, 이통 71세)에 쓴 것이다. 이 해에 이연평은 71세 나이로 세상을 떠난다. 성광동 외, 『스승 이통과의 만남과 대화: 연평답문』(이학사, 2006), 262쪽 참고.

7. **謝子與伊川, 別一年, 往見之. 伊川曰. 相別一年, 做得甚工夫. 謝曰. 也. 只去箇矜字. 曰. 何故. 曰. 子細檢點得來, 病痛盡在這裏. 若按伏得這箇罪過, 方有向進處. 伊川點頭, 因語在坐同志者曰. 此人爲學, 切問近思者也.

사자(사상채)가 이천 선생과 헤어진 지 1년만에 찾아가 뵈었다. 이천 선생이 말씀하였다. "서로 이별한 지 1년 동안 어떤 공부를 하였는가?"

사자가 말하였다. "괜찮습니다만, 다만 '긍(矜, 자랑과 과시)'이라는 글자를 없앴을 뿐입니다."

말씀하였다. "무슨 이유라도 있는가?"

말하였다. "자세하게 점검해 보니 병통이 여기에 다 있었습니다. 만약 이 허물을 억눌러 굴복시킨다면 비로소 향해 나갈 곳이 있을 것입니다."

이천 선생은 머리를 끄덕이시고 자리에 있던 뜻이 같은 사람들에게 말씀하였다. "이 사람이 학문하는 것은 절실하게 묻고 가까운 것부터 생각하는 것이다." (『이정외서』 권12, 33번째 문장)

胡文定公問上蔡. 矜字罪過, 何故恁地大. 謝子曰. 今人做事, 只管要誇耀別人耳目, 渾不關自家受用事. 有底人, 食前方丈, 便向人前喫, 只蔬食菜羹, 却去房裏喫, 爲甚恁地.

호문정공(호안국)이 사상채에게 물었다. "'긍(자랑과 과시)'이란 글자의 허물이 어떤 이유로 이렇게 큽니까?"

사자가 말하였다. "지금 사람들은 일을 할 때 다른 사람의 눈과 귀를 의식하여 지나치게 과장하고 꾸며대기만 하고, 자신이 감수해야 하는 일에는 전혀 관여하지 않습니다. 어떤 사람이 있는데, 먹을 것이 밥상 앞에 한 길 높이로 쌓였으면 (보란 듯이) 남의 앞을 향하여 먹고, 거친 밥에 나물국만이라면 방으로 들어가서 먹는 것은 무슨 까닭

일까요?" [사량좌(謝良佐), 『상채어록(上蔡語錄)』 권1. 13b]

問. 人之病痛不一, 各隨所偏處去. 上蔡才高, 所以病痛, 全在矜字. 曰. 此說是.

물었다. "사람의 병통은 하나가 아니라, 각기 치우친 곳을 따라 갑니다. 사상채는 재주가 뛰어나기 때문에 병통이 전적으로 '긍'이란 글자에 있는 것입니까?"

말씀하였다. "이 말이 옳다." (『주자어류』 권101, 「정자문인(程子門人)」, 「사현도(謝顯道)」, 제39조목. 만인걸의 기록)

建安葉氏曰. 充謝子爲己之學, 則一切外物, 皆不足以動其心矣.

건안 섭씨가 말하였다. "사자의 위기지학(爲己之學, 자신을 밝히는 학문)을 갖춘다면 일체의 외부 사물이 모두 마음을 움직이게 하지 못할 것이다." (『근사록』 권5, 「극치(克治)」. 11a)

8. 朱子曰. 所謂一劍兩段者, 改過之勇固當如此. 改過貴勇而防患貴怯, 二者相須, 然後眞可以修慝辨惑而成徙義崇德之功. 不然, 則向來竊聆悔過之言非不切至, 而前日之書頓至於此, 亦可驗矣. 自今以往, 設使眞能一劍兩段, 亦不可以此自恃, 而平居無事常存祗畏警懼之心以防其源, 則庶乎其可耳.

주자가 말씀하였다. "이른바 '한 칼에 두 동강 낸다'고 하는 것은 허물을 고치는 용기가 진실로 이와 같아야 한다는 것입니다. 허물을 고치는 것은 용기를 귀하게 여기지만, 근심을 막는 것은 두려움을 귀하게 여깁니다. 이 둘이 서로 의존한 뒤에야 진실로 '사악함 없애고 미혹함을 분별하여 의리를 실천에 옮기고 덕을 높이는'[264] 공을 이룰 수

264) 『논어』 「안연(顔淵)」 21장. 번지가 공자를 따라 무우(舞雩, 기우제 지내는 제단) 아래에서

있습니다. 그렇게 하지 않으면, 지난번 허물을 뉘우치는 말을 듣고서 간절하고 지극하지 않음이 없다고 생각했으나, 전날의 편지에서 갑자기 여기에 이르니, 아직은 그렇게 하지 않았다는 것을 증험할 수 있습니다. 지금부터 설령 진실로 한 칼에 두 동강 낼 수 있다고 해도, 이것만을 스스로 과신해서는 안 되니, 평소 아무 일이 없을 때 항상 공경하고 두려워하고 경계하는 마음을 보존해서 허물의 근원을 막는다면 거의 괜찮을 것입니다." (『주자대전』 권44, 「채계통(원정)에게 답함1(答蔡季通(元定)」)265)

9. 東萊呂氏曰. 損益二象, 最切學者, 損无如忿慾, 益无如遷改. 若甚易, 知推到精密處, 甚難, 懲窒遷改, 皆是用力處.

동래 여씨가 말하였다. "손(損)과 익(益)의 두 괘상은 배우는 자에게 가장 절실하니, 덜어내는 것[損]은 노여움과 욕심만한 것이 없으며, 더하는 것[益]은 선함을 옮기고 허물을 고치는 것 만한 것이 없다. 만일 매우 쉽다면 미루어 정밀한 곳에 이르는 것을 알고, 매우 어렵다면 (분노와 욕심을) 징계하고 막아서 선으로 옮겨가고 허물을 고치니, 모두가 힘을 쓰는 곳이다." [호광(胡廣), 『주역전의대전(周易傳義大全)』 권15, 「익(益)」. 23b]

노닐다가 말하였다. "감히 묻습니다. 내면의 덕을 높이고, 자신의 사악함을 없애고, 미혹을 분별하는 방도는 무엇입니까? 공자께서 말씀하셨다. "참 좋구나, 그 질문이. 해야 할 일을 먼저 하고 댓가를 따지지 않는 것이 덕을 높이는 길이 아니겠는가. 자기의 惡을 다스리고 남의 악을 다스리지 않는 것이 사악함을 없애는 길이 아니겠는가. 일시적인 분노로 자신을 잊고 싸우다가 부모에게 禍가 미치게 하는 것이 미혹한 짓이 아니겠는가(樊遲從遊於舞雩之下曰. 敢問崇德修慝辨惑. 子曰. 善哉, 問. 先事後得, 非崇德與. 攻其惡, 無攻人之惡, 非修慝與. 一朝之忿, 忘其身, 以及其親, 非惑與)."

265) 이 편지는 1176년(순희 3년, 병신, 47세)에 쓴 것이다. (『편년고증』, 149쪽 참고) 채원정(蔡元定, 1135~1198)은 자가 계통(季通), 호는 서산(西山), 시호는 문절(文節)이다. 가장 오랫동안 주희를 따랐던 박식한 제자이다.

8. 불원복장(不遠復章)

〈『주역』, 「계사전하(繫辭傳下)」〉

○ 총 7조목

復之初九曰. 不遠復, 無祗悔, 元吉, 子曰. 顔氏之子, 其殆庶幾乎. 有不善, 未嘗不知, 知之, 未嘗復行也.<大傳>

『주역』 복괘의 초구 효사에서 "멀리 가지 않고 돌아오므로 후회함에 이르지 않으니, 크게 길하다"고 한 것을 「역대전(易大傳)」266)에서 공자가 말씀하였다. "안씨(顔氏)의 아들이 그 거의 도(道)에 가까울 것이다. 불선함이 있으면 일찍이 알지 못한 적이 없고, 알게 되면 일찍이 다시 행한 적이 없었다."<「계사전하」 5장>

266) '역대전'은 주역의 경(經)에 대한 주석인 대략 10개의 전(傳) 가운데 가장 중요한 것으로 여겨지는 '계사전'에 붙인 이름이다. 위 복괘 초구에 대한 공자의 해석은 「계사전하」(5장)에 있다.

1. *伊川先生曰. 失而後有復, 不失則何復之有. 惟失之不遠而復, 則不至於悔, 大善而吉也.

이천 선생이 말씀하였다. "잃은 뒤에 돌아옴이 있는 것이니, 잃지 않으면 무슨 돌아옴이 있겠는가? 오직 잃어도 멀리 가지 않고 돌아오면 뉘우침에 이르지 않으니, 크게 선하고 길한 것이다." (『이천역전』 권2, 「복(復)」. 70a)

又曰. 過旣未形而改, 何悔之有. 旣未能不勉而中, 所欲不踰矩, 是有過也. 然其明而剛, 故一有不善, 未嘗不知, 旣知, 未嘗不遽改, 故不至於悔, 乃不遠復也.

또 말씀하였다. "허물이 이미 아직 드러나지 않을 때 고치면 무슨 뉘우침이 있겠는가? 이미 '힘쓰지 않아도 도(道)에 들어맞고,'[267] '하고자 하는 대로 따라도 법도를 넘지 않는다'[268] 등을 할 수 없다면 이는 허물이 있는 것이다. 그러나 (복괘의 초구가) 밝고 굳건하기 때문에 하나라도 선하지 않음이 없다면 일찍이 알지 못함이 없고, 이미 알았다면 일찍이 바로 고치지 않는 적이 없기 때문에 뉘우침에 이르지 않으니, '멀리 가지 않고 돌아오는 것'이다." (위와 같은 곳. 70a~70b)

2. *又曰. 不遠而復者, 君子所以修其身之道也. 學問之道, 無他也, 唯其知不善, 則速改以從善而已.

또 말씀하였다. "'멀리 가지 않고 돌아온다'는 것은 군자가 몸을 닦

---

267) 『중용』 20장. 성실한 사람은 노력하지 않아도 도(道)에 맞고 생각하지 않아도 도를 알아 (마음을 쓰지 않고) 자연히 도에 부합되니, 성인(聖人)이시다(誠者, 不勉而中, 不思而得, 從容中道, 聖人也).

268) 『논어』 「위정(爲政)」 4장. 공자가 말씀하였다. "나는 열다섯 살에 학문에 뜻을 두었고, 서른 살에 확고하게 섰고, 마흔에 의혹에 빠지지 않았고, 쉰에 천명을 알았고, 예순에 귀로 순순히 들었으며, 일흔에 마음이 하고자 하는 대로 따라도 법도를 넘지 않았다(子曰. 吾十有五而志于學, 三十而立, 四十而不惑, 五十而知天命, 六十而耳順, 七十而從心所慾不踰矩)."

는 방법이다. 학문하는 방법은 다른 것이 없으니, 오직 불선함을 알았다면 속히 고쳐서 선함을 따르는 것일 뿐이다." (위와 같은 곳. 70b)

3. **又曰. 顏子地位, 豈有不善. 所謂不善者, 只是微有差失, 才差失便能知之, 知之便更不萌作. 顏子大率與聖人皆同, 只這便有分別, 若無則便是聖人. 曾子三省, 只是緊約束.

또 말씀하였다. "안자의 경지에서 어찌 불선함이 있으리오. 이른바 '불선함'이란 것은 단지 아주 조금 잘못이 있는 것이니, 조금 잘못이 있으면 곧 이를 알 수 있고, 알게 되면 다시 싹이 자라지 않는다. 안자는 대체로 성인과 모두 같았으나, 단지 이 점에서 곧 구별되는 것이 있었으니, 만약 이 점이 없었다면 성인의 경지이다. 증자가 말한 '세 번의 반성[三省]'은 다만 엄격하게 단속한 것일 뿐이다." (『이정외서』 권5, 14번째 문장)

4. *橫渠先生曰. 知不善, 未嘗復行, 不貳過也.

횡거 선생(장재張載)이 말씀하였다. "불선함을 알고서 일찍이 다시 행하지 않는 것이 '불이과(같은 잘못을 두 번 다시 하지 않음)'[269]이다." (『장자전서』 권11, 「역설하(易說下)」, 「계사하(繫辭下)」, 44b)

5. **朱子曰. 今人只知知之未嘗復行爲難, 殊不知有不善未嘗不知是難處. 今人亦有說道知得這箇道理, 及事到面前, 又却只隨私欲做將去, 前所知者都自忘了, 只爲是不曾知.

---

269) 『논어』 「옹야(雍也)」 2장. 노(魯)나라 애공(哀公)이 묻기를, "제자 가운데 누가 배우기를 좋아합니까?" 하니, 공자께서 대답하셨다. "안회라는 제자가 있는데, 배우기를 좋아하여, 노여움을 타인에게 옮기지 않고, 같은 잘못을 두 번 되풀이하지 않았는데, 불행히도 명이 짧아 죽었습니다. 지금은 그런 사람이 없고, 배우기를 좋아하는 자가 있다는 얘기를 들어보지 못했습니다(哀公問弟子孰爲好學. 孔子對曰. 有顏回者, 好學. 不遷怒, 不貳過, 不幸短命死矣. 今也則亡. 未聞好學者也)."

주자가 말씀하였다. "지금 사람들은 단지 '알게 되면 일찍이 다시 행하지 않았다'가 어렵다는 것만 알지만, 특히 '선하지 않은 일이 있으면 알지 못한 적이 없었다'는 것을 모르는 것이 어려운 곳이다. 지금 사람들은 또한 이 도리를 안다고 말하는데, 일이 눈앞에 이르면 오히려 사사로운 욕심에 따라 일을 할 뿐이라서 전에 알고 있는 것은 모두 저절로 잊게 되는데, 다만 이는 일찍이 알지 못했기 때문이다." (『주자어류』 권76, 「주역12(周易十二)」, 「계사하(繫辭下)」, 제58조목. 동수의 기록)

**又曰. 有不善未嘗不知, 知之未嘗復行, 直是顔子天資好, 如至淸之水, 纖芥必見.

또 말씀하였다. "'선하지 않은 일이 있으면 알지 못한 적이 없었고, 알게 되면 일찍이 다시 행하지 않았다'는 것은 바로 안자가 타고난 자질이 좋은 것으로, 예컨대 지극히 맑은 물에서는 작은 낙엽 부스러기들이라도 반드시 보이는 것과 같다." (위와 같은 곳, 제59조목. 습개경의 기록)

6. **又曰. 屛山先生病時, 某以童子侍疾. 一日請問平昔入道次第, 先生欣然告之曰. 吾於易得入德之門焉, 所謂不遠復者, 乃吾之三字符也. 汝尙勉之

또 말씀하였다. "병산 선생(유자휘劉子翬)이 병환 중일 때 나는 선생을 돌보는 시동(侍童) 역할을 했다. 하루는 평소 도에 들어가는 차례를 여쭈었더니, 선생께서는 흔쾌하게 말씀하시길, 나는 『주역』에서 덕에 들어가는 문을 얻었으니, 이른바 '불원복'이라는 것이 나의 '삼자부(三字符, 세 글자로 된 비결)'였다. 너는 바라건대 힘써야 할 것이다." (『주자대전』 권90, 「병산선생유공묘표(屛山先生劉公墓表)」)[270]

270) 정구는 『서산독서기』(권31, 「주자전수(朱子傳授)」. 73b~74a)에서 '묘표'의 글을 정리한 것을 그대로 선택했다.

7. **南軒張氏曰. 夫習之有斷絶者, 心過有以害之也. 心過尤難防, 一萌於中, 雖非視聽所及, 而吾時習之功, 已間斷矣. 察之緩則滋長矣. 惟人安於故常, 以爲微而忽焉. 此豈可使之熟也哉. 今日一念之差, 而不痛以求改, 則明日玆念重生矣. 積而熟, 時習之功銷矣, 不兩立也. 是以君子懼焉, 萌於中, 必覺, 覺則痛懲而絶之, 如分桐葉然, 不可復續. 如此則過境自踈, 時習之功專, 以至於德以凝道, 顏子之不貳, 一絶不復生也. 故名吾室曰不貳.

남헌 장씨(장식張栻)가 말하였다. "무릇 익힘에 단절이 있는 것은 마음의 허물이 이를 해쳤기 때문이다. 마음의 허물은 더욱 막기 어려우니, 한 번 마음속에 싹트면 비록 보고 들어서 이른 것이 아니라도 내가 한 '때때로 익히는[時習]' 공부는 이미 그치거나 끊어지게 되니, 너그럽게 살피면 점점 자라난다. 오직 사람들이 예전에 익숙한 것에 편안을 느끼고 하찮은 일이라고 여겨서 소홀히 하니, 어찌 익숙하게 할 수 있겠는가? 오늘 한 생각의 잘못을 통렬히 고치려 하지 않으면 내일 이 생각이 거듭해 생길 것이니, 쌓여서 익숙해지면 '때때로 익히는' 공부는 없어져서 (두 일은) 양립하지 못한다. 이래서 군자는 두려워하여 마음속에 싹트면 반드시 깨닫고 깨달으면 통렬히 징계해서 단절하기를 마치 오동나무 잎을 자르듯이[271] 하여 다시 이어지지 않게 하는 것이다. 이와 같으면 잘못되는 것이 저절로 드물게 되고 '때때로 익히는' 공부에 전일하여 덕(德)으로써 도(道)를 완성하는데 이르게 되니, 안자의 '두 번 다시 하지 않음'은 한 번 단절해서 다시 생겨나지 않게 한 것이다. 그러므로 나의 거처를 '불이(不貳)라 이름한다." (『서산독서기』 권3, 「심(心)」. 46b~47a)

---

271) 사마광(司馬光), 『자치통감(資治通鑑)』 권247, 「당기63(唐紀六十三)」. 당나라 덕종(德宗)이 배신한 뒤에 다시 항복한 이회광(李懷光)을 받아들이려 하자, 좌산기 상시(左散騎常侍)로 있던 이필(李泌)이 오동나무 잎을 칼로 자르고 말했다. "폐하와 이회광은 임금과 신하의 구분이 있으니, 이 잘라져 나누어진 오동잎처럼 다시는 합할 수 없습니다(陛下與懷光君臣之分, 如此葉不可復合矣)." 이를 듣고 덕종은 이필의 간언을 따랐다.

**西山眞氏曰. 南軒之用力於遏絶心過也, 如此可爲學者法.

서산 진씨가 말하였다. "장남헌이 마음의 허물을 막고 단절하는데 힘을 쓴 것이 이와 같았으니, 배우는 자가 본받는 법이 될 만하다." (위와 같은 곳, 47a)

『심경발휘』 권1(心經發揮卷之一) (끝)

心經發揮

卷之二

심경발휘 권2

1. 자절사장(子絶四章)

〈『논어』, 「자한(子罕)」, 4장〉

○ 총 11조목

論語, 子絶四, 毋意, 毋必, 毋固, 毋我.<子罕>

『논어』「자한」에서, '공자는 네 가지를 끊으셨으니, 의(사사로운 의도)가 없고 필(기필코 하려 함)이 없고 고(한 곳에 붙잡혀서 막힘)가 없고 아(자기를 사사롭게 함)가 없으셨다.'<『논어』「자한」 4장>

1. *朱子曰. 意, 私意也. 必, 期必也. 固, 執滯也. 我, 私己也.

주자가 말씀하였다. "'의'는 사사로운 뜻이고 '필'은 기필(기필코 하려 함)함이며, '고'는 한 곳에 붙잡혀서 막힘이고 '아'는 자기를 사사롭게 함이다." (『논어집주』「자한」 4장의 주석)

2. 程子曰. 意是發動處, 意發而當, 卽是理也, 非意也. 發而不當, 是私意也.

정자가 말씀하였다. "'뜻[意]'은 피어나 움직이는 곳이니, 뜻이 피어나서 마땅하면 곧 이치이고 뜻이 아니다. 피어나서 마땅하지 않으면 사사로운 뜻이다." (『이정외서』 권3, 48번째 문장)

問. 聖人莫是任理, 而不任意否. 曰. 是.

물었다. "성인은 이치에 맡기고 뜻에 맡기지 않는 것입니까?"

말씀하였다. "그렇다." (위와 같은 곳)

3. 張子曰. 四者, 有一焉, 則與天地爲不相似矣.

장자(장횡거)가 말씀하였다. "네 가지 중에 한 가지라도 있으면 천지와 더불어 서로 같지 않게 된다." (『근사록집해』 권2, 「위학(爲學)」, 84조목)

4. 朱子曰. 意是要如此. 聖人只看理當爲便爲, 不當爲便不爲, 不曾道我要做, 我不要做. 只容一箇我, 便是意了.

주자가 말씀하였다. "뜻은 이와 같이 하려는 것이다. 성인은 단지 이치가 마땅하면 하는 것이고, 마땅하지 않으면 하지 않는 것을 알뿐이며, 우리가 해야 한다거나 우리가 하지 말아야 한다고 말한 적은 없다. 단지 하나의 '사사로운 나'[我]를 허용하면 뜻이 될 뿐이다." (『주자어류』 권36, 「논어18(論語十八)」, 「자한편상(子罕篇上)」, 「자절사장(子絶四章)」, 제7조목. 진

순의 기록)

5. 又曰. 這意字, 正是計較底私意.

또 말씀하였다. "이 '뜻[意]'이라는 글자는 바로 계산하고 비교하는 사사로운 뜻이다." (위와 같은 곳, 제2조목. 심한의 기록)

6. 又曰. 無意者, 渾然天理, 不任私意, 毋必者, 隨事順理, 不先期必也. 無固者, 過而不留, 無所凝滯也. 無我者, 大同於物, 不私一身也. 四者, 始於意而行於必, 留於固而成於我.

또 말씀하였다. "'무의(사사로운 뜻이 없음)'[1]는 혼연한 천리이고 사사로운 뜻에 맡기는 것이 아니고, '무필(기필코 하려 함이 없음)'은 하는 일마다 이치에 따르고 먼저 기필코 이루어내려고 하지 않는 것이다. '무고(한 곳에 붙잡혀서 막힘이 없음)'는 지나가며 머무르지 않고, 엉키거나 막힘이 없는 것이다. '무아(자기를 사사롭게 함이 없음)'는 사물과 크게 함께 하고 제 한 몸만을 사사롭게 하지 않는 것이다. 네 가지는 '의(뜻)'에서 시작하여 '필'에서 실천하며, '고'에서 머무르고 '아'에서 이루는 것이다." [주자(朱子), 『사서혹문(四書或問)』 권14, 「논어」, 「자한(子罕)」. 3a]

7. 又曰. 聖人之心, 曠然如太空, 了無一物.

또 말씀하였다. "성인의 마음은 환하게 비어 있는 거대한 공(空)과 같아서 끝내 하나의 사물도 없다." (『주자어류』 권29, 「논어11(論語十一)」, 「공야장하(公冶長下)」, 「안연계로시장(顏淵季路侍章)」, 제21조목. 임기손의 기록)[2]

---

1) 毋意라고 해야 하는데, 『논어』와 달리 『사서혹문』, 『서산독서기』 등에서는 無意라고 표기한다. 또한 毋固도 無固로 되어 있다.

2) 『주자어류』의 원문은 "성인의 뜻이라면 텅 비어 있는 거다란 허(虛)와 같아서 끝내 하나의 사물도 없다(若聖人之志, 則曠然太虛, 了無一物)"로 되어 있는데, 『서산독서기』(권3, 「심(心)」. 52b)는 이를 위에서처럼 약간 바꾸었고, 정구는 이를 따르고 있다.

8. 又曰. 絶四有兩說. 一說爲孔子自無此四者, 毋卽無字, 古書通用耳. 史記孔子世家正作無字也. 一說爲孔子禁絶學者毋得有此四者. 今來諭者乃此意也. 兩說皆有意思, 然以文意攷之, 似不若只用前說之爲明白平易也.

또 말씀하였다. "'절사'에 대한 해석에는 두 가지 설이 있습니다. 한 설에는 공자 스스로 이 네 가지가 없었다고 하니, 무(毋)는 곧 무(無, 없음)와 같으며 옛 글에서는 통용되었을 뿐입니다. 『사기(史記)』「공자세가(孔子世家)」에서는 바로 무(無)자로 쓰고 있습니다. 다른 한 설은 공자가 학자들에게 이 네 가지를 가져서는 '안 된다'고 철저히 금지시킨 것이라 합니다. 지금 보내신 편지도 곧 이 뜻입니다. 두 설이 다 의미가 있지만, 문장의 뜻으로 살펴본다면 명백하고 평이한 앞의 설을 쓰는 것이 더 나을 것 같습니다." (『주자대전』 권42, 「오회숙에게 답함10(答吳晦叔)」)[3]

9. 黃氏曰. 天理流行, 廓然大公, 物各付物, 泊然順應. 此心如鑑空水止, 而一毫之繫累, 無所容焉. 此其所以自始至終, 而絶無四者之病也.

황씨가 말하였다. "천리의 유행은 탁 트여서 크게 공정하니 사물을 각자 그 사물에 맡겨 두어 담담하게 따르고 호응한다. 이 마음은 마치 거울처럼 비어 있고 물처럼 고요하여 한 털끝만큼이라도 끼어드는 것을 용납하는 것이 없다. 이 때문에 작부터 끝까지 네 가지의 병통이 전혀 없는 것이다." (『논어집주대전(論語集註大全)』 권9, 「자한(子罕)」. 6a)

程子曰. 意必固我, 旣亡之後, 必有事焉, 此學者, 所宜盡心也.

정자가 말씀하였다. "'의' '필' '고' '아' 등이 이미 없어진 뒤에야 '반드시 일삼는 것을 두니', 이는 배우는 자가 마땅히 마음을 다해야 하는 것이다." (『이정유서』 권25, 44번째 문장)

---

3) 이 편지는 1172년(건도 8년, 임진, 43세)에 쓴 것이다. (『편년고증』, 99쪽 참고)

10. 朱子曰. 絶四是徹上徹下.

주자가 말씀하였다. "'사절'은 위부터 아래까지 철저하게 관통하는 것이다." (『주자어류』 권36, 「논어18」, 「자한편상」, 「자절사장」, 제1조목)

11. 南軒張氏曰. 在學者而言, 於是, 四者, 必用工, 以克去之, 四者, 亡而後, 天理得.

남헌 장씨가 말하였다. "배우는 자에게 있어서 말하자면, 이에 네 가지는 반드시 공부해서 이기고 없애야 하니, 네 가지가 없어진 뒤에야 천리를 알 수 있다." (『서산독서기』 권4, 「의(意)」. 24a~24b)

2. 안연문인장(顔淵問仁章)

〈『논어』, 「안연(顔淵)」, 1장〉

○ 총 34조목

顔淵問仁. 子曰. 克己復禮爲仁, 一日克己復禮, 天下歸仁焉. 爲仁由己, 而由人乎哉. 顔淵曰. 請問其目. 子曰. 非禮勿視, 非禮勿聽, 非禮勿言, 非禮勿動. 顔淵曰. 回雖不敏, 請事斯語矣.<顔淵>

안연이 인(仁)을 물었다. 공자가 말씀하였다. "자기의 사사로운 욕심을 이겨 예(禮)로 돌아가는 것이 인이니, 하루라도 사사로운 욕심을 이겨 예로 돌아가면, 천하 사람들이 인으로 돌아온다. 인을 하는 것이 자신에게 달려 있지 남에게 달려 있는 것이겠는가." 안연이 말하였다. "인을 하는 것의 조목을 여쭙겠습니다." 공자가 말씀하였다. "예(禮)가 아니면 보지 말며, 예가 아니면 듣지 말며, 예가 아니면 말하지 말며, 예가 아니면 움직이지 말아야 한다." 안연이 말하였다. "제가 비록 불민(不敏)하나 이 말씀을 따라 실천하겠습니다."<『논어』「안연」>

1. 朱子曰. 此章問答, 乃傳授心法切要之言, 非至明, 不能察其幾, 非至健, 不能致其決. 故惟顔子得聞之. 而凡學者, 亦不可以不勉也.

주자가 말씀하였다. "이 장의 문답은 바로 심법을 전수해준 절실하고 핵심적인 말씀이니, 지극히 밝지 않으면 그 기미를 살필 수 없고, 지극히 굳세지 않으면 그 결단에 이를 수 없다. 그러므로 오직 안자만이 이것을 얻어 들을 수 있었다. 모든 배우는 자들도 또한 힘쓰지 않을 수 없다." (『논어집주』「안연」 1장의 주석)

2. *伊川先生曰. 非禮處便是私意, 如何得仁. 凡人, 須是克盡己私, 皆歸於禮, 方始是仁.

이천 선생이 말씀하였다. "예가 아닌 곳이 곧 사사로운 뜻이니, 어떻게 인을 얻을 수 있겠는가? 무릇 사람은 모름지기 자기의 사사로움을 다 이겨내서 모두 예로 돌아가야 비로소 인이 된다." (『이정유서』 권22상, 48번째 문장)

朱子曰. 此說最爲的確.

주자가 말씀하였다. "이 설명이 가장 정확하다." (『주자어류』 권41, 「논어23(論語二十三)」, 「안연편상(顔淵篇上)」, 제83조목, 주모周謨의 기록)

3. 又曰. 人能克己, 則心廣體胖, 仰不愧俯不怍, 其樂可知. 有息則餒矣.

또 말씀하였다. "사람이 '극기' 즉 자신을 이길 수 있으면 '심광체반(덕이 있으면 마음이 넓어지고 몸이 반듯이 펴짐)'[4]하여 '위로 하늘에 부끄럽지 않고 아래로 사람에게 부끄럽지 않으니'[5] 그 즐거움을 알 수

4) 『대학』 전(傳) 6장. 증자가 말씀하였다. "열 사람의 눈이 나를 주시하고 열 사람의 손이 나를 가리키고 있으니, 참으로 두렵구나." 부유함은 집을 윤택하게 만들고 덕은 몸을 빛나게 하니, (덕이 있으면) 마음이 넓어지고 몸이 반듯이 펴지기에, 군자는 반드시 그 뜻을 진실하게 해야 한다(曾子曰. 十目所視, 十手所指, 其嚴乎. 富潤屋, 德潤身, 心廣體胖, 故君子, 必誠其意).

있다. (그러나) 그만둔다면 (몸과 마음이) 굶주리게 된다."(『이정외서』 권3, 11번째 문장)

朱子曰. 此說極有味.

주자가 말씀하였다. "이 설명은 지극히 맛이 있다."(『주자어류』 권41, 「논어23」, 「안연편상」, 제82조목. 이굉조李閎祖의 기록)

4. 又曰. 克己, 則私心去, 自然能復禮.

또 말씀하였다. "'극기'하면 사사로운 마음이 없어져서, 저절로 예로 돌아갈 수 있다."(『이정유서』 권2상, 41번째 문장)

5. 又曰. 克己最難.

또 말씀하였다. "'극기'가 가장 어렵다."(『이정유서』 권11, 123번째 문장)

6. 又曰. 難勝莫如己私, 學者能克之, 非大勇乎.

또 말씀하였다. "이기기 어려운 것은 자기의 사사로움만한 것이 없으니, 배우는 자가 이를 이겨낼 수 있으면 대단한 용기가 아니겠는가?"(『이정수언』 제2편, 「논학편(論學篇)」, 160번째 문장)

7. 又曰. 視聽言動, 一於禮之謂仁.

또 말씀하였다. "보고 듣고 말하고 행동하는 것이 오로지 예(禮)에

---

5) 『맹자』 「진심상(盡心上)」 20장. 맹자께서 말씀하셨다. "군자에게는 세 가지 즐거움이 있는데, 천하의 왕이 되는 것은 거기에 들어 있지 않다. 부모가 모두 생존해 계시고 형제가 무고한 것이 첫 번째 즐거움이고, 위로 하늘에 부끄럽지 않고 아래로 사람에게 부끄럽지 않은 것이 두 번째 즐거움이며, 천하의 영재(英才)를 얻어 교육하는 것이 세 번째 즐거움이다. 군자에게는 세 가지 즐거움이 있는데, 천하의 왕이 되는 것은 거기에 들어 있지 않다(孟子曰. 君子有三樂, 而王天下不與存焉. 父母俱存, 兄弟無故, 一樂也, 仰不愧於天, 俯不怍於人, 二樂也, 得天下英才, 而教育之, 三樂也. 君子有三樂, 而王天下, 不與存焉)."

한결 같은 것을 인이라 이른다." (『이정유서』 권25, 59번째 문장)

8. *謝氏曰. 克己, 須從性偏難克處, 克將去.

사씨가 말하였다. "'극기'는 모름지기 성질이 편벽되어서 이기기 어려운 곳에서부터 이겨나가야 한다." (『서산독서기』 권6, 「인(仁)」. 40a)[6]

朱子曰. 偏底固是要克, 也有不偏而事爲有不穩當底, 也當克. 且如偏於嚴, 克而就寬, 那寬中又有多少不好處要克.

주자가 말씀하였다. "한 곳으로 치우친 곳은 진실로 이겨내야 하지만, 또한 치우치지 않은 것이나 일을 처리하면서 온당치 않은 것도 또한 이겨내야 한다. 가령 엄격에 치우쳤을 때, (이를) 이겨내고 관대하려 할 때 그 관대한 가운데 또 다소간 좋지 않은 곳이 있을 때도 이겨내야 한다." (『주자어류』 권41, 「논어23」, 「안연편상」, 제58조목. 황의강의 기록)

9. 又曰. 視聽言動不可易, 易則多非禮.

또 말씀하였다. "(사량좌는) '보고 듣고 말하고 행동하는 것은 쉽게 할 수 없는 것이니, 쉽다면 대부분 예가 아니다'라고 했다." (『주자어류』 권113, 「주자10(朱子十)」, 「문인들을 가르침1(訓門人一)」, 제25조목)

朱子曰. 須時時自省覺, 自收斂, 稍緩縱, 則失之矣.

주자가 말씀하였다. "모름지기 시시때때로 스스로 반성하고 깨닫고 스스로 거두어들여야 하니, 조금이라도 느슨하게 늘어진다면 이를 잃게 된다." (위와 같은 곳)

10. **朱子曰. 顏子生平, 只是受用克己復禮四箇字.

---

6) 사씨의 이 말은 『논어집주』에 보이며, 주자 문인들이 논의하고 있다. 한 예로 『주자어류』(권41, 「논어23」, 「안연편상」, 제64조목. 심한의 기록)를 참고.

주자가 말씀하였다. "안자는 평생토록 단지 '극기복례'라는 네 글자만을 수용했을 뿐이다." (『주자어류』 권41, 「논어23」, 「안연편상」, 제1조목. 양도부의 기록)

11. **又曰. 顏子克己, 如紅爐上一點雪.

또 말씀하였다. "안자의 '극기'는 마치 붉은 화로 위에 있는 눈[雪]과 같다." (위와 같은 곳, 제2조목. 양도부의 기록)

12. 又曰. 克己復禮, 間不容髮, 無私便是仁.

또 말씀하였다. "'극기복례'는 그 사이에 한 터럭도 들어갈 틈을 용납하지 않으니, 사사로움이 없는 것이 곧 인이다." (위와 같은 곳, 제3조목. 양도부의 기록)

13. 又曰. 克己亦別無巧法. 譬如孤軍猝遇强敵, 只得盡力舍死向前而已, 尙何問哉.

또 말씀하였다. "'극기' 또한 특별히 교묘한 방법이 없다. 비유하자면, 고립된 군대가 갑자기 강적을 만났을 때처럼, 죽을힘을 다해 전진할 뿐이다. 무얼 더 묻겠는가?" (위와 같은 곳, 제6조목. 주모의 기록)

14. 又曰. 克己復禮, 所以言禮者, 謂有規矩則防範自嚴, 更不透漏.

또 말씀하였다. "'극기복례'에서 예를 말한 것은 법도를 가지게 되면, 방비하는 규범이 저절로 엄해져서 다시 새나가 버리지 않음을 이른 것이다." (위와 같은 곳, 제9조목. 오필대吳必大의 기록)

15. 又曰. 日用間, 只就事上, 子細思量, 體認那箇是天理那箇是人欲. 着力除去了私底, 不要做. 一味就理上去做, 次第漸漸見得, 道理自然純熟,仁亦可見.

또 말씀하였다. "일상의 생활 속에는 단지 일에 나아가 자세하게 생각하여, 저것이 천리이고 저것은 인욕이라는 것을 몸소 인식할 뿐이다. 힘을 다해서 사사로운 것을 제거하고 하지 말아야 한다. 오로지 이치에 따라 해나가면 순서가 점차로 보이고 도리는 저절로 완전히 익숙하게 되어 인(仁)도 볼 수 있을 것이다." (위와 같은 곳, 제 14조목. 주명작의 기록)

又曰. 大率克己工夫, 是自着力做底事, 與他人殊不相干. 緊緊閉門, 自就身上子細體認, 覺得才有私意, 便克去. 故曰爲仁由己, 而由人乎哉, 夫子說得大段分曉.

또 말씀하였다. "대개 '극기'의 공부는 스스로 힘을 다하는 일이므로 다른 사람과는 조금도 상관이 없다. 굳게 문을 닫고 스스로 자신의 몸에 나아가서 자세히 몸소 인식하여 사사로운 뜻이 있다고 깨달으면 이겨서 없애야 한다. 그러므로 '인을 하는 것은 자신에게 달려 있으니 남에게 달려 있겠는가'라고 하니, 공자가 대단히 분명하게 말씀하였다." (위와 같은 곳, 제 14조목. 주명작의 기록)

16. 問. 克復工夫, 全在克字上. 蓋是就發動處克將去, 必因有動而後, 天理人欲之幾始分, 方知所決擇而用力也.

물었다. "'극복(이기고 회복함)'하는 공부는 전적으로 '이김[克]'이라는 글자에 달려있다. 대개 피어나 움직이는 곳에 나아가 이겨 가는데, 반드시 움직임이 있는 것에 말미암은 뒤에 천리와 인욕의 기미가 처음으로 나누어지면, 결단하고 선택할 곳을 알아 힘을 쓰게 될 것이다." (위와 같은 곳, 제15조목. 심한의 기록)

曰. 若待發見而後克, 不亦晩乎. 發時固是用克, 未發時也須致其精明, 如烈火之不可犯, 始得."

말씀하였다. "만약 피어나 드러나는 것을 기다린 뒤에 이긴다면, 또한 늦지 않겠는가? 피어날 때가 진실로 이겨야 할 때이며, 아직 피어나지 않았을 때도 모름지기 그 정교하고 밝음을 지극히 해야 하니, 마치 맹렬한 불을 범할 수 없는 것과 같아야 비로소 이길 수 있다." (위와 같은 곳)

17. 問. 克己之私有三, 氣稟, 耳目鼻口之欲, 及人我是也. 不知那箇是夫子所指者. 曰. 三者皆在裏. 然非禮勿視聽言動, 則耳目口鼻之欲較多.

물었다: "자신의 사사로움을 이기는 것에는 세 가지가 있으니, 타고난 기질, 이목비구의 욕구, 다른 사람과 나 자신 등입니다. 어느 것이 선생님께서 가리킨 것인지 모르겠습니다."

말씀하였다. "세 가지 모두를 가리킨 것이나, '예가 아니면 보지도 듣지도 말하지도 행동하지도 않아야' 하니, 이목비구의 욕구를 비교적 더 많이 가리킨다." (위와 같은 곳, 제16조목. 임학몽林學蒙의 기록)

18. 又曰. 克去己私, 固卽能復天理. 不成克己後, 便都沒事. 惟是克去己私了, 到這裏恰好着精細底工夫. 故必又復禮, 方是仁. 聖人却不只說克己爲仁, 須說克己復禮爲仁. 見得禮, 便事事有箇自然底規矩準則.

또 말씀하였다. "자신의 사사로움을 이기면 진실로 천리를 회복할 수 있다. '극기'를 이루지지 못하면 도무지 어떤 일도 하지 못한다. 오직 자신의 사사로움을 이겨내서 여기에 이르러야 정밀하고 자세한 공부를 하는데 딱 알맞게 된다. 그래서 반드시 또 예로 돌아가야 비로소 인이다. 성인은 단지 '극기'가 인이라고 하지 않았을 뿐이며, 모름지기 '극기복례'를 인이라고 하였다. 예를 알게 되면 일마다 자연스런 법도

와 준칙이 있게 된다." (위와 같은 곳, 제18조목)

19. 又曰. 克己是大做工夫, 復禮是事事, 皆落腔窠. 克己便能復禮, 步步皆合規矩準繩, 非是克己之外, 別有復禮工夫也.

또 말씀하였다. "'극기'는 크게 공부하는 것이고, '복례'는 일마다 모두 법도에 맞아떨어지는 것이다. '극기'하면 '복례'할 수 있어서 걷는 걸음마다 모두 법도와 기준에 부합되니, '극기' 이외에 별도로 '복례'의 공부가 있는 것이 아니다." (위와 같은 곳, 제20조목. 정남승鄭南升의 기록)

20. 又曰. 克己者, 必須復此身, 於規矩準繩之中, 乃所以爲仁也.

또 말씀하였다. "'극기'는 반드시 자신을 법도와 기준에 맞춰서 회복해야 하기 때문에 인이 되는 것이다." (위와 같은 곳, 제21조목. 반시거의 기록)

21. 又曰. 跛倚倨傲, 亦未必盡是私意, 亦有性自坦率者. 伊川所謂人雖無邪心, 苟不合正理, 乃邪心也.

또 말씀하였다. "'피의거오(무례한 몸가짐과 그 마음의 상태)'[7]도 또한 꼭 모두 사사로운 뜻은 아니고 또한 성품이 태어날 때부터 솔직한 사람들도 있다. 이천이 이른바 '사람이 비록 간사한 마음이 없다고 해도, 진

---

7) '跛倚'는 '피의'라고 읽는다. 절름발이를 가리킬 때는 발음이 '파'이고 피로 읽을 때는 '비스듬히 서다'의 뜻이기 때문이다. '피의'는 짝 다리 짚거나 기대어 비스듬히 서 있는 다소 무례하거나 단정하지 않은 몸가짐이다. 유학자들은 이러한 무례한 행동은 모두 방종(放縱)과 거오(倨傲) 즉 '오만한' 마음가짐과 상응한다고 보았다. "부모나 시부모가 계신 곳에 있을 때에는 부모가 어떤 명령이 있으면 즉시 '예'하고 나서 공손히 응대한다. 그리고 몸을 움직여서 앞으로 나아가고 뒤로 물러나며, 접대하고 응대할 때에는 삼가 동작에 조심해야 하며, 계단을 오르고 내리거나 방에 들어가고 나갈 때에는 몸을 굽히고 펴는 것을 법도에 맞게 해야 한다. 감히 트림이나 재채기, 헛기침, 하품 및 기지개를 켜지 않으며 한쪽 다리에만 의지하여 몸을 기울게 서거나 비스듬히 곁눈질로 보거나 하지 않으며, 코풀거나 가래침을 뱉지 아니한다(在父母舅姑之所, 有命之, 應唯敬對. 進退周旋, 愼齊, 升降出入, 揖遊. 不敢噦, 噫, 嚏, 咳, 欠, 伸, 跛倚, 睇視, 不敢唾洟)." 『예기(禮記)」』 권12, 「내칙(內則)」 11장(11a).

실로 바른 도리에 맞지 않으면'[8] 곧 간사한 마음이다." (위와 같은 곳)

22. 又曰. 孔子告顏子以克己復禮, 語雖切, 看見, 不似告樊遲, 居處恭, 執事敬, 與人忠, 更詳細. 蓋爲樊遲未會見得箇己是甚, 禮是甚, 只分曉說, 教恁地做去.

또 말씀하였다. "공자가 안자에게 '극기복례'를 말씀하시니, 말씀이 비록 간절하나 살펴보면 번지에게 말씀하신 '거처할 때는 공손하고 일을 집행할 때는 공경하고 사람을 대할 때는 충실해야 한다'는 것보다는 상세하지 않은 것 같다. 대개 번지는 자기가 누구이고 예(禮)가 무엇인지를 아직 깨닫지 못하고 있기 때문에, 분명하게 말씀하여 이와 같이 해가야 한다고 가르치신 것이다." (위와 같은 곳, 제52조목)

23. 又曰. 蓋非禮勿視, 便是要在視上克己復禮, 非禮勿聽, 是要在聽上克己復禮, 非禮勿言, 是要在言上克己復禮, 非禮勿動, 是要在動上克己復禮. 前後反復, 只說這四箇字.

또 말씀하였다. "대개 '예가 아니면 보지 말라'는 것은 보는 일에 있어서의 '극기복례'에 요점이 있고, '예가 아니면 듣지 말라'는 것은 듣는 일에서의 '극기복례'에 요점이 있으며, '예가 아니면 말하지 말라'는 말하는 일에서의 '극기복례'에 요점이 있고, '예가 아니면 행동하지 말라'는 움직이는 일에 있어서의 '극기복례'에 요점이 있다. 앞뒤로 반복해서 단지 이 네 글자만 말씀했을 뿐이다." (위와 같은 곳, 제41조목. 반시거의 기록)

24. 又曰. 主在勿字上. 才覺非禮意思萌作, 便提却這勿字, 一刀兩段, 己

8) 『이천역전』(권2, 「무망괘(无妄卦)」. 74a). "당초에 간사한 마음이 없었다고 하더라도, 바른 도리에 맞지 않으면 '거짓[妄]'이 된다(雖無邪心, 苟不合正理, 則妄也)."

私便可去. 私去, 則能復禮而仁矣.

또 말씀하였다. "주안을 둘 곳은 '물[勿]'이라는 글자에 있다. 예가 아닌 생각이 싹트는 것을 깨닫게 되면 곧바로 이 물(勿) 자를 끄집어내어서 한 칼에 두 동강이로 잘라버리면 자신의 사사로움을 곧 없앨 수 있다. 사사로움이 없어지면 '복례'하여 인(仁)을 할 수 있게 된다." (위와 같은 곳, 제65조목. 동수의 기록)

25. **又曰. 說文謂勿字似旗脚, 此旗一麾, 三軍盡退, 工夫只在勿字上. 纔見非禮來, 則禁止之, 便克去, 纔克去, 便能復禮.

또 말씀하였다. "『설문해자(說文解字)』에서 '물(勿)이라는 글자는 깃발의 다리와 같다'고 하니, 이 깃발을 한번 휘두르면 삼군(三軍)이 모두 퇴각하니, 공부는 단지 물(勿)이라는 글자에 있을 따름이다. 조금이라도 예가 아닌 것을 보게 되면 이를 금지해서 이겨내야 하니, 조금이라도 이겨내면 '복례'할 수 있다." (『주자어류』 권41, 「논어23」, 「안연편상」, 제37조목. 주명작의 기록)

26. 又曰. 緊要在勿字上, 不可放過.

또 말씀하였다. "꼭 필요한 것은 '물(勿)'자에 있으니 그대로 지나쳐서는 안 된다." (위와 같은 곳, 제68조목. 이굉조의 기록)

27. 又曰. 今人只爭箇勿字. 常記胡侍郎云, 我與顔子, 只爭一箇勿字. 顔子非禮便勿視, 我非禮亦視, 所以不及顔子.

또 말씀하였다. "지금 사람들은 단지 '물(勿)'자를 다툴 뿐이다. 항상 호시랑(胡侍郎, 胡宏)이 한 말을 기억하라. '나와 안자는 단지 하나의 물(勿)이라는 글자를 다툴 뿐이다. 안자는 예가 아니면 보지 않았으나 나는 예가 아니어도 보니, 안자에 미치지 못하는 것이다.'" (위와 같은 곳,

제 65조목. 동수의 기록)

28. 又曰. "顏子天資明, 便能於幾微之間, 斷制得天理人欲了.

또 말씀하였다. "안자는 하늘로부터 받은 자질이 밝아서 기미가 드러나는 사이에서 천리와 인욕을 결단하여 조절할 수 있었다." (『주자어류』 권42, 「논어24(論語二十四)」, 「안연편하(顏淵篇下)」, 「중궁이 인을 물었다(仲弓問仁章)」, 제2조목. 진식陳埴의 기록)

29. **或問. 顏淵問仁而夫子告之以此, 何也. 曰. 人受天地之中以生, 而仁義禮智之性, 具於其心, 仁雖專主於愛, 而實爲心體之全德, 禮則專主於敬, 天理之節文也. 然人有是身, 則耳目口體之間, 不能無私欲之累以違於理, 而害夫仁. 人而不仁, 則自其一身, 莫適爲主, 而事物之間, 顚倒錯亂, 益無所不至矣. 然己者人欲之私也, 禮者天理之公也, 一心之中, 二者不容並立, 而其相去之間, 不能以毫髮. 出乎此則入乎彼, 出於彼則入於此矣, 是其克與不克, 復與不復, 如手反復, 如臂屈伸, 誠欲爲之, 其機固亦在我而已. 夫豈他人之所以得與哉. 顏子之質, 幾於聖人, 故其問仁, 夫子告之, 爲獨要切而詳盡耳. 且非禮而勿視聽者, 防其自外入而動於內者也. 非禮而勿言動者, 謹其自內出而接於外者也. 內外交進, 爲仁之功, 不遺餘力矣. 顏子於是, 請事斯語而力行之, 所以三月不違, 而卒進乎聖人之域也. 然熟味聖言, 以求顏子之所用力, 其幾特在勿與不勿之間而已. 自是而反, 則爲天理, 自是而流, 則爲人欲, 自是而克念, 則爲聖, 自是而罔念, 則爲狂, 特毫髮之間耳. 學者, 可不謹其所操哉.

누군가 물었다. "안연이 인(仁)에 대해 묻자 공자께서 이것으로 말씀해 주신 것은 어째서입니까?"

말씀하였다. "사람이 천지의 중(中)을 받고 태어나 인의예지(仁義禮智)라는 성리(性理)가 마음속에 갖추어져 있으니, 인(仁)이 오로지 사랑만을 주장하지만 실로 심체(心體)의 온전한 덕(德)이며, 예는 오로지 경에 위주를 두니, 실로 천리(天理)의 절문(節文, 조절하여 나타냄)이다.[9)]

그러나 사람은 육신을 가지고 있으니 이목(耳目)과 구체(口體)의 사이에 사사로운 욕심이 얽매여서 이치를 어겨[10)] 저 인(仁)을 해치지 않음이 없다. 사람인데도 인(仁)하지 못하면 자기 한 몸으로부터 주재로 삼기에 적당한 것이 없어서 사물의 사이에서 전도되고 착란하여 더욱 무엇이라도 하지 못하는 짓이 없게 된다. 그러나 '자기[己]'는 인욕의 사사로움이고 예는 천리의 공정함[公]이니, 한 마음의 속에 두 가지가 병립할 수 없으나 그 서로간의 차이는 털끝만큼도 못된다. 여기에서 나오면 저기로 들어가고, 저기에서 나오면 여기로 들어오니, 이는 극(克)과 불극(不克), 복(復)과 불복(不復)이 손바닥을 뒤집거나 팔뚝을 굽히고 펴는 것과 같아서, 진실로 하려고 한다면 그 기틀은 참으로 나에게 있을 뿐이다. 어찌 타인이 관여할 수 있는 것이겠는가?

안자의 자질은 거의 성인에 가까웠기 때문에 인을 묻자 공자께서 알려주실 때 유독 요긴하고 절실하며 자세하고 극진했을 따름이다. 게다가 '예가 아니거든 보지 말고 듣지 말라'는 것은 밖에서 들어와서 안에서 요동치는 것을 막는 것이며, '예가 아니거든 말하지 말고 행동하지도 말라'는 것은 안에서 나와서 밖에서 접촉하는 것을 삼가한 것이니, 안팎으로 서로 나아감에 인을 실천하는 공부가 힘을 남기지 않고 다 쓴다.

안자가 이에 이 말씀을 섬기겠다고 하고 힘써 실천하였기 때문에 '석 달 동안 인을 어기지 않아서 마침내 성인의 경지에 나아간 것이

---

9) 원문의 '天理之節文也'은 『서산독서기』와 『심경부주』에 있는 표현이며, 『논어혹문』에는 '而心之所以爲規矩者也'로 되어 있다. 이에 따르면 "예는 오로지 경에 주안을 두고 마음의 법도가 되는 것이다"로 된다. 정구는 전자를 따르고 있다.

10) 원문의 '違於理'는 『사서혹문』과 『서산독서기』에서는 '違於禮'로 되어 있다. 정구는 『심경부주』에 있는 '違於理'를 따르고 있다.

다. 그러나 성인의 말씀을 익숙하게 음미해서 안자가 힘을 쓴 것을 찾아보면, 그 기틀은 다만 물(勿)과 불물(不勿)의 사이에 있을 따름이다. 이로부터 되돌아오면 천리가 되고 이로부터 흘러가버리면 인욕이 되며, 이로부터 '생각할 수 있으면 성인이 되고 이로부터 생각하지 않으면 광인(狂人)이 되는 것'[11]이니, 다만 털끝만큼의 차이일 뿐이다. 배우는 자가 그 (마음을) 붙잡는 것을 삼가 하지 않을 수 있겠는가?" (『사서혹문』, 「논어(論語)」, 「안연(顔淵)」. 1b~2a)

30. 克齋記曰. 性情之德無所不備, 而一言足以盡其妙, 曰仁而已. 所以求仁者, 蓋亦多術, 而一言足以擧其要, 曰克己復禮而已. 蓋仁也者, 天地所以生物之心, 而人物之所得以爲心者也. 惟其得夫天地生物之心以爲心, 是以未發之前, 四德具焉, 曰仁義禮智, 而仁無不統, 已發之際, 四端著焉, 曰惻隱羞惡辭讓是非, 而惻隱之心無所不通. 此仁之體用, 所以涵育渾全周流貫徹, 專一心之妙, 而爲衆善之長也. 然人有是身, 則有耳目鼻口四肢之欲, 而或不能無害夫仁. 人旣不仁, 則其所以滅天理而窮人欲者, 將益無所不至. 此君子之學, 所以汲汲於求仁, 而求仁之要, 亦曰去其所以害仁者而已. 蓋非禮而視, 人欲之害仁也, 非禮而聽, 人欲之害仁也, 非禮而言且動焉, 人欲之害仁也. 知人欲之所以害仁者在是, 於是乎有以拔其本塞其源, 克之克之而又克之, 以至於一旦豁然, 欲盡而理純, 則其胸中之所存者, 豈不粹然天地生物之心, 而藹然其若春陽之溫哉. 默而成之, 固無一理之不具, 而無一物之不該也. 感而通焉, 則無事之不得於理, 而無物之不被其愛矣.

주자가 「극재기(克齋記)」에서 말씀하였다.

"성정(性情)의 덕이 갖추어지지 않음이 없는 것을 한 마디로 그 신묘

11) 『서경』 「주서(周書)」 20장, 「다방(多方)」. "성인이라도 생각하지 않으면 광인(狂人)이 되고, 광인(狂人)이라도 생각할 수 있으면 성인이 된다(惟聖罔念, 作狂, 惟狂克念, 作聖)."

함을 다 하여 인(仁)이라고 말할 수 있을 따름이다. 인을 찾는 것에는 여러 가지 방법이 있겠지만, 한 마디로 그 요점을 들어 '극기복례'라고 말할 수 있을 뿐이다. 대개 인(仁)이라 하는 것은 천지가 만물을 낳는 마음이며, 사람과 사물이 얻어서 마음으로 삼는 것이다. 오직 천지가 만물을 낳는 그 마음을 얻어서 마음으로 삼았으니, '미발(아직 피어나지 않음)' 이전에는 네 가지 덕[四德]이 갖추어져 있으니 '인의예지'라 하며, '인'이 모두를 총괄하지 않음이 없고, '이발(이미 피어남)'의 즈음에는 네 가지 단서[四端]가 드러나니 '측은지심(惻隱之心, 가엾고 불쌍히 여기는 마음), 수오지심(羞惡之心, 부끄러워하고 싫어하는 마음), 사양지심(辭讓之心, 사양하는 마음), 시비지심(是非之心, 옳고 그름을 구분하는 마음)'[12]이라 하며, '측은지심'이 모두를 관통하지 않음이 없다. 이는 인의 본체와 작용이 함육(涵育, 함양)해서 혼연히 온전해지고 두루 흘러서 관통하며, 한 마음의 신묘함을 오로지 하여 모든 선의 으뜸이 되는 까닭이다.

그러나 사람은 육신이 있으니 '이목구비'와 '사지'의 욕구를 가지고 있어서 혹은 저 인을 해치지 않는 경우가 없을 수 없다. 사람이 이미 인(仁)하지 않으면 천리를 없애고 인욕(人欲, 사람의 욕심)을 추구하는 일이 더욱 무엇이라도 하지 못할 것이 없게 된다. 이 때문에 군자의 학문은 서둘러 인을 추구하고, 인을 추구하는 요점도 인을 해치는 것을 없애는 것일 뿐이다.

대개 예가 아닌데도 보는 것은 '인욕'이 인을 해치는 경우이고, 예가

---

12) 『맹자』 「공손추상(公孫丑上)」 6장. "측은지심이 없으면 사람이 아니며, 수오지심이 없으면 사람이 아니며, 사양지심이 없으면 사람이 아니며, 시비지심이 없으면 사람이 아니다. 측은지심은 인(仁)의 단서이고, 수오지심은 의(義)의 단서이며, 사양지심은 예(禮)의 단서이고, 시비지심은 지[智]의 단서이다. 사람이 이 네 가지 단서 즉 사단(四端)을 가지고 있음은 사지를 가지고 있는 것과 같다(無惻隱之心, 非人也, 無羞惡之心, 非人也, 無辭讓之心, 非人也, 無是非之心, 非人也. 惻隱之心, 仁之端也, 羞惡之心, 義之端也, 辭讓之心, 禮之端也, 是非之心, 知之端也. 人之有是四端也, 猶其有四體也)." 『심경발휘』 권3, 「6. 인개유불인인지심장(人皆有不忍人之心章)」 참고.

아닌데도 듣는 것은 인욕이 인을 해치는 경우이고, 예가 아닌데도 말하고 행동하는 것은 인욕이 인을 해치는 경우이다. 인욕이 인을 해치는 것이 여기에 있음을 알아서, 이에 발본색원(拔本塞源, 뿌리를 뽑고 근원을 막음)하여 이기고 또 이기고 다시 또 이겨, 어느 날 아침에 환하게 욕심이 다 사라지고 이치가 순수해지면, 가슴 속에 보존된 것들이 어찌 순수하게 천지가 사물을 낳는 마음이 아니겠으며, 봄날의 따뜻한 햇볕과 같지 않겠는가? 묵묵히 (인을) 이루면 진실로 하나의 이치라도 갖추지 않은 것이 없고 하나의 사물이라도 해당되지 않는 것이 없으니, 느끼고 통하면 어떤 일도 이치에서 얻지 않은 것이 없으며 어떤 사물이라도 그 사랑을 입지 않은 것이 없다." (『주자대전』 권77, 「극재기(克齋記)」)13)

又曰. 克復之云, 雖若各爲一事, 其實天理人欲相爲消長, 故克己者, 乃所以復禮, 而非克己之外別有復禮之功也.

또 말씀하였다. "'극기'와 '복례'를 말한 것은 비록 각각 하나의 일이라 해도 실제로 천리와 인욕은 서로 사라지고 자라나는[消長] 것이기 때문에, '극기'가 곧 '복례'하는 것이며 '극기' 이외에 별도로 '복례'의 공부가 있는 것이 아니다." (위와 같은 곳)

31. 南軒張氏曰. 勿者, 禁止之辭, 收放心之要也. 學者所當於視聽言動之間, 隨吾所見覺, 其爲非禮, 則克之無愛焉. 慮思力行由粗以及精, 由著以及微, 則所謂非禮, 蓋將有不可勝克者. 克之之至, 則天理純全, 而視聽言動一循其則矣. 爲仁由己而由人乎哉. 貴夫勉之勿舍而已.

남헌 장씨가 말하였다. "'물(勿)'이라는 것은 금지의 말이니, '잃어버린 마음을 거두는 것'이 요점이다. 배우는 자가 보고 듣고 말하고 행

---

13) 이 글은 1172년(乾道 8년 임진, 43세)에 석돈(石憞)의 부탁을 받고 쓴 것이다.

동하는 사이에서 마땅히 해야 할 것은 내가 보고 느낀 것을 따라, 그것이 예가 아니면 이를 이기는데 아낌이 없어야 한다. 생각과 역행(힘써 실천함)은 거친 것에서부터 정밀한 것에 이르고 드러난 것에서부터 미세한 것에 이르는 것이니, 이른바 예가 아닌 것은 장차 이루다 이길 수 없는 것이 있을 지도 모른다. 그러나 이기는 것이 지극하게 되면 천리가 순수하고 온전해져서, 보고 듣고 말하고 행동하는 것이 한결같이 그 준칙에 따르게 되니, '인을 하는 것은 자신에게 달려 있으니 남에게 달려 있겠는가?' 무릇 힘쓰고 포기하지 않는 것을 귀하게 여길 따름이다." (『남헌집(南軒集)』 권18, 「물재설(勿齋說)」. 3b~4a)

32. 又曰. 克己之偏之難, 當用大壯之力, 誠然也. 然而力貴於壯, 而工夫貴於密, 若工夫不密, 雖勝於暫, 而終不能持於久而銷其端. 觀諸顏子沈潛積習之功, 爲如何哉. 有不善未嘗不知, 知之未嘗復行, 非工夫篤至, 久且熟者, 其能若是乎.

또 말씀하였다. "자기의 편벽됨을 이기는 어려움은 마땅히 장대한 힘을 써야 하는 것이 진실입니다. 그러나 힘은 장대함을 귀하게 여기나 공부는 치밀함을 귀하게 여기기 때문에 만약 공부가 치밀하지 못하면 비록 잠깐은 훌륭해도 끝내는 오랫동안 간직하지 못해서 그 단서를 없애버리게 됩니다. 안자가 침잠해서 익숙한 것을 쌓아나갔던 공부를 살펴보니 어떠한 것이겠습니까? '선하지 못한 일이 있으면 그것을 모르는 일이 없었고, 그것을 알고 나서는 반복해서 행하는 일이 없었으니' 공부가 독실하고 지극하여 오랫동안 익숙하지 않은 자가 아니고서야 이와 같을 수 있었겠습니까!" (『남헌집』 권27, 「답교덕첨(答喬德瞻)」. 13a)

33. 克齋銘曰. 惟人之生, 父乾母坤. 允受其中, 天命則存. 血氣之萌, 物欲斯誘. 日削月朘, 意鮮能久. 越其云爲, 匪我之自. 營營四馳, 擾擾萬事.

聖有謨訓, 克己是宜. 其克伊何, 本乎致知. 其致伊何, 格物是期. 動靜以察, 晨夕以思. 良知固有, 匪緣事物. 卓然獨見, 我心皦日. 物格知至, 萬理可窮. 請事克己, 日新其功. 莫險於人欲, 我其平之. 莫危於人心, 我其安之. 我視我聽, 勿蔽勿流. 我言我動, 是出是由. 涵濡泳游, 不競不絿, 允蹈彝則, 靡息厥修, 逮夫旣克, 曰人而天. 悠久無疆, 匪然而然. 爲仁之功, 於斯其至. 我稽古人, 其惟顔氏. 於穆聖學, 具有始終. 循循不舍, 與天同功. 請先致知, 以事克己. 仁遠乎哉, 勉旃吾子.

남헌 장씨(장식張栻)가 「극재명(克齋銘)」에서 말하였다.

오직 사람이 생겨나 하늘을 아버지로 하고 땅을 어머니로 하였네.

진실로 그 중(中)을 받으니, 천명이 보존되었네.

혈기의 싹이 트고 물욕이 이에 유혹하네.

해가 가고 달이 가니 생각도 오래갈 수 있는 것이 드물구나.

말과 행동을 어기는 것은 나에게서 나온 것이 아니네.

이리저리 얻고자 온 사방에서 날뛰니 시끄럽고 소란한 만사여.

성인이 가르침을 주셨는데 '극기'가 마땅하네.

'이김[克]'이란 무엇인가, 앎을 지극히 하는데 근본을 두네.

'지극히 함[致]'란 무엇인가, 사물의 이치를 궁구하여 기약하네.

움직임과 고요함으로 살피고 새벽부터 밤까지 생각하네.

양지(良知)는 진실로 가지고 있는 것이라 사물에 따른 것이 아니네.

탁월하게 홀로 깨달으니, 내 마음은 밝게 빛나는 태양같네.

격물하여 앎이 이르니 만 가지 이치를 궁구할 수 있네.

'극기'를 따라 섬기니, 날마다 그 공부가 새로워지네.

인욕의 위험에 빠지지 말라, 내가 평온하게 할지니.

인심에 위태롭게 되지 말라, 내가 편안하게 하리니.

내가 보고 내가 듣는 것을 가리지도 흘리지도 말라.

내가 말하고 움직이는 것이 여기에서 나오고 여기에서 비롯되네.

물에 잠겨 젖어들 듯 헤엄치고 놀며 깊이 이해하니 두려움도 없고 찾을 것도 없네.

진실로 아름다운 준칙을 밟으니 그 닦음을 쉬지 말라.

이미 이김[克]에 이르니, 사람이면서 하늘이라 하네.

오래 가고 끝이 없으니 그렇지 않으나 그러하네.

인을 실천하는 공부 여기에서 지극하네.

내가 옛사람을 살피니 그 오직 안자라.

오, 밝게 빛나는 성학이여, 처음과 끝을 갖추었네.

차근차근 쉬지 않으니 하늘과 더불어 공을 같이 하네.

먼저 앎을 지극히 하여 '극기'에 종사해야 하네.

인이 멀리 있으리오? 우리 선생님을 힘써 배우리라. (『남헌집』 권36, 「극재명(克齋銘)」. 1b2b)

34. 西山眞氏勿齋箴曰. 天命之性, 得之者人, 人之有心, 其孰不仁. 人而不仁, 曰爲物役. 耳蕩於聲, 目眩於色. 以言則肆, 以動則輕. 人欲放紛, 天理晦冥. 於焉有道, 禮以爲準. 惟禮是繇, 匪禮勿徇. 曰禮伊何, 理之當然. 不雜以人, 一循乎天. 勿之爲言, 如防止水. 孰其尸之, 曰心而已. 聖言十六, 一字其機. 機牙旣斡, 鈞石必隨. 我乘我車. 駟馬交騤. 孰範其驅, 維轡在手. 是以君子, 必正其心. 翼翼兢兢, 不顯亦臨. 萬夫之屯, 一将之令. 霆鍧飇馳, 孰敢奸命. 衆形役役, 統于心官. 外止弗流, 内守愈安. 其道伊何, 所主者敬. 表裏相維, 動靜俱正. 莠盡苗長, 醅化醴醇. 方寸盎然, 無物不春. 惟勿一言, 萬善自出. 念玆在玆, 其永無斁.

서산 진씨(진덕수陳德秀)가 「물재잠(勿齋箴)」에서 말하였다.

하늘이 부여한 본성을 얻어서 사람이 되었네.

사람이 마음을 가졌는데 그 누가 인(仁)하지 않으리오?

사람이면서도 인하지 않으면 사물에 부림당했다고 하네.

귀는 소리에 흐려지고 눈은 색깔에 어지럽네.

말로는 방자하고 행실로는 경솔하네.

인욕은 제멋대로 어지럽고 천리는 캄캄하고 어둑하네.

알지 못하는 사이 도가 있고 예(禮)로 준칙을 삼았네.

오직 예로 말미암으니 예가 아니면 좇지 말라.

예가 무엇인가라 하니, 이치의 마땅함이라.

인욕으로 섞이지 않고 한결같이 하늘을 따라야 하니.

말하지 말아야 하는 것은 홍수를 막아야 하듯 하리.

누가 그것을 주관하는가? 마음일 따름이네.

성인이 전수하신 16자 가운데 '일(一, 한결같음)'이라는 글자가 그 기틀이네.

기틀을 작동시키는 장치가 이미 준비되니 엄청난 힘이 반드시 따라야 하네.[14)]

나는 내 수레를 타니 네 필의 말이 끄는 수레가 서로 달리네.

누가 말 모는 길을 정하나? 고삐는 내게 있네.

이래서 군자는 반드시 그 마음을 바르게 해야 하네.

삼가고 조심하니 드러나지 않아도 굽어보고 계시네.

만 명의 장정이 주둔하고 한 명의 장수가 명령하네.

우레 소리가 울리고 태풍이 몰아치니 누가 감히 명령을 거스를 것인가.

뭇 형상들의 수고로운 일은 심관(心官)에서 총괄되네.

밖에서 오는 것들이 멈추고 더 흘러들지 않고 안을 지키니 더욱 편안하네.

---

14) 수신(修身)과 극기(克己)의 다짐을 전장에서 무기를 준비하는 것에 비유하고 있다. '기틀을 작동시키는 장치'는 활과 쇠뇌를 발사시키는 방아쇠 즉 기아(機牙)를 가리키고, '엄청난 힘'이란 활과 쇠뇌를 당기는 힘의 단위인 균석(鈞石)을 번역한 것이다. 무게 단위로서 30근을 균(鈞)이라고 하고 4균을 석(石)이라 한다.

그 방법은 무엇인가? 주관하는 것이 경(敬)이네.

안팎이 서로 묶이니 동정(動靜)이 함께 바르네.

가라지가 다하니 벼 싹이 자라고 담가둔 술이 무르익어 향기로운 술이 되네.

방촌(方寸)의 마음에 생기가 넘쳐나니 만물은 모두 봄을 맞았네.

오직 '말라[勿]'는 한 마디에 만 가지 선이 절로 나오네.

언제나 이것을 생각하여

생각하고 생각하여 잊지 않아서 영원토록 변함없으리. (『서산집[西山先生眞文忠公文集]』 권33, 「물재잠(勿齋箴)」. 22b~23b)

3. 중궁문인장(仲弓問仁章)

〈『논어』「안연」, 2장〉

○ 총 14조목

仲弓問仁. 子曰. 出門如見大賓, 使民如承大祭, 己所不欲, 勿施於人. 在邦無怨, 在家無怨. 仲弓曰. 雍雖不敏, 請事斯語矣.<顏淵>

중궁이 인을 물었다. 공자가 말씀하였다. "문을 나서면 큰 손님을 대하듯 하고, 사람을 부릴 적에는 큰 제사를 받들 듯이 하며, 자기가 바라지 않는 일은 남에게 베풀지 말라. 나라에서도 원망이 없고 집안에서도 원망이 없을 것이다." 중궁이 말하였다. "제가 비록 불민(不敏)하나 이 말씀을 따라 실천하겠습니다."<『논어』「안연」, 2장>

1. *伊川先生曰. 如見大賓, 如承大祭, 敬也. 敬則不私, 一不敬, 則私欲萬端, 害於仁矣.

이천 선생이 말씀하였다. "'큰 손님을 대하듯' 하고 '큰 제사를 받들듯' 하는 것이 경이다. 경을 하면 사사롭지 않고, 하나라도 불경(不敬)하면 사사로운 욕심이 만 가지 단서가 되어, 인을 해치게 된다." (『이정유서』 권15, 85번째 문장)

2. *朱子曰. 敬以持己, 恕以及物, 則私意無所容, 而心德全矣.

주자가 말씀하였다. "경을 하여 자기의 본마음을 유지하고 보존하며 서(恕, 공감)하여 사물에게 미치면, 사사로운 뜻이 용납될 곳이 없어서 마음의 덕이 온전해진다." (『서산독서기』 권6, 「인(仁)」. 50a)

3. **程子曰. 孔子言仁, 只說出門如見大賓, 使民如承大祭. 看其氣象, 便須心廣體胖, 動容周旋, 中禮, 唯愼獨, 便是守之之法.

정자가 말씀하였다. "공자가 인을 말할 때는 단지 '문을 나서면 큰 손님을 대하듯 하고, '백성을 부릴 때에는 큰 제사를 받들 듯이 하라' 고만 했을 뿐이다. 그 기상을 보면 곧 모름지기 '심광체반(마음이 넓어지고 몸이 펴짐)'해서 '동용(動容, 행동과 용모)하고 주선(周旋, 응대와 사교)함이 예에 맞는 것'[15]이니, 오직 신독(愼獨)이 곧 이를 지키는 방법이다." (『이정유서』 권6, 10번째 문장)

4. **問. 出門使民之時, 如此可也, 未出門使民之時, 如之何. 曰. 此儼若思時也. 有諸中而後, 見於外, 觀出門使民之時, 其敬如此, 則前乎此者, 敬可知矣, 非因出門使民然後, 有此敬也.

---

15) 『맹자』 「진심하(盡心下)」 33장. "일상의 모든 행동이 예에 맞는 이는 성대한 덕이 지극한 분이다(動容周旋, 中禮者, 盛德之至也)."

물었다. "문을 나가 백성을 부릴 때에는 이와 같아도 괜찮으나, 문을 나가 백성을 부리지 않을 때에는 어떻게 해야 합니까?"

말씀하였다. "이는 '엄숙히 생각하는 것처럼 하는' 때이다. 마음속에 있은 뒤에야 바깥으로 드러나는 것이니, 문을 나가 백성을 부릴 때에 공경함이 이와 같음을 본다면 이보다 앞서의 공경함을 알 수 있으니, 문을 나가 백성을 부림에 말미암은 뒤에 이러한 경이 있는 것이 아니다." (『이정유서』 권18, 10번째 문장)[16]

朱子曰. 伊川答此問, 固好. 但使某答, 則但云公且去, 出門如見大賓, 使民如承大祭. 因曰. 那未出門使民時, 自是當敬. 不成未出門使民時不敬, 却待出門時, 旋旋如見大賓, 使民時, 旋旋如承大祭, 却成甚擧止. 聖人所以只直說出門如見大賓, 使民如承大祭, 更不說那未出門使民時如何.

주자가 말씀하였다. "이천 선생이 이 질문에 대해서 답한 것이 참 좋다. 다만 나에게 답하라고 한다면 다만 이렇게 말했을 것이다. '그대는 우선 가서 문을 나가면 큰 손님을 대하듯 하고, 백성을 부릴 때 큰 제사를 모시는 듯하라'라고 말이다."

그리고 나서 말씀하였다. "문을 나가 백성에게 일을 시키지 않았을 때에는 마땅히 경을 하는 것이 자연스러우나, 문을 나가 백성을 부리지 않았을 때에 경을 하지 않고서, 오히려 문을 나서는 때를 기다렸다가 편안하게 '큰 손님을 대하듯이' 하고, 백성을 부릴 때 편안하게 '큰 제사를 모시는 듯이' 하는 것을 못하고서도 무슨 행동거지를 이루겠는가? 성인께서 단지 '문을 나서면 큰 손님을 만난 듯이 하고, 백성을 부릴 때는 큰 제사를 모시는 듯이 하라'고만 말할 뿐이고, 다시 문을 나가 백성을 부리지 않을 때에는 어떻게 하라고 말하지 않으셨다." (『주자어류』 권42, 「논어24」, 「안연편하」, 「중궁문인장」, 제23조목. 황의강의 기록)

---

16) 중간에 내용이 생략되었다.

5. 遊氏曰. 出門如見大賓, 則無時而不敬也, 使民如承大祭, 則無事而不敬也.

유씨(유초游酢, 1053~1123)가 말하였다. "'문을 나서면 큰 손님을 대하듯' 하면 어느 때고 불경한 적이 없게 되고, '백성을 부리기를 큰 제사를 모시듯' 하면 어느 일이고 불경한 적이 없게 된다." [유초(游酢), 『유치산집(游廌山集)』 권1, 「논어잡해(論語雜解)」, 「안연문인장(顔淵問仁章)」. 27b]

6. 問. 未出門使民之前, 更有工夫否. 朱子曰. 未出門使民之時, 只是如此. 惟是到出門使民時易得走失, 故愈著用力也.

물었다. "문을 나가 백성들을 부리지 않을 때에도 다시 공부할 것이 있습니까?"

주자가 말씀하였다. "문을 나가 백성들을 부리지 않을 때에도 단지 이와 같을 뿐이다. 오직 문을 나서고 백성들을 부릴 때에는 잘못을 저지르기 쉬우므로 더욱 힘을 쓰는 것일 따름이다." (『주자어류』 권42, 「논어24」, 「안연편하」, 「중궁문인장」, 제3조목. 반시거의 기록)

7. 又曰. 看聖人言, 只三四句, 便說得極謹密. 說出門如見大賓, 使民如承大祭, 下面便又說己所不欲, 勿施於人, 都無些闕處. 問. 看此意思, 則體用兼備. 曰. 是如此. 自家身己上常是持守, 到接物又如此, 則日用之間無有間隙, 私意直是何所容. 可見聖人說得如此極密.

또 말씀하였다. "성인의 말씀을 보면 단지 서너 구절이지만, 지극히 조심스럽고 치밀하게 말씀하셨다. '문을 나서면 귀한 손님을 대하듯이 하고, 백성들을 부릴 때에는 큰 제사를 모시듯이 하라'고 말하고, 아래에서 다시 또 '자기가 바라지 않는 일은 남에게 베풀지 말라'고 말하시니, 모두가 조금도 모자란 곳이 없다."

물었다. "이 의도를 살펴보니 본체와 작용을 겸비한 것입니까?"

말씀하였다. “이와 같다. 자신의 몸에 항상 간직하고 지키며, 사물을 접촉할 때도 이와 같다면, 일상의 생활 속에서 어떤 틈도 없을 것인데, 사사로운 뜻이 곧바로 어떻게 허용되겠는가? 성인께서 이와 같이 극도로 치밀하게 말씀하신 것을 알 수 있다.” (『주자어류』 권41, 「논어23」, 「안연편상」, 「안연문인장」, 제80조목. 섭하손의 기록)

8. 敬恕齋銘曰. 出門如賓, 承事如祭. 以是存之, 敢有失墜. 己所不欲, 勿施于人. 以是行之, 與物皆春. 胡世之人, 恣己窮物. 惟我所便, 謂彼奚恤. 孰能反是, 歛焉厥躬. 于牆于羹, 仲尼子弓. 內順于家, 外同于邦. 無小無大, 罔時怨恫. 爲仁之功, 曰此其極. 敬哉恕哉, 永永無斁.

주자가 「경서재명(敬恕齋銘)」에서 말씀하였다.

문을 나서면 손님을 대하듯 하고 일을 받들 때는 제사를 모시듯 하라.

이렇게 마음속에 간직하면 감히 실수가 있겠는가?

자기가 바라지 않는 일은 남에게 베풀지 말라.

이렇게 행동하면 만물과 더불어 모두 봄[春]일러니.

어찌하여 세상 사람들은 제멋대로 하면서 남을 궁지로 모는가?

오직 내 편한 대로 하고는 저들은 어찌 불쌍한가라 하네.

누가 이를 돌이켜서 그 몸을 단속할 수 있는가?

앉으나 서나 갱장(羹牆)에 서린 사모하는 마음,[17] 중니와 중궁(염옹)[18]이어라.

안으로는 집에 따르고 밖으로는 나라에 화합하네.

---

17) 『후한서(後漢書)』 권63, 「이고열전(李固列傳)」. “옛날 요임금이 돌아가신 뒤에 순임금은 3년을 우러러 사모하였으니, 앉으면 담벼락[牆]에서 요임금의 모습을 뵙는 듯하였고, 식사를 하면 국[羹] 그릇 속에서 요임금을 뵙는 듯하였다(昔堯殂之後, 舜仰慕三年, 坐則見堯於牆, 食則覩堯於羹).” 여기서 갱장(羹牆)이라는 말이 왔다. 정구는 『염락갱장록(濂洛羹墻錄)』이라고 지금은 전하지 않는 저술을 했다.

18) 자궁(子弓)은 증자(曾子)와 더불어 공자의 사상을 전한 사람으로 알려져 있다. 그런데 이 자궁이 중궁(仲弓)이라는 설도 있고, 자유(子遊)라고 하는 설도 있다. 증자는 자사(子思)를 가르쳤고, 자사 계통에서 맹자가 나왔다.

작으나 크나를 가리지 않고 원망하고 상심하는 마음이 없네.
인을 실천하는 공이 이렇게 지극하니,
공경이여, 서(恕, 공감)여!
영원토록 싫지 않네. (『주자대전』 권85, 「경서재명(敬恕齋銘)」)

9. 南軒張氏曰. 平日之涵養, 一於敬, 故其出門使民之際, 皆是心也. 凡人有欲而不得, 則怨. 若夫平易公正, 欲不存焉, 則已無所怨於人, 和平之效人, 亦何所怨於己哉.

남헌 장씨가 말하였다. "평소의 함양이 경을 위주로 하기 때문에 '문을 나가 백성을 부릴' 때도 모두 이 마음이다. 무릇 사람은 하고자 하는데도 얻지 못하면 원망한다. 만약 평이하고 공정하여 욕심을 가지고 있지 않다면 자기는 사람들에게 원망을 살 일이 없어서, 조화롭고 평온한 마음이 사람에게 영향을 미치니 또한 자기에게 무슨 원망할 일이 있겠는가?" [장식(張栻), 『계사논어해(癸巳論語解)』, 「안연편(顔淵篇)」. 147a]

10. 朱子曰. 克己復禮, 乾道也, 主敬行恕, 坤道也, 顔冉之學, 其高下淺深, 於此可見. 然學者, 誠能從事於敬恕之間而有得焉, 亦將無己之可克矣.

주자가 말씀하였다. "'극기복례'는 건(乾)의 도이며, '주경행서(경을 위주로 하고 서를 실천함)'는 곤(坤)의 도이니, 안연(顔淵)과 염옹(冉雍, 중궁仲弓)의 학문의 높고 낮음과 깊고 얕음을 여기에서 볼 수 있다.[19]

19) '문을 나서면 큰 손님을 대하듯 하고, 사람을 부릴 적에는 큰 제사를 받들 듯이 하며(出門如見大賓, 使民如承大祭)'는 '경을 위주로 하는 것'으로 본 것이며, '자기가 바라지 않는 일은 남에게 베풀지 말라(己所不欲, 勿施於人)'는 '서를 실천하는 것'으로 본 것이다. 참고로 공자의 대표적인 제자인 공문십철(孔門十哲)은 다음과 같다. 『논어』 「선진(先進)」 2장. 공자께서 말씀하셨다. "진(陳)과 채(蔡)에서 나를 따라 고난을 겪었던 제자들이 지금은 모두 문하에 있지 않구나! 덕행(德行)에는 안연(顔淵, 안연顔回), 민자건(閔子騫, 민손閔損), 염백우(冉伯牛, 염경冉耕), 중궁(仲弓, 염옹冉雍)이었고, 언어(言語)에는 제아(宰我, 재여宰予)와 자하(子貢, 단목사端木賜)이었고, 정사(政事)에는 염유(冉有, 염구冉求)와 계로(季路, 중유仲由)였고, 문학(文學)에는 자유(子游, 언언言偃)와 자하(子夏, 복상卜商)이었다(子曰. 從我於陳蔡者皆不及門也. 德行, 顔淵閔子騫冉伯牛

그러나 배우는 사람이 진실로 경(敬)과 서(恕)의 사이에서 종사하여 얻을 수 있으면, 또한 장차 극복할 수 있는 자기란 없게 될 것이다." (『논어집주』「안연」 2장의 주석)

〈以下總論克復敬恕(아래는 '극기' '복례' '경' '서' 등을 총론하였다)〉

11. 又曰. 讀書, 須要將聖賢言語體之於身. 如克己復禮與出門如見大賓, 須就自家身上, 體看我實能克己與主敬行恕否. 件件如此, 方始有益.

또 말씀하였다. "책을 읽을 때는 모름지기 성현의 말씀이 내 몸에 체득되도록 해야 한다. 예컨대 '극기복례'와 '출문여견대빈'과 같은 말씀은 반드시 자신의 몸에서 내가 진실로 '극기'하고, '주경행서'를 했는지 그렇지 않은지를 몸소 찾아야 한다. 일마다 이와 같다면 비로소 얻는 것이 있을 것이다." (『주자어류』 권42, 「논어24」, 「안연편하」, 「중궁문인장」, 제15조목. 반시거의 기록)

12. 問. 克己復禮, 何以謂之乾道, 主敬行恕, 何以謂之坤道. 曰. 乾道奮發而有爲, 坤道靜重而持守. 仲弓資質溫粹, 顏子資質剛明. 顏子之於仁, 剛健果決, 如天旋地轉, 雷動風行做將去. 仲弓則斂藏嚴謹做將去. 伊川曰, 質美者, 明得盡, 查滓便渾化却, 與天地同體, 其次, 惟莊敬持養, 及其至則一也.

물었다. "'극기복례'을 어떤 이유로 건의 도라 하고, '주경행서'를 어떤 이유로 곤의 도라 합니까?"

말씀하였다. "건의 도는 떨쳐 일어나 어떤 것을 하는 것이고, 곤의 도는 고요하고 장중하여 간직하고 지키는 것이기 때문이다." (위와 같은 곳, 제25조목. 반시거의 기록)

仲弓, 言語, 宰我子貢, 政事, 冉有季路, 文學, 子游子夏)."

"중궁의 자질은 온화하고 순수하며 안자의 자질은 굳세고 총명하다. 안자는 인에 대해 굳세고 과감하게 결단을 내리니 마치 하늘이 돌고 땅이 움직이며, 우레가 치고 바람이 불듯이 해나갔다. 중궁은 거두어 드려 감추고 엄숙하고 조심하면서 해나갔다. 이천 선생은 '자질이 아름다운 자는 총명함이 다하면 찌꺼기가 깨끗하게 변해서 천지와 몸을 같이 하며, 그 다음은 오직 장중하고 경건하게 간직하고 기르는데, 그 지극함에 이르러서는 똑같다'[20]라고 하셨다." (위와 같은 곳, 제28조목. 보광의 기록)[21]

13. **問. 看來仲弓, 才質勝似顔子. 曰. 公看顔子, 多少大力量. 一克己復禮, 便了, 仲弓只是循循做將去底, 如何有顔子之勇.

물었다. "중궁을 살펴보니, 재질은 안자보다 뛰어난 것 같습니다."

말씀하였다. "그대가 보건대 안자의 역량이 얼마나 큰가? 안자는 한 번 '극기복례'하여 곧 마치고, 중궁은 단지 차츰차츰 해 나갔으니, 어떻게 안자의 용맹이 있겠는가?" (위와 같은 곳, 제30조목. 증조도의 기록)

14. 又曰. 顔子力量大, 聖人便就他一刀截斷. 若仲弓, 則是閉門自守, 不放賊入來底. 然敬恕上更好做工夫.

또 말씀하였다. "안자는 역량이 커서 성인께서는 곧 그에게 한칼로 나아가 잘라버렸다. 중궁 같은 경우는 문을 걸어 닫고 스스로 지켜서 함부로 도적이 들어오지 못하게 하였다. 그러나 경과 서에서 공부를 더 잘 하였다." (『주자어류』 권41, 「논어23」, 「안연편상」, 「안연문인장」, 제37조목. 주명작의 기록)

---

20) 『이정유서』 권11, 171번째 문장.

21) 12조목은 두 개의 어록을 붙여서 하나로 만든 것이다. 『심경부주』 「예악불가사수거신장」에 문장의 일부가 실려 있다.

4. 천명지위성장(天命之謂性章)

〈『중용』 1장〉

○ 총 49조목

中庸, 天命之謂性, 率性之謂道, 修道之謂教. 道也者, 不可須臾離也, 可離, 非道也. 是故, 君子, 戒愼乎其所不睹, 恐懼乎其所不聞. 莫見乎隱, 莫顯乎微, 故君子愼其獨也. 喜怒哀樂之未發, 謂之中, 發而皆中節, 謂之和, 中也者, 天下之大本也, 和也者, 天下之達道也. 致中和, 天地位焉, 萬物育焉.

『중용』(1장)에서, "하늘이 명한 것을 성(性)이라 이르고, 성을 따르는 것을 도(道)라 이르고, 도를 닦는 것을 교(教)라 이른다. 도는 잠시도 떠날 수 없는 것이니, 떠날 수 있으면 도가 아니다. 이러하므로 군자는 보이지 않는 것에도 경계하고 삼가며[戒愼] 들리지 않는 것에도 두려워한다[恐懼]. 숨겨진 것[隱]보다 더 잘 드러나는 것이 없으며, 작은 일[微]보다 더 잘 나타나는 것이 없으니, 그러므로 군자는 홀로를 삼가는 것[愼其獨]이다. 희로애락(喜怒哀樂)이 아직 피어나지 않은 것을 중(中)이라 이르고, 피어나서 모두 절도에 맞는 것을 화(和)라 이르니, 중(中)이란 천하의 큰 근본이고, 화(和)란 천하에 두루 통하는 도이다. 중(中)과 화(和)를 지극히 하면, 천지가 제자리를 잡고 만물이 제대로 길러진다" 하였다.

1. *朱子曰. 子思首明道之本原, 出於天而不可易, 其實體備於己而不可離, 次言存養省察之要, 終言聖神功化之極. 蓋欲學者於此, 反求諸身而自得之, 以去夫外誘之私而充其本然之善.

주자가 말씀하였다. "자사는 앞에서 도의 본원이 하늘에서 나와 바뀔 수 없으며 그 실체가 자기에 갖추어져 있어 떠날 수 없음을 밝혔고, 다음에는 '존양'과 성찰(省察)의 요점을 말하였고, 끝에는 성신(聖神)의 공화(功化)의 지극함을 말씀하였다. 대개 배우는 자가 여기에서 '반구저신(자기 몸에 돌이켜 스스로 깨달음)'해서 외부의 유혹에서 생기는 사사로움을 없애고 본연의 선함을 채우게 하려 한 것이다." (『중용장구』 1장의 주석)

2. *又曰. 道者, 日用事物當行之理, 皆性之德而具於心, 無物不有, 無時不然, 所以不可須臾離也. 若其可離, 則豈率性之謂哉. 是以君子之心常存敬畏, 雖不見聞, 亦不敢忽, 所以存天理之本然, 而不使離於須臾之頃也.

또 말씀하였다. "도라는 것은 일상생활 속의 일과 사물들이 마땅히 행해야 할 이치이니, 모두 성(性)의 덕으로 마음에 갖추어져 있어 어떤 사물에도 있지 않음이 없고 어떤 때라도 그러하지 않음이 없기 때문에 잠시라도 떠날 수 없는 것이다. 만약 떠날 수 있다면 어찌 '솔성(성을 따름)'이라고 이를 수 있겠는가? 이래서 군자의 마음은 항상 경외함을 보존하여 비록 보고 듣지 않을 때라도 감히 소홀하지 못하기 때문에 천리의 본연을 보존하여 잠시의 시간이라도 도를 떠나지 않게 하는 것이다." (위와 같은 곳)[22]

3. *又曰. 隱暗處也, 微細事也. 獨者, 人所不知而己所獨知之地也. 言幽暗之中, 細微之事, 跡雖未形, 而幾則已動, 人雖不知, 而己獨知之, 則是

22) 『심경부주』에는 원문의 일부만 실려 있다.

天下之事, 無有著見明顯而過於此者. 是以君子旣常戒懼, 而於此, 尤加謹焉, 所以遏人欲於將萌, 而不使其潛滋暗長於隱微之中, 以至離道之遠也.

또 말씀하였다. "은(隱) 어두운 곳이고 미(微)는 작은 일이다. 독(獨)이란 남들은 알지 못하고 자기만 홀로 아는 곳이다. 어두운 가운데 작고 미미한 일은 흔적이 비록 나타나지 않았으나 기미는 이미 움직였고, 남이 비록 알지 못하나 자기만 홀로 알고 있으니, 이는 천하의 일이 드러나 보이고 밝게 드러남이 이 보다 더한 것이 없는 것을 말한다. 이러하므로 군자는 이미 항상 '계구(경계하고 두려워 함)'하고 이에 더욱 더 삼가하는 것이니, 인욕이 장차 싹틀 때를 막아서 숨어서 자라나고 어두운데서 커져가서 도가 멀리 떠나는 것에 이르지 않도록 하는 것이다." (위와 같은 곳)

4. **道鄕鄒氏曰. 愼獨最爲入道之要, 所謂獨者, 非獨閒居靜處而已, 萌於心之謂獨, 能於此着力, 無由有過擧. 故中庸, 以此言爲篇首.

도향 추씨(추호鄒浩, 1060~1111)가 말하였다. "'신독'은 도에 들어가는 가장 중요한 핵심이 되니, 이른바 '독(獨)'이라는 것은 홀로 한가롭게 고요히 거처하는 것일 뿐 아니라 마음에 싹트는 것을 일러서 '독'이라 하니, 이때에 힘을 쓰면 잘못되는 일이 있을 까닭이 없다. 그러므로 『중용』에 이 말을 앞 편으로 삼은 것이다." (『서산독서기』 권18, 「경상」. 35a)

**西山眞氏曰. 鄒氏之言愼獨, 最有深味.

서산 진씨가 말하였다. "추씨가 말한 '신독'에 최고로 깊은 맛이 있다." (위와 같은 곳)

5. 朱子曰. 其先言道不可離, 而君子必戒謹恐懼乎其所不睹不聞者, 所以言道之無所不在，無時不然，學者，當無須臾毫忽之不謹，而周防之，以全其本然之體也．又言莫見乎隱，莫顯乎微，而君子必愼其獨者，所以言隱微之間，人所不見，而己獨知之，則其事之纖，悉無不顯著，又有甚於他人之知者，學者，尤當隨其念之方萌，而致察焉，以謹其善惡之幾也．蓋所謂道者，率性而已．性無不有，故道無不在．大而父子君臣，小而動靜食息，不假人力之爲，而莫不各有當然不易之理．所謂道也，是乃天下人物之所共由，充塞天地，貫徹古今，而取諸至近，則常不外乎吾之一心，循之則治，失之則亂．蓋無須臾之頃，可得而暫離也．若其可以暫合暫離，而於事無所損益，則是人力私智之所爲者，而非率性之謂矣．聖人之所修以爲敎者，因其不可離者，而品節之也．君子之所由以爲學者，因其不可離者，而持守之也．是以日用之間，須臾之頃，持守工夫一有不至，則所謂不可離者，雖未嘗不在我，而人欲間之，則亦判然二物，而不相管矣．是則雖曰有人之形，而其違禽獸也何遠哉．是以君子戒愼乎其目之所不及見，恐懼乎其耳之所不及聞，瞭然心目之間，常若見其不可離者，而不敢有須臾之間，以流於人欲之私，而陷於禽獸之域．若書之言防怨而曰不見是圖，禮之言事親而曰聽於無聲，視於無形，蓋不待其徵於色，發於聲，然後有以用其力也．夫旣已如此矣，則又以謂道固無所不在，而幽隱之間，乃他人之所不見而己所獨見，道固無時不然，而細微之事，乃他人之所不聞，而己所獨聞．是皆常情所忽，以爲可以欺天罔人，而不必謹者，而不知吾心之靈，皎如日月，旣已知之，則其毫髮之間，無所潛遁，又有甚於他人之知矣．又況旣有是心，藏伏之久，則其見於聲音容貌之間，發於行事施爲之實，必有暴著而不可揜者，又不止於念慮之差而已也．是以君子旣戒懼乎耳目之所不及，則此心常明，不爲物蔽，而於此尤不敢不致其謹焉．必使其幾微之際，無一毫人欲之萌，而純乎義理之發，則下學之功，盡善全美，而無須臾之間矣．二者相須，皆反躬爲己，遏人欲存天理之實事．蓋體道之功，莫有先於此者，亦莫有切於此者，故子思於此首以爲言，以見君子之學，必由此而入也．

주자가 말씀하였다. "먼저 '도는 떨어질 수 없으니 군자는 반드시 보이지 않는 것과 들리지 않는 것에 경계하고 삼가며 두려워해야 한다'고 말한 것은 도는 있지 않은 곳이 없고 어떤 때라도 그렇지 않는 적이 없기 때문에 배우는 자는 마땅히 잠시 잠깐의 순간이라도 삼가지 않음이 없이 두루 방비하여 그 본연의 본체를 온전하게 해야 함을 말한 것이다.

또한 '숨겨진 것보다 더 잘 드러나는 것이 없으며, 작은 일보다 더 잘 나타나는 것이 없으니, 그러므로 군자는 반드시 홀로를 삼가야 한다'고 말한 것은 은미한 사이에 남들이 보지 못하지만 자기만은 홀로 아니, 그 일의 세밀한 것은 모두 다 드러나지 않음이 없고, 또 남들이 아는 것보다 더 많으니, 배우는 자는 더욱 마땅히 그 생각이 막 싹트는 것을 따라서 지극하게 살피어서 그 선과 악의 기미에 삼가야 하는 것을 말한 것이다.

대개 이른바 '도'라는 것은 '성'을 따르는 것일 뿐이다. (그 무엇도) 성을 가지지 않은 것은 없으므로 도는 있지 않은 곳이 없다. 크게는 부자와 군신이고 작게는 동정과 음식이니 사람의 힘으로 하는 것을 빌리지 않고 각기 마땅히 그러하여 바뀌지 않는 이치를 가지고 있지 않는 것이 없다.

이른바 '도'란 천하의 사람과 사물이 모두 함께 말미암는 것이며 천지를 가득 채우고 고금을 관통하는 것이니, 가까운데서 취하면 항상 나의 한 마음의 밖에 있지 않고 따르면 다스려지고 잃으면 어지러워진다. 대개 눈 깜짝 할 만큼의 잠시라도 떨어질 수 없는 것이다. 만약 잠깐씩 합했다 떨어지곤 하여 일에 있어서 보태거나 덜 것이 없다면, 이는 사람의 힘과 사사로운 지식으로 한 것이며 성을 따르는 것을 이르는 것이 아니다.

성인이 닦아서 가르침[教]으로 삼게 된 것은 그 떨어질 수 없기 때문에 품절(品節, 사물의 차이에 따라 적절하게 등급을 둠)한 것이다. 군자가 말미암아 배우는 것은 그 떨어질 수 없기 때문에 유지하고 지키는 것이다. 이 때문에 일상의 생활 속에 잠시의 때라도 유지하고 지키는 공부가 하나라도 지극하지 않으면 이른바 '떨어질 수 없는 것'이 비록 일찍이 내게 있지 않은 적이 없어도, 인욕이 사이에 끼어 멀어지게 하면 또한 뚜렷하게 두 가지 것이 되어 서로 관여하지 않는다. 이러면 비록 '인간의 꼴을 하고 있다'고 해도 '짐승과의 차이가 어찌 멀겠는가!'[23]

이래서 군자는 그 눈이 보는데 미치지 못하는 것에도 경계하고 조심하며, 그 귀가 듣는데 미치지 못하는 것에도 두려워하는 것이니, 명료하게 마음과 눈에 분명하게 드러나 항상 마치 그 떨어질 수 없는 것을 보는 듯하여 감히 잠깐의 사이가 있더라도 인욕의 사사로움으로 흘러가서 금수의 지경에 빠지지 않게 하는 것이다. 『서경』에서 원한을 막는 것을 '보이지 않을 때 도모한다'[24]고 하고, 『예기』에서 어버이를 섬기는 것을 '소리 없는 곳에서 듣는 듯하고 나타나기 전에 보는 듯하다'[25]고 말하니, 대개 '남의 안색에 징험되고 남의 음성에 나타난'[26] 뒤에야 그 힘을 쓰는 것이다.

무릇 이미 자기가 이와 같다면 또한 도는 진실로 있지 않은 곳이 없으니 어둡고 숨겨진 사이에도 다른 사람들이 보지 못하는 것을 자기는 홀로 보고, 도는 진실로 어느 때라도 그렇지 않은 적이 없으니

---

23) 『맹자』 「고자상(告子上)」 8장. "야기가 보존될 수 없으면 금수(禽獸)와 다른 것이 많지 않게 된다(夜氣, 不足以存, 則其違禽獸, 不遠矣)."

24) 『서경』 「오자지가(五子之歌)」. "한 사람이 세 가지 잘못을 하였으니 원망이 어찌 밝은 데에 있겠는가. 드러나지 않았을 때에 도모해야 한다(一人三失, 怨豈在明, 不見是圖)."

25) 『예기』 「곡례상(曲禮上)」(13a).

26) 『맹자』 「고자하(告子下)」 15장. "사람은 항상 잘못을 저지른 뒤에야 고칠 줄을 알고, 마음이 괴롭고 생각한 대로 되지 않은 뒤에야 분발하게 되고, 남의 안색에 징험되고 남의 음성에 나타난 뒤에야 깨닫게 되는 것이다(人恒過然後能改, 困於心衡於慮而後作, 徵於色發於聲而後喩)."

미세하고 작은 일에도 다른 사람들이 듣지 못하는 것을 자기는 홀로 듣는다. 이는 모두 평소 사람의 본성이 소홀하게 여기는 것으로 하늘을 속이고 사람을 속일 수 있다고 해서 삼가는 것을 필요 없다고 여기는 것이니, 나의 영명(靈明)함이 해와 달처럼 빛나서 이미 자기가 알고 있으니 그 터럭만큼의 미세한 사이라도 감추고 숨을 곳이 없으며, 또한 또 남들이 아는 것보다 더 많다는 것을 모르는 것이다. 또한 하물며 이미 이 마음을 가지고 있으면서 감추고 숨기기를 오랫동안 하니, 말과 용모의 사이에 드러나고 일을 하고 베풀고 하는 실제에 피어나는 것은 반드시 갑자기 폭발하듯 나타나서 가릴 수 없게 되며, 또한 염려의 어긋남 정도로 그치지 않을 것은 말할 것도 없다.

이래서 군자는 이미 눈과 귀가 미치지 못하는 곳에도 삼가고 두려워하니 이 마음은 항상 밝고 사물에 가려지지 않으며 이에 더욱 감히 그 삼감을 다하지 못함이 없는 것이다. 반드시 그 기미의 즈음에 한 터럭의 인욕이라는 싹도 없게 하여, 의리가 피어나는 것에 순수하게 하면, 하학(下學)의 공부가 선함을 다하고 온전히 아름다워서 잠깐의 사이도 없을 것이다. 두 가지는 서로 연결되어 있으니 모두 자신의 몸을 돌이켜 자기가 되는 것이며 인욕을 막고 천리를 보존하는 실제의 일이 된다.

대개 도체의 절실함은 이보다 우선한 것이 없으며 또한 이보다 절실한 것은 없으므로 자사는 여기에서 첫 번째로 말씀하여서 군자의 학문이 반드시 여기로부터 말미암아서 들어가야 하는 것을 보이셨다."
(『사서혹문』 권3, 「중용(中庸)」, 「제1장에서 10장까지(第一章至第十一章)」. 10b~13a)

又曰. 旣言道不可離, 則是無適而不在矣, 而又言莫見乎隱莫顯乎微, 則是要切之處, 尤在於隱微也. 旣言戒謹不睹恐懼不聞, 則是無處而不謹矣. 又言謹獨則是其所謹者, 尤在於獨也.

또 말씀하였다. "이미 '도는 떨어질 수 없다'고 말하면 어디를 가더라도 있지 않은 적이 없는 것이고, 또한 '숨겨진 것보다 더 잘 드러나는 것이 없으며, 작은 일보다 더 잘 나타나는 것이 없다'고 말하면 이는 중요하고 절실한 곳이어서 더욱 은미한데 있는 것이다. 이미 '보이지 않는 것을 경계하고 삼가며 들리지 않는 것을 두려워한다'고 말하면, 이는 어디에서도 삼가지 않음이 없는 것이어서 더욱 홀로 함에 있는 것이다." (위와 같은 곳)

6. **又曰. 戒愼不睹, 恐懼不聞, 卽是道不可須臾離處.**

또 말씀하였다. "'보이지 않은 때를 경계하고 삼가며, 들리지 않은 때를 두려워하는' 것은 곧 '도가 잠시도 떠날 수 없는' 곳이다." (『주자어류』 권62, 「중용1(中庸一)」, 제75조목. 반리손의 기록)

7. **又曰. 所不聞, 所不見, 不是合眼掩耳, 只是喜怒哀樂未發時. 凡萬事皆未萌芽, 自家便先恁地戒愼恐懼, 常要提起此心, 常在這裏, 便是防於未然, 不見是圖底意思.

또 말씀하였다. "들리지 않은 것과 보이지 않는 것은 눈을 감고 귀를 막은 것이 아니고, 단지 희로애락이 아직 피어나지 않았을 때일 따름이다. 무릇 만 가지 일이 모두 아직 싹이 트지 않았을 때에 스스로가 바로 이와 같이 먼저 '계신'하고 '공구'하여 항상 이 마음을 깨워 일으켜서 항상 여기에 있게 하여 미연에 방지하는 것이니, 보이지 않을 때에 도모한다는 뜻이다." (위와 같은 곳, 제76조목. 진순의 기록)

8. **問. 不知無事時, 如何戒謹恐懼. 若只管如此, 恐執持太過, 若不如此, 又恐都忘了. 曰. 也有甚麽矜持, 只不要昏了他, 便是戒懼.

물었다. "일이 없을 때에는 어떻게 '계신'하고 '공구'하는 것인지 모르겠습니다. 만약 단지 이와 같이 단속하면 잡아서 유지하는 것이 너무 지나칠까 두렵고, 만약 이와 같이 하지 않으면 또 모두 잊을까 두렵습니다."

말씀하였다. "이 역시도 모종의 긍지가 있는 것이니, 단지 마음을 어둡게 하지 않는 것이 곧 '계구'일 따름이다." (위와 같은 곳, 제77조목. 양여립楊與立의 기록)

9. 又曰. 戒愼恐懼不須說得太重, 只是常常提撕, 認得這物事, 常常存得不失. 今人只見他說得此四箇字重, 便作臨事驚恐看了. 如臨深淵, 如履薄冰, 曾子亦只是順這道理, 常常恁地把捉去.

또 말씀하였다. "'계신'과 '공구'는 모름지기 너무 지나치게 말해서는 안 되니, 단지 항상 깨어있으면서 이 사물을 인식하고 항상 보존하여 잃지 않을 뿐이다. 지금 사람들은 단지 이 네 글자가 중요하다고 만 보기 때문에 일을 할 때에 놀라고 두렵게 보는 것이다. '깊은 못에 임한 듯이 하고, 엷은 얼음을 밟는 듯이 하라'는 말처럼 증자도 이 도리를 따라서 항상 이처럼 붙잡아 두었다." (『주자어류』 권117, 「주자14(朱子十四)」, 「문인들을 가르침5(訓門人五)」, 제45조목. 황의강의 기록)

10. 又曰. 戒愼恐懼是未發, 然只做未發也不得, 便是所以養其未發. 只是聳然提起在這裏.

또 말씀하였다. "'계신'과 '공구'는 '미발'이나, 단지 '미발'이라고만 간주해서는 안 되니, 바로 그 '미발'(의 기상)을 함양하는 것이다. 단지 우뚝 (마음을) 깨워 일으켜서 여기에 둘 따름이다." (『주자어류』 권62, 「중용1」, 제79조목. 진순의 기록)

11. 問. 恐懼是已思否. 曰. 思又別. 思是思索了, 戒愼恐懼, 正是防閑其未發. 問. 卽是持敬否. 曰. 亦是.

물었다. "'공구'란 이미 생각하는 것 아닙니까?"

말씀하였다. "생각과는 또 다르다. 생각은 사색 즉 생각하여 모색하는 것이며, '계신'과 '공구'는 바로 그것이 아직 피어나지 않을 때에 방비하여 막는 것이다."

물었다. "곧 '지경(경을 유지하는 것)'이 아닙니까?"

말씀하였다. "역시 그렇다." (위와 같은 곳, 제79조목. 진순의 기록)

12. 又曰. 先就睹聞處做了, 却就不睹不聞處用工, 方能細密. 今人於睹聞處, 元不曾有工夫, 却便去不睹不聞處做, 可知是不成.

또 말씀하였다. "우선 보이고 들리는 곳부터 시작하고, 오히려 보이지 않고 들리지 않는 곳에 나가 공부하면 세밀할 수 있다. 지금 사람들은 보이고 들리는 곳에 대해서는 전혀 공부한 적이 없는데도, 오히려 보이지 않고 들리지 않는 곳을 해보려 하고 있으니, 아무것도 이룰 수 없다는 것을 알 수 있다." (『주자어류』 권13, 「학문7」, 「역행」, 제86조목. 주명작의 기록)

13. 又曰. 戒愼恐懼是普說, 言道理偪塞都是, 無時而不戒愼恐懼. 到得隱微之間, 人所易忽, 又更用謹, 這箇却是喚起說. 戒懼無箇起頭處, 只是普遍都用.

또 말씀하였다. "'계신'과 '공구'는 두루 다 적용되는 말이며, 도리가 충만한 것이 모두 이러하니 어느 때고 '계신'하고 '공구'하지 않음이 없다는 것을 말한 것이다. 은미한 사이에 이르면 사람들은 소홀하기 쉬워지므로 또 다시 삼가야 하니, 이것은 불러일으키는 말이다. '계신'과 '공구'는 첫 시작점이 없이 단지 두루 퍼져서 모두 쓰는 것일 뿐이다." (『주자어류』 권62, 「중용1」, 제84조목. 심한의 기록)

14. 問. 謹獨. 曰. 是從見聞處至不睹不聞處, 皆戒謹了, 又就其中於獨處, 更加謹也. 是無所不謹, 而謹上更加謹也."

물었다. "'근독'에 대해 묻습니다."

말씀하였다. "보고 듣는 곳에서 보이지 않고 들리지 않는 곳까지 모두 경계하고 삼가는 것이며, 또 그 홀로 있는 곳에서 더욱 더 삼가는 것이다. 이는 삼가지 않는 것이 없으며, 삼가는 데에 더욱 더 삼가는 것이다." (『주자어류』 권62, 「중용1」, 제90조목. 여도의 기록)[27]

15. 問. 能存天理了, 則下面謹獨似多了一截. 曰. 雖是存得天理, 臨發時也須點檢, 這便是他密處. 若只說存天理了, 更不謹獨, 却是只用致中, 不用致和了.

물었다. "천리를 보존할 수 있으면 아래의 '근독'은 조금 지나친 부분일 듯합니다?"

말씀하였다. "비록 천리를 보존했다고 해도 (희로애락이) 피어날 때는 모름지기 점검해야 하니, 이것이 바로 그 긴밀한 곳이다. 만약 천리를 보존하는 것만을 말하고 다시 '근독'하지 않으면, 오히려 (중화에 이르는 것 가운데) 중(中)을 지극히 하는 것일 뿐 화(和)를 지극히 하는 것은 아닐 뿐이다." (『주자어류』 권62, 「중용1」, 제95조목. 임사의 기록)[28]

**16. 又曰. 戒愼恐懼, 只是略省一省, 略是箇敬模樣. 然道著敬字, 已是

---

27) 정구는 『주자어류』 원문의 '신독'을 모두 '근독'을 바꾸어서 기록하였다. 『중용』과 『대학』의 경문은 모두 '愼其獨' 즉 '신독'으로 되어 있다. 이는 당시 남송(南宋) 효종(孝宗)의 이름이 '신(眘, 삼갈 신)'이기 때문이었다. 신(眘)은 신(愼)의 고자(古字)이기 때문에 황제의 이름을 휘(諱, 피함)한 것이다. 그래서 주자는 『중용장구』의 주석에서는 '근독'으로 쓰고 있다. 조선의 유학자들도 이러한 전통을 계승한 것이다. 여기서는 '근독'과 '신독'을 가리지 않고, 단지 정구가 쓴 그대로 옮기며 만약 글의 원천 사료에서 신독으로 쓰인 것을 근독으로 변경한 경우에는 주석에서 밝히겠다.

28) 정구는 원문의 '신독'을 모두 '근독'으로 옮겨 놓고 있다.

重了. 只略略收拾來, 便在這裏. 伊川所謂道箇敬字, 也不大段用得力. 孟子曰操則存. 操亦不是著力把持, 只是操一操, 便在這裏.

또 말씀하였다. "'계신'과 '공구'는 단지 대략적으로 한번 살피는 것이니, '대략적'[略]이란 경(敬)의 한 모양이다. 그러나 '경'이라는 글자를 말하는 것은 이미 중요하다. 단지 대략적으로 거두어 바로잡으면 바로 여기에 있는 것이다. 이천 선생은 '경 한 글자를 말하는 것은 또한 크게 힘을 들이지 않아도 된다'고 하고, 맹자는 '잡으면 보존된다'고 하셨다. '잡는다'[操]는 것은 또한 힘들여 잡아서 유지하는 것이 아니라, 단지 한번 잡기만 잡으면 바로 여기에 있는 것이다." (위와 같은 곳)

**17. 問. 謹獨, 是念慮初萌處否. 曰. 此是通說, 不止念慮初萌, 只自家自知處. 如小可沒緊要處, 只胡亂去, 便是不謹. 謹獨是己思慮, 己有些小事, 已接物了. 戒愼乎其所不睹, 恐懼乎其所不聞, 是未有事在時, 相在爾室, 尙不愧于屋漏, 不動而敬, 不言而信之時, 謹獨, 便已有形跡了.

물었다. "'근독'은 생각이 시작할 때 싹트는 곳 아닙니까?"

말씀하였다. "이는 통설이니, 생각이 처음 싹틀 때 뿐 아니라, 단지 스스로 자신만이 아는 곳이기도 하다. 예컨대 조금도 긴요한 곳이 아닌데도 단지 혼란스러우면 곧 삼가지 않는다. '근독'은 자기의 생각이니, 자기에게 작은 일이라도 있으면 이미 사물을 접촉한 것이다. '보이지 않는 것에도 경계하고 삼가며 들리지 않는 것에도 두려워한다'는 것은 아직 일이 있지 않을 때이고, '그대가 홀로 방에 있을 때에 방안 귀퉁이에도 부끄럽지 않게 할지니, 그러므로 군자는 움직이지 않아도 경(敬)하며, 말하지 않아도 믿게 하는'[29] 때이니, '근독'은 곧 이미 형체와 흔적이 있는 것이다." (위와 같은 곳, 제98조목. 서우의 기록)[30]

---

29) 인용은 『중용장구』 33장이며, 앞쪽 문장은 『시경』 「대아탕지십(大雅蕩之什)」의 2장 「억(抑)」이다.

18. 又曰. 這獨也, 又不是恁地獨時, 如與衆人對坐, 自心中發一念, 或正或不正, 此亦是獨處.

또 말하기를 또 말씀하였다. "여기 '독(獨)'이라는 것도 이렇게 홀로 있을 때가 아니라, 여러 사람들과 마주 앉아 있을 때 마음속에서 하나의 생각이 피어나면 혹 바르기도 하고 바르지 않기도 하는데, 이 또한 홀로 있는 곳이다." (위와 같은 곳, 제99조목, 위춘魏椿의 기록)

19. 又曰. 戒愼不睹, 恐懼不聞, 非謂於睹聞之時不戒懼也. 言雖不睹不聞之際, 亦致其謹, 則睹聞之際, 其謹可知. 此乃統同說, 承上道不可須臾離, 則是無時不戒懼也. 然下文謹獨旣專就已發上說, 則此段正是未發時工夫, 只得說不睹不聞也. 莫見乎隱, 莫顯乎微, 故君子必愼其獨. 上旣統同說了, 此又就中有一念萌動處, 雖至隱微, 人所不知而已所獨知, 尤當致愼. 如一片止水, 中間忽有一點動處, 此最緊要著工夫處.

또 말씀하였다. "'보이지 않는 것에도 경계하고 삼가며 들리지 않는 것에도 두려워한다'는 보이고 들리는 때에는 경계하고 두려워하지 않는다고 하는 말이 아니다. 비록 보이지 않거나 들리지 않을 때에 또한 그 '삼가함[謹]'을 다한다면 보이거나 들릴 때에 그 삼가함을 알 수 있음을 말한다. 이것은 곧 같은 점을 총괄해서 말한 것이니, 앞 문장의 '도는 잠시도 떠날 수 없는 것이다'는 말을 이어받는다면, 어느 때고 경계하고 두려워하지 않을 수 없는 것이다. 그러나 다음의 문장의 '홀로를 삼가함'이 오로지 '이발'의 측면에서 말한 것이라면, 이 단락은 바로 '미발'의 때에 하는 공부이니, 단지 '보이지 않고 들리지 않는다'라고 말한 것일 따름이다.

'숨겨진 것보다 더 잘 드러나는 것이 없으며, 작은 일보다 더 잘 나타나는 것이 없으니, 그러므로 군자는 홀로를 삼가는 것이다'는 앞에서

30) 정구는 원문의 '신독'을 모두 '근독'으로 옮겨 놓고 있다. 『심경부주』에도 '근독'으로 되어 있다.

이미 같은 곳을 총괄해서 말했으니, 이것 또한 마음에 하나의 생각이 움직이는 곳이 있으면 비록 지극히 은미하다 하더라도, 남들은 모르지만 나는 홀로 알고 있으니 더욱 지극히 삼가야 한다.[31] 이는 마치 한 조각 고요한 물이 있는데, 그 중간에 갑자기 한 점 움직이는 부분이 있는 것과 같으니 이곳이 가장 긴요하게 공부를 해야 할 곳이다." (위와 같은 곳, 제103조목. 이굉조의 기록)[32]

20. 又曰. 方不睹不聞, 未有私欲之際, 已是戒懼了. 及至有少私意發動, 又却愼獨, 如此, 卽私意不能爲吾害矣."

또 말씀하였다. "바야흐로 보이지 않고 들리지 않으며, 아직 사사로운 욕심이 생겨나지 않았을 때, 이미 경계하고 두려워해야 한다. 조금이라도 사사로운 욕심이 피어나 움직이는데 이르면, 또 이와 같이 홀로를 삼가면, 사사로운 뜻이 나에게 해가 될 수 없을 것이다." (『주자어류』 권114, 「주자11」, 「문인들을 가르침2」, 제43조목. 요덕명의 기록)

21. 又曰. 戒愼恐懼, 是事之未形處. 謹獨, 幾之將然處.

또 말씀하였다. "'계신'하고 '공구'하는 것은 일이 아직 드러나지 않은 곳이다. '근독'[33]은 기미가 장차 그러한 곳이다." (『주자어류』 권62, 「중용1」, 제93조목. 만인걸의 기록)

22. 問. 戒懼是保守天理, 謹獨是檢防人欲. 曰. 也得.

물었다. "'계신공구'는 천리를 보존하여 지키는 것이고, '근독'[34]은 인욕을 점검해서 방비하는 것입니까?"

---

31) 여기서부터 이어지는 마지막 문장은 『심경부주』 「천명지위성장」에 있다.

32) 정구는 이 조목에서 모든 신(愼) 자를 근(謹) 자로 바꾸었다.

33) 『주자어류』에는 신독(愼獨)으로 되어 있다.

34) 『주자어류』에는 '신독'으로 되어 있다.

말씀하였다. "그래야 한다." (위와 같은 곳, 제106조목. 호영의 기록)

23. 胡氏季隨曰. 戒懼者, 所以涵養於喜怒哀樂未發之前, 當此之時, 寂然不動, 只下得涵養功夫. 涵養者, 所以存天理也, 愼獨者, 所以省察於喜怒哀樂已發之時, 此之時, 一毫放過, 則流於欲矣, 判別義利, 全在此時, 省察者, 所以遏人欲也. 曰. 此說甚善. 但亦不是欲發時節別換一心來省察他, 只是此箇全體戒懼底略更開眼耳.

호씨 계수(호대시胡大時)가 말하였다. "'계신공구'는 희로애락이 아직 피어나기 전에 함양하는 것이니, 바로 이때는 '고요히 움직이지 않으면서'[35] 다만 함양 공부만 할 뿐입니다. 함양은 천리를 보존하는 방법이며, '신독'은 희로애락이 이미 피어날 때 성찰(省察)하는 것입니다. 이때는 조금이라도 잃어버리면, 사사로운 욕심으로 흘러갑니다. 의리를 판별하는 것은 전적으로 이때에 있으니, 성찰은 인욕을 막는 방법입니다."

말씀하였다. "이 설명이 참으로 좋습니다. 다만 피어나는 때에 따로 한 마음을 바꾸어서 그것을 성찰하려고 하는 것이 아니라, 단지 '계신공구'하는 전체 속에서 약간 다시 살펴볼 따름입니다."[36] (『주자대전』 권53, 「호계수에게 답함7(答胡季隨)」)[37]

24. 又曰. 李先生云, 賴天之靈, 常在目前, 只是戒愼所不睹, 恐懼所不聞, 便自然常存, 顔子非禮勿視聽言動, 正是如此.

---

35) 『주역』 「계사전상」 10장. "역은 생각이 없고 함이 없으며, 고요히 움직이지 않다가 감응하여 천하의 모든 일에 마침내 통하니, 천하의 지극한 신령이 아니면 그 누가 여기에 참여할 수 있겠는가(易, 无思也, 无爲也, 寂然不動, 感而遂通天下之故, 非天下之至)."

36) 이 조목은 『심경부주』(「천명지위성장」)에 일부가 있으나, 정구는 이를 좀 더 문맥을 보강해서 발췌했다. 그러나 호계수의 질문에 대한 주자의 대답 사이에 서너 개의 질문이 더 있는데 정구는 이를 삭제하고 있다.

37) 이 편지는 1186년(순희 13, 57세)에 쓴 것이다. (『편년고증』, 256쪽 참고)

발'이 된다는 것을 말한 것입니다. 이 뜻은 극히 정밀하고 미묘하여 '미발'의 경계를 완전히 설파하여, 다시 더 덧붙일 것이 없습니다." (『주자대전』 권48, 「여자약에게 답함39」)[40]

〈以下論中和(이하는 중화를 논한 것이다)〉

25. 又問. 呂學士, 言當求於喜怒哀樂未發之前, 如何. 曰. 若言存養於喜怒哀樂未發之時, 則可, 若言求中於喜怒哀樂未發之前, 則不可.

또 물었다. "여학사(여대림呂大臨)가 '희로애락이 아직 피어나지 않는 이전에 찾아야 한다'고 했는데, 이 말이 어떻습니까?"

말씀하였다. "만약 희로애락이 아직 피어나지 않은 이전에 '존양'을 말한다면 그럴 수 있으나, 만약 희로애락이 미발 즉 아직 피어나지 않은 이전에 중(中)을 찾는다고 말한다면, 불가한 일이다." (『이정유서』 권18, 82번째 문장)

26. 又問. 於喜怒哀樂發時, 固當勉强哉, 抑於未發之前, 當如何用功. 曰. 於喜怒哀樂未發之時, 更怎生求, 只平日涵養便是, 涵養久, 則喜怒哀樂發自中節.

또 물었다. "희로애락이 피어날[發] 때는 진실로 억지로 힘을 써서 해야 하는가요? 혹여 그렇지 않으면 '미발' 이전에는 어떻게 공부해야 합니까?"

말씀하였다. "희로애락이 '미발' 이전에는 다시 어떻게 찾겠는가? 단지 평소에 함양하는 것이 옳으니 함양이 오래 동안 익숙하게 된다면 희로애락이 저절로 절도에 맞게 될 것이다." (위와 같은 곳)

40) 이 편지는 1197년(경원慶元 2년, 68세)에 쓴 것이다. (『편년고증』, 434쪽 참고)

27. 問. 當中之時, 耳無聞目無見否. 曰. 雖耳無聞目無見, 然見聞之理在始得.

물었다. "중(中)에 있을 때 귀는 무엇도 듣지 않고 눈은 무엇도 보지 않는 것입니까?"

말씀하였다. "비록 귀는 무엇도 듣지 않고 눈은 무엇도 보지 않지만, 보고 듣는 이치가 있어야 비로소 된다." (『이정유서』 권18, 83번째 문장)

朱子曰. 雖是耳無聞, 目無見, 然須是常有箇主宰執持底在這裏, 始得. 不是一向放倒, 又不是一向空寂了.

주자가 말씀하였다. "비록 귀는 무엇도 듣지 않고 눈으로는 무엇도 보지 않지만, 모름지기 여기에는 항상 주재하는 것이 있어서 항상 붙잡아 유지하고 있어야만 비로소 된다는 것이다. 한결같이 (마음을) 잃어버리는 데로만 향하거나, 한결같이 공적(空寂)으로만 향하는 것이 아니다." (『주자어류』 권96, 「정자지서2」, 제43조목. 섭하손의 기록)

28. 問. 未發之時, 靜時自有一般氣象, 及至接事時又自別, 何也. *曰. 善觀者不如此, 却於喜怒哀樂已發之際觀之.

물었다. "'미발'의 때에 고요할 때는 절로 한결같은 기상이 있는데, 사물에 접촉할 때에 이르면 또한 절로 구별이 되는 것은 어째서입니까?"

말씀하였다. "잘 살피는 자는 이와 같지 않으니, 오히려 희로애락의 '이발' 즈음에 살핀다." (『이정유서』 권18, 83번째 문장)

朱子曰. 伊川先生所謂却於已發之際觀之者, 正謂未發則只有存養, 而已發則方有可觀也.

주자가 말씀하였다. "이천 선생이 '오히려 희로애락의 이발 즈음에 살핀다'고 한 것은 바로 '미발'에는 단지 존양만 있고, '이발'에야 비로소 살필 수 있는 것이라고 말한 것입니다."(『주자대전』 권32, 「장흠부에게 답함49」)

**問. 涵養於未發之初, 令不善之端旋消, 則易爲力, 若發以後, 則難制. 曰. 聖賢之論, 正要就發處制. 惟子思說喜怒哀樂未發謂之中. 孔孟敎人, 多從發處說. 未發時固當涵養, 不成發後便都不管.

물었다. "'미발'의 처음에 함양하고, 불선(不善)의 단서가 곧바로 사라지도록 하면 힘을 쓰기 쉽지만, (희로애락이) 이미 피어난 이후라면 통제하기 어렵습니다."

말씀하였다. "성현들의 논의는 바로 피어나는[發] 곳에 나가 통제해야 한다는 것인데, 오직 자사만이 '희로애락이 미발 즉 아직 피어나지 않았을 때를 중이라 한다' 하였을 뿐이다. 공자와 맹자가 사람을 가르칠 때는 이미 피어난 곳으로부터 말씀한 것이 많았다. '미발'의 때는 진실로 마땅히 함양해야 하지만, 이미 피어난 후에도 모든 것을 주관하지 않는다고 말할 수 없다."(『주자어류』 권113, 「주자10(朱子十)」, 「문인들을 가르침1(訓門人一)」, 제3조목)[41]

29. 曰. 賢且說靜時如何. 曰 謂之無〈朱子曰. 當作有〉物, 則不可, 然自有知覺處. 曰. 旣有知覺, 却是動也. 怎生言靜. 人說復其見天地之心, 皆以謂至靜能見天地之心非也. 復之卦, 下面一畫, 便是動也. 安得謂之靜.

말씀하였다. "그대는 또 고요할 때는 어떠해야 한다고 여기는가?"

대답했다. "아무것도 '없다'〈주자가 말씀하였다. '무(無)는 마땅히 유(有)가 되어야 한다.'〉고 이르는 것은 불가하지만, 자연 지각하는 곳이 있습니다."

말씀하였다. "이미 지각이 있다면 이는 오히려 움직임이니, 어떻게

41) 『주자어류』의 원문에는 若發後, 聖賢之論 등으로 된 표현이 『심경부주』에는 若發以後, 聖賢 등으로 보면, 『심경부주』의 구절을 그대로 옮긴 것 같다.

고요함이라고 말할 수 있겠는가? 사람들이 '복괘에서 천지의 마음을 본다'라고 말한 것은 모두 지극한 고요함에서도 천지의 마음을 볼 수 있다고 말했는데, 잘못된 것이다. 복괘에서 아래의 초획이 곧 움직임이다. 어찌 고요함이라고 말할 수 있는가?" (『이정유서』 권18, 83번째 문장)

朱子曰. 靜中有箇覺處, 只是常惺惺在這裏, 靜不是睡著了.

주자가 말씀하였다. "고요함 가운데 깨어있는 곳이 있다는 것은 단지 '상성성(항상 깨어 있음)'하여 여기에 있는 것일 뿐이며, 고요함은 잠든 것이 아니다." (『주자어류』 권62, 「중용1」, 제94조목. 섭하손의 기록)

問. 未發之前, 當戒愼恐懼, 提撕警覺, 則亦是知覺, 而伊川謂旣有知覺, 却是動, 何也. 曰. 未發之前, 須常恁地醒, 不是瞑然不省. 若瞑然不省, 則道理何在, 成甚麽大本. 曰. 常醒, 便是知覺否. 曰. 固是知覺. 曰. 知覺, 便是動否. 曰. 是. 曰. 何以謂之未發. 曰. 未發之前, 不是瞑然不省, 怎生說做靜得. 然知覺雖是動, 不害其爲未動. 若喜怒哀樂, 則又別也. 曰. 此處知覺雖是動, 而喜怒哀樂却未發否. 曰. 是. 下面說復見天地之心, 說得好. 復一陽生, 豈不是動. 曰. 一陽雖動, 然未發生萬物, 便是喜怒哀樂未發否. 曰. 是.

물었다. "'미발' 이전에는 마땅히 '계신'하고 '공구'하면서 경각심을 갖고 깨어있어야 한다면 역시 지각인데, 이천 선생은 '이미 지각이 있다면 이는 오히려 움직임'이라고 한 것은 어째서입니까?"

말씀하였다. "'미발' 이전에는 모름지기 이렇게 깨어있어야 하며, 어두워서 살피지 못하는 것이 아니다. 만약 어두워서 살피지 못하면 도리는 어디에 있어, 무슨 대본(大本)을 이룰 수 있겠는가?"

물었다. "'상성(항상 깨어 있음)'이 곧 지각 아닙니까?"

말씀하였다. "진실로 지각이다."

물었다. "지각이 곧 움직임 아닙니까?"

말씀하였다. "맞다."

물었다. "그러면 어째서 '미발'이라고 합니까?"

말씀하였다. "'미발' 이전이 어두워서 살피지 못하는 것이 아닌데, 어떻게 고요함이라고 말할 수 있겠는가? 그러나 지각이 비록 움직임이지만 움직이지 않았다는 사실에 해를 끼치는 것은 아니다. 희로애락과 같은 경우는 또한 구별된다."

물었다. "여기서의 지각은 비록 움직임이지만 희로애락은 오히려 '미발'이 아닐런지요?"

말씀하였다. "맞다. 아래에서 말한 '복괘에서 천지의 마음을 본다'고 말한 것이 훌륭하다. 복괘에서 '하나의 양[一陽]'이 생겨난 것이 어찌 움직임이 아니겠는가?"

물었다. "하나의 양이 비록 움직임이나 아직 만물을 생겨나게 하지는 않았으니, 이것이 바로 희로애락의 '미발'이 아닐까 합니다만?"

말씀하였다. "옳다." (『주자어류』 권96, 「정자지서2」, 제44조목. 진순의 기록)

30. **或問. 莫是於動上求靜否. 曰. 固是, 然最難.**

누군가 물었다. "움직임에서 고요함을 찾는 것이 아닙니까?"

말씀하였다. "진실로 그러하지만 가장 어려운 것이다." (『이정유서』 권18, 83번째 문장)

或曰. 先生, 於喜怒哀樂未發之前, 下動字下靜字. 曰. 謂之靜, 則可, 然靜中須有物始得, 這裏便是難處, 學者, 莫若且先理會得敬. 能敬, 則自知此矣.

누군가 물었다. "선생께서는 희로애락의 '미발' 이전에는 움직임이라는 글자를 둡니까, 고요함이라는 글자를 둡니까?"

말씀하였다. "고요함이라고 하면 옳지만, 고요함 가운데 반드시 '어떤 것'[物]이 있어야 시작되니, 여기가 바로 가장 어려운 곳이다. 배우는 자들이 우선 경을 이해하는 것이 더 나을 것이다. 경을 할 수 있다면 저절로 이것을 알게 된다." (위와 같은 곳)

問. 靜中有物, 莫是先生所謂知覺不昧之意否. 曰. 此只是言靜時那道理自在, 却不是塊然如死底物也.

물었다. "'고요한 가운데 어떤 것이 있다'는 것은 선생님이 말씀하신 '지각불매(지각이 어둡지 않음)'의 뜻이 아닙니까?"

말씀하였다. "이는 단지 고요할 때 저 도리가 스스로 있음을 말한 것일 뿐, 흙덩어리처럼 죽은 듯한 어떤 것이 아니다." (『주자어류』 권96, 「정자지서2」, 제48조목. 정단몽의 기록)

問. 敬莫是靜否. 曰. 敬則自然靜, 不可將靜來喚做敬.

물었다. "경은 고요함이 아닙니까?"

말씀하였다. "경을 하면 자연스럽게 고요해지니, 고요하다고 해서 경이라고 부를 수는 없다." (위와 같은 곳, 제49조목. 김거위의 기록)

問. 此物云何. 曰. 只太極也.

물었다. "이 '어떤 것'은 무엇을 말한 것입니까?"

말씀하였다. "태극이다." (위와 같은 곳, 제50조목. 장흡의 기록)

31. ****或曰. 當靜坐時, 物之過乎前者, 還見不見. 曰. 看事如何. 若是大事如祭祀, 前旒蔽明, 黈纊充耳, 凡物之過者, 不見不聞也. 若無事, 目須見, 耳須聞.**

누군가 말하였다. "정좌할 때에 눈앞에 지나가는 사물을 보아야 합니까. 보지 않아야 합니까?"

말씀하였다. "어떤 일인지를 살펴야 한다. 만약 제사와 같은 대사를 치를 때 면류관의 앞 술이 눈을 가리고 귀막이 솜이 귀를 막고 있을 때라면 눈앞에 지나가는 모든 사물을 보지도 않고 듣지도 않아야 한다. 그러나 만약 일이 없을 때라면 눈은 모름지기 보아야 하고 귀는 모름지기 들어야 한다." (『이정유서』 권18, 83번째 문장)

呂子約謂未有聞未有見爲未發. 朱子曰. 子思只說喜怒哀樂, 今却轉向見聞上去, 所以說得愈多, 愈見支離紛冗, 都無交涉. 此乃程門請問記錄者之罪, 而後人亦不善讀也. 若必以未有見聞爲未發處, 則只是一種神識昏昧底人, 睡未足時, 被人驚覺, 頃刻之間, 不識四到時節, 有此氣象. 聖賢之心, 湛然淵靜, 聰明洞徹, 決不如此. 若必如此, 則洪範五事, 當云貌曰僵, 言曰啞, 視曰盲, 聽曰聾, 思曰塞, 乃爲得其性, 而致知居敬, 費盡工夫, 却只養得成一枚癡獃罔兩漢矣.

여자약이 "무엇도 들은 것이 없고 무엇도 본 것이 있지 않은 것이 '미발'입니다"라고 하였다.

주자가 말씀하였다. "자사는 단지 희로애락만을 말씀하셨을 뿐인데, 지금은 오히려 보고 듣는 것으로 방향을 바꾸어서 가기 때문에, 말이 많을수록 더욱 지리하고 번거로워져서 모두 관계되는 것이 없습니다. 이는 바로 정자 문하에서 묻고 기록한 자의 죄과이고, 뒷날의 사람들이 또한 잘 읽지 못한 것입니다. 만약 반드시 무엇도 보고 들음이 없는 것을 '미발'이라고 한다면, 이는 일종의 신식(神識, 정신의 의식작용)이 혼미한 사람이 잠이 부족할 때에 남에게 놀라 깨서 잠깐 동안 사방의 시절을 모르는 때에 이러한 기상이 있습니다. 성현의 마음은 담연히 깊고 고요하며 총명하고 통철하니, 결코 이와 같지 않습니다. 만약 이와 같다면 「홍범(洪範)」의 오사(五事)에 마땅히 '모습은 뻣뻣하고 말은 벙어리가 되고 보는 것은 소경이 되고 듣는 것은 귀머거리가 되고 생각은 막아야 한다'[42]고 말하여야 비로소 그 본성을 얻음이 될 것이며, 앎을 지극히 하고 경(敬)에 늘 머물러서 많은 공부를 허비하는 것이 단지 한 어리석고 미련한 망양(罔兩, 허깨비) 같은 사람을 길러내는 것일 뿐입니다." (『주자대전』 권48, 「여자약에게 답함44」)[43]

32. 又曰. 中者, 天下之大本, 天地之間, 亭亭當當, 直上直下之正理, 出則不是. 惟敬而無失, 最盡.

또 말씀하였다. "중(中)이란 천하의 대본이고, 천지의 사이에 정정당당하고 위와 아래가 일관되어 있는 바른 이치이니, 이를 벗어나면 옳지 못하다. 오직 경을 하여 잃음이 없어야 가장 극진하다." (『이정유서』 권11, 167번째 문장)

朱子曰. 只是常敬, 便是喜怒哀樂未發之中也. 出便是已發. 發而中節, 只可謂之和, 不可謂之中矣.

주자가 말씀하였다. "단지 항상 경을 할 뿐이니, 바로 희로애락이 '미발'할 때의 중(中)이다. (밖으로) 나가면 바로 '이발'이니, (『주자어류』 권95, 「정자지서1」, 제70조목, 양도부의 기록) (희로애락이) 피어나서[發] 절도에 맞으면 화(和)라고는 할 수 있을 뿐이지 중(中)이라고는 할 수 없다." (위와 같은 곳, 제69조목. 주모의 기록)[44]

---

42) 주자는 '미발'을 '아무것도 보고 듣는 것이 없는 것'이라 오해하는 것을 비판하며 위에서처럼 비꼰 것이다. 홍범(洪範)의 오사(五事)는 다음과 같다. 『서경』 「홍범」. "오사는 첫 번째는 모습이고, 두 번째는 말이고, 세 번째는 보는 것이고, 네 번째는 듣는 것이고, 다섯 번째는 생각하는 것이다. 모습은 공손하고, 말은 순종하고, 보는 것은 밝고, 듣는 것은 귀밝고, 생각하는 것은 지혜롭다. 공손함은 엄숙함을 만들고, 순종함은 다스림을 만들고, 밝음은 지혜를 만들고, 귀밝음은 헤아림을 만들고, 지혜로움은 성스러움을 만든다(五事, 一曰貌, 二曰言, 三曰視, 四曰聽, 五曰思. 貌曰恭, 言曰從, 視曰明, 聽曰聰, 思曰睿. 恭作肅, 從作乂, 明 作哲, 聰作謀, 睿作聖)."

43) 이 편지는 1197년(경원 3년, 68세)에 쓴 것이다. (『편년고증』, 434쪽 참고)

44) 이 조목은 정구가 『주자어류』에 있는 2개의 어록을 합해서 만든 것이다.

33. 又曰. 敬而無失, 便是喜怒哀樂未發之謂中也. 敬不可謂之中, 但敬而無失, 卽所以中也.

또 말씀하였다. "'경을 하여 잃음이 없다'는 곧 '희로애락지미발위지중'이다. 경은 중(中)이라고 할 수 없으나, 다만 경을 하여 잃음이 없으면 곧 중(中)이 될 수 있는 것이다." (『이정유서』 권2상, 202번째 문장)

或問. 程子之言敬而無失者, 奈何.

누군가 물었다. "정자가 '경을 하여 잃음이 없다'고 말한 것이 무슨 뜻입니까?" (『사서혹문』 권17, 「논어」, 「안연」. 9b)

朱子曰. 只敬而無失, 便不偏不倚, 只此便是中. 子夏之言本不爲此, 程子特取其有會於吾心耳.

주자가 말씀하였다. "단지 경하여 잃음이 없다면 '어디에도 치우치거나 기울지도 않으니' 단지 이는 바로 중(中)이다. (『주자어류』 권96, 「정자지서2」, 제8조목, 황순의 기록) 자하의 말씀은 본래 이렇지 않았는데, 정자가 내 마음에 모여 있다는 의미를 골라 뽑았을 뿐이다." (위와 같은 곳, 9b~10a)[45]

又曰. 敬而無失, 便是常敬, 這中底便常在.

또 말씀하였다. "'경을 하여 잃음이 없다'는 것이 곧 항상 경을 하는 것이니, 여기서 중(中)은 바로 항상 있는 것이다. (『주자어류』 권62, 「중용1」, 제79조목. 진순의 기록)

又曰. 此語至約, 是眞實下功夫處.

또 말씀하였다. "이 말은 지극히 요약되어 있으니 진실을 다해 공부

45) 이 조목은 정구가 『주자어류』와 『사서혹문』의 내용을 합해서 만든 것이다.

하는 곳입니다."(『주자대전』 권42, 「호광중에게 답함1」)[46]

又曰. 此言人能持敬而無間斷, 則喜怒哀樂, 渾然在中, 而無所偏倚也.

또 말씀하였다. "이것은 사람이 경을 유지하여 그치거나 끊어짐이 없게 할 수 있다면, 희로애락이 혼연히 마음속에 있어서 치우치고 기우는 것이 없음을 말한 것이다."(『사서혹문』 권17, 「논어」, 「안연」. 10a)

34. 朱子曰. 天命之性, 萬理具焉, 喜怒哀樂, 各有攸當, 方其未發, 渾然在中, 無所偏倚, 故謂之中. 及其發而皆得其當, 無所乖戾, 故謂之和. 謂之中者, 所以狀性之德, 道之體也, 以其天地萬物之理, 無所不該, 故曰天下之大本. 謂之和者, 所以著情之正, 道之用也, 以其古今人物之所共由, 故曰天下之達道. 蓋天命之性, 純粹至善, 而具於人心者, 其體用之全, 本皆如此, 不以聖愚而有加損也. 然靜而不知所以存之, 則天理昧, 而大本有所不立矣. 動而不知所以節之, 則人欲肆而達道有所不行矣. 惟君子自其不睹不聞之前, 而所以戒謹恐懼者, 愈嚴愈敬, 以至於無一毫之偏倚而守之常不失焉, 則爲有以致其中而大本之立, 日以益固矣. 尤於隱微幽獨之際, 而所以謹其善惡之幾者, 愈精愈密, 以至於無一毫之差謬而行之每不違焉, 則爲有以致其和而達道之行日以益廣矣. 致者, 用力推致而極其至之謂, 致焉而極其至, 至於靜而無一息之不中, 則吾心正而天地之心, 亦正, 故陰陽動靜, 各止其所, 而天地於此乎位矣. 動而無一事之不和, 則吾氣順而天地之氣亦順, 故充塞無間, 驩欣交通, 而萬物於此乎育矣, 此萬化之本原, 一心之妙用, 聖神之能事, 學問之極功, 固有非始學所當議者, 然射者之的, 行者之歸, 亦學者立志之初, 所當知也.

주자가 말씀하였다. "'천명지성'(하늘이 명한 성리)은 만물의 이치가 모두 갖추어져 있어 희로애락이 각기 마땅한 바가 있으니, 그 '미발'에

46) 이 편지는 1170년(건도 6년, 41세)에 쓴 것이다. (『편년고증』, 77쪽 참고)

는 혼연히 마음속에 있어 치우치고 기우는 것이 없기 때문에 중(中)이라 이른다. 그것이 피어날 때는 모두 그 마땅함을 얻어 어그러짐이 없기 때문에 화(和)라 이른다.

'중'이라고 하는 것은 성리의 덕(德)과 도의 본체를 표현한 것이니, 그것은 천지만물의 이치가 모두 포괄되지 않은 것이 없기 때문에 '천하의 대본'이라고 한다. '화'라고 한 것은 정(情)의 바름이고 도의 쓰임을 나타낸 것이니, 그것은 고금의 인물이 모두 말미암은 것이기 때문에 '천하의 달도'라고 한다. 대개 '천명지성'은 순수하고 지극히 선하여 인심(人心)에 갖추어져 있는 것은 그 본체와 작용의 온전함이 본래 모두 이와 같아서, 성인이나 하우(下愚, 몹시 어리석은 이들)라고 해서 더하고 덜한 것이 없다. 그러나 고요하게 이를 보존하는 것을 모르면 천리가 어두워져서 '대본'은 확립되지 못할 것이다. 움직이면서도 이를 절제할 줄 모르면 인욕이 제멋대로 굴어 '달도'는 행해지지 못할 것이다. 오직 군자만이 '보이지 않고 들리지 않는' 이전으로부터 '계신'하고 '공구'하는 것을 더욱 엄중하고 더욱 공경히 하여 한 터럭이라도 치우치고 기우는 것이 없고 이를 항상 지켜서 잃지 않는데 이르면, 그 중(中)을 다하여 대본의 수립이 날로 더욱 견고하게 될 것이다. 또한 은미하고 그윽한 즈음에 그 선악의 기미를 삼가는 것이 더욱 정밀하게 하여 한 터럭의 어긋나거나 잘못한 것이 없이 행하면서 매 순간 어기지 않는데 이르면, 그 화(和)를 다하여 '달도'의 행함이 날로 더욱 넓어지게 될 것이다.

'치(致)'라는 것은 힘을 써서 미루어 다해 그 지극함을 끝까지 하는 것을 이르니, 극진히 하여 그 지극함을 끝까지 해서 고요함에 이르러 한 순간이라도 중(中)하지 않음이 없으면, 내 마음은 바르고 천지의 마음도 또한 바르게 되므로, 음양동정(陰陽動靜)이 각기 그 있을 곳에 머물고, 천지는 이에 자리를 잡는다. 움직여서 하나의 일도 조화롭지 않음이 없으면, 나의 기(氣)는 (거스르지 않고) 잘 따르고 천지의 기도 역시 순조롭게 되므로 가득 차서 빈틈이 없으며, 기쁨으로 서로 소통하여 만물이 이에 길러진다. 이는 만물 조화의 본원이며 한 마음의 신묘한 쓰임이고 성신(聖神)만이 할 수 있는 일이며 학문이 가지는 극대의 효과이니, 진실로 처음 배우는 자가 의론할 수 있는 것이 아니다. 그러나 활 쏘는 자는 과녁에 적중하는 뜻을 갖고, 길 가는 자는 집으로 돌아가야 하는 뜻을 가지는 것처럼, 배우는 자가 뜻을 세우는 처음에 마땅히 알아야 하는 것이다." (『사서혹문』 권3, 「중용」, 「제1장~제11장」. 7a~18b)

35. 又曰. 喜怒哀樂未發謂之中, 只是思慮未萌, 無纖毫私欲, 自然無所偏倚, 所謂寂然不動, 此之謂中. 然不是截然作二截, 如僧家塊然之謂. 只是這箇心自有那未發時節, 自有那已發時節. 謂如此事未萌於思慮要做時, 須便是中是體, 及發於思了, 如此做而得其當時, 便是和是用, 只管夾雜相衮. 若以爲截然有一時是未發時, 一時是已發時, 亦不成道理. 今學者, 或謂每日將半日來靜做工夫, 卽是有此病也.

또 말씀하였다. "희로애락이 '미발'한 것을 중(中)이라 이르다는 것은 단지 생각이 싹트지 않고 조금이라도 사사로운 욕심이 없어서 저절로 치우치거나 기우는 것이 없는 것으로, 이른바 '적연부동(고요히 움직임이 없음)'이라 하는데, 이것을 중(中)이라 한다. 그러나 확연하게 둘로 나뉜 것은 아니니, 마치 승가(僧家)에서 '괴연(홀로 우뚝 있는 것)'이라 하는 것과 같다. 단지 이러한 마음이 저절로 '미발'일 때도 있고 저절로 '이발'일 때도 있다. 생각이 아직 싹트지 않았는데 이와 같은 일을 하려 할 때가 모름지기 바로 중(中)이고 본체가 되고, 생각이 피어날 때에 이와 같이 하여서 그 마땅한 때를 얻는 것이 곧 화(和)요 용(用)인 것을 말하니, 단지 끼어들어 서로 뒤섞여 있을 뿐이다. 만약 확연하게 나누어서 어떤 때는 '미발'의 때이고, 어떤 때는 '이발'의 때라고 여긴다면, 또한 도리를 이룰 수 없다. 요즘 학자들은 혹 날마다 반나절을 고요하게 공부를 한다고 하니 곧 이러한 병통이 있는 것이다." (『주자어류』 권62, 「중용1」, 제118조목. 정단몽의 기록)

36. 又曰. 大本用涵養, 中節則須窮理之功.

또 말씀하였다. "'대본'은 함양을 하고, '중절'은 모름지기 이치를 궁구하는 공부를 해야 한다." (위와 같은 곳, 제120조목. 양방의 기록)

37. 又曰. 大抵未發已發, 只是一項工夫, 未發固要存養, 已發亦要審察. 遇事時時復提起, 不可自怠, 生放過底心, 無時不存養, 無事不省察.

또 말씀하였다. "대저 '미발'과 '이발'은 단지 한 가지의 공부일 뿐이며, '미발'은 진실로 존양을 해야 하고 '이발' 또한 자세히 살펴야 한다. 일을 만나는 때때로 다시금 깨워 일으켜서 스스로 태만해서는 안 되니, 잃어버리는 마음이 생겨나면 어느 때고 존양하지 않음이 없고, 어느 일이고 성찰하지 않는 것이 없다. (위와 같은 곳, 제129조목. 만인걸의 기록)

38. 又曰. 已發未發, 不必太泥. 只是既涵養, 又省察, 無時不涵養省察. 若戒懼不睹不聞, 便是通貫動靜, 只此便是工夫. 至於愼獨, 又是或恐私意有萌處, 又加緊切. 若謂已發了更不須省察, 則亦不可. 如曾子三省, 亦是已發後省察.

또 말씀하였다. "'이발'과 '미발'에 지나치게 집착할 필요가 없다. 단지 이미 함양하였으면 또 성찰하여 어느 때고 함양하고 성찰하지 않은 것이 없다. 만약 보이지 않고 들리지 않은 것을 '계신'하고 '공구'하면, 바로 움직임과 고요함을 꿰뚫어 통한 것이니, 이것이 바로 공부일 따름이다. '근독'[47]에 이르면 또한 혹 사사로운 뜻이 싹트는 곳이 있을까 걱정하여 또한 긴요하고 절실함을 더하는 것이다. 만약 '이발'하고 나서 다시금 성찰하지 않는다고 한다면, 또한 그럴 수는 없는 것이다. 예컨대 증자가 하루 세 번 반성한 것 또한 '이발' 이후에 성찰한 것이다." (위와 같은 곳, 제136조목. 황순의 기록)

39. 又曰. 未發時著理義不得, 纔知有理有義, 便是已發. 當此時有理義之原, 未有理義條件. 只一箇主宰嚴肅, 便有涵養工夫.

또 말씀하였다. "'미발'의 때에는 리(理)와 의(義)를 붙일 수가 없으니, 다만 리(理)와 의(義)가 있다는 것을 알게 되면 이는 '이발'이다. 바로 이때에 리와 의의 근원은 있으나 아직 리와 의라는 조목은 있지 않다. 단지 주재가 엄숙하면 함양의 공부가 있게 된다." (위와 같은 곳, 제137조목. 황순의 기록)

40. 又曰. 如涵養熟者, 固是自然中節. 便做聖賢, 於發處亦須審其是非而行. 涵養不熟底, 雖未必能中節, 亦須直要中節可也. 要知二者可以交相助, 不可交相待.

또 말씀하였다. "예컨대 '함양'에 익숙한 자는 진실로 자연스럽게 절도에 맞게 되니, 바로 성현이 된다는 것은 피어나는[發] 곳에서 또한 모름지기 그 옳고 그름을 살펴서 행해야 하는 것이다. 함양이 익숙하지 않으면 비록 반드시 절도에 맞을 수는 없을지라도, 또한 모름지기 곧장 절도에 맞도록 해야 하는 것은 할 수 있다. 두 가지는 서로 도울 수는 있으나 서로 기다릴 수는 없다는 것을 알아야 한다." (위와 같은 곳, 황순의 기록)

41. 又曰. 敬以直內, 而喜怒哀樂無所偏倚, 所以致夫中也. 義以方外, 而

---

47) 『주자어류』에는 신독으로 되어 있다.

喜怒哀樂各得其正, 所以致夫和也. 敬義夾持, 涵養省察, 無所不用其戒謹恐懼, 是以當其未發而品節已具, 隨所發用而本體卓然, 以至寂然感通, 無少間斷, 則中和在我, 天人無間矣.

또 말씀하였다. "'경이직내'하여 희로애락이 치우치고 기우는 것이 없기 때문에 저 중(中)을 다 하는 것이다. '의이방외'하여 희로애락이 각기 그 바름을 얻기 때문에 저 화(和)를 다 하는 것이다. '경의협지'하고 함양하며 성찰하고 그 '계신'과 '공구'를 쓰지 않는 것이 없어서, 그 미발에 있어서 '품절(사물의 차이에 따른 적절한 등급)'이 이미 갖추어져 있으며, 이발하여 쓰이는 것을 따라서 본체는 빼어나게 고요히 느껴서 통하여 조금이라도 그치거나 끊어짐도 없으면, 중(中)과 화(和)는 나에게 있고, 하늘과 인간 사이에는 빈틈이 없게 된다."(『주자대전』 권67, 「중용수장설(中庸首章說)」)

42. 答張欽夫書曰. 人之一身, 知覺運用, 莫非心之所爲, 則心者, 固所以主於身, 而無動靜語默之間者也. 然方其靜也, 事物未至, 思慮未萌, 而一性渾然, 道義全具, 其所謂中, 是乃心之所以爲體, 而寂然不動者也. 及其動也, 事物交至, 思慮萌焉, 則七情迭用, 各有攸主, 其所謂和, 是乃心之所以爲用, 感而遂通者也. 然性之靜也, 而不能不動, 情之動也, 而必有節焉, 是則心之所以寂然感通, 周流貫徹, 而體用未始相離者也. 然人有是心, 而或不仁, 則無以著此心之妙, 人雖欲仁, 而或不敬, 則無以致求仁之功. 蓋心主乎一身, 而無動靜語默之間, 是以君子之於敬, 亦無動靜語默, 而不用其力焉. 未發之前是敬也, 固已主乎存養之實, 已發之際是敬也, 又常行於省察之間. 方其存也, 思慮未萌, 而知覺不昧, 是則靜中之動, 復之所以見天地之心也. 及其察也, 事物紛糾, 而品節不差, 是則動中之靜, 艮之所以不獲其身, 不見其人也. 有以主乎靜中之動, 是以寂而未嘗不感, 有以察乎動中之靜, 是以感而未常不寂. 寂而常感, 感而常寂, 此心之所以周流貫徹, 而無一息之不仁也. 然則君子之所以致中和, 而天地位, 萬物育者, 在此而已. 蓋主於身, 而無動靜語默之間者, 心也, 仁則心之道, 而敬則心之貞也. 此徹上徹下之道, 聖學之本統, 明乎此, 則性情之德中和之妙, 可一言而盡矣.

「답장흡부서」에서 말씀하였다. "사람의 한 몸은 지각의 운용에서 마음이 하는 것이 아님이 없으니 마음이라는 것은 한 몸의 주재가 되어 동정(動靜, 움직이고 고요히 있는 두 측면)과 어묵(語默, 말하고 침묵하는 측면)의 차이가 없는 것입니다. 그러나 그것이 고요할 때는 사물이 아직 이르지 않고 생각도 아직 싹트지 않아서 하나의 (완전한) 성(性)은 혼연하고 도의는 모두 갖추어져 있으니, 이것이 이른바 중이고 바로 마음의 본체가 되며 '적연부동(고요히 움직이지 않음)'인 것입니다. 그것이 움직일 때는 사물이 서로 이르고 생각도 싹이 트니 칠정(七情)이 번갈아 운용되어 각기 주재하는 것이 있으니, 이것이 이른바 화(和)이고 바로 마음의 작용이 되며 '감이수통(감응하여 통함)'인 것입니다.

그런데 성은 고요한 것이라도 움직이지 않을 수 없는 것이고 정은 움직이는 것이라도 반드시 절도가 있어야 하니, 이는 마음이 고요하게 느껴 통하고 두루 흘러 관철하면서 본체와 작용이 처음부터 서로 떨어지지 않은 것이기 때문입니다. 그러나 사람은 이 마음을 가지고 있어도 혹은 불인(不仁)하니 이 마음의 신묘함을 드러내지 못하는 것이며, 사람이 비록 인(仁)하고자 하여도 혹 불경(不敬)하면 인을 찾는 공부를 다 하지 못하는 것입니다.

대개 마음은 한 몸에 주재가 되어 '동정'과 '어묵'의 차이가 없기 때문에, 군자는 경(敬)에 대해서도 또한 동정과 어묵의 사이에서 그 힘을 쓰지 않음이 없는 것입니다. '미발' 이전에는 경(敬)을 하니, 진실로 이미 존양의 실질을 주재하고, 이발의 즈음에도 경(敬)하고 또 항상 성찰의 사이에서 실천합니다. 그를 존양할 때 생각은 아직 싹트지 않고 지각은 어둡지 않으니, 이는 고요함 가운데의 움직임으로 복괘에서 '천지의 마음을 본다'는 것입니다. 그 성찰에 이르러서는 사물이 어지러워도 품절(사물의 차이에 따른 적절한 등급)에 어긋남이 없으니 이는 움직임 가운데의 고요함으로 간괘의 '그 몸을 얻지 못하면 그 사람을 보지 못한다'는 것입니다.

고요함 가운데 움직임을 주재하니 고요해도 일찍이 느끼지 않은 적이 없고, 움직임 가운데의 고요함을 살피는 것이 있으니 느끼면서도 항상 고요하지 않은 적이 없습니다. 고요해도 항상 느끼고 느낄 때도 항상 고요하니 이는 마음이 두루 흘러 관철하여 한 순간이라도 불인(不仁)한 적이 없는 이유입니다. 그러므로 군자가 중(中)과 화(和)를 지극히 다 하니 천지가 자리를 잡고 만물이 자라는 것은 여기에 있을 따름입니다.

대개 몸의 주재가 되어 '동정'과 '어묵'의 차이가 없는 것이 마음이니, 인(仁)은 마음의 도이며, 경(敬)은 마음의 곧고 바름[貞]입니다. 이것이 위와 아래를 철저하게 관통하는 도이고 성학 본래의 정통이니 이에 밝으면 성정의 덕과 중화의 신묘함을 한 마디 말로 다 할 수 있습니다." (『주자대전』 권32, 「장흠부에게 답함49」)

43. 答林擇之書曰. 大抵心體, 通有無, 該動靜, 故工夫, 亦通有無該動靜, 方無透漏. 若必待其發而後察, 察而後存, 則工夫之所不至多矣. 惟涵養於未發之前, 則其發處自然中節者多, 不中節者少, 體察之際, 亦甚明審, 易爲著力矣.

「답임택지서」에서 말씀하였다. "대저 마음의 본체는 유무(有無)를 관통하고 동정(動靜)을 포괄하는 것이므로 공부도 또한 유무를 관통하고 동정을 포괄해야 새는 것이 없습니다. 만약 반드시 그것이 피어난[發] 것을 기다려서 살피고, 살핀 뒤에라야 보존한다면, 공부에 이르지 않은 것이 많게 됩니다. 오직 '미발' 이전에 함양하면, 그 피어나는 곳이 자연히 절도에 맞는 것이 많고, 절도에 맞지 않는 것이 적어져서, 몸소 관찰하는 즈음에도 또한 매우 분명하게 살피고, 힘을 내는데도 쉬울 것입니다." (『주자대전』 권43, 「임택지에게 답함22」)[48]

44. 答胡季隨書曰. 夫謂未發之前不可著力者, 本謂不可於此探討尋求也, 則固無害於涵養之說. 謂當涵養者, 本謂無事之時常有存主也, 則固無害於平日涵養之說. 謂省察於將發之際者, 謂謹之於念慮之始萌也. 謂省察於已發之後者, 謂審之於言動已見之後也. 念慮之萌固不可以不謹, 言行之著亦安得而不察, 以熹觀之, 凡此數條本無甚異, 善學者觀之, 自有以見其不可偏廢也.

「답호계수서」에서 말씀하였다. "저 '미발 이전에는 힘을 쓸 수 없다'는 것은 본래 여기에서는 찾고 구할 수 없다고 말하는 것이니, 진실로 함양의 설에 해로움은 없습니다. '마땅히 함양해야 한다'는 것은 본래 일이 없는 때에 항상 주재하는 것을 보존함을 말하는 것이니, 진실로 평소 함양의 설에 해로움이 없습니다. '장차 피어나는 즈음에 성찰해야 한다'고 한 것은 생각이 비로소 싹트려 할 때에 삼가는 것을 말하는 것입니다. '이발한 뒤에 성찰한다'고 한 것은 말과 행동으로 이미 드러난 뒤에 살피는 것을 말한 것입니다. 생각이 싹이 틀 때는 진실로 삼가지 않을 수 없으니, 말과 행동으로 드러날 때에도 또한 어찌 살피지 않을 수 있겠습니까? 내가 살피건대, 이 여러 조목의 말들은 본래 차이가 없습니다. 잘 배우는 자가 이를 살피면 절로 어느 하나에 치우쳐 그만 둘 수 없음을 알게 될 것입니다." (『주자대전』 권53, 「호계수에게 답함6」)[49]

48) 이 편지는 1169년(건도 5년, 40세)에 쓴 것이다. (『편년고증』, 66쪽 참고)
49) 이 편지는 1186년(순희 13년, 57세)에 쓴 것이다. (『편년고증』, 256쪽 참고)

45. 與湖南諸公〈南軒及五峯諸門人〉論中和書曰. 中庸未發已發之義, 前此認得此心流行之體, 又因程子 凡言心者, 皆指已發而言, 遂目心爲已發, 性爲未發. 然觀程子之書 多所不合. 因復思之, 乃知前日之說, 非惟心性之名命之不當, 而日用功夫, 全無本領, 蓋所失者不但文義之間而已. 按文集遺書諸說, 似思慮未萌事物未至之時爲喜怒愛樂之未發. 當此之時, 卽是此心寂然不動之體, 而天命之性本體具焉, 以其無過不及, 不偏不倚, 故謂之中. 及其感而遂通天下之故, 則喜怒愛樂之性發焉, 而心之用可見. 以其無不中節, 無所乖戾, 故謂之和 此則人心之正而情性之德然也.
**然未發之前, 不可尋覓, 已覺之後, 不容安排. 但平日莊敬涵養之功至, 而無人欲之私以亂之, 則其未發也鏡明水止, 而其發也無不中節矣. 此是日用本領功夫. 至於隨事省察, 卽物推明, 亦必以是爲本, 而於已發之際觀之, 則其具於未發之前者, 固可默識. 故程子之答蘇季明, 反復論辨, 極於詳密, 而卒之不過以敬爲言. 又曰敬而無失卽所以中, 又曰入道莫如敬, 未有致知而不在敬者, 又曰涵養須是敬, 進學則在致知, 蓋爲此也. 向來講論思索, 直以心爲已發, 而日用功夫, 亦止以察識端倪爲最初下手處. 以故闕却平日涵養一段功夫, 使人胸中擾擾, 無深潛純一之味, 而其發之言語事爲之間, 亦常急迫浮露, 無復雍容深厚之風. 蓋所見一差, 其害乃至於此, 不可以不審也.

「호남의 여러 분들〈장남헌, 호오봉 등 여러 문인〉과 중화(中和)를 논한 첫 편지」에서 말씀하였다. "『중용』의 이발과 미발에 대한 뜻에 대해 이보다 먼저는 이 마음의 유행하는 본체라고 알았고, 또 정자가 '무릇 마음을 말하는 것은 모두 이발을 가리켜서 말한 것일 뿐'50)이라고 했기 때문에 마침내 마음을 지목하여 '이발'이라고 여기고 성(性)을 '미발'이라고 하였습니다. 그러나 정자의 글을 보면 부합하지 않는 곳이 많습니다. 그래서 거듭 생각하자 전 날에 한 말은 심성(心性)에 대한 명명(命

50) 『이정문집(二程文集)』(권9, 19번째 문장), 「여여대림논중서(與呂大臨論中書)」.

名)이 합당치 않을 뿐만 아니라 일상의 공부도 전혀 본령이 없음을 알게 되었는데, 대개 잘못된 것은 글의 뜻뿐만이 아니었습니다.

『이정문집』과 『이정유서』의 여러 말들을 살펴보니 생각이 아직 싹트지 않고 사물이 아직 이르지 않았을 때를 희로애락의 '미발'로 본 것 같았습니다. 바로 이때가 곧 이 마음의 '적연부동'한 본체이자 '천명지성'의 본체가 갖추어져 있어서, 그것은 '과불급(지나침과 모자람)'이나 '불편불기(치우치고 기울어짐)'가 없기 때문에 중(中)이라고 합니다. 그 '감이수통천하지고(감응하여 천하의 모든 일에 마침내 통함)'에 이르면 희로애락의 성이 피어나서 마음의 작용을 볼 수 있으니, 그것이 절도에 맞지 않음이 없어서 어그러진 것이 없기 때문에 화(和)라고 이릅니다. 이는 인심의 올바름이고 성정(性情)의 덕이 그러한 것입니다.[51]

그러나 '미발' 이전에는 찾아볼 수 없고, '이발' 후에는 안배를 용납하지 않습니다. 다만 평소에 장중하게 경(敬)을 하고 함양하는 공부가 지극하게 되면 인욕의 사사로움이 이를 어지럽히지 못하니, 그 '미발'은 '거울이 밝고 물은 고요함(명경수지)'과 같고, 그 '이발'은 절도에 맞지 않는 것이 없습니다. 이것이 일상생활 속 공부의 본령입니다. 일에 따라 성찰하는데 이르러서 사물에 나아가 미루어 밝히는 것 또한 반드시 이를 근본으로 삼아야 하니, '이발'한 즈음에서 살펴보면 '미발' 이전에 갖추어진 것을 진실로 말없이 알 수 있습니다. 그러므로 정자가 소계명에게 답한 편지에서 반복하여 논변한 것이 지극히 상세하였지만 결국은 경(敬)을 말한 것에 불과했습니다. 또 '경하여 잘못이 없음이 바로 중이 된다'라고 하였고, 또 '도(道)의 경지에 들어가는 데에는 경만 한 것이 없다'고 했으며, 또 '치지(致知)함은 경에 있지 않음이 없다'라고 하였고, 또 '함양에는 모름지기 경해야 하고, 학문의 진전은 치지에 있다'라고 하였으니, 대개 이 때문입니다.

---

51) 이 다음 문장부터 끝까지는 『심경부주』(「천명지위성장」)에 있다.

그 동안 강론하고 사색하면서 곧바로 마음을 '이발'로 여기고 일상의 공부도 단지 '찰식단예(마음에서 일어나는 느낌의 시작과 끝을 살펴서 인식함)'[52]를 가장 처음으로 시작하는 곳이라 여겼습니다. 이 때문에 평소에 함양하는 한 부분의 공부를 빠뜨려서 사람의 가슴속을 혼란스럽게 하고 깊이 잠기고 순수하고 한결같은 맛이 없게 하였으며, '이발'의 언어와 행위의 사이에서도 또한 항상 급박하고 들뜨게 하여 다시 여유롭고 깊이 있으며 후덕한 기풍을 없게 하였습니다. 대개 소견이 한 번 잘못되면 그 해로움이 여기에 이르니 살피지 않을 수 없습니다." (『주자대전』 권64, 「호남의 여러 분들과 중화를 논한 제1서(與湖南諸公論中和第一書)」)[53]

**46. 答何叔京書曰. 李先生教人, 大抵令於靜中體認大本, 未發時氣象分明, 即處事應物, 自然中節, 此乃龜山門下相傳指訣. 然當時親炙之時, 貪聽講論, 又方竊好章句訓詁之習, 不得盡心於此. 至今若存若亡, 無一的實

52) 찰식단예설(察識端倪說)이다. 남헌 장씨(장식)가 중화(中和)에 대해 가지고 있는 학설이다. 단예(시작과 끝)가 피어나는 것을 살펴서 인식한다는 뜻이다. 장씨는 "배우는 자는 먼저 '단예'가 피어나는 것을 살펴서 인식해야 한다. 그 후에 '존양'의 공부를 더할 수 있다(學者, 先須察識端倪之發. 然後可加存養之功)"라는 입장이었다. 그러나 주자는 이를 미발의 공부가 결여된 것으로 비판했다. 이러한 철학적 입장을 보통 중화신설(中和新說)이라고 한다. 40세(1169년, 건도 5년, 기축)에 다다른 중화(中和)에 대한 철학적 입장은 주자 사상의 중요한 이정표가 되었다. 그 요점은 미발의 발견을 통해서, 미발과 이발의 마음에 대한 통합적 이해에 있다. "피어나는 곳은 참으로 살펴서 인식해야 한다. 다만 사람에게는 자연히 '미발'의 때가 있으니, 이곳에서 바로 존양을 해야 한다. 어찌 반드시 발하기를 기다린 뒤에 살피고, 살핀 뒤에 보존해야 하겠는가? 게다가 처음부터 존양의 공부를 따르지 않고, 일이 생기는 것을 따라 살펴서 알려고 한다면, 넓고 멀어 아득하여 손댈 곳이 없게 되니, 털끝만큼의 차이가 천 리나 되는 잘못을 이루 말할 수 없게 될 것이다(蓋發處固當察識. 但人自有未發時, 此處便合存養. 豈可必待發而後察, 察而後存耶. 且從初不曾存養, 便欲隨事察識, 竊恐浩浩茫茫, 無下手處, 而豪釐之差千里之繆, 將有不可勝言者)." (『주자대전』 권32, 「장흠부에게 답함(答張欽夫)」) 철학사적으로 찰식단예설의 선구는 정명도가 「식인(識仁)」에서 보여준 철학적 입장이다. 정명도는 마음의 본체인 인을 먼저 인식한 뒤에 존양을 통해서 확충한다는 입장을 가지고 있었다. 즉 "배우는 자는 모름지기 먼저 인을 인식해야 한다(學者須先識仁)."

53) 이 편지는 1169년(건도 5년, 40세)에 쓴 것이다. (『편년고증』, 68쪽 참고)

見處, 辜負教育之意. 每一念此, 未嘗不愧汗沾衣也.

「답하숙경서」에서 말씀하였다. "연평 이 선생께서 사람들을 가르치는 방법은, 고요함 속에서 '대본'을 몸소 인식하여, '미발'의 때에 기상이 분명하여 일을 처리하고 사물에 응대하는 것이 자연히 절도에 맞게 하는 것입니다. 이는 곧 구산(龜山) 선생의 문하에서 서로 전해 오는 지결(指訣, 핵심 방법)입니다. 그러나 당시 직접 가르침을 받을 때는 강론을 듣는 데만 탐을 내었고, 또 장구(章句)나 훈고(訓詁)를 매우 좋아해서 여기에 마음을 다할 수 없었습니다. 지금에 와서는 있는 듯 없는 듯 하여 하나라도 확실하게 본 곳이 없으니, 가르치고 기른 기대를 저버린 것입니다. 매번 이를 생각하면 부끄러워 땀이 나서 옷을 적시지 않은 적이 없었습니다." (『주자대전』 권40, 「하숙경에게 답함2」)[54]

47. 延平李先生行狀云. 既從羅公學, 講誦之餘, 危坐終日, 以驗夫喜怒哀樂未發之前氣象爲何如, 而求其所謂中者, 蓋久之而知天下之大本, 眞有在乎是也. 蓋天下之理, 無不由是以出, 既得其本, 則凡出於此者, 雖品節萬殊, 曲折萬變, 莫不該攝洞貫, 以次融釋而各有條理, 如川流脈絡之不可亂. 大而天地之所以高厚, 細而品彙之所以化育, 以至於經訓之微言, 日用之小物, 折之於此, 無一不得其衷焉. 由是操存益固, 涵養益熟, 精明純一, 觸處洞然, 汎應曲酬, 發必中節.

「연평이선생행장」에서 말씀하였다. "이미 나종언 선생을 종유하고 배우면서 강송(講誦, 글을 소리 내어 읽고 외움)하고 여유가 생기면 꿇어앉아 하루를 마쳐서 저 희로애락이 '미발'하기 이전의 기상이 어떠한가를 체험하며 이른바 중(中)이라는 것을 구하였는데, 오랫동안 그렇게 하자 천하의 대본이 진실로 여기에 있다는 것을 알게 되었다. 대개 천하의 이치는 여기에서 말미암아 나오지 않은 것이 없으니, 이미 그 근

54) 이 편지는 1166년(건도 2년, 37세)에 쓴 것이다. (『편년고증』, 68쪽 참고)

본을 얻게 되면 무릇 여기서 나오는 것은 비록 품절(사물마다 다른 차이와 등급)이 만 가지로 다르고 곡절(복잡한 사정)이 만 가지로 변한다 해도 모두 포괄하고 관통하여 차례로 융화하고 풀어내어 각기 조리가 있지 않은 것이 없게 된다. 이는 마치 냇물이 흐르는 맥락이 어지럽지 않은 것과 같다.

크게는 천지가 '높고 두터운' 까닭과 세밀하게는 만물이 생겨나고 자라는 이유에서부터 경전의 가르침에 있는 은미한 말씀과 일상생활 속의 소소한 일에 이르기까지 여기에서 판단하면 하나라도 그 속마음을 얻지 않은 것이 없다. 이로부터 (마음을) 잡고 보존하는 것이 더욱 견고해지고 함양이 더욱 익숙해지며 정밀하고 밝고 순수하고 전일해져서 접촉하는 곳마다 막힘이 없어 널리 응대하고 다양하게 주고받으며 밖으로 드러나면 반드시 절도에 맞았다." (『주자대전』 권97, 「연평선생이공행장(延平先生李公行狀)」)

後與學者方誼云. 延平行狀中語, 乃是當時所聞其用力之次第, 今以聖賢之言, 進修之實驗之, 恐亦自是其一時入處, 未免更有商量也.

훗날 배우는 자 방빈왕(방의方誼, 주자의 문인)에게 주는 편지에서 말씀하였다. "「연평행장」 가운데 말은 바로 당시에 힘을 쓰는 차례를 들은 것입니다. 지금 성현의 말과 '덕을 진전시키고 학업을 닦는' 실상으로 증험해 보면, 아마도 (연평 선생이) 한때 배움에 입문한 곳이어서 (그 말이 선학禪學에 빠진 것은 아닌지) 다시 잘 헤아려보아야 할 필요가 있을 듯합니다." (『주자대전』 권56, 「방빈왕(의)에게 답함1(答方賓王(誼)」)[55]

48. 道夫言羅先生教學者, 靜坐中看喜怒哀樂未發謂之中, 未發作何氣象. 李先生以爲此意不惟於進學有力, 兼亦是養心之要. 而遺書有云, 旣思則是

55) 이 편지는 1188년(순희 15년, 59세)에 쓴 것이다. (『편년고증』, 287쪽 참고)

已發. 昔嘗疑其與前所擧有礙, 細要亦甚緊要, 不可以不考. 直卿曰. 此問亦甚切. 但程先生剖析毫釐, 體用明白, 羅先生探索本原, 洞見道體. 二者皆有大功於世. 善觀之, 則亦並行而不相悖矣. 況羅先生於靜坐觀之, 乃其思慮未萌, 虛靈不昧, 自有以見其氣象, 則初未害於未發. 蘇季明以求字爲問, 則求非思慮不可, 此伊川所以力辨其差也. 先生曰. 公雖是如此分解羅先生說, 終恐做病. 如明道亦說靜坐可以爲學, 謝上蔡亦言多著靜不妨. 此說終是小偏. 才偏, 便做病. 道理自有動時, 自有靜時. 學者, 只是敬以直內, 義以方外. 見得世間無處不是道理, 雖至微至小處, 亦有道理, 便以道理處之. 不可專要去靜處求. 所以伊川謂只用敬, 不用靜, 便說得平.

양도부가 말하길, "나종언 선생은 배우는 사람들에게 정좌하는 가운데 '희로애락이 미발한 것을 중이라 한다'를 보도록 해서 '미발'의 때에 어떤 기상이 일어나게 했습니다. 연평 이 선생은 이 뜻이 학문을 진전시키는데 힘이 있을 뿐만 아니라, 아울러 또한 마음을 기르는 요체가 된다고 여겼습니다. 그러나 『이정유서』에서는 '이미 생각했으면 이발이다'라고 합니다. 예전에 일찍이, 이전에 거론했던 말과는 막힘이 있다고 의심하였는데, 세세한 요목 또한 매우 긴요하므로 고찰하지 않을 수 없습니다"하였다.

황직경이 말하였다. "이 물음은 또한 매우 절실합니다. 다만 정 선생은 작은 것을 분석하여 본체와 작용을 명백하게 하였고, 나 선생은 본래의 근원을 탐색하여 도체(道體)를 훤히 본 것입니다. 이 두 사람은 모두 세상에 큰 공이 있습니다. 잘 살펴보면 또한 '아울러 행해지면서도 서로 어긋나는 법이 없습니다.'[56] 하물며 나 선생은 정좌에서 살피니 이내 그 생각이 아직 싹트지 않고 '허령불매'하여 저절로 그 기상을 본 것이 있으니 애초 '미발'에 해가 되지 않습니다. 소계명이 '구(求)'자

56) 『중용』 30장. "만물이 함께 자라면서도 서로 질서를 해치지 않고, 도가 아울러 행해지면서도 서로 어긋나는 법이 없다(萬物竝育而不相害, 道竝行而不相悖)."

로써 물음을 삼았는데 구하는 것은 사려하지 않으면 할 수 없는 것이니 이 때문에 이천 선생은 그 차이를 힘써 비판했습니다."

선생이 말씀하였다. "그대가 비록 이와 같이 나 선생의 학설을 분명하게 이해하였을지라도 결국에는 병통이 된 것 같다. 예컨대 명도 선생은 또한 정좌로 학문을 할 수 있음을 말하였고, 사상채도 또한 '고요함을 아무리 많이 해도 무방하다'고 말하였다. 그러나 이 말은 결국 다소 치우쳤다. 다소라도 치우치면 곧 병통이 된다. 도리에는 절로 움직임의 때가 있고, 저절로 고요함의 때가 있다. 배우는 자는 단지 '경이직내'하고 '의이방외'할 뿐이다. 세상에는 어느 곳이건 이 도리가 아닌 곳이 없다는 것을 깨닫게 되면, 비록 지극히 미미하고 지극히 작은 곳이라도 또한 도리가 있으니 곧 도리로 대처할 것이다. 오로지 '고요한 곳[靜處]'에 가서만 구할 필요는 없다. 그래서 이천 선생은 '다만 경(敬)만 쓰고 고요함[靜]은 쓰지 않는다'라고 한 것이 적절하다." (『주자어류』 권102, 「양씨문인(楊氏門人)」, 「나중소(羅仲素)」[57], 제3조목. 양도부의 기록)

或問. 延平先生, 何故驗於喜怒哀樂未發之前而求所謂中. 曰. 只是要見氣象. 曰. 持守良久, 亦可見未發氣象. 曰. 延平卽是此意.

누군가 물었다. "연평선생은 무슨 까닭으로 희로애락의 '미발' 이전에 증험하여 이른바 중(中)을 찾으셨습니까?"

말씀하였다. "단지 기상을 알고자 한 것일 뿐이다."

물었다. "'유지하고 지키는 것'은 한참 동안 오래하면 또는 '미발'의 기상을 알 수 있을 것입니다."

말씀하였다. "연평선생이 곧 이러한 뜻이었다." (『주자어류』 권103, 「나씨문인」, 「이원중」, 제28조목. 진순의 기록)

---

57) 나중소는 예장(豫章) 선생 나종언(羅從彦)을 가리킨다. 나종언은 양시(楊時)의 제자이다.

又曰. 李先生意, 只是要得學者, 靜中有箇主宰存養處.

또 말씀하였다. "연평 선생의 뜻은 단지 배우는 자들이 고요함 가운데에서 주재하여 존양하도록 하는데 있습니다." (『주자대전』 권44, 「양문숙에게 답함2(答梁文叔)」)[58]

**49. 西山眞氏曰. 朱子於呂氏求中之說, 楊氏體所謂中之說〈楊氏謂未發之時, 以心驗之, 則中之義自見, 執而勿失, 無人欲之私焉, 則發必中節矣. 又曰. 須於未發之際, 能體所謂中. 朱子曰. 驗之體之執之, 則亦呂氏之說也〉, 皆深非之, 及爲延平行狀, 謂其危坐終日, 驗未發時氣象而求其所謂中, 則又呂氏之說也. 蔡淵伯靜亦云, 先生教人, 於靜中體認大本未發時氣象分明, 即處事應物自然中節, 其與方誼書及後與學者書, 其說又不同, 將何所適從邪. 蓋嘗思之未發之前, 但當敬以存養而不可有心求, 然思慮未形而知覺不昧, 性之體段, 自有不可揜者, 程子所謂靜中有物, 呂氏所謂心體昭昭具在.〈呂氏曰. 未發之前, 心體昭昭具在〉 朱子所謂瞭然心目之間者, 皆謂此也. 學者, 深味而實驗之, 自當有見, 未可專以言語求也.

서산 진씨가 말하였다. "주자는 여씨(여대림)의 '중을 찾는다'는 말과 양씨(양시楊時)의 '이른바 중을 체인한다'는 말〈양씨는 "'미발'의 때에 마음으로 증험하면 중의 의미가 저절로 드러나고 붙잡아서 잃음이 없어서 인욕의 사사로움이 없으니 피어나면 반드시 절도에 맞는다"라고 했다. 또 말하기를 "모름지기 '미발'의 즈음에 이른바 중을 체인할 수 있다." 주자가 말씀하였다. "증험한다, 체인한다, 붙잡는다 등은 또한 여씨의 말이다."〉을 모두 깊이 비판하였으나 연평 선생의 행장에서는 '꿇고 앉아 하루를 마쳐서 미발할 때의 기상을 증험하여, 이른바 중(中)이란 것을 찾았다' 하셨으니, 그렇다면 이 또한 여씨의 말이다."

채연[59]이 말하길 '선생이 사람을 가르칠 적에 고요한 가운데에 대

58) 이 편지는 1184년(순희 11년, 55세)에 쓴 것이다. (『편년고증』, 223쪽 참고)
59) 채연은 자가 백정(伯靜)이고 채원정(蔡元定, 1135~1198)의 큰 아들이다.

본인 미발의 기상을 분명하게 체인하면, 일을 처리하고 사물을 응대하는데 저절로 절도에 맞게 된다' 하였는데, (주자가) 방의에게 보내는 편지와 그 뒤에 배우는 자들에게 보낸 편지에서 하신 말씀이 같지 않으니, 어느 말을 따라야 할 것인가? 대개 생각이 미발하기 이전에는 단지 경(敬)해서 존양해야 하며 마음으로 구해서는 안 된다. 그러나 생각이 아직 드러나지 않고 지각이 어둡지 않을 때에 성의 체단(體段, 본질)은 저절로 가릴 수가 없는 것이니, 정자가 이른바 '고요함 가운데 어떤 것이 있다'는 것이고, 여씨가 이른바 '마음의 본체가 밝게 빛나고 모두 갖추어져 있다'는 것이다.〈여씨가 말하였다. "미발의 이전에 심체는 밝게 빛나 모두 갖추어져 있다."〉

주자가 말씀하신 '심목(心目)의 사이에 뚜렷해야 한다'는 것이 모두 이를 이른 것이다. 배우는 자들은 깊이 음미하여 실제로 징험하면 스스로 알게 될 것이니, 오로지 언어로 찾아서만은 안 된다." (『서산독서기』 권2, 「성정」. 54b~55a)[60]

60) 정구는 『심경부주』(「천명지위성장」)에서 생략된 맥락을 크게 보충해서 『심경발휘』에 싣고 있다.

5. 잠수복의장(潛雖伏矣章)

〈『시경』「정월(正月)」〉

○ 총 8조목

詩云, 潛雖伏矣, 亦孔之昭. 故君子, 內省不疚, 無惡於志, 君子之所不可及者, 其惟人之所不見乎. 詩云, 相在爾室, 尚不愧于屋漏. 故君子, 不動而敬, 不言而信.

『시경』에서, '물고기가 비록 연못에 깊이 잠겨 엎드려 있으나 또한 환히 다 보이네'[61] 하였다. 그러므로 군자는 안으로 살펴보아도 잘못이 없어 마음에 부끄러움이 없으니, 군자의 미칠 수 없는 것은 그 오직 사람들이 보지 않는 것일 것이다.

『시경』에서, '그대가 홀로 방에 있을 때에, 방안 귀퉁이에도 부끄럽지 않게 한다' 하였다. 그러므로 군자는 움직이지 않아도 공경하며 말하지 않아도 믿는 것이다.[62]

61) 『시경』「정월(正月)」. "물고기가 못에 있으니 또한 즐거울 수가 없구나. 비록 깊이 잠겨 있으나 또한 환히 다 보이네(魚在于沼, 亦匪克樂. 潛雖伏矣, 亦孔之昭)."

62) 『중용』 33장.

1. *程子曰. 學, 始於不欺暗室.

정자가 말씀하였다. "학문은 어두운 방에서도 속이지 않는데서 시작한다." (『이정외서』 권1, 11번째 문장)

2. *又曰. 不愧屋漏與愼獨, 這是箇持養底氣象也.

또 말씀하였다. "불괴옥루 즉 '방안 귀퉁이에도 부끄럽지 않음'과 '신독'은 (마음을) 유지하고 기르는 기상이다." (『이정유서』 권2상, 113번째 문장)63)

東萊呂氏曰. 此言果是好. 此非但謂處於無人之地, 凡口然而心不然, 而念慮間有萌動處, 皆是.

동래 여씨가 말하였다. "이 말은 과연 좋다. 이는 사람이 없는 곳에 처할 때만을 이르는 것이 아니라, 무릇 입으로는 그렇다고 하는데 마음은 그렇지 않은 생각하는 순간에 싹이 터 움직이는 곳이라면 모두가 이렇다." (『여택논설집록』 권9, 「문인소기잡설1」. 13b)

4. *朱子曰. 人之所不見, 此君子謹獨之事也. 承上文, 又言君子之戒謹恐懼, 無時不然, 不待言動而後敬信, 則其爲己之功, 益加密矣.

주자가 말씀하였다. "'사람들이 보지 않는 것'은 군자가 '근독'하는 일이다.64) 윗 문장을 이어서 또 군자의 '계신'과 '공구'는 어느 때고 그렇지 않음이 없으니 말하고 움직이는 것을 기다린 뒤에야 공경하고 믿는 것이 아니라고 말한 것이라 그 위기지학(爲己之學, 자신을 밝히는

63) 『심경부주』(「잠수복의장(潛雖伏矣章)」에서는 '근독'으로 되어 있지만, 정구는 『이정유서』의 원문에 있는 그대로 '신독'으로 싣고 있다. '신독'을 '근독'으로 변경했던 기존 편집 태도와 다른 면모이다.

64) 이 한 문장은 진덕수가 만든 것으로 보인다. 아래 문장은 『중용장구집주』에 있는 것인데, 이 두 문장을 이어서 하나로 만들었다.(『심경부주』, 『서산독서기』 권18, 「경상」. 31a)

학문)의 공부가 더욱 더 치밀한 것이다." (『사서장구집주(四書章句集注)』 권16, 「중용장구」. 64b)

5. 又曰. 相在爾室, 是教做存養工夫, 亦孔之昭, 是愼獨意, 不愧屋漏. 是戒愼恐懼意.

또 말씀하였다. "'그대가 홀로 방에 있을 때'는 존양 공부를 하도록 가르친 것이고, '또한 환히 다 보이네'는 '신독'의 뜻이며, '방안 귀퉁이에도 부끄럽지 않게 한다'는 '계신'하고 '공구'하는 뜻이다." (『주자어류』 권64, 「중용3(中庸三)」, 제195조목~제196조목)65)

6. **又曰. 潛雖伏矣, 亦孔之昭, 詩人言語, 只是大綱說. 子思又就裏面剔出這話來教人, 又較緊密.

또 말씀하였다. '물고기가 비록 연못에 깊이 잠겨 엎드려 있으나 또한 환히 다 보이네'라고 한 시인의 언어는 단지 대강만을 말한 것이다. 자사가 또 속에서 이러한 말을 끄집어내어서 사람들을 가르친 것은 또한 더욱 긴요하고 치밀하다." (『주자어류』 권62, 「중용1」, 제98조목. 서우의 기록)66)

7. 東萊呂氏曰. 暗室, 此最是爲學切要處, 中庸大學只是此道.

동래 여씨가 말하였다. "'어두운 방'이란 학문을 절실하고 요긴하게 하는 곳으로는 최고이며, 『중용』과 『대학』은 단지 이러한 길일 따름이다." (『여택논설집록』 권10, 「문인소기잡설2」. 2a)

8. **西山眞氏曰. 人心至靈, 毫髮之微, 少有自欺, 必有不能慊於中者, 此

65) 정구는 여대아의 기록(제195조목)과 주모의 기록(제196조목)을 하나로 합해서 문장을 구성했다.
66) 『심경부주』 「천명지위성장」.

所謂疚也，此所謂惡也．惟夫處幽如顯，視獨如衆，反之於己，無所疚惡焉，此君子之所以大過人而人之所不能及也．又引詩，謂處室之時，當無愧於屋漏，故君子靜而常敬，嘿而常信，不待動作言語而後見也．存養之功，至此，非盛德．其孰能之乎．

서산 진씨가 말하였다. “사람의 마음은 지극히 영명(靈明)해서 터럭만큼 미세하게 조금이라도 스스로 속이는 것이 있으면 반드시 마음속으로 만족할 수 없으니, 이것이 이른바 ‘잘못’이고 이것이 이른바 ‘부끄러움’이다. 오직 어두운 곳에 거처한 것을 드러난 것처럼 하고, 홀로 보이는 것을 사람들 무리에 있는 것처럼 하여, 자기를 돌이켜봄에 잘못하고 부끄러운 것이 없게 할 것이니, 이것이 군자가 사람들보다 크게 뛰어나서 사람들이 미칠 수 없는 것이다. 또 『시경』을 인용해서, 방안에 거처할 때에도 마땅히 방안 귀퉁이에도 부끄럽지 않아야 하니, 그러므로 군자는 고요할 때에도 항상 공경하고 말을 하지 않을 때에도 항상 믿게 하여, 일을 하고 움직이며 말하는 것을 기다린 뒤에 드러나는 것이 아님을 말했다. 존양의 공부가 여기에 이르니, 성대한 덕(德)이 아니면 그 누가 이를 할 수 있겠는가?” (『대학연의』 권29, 「숭경외(崇敬畏)」. 19b)

『심경발휘』 권2(心經發揮卷之二) (끝)

心經發揮

卷之三

심경발휘 권3

1. 성의장(誠意章)

〈『대학』 전(傳) 6장〉

○ 총 23조목

大學, 所謂誠其意者, 毋自欺也, 如惡惡臭, 如好好色, 此之謂自謙, 故君子, 必愼其獨也. 小人閒居, 爲不善, 無所不至, 見君子而后, 厭然揜其不善, 而著其善. 人之視己, 如見其肺肝然, 則何益矣. 此謂誠於中, 形於外. 故君子, 必愼其獨也. 曾子曰, 十目所視, 十手所指, 其嚴乎. 富潤屋, 德潤身, 心廣體胖. 故君子, 必誠其意.<謙讀爲慊>

『대학』(6장)에서, 이른바 '그 뜻을 성실히 한다'는 것은 스스로 속이지 말라는 것이니, 더러운 냄새를 싫어하듯이 하고, 좋은 색(色)을 좋아하듯이 하니, 이것을 자겸 즉 '스스로 만족한다'라 이른다. 그러므로 군자는 반드시 홀로를 삼가는 것이다. 소인들은 한가로이 거처할 때에 선하지 못한 짓들을 하되 이르지 못하는 바가 없다가 군자를 본 뒤에는 은근슬쩍 선하지 못한 것을 가리고 그 선함을 드러낸다. 남들이 자기를 보기를 그의 오장육부를 꿰뚫어보듯이 할 것이니, 그렇다면 (속인들) 무슨 유익함이 있겠는가? 이것을 일러 '안에서 성실하면 밖으로 드러난다'고 하는 것이다. 그러므로 군자는 반드시 홀로 있을 때를 삼가는 것이다. 증자가 말씀하기를 '언제나 열 사람의 눈이 나를 주시하고 열 사람의 손이 나를 지목하고 있으니, 참으로 두렵구나' 하였다. 부유함은 집을 윤택하게 하고 덕은 몸을 윤택하게 하니, 덕이 있으면 마음이 넓어지고 몸이 반듯이 펴 펴진다. 그러므로 군자는 반드시 그 뜻을 성실히 하는 것이다.<겸(謙)은 겸(慊, 만족함)으로 읽는다>

1. *朱子曰. 獨者, 人所不知而己所獨知之地也. 言欲自修者, 知爲善以去其惡, 則當實用其力, 而禁止其自欺, 使其惡惡則如惡惡臭, 好善則如好好色, 皆務決去而求必得之, 以自快足於己, 不可徒苟且以徇外而爲人也. 然其實與不實, 蓋有他人所不及知而己獨知之者. 故必謹之於此, 以審其幾焉.

주자가 말씀하였다. "'홀로'란 남은 알지 못하고 자기만 홀로 아는 곳입니다. 스스로 닦고자 하는 자가 선을 하고 악을 없애는 것을 알았다면, 마땅히 실제로 그 힘을 써서 스스로 속임을 금지하여, 더러움을 싫어하는 것은 더러운 냄새를 싫어하듯 하고 선을 좋아하는 것은 좋은 색을 좋아하는 것처럼 하여, 모두 결단해서 없애는 것에 힘을 써서 구하는데 반드시 얻어야 하며, 스스로 자신에게 만족해야 하며, 한갓 구차하게 밖을 따라서 남을 위하는 것을 해서는 안 됩니다. 그러나 그 성실하고 불성실한 것은 대개 남이 알지 못하고 자기만 홀로 아는 것입니다. 그러므로 반드시 이를 삼가 그 기미를 살피는 것을 말한 것입니다." (『대학장구』「성의장」의 주석)

2. *又曰. 厭然, 銷沮閉藏之貌. 此言小人, 陰爲不善而陽欲揜之, 則是非不知善之當爲與惡之當去也, 但不能實用其力, 以至此爾. 然欲揜其惡而卒不可揜, 欲詐爲善而卒不可詐, 則亦何益之有哉. 此君子所以重以爲戒, 而必謹其獨也.

또 말씀하였다. "'염연(은근슬쩍)'은 의기소침하여 은폐하고 감추는 모양이다. 이는 소인이 속으로 선하지 않은 짓을 하고 겉으로는 이를 감추는 것을 말하니, 이는 선은 마땅히 해야 하고 악은 마땅히 없애야 하는 것을 모르는 것이 아니라, 다만 실제로 힘을 쓸 수 없어서 여기에 이른 것일 뿐이다. 그러나 그 악을 가리려고 해도 끝내는 가릴 수 없고 거짓으로 선을 하고자 해도 끝내 속일 수가 없으니, 또한 무슨 유익함이 있겠는가? 이것이 군자가 거듭 경계하여 반드시 그 홀로를

삼가야 하는 이유인 것이다." (『대학장구』 6장의 주석)

3. *又曰. 心無愧怍, 則廣大寬平, 而體常舒泰.

또 말씀하였다. "마음에 부끄러움이 없으면 넓고 크고 너그럽고 평온하여 몸이 항상 펴지고 편안하다." (위와 같은 곳)

4. **程子曰. 有天德, 便可語王道, 其要只在謹獨.

정자가 말씀하였다. "천덕(天德)이 있어야 곧 왕도(王道)를 말할 수 있으니, 그 요점은 다만 '근독'에 있다." (『이정유서』 권14, 10번째 문장)[1)]

**朱子曰. 有天德, 便是天理, 便做得王道, 無天德, 便是私意, 是計較, 人多無天德, 所以做王道不成.

주자가 말씀하였다. "천덕이 있으면 곧 천리이니 왕도를 행할 수 있고, 천덕이 없으면 곧 사사로운 마음이어서 계산하고 비교하는 것이니, 사람들은 대부분 천덕이 없기 때문에 왕도를 이루지 못하는 것이다." (『주자어류』 권36, 「논어18(論語十八)」, 「자한편상(子罕篇上)」, 「자재천상장(子在川上章)」, 제14조목. 감절의 기록)

5. 邵子曰. 思慮一萌, 鬼神得而知之矣, 故君子不可不愼獨.

소자(소옹邵雍, 1011~1077. 북송오자)가 말씀하였다. "생각이 한 번 싹트면 귀신도 알게 되므로 군자는 '신독'하지 않을 수 없는 것이다." [소옹(邵雍), 『황극경세(皇極經世)』 권23, 「관물외편하(觀物外篇下)」. 029b]

6. 朱子曰. 天下之道二, 善與惡而已矣. 然揆厥所元, 而循其次第, 則善者, 天命所賦之本然, 惡者, 物欲所生之邪穢也. 是以人之常性, 莫不有善

1) 『이정유서』 원문에는 신독으로 되어 있다.

而無惡, 其本心, 莫不好善而惡惡. 然旣有是形體之累, 而又爲氣稟之拘, 是以物欲之私, 得以蔽之, 而天命之本然者, 不得而著其於事物之理, 固有瞢然不知其善惡之所在者, 亦有僅識其粗, 而不能眞知其可好可惡之極者. 夫不知善之眞可好則其好善也, 雖曰好之而未能無不好者, 以拒之於內, 不知惡之眞可惡, 則其惡惡也, 雖曰惡之而未能無不惡者, 以挽之於中. 是以不免於苟焉, 以自欺而意之所發, 有不誠者. 夫好善而不誠, 則非惟不足以爲善, 而反有以賊乎其善, 惡惡而不誠, 則非惟不足以去惡, 而適所以長乎其惡是, 則其爲害也徒有甚焉, 而何益之有哉. 聖人於此蓋有憂之, 故爲大學之敎而必首之以格物致知之目, 以開明其心術, 使旣有以識夫善惡之所在, 與其可好可惡之必然矣. 至此而復進之以必誠其意之說焉, 則又欲其謹之於幽獨隱微之奧, 以禁止其苟且自欺之萌. 而凡其心之所發, 如曰好善, 則必由中及外, 無一毫之不好也, 如曰惡惡, 則必由中及外, 無一毫之不惡也. 夫好善而中無不好, 則是其好之也, 如好好色之眞, 欲以快乎己之目, 初非爲人而好之也. 惡惡而中無不惡, 則是其惡之也, 如惡惡臭之眞, 欲以足乎己之鼻, 初非爲人而惡之也. 所發之實, 旣如此矣, 而須臾之頃, 纖芥之微, 念念相承, 又無敢有少間斷焉, 則庶乎內外昭融, 表裏澄徹, 而心無不正, 身無不修矣. 若彼小人幽隱之間, 實爲不善, 而猶欲外托於善以自蓋, 則亦不可謂其全然不知善惡之所在, 但以不知其眞可好惡, 而又不能謹之於獨, 以禁止其苟且自欺之萌. 是以淪陷至於如此, 而不自知耳.

주자가 말씀하였다. "천하에 도는 두 가지가 있으니 선과 악일 따름이다. 그러나 그 근원을 헤아리고 그 순서를 따라가 보면 선(善)이란 것은 하늘이 명령하여 부여받은 본연(本然)이고 악(惡)이란 것은 물욕(物欲)이 낳은 '간사한 더러움[邪穢]'이다. 이래서 사람의 항상된 성(性)은 선(善)은 있으나 악(惡)은 없으며 그 본래의 마음[本心]은 선을 좋아하나 악은 싫어할 뿐이다. 그러나 이미 이러한 형체의 얽매임이 있고 또한 기질(氣質)에 구속을 받기 때문에, 물욕(物欲)의 사사로움이 가려서 하늘이 명령한 본연이 사물의 이치에 드러나지 못하니, 진실로 까마득히 선악이 있는 곳을 알지 못하고 또한 겨우 그 거친 것만 알아서 그 좋아하고 싫어할 수 있는 극단을 참으로 알 수 없게 되었다.

무릇 선이 진실로 좋아할 만한 것인 줄을 모른다면 그 선을 좋아함이 비록 좋아한다고 말할지라도 좋아하지 아니하여 내면에서 이를 거절하고, 악이 진실로 싫어할 만한 것인 줄을 모른다면 그 악을 싫어함이 비록 싫어한다고 말할지라도 싫어하지 아니하여 마음속에서 말리지 못한다. 이래서 구차함을 면하지 못하여 스스로 속여서 뜻의 피어난 것에 성실하지 못함이 있게 된다.

무릇 선을 좋아하되 성실하지 못하면 선을 하는데 충분하지 못할 뿐만 아니라 도리어 그 선에 해를 미치게 되고, 악을 미워하되 성실하지 못하면 악을 없애는데 충분하지 못할 뿐만 아니라 마침내 그 악을 조장하게 되니, 그 해로움은 단지 심할 뿐만 아니라 무슨 이익이 있겠는가? 성인이 이에 대해서 대개 이를 근심하였기 때문에 『대학』의 가르침을 펼 때에 반드시 격물치지(格物致知)의 항목을 머리로 삼아 그 마음[心術]을 열어 밝혀서, 이미 선악(善惡)의 소재와 선을 좋아하고 악을 싫어하는 반드시 그러한 이유를 알게 하였다. 여기에 이르러 다시금 반드시 그 뜻을 성실하게 한다는 말에 더 나갔으니, 또한 그윽하고 홀로 하며 은미함에 있는 깊은 뜻으로 삼가 하여 그 구차하게 스스로 속이는 싹을 금지하고자 한 것이다.

대개 마음이 피어난 것에서 예컨대 선을 좋아한다고 말하는 것은 반드시 마음속으로부터 바깥에 이르기까지 조금이라도 좋아하지 아니함이 없고, 예컨대 악을 싫어한다고 말하는 것은 반드시 마음속에서부터 바깥에 이르기까지 조금이라도 싫어하지 아니함이 없는 것이다. 무릇 선을 좋아하면서 마음속으로 좋아하지 아니함이 없으면 이것은 좋아하는 것이 '좋은 색을 좋아함'의 참다움과 같으니, 자기의 눈을 만족시키고자 하는 것이며, 처음부터 남을 위하여 좋아한 것이 아니다. 악을 싫어하면서 마음속으로 싫어하지 아니함이 없으면 이것은 그 싫어하는 것이 '더러운 냄새를 싫어함'의 참다움과 같으니, 자기의 코를 만족시키는 것이며, 처음부터 남을 위하여 싫어한 것이 아니다.

(마음이) 피어난 실제가 이미 이와 같지만 눈 깜짝 할 사이에 가느다란 지푸라기처럼 미세한 것이 생각마다 잇달아 이어지고 또한 감히 조금이라도 그치거나 끊어짐이 없다면, 거의 내외(內外)가 환히 밝게 합해지고 안팎이 맑고 투철하여 마음은 바르지 아니함이 없고 몸은 닦이지 아니함이 없을 것이다.

만약 저 소인들이 은미한 사이에 실제로는 선하지 않은 짓을 하면서도 오히려 바깥으로는 선을 가탁해서 스스로를 덮으려한다면 또한 온전히 선악의 소재(所在)를 알지 못한다고 말할 수 없을 것이다. 다만 참으로 선을 좋아하고 악을 싫어할 줄을 알지 못하고 또한 홀로 삼가하여 그 구차하게 스스로 속이는 싹을 금지하지 못하는 것이다. 이래서 (구렁텅이에) 빠지고 떨어져 이 지경에 이르렀는데도 스스로 알지 못할 뿐이다." (『사서혹문』 권2, 「대학혹문」, 「전10장」. 25a~27a)

7. 又曰. 君子小人之分, 却在誠其意處, 誠於爲善, 便是君子, 不誠底, 便是小人. 更無別說.

또 말씀하였다. "군자와 소인이 나뉘는 것은 '그 뜻을 성실하게 하는' 곳에 있으니, 선을 실천하는데 성실하면 군자이고, 성실하지 못하면 곧 소인이다. 다시 별달리 말할 것이 없다." (『주자어류』 권106, 「주자3(朱子三)」, 「외임(外任)」, 「담주(潭州)」, 제1조목. 오종吳琮의 기록)

8. **又曰. 自欺, 是箇半知半不知底人. 知道善我所當爲, 却又不十分去爲善, 知道惡不可作, 却又是自家所愛, 舍他不得, 這便是自欺.

또 말씀하였다. "'스스로 속임'은 반을 알고 반은 모르는 사람이다. 선은 내가 마땅히 해야 하는 것임을 알고 있는데도 충분히 선을 행하지 않으며, 악은 저질러서 안 된다는 것을 알면서도 도리어 또 자신이 좋아하는 것이기 때문에 그만두지 못하는 이것이 바로 스스로 속이는 것이다." (『주자어류』 권16, 「대학3(大學三)」, 「전6장 석성의(傳六章 釋誠意)」, 제71조목. 양도부의 기록)

9. 又曰. 自欺, 只是知得善好, 要爲善, 然心中却覺得微有些沒緊要底意思, 便是自欺, 便是虛僞不實矣. 正如金, 已是眞金了, 只是鍛鍊得微不熟, 微有些査滓去不盡, 便不是十分精金矣.

또 말씀하였다. "'스스로 속임'은 단지 선이 좋다는 것을 알고 선을 행하고자 하나. 마음속에 도리어 미세하게 조금씩 중요하게 여기지 않는 생각이 있음을 깨달으면 곧 스스로 속이는 것이며, 없는 것을 꾸며서 진실하지 못한 것이다. 바로 금과 같아서 이미 진금(眞金, 순금)이라도 정련을 거쳐 덜 숙련되어, 조금이라도 찌꺼기를 다 없애지 못한 것이 있으면 곧 충분히 정련된 금이 아니다." (위와 같은 곳, 제74조목. 심한의 기록)

10. 又曰. 只今有一毫不快于心, 便是自欺也.

또 말씀하였다. "단지 지금 아주 조금이라도 마음에 상쾌하지 않으면 곧 스스로 속이는 것이다." (위와 같은 곳, 제76조목. 양도부의 기록)

11. 又曰. 人固有終身爲善而自欺者. 〈不特外面有, 心中欲爲善, 而常有箇不肯底意思, 便是自欺也〉 須是要打疊得盡, 蓋意誠而後心可正. 過得這一關後, 方可進.

또 말씀하였다. "사람은 진실로 종신토록 선을 행하고도 스스로를 속이는 것이 있다. 〈단지 밖에만 있을 뿐만 아니라 마음속으로 선을 행하고자 하나 항상 저절로 하고 싶지 않은 생각이 있으면 곧 스스로를 속이는 것이다.〉 모름지기 완전히 정리되어야 하니, 대개 뜻이 성실한 뒤에야 마음이 바르게 될 수 있다. 이러한 하나의 관문을 지나야 비로소 진전할 수 있다." (위와 같은 곳, 제80조목. 동공수董拱壽의 기록)

12. 又曰. 誠意, 只是表裏如一. 若外面白, 裏面黑, 便非誠意. 今人須於靜坐時見得表裏有不如一, 方是有工夫. 如小人見君子則掩其不善, 已是第二番過失.

또 말씀하였다. "'성의'는 단지 겉과 속이 한결 같은 것일 뿐이다. 만약 겉은 희고 속은 검다면 '성의'가 아니다. 지금 사람들은 모름지기 정좌할 때, 겉과 속이 한결같지 않음을 깨달으면 공부를 해야 한다. 마치 '소인이 군자를 본 뒤에는 은근슬쩍 선하지 못한 것을 가리는' 것처럼, 이미 이는 두 번째 잘못이다." (위와 같은 곳, 제102조목. 만인걸의 기록)

13. 又曰. 大學一書, 豈在看他言語. 正欲驗之於心如何. 如好好色, 如惡惡臭, 試驗之吾心, 好善惡惡, 果能如此乎. 閒居爲不善, 見君子則掩其不善而著其善, 是果有此乎. 一有不至, 則勇猛奮躍不已, 必有長進處.

또 말씀하였다. "『대학』이라는 이 책에서 어찌 그 언어만을 보겠는가? 바로 마음에서 어떠한가를 증험해 보아야 한다. '더러운 냄새를 싫어하듯이 하고, 좋은 색(色)을 좋아하듯이 한다'를 내 마음에 시험해 보면, 선을 좋아하고 악을 싫어하는 것을 과연 (나도) 이와 같이 할 수 있었는가? '한가로이 거쳐할 때에 선하지 못한 짓들을 하되 이르지 못하는 바가 없다가 군자를 본 뒤에는 은근슬쩍 선하지 못한 것을 가리고 그 선함을 드러낸다'고 하니, 과연 (나도) 이런 일이 있었는가? 한 가지라도 이르지 못한 것이 있으면 용감하게 분발하기를 그치지 않으면 반드시 큰 진전이 있을 것이다." (위와 같은 곳, 제103조목. 여대아의 기록)

14. 又曰. 凡惡惡之不實, 爲善之不勇, 外然而中實不然, 或有所爲而爲之, 或始勤而終怠, 或九分爲善, 尙有一分苟且之心, 皆不實而自欺之患也. 所謂誠其意者, 表裏內外, 徹底皆如此, 無纖毫絲髮苟且爲人之弊. 如飢之必欲食, 渴之必欲飮, 皆自以求飽足於己而已, 非爲他人而食飮也.

또 말씀하였다. "무릇 '더러움을 싫어함[惡惡]'이나 성실하지 못하고, 선을 행하되 용감하지 않으며, 겉으로는 그렇지만 속으로는 실제로 그렇지 않으며, 혹은 할 바가 있어서 행하며, 혹은 처음에는 부지런하나 끝에는 게으르며, 혹은 십분의 구는 선하지만 오히려 십분의 일은 구차한 마음이 있으니, 모두가 성실하지 않아서 스스로 속이는 잘못이다. 이른바 '그 뜻을 성실하게 한다'는 것은 겉과 속, 안팎이 철저하게 모두 이와 같아서 가느다란 터럭만큼도 구차하게 사람에게 폐가 되지 않는 것이다. 예컨대 배고프면 반드시 먹고 목마르면 반드시 물을 마셔야 하는 것은 모두 스스로 자기에게 배부르고 만족함을 구하는 것일 뿐이지, 다른 사람을 위하여 먹거나 마시는 것이 아니다." (위와 같은 곳, 제106조목. 심한의 기록)

又曰. 君子謹其獨, 非特顯明之處是如此, 雖至微至隱, 人所不知之地, 亦常謹之. 小處如此, 大處亦如此, 顯明處如此, 隱微處亦如此. 表裏內外, 精粗隱顯, 無不謹之, 方謂之誠其意.

또 말씀하였다. "군자는 '그 홀로 있는 때를 삼가니,'[2] 분명하게 드러나는 곳에서 이와 같을 뿐만 아니라 비록 지극히 은미하더라도 사람들이 알지 못하는 것에도 또한 항상 삼가야 한다. 작은 곳에서도 이와 같고 큰 곳에서도 이와 같으며, 분명히 드러난 곳에서도 이와 같고, 은미한 곳에서도 이와 같다. 겉과 안, 안팎, 정밀한 것과 거친 것,

2) 『주자어류』 원문에는 '신독'으로 되어 있다. 정구는 이 조목 전체에서 신(愼)을 모두 근(謹)으로 바꾸었다.

숨겨진 것과 드러난 것 등에서 삼가지 않을 수 없으니, 이를 '그 뜻을 성실하게 한다'고 이르는 것이다." (위와 같은 곳)

又曰. 誠於中, 形於外, 那箇形色氣貌之見於外者自別, 決不能欺人, 祇自欺而已. 這樣底, 永無緣做得好人, 爲其無爲善之地也.

또 말씀하였다. "'안에서 성실하면 밖으로 드러난다' 하니, 그 형색과 모양이 밖으로 드러난 것은 절로 구별되니 결코 사람들을 속일 수 없으며 단지 스스로 속일 뿐이다. 이런 모습으로는 영원히 좋은 사람이 될 수 없으니, 선을 행할 곳이 없기 때문이다." (위와 같은 곳)

15. **又曰. 所謂毋自欺者, 正當於幾微毫釐處做工夫. 只幾微之間少有不實, 便爲自欺. 豈待如此狼當, 至於陰在爲惡, 而陽爲善, 而後謂之自欺邪. 此處語意極細, 不可草草看.**

또 말씀하였다. "이른바 '스스로 속이지 말라'는 것은 바로 기미가 미세한 곳에 있을 때에 공부하는 것이다. 단지 기미의 사이에 조금이라도 성실하지 않다면 곧 스스로 속이는 것이다. 어찌 이와 같이 낭패당하기를 기다려 속은 악을 행하는 데 있으면서 겉은 선을 행하는 데 이른 뒤에 스스로 속인다고 하겠는가? 이곳의 말뜻이 지극히 미세하니 대강 넘겨보아서는 안 된다." (위와 같은 곳, 제107조목. 심한의 기록)

16. **又曰. 論自欺細處, 且如爲善, 自家也知得是合當爲, 也勉強去做, 只是心裏又有些便不消如此做也不妨底意思. 如不爲不善, 心裏也知得不當爲而不爲, 雖是不爲, 然心中也又有些便爲也不妨底意思. 此便是自欺,**

또 말씀하였다. "'스스로 속이는 것'의 세세한 곳을 논하면, 예컨대 선을 할 때는 스스로도 마땅히 해야 한다는 것을 알고서 또한 힘써 해가는 것이나, 단지 마음속에 또 약간은 이와 같이 할 필요가 없어도 되지 않는가 하는 뜻이 있다. 또 예컨대 선하지 않은 것을 하지 않는 것은 마음속으로도 마땅히 해서는 안 된다는 것을 알고 하지 않는 것이니, 비록 하지는 않으나 마음속에 또 약간은 해도 되지 않는가 하는 뜻이 있다. 이것들이 곧 스스로 속이는 것이다." (『주자어류』 권18, 「대학5 혹문하(大學五 或問下)」, 「전5장(傳五章)」, 제125조목. 심한의 기록)

17. 又曰. 十目所視, 十手所指, 不是怕人見. 蓋人雖不知, 而我已自知, 自是甚可皇恐了, 其與十目十手所視所指, 何以異哉

또 말씀하였다. "'언제나 열 사람의 눈이 나를 주시하고 열 사람의 손이 나를 지목하고 있다'는 것은 남이 보는 것을 두려워하는 것이 아니다. 대개 남은 비록 알지 못하지만, 나는 이미 스스로 알고 있어서 절로 몹시 놀라고 두려워하니, 열 사람의 눈과 열 사람의 손이 주시하고 지목하는 것과 무엇이 다르겠는가?" (『주자어류』 권16, 「대학3」, 「전6장 석성의」, 제113조목. 반시거의 기록)

18. 又曰. 顔子請事斯語, 曾子戰戰兢兢, 終身而後已, 彼豈知之不至. 然必如此, 方能意誠. 蓋無放心底聖賢, 惟聖罔念作狂. 一毫少不謹懼, 則已墮於意欲之私矣. 此聖人教人徹上徹下, 不出一敬字也.

또 말씀하였다. "안자는 '이 말씀을 따라 실천하겠습니다'[3] 하고, 증자는 '전전긍긍(두려움에 떨며 삼가하고 조심)'하여 몸을 마친 뒤에야 그쳤으니, 저 분들이 어찌 앎이 지극하지 않았겠는가? 그러나 반드시 이와 같아야 바야흐로 뜻이 성실해질 수 있다. 대개 마음을 잃지 않는 성현도 '성인일지라도 제대로 생각을 하지 않으면 미친 사람처럼 된다.' 아주 조금이라도 삼가고 두려워하지 않으면 이미 하고 싶어하는

3) 『논어』 「안연」 1장. 공자가 말씀하였다. "예(禮)가 아니면 보지 말며, 예가 아니면 듣지 말며, 예가 아니면 말하지 말며, 예가 아니면 움직이지 말아야 한다." 안연이 말했다. "제가 비록 불민(不敏)하나 이 말씀을 따라 실천하겠습니다."

뜻이 사사로움에 떨어진 것이다. 이것이 성인이 사람들을 가르칠 때 위아래로 투철하게, 경(敬)이라는 한 글자를 벗어나지 않는 것이다." (위와 같은 곳, 제90조목. 동수의 기록)

19. 問. 孟子所論浩然之氣, 其原出於此, 何也. 曰. 人只是慊快充足, 仰不愧, 俯不怍, 則其氣自直, 便自日長, 以至於充塞天地. 雖是刀鋸在前, 鼎鑊在後, 也不怕.

물었다. "맹자가 논한 호연지기가 그 근원이 여기에서 나온 것은 왜입니까?"

말씀하였다. "사람은 기쁘고 충분히 만족하여 '하늘을 우러러 부끄럽지 않고 땅을 굽어보아도 부끄럽지 않으면' 그 기가 절로 곧게 되고 나날이 자라게 되어 천지를 채우는 데까지 이르는 것이다. 비록 도거(刀鋸, 거세하는데 쓰는 칼과 발뒤꿈치를 써는 톱)가 눈앞에 있고 정확(鼎鑊, 사람을 삶아 죽이는 큰 솥)이 뒤에 있더라도 두렵지 않다." (『주자어류』 권18, 「대학5 혹문하」, 「전7장(傳七章)」, 「석정심수신(釋正心修身)」, 제127조목. 섭하손의 기록)

****20. 又曰. 誠意是人鬼關, 過此一關, 方會進.**

또 말씀하였다. "'성의'는 바로 인간과 귀신이 나누어지는 관문이니, 이 한 관문을 통과하여야 비로소 전진할 수 있다."[4] (『주자어류』

---

4) 여기서 귀신은 사악한 귀신[惡鬼]을 가리킨다. 성실이 있으면 인간의 길로 가고, 불성실하면 악귀의 길로 간다. 성의는 '인귀관'이면서, 달리는 선악관(善惡關)이기도 하다. "치지(致知)와 성의(誠意)는 배우는 자들이 거쳐야 하는 두 개의 관문이다. '치지'는 몽각관(夢覺關) 즉 '꿈과 깨어있음의 관문'이며, '성의'는 선악관(善惡關) 즉 선과 악의 관문이다. 치지의 관문을 통과했으면 꿈을 깬 것이고, 그렇지 못하면 꿈을 꾸고 있는 것이다. 성의의 관문을 통과했으면 선한 사람이고, 그렇지 못하면 악한 사람이다(致知誠意, 是學者兩箇關. 致知乃夢與覺之關, 誠意乃惡與善之關. 透得致知之關則覺, 不然則夢. 透得誠意之關則善, 不然則惡)." (『주자어류』 권15, 「대학2」, 「경하」, 제86조목. 만인걸의 기록)

권15, 「대학2」, 「경하」, 제85조목. 임기손의 기록)

21. 又曰. 誠意, 以敬爲先.

또 말씀하였다. "'성의'는 경을 우선으로 삼는다." (위와 같은 곳, 제130조목. 탕영湯永의 기록)

22. 又曰. 意誠, 便全然在天理上行. 意未誠以前, 尙汨在人欲裏

또 말씀하였다. "뜻이 성실하면 온전하게 천리를 따라서 유행하며, 뜻이 아직 성실하지 않을 때에는 오히려 인욕 속으로 빠져버린다." (『주자어류』 권18, 「대학5 혹문하」, 「전6장 석성의」, 119조목. 섭하손의 기록)

23. **又曰. 朱子曰 誠之爲言, 實也. 然經傳用之, 各有所指, 不可一槪論. 如周子謂誠者聖人之本, 蓋指實理而言, 卽中庸所謂天下至誠者, 指人之實有此理者而言也. 溫公所謂誠, 卽大學所謂誠其意者, 指人之實其心而不自欺者也.

주자가 말씀하였다. "'성(誠)'이란 말은 성실함이다. 그러나 경전에서 이 말을 사용할 때는 각기 가리키는 것이 있어서 일률적으로 논할 수는 없다. 예컨대 주자(주렴계)가 '성은 성인의 근본이다'[5]라고 한 것은 진실한 이치를 가리켜 말한 것이며, 바로 『중용』(22장)의 이른바 '천하에 지극히 성실한 자'라는 것이니, 사람이 실제로 이 이치를 가지고 있음을 가리켜 말한 것이다. 사마온공(사마광司馬光, 1019~1086)[6]이 말한 '성'은 곧 『대학』의 이른바 '그 뜻을 성실하게 한다'는 것이니, 사람이 그 마음을 성실하게 하여 스스로 속이지 않음을 가리킨 것이다." (『주자대전』 권64, 「답혹인(答或人)」)

---

5) 주돈이(周敦頤), 『통서(通書)』 「성상(誠上)」.

6) 북송의 정치가. 사후에 온국공(溫國公)에 봉해져 사마온공(司馬溫公)이라 함. 『자치통감(資治通鑑)』의 저자.

西山眞氏曰. 元城劉公問. 學道從何而入. 曰. 自誠入. 又問. 誠自何而入. 曰. 自不妄語入. 南軒張氏嘗疑之, 蓋誠者, 道之極致, 學者, 必先窮理主敬然後, 誠者, 幾焉. 今乃以爲入道之始, 其語誠, 若未安. 今以朱子此說觀之, 則知誠之爲義, 經傳所指不同, 温公之所謂誠, 主於不欺詐, 無矯僞, 正學者立心之初, 所當從事, 非指誠之至者而言也.

서산 진씨가 말하였다. "원성 유공(유안세劉安世)[7]이 (스승 사마광에게) 물었다. '학문의 도는 어디를 통해 들어가야 합니까?'

말씀하였다. '성(誠)을 통해 들어간다.'

또 물었다. '성은 어디를 통해 들어갑니까?'

말씀하였다. '거짓 된 말을 하지 않는 것을 통해 들어간다.'

남헌 장씨는 일찍이 이 말을 의심하여, '성이란 도의 극치라서 배우는 자는 반드시 먼저 궁리하고 경을 위주로 한 뒤에야 성(誠)이라는 것에 거의 가까워지는 것인데, 이제 도(道)에 들어가는 시작으로 성(誠)을 말하니, 온당하지 않은 것 같다' 하였다.

이제 주자가 하신 이 말씀으로 살펴보면, 성(誠)이라는 의미는 경전에서 가리키는 것이 서로 같지 않아서, 사마온공(사마광)이 말씀한 성(誠)은 속이거나 꾸미지 않는 것에 주안을 둔 것이니, 바로 배우는 자가 마음을 확립하는 처음에 마땅히 종사해야 하는 것이며, 성(誠)의 지극함을 가리켜서 말한 것이 아님을 알게 된다." (『서산독서기』 권17, 「성(誠)」. 66a)

7) 원성 유공은 유안세(劉安世, 1048~1125)이다. 대명(大名) 사람으로 자는 기지(器之)이며, 희녕(熙寧) 연간에 진사에 급제하여 좌간의대부, 추밀도승지 등을 역임했다. 조정에서 간쟁하다가 여러 차례에 걸쳐 관직이 강등되었다. 학자들은 원성선생(元城先生)이라고 불렀다. 저서로는 『진언집(盡言集)』, 『원성집(元城集)』이 있다. 『송원학안(宋元學案)』 권20, 「원성학안(元城學案)」.

2. 정심장(正心章)

〈『대학장구』 전7장(傳七章)〉

○ 총 31조목

所謂修身, 在正其心者, 身<身當作心>有所忿懥, 則不得其正, 有所恐懼, 則不得其正, 有所好樂, 則不得其正, 有所憂患, 則不得其正. 心不在焉, 視而不見, 聽而不聞, 食而不知其味. 此謂修身, 在正其心.

이른바 '몸을 닦는 것이 그 마음을 바르게 하는 데에 있다'는 것은 몸<마땅히 '마음'이 되어야 함>에 분노하는 것이 있으면 바름을 얻지 못하며, 두려워하는 것이 있으면 바름을 얻지 못하며, 좋아하는 것이 있으면 바름을 얻지 못하며, 근심하는 것이 있으면 바름을 얻지 못하는 것이다. 마음이 있지 않으면 보아도 보이지 않고 들어도 들리지 않고 먹어도 그 맛을 알지 못한다. 이것을 일러 '몸을 닦는 것이 그 마음을 바르게 하는 데에 있다'고 한다.

1. *朱子曰. 四者, 皆心之用而人所不能無者. 然一有之而不能察, 則欲動情勝, 而其用之所行, 或不能不失其正矣.

주자가 말씀하였다. "네 가지는 모두 마음의 작용이니, 사람이 없을 수 없는 것이다. 그러나 한 번이라도 이것을 가지고 살피지 못한다면 욕심이 움직여서 정(情)이 치우친 그 작용이 행하는 것이, 혹 그 바름을 잃지 않을 수 없을 것이다." (『대학장구』의 주석)

2. *又曰. 心有不存, 則無以檢其身. 是以君子必察乎此, 而敬以直之, 然後此心常存而身無不修也.

또 말씀하였다. "마음이 보존되지 않음이 있으면 몸을 단속할 수가 없다. 이래서 군자는 반드시 이를 살펴서 '경이직내' 하는 것이니, 그런 뒤에야 이 마음이 항상 보존되어 몸이 닦아지지 않음이 없는 것이다." (위와 같은 곳)

3. 程子曰. 人心, 不得有所繫.

정자가 말씀하였다. "사람의 마음에는 얽매인 것이 있어서는 안 된다." (『이정유서』 권11, 88번째 문장)

4. 問. 有所忿懥恐懼憂患心, 不得其正, 是要無此數者, 心乃正乎. 曰. 非是謂無, 只是不以此動其心, 學者未到不動處, 須是執持其志.

물었다. "'분노, 두려움, 근심 등이 있으면 바름을 얻지 못한다'에서 이러한 것들이 없어야 마음이 바르게 됩니까?"

말씀하였다. "없어야 한다고 이르는 것은 아니며 단지 이것으로 그 마음을 움직이게 하지 않는다는 것일 뿐이니, 배우는 자들은 (마음을) 움직이지 않는 곳에 이르지 못하면 모름지기 그 뜻을 붙잡아서 유지해야 한다." (『이정유서』 권19, 5번째 문장)

5. 問. 旣謂之忿懥憂患, 如何不牽動他心. 朱子曰. 事有當怒當憂者, 但過了則休, 不可常留在心. 顔子未嘗不怒, 但不遷耳.

물었다. "이미 분노와 근심이라고 했는데, 어떻게 그 마음에 이끌려 움직이지 않겠습니까?"

주자가 말씀하였다. "일에는 마땅히 노여워하거나 근심해야 할 것이 있으나, 다만 지나치면 쉬고 언제나 마음에 머무르게 해서는 안 된다. 안자는 일찍이 노여워하지 않은 것이 아니라 옮기지 않았을 뿐이다." (『주자어류』 권16, 「대학3」, 「전6장 석성의」, 제140조목. 요덕명의 기록)

6. 又曰. 舜之誅四凶, 怒在四凶, 舜何預焉. 蓋因是人有可怒之事而怒之, 聖人之心, 本無怒也.

또 말씀하였다. "순임금이 사흉(四凶)[8]을 주살할 때 노여움은 사흉에 있었으나, 순임금이 어찌 그를 즐겼겠는가? 대개 사람이 노여워할만한 일에 노여워하는 것에 따른 것이니, 성인의 마음은 본래 노여움이 없다." (『이정유서』 권18, 114번째 문장)

7. 又曰. 忿懥, 怒也. 治怒爲難, 治懼亦難, 克己可以治怒, 明理可以治懼.

또 말씀하였다. "'분치'는 노여움이다. 노여움을 다스리는 것은 어려우며 두려움을 다스리는 것도 어렵지만, '극기'는 노여움을 다스릴 수 있고, 이치를 밝히는 것이 두려움을 다스릴 수 있다." (『이정유서』 권1, 65번째 문장)

8. 又曰. 人患乎懾怯者, 蓋氣不充, 不素養故也.

---

8) 사흉(四凶)은 순임금 당시 네 명의 악인(惡人)인 공공(共工), 환도(驩兜), 삼묘(三苗), 곤(鯀)을 가리킨다. 『서경』 「순전(舜典)」. "공공을 유주(幽洲)로 유배하고 환도를 숭산(崇山)으로 추방하고 삼묘를 삼위(三危)에 몰아내고 곤을 우산(羽山)에 가두어 네 사람을 처벌하니, 천하가 모두 복종하였다(流共工于幽洲, 放驩兜于崇山, 鼠三苗于三危, 殛鯀于羽孔, 四罪而天下咸服)."

또 말씀하였다. "사람이 겁먹는 것에 근심하는 것은 대개 기(氣)가 충분하지 않고 평소에 잘 기르지 않았기 때문이다." (『이정유서』 권1, 64번째 문장)

9. 又曰. 有恐懼心, 亦是燭理不明, 亦是氣不足.

또 말씀하였다. "두려워하는 마음이 있는 것도 이치를 보는 것이 밝지 않아서이며, 또한 기가 부족해서이다." (『이정유서』 권3, 97번째 문장)

10. 又曰. 怒驚, 皆是主心不定.

또 말씀하였다. "잘 노여워하고 잘 놀라는 것은 모두 위주로 하는 마음[主心]이 안정되지 않아서이다." (『이정유서』 권6, 26번째 문장)

11. 又曰. 人之於患難, 只有一箇處置, 盡人謀之後, 却須泰然處之. 有人遇一事, 則心心念念不肯捨, 畢竟何益. 若不會處置了放下, 便是無義無命也.

또 말씀하였다. "사람이 근심거리와 어려움에 처할 때는 단지 하나의 처리 방법이 있을 뿐이니, 사람들은 한 가지 일을 만나면 마음으로 잊지 않고 생각하여 선뜻 버리려고 하지 않으니, 결국은 무슨 유익함이 있겠는가? 만약 제대로 처리하지 못하고서 그냥 두어버린다면, 이는 '의(義)도 천명도 없는 것'[9]이다." (『이정유서』 권2상, 161번째 문장)

12. 朱子曰. 人之一心, 湛然虛明, 如鑑之空, 如衡之平, 以爲一身之主者, 固其眞體之本然而喜怒憂懼, 隨感而應, 妍媸俯仰, 因物賦形者, 亦其用之

9) 『맹자』 「만장상(萬章上)」 8장. "공자께서는 예에 의거하여 나아가고 의를 살펴 물러나면서, 벼슬을 얻고 얻지 못하는 것은 '천명에 달려 있다'고 말씀하시는 분인데, 만약 임금의 총애를 받는 의원과 환관 척환의 집에 머무셨다면, 이는 의도 없고 천명도 없는 것이다(孔子進以禮, 退以義, 得之不得, 曰有命, 而主癰疽與侍人瘠環, 是無義無命也)."

所不能無者也. 故其未感之時, 至虛至靜, 所謂鑑空衡平之體, 雖鬼神, 有不得窺其際者, 固無得失之可議. 及其感物之際而所應者, 又皆中節則其鑑空衡平之用, 流行不滯, 正大光明, 是乃所以爲天下之達道, 亦何不得其正之有哉. 惟其事物之來, 有所不察, 應之旣或不能無失, 且又不能不與俱往則其喜怒憂懼, 必有動乎中者而此心之用, 始有不得其正者. 傳者之意, 固非以心之應物, 便爲不得其正而必如槁木死灰然後, 乃爲得其正也. 惟是此心之靈, 旣曰一身之主, 苟得其正而無不在是, 則耳目鼻口, 四肢百骸, 莫不有所聽命, 以供其事, 而其動靜語黙, 出入起居, 惟吾所使而無不合於理. 如其不然則身在於此而心馳於彼, 血肉之軀, 無所管攝, 其不爲仰面貪看鳥, 回頭錯應人者, 幾希矣. 孔子所謂操則存, 舍則亡, 孟子所謂求其放心, 從其大體者, 蓋皆謂此學者, 可不深念而屢省之哉.

주자가 말씀하였다. "사람의 한 마음은 맑고 고요한 듯 비고 밝아서 거울의 비어 있음과 저울의 공평함과 같아서 한 몸의 주인이 된 것이 진실로 참된 본체의 본연(本然)이 되는데 기쁨과 노여움, 근심과 두려움이 느낌을 따라서 감응하고, 미추(美醜)와 행동거지[俯仰]가 사물에 따라 형체를 부여받는 것은 또한 그 작용에 있어 없을 수 없는 것이다. 그러므로 감응하기 이전에는 지극히 비어 있고 고요하니 이른바 '거울처럼 비어 있고 저울처럼 공평한' 본체가 비록 귀신이라고 해도 그 즈음을 엿보지 못하니 진실로 득실(得失)을 의론할 수 없다. 사물을 느끼는 즈음에 이르러 응대하는 것들이 또한 모두 절도에 맞으면, 거울이 비어 있고 저울이 공평한 작용이 유행하여 막히지 않고 광명정대하다. 이것이 곧 천하의 달도가 된 까닭이니 또한 어찌 그 바름을 얻지 못함이 있겠는가? 오직 사물이 왔을 때에 살피지 못한 것이 있으면 응대에 있어서 혹 잘못이 없을 수 없다. 게다가 함께 가지 않을 수 없다면 기쁨과 노여움, 근심과 두려움은 반드시 마음속에서 움직여서 이 마음의 작용이 비로소 그 바름을 얻지 못하는 것이다.

전(傳)을 낸 사람의 뜻은 진실로 마음이 사물(事物)에 응대함에 그 바름을 얻지 못함이 아니고 반드시 마른 나무와 식은 재와 같은 뒤에 곧 그 바름을 얻을 수 있다는 것이다. 오직 이 마음의 허령 즉 '비어 있고 빛남'은 이미 한 몸의 주인이 되어 진실로 그 바름을 얻어서 여기에 있지 않음이 없게 되면, 이목구비(耳目口鼻)와 사지백해(四肢百骸)가 명령을 듣지 않은 것이 없이 그 일에 이바지하고, 그 동정(動靜)과 어묵(語默), 출입(出入)과 기거(起居)가 오직 내가 부리는 대로 이치에 합치하지 않은 것이 없는 것이다. 그러나 만일 그렇지 않으면 몸은 여기에 있으나 마음은 저기로 달려가니 육신을 관리하고 조절할 것이 없어서 '머리를 들어 새를 보다가 머리를 돌려 다른 사람에게 딴소리 하는' 자가 되지 않음이 드물다. 공자가 '잡으면 보존되고 놓으면 없어진다'고 하신 말과 맹자가 '그 잃어버린 마음을 잡아와서 그 대체를 따른다'고 한 말은 대개 모두 이 배우는 자를 말한 것이니, 깊이 생각하고 자주 살피지 아니할 수 있겠는가?" (『사서혹문』 권2, 「대학혹문」, 「전10장」. 28a)

13. 又曰. 四者, 人所不能無也, 但不可爲所動. 若順應將去, 何不得其正之有. 如顔子不遷怒, 可怒在物, 顔子未嘗爲血氣所動, 而移於人也, 則豈怒而心有不正哉.

또 말씀하였다. "네 가지는 사람에게 없을 수 없지만, 다만 움직이는 대로 되서는 안 될 뿐이다. 만약 순응하여 간다면 어떻게 '그 바름을 얻지 못함'이 있겠는가? 예컨대 안자의 '노여움을 옮기지 않음'이란 노여워할만한 것은 사물에 있고, 안자는 일찍이 혈기가 움직이는 대로 따라서 다른 사람에게 옮기지 않은 것이니, 어찌 노여워하여 마음에 바르지 않음이 있겠는가?" (『주자어류』 권18, 「대학5 혹문하」, 「전7장 석정심수신」, 제135조목. 정단몽의 기록)

14. 又曰. 正心, 却不是將此心去正那心. 但存得此心在這裏, 所謂忿懥恐懼好樂憂患, 自來不得.

또 말씀하였다. "'정심'은 장차 이 마음을 없애고 저 마음을 바르게 하는 것이 아니다. 다만 이 마음을 여기에 보존하는 것일 뿐이니, 이른바 분노와 두려움, 좋음과 즐거움, 근심으로부터는 얻을 수 없다." (위와 같은 곳, 제136조목. 섭하손의 기록)

15. 又曰. 四者, 心之所有, 但不可使之有所私爾. 才有所私, 便不能化, 梗在胸中. 且如忿懥恐懼, 有當然者, 若定要他無, 直是至死方得, 但不可先有此心耳. 今人多是才忿懥, 雖有可喜之事, 亦所不喜, 才喜, 雖有當怒之事, 亦不復怒, 便是蹉過事理了, 便視而不見, 聽而不聞, 食而不知其味了. 蓋這物事才私, 便不去, 只管在胸中推盪, 終不消釋. 設使此心如太虛然, 則應接萬務, 各止其所, 而我無所與, 則便視而見, 聽而聞, 食而眞知其味矣. 看此一段, 只是要人不可先有此心耳.

또 말씀하였다. "네 가지는 마음이 가지고 있는 것이지만, 다만 사사로운 것이 있게 해서는 안 될 뿐이다. 사사로운 것이 있으면 그것들은 변화되지 못하고 가슴속에 콱 막히게 된다. 예컨대 분노와 두려움은 당연히 있는 것이니, 만약 이것들을 없애려고 한다면 죽음에 이르러서야 할 수 있으며, 다만 먼저 이 마음을 가지고 있어서는 안 될 뿐이다. 요즘 사람들은 대부분 분노하면 비록 기뻐할 만한 일이 있어도 기뻐하지 않으며, 기뻐한다면 비록 마땅히 분노해야 할이 있어도 또한 다시 분노하지 않으니, 곧 이는 사리를 놓치게 되어 '보아도 보이지 않으며, 들어도 들리지 않고, 먹어도 그 맛을 알지 못한다.'

대개 어떤 사물이 사사로운데 이를 없애지 않으면 단지 마음속에서 요동칠 뿐 결국은 풀려 없어지지 않을 것이다. 가령 이 마음을 태허(太虛, 크게 비어 있음)처럼 만든다면 온갖 일을 처리할 때 각기 있을 곳에 있게 되고 내가 관여할 바가 없게 되니, 보면 보이고 들으면 들리며 먹으면 참으로 그 맛을 알게 된다. 이 한 단락을 보면, 사람들은 먼저 이 마음을 가지고 있어서는 안 될 뿐이다." (위와 같은 곳, 제143조목. 양도부의 기록)

16. 問. 人之心要當不容一物. 曰. 這說便是難. 才說不容一物, 却又似一向全無相似. 只是這許多好樂恐懼忿懥憂患, 只要從無處發出, 不可先有在心下. 看來非獨是這幾項如此, 凡是先安排要恁地, 便不得. 如人立心要恁地嚴毅把捉, 少間只管見這意思, 到不消恁地處也恁地, 便拘逼了. 有人立心要恁地慈祥寬厚, 少間只管見這意思, 到不消恁地處也恁地, 便流入於姑息苟且.

물었다. "사람의 마음은 마땅히 하나의 사물도 용납해서는 안 되는 것입니까?"

말씀하였다. "이 말은 어렵다. 하나의 사물도 용납해서는 안 된다고 말하면 오히려 또한 한결같이 전혀 비슷한 점이 없을 것 같다. 이렇게 많은 좋아함과 즐거움, 두려움과 분노, 근심 등은 단지 무심한 상태에서 피어 나와야 하며 먼저 마음속에 깔려 있게 해서는 안 된다.

내가 보아도 비단 이 여러 가지는 이와 같아야 할 뿐만 아니라, 무릇 먼저 안배해서 이와 같이 하려한다면 안 된다. 예컨대 사람이 마음을 확립할 때 이렇게 엄하고 굳세게 붙잡아 두어야 하며, 잠깐 사이에 이 의도를 개입시킬 경우, 이렇게 할 필요가 없는 것을 이렇게 처리하는 데 이르면 바로 얽매이고 쪼들리게 된다. 사람이 마음을 확립함에 이렇게 자상하고 너그러워야 하는데 잠깐 사이에 이 의도를 관여시킨다면, 이렇게 할 필요가 없는 것을 이렇게 처리하는 데 이르러서 고식적이고 구차한 곳으로 흘러들어갈 것이다." (위와 같은 곳, 제146조목. 섭하손의 기록)

17. 又曰. 人心本是湛然虛明, 事物之來, 隨感而應, 自然見得高下輕重. 事過便當依前恁地虛, 方得.

또 말씀하였다. "사람의 마음은 본래 맑게 비어있고 밝아서 사물이 다가오면 느낌에 따라 감응하여 자연스럽게 높고 낮음과 가볍고 무거움을 알게 된다. 일이 지나가면 이전과 같은 비어 있는 것을 따라야만 비로소 알게 된다." (위와 같은 곳, 제147조목. 섭하손의 기록)

18. 又曰. 喜怒憂懼, 都是人合有底. 只是喜所當喜, 怒所當怒, 便得其正. 若欲無這喜怒憂懼, 而後可以爲道, 則無是理. 小人便只是隨這喜怒憂懼去, 所以不好了.

또 말씀하였다. "즐거움과 노여움, 근심과 두려움 등은 모두 사람이라면 가지고 있는 것이다. 마땅히 즐거워해야 할 것을 즐거워하고 마땅히 노여워해야 할 것에 노여워하면 곧 그 바름을 얻은 것이다. 만약 이러한 즐거움과 노여움, 근심과 두려움 등을 없앤 뒤에야 도라고 할 수 있기를 바란다면 이러한 이치는 없는 것이다. 소인은 단지 이러한 즐거움과 노여움, 근심과 두려움 등을 따라가기만 할 뿐이기 때문에 좋지 않은 것이다." (위와 같은 곳, 제149조목. 황의강의 기록)

19. 又曰. 血氣之怒, 不可有, 義理之怒, 不可無.

또 말씀하였다. "혈기에서 나온 노여움은 있어서는 안 되고, 의리에서 나온 노여움은 없어서는 안 된다." (『주자어류』 권13, 「학문7」, 「역행」, 제108조목. 여도의 기록)

20. 又曰. 心不可有一物, 外面酬酢萬變, 都只是隨其分限應去, 都不關自家心事. 才係於物, 心便爲其所動. 其所以係於物者有三. 或是事未來, 而自家先有這箇期待底心, 或事已應去了, 又却長留在胸中不能忘, 或正應事之時，意有偏重，便只見那邊重，這都是爲物所係縛．旣爲物所係縛，便是有這箇物事，到別事來到面前，應之便差了，這如何會得其正．聖人之心，瑩然虛明，無纖毫形跡．一看事物之來，若小若大，四方八面，莫不隨物隨應，此心元不曾有這箇物事．

또 말씀하였다. "마음은 하나의 사물도 두어서는 안 되니, 밖에서 수 만 가지 변화를 주고받은 것은 모두 그 나누어진 경계를 따라서 응대해가는 것이며, 모두 자신의 마음속 일과 관련되지 않는다. (마음이) 사물에 걸리게 되면 마음은 그 사물에 의해 움직이게 된다. 마음이 사물에 걸리는 것에는 세 가지가 있다. 혹은 사물이 아직 다가오지 않은데 자신이 먼저 이렇게 기대하는 마음이 있는 경우, 혹은 사물이 이미 응대하고 나서도 또 가슴 속에 오랫동안 머물러서 잊을 수 없는 경우, 혹은 바로 사물에 응대할 때 치우치게 무게를 두는 의도가 있어서 단지 그 쪽으로 무게를 두고 보는 경우 등이 있는데, 이 모두는 사물에 걸려 있고 묶여 있는 것이다.

이미 사물에 걸리고 묶여 있게 되면, 어떤 일이나 사물이 있는데 다른 일과 사물이 앞에 오게 되면 그에 응대하는 것이 바로 어긋나니, 이러면 어떻게 마음이 바른 것을 얻겠는가? 성인의 마음은 밝게 비어있어서 가느다란 털끝만큼의 형체와 흔적도 없다. 한번 사물이 다가오는 것을 보면 크던 작던 사방팔면으로 사물에 따라 응대하지 않은 것이 없으니, 이 마음에는 원래부터 그런 일과 사물을 둔 적이 없다." (『주자어류』 권18, 「대학5 혹문하」, 「전7장 석정심수신」, 제155조목. 섭하손의 기록)

21. **問．忿懥好樂，在我之事，可以勉强不做，如憂患恐懼，是外面來底，不由自家．曰．都不得，便是外面來底，須是自家有箇道理，處置得下，恐懼憂患，只是徒然．孔子畏匡人，文王囚羑里，死生在前了．聖人處之恬然．只看此便是，要見得道理分明，自然無此患．

물었다. "분노와 즐거움은 나에게 있는 일이니, 억지로 힘써서 하지 않을 수 있지만 근심이나 두려움 같은 것은 밖에서 오는 것이라, 자신에게 유래한 것이 아닙니다."

말씀하였다. "모두 그렇지 않으니, 바깥에서 오는 것이라도 모름지기 자신이 도리를 가지고 있어서 처치할 수 있으면 두려움과 근심도 단지 아무것도 아닐 뿐이다. 공자께서는 광(匡) 땅 사람들에게 두려움을 느끼셨고, 문왕께서는 유리(羑里)에 갇혀서 죽고 사는 것이 눈앞에 있었다.[10] 그러나 성인들은 태연하게 대처하셨다. 단지 이를 보면 곧 그러하니, 요컨대 도리를 본 것이 분명하면 자연 이러한 근심이 없을 것이다." (『주자어류』 권118, 「주자15」, 「훈문인6」, 제47조목)

22. 又曰. 困厄有輕重, 力量有小大. 若能一日十二辰點檢自己, 念慮動作都是合宜, 仰不愧, 俯不怍. 如此而不幸塡溝壑, 喪軀殞命, 有不暇恤, 只得成就一個是處. 如此, 則方寸之間全是天理. 雖遇大困厄, 有致命遂志而已, 亦不知有人之是非向背, 惟其是而已.

또 말씀하였다. "곤경과 액운에는 가볍고 무거운 것이 있고 역량에는 크고 작은 차이가 있다. 만약 하루 24시간 동안 자신을 단속할 수 있다면, 생각과 행동이 모두 마땅하여 '우러러보아도 부끄럽지 않고 굽어보아도 부끄럽지 않게' 된다. 이와 같은데도 불행하게 골짜기에 시체가 묻히거나 몸을 상해서 목숨이 끊어지더라도 돌아볼 겨를도 내지 않고 단지 하나의 옳은 곳으로 나아갈 뿐이다. 이와 같다면 마음속이 모두 천리일 것이다. 비록 큰 곤경과 액운에 처하더라도 목숨을 다해

---

10) 공자는 광(匡) 땅에서 양호(陽虎)란 인물로 오인돼 포위되어 죽음의 위기에 처했었다(『논어』 「선진(先進)」 22장 참고). 유리진과 채나라 사이에서 포위돼 며칠씩 굶기도 했다. 유리(羑里)는 주나라 문왕(文王)이 주왕(紂王)의 의심을 받아 유배된 장소이다. 남궁괄(南宮适)과 산의생(散宜生)이 미녀와 문마(文馬) 등의 뇌물을 바치고서 문왕을 석방시켰다(『사기(史記)』 「주본기(周本紀)」 참고). 유리는 문왕이 문자가 없었던 『주역』의 괘상(卦象)을 보고 단사(彖辭)를 지은 장소로도 유명하다.

뜻을 완수할 따름이니, 또한 다른 사람들이 내리는 시비의 향배를 알지 못할지라도 오직 옳은 것일 뿐이다." (『주자어류』 권13, 「학문7」, 「역행」, 제128조목. 여대아의 기록)

23. 問. 或問云, 必先持志守氣以正其心, 何也. 曰. 此只是就心上說. 思慮不放肆, 便是持志, 動作不放肆, 便是守氣. 守氣是無暴其氣, 只是不放肆.

물었다. "누군가 '반드시 먼저 뜻을 간직하고 기를 지켜서 그 마음을 바르게 한다'에 대해서 물었는데, 어떻습니까?"

말씀하였다. "이는 마음에 나아가서 말한 것이다. 생각을 제멋대로 하지 않는 것이 곧 뜻을 유지하는 것이고, 행동을 제멋대로 하지 않는 것이 곧 기를 지키는 것이다. 기를 지키는 것은 '그 기운을 사납지 않게 하는 것'이니, 단지 제멋대로 하지 않는 것일 뿐이다." (『주자어류』 권18, 「대학5 혹문하」, 「전7장(傳七章)」, 제129조목. 서우의 기록)

24. 問. 聖人恐無怒容否. 西山眞氏曰. 朱子曰. 怎生無怒容. 合當怒時, 必亦形於色, 如要去治那人之罪, 自爲笑容, 則不可. 曰. 如此, 則恐涉忿怒之氣否. 曰. 天之怒, 雷霆亦震. 舜誅四凶, 當其時亦須怒. 但當怒而怒, 便中節, 事過便消了, 更不積. 問. 古人喜怒不形於色, 是正否. 曰. 此是養得胸中和粹, 故雖中有喜怒而不形於色, 此正是涵養之效. 安得謂之不正. 又問. 古人憂國至於白首, 怒敵至於裂眥, 此正否. 曰. 憂國怒敵, 憂與怒之正者, 雖若太過, 然亦是不失其爲正, 但此乃志義之士所爲. 若聖人, 則未必然, 必如是觀之乃盡.

물었다. "성인은 노여워하는 얼굴이 없는 것 같습니다?"

서산 진씨가 말하였다. "주자는 '어떻게 노여워하는 얼굴이 없겠는가? 노여워해야 할 때라면 반드시 또한 얼굴에 드러나니, 예컨대 저 사람의 죄를 다스려야 하는데 웃는 얼굴을 해서는 안 된다'라고 하였다.

물었다. '이와 같다면 두려움은 분노의 기운과 관련되는 것 아닙니까?'

주자는 '하늘의 분노는 우레와 천둥이 치는 것이다. 순임금이 사흉(四凶)을 주살한 것은 그때가 되어서 또한 노여워한 것이다. 다만 마땅히 노여워해야 하는데 노여워하면 곧 절도에 맞는 것이고, 일이 지나가면 바로 사라지는 것이므로 다시 마음속에 쌓이지 않았다'라고 하였다." (『주자어류』 권95, 「정자지서1」, 제115조목. 진순의 기록)

물었다. "옛 사람들은 기쁨과 노여움을 얼굴에 드러내지 않았는데, 이것이 바른 것이 아닐런지요?"

(서산 진씨가) 말씀하였다. "이는 마음속에 온화함과 순수함을 길러서 얻은 것이므로 비록 가슴속에 기쁨과 노여움이 있어도 얼굴에 드러나지 않는 것이니, 이것이 바로 함양의 효과이다. 어찌 바르지 않다고 할 수 있겠는가?"

또 물었다. "옛 사람들이 나라를 걱정하는 것은 머리가 하얗게 새는데 이르고, 적에게 노여워하는 것은 눈초리가 찢어지는데 이르니, 이것이 바른 것이 아닙니까?"

(서산 진씨가) 말하였다. "나라를 걱정하고 적에게 노여워하는 것은 근심과 노여움의 바른 것이니 비록 너무 지나칠지라도 또한 그 바름을 잃은 것은 아니다. 다만 이것은 곧 의로운 뜻을 가진 선비가 하는 것일 따름이다. 성인이라면 꼭 이렇지만은 않으니, 반드시 이와 같이 살피면 비로소 다할 것이다." (『서산집』 권3, 「문정심수신장(問正心修身章)」, 14a~14b)[11]

〈以下程朱正心實效(이하는 정자와 주자의 '정심'의 실제적 효과이다)〉[12]

---

11) 진덕수의 문답 속에 주자의 글이 인용되어 있는데, 정구는 『주자어류』의 해당 원문을 찾아서 더욱 정확하게 복원해서 진덕수의 문답을 새롭게 만들어 놓았다.

25. 伊川先生貶涪州, 渡漢江, 中流船幾覆, 舟中人, 皆號哭. 伊川獨正襟安坐如常. 已而及岸, 同舟有老父問曰. 當船危時, 君正坐色甚莊, 何也. 伊川曰. 心存誠敬耳.

이천 선생이 부주(涪州)에 좌천되어 가다[13] 한강(漢江)을 건너면서 중간쯤에 갔을 때 배가 뒤집어지게 생기니 배 안의 사람들이 모두 울부짖었다. 이천 선생만이 홀로 옷깃을 바로하고 편히 앉았는데 평소와 같았다. 난리가 그치고 강기슭에 이르렀을 때 같은 배를 타고 있던 노인이 물었다. "배가 위기에 있을 때 그대께서는 바르게 앉아서 낯빛은 더욱 장중하였는데, 어떻게 그런 것입니까?"

이천이 말하였다. "마음에 성실과 공경을 보존했을 뿐입니다." (『이정외서』 권12, 19번째 문장)[14]

26. 伊川責涪, 注周易, 與門弟子講學, 不以爲憂, 赦得歸不以爲喜.

이천 선생이 좌천되어 부주에 계실 때 『주역』을 주석하고 문하의 제자들과 강학하면서 이 때문에 근심하지 않았는데, 사면된 후에 돌아와서도 이 때문에 기뻐하지 않았다. [소백온(邵伯溫), 『소씨견문록(邵氏聞見錄)』 권15][15]

---

12) 여기서부터는 정이천이 당시 당화(黨禍)를 입고 유배를 간 역사적 사실을 배경으로 하여, 환란 속에서도 마음을 잃지 않는 모습을 보여주고 있다. 또한 영종(寧宗) 경원(慶元 2년, 1196년) 연간에 심계조(沈繼祖) 등이 주자를 공격하여 주자의 학문을 위학(僞學, 거짓 학문)으로 모함한 이른바 경원당금(慶元黨禁) 때, 채원정과 같은 주자의 문인들이 고초를 겪은 것과 주자 말년 박해를 받은 역사적 사실을 배경을 하고 있다. 주자는 해금(解禁)이 있기 전에 죽었으나, 얼마 지나지 않아 복원되고 주자학의 권위가 확립되었다.

13) 송나라 철종(哲宗) 소성(紹聖) 4년(1097) 11월 65세의 나이로 부주(涪州)에 폄적되어 그곳 지방관의 통제를 받는 '편관(編管)' 형을 받았는데, 1100년 정월에 철종이 죽고 휘종(徽宗)이 즉위하자, 4월에 낙양(洛陽)으로 돌아왔다. '부주'는 지금의 중경시(重慶市) 부릉(涪陵)이다.

14) 이어지는 문답이 더 있다. 노인이 말했다. "마음에 성과 경을 보존하는 것은 진실로 잘한 것입니다. 그러나 무심(無心)만은 못하지요." 이천이 노인과 더 말하고 싶었으나, 노인은 재빠르게 가버렸다(老父曰. 心存誠敬固善, 然不若無心. 伊川欲與之言, 而老父徑去).

15) 소백온(1057~1134)은 소강절(소옹)의 외아들이다. 북송 범양(范陽) 사람, 자는 자문(子文). 사

27. **伊川歸自涪州, 氣貌容色髭髮, 皆勝平昔. 門人問. 何以得此. 先生曰. 學之力也. 大凡學者, 學處患難貧賤, 若富貴榮達, 卽不須學也.

이천 선생이 부주에서 돌아왔을 때 용모나 낯빛, 수염 등이 모두 전보다 더 나아 보였다. 문인들이 물었다. "어떻게 하여 이와 같이 나아 보일 수 있습니까?"

선생이 말씀하였다. "학문의 힘이다. 대체로 배우는 자들은 우환과 빈천에 대처하는 것을 배워야 하니, 부귀와 영달이라면 굳이 배울 필요가 없다." (『이정외서』 권12, 73번째 문장)

28. 季通被罪, 臺譖及先生〈朱子〉. 諸生問所聞蔡丈事如何. 曰. 州縣捕索甚急, 不曉何以得罪. 繼聞蔡已遵路, 防衛頗嚴. 先生欲與經營, 包顯道因言, 禍福已定, 徒爾勞擾. 先生嘉之云, 顯道說得自好, 未知當局如何. 是夜諸生坐, 圍爐講問而退. 聞蔡編管道州, 乃沈繼祖文字, 主意詆先生也.

채계통(蔡季通)이 죄를 받게 되고 대간(臺諫)들은 선생〈주자〉에까지 연결해서 말했다. 여러 학생들이 채 선생의 일에 대해 어떤 소식을 들었는지 여쭈었다.

말씀하였다. "주현에서 매우 급하게 체포했다고 하는데 무슨 이유로 죄를 지었는지 모르겠다." 이어서 채계통은 이미 길을 떠났고 방위가 자못 엄하다는 소식을 들었다. 선생은 함께 돌보려고 했지만, 포현도(包顯道)[16]가 '화와 복은 이미 정해졌으니, 쓸데없이 번거롭게 하는 것일 뿐입니다'라고 말했다. 선생은 그 말이 좋다고 여기시고 '현도의 말

마광(司馬光)을 사사했고, 이정, 여공저(呂公著) 등과 절친했다. 부친의 상수학(象數學)을 계승하고, 역학(易學)에 뛰어났다. 저술로는 『역학변혹(易學辨惑)』, 『황극계술(皇極系述)』, 『황극경세서(皇極經世序)』, 『관물내외편해(觀物內外篇解)』, 『하남소씨견문록(河南邵氏見聞錄)』, 『하남집(河南集)』 등이 있다. 『중국역대인명사전』 관련 항목 참고.

16) 포양(包揚). 현도는 자이고 호는 극당(克堂). 강서성 남성(南城) 출신. 육구연이 죽은 뒤에 주자에게서 배웠다. 수징난 지음(김태환 옮김), 『주자평전』(역사비평사, 2015), 1151쪽 참고.

은 절로 좋지만, 이 일을 당하고 있는 사람은 어떤지는 모르겠다'라고 하셨다. 이날 저녁에 여러 학생들이 화로를 둘러싸고 강론하고 질문하고서 물러났다. 채계통이 도주(道州)에 귀양갔다는[編管][17] 소식을 들었는데, 바로 심계조(沈繼祖)가 올린 글 때문이었고, 주로 선생을 비방하고 모욕하려는 뜻이었다. (『주자어류』 권107, 「주자4(朱子四)」, 「병진년 이후(丙辰後)」, 제3조목(?). 섭하손의 기록)

蔡乘舟就貶, 過淨安, 先生接之. 寒暉外, 無嗟勞語. 以參同契所疑扣蔡, 蔡應答灑然.

채계통은 배를 타고 귀양지로 가면서 정안사(淨安寺)를 지날 때 선생은 채계통을 응접했다. 추위와 더위를 도외시했고 탄식하거나 위로하는 말도 하지 않았다. 『주역참동계(周易參同契)』에서 의심나는 것을 채계통에게 물었고, 채계통의 답변은 (막힘없이) 시원했다.[18] (위와 같은 곳, 제5조목. 섭하손의 기록)

29. **有微諷云. 先生有天生德於予底意思, 却無微服過宋之意. 先生曰. 某又不曾上書自辨, 又不曾作詩謗訕, 只是與朋友, 講習古書, 說這道理, 更不教做, 却做何事. 論語首章, 言人不知而不慍, 不亦君子乎, 斷章, 言不知命, 無以爲君子. 今人開口, 亦解說一飮一啄, 自有定分. 及遇小小利害, 便生趨避計較之心. 古人, 刀鋸在前, 鼎鑊在後, 視之如無物者, 蓋緣

17) 편관(編管)은 송(宋) 나라 때 죄인의 얼굴에 자자(刺字)하지 않고 귀양보내는 형벌의 일종을 말한다.

18) 『주역참동계』는 후한(後漢)의 위백양(魏伯陽, 100~170)의 저술로 도가(道家) 사상에 기반하고 『주역』의 체계를 빌어서 연단술(鍊丹術)의 이론을 제시한 것이다. 연단술은 단약(丹藥)이라는 장생불사(長生不死)의 영약(靈藥)을 제조하는 기술인데, 주자는 단약이라는 구체적인 사물이 아닌 심신수련(心身修練)을 위한 방법으로 재해석하였다. 전자를 외단(外丹)이라 하고 후자를 내단(內丹)이라 하며, 주자는 내단의 관점에서 『주역참동계고이(周易參同契考異)』를 저술한다. 채원정은 역학에 깊은 조예가 있었고, 특히 주자의 역학에 근간을 이루는 선천역학에 깊은 이해가 있었다. 주자의 역학은 채원정과 상호작용을 하면서 성숙된 것이라 할 수 있다.

只見得這道理, 都不見那刀鋸鼎鑊.

살짝 풍자하는 말이 있었다. "선생께서는 하늘이 나에게 덕(德)을 내려주셨다는 생각을 가지고 있습니다만, 미복(微服)으로 송나라를 지나가는 뜻이 없으십니다?"[19]

선생이 말씀하였다. "나 또한 일찍이 글을 올려 스스로 변명하지도 않았고, 또 일찍이 시(詩)를 지어 비방하지도 않았으며, 다만 붕우들과 옛 책을 읽고 부지런히 익혀서 이 도리를 말할 뿐이니, 다시금 이를 하지 못하게 한다면 무슨 일을 하겠는가? 『논어』 첫 머리에 '사람이 알아주지 않더라도 노여워하지 않으면 또한 군자가 아니겠는가' 했고, 마지막 장에서는 '천명을 알지 못하면 군자가 될 수 없다'고 하였다. 지금 사람들은 입만 열면 또한 '한 번 마시고 한 번 먹는 것'에도 저절로 정해진 분수가 있다고 말할 줄은 안다. 그러나 소소한 이해관계를 만나면 곧 이익을 좇고 해로움을 피하는 계산하고 비교하는 마음을 낸다. 옛 사람이 도거와 정확 같은 형벌의 도구가 있어도 아무것도 없는 것처럼 본 것은 대개 이 도리만을 보고 저 무서운 형벌의 도구는 전혀 보지 않았기 때문일 것이다." (위와 같은 곳, 제7조목. 만인걸의 기록)

30. ****或勸先生散了學徒, 閉戶省事, 以避禍者. 先生曰. 禍福之來, 命也.**

누군가 선생께 문하의 학도들을 해산하고 문을 닫고 일을 줄여서

19) 두 말은 모두 공자가 죽음을 맞을 수도 있는 화란을 당해서 하늘의 사명을 자각하고, 화를 피한 고사에 기반을 두고 있다. 앞의 말은 『논어』 「술이(述而)」(22장)에 있다. "하늘이 나에게 큰 덕을 내려 주었으니 환퇴(桓魋)가 나에게 어쩌겠는가(天生德於予, 桓魋其如予何)." 뒤의 말은 『맹자』 「만장상(萬章上)」(8장)에서 보인다. "(공자는) 송나라 사마(司馬)인 환퇴가 장차 죽이려 함을 만나 미복으로 송나라를 지나갔다(遭宋桓司馬, 將要而殺之, 微服而過宋)." 미복은 미천한 옷이며, 이 옷을 입고 신분을 속여서 화를 피하기 위한 것이다. 주자를 풍자한 사람은 성인의 고사를 통해 주자가 화를 두려워하지 않는 태도를 슬쩍 비판한 것이다. 환퇴는 송나라의 군정을 주관하는 사마(司馬)의 관직에 있던 상퇴(向魋)이며, 송나라 환공(桓公)의 후예였기 때문에 환퇴라고 불렸다. 환퇴는 정적의 관점에서 공자를 죽이려고 기도하였다.

화를 피할 것을 권하였다. 선생은 말씀하였다. "화복이 오는 것은 명(命)이다." (위와 같은 곳, 제8조목. 보광의 기록)

又曰. 今爲辟禍之說者, 固出於相愛. 然得某壁立萬仞, 豈不益爲吾道之光.

또 말씀하였다. "오늘날 화를 피하라고 말하는 자들은 진실로 서로 아끼는 마음에서 나온 것이다. 그러나 나는 만 길의 절벽처럼 우뚝 서 있으리니,[20] 어찌 우리 도의 광명에 보탬이 되지 않겠는가?" (『주자어류』 권107, 「주자4」, 「병진년 이후」, 제10조목. 이굉조의 기록)

31. **當諸公攻僞學之時, 先生處之雍容, 只似平時.**

당시에 많은 사람들이 '거짓된 학문[僞學]'이라고 공격하던 때에 선생께서는 온화하고 조용히 처신하시어 평상시 같으셨을 따름이다. (위와 같은 곳, 「잡기언행(雜記言行)」, 제26조목. 여염呂炎의 기록)

---

20) 정구의 두 스승 가운데 남명(南冥) 조식(曺植)의 기상을 가리키는데 잘 쓰는 구절이다. "장부의 행동거지는 무겁기가 산과도 같아서 만 길의 절벽처럼 우뚝 서 있다가 때가 이르렀을 때 펴야 하는 것이다(丈夫動止, 重如山岳, 壁立萬仞, 時至而伸)." 『동강집(東岡集)』 권17, 「남명선생언행록(南冥先生言行錄)」 참고.

3. 예악불가사수거신장(禮樂不可斯須去身章)

〈『예기(禮記)』「악기(樂記)」〉

○ 총 31조목

樂記, 君子曰. 禮樂, 不可斯須去身, 致樂以治心, 則易直子諒之心, 油然生矣, 易直子諒之心, 生則樂, 樂則安, 安則久, 久則天, 天則神, 天則不言而信, 神則不怒而威, 致樂以治心者也. 致禮以治躬, 則莊敬, 莊敬則嚴威, 中心斯須不和不樂, 而鄙詐之心, 入之矣, 外貌斯須不莊不敬, 而易慢之心, 入之矣. 故樂也者, 動於內者也, 禮也者, 動於外者也, 樂極和, 禮極順, 內和而外順, 則民瞻其顏色, 而弗與爭也, 望其容貌, 而民不生易慢焉. 故德輝動於內, 而民莫不承聽, 理發諸外, 而民莫不承順. 故曰, 致禮樂之道, 擧而錯之天下, 無難矣.<朱子曰. 子諒韓詩外傳作慈良>

『예기』「악기」에서 군자가 말하였다. "예(禮)와 악(樂)은 잠시라도 몸에서 떠나서는 안 되니, 악(樂)을 지극히 하여 마음을 다스리면 편안하고 정직하며 자애롭고 진실한[易直子諒] 마음이 크게 생겨나고, 편안하고 정직하고 자애롭고 선량한 마음이 생겨나면 즐겁고, 즐거우면 편안하고, 편안하면 오래하고, 오래하면 자연스럽고, 자연스러우면 신묘해지니, 자연스러우면 말하지 않아도 믿고, 신묘해지면 노여워하지 않아도 두려워하니, 이것이 악(樂)을 지극히 하여 마음을 다스리는 것이다. 예(禮)를 지극히 하여 몸을 다스리면 장중하고 경건하고, 장중하고 경건하면 위엄이 있으니, 마음속이 잠시라도 조화롭고 즐겁지 않으면 비루하고 거짓된 마음이 들어오고, 용모가 잠시라도 장중하고 경건하지 않으면 깔보고 업신여기는 마음이 들어온다. 그러므로 악은 안에서 움직이고 예는 밖에서 움직이니, 악이 조화로움을 지극히 하고 예가 순조로움을 지극히 하여 안이 조화롭고 밖이 순조로우면, 백성들이 그 낯빛을 바라보고 서로 다투지 않으며 그 용모를 바라보고 감히 깔보고 업신여기는 마음을 내지 않는다. 그러므로 덕(德)의 광휘가 안에서 움직여 백성들이 받들어 따르지 않는 이가 없고, 이치가 밖에서 피어나 백성들이 받들어 순순히 따르지 않는 이가 없는 것이다. 그러므로 예와 악의 도(道)를 지극히 하여 천하(天下)에 시행하여 따르게 하면[21] 아무런 어려움이 없다."<주자가 말씀했다. "'子諒'은 『한시외전』에서 '慈良'이라고 썼다.">

21) 『주역(周易)』「계사전상(繫辭傳上)」 12장. "천하의 백성에게 시행하여 따르게 하는 것을 일러 사업이라고 한다(擧而措之天下之民, 謂之事業)."

1. 陳氏曰. 致謂研窮其理也, 樂由中出, 故以治心言之, 樂之感化人心, 至於天而且神, 可以識窮本知變之妙矣.

진씨가 말하였다. "치(致)는 그 이치를 궁구한다는 것이다. 악(樂)은 마음속에서 나오는 것이기 때문에 마음을 다스리는 것으로 말한 것이다. 악이 사람의 마음을 감화하여 하늘[天]과 신의 경지[22]에 이르면 궁극의 근본을 알고 변화의 묘함을 알 수 있다." [진호(陳澔), 『진씨예기집설(陳氏禮記集說)』 권7, 「악기(樂記)」. 32a]

2. *又曰. 禮自外作, 故以治躬言之. 此言著誠去僞之心, 不可少有間斷.

또 말하였다. "예는 밖에서 일어나기 때문에 몸을 다스리는 것이라 말한 것이다. 이는 성실을 드러내고 거짓을 없애는 마음에는 조금이라도 그치거나 끊어짐이 있어서는 안 된다는 것을 말한 것이다." (위와 같은 곳)[23]

3. 又曰. 動於內, 則能治心矣, 動於外, 則能治躬矣. 極和極順, 則無斯須之不和不順矣, 所以感人動物, 其效如此. 德以煇言, 乃英華發外之驗, 理發諸外, 是動容周旋之中禮, 君子, 極致禮樂之道, 其於治天下乎, 何有.

또 말하였다. "안에서 움직이면 마음을 다스릴 수 있고, 밖에서 움직이면 몸을 다스릴 수 있다. 지극히 조화롭고 지극히 순조로워서 잠시라도 조화롭지 못하거나 순조롭지 않음이 없기 때문에 사람과 사물을 감동시키는 효험이 이와 같다. 덕을 광휘로 말한 것은 곧 영화로운

---

22) 『맹자』 「진심하(盡心下)」 25장. 맹자께서 말씀하셨다. "누구나 원하는 것을 선(善)이라 하고 자기 몸에 선을 간직한 것을 신(信)이라 하고, 선을 행하여 안에 가득 차 있는 것을 미(美)라 하고, 가득 차서 밖으로 빛이 발하는 것을 대(大)라 하고, 대(大)의 단계에서 자연스럽게 변화[化]한 것을 성(聖)이라 하고, 대(大)의 단계에서 자연스럽게 변화[化]한 것을 성(聖)이라 한다(可欲之謂善, 有諸己之謂信, 充實之謂美, 充實而有光輝之謂大, 大而化之之謂聖, 聖而不可知之之謂神)."

23) 『심경부주』에는 "예는 밖에서 일어나기 때문에 몸을 다스리는 것이다"까지만 인용되어 있다. 정구는 생략된 부분을 밝혀서 문장이 온전하고 분명하게 만들었다.

빛이 밖으로 피어난다는 증험이니 이치가 밖으로 피어나는 것은 행동과 용모 및 응대와 교제 등이 예에 맞는 것이다. 군자가 예와 악의 도를 극진하게 다하면 천하를 다스리는데 무슨 어려움이 있겠는가?" (위와 같은 곳)

4. **李端伯問. 每日常遇事, 卽能知操存之意, 無事時, 如何存養得熟. 曰. 古之人, 耳之於樂, 目之於禮, 左右起居, 盤盂几杖, 有銘有戒, 動息, 皆有所養, 今皆廢此, 獨有理義之養心耳. 但存此涵養意, 久則自熟矣. 敬以直內, 是涵養意, 言不莊不敬, 則鄙詐之心生矣. 貌不莊不敬, 則怠慢之心生矣.

이단백(이유李籲. 이정의 문인)이 물었다. "매일 일상에서 일을 만날 때에는 '조존'의 뜻을 알 수 있지만, 일이 없을 때에는 어떻게 '존양'에 익숙할 수 있습니까?"

말씀하였다. "옛 사람들은 귀로 음악을 들을 때나 눈으로 예를 볼 때나, 전후좌우로 기거하고 동작하는 데 있어서도 소반과 사발, 안석과 지팡이에까지 명(銘)을 새기고 경계의 말을 새겨서, 움직일 때나 쉴 때나 모두 존양하는 것이 있었지만, 지금은 이것을 모두 폐지하고 오직 의리로 마음을 기르는 것만이 있을 따름이다. 다만 이 함양의 뜻을 보존하여야 하니, 오래되면 절로 익숙해질 것이다. '경이직내'가 함양의 뜻이니 장중하고 경건하지 않으면 비루하고 거짓된 마음이 생겨나고, 외모가 장중하고 경건하지 않으면 태만한 마음이 생겨나게 된다는 것을 말한 것이다." (『이정유서』 권1, 33번째 문장)

5. **又曰. 學者, 有所得, 不必在談經論道間, 當於行事, 動容周旋中禮得之.

또 말씀하였다. "배우는 자는 얻음이 있는 것이 반드시 경전을 말하고 도를 논하는 사이에 있는 것이 아니다. 일을 할 때에 행동과 용모 및 응대와 사교 등이 예에 들어맞아서 얻는 것이다." (『이정외서』 권10, 18번째 문장)

6. **又曰. 容貌必端, 言語必正者, 非是道獨善其身, 要人道如何, 只是天理合如此, 本無私意, 只是箇循理而已.**

또 말씀하였다. "용모를 반드시 단정하게 하고 언어를 반드시 바르게 하는 것은 홀로 자기 몸을 선하게 하여 남들이 어떻다고 말해주기를 요구해서가 아니고, 다만 천리가 마땅히 이와 같이 해야 하는 것이니, 본래 사사로운 뜻이 없고 다만 이치를 따를 뿐이다." (『이정유서』 권2상, 140번째 문장)

7. ****又曰. 懈意一生, 便是自暴自棄.**

또 말씀하였다. "게으른 뜻이 한 번 생기면 곧 자포자기(自暴自棄)[24]이다." (『이정유서』 권6, 55번째 문장)

8. **張子曰. 有潛心於道, 忽忽爲他慮引去者, 此氣也. 舊習纏繞. 未能脫灑, 畢竟無益, 但樂於舊習耳. 古人, 欲得朋友與琴瑟簡編, 常使心在於此.**

장자(장재張載)가 말씀하였다. "도(道)에 마음을 가라앉히고 있다가 문득 딴 생각에 이끌려 가는 것, 이것이 기(氣)이다. 옛 습관에 얽매여서 깨끗이 벗어나지 못하면 반드시 유익함이 없고, 다만 옛 습관을 좋아할 뿐이다. 옛사람이 붕우(朋友), 거문고와 비파, 서책을 얻고자 한

24) 『맹자』 「이루상(離婁上)」 10장. 맹자께서 말씀하셨다. "스스로를 해치는[自暴] 자와는 함께 도를 말할 수 없고, 스스로를 버리는 자[自棄]와는 함께 일할 수 없다. 말할 때마다 예의(禮義)를 비난하는 것을 일러 '스스로를 해친다'고 하고, 나는 인(仁)에 머물거나 의(義)를 행할 수 없다고 포기하는 것을 일러 '스스로를 버린다'고 하는 것이다(自暴者, 不可與有言也, 自棄者, 不可與有爲也. 言非禮義, 謂之自暴也, 吾身不能居仁由義, 謂之自棄也)."

것은 항상 마음을 여기에 두고자 해서였다." (『장자전서』 권14, 「근사록습유(近思錄拾遺)」. 8a)

9. **又曰. 言有教, 動有法, 晝有爲, 宵有得, 瞬有養, 息有存.

또 말씀하였다. "말에는 가르침이 있고 움직임에는 법이 있고, 낮에는 하는 일이 있고 밤에는 얻는 것이 있으며, 눈 깜짝할 사이에도 기름이 있고 숨 쉴 때에도 보존함이 있어야 한다." (『장자전서』 권3, 「정몽」, 「유덕편(有德篇)」. 15b)

**朱子曰. 橫渠此語極好. 君子終日乾乾, 不可食息間, 亦不必盡日讀書. 或靜坐存養, 皆是用功處. 天地生物, 以四時運動, 春生夏長, 固是不息, 雖秋冬凋落, 生意未嘗不在其中. 學者, 常喚令此心不死, 則日有進.

주자가 말씀하였다. "횡거(橫渠) 선생의 이 말은 참으로 좋다. '군자가 종일토록 부지런히 힘쓰는 것'은 밥을 먹을 때나 숨쉴 때에도 빈틈이 있어서는 안 되지만, 또한 굳이 종일토록 책만 읽을 필요는 없다. 혹은 고요히 앉아서 존양하는 것이 모두 공부하는 곳이다. 천지가 만물을 낼 때는 사시(四時)를 따라서 운동하니, 봄에 생겨나고 여름에 자라는 것은 진실로 쉬지 않고, 비록 가을과 겨울에 초목이 말라 잎이 떨어지더라도 생명의 의지[生意]가 일찍이 그 가운데에 있지 않은 적이 없다. 배우는 자는 항상 이 마음이 죽지 않도록 일깨우면 날로 진전이 있을 것이다." (『주자어류』 권118, 「주자15」, 「훈문인6」, 제40조목. 정가학의 기록)[25]

10. **朱子曰. 聖賢之教, 無一言一句, 不是入德門戶, 如所謂禮樂不可斯須去身者, 尤爲深切, 眞當佩服存省, 以終其身也.

주자가 말씀하였다. "성현의 가르침은 한 말씀 한 글귀이라도 덕에

25) 『심경부주』 「우산지목장」.

들어가는 문호가 아님이 없지만, 이른바 '예와 악은 잠시라도 몸에서 떠날 수 없다'와 같은 것은 더욱 깊고 간절하니, 진실로 마땅히 가슴에 새겨 살피면서 몸을 마쳐야 할 것이다."(『주자대전』 권58, 「진숙향(규)에게 답함(答陳叔向葵)」)[26]

11. **又曰. 心要平易, 無艱深險阻, 所以說不和不樂, 則鄙詐之心入之矣, 不莊不敬, 則易慢之心入之矣.**

또 말씀하였다. "마음은 (산의 형세처럼) 평탄하고 오르기 쉬워야 하고 어렵고 깊거나 험하고 막혀 있는 것이 없어야 하기 때문에 '마음 속이 잠시라도 조화롭고 즐겁지 않으면 비루하고 거짓된 마음이 들어오고 용모가 잠시라도 장중하고 경건하지 않으면 깔보고 업신여기는 마음이 들어온다'고 말한 것이다."(『주자어류』 권87, 「예4(禮四)」, 「악기(樂記)」, 제148조목. 감절의 기록)

12. **又曰. 涵養之則, 凡非禮勿視聽言動, 禮儀三百, 威儀三千, 皆是.**

또 말씀하였다. "함양할 때의 준칙은 무릇 '예가 아니면 보지도 듣지도 말하지도 움직이지도 말라'는 것과 '예의 3백 가지'와 '위의 3천 가지' 등이 모두 이것이다."(『주자어류』 권12, 「학문6」, 「지수」, 제44조목. 심한의 기록)

13. **問. 九容, 本原之地, 固欲存養, 於容貌之間, 又欲隨事省察. 曰. 卽此便是涵養本原, 這裏不是存養, 更於甚處存養.**

물었다. "(『예기』에서 말하는) '구용'은 본원의 자리이니 진실로 존양하고자 한다면 용모에 대해서도 일에 따라 성찰하고자 해야 합니까?"

말씀하였다. "여기서 바로 본원을 함양해야 하니, 이 속에서 존양하

---

26) 이 편지는 1185년(순희 12년, 56세)에 쓴 것이다. (『편년고증』, 242쪽 참조)

지 않으면 다시 어디에서 존양하겠는가?" (『주자어류』 권87, 「예4」, 「옥조(玉藻)」, 제109조목. 진문위의 기록)

14. 又曰. 人不可以不莊敬, 所謂君子莊敬日强, 安肆日偸.

또 말씀하였다. "사람은 장중하고 경건하지[27] 않을 수 없으니, 이른바 '군자가 장중하고 경건하면 날로 더욱 노력하게 되고, 안일하고 방자하면 날로 구차'해진다."[28] (위와 같은 곳, 「소대례(小戴禮)」, 제4조목. 황탁의 기록)

15. **上蔡謝氏曰. 明道先生, 終日端坐, 如泥塑人, 及至接人, 則渾是一團和氣, 所謂望之儼然, 卽之也溫.

상채 사씨가 말씀하였다. "명도 선생은 종일토록 단정하게 앉아서 마치 진흙으로 빚은 사람과 같았는데, 사람을 대할 때는 완전히 한 덩어리의 온화한 기운이셨으니,[29] 이른바 '멀리서 바라보면 엄숙하고, 가까이 나아가면 온화하다'[30]는 것이다." (『이정외서』 권12, 41번째 문장, 『논어』 「자장(子張)」 9장)[31]

16. 王氏蘋曰. 伊川直是謹嚴, 全無謔語, 坐間無問, 尊卑長幼, 莫不肅然.

왕빈이 말하였다. "이천 선생은 참으로 근엄하시어서 전혀 우스갯소리를 하지 않으시고, 앉으셨을 때 질문이 없으면 높고 낮은 이들이나 늙고 젊거나 모두들 숙연하지 않은 적이 없었다." [왕빈(王蘋)[32], 『왕저작집

---

27) 『주자어류』에는 장엄(莊嚴)이라고 되어 있다.

28) 『예기』 「표기(表記)」. "군자가 장중하고 경건하면 날로 더욱 노력하게 되고, 안일하고 방자하면 날로 구차해진다(君子莊敬日强, 安肆日偸)."

29) 주자, 『소학집주(小學集注)』 권6, 외편(外篇), 「선행(善行)」. 『이정외서』에는 "明道先生, 坐如泥塑, 接人則渾是一團和氣"로 되어 있다.

30) 『논어』 「자장(子張)」. 9장. 자하가 말하였다. "군자는 세 가지로 변함이 있으니, 멀리서 바라보면 엄숙하고, 가까이 나아가면 온화하고, 그 말을 들어보면 명확하다(子夏曰. 君子有三變, 望之儼然, 卽之也溫, 聽其言也厲)."

31) 진덕수가 『심경』 편찬을 하면서 구성한 문장으로 보인다.

(王著作集)』 권8, 「진택기선록(震澤記善錄)」. 4b][33]

17. **藍田呂氏曰. 橫渠先生, 終日危坐一室, 左右簡編, 俯而讀, 仰而思, 有得則識之, 或中夜起坐, 取燭以書, 其志道精思, 未始須臾息, 亦未嘗須臾忘也.

남전 여씨(여대림呂大臨)가 말하였다. "횡거 선생이 종일토록 방에서 무릎을 꿇고 앉아서 좌우의 서책을 고개 숙여 읽고 우러러 생각하여 얻은 것이 있으면 기억하였는데, 어떤 때는 한밤중에 일어나 앉아서 촛불을 켜고 글을 쓰셨다. 도에 뜻을 두고 정밀하게 생각하면서 잠시라도 그친 적이 없었고 또한 일찍이 잠시라도 잊은 적이 없으셨다." (『장자전서』 권15, 「행장(行狀)」. 23a~23b)[34]

18. **問. 人之燕居, 形體怠惰, 心不慢, 可否. 程子曰. 安有箕踞, 而心不慢者. 昔呂與叔六月中來緱氏, 閒居中, 某嘗窺之, 必見其儼然危坐, 可謂敦篤矣.

물었다. "사람이 한가히 거처할 때 몸은 게으르지만 마음은 거만하지 않을 수 있습니까?"

말씀하였다. "어찌 두 다리를 뻗고 앉아 있으면서 마음이 거만하지 않은 경우가 있겠는가? 예전 여여숙(여대림)이 6월에 구지에 왔는데 한가히 거처하는 중에 내가 일찍이 엿보니, 반드시 엄숙하게 무릎을 꿇고 앉아 있는 것을 보았으니, 돈독하다고 이를 만하였다." (『이정유서』 권18, 41번째 문장)[35]

32) 왕빈(王蘋, 1082~1153)은 북송말 남송초 복건성 복청(福淸) 사람. 자는 신백(信伯)이고, 호는 진택(震澤)이다. 정주학을 심학(心學)의 관점에서 해석했다. 저술로는 『논어집해(論語集解)』와 『신백집(信伯集)』 등이 있다. 『중국역대인명사전』 관련 항목 참고.

33) 『이정외서』(권12, 132번째 문장)의 기록과 같은데, 이 조목은 정구가 핵심을 간추려서 정리했다.

34) 장횡거의 행장은 여대림(呂大臨)이 쓴 것이다.

19. **又曰. 朱公掞在洛, 有書室, 兩旁各一牖, 一書天道之要, 一書仁義之道, 中以一榜, 書毋不敬, 思無邪, 中處之, 此意亦好.

또 말씀하였다. "주공섬(朱公掞, 주광정朱光庭. 이정의 문인)[36]이 낙양(洛陽)에 있을 때 서실(書室)을 가지고 있었는데, 양 쪽에 각각 창문이 하나씩 있어서 한 곳에는 천도(天道)의 요점을 쓰고 다른 곳에는 인의(仁義)의 도(道)를 쓰고 가운데에는 한 판자[榜]에 '무불경(毋不敬, 공경하지 않음이 없다)'과 '사무사(思無邪, 생각함에 간사함이 없다)'를 쓰고는 이 가운데에 거처하였으니, 이 뜻이 또한 좋다." (『이정유서』 권2상, 142번째 문장)

20. **朱子曰. 和靖尹公, 一室名三畏齋, 取畏天命, 畏大人, 畏聖人之言之意. 晩歲片紙, 手書聖賢所示治氣養心之要, 粘之屋壁, 以自警戒. 熹竊念前賢, 進修不倦, 死而後已, 其心炯炯, 猶若可識.

주자가 말씀하였다. "화정 윤공(윤돈尹焞)이 서실 한 칸을 삼외재(三畏齋)라 이름 붙는데, '천명을 두려워하고 대인을 두려워하고 성인의 말씀을 두려워한다'[37]에서 뜻을 가져온 것이다." [이유무(李幼武)[38], 『송명신언행록외집(宋名臣言行錄外集)』 권9, 「윤돈 화정선생(尹焞 和靖先生)」 6b~7a)]

"말년에는 종이조각에 성현이 보여주신 '기운을 다스리고 마음을 기르는 요점'을 손수 써서 집의 벽에 붙여 놓고 스스로 경계하였다. 나(주자)는 생각하건대 이전의 현인들은 '덕을 진전시키고 학업을 닦는'

---

35) 『심경부주』는 뒤에 든 여여숙의 일화 부분만을 싣고 있다.

36) 주광정(1037~1094)은 북송 때의 유학자로 자는 공섬(公掞)이며, 정이와 함께 낙당(洛黨)에 속했다.

37) 『논어』 「계씨(季氏)」 8장. 공자께서 말씀하셨다. "군자는 두려워하는 것이 세 가지가 있다. 천명을 두려워하고, 대인을 두려워하고, 성인의 말씀을 두려워한다. 소인은 천명을 몰라서 두려워하지 않으므로, 대인에게 함부로 하고 성인의 말씀을 우습게 여긴다(孔子曰. 君子有三畏, 畏天命, 畏大人, 畏聖人之言. 小人不知天命, 而不畏也, 狎大人, 侮聖人之言)."

38) 주자의 문인. 자는 사영(士英). 남송 길주(吉州) 여릉(廬陵) 출신. 주자가 엮은 『송조명신언행록(宋朝名臣言行錄)』을 이어서 완성하였다.

것을 게을리하지 않고 죽은 뒤에야 그만두었으니, 그 마음의 빛나고 밝음을 오히려 알 수 있을 듯하다." (위와 같은 곳. 9a)[39]

21. **朱子曰. 陳才卿問, 程先生, 如此謹嚴, 何故諸門人, 皆不謹嚴. 某答云. 是程先生自謹嚴, 諸門人自不謹嚴, 干程先生何事. 某所以發此者, 正欲才卿, 深思而得, 反之於己, 如針之劄身, 皇恐發憤, 無地自存, 思其所以然之故.

주자가 말씀하였다. "진재경(진문위陳文蔚)이 '정 선생은 이와 같이 근엄하셨는데 무슨 까닭으로 여러 문인들 모두 근엄하지 않았습니까?' 하고 물었다. 내가 답했다. '정 선생은 스스로가 근엄하셨고 여러 문인들은 스스로 근엄하지 않은 것이니, 정 선생과 무슨 상관이 있겠는가?' 내가 이 말을 한 것은 바로 재경이 깊이 생각하고 무언가를 얻어서 자기에게 돌이켜서 마치 침이 몸을 찌르는 것처럼 황공하고 분발하며 스스로 몸 둘 곳이 없어서, 왜 그렇게 되는가[所以然] 그 연고를 생각하도록 하고자 했기 때문이다." (『주자어류』 권114, 「주자11」, 「문인들을 가르침2」, 제8조목. 심한의 기록)

22. **先生病中, 接應不倦, 左右請少節之. 先生厲聲曰. 爾懶惰, 教我也懶惰.

선생(주자)이 병환 중에도 사람들을 응대하고 접대하기를 게을리 하지 않자, 곁에 있는 사람들이 조금 줄이시기를 청했다. 선생은 언짢은 소리로 말씀하였다. "너희들이 게으르니, 날더러 게으르라 하는구나." (『주자어류』 권107, 「주자4」, 「잡기언행」, 제14조목(?). 진순의 기록)

23. **又曰. 某平生, 不會懶, 故雖甚病, 亦一心欲向前做事.

39) 진덕수가 『심경』을 편찬하면서 두 말을 하나로 합해서 만든 것이다.

또 말씀하였다. "나는 평생 동안 게으름을 모르고 살았다. 그래서 비록 심한 병일지라도 또한 한결같은 마음으로 예전처럼 일을 하려한다." (『주자어류』 권120, 「주자17」, 「문인들을 가르침8」, 제29조목. 심한의 기록)

24. 先生端居甚嚴, 而或溫而厲恭而安. 望其容貌, 則見面盎背.

선생은 단정하게 거처할 때에는 매우 엄하시어 어떤 때는 '온화하시면서도 엄했고 공손하시면서도 편안하시었다.'[40] 용모를 바라보면 '(맑고 윤택하게) 얼굴에 나타나고 넉넉하며 두텁게 등에 나타나시었다.' (『주자어류』 권107, 「주자4」, 「잡기언행」, 제26조목. 여염의 기록)

25. **有侍坐而困睡者, 先生責之. 敬子曰. 僧家言, 常常提起此志令堅强, 則坐得自直, 亦不昏困, 纔一縱肆, 則嗒然頹放矣. 曰. 固是. 道家修養, 也怕昏困, 常要直身坐, 謂之生腰坐. 若昏困倒靠, 則是死腰坐矣.

모시고 앉아서 피곤해 꾸벅꾸벅 조는 자가 있어서 선생이 꾸짖으셨다. 심경자(沈敬子)가 말하였다. "승가(僧家)들은 '항상 이 마음을 깨워 일으켜서 견고하고 강인하게 하면 앉는 자세가 저절로 곧아지고 정신 또한 어둡거나 피곤하지 않으나, 잠시 한 번이라도 방종하면 멍하니 허물어진다'고 합니다."

말씀하시었다. "참으로 그렇다.[41] 도가들의 수양도 또한 정신이 어둡거나 피곤한 것을 두려워해서 항상 몸을 곧게 해서 앉는데, 이를 일러 '산허리로 앉는 것'이라 한다. 만약 흐릿하여져서 쓰러지거나 기대어 있으면 이는 죽은 허리로 앉는 것이다." (『주자어류』 권121, 「주자18(朱子十八)」, 「문인들을 가르침9(訓門人九)」, 제102조목. 심한의 기록)

---

40) 『논어』 「술이(述而)」 37장. "(공자는) 온화하면서도 엄하였고, 위엄이 있으면서도 사납지 않았고, 공손하면서도 편안하시었다(溫而厲, 威而不猛, 恭而安)."
41) 『심경부주』에는 여기까지 수록되어 있다.

26. 又曰. 小南和尙, 少年從師參禪, 一日偶靠倚而坐, 其師見之, 叱曰, 得恁地無脊梁骨. 小南悚然, 自此終身不靠倚坐.

또 말씀하였다. "소남(小南) 화상이 어렸을 때 스승을 따라 참선하다가 하루는 우연하게 의자에 기대어 앉았는데, 스승이 그것을 보고는 꾸짖어 말하길 '그렇게 앉다니 등뼈가 없는 게냐!' 하였다. 소남 화상이 모골이 송연해져서 이때부터 죽을 때까지 의자에 기대어 앉지 않았다." (위와 같은 곳. 심한의 기록)

27. 又曰. 徐處仁知北京日, 早晨會僚屬治事訖, 復會坐談廳上. 徐多記覽, 多說平生履歷州郡利害, 政事得失, 及前言往行. 終日危坐, 僚屬甚苦之. 嘗暑月會坐, 有秦兵曹者瞌睡, 徐厲聲叱之起曰. 某在此說話, 公却瞌睡, 豈以某言爲不足聽耶. 叫客將掇取秦兵曹坐椅子去.

또 말씀하였다. "서처인(徐處仁)이 지북경(知北京)으로 있을 때 하루는 새벽 일찍 소속 관료들을 모아 다스리는 일을 마치고는 다시 대청에 모여 앉아 담소를 하였다. 서처인은 박람강기(博覽强記, 여러 가지를 많이 보고 기억을 잘함)하여 평생 주군(州郡)을 돌아다니면서 있었던 이해관계와 정사의 득실 및 지난날의 말과 행동 등을 많이 이야기하였는데, 하루 종일을 꿇어 앉아 있으니 소속 관료들이 매우 괴로워하였다. 일찍이 여름 월례 모임에 앉았는데 진병조라는 자가 졸고 있자, 서처인이 소리를 지르고 꾸짖으며 일어나 말하였다. '내가 여기서 이야기를 하는데 그대는 오히려 졸고 있다니, 어찌 내 말이 들을 만하지 못해서 그러는 것인가?' 객장을 불러 진병조가 앉아 있던 의자를 치우라고 했다." (위와 같은 곳. 심한의 기록)[42]

42) 주자가 서처인에게 내린 평가는 좋지 않다. 위 일화에 이어지는 다음과 같은 말이 있다. 심한이 물었다. "서처인은 나중에 재상이 되었는데도 오히려 명성이 없었습니다." 주자가 말했다. "그는 단지 군을 다스릴 정도의 재주가 있을 뿐이었다(問. 徐後來做宰相, 却無聲譽. 曰. 他只有治郡之才).

28. 陳才卿說九容. 次早, 以右手拽凉衫, 左袖口偏於一邊. 先生曰. 公昨夜說手容恭, 今却如此. 才卿赧然, 急叉手鞠躬曰. 忘了. 先生曰. 爲己之學有忘耶. 向徐節孝見胡安定, 退, 頭容少偏, 安定忽厲聲云, 頭容直. 節孝自思, 不獨頭容要直, 心亦要直, 自此便無邪心. 學者, 須是如此始得."

진재경이 '구용'에 대해서 말했는데, 다음날 아침 일찍 오른손으로 양삼(凉衫, 남자가 여름에 입는 흰색의 홑두루마기)을 끌자 왼 소매가 한쪽으로 치우쳤다.

선생이 말씀하였다. "그대는 어제 저녁에 (구용의 하나인) '손은 공손히 한다'를 말하고서는 지금은 오히려 이와 같은가?"

재경이 얼굴을 붉히면서 급히 손을 마주 잡고 읍을 하면서 몸을 굽히면서 말했다. "잊어버렸습니다."

선생이 말씀하였다. "'위기지학(자신을 밝히는 학문)'에도 잊어버리는 것이 있는가? 지난번 서절효(서적徐積, 1028~1103)[43]가 호안정(胡安定)을 뵙고 물러나는데, 얼굴이 한쪽으로 조금 치우치자, 호안정이 갑자기 매서운 목소리로 (구용의 하나인) '머리는 곧게' 하였다. 서절효는 '얼굴을 곧게 해야 할 뿐만 아니라 마음도 곧게 해야 한다'고 스스로 생각하고, 이 이후로 간사한 마음이 없었다. 배우는 자는 모름지기 이와 같이 해야 비로소 (깨달음을) 얻을 수 있다." (『주자어류』 권114, 「주자11」, 「문인들을 가르침2」, 제7조목. 곽우인의 기록)

29. 淇澳之詩曰. 瑟兮僩兮, 赫兮咺兮, 有匪君子, 終不可諼兮. 大學曰, 瑟兮僩兮者, 恂慄也, 赫兮咺兮者, 威儀也. 朱子曰. 瑟嚴密之貌.〈又曰. 矜莊貌〉 僩, 武毅之貌.〈又曰. 能剛强卓立, 不如此怠惰闒颯〉 赫咺, 宣著盛大之貌,

---

43) 송(宋)나라 서적(徐積, 1028~1103)을 말한다. 송나라 신종(神宗) 때의 산양(山陽) 사람으로, 이름은 적(積)이고, 자는 중거(仲車)이다. 효성이 지극하여 절효처사(節孝處士)의 시호(諡號)를 받았다. 저술로는 『절효집(節孝集)』과 『절효어록(節孝語錄)』 등이 있다. 『중국역대인명사전』 관련 항목 참고.

恂慄, 戰懼也.〈又曰. 嚴毅貌. 又曰. 嚴敬之存於中. 東陽許氏曰. 嚴密是嚴厲縝密, 武毅是剛武彊毅, 以恂慄釋瑟僩, 而朱子謂恂慄者, 嚴敬存乎中. 金仁山謂所守者嚴密, 所養者剛毅, 嚴密是不麤疏, 武毅是不頹惰, 以此展轉體認, 則瑟僩之義, 可見〉 **威, 可畏也, 儀, 可象也.**〈又曰. 威儀者, 光輝之著于外也. ○西山眞氏曰. 威者, 正衣冠, 尊瞻視, 儼然人望而畏之, 非徒事嚴猛而已, 儀者, 動容周旋中禮, 非徒事容飾而已〉

『시경』의 「위풍(衛風)」 기욱편(淇澳篇) 시에서 "엄밀하고 굳세며 빛나고 점잖으니, 문채나는 군자여! 끝내 잊을 수 없다"라고 읊조렸다. 이를 『대학』에서 인용해서 풀이하기를, "'엄밀하고 굳세다'[瑟兮僩兮]는 것은 마음이 두려워하는 것이고, '빛나고 점잖다'[赫兮喧兮]는 것은 겉으로 드러나는 위의(威儀)이다"라고 했다. 주자가 말씀하였다. "'슬(瑟)'이란 엄밀한 모양이다."〈또 말씀하였다. "긍지있고 장중한 모습이다."[44]〉 '한(僩)'은 굳센 모양이다.〈또 말씀하였다. "굳세게 우뚝 서는 것이니 이렇게 게으르고 비루하며 약한 것과 같지 않다."[45]〉 '혁훤(赫喧)'은 드러나고 성대한 모습이고, '순율(恂慄)'은 전율스러움이다.〈또 말씀하였다. "엄하고 굳센 모양이다."[46] 또 말씀하였다. "엄하고 공경함이 마음속에 보존되어 있다."[47] 동양 허씨(백운허씨)가 말하였다. "'엄밀'은 엄숙하고 섬세하며 치밀한 것이고, '무의'는 굳세고 강건함이며, '순율'로 '슬한'을 해석하니, 주자는 '순율'이라는 것을 엄하고 공경함이 가슴속에 보존되어 있는 것이라 해석하였다. 인산 김씨(김이상金履祥, 1232~1303)는 지켜지는 것이 '엄밀'이고 길러지는 것은 '강의'이니 '엄밀'은 거칠고 성기지 않은 것이고 '무의'는 무너지고 게으른 것이 아니라고 했다. 이것으로 되풀이하여 체인하면 '슬한'의 뜻을 알 수 있다."[48]〉 위(威)는 두려워할 만한 것이고, 의(儀)는 본받을 만한 것이다.〈또 말씀하였다. "'위의'는 광휘가 밖으로 드러나는 것이다."[49] ○ 서산 진씨가 말하였다. "'위(威)'라는 것은 의관을 바르게 하고 시선을 존엄하게 하여 엄숙하게 사람들이 쳐다보고

44) 『주자어류』 권16, 「대학3」, 「전3장 석지어지선(傳三章 釋止於至善)」, 제37조목. 요덕명의 기록)
45) 위와 같은 곳, 제39조목. (심한의 기록)
46) 위와 같은 곳, 제37조목. (요덕명의 기록)
47) 『서산독서기』 권18, 「경상」, 「기욱지일장(淇澳之一章)」. (41b)
48) 『사서대전』, 「대학장구대전(大學章句大全)」, 「시위풍기욱지편(詩衛風淇澳之篇)」. (38a)
49) 『시전대전(詩傳大全)』 권3. (26b)

외경하는 것이지, 단지 엄하고 사나운 것은 아닐 따름이다. '의(儀)'라는 것은 행동과 용모 및 응대와 사교 등이 예에 맞는 것이지, 단지 일이 꾸미지게 하는 것이 아닐 따름이다."[50]〉(『서산독서기』 권18, 「경상」, 「기욱지일장(淇澳之一章)」. 41a~41b)[51]

問. 僩者, 武毅之貌, 而恂慄, 則戰懼之貌. 不知人當戰懼之時, 果有武毅之意否. 曰. 人而懷戰懼之心, 則必齋莊嚴肅, 又烏可犯. 又曰. 古人直是如此嚴整, 然後有那威儀烜赫著見.

물었다. "'한(僩)'은 굳센 모양이고 '준율'은 두려워하는 모양인데, 사람이 전율할 때가 되면 과연 굳센 뜻을 가질 수 있겠습니까?"

말하였다. "사람이 전율하는 마음을 품고 있다면 반드시 삼가고 장중하며 엄숙할 것이니, 또한 어찌 어리석은 짓을 할 수 있겠는가?" (『주자어류』 권16, 「대학3」, 「전3장 석지어지선」, 제40조목. 이장조李壯祖의 기록)

또 말하였다. "옛 사람들은 줄곧 이와 같이 엄정한 뒤에야 그 위의가 밝고 빛나게 드러남이 있었다." (위와 같은 곳, 제37조목. 요덕명의 기록.)

30. 東萊呂氏曰. 禮樂不可斯須去身, 只是存養

동래 여씨가 말하였다. "'예악불가사수거신'이란 단지 존양일 뿐이다." (『여택논설집록』 권10, 「문인소기잡설2」. 10a)

31. **西山眞氏曰. 古之君子, 以禮樂爲治身心之本, 故斯須不可去之. 致者, 極其至之謂也, 樂之音, 和平中正, 故致此以治心, 則易直子諒, 油然而生, 自不能已. 生則樂, 善端之萌, 自然悅豫也, 樂則安, 樂之然後, 安也, 安則久, 安之然後, 能久也, 久則天, 渾然天成, 無所作爲也, 天則神,

50) 『사서대전』, 「대학장구대전」, 「시위풍기욱지편」. (38b)

51) 큰 글씨는 『대학장구』의 주석이녀, 괄호 속의 주석은 『대학장구』의 주석을 진덕수가 정리한 것인데, 여기에 더해서 정구가 다양한 주석들을 첨가하여 전체적으로 복잡하게 되었으나, 내용은 비교적 간단하다.

變化無方, 不可度思也. 天雖何言. 人自信之, 以其不忒也, 神雖不怒, 人自畏之, 以其不測也. 生樂久安, 猶孟子所謂善信美大也, 至於天且神, 則大而化之矣. 禮, 以恭儉退遜爲本, 而有節文度數之詳, 故致此以治身, 則自然莊敬, 敬則自然嚴威. 夫禮樂, 一也, 以禮治身, 至于嚴威而止, 不若樂之治心, 能至于天且神, 何也. 蓋天者, 自然之謂, 治身而至于嚴威, 則亦自然矣, 其效未嘗不同也. 但樂之於人, 能變化其氣質, 消融其查滓. 故禮以順之於外, 而樂以和之於中, 此表裏交養之功而養於中者, 實爲之主. 故聖門之敎, 立之以禮而成則以樂, 記禮者, 推明其效, 亦若是其至也. 於是, 又言身心無主, 則邪慝易乘. 中心斯須而不和樂, 則鄙詐入之, 外貌斯須而不莊敬, 則易嫚入之. 善惡之相爲消長, 如水火然, 此盛則彼衰也. 鄙詐易嫚, 皆非本有, 而謂之心者, 和樂不存, 則鄙詐入而爲之主, 莊敬不立, 則易嫚入而爲之主, 夫旣爲主於內, 非心而何. 猶汙泥非水也, 撓而濁之, 是亦水矣, 此禮樂所以不可斯須去身也.

서산 진씨가 말씀하였다. "옛날 군자는 예악을 몸과 마음을 다스리는 근본을 삼았기 때문에 잠시라도 떠날 수 없는 것이다. '치(致)'는 지극함을 다한다는 것이다. 음악의 소리가 조화롭고 평안하며 중정(中正)하기 때문에 이것을 지극히 하여 마음을 다스리면 편안하고 정직하고 자애롭고 진실한 마음이 크게 생겨나서 저절로 그치지 않는 것이다. '생겨나면 즐겁다'는 것은 선한 단서의 싹이 저절로 기쁜 것이고, '즐거우면 편안하다'는 것은 즐거운 뒤에 편안한 것이며, '편안하면 오래 간다'는 것은 편안한 뒤에 오래할 수 있는 것이고, '오래하면 하늘'이라는 것은 온전히 하늘이 이루어져서 억지로 하는 것이 없는 것이며, '하늘이면 신묘해진다'는 것은 변화는 일정한 방향이 없어서 헤아릴 수 없는 것이다.

하늘이 무슨 말을 하겠는가? 사람들이 스스로 믿는 것은 어긋나지 않기 때문이다. 신이 비록 노여워하지 않지만 사람들이 스스로 두려워하는 것은 헤아릴 수 없기 때문이다. '생겨나면 즐겁고 오래 가고 편안한 것[生樂久安]'은 맹자의 이른바 '선신미대(善信美大)'[52]와 같으니 하늘이고 또 신묘함에 이르면 대인이 되어서 (저절로) 변화하는 것이다.

예(禮)는 공손하고 검소함과 사양하고 겸손함을 근본으로 삼고 절문(節文)과 도수(度數, 규칙으로 정해진 일정한 수)의 상세함이 있다. 그러므로 이것을 지극히 하여 몸을 다스리면 자연 장중하고 공경해지고, 장중하고 공경하면 자연 위의와 존엄이 있는 것이다. 무릇 예와 악은 똑같은 것인데 예로써 몸을 다스림은 위의와 존엄에 이르고 그칠 뿐이어서, 악(樂)이 마음을 다스리는 것이 자연스럽고 신묘함에 이를 수 있는 것만 못한 것은 어째서인가?

'하늘'이란 스스로 그러함을 이르고, 몸을 다스려 위의와 존엄에 이르면 또한 스스로 그러함이니, 그 효험이 일찍이 같지 않음이 없다. 다만 악은 사람에게 있어서 기질(氣質)을 변화시켜 그 찌꺼기를 사라지고 녹여 버린다. 그러므로 예로써 외면을 순조롭게 하고 악으로써 마음을 조화롭게 하는 것이니, 이는 겉과 속을 서로 기르는 공부인데 마음속을 기르는 것이 실제 위주가 된다. 그러므로 성문(聖門)의 가르침이 예로 확립하고 완성은 악으로써 하는 것이니, 예를 기록하는 자가 그 효험을 미루어 밝히기를 또한 이와 같이 지극히 하였을 뿐이다.

이에 또 말하기를 몸과 마음에 주인이 없으면 간사하고 악한 것이 틈타기가 쉽다. '마음속이 잠시라도 조화롭고 즐겁지 않으면 비루하고 거짓된 마음이 들어오고, 용모가 잠시라도 장중하고 경건하지 않으면 깔보고 업신여기는 마음이 들어온다'고 하였으니, 선과 악이 서로 꺼지고 자라남은 마치 물과 불과 같아서 이것이 성대하면 저것이 쇠약하다. 비루하고 거짓되며 깔보고 업신여기는 것은 모두 마음속에 본래 있는 것이 아닌데도 이것을 마음이라 이르는 것은 조화롭고 즐거운

52) 『맹자』 「진심하(盡心下)」 25장.

마음이 보존되지 않으면 비루하고 거짓된 것이 들어와서 주재가 되고, 장중하고 공경한 마음이 보존되지 않으면 깔보고 업신여기는 것이 들어와서 주재가 되기 때문이니, 무릇 이미 안에서 주재가 된다면 마음이 아니고 무엇이겠는가? 마치 진흙은 물이 아니나 흔들어서 탁해져도 이 또한 물인 것과 같으니, 이것이 '예악을 잠시라도 몸에서 떠나게 해서는 안 되는' 까닭이다." (『대학연의』 권29, 「숭경외」, 20a~21b)

4. 군자반정화지장(君子反情和志章)

〈『예기(禮記)』「악기(樂記)」〉

○ 총 7조목

君子反情, 以和其志, 比類以成其行. 姦聲亂色, 不留聰明, 淫樂慝禮, 不接心術, 惰慢邪僻之氣, 不設於身體, 使耳目鼻口心知百體, 皆由順正, 以行其義.

군자는 성정(性情)의 바름을 회복하여 뜻을 조화롭게 하고 종류를 비교하여 행실을 이룬다. 간사한 소리와 어지러운 색을 이목(耳目)의 총명에 머물러 두지 않으며, 음탕한 음악과 간악한 예를 마음속에 접촉하지 않으며, 태만하고 간사한 기운을 신체에 베풀지 않으니, 이목비구(耳目口鼻)와 마음의 지각(知覺) 및 온몸 구석구석이 모두 순조로움과 바름을 따라서 그 의(義)를 행한다.

1. **陳氏曰. 反情, 復其情性之正也, 情不失其正, 則志無不和. 比類, 分次善惡之類也, 不入於惡類, 則行無不成. 曰不留, 不接, 不設, 如論語四勿之謂, 皆反情比類之事. 如此, 則百體從令而義之與比矣. 此一節, 乃學者, 修身之要法.

진씨가 말하였다. "'반정'이란 성정의 바름을 회복하는 것이니, 정(情)이 그 바름을 잃지 않으면 뜻이 조화롭지 않음이 없다. '비류'는 선과 악의 종류를 나누어 순서를 정하는 것이니, 악의 종류에 들어가지 않으면 행실이 이루어지지 않음이 없게 된다. '불유(머물러 두지 말라)' '부접(접촉하지 말라)' '불설(베풀지 말라)'고 말한 것은 『논어』의 '네 가지 하지 말라[四勿]'와 같으니, 모두 성정의 바름을 회복하고 종류를 나누어 순서를 정하는 일이다. 이와 같이 하면 온몸이 명령을 따르고 의(義)가 좇게 된다. 이 한 절은 곧 배우는 자가 '몸을 닦는[修身]' 중요한 방법이다." (『진씨예기집설』 권7, 「악기」. 18b)

2. 明道先生曰. 義理與客氣, 常相勝. 又看消長分數多少, 爲君子小人之別. 義理所得漸多, 則自然知得客氣消散得漸少, 消盡者是大賢.

명도 선생이 말씀하였다. "의리와 혈기[53]가 항상 서로 승부를 다투니, 또한 (둘이) 줄어들고 늘어나는 비율(比律)이 크기를 살피면 군자와 소인이 나뉘는 구별이 된다. 의리의 비율이 점점 많아질수록 자연스레 객기가 줄어들고 흩어지면서 점점 적어지는 것을 알게 되니, (혈기가) 소진된 자가 대현(大賢)인 것이다." (『이정유서』 권1, 17번째 문장)

3. **張子曰. 戱言, 出於思也, 戱動, 作於謀也. 發於聲, 見乎四支, 謂非己心, 不明也, 欲人無己疑, 不能也. 過言, 非心也, 過動, 非誠也. 失於聲, 謬迷其四體, 謂己當然, 自誣也, 欲他人己從, 誣人也. 或者謂出於心

53) 『이정유서』에는 '혈기'가 '객기(客氣)'로 되어 있다.

者, 歸咎爲己戲, 失於思者, 自誣爲己誠, 不知戒其出汝者, 歸咎其不出汝者, 長敖, 且遂非, 不知孰甚焉.

장자(장재張載)가 말씀하였다. "실없는 말은 생각에서 나오고 실없는 행동은 모사에서 나온다. 소리에 나타나고 사지에 나타나는데, 자기의 마음이 아니라고 하면 분명하지 못한 것이고 사람들이 자기를 의심하지 않기를 바란다면 될 수 없는 것이다. 잘못된 말은 진심이 아니고 잘못된 행동은 성실한 마음이 아니다. 말로 실수하고 그 사지를 잘못하여 어지럽혔는데, 자기가 당연히 그리 한 것이라고 한다면 자기를 속이는 것이고 타인이 자기를 따르기를 바란다면 남을 속이는 것이다. 어떤 자는 마음에서 나온 것을 그 허물을 자기의 실없는 장난으로 돌리고 생각에서 잘못된 것을 스스로 속여서 자기의 성심이라고 하고는 네게서 나온 것을 경계하고 네게서 나오지 않은 것에 허물을 돌릴 줄을 알지 못하니, 오만함을 자라게 하고 또 그릇된 것을 이룬다. 무엇이 이보다 더 심한지 모르겠다. (『장자전서』 권3, 『정몽』, 「건칭편(乾稱篇)」. 45a~45b)[54]

**朱子曰. 橫渠學力絶人, 尤勇於改過, 獨以戲爲無傷. 一日忽曰, 凡人之過, 猶有出於不知而爲之者, 至戲則皆有心爲之也, 其爲害尤甚, 遂作東銘.

주자가 말씀하였다. "횡거 선생의 학문은 그 공력이 보통사람을 뛰어 넘으니 허물을 고치는데 더욱 용맹하였는데, 유독 실없는 말이나 행동은 해울 것이 없다고 여기셨다. 그런데 하루는 갑자기 '무릇 사람의 허물이란 오히려 부지불식간에 나와서 하는 것 같으나 실없는 말이나 행동은 모두 마음을 두어 하는 것이니, 그 해로움이 더욱 심하다'라고 하고는 마침내 위의 「동명(東銘)」을 지으셨다." (『근사록집해』 「존양」 67조목)

---

54) 서명(西銘)에 대해 동명(東銘)이라고 하며, 서명을 정완(訂頑)이라고 하며 이 동명을 폄우(砭愚)라고 부르기도 한다. 아래 주자의 말이 있다.

4. **又曰. 戲謔, 不惟害事, 志亦爲氣所流, 不戲謔, 亦是持氣之一端.

또 말씀하였다. "실없는 말과 행동은 일을 해칠 뿐만 아니라 뜻이 또한 기(氣)에 의해서 흘러가게 되니, 실없는 말과 행동을 하지 않는 것도 기를 (붙들어) 유지하는 한 가지 방법일 것이다." (『장자전서』 권6, 「학대원상(學大原上)」. 12b)

朱子曰. 與好諧戲者處, 卽自覺言語多, 爲所引也.

주자가 말씀하였다. "실없는 말과 행동을 좋아하는 자와 함께 있으면, 스스로 말이 많아진다고 느끼게 되니, 그에게 이끌렸기 때문이다." (『주자어류』 권12, 「학문6」, 「지수」, 제160조목. 양방의 기록)

5. **朱子曰. 非禮勿視勿聽, 卽所謂姦聲亂色不留聰明, 淫樂慝禮不接心術, 非是耳無所聞, 目無所視.

주자가 말씀하였다. "'예가 아니면 보지도 듣지도 말라'는 것은 곧 이른바 '간사한 소리와 어지러운 색을 이목의 총명에 머물러 두지 않는다'는 것이고, '음탕한 음악과 간사한 예를 마음속에 접촉하지 않는다'는 것은 귀로 듣는 바가 없고 눈으로 보는 바가 없는 것이 아니다." (『주자어류』 권41, 「논어23」, 「안연편상」, 제39조목. 서우의 기록)

6. 南軒張氏銘葵軒之石, 出入觀省曰. 正爾衣冠, 毋惰爾容. 謹爾視聽, 毋越爾躬. 爾之話言, 式循爾衷. 爾之起居, 式蹈爾庸. 敬爾所動, 毋窒其通. 貞爾所存, 毋失其宗. 外之云肅, 攸保于中. 中之克固, 外斯牽從. 天命可畏, 戒懼難終. 勒銘于石, 用警爾慵.

남헌 장씨는 '규헌'[55]의 돌에 명(銘)을 새기고 출입할 때마다 바라보

55) 규(葵)는 보통 해바라기라고 하는데, 실제 접시꽃을 가리키는 경우도 많다. 규(葵)가 들어가는 식물로는 다음과 같다. 아욱(葵菜), 접시꽃(蜀葵), 닥풀(黃蜀葵), 해바라기(向日葵) 등. 규헌은 접시꽃이나 해바라기가 가득한 정원을 뜻한다.

고 성찰하였다.

「규헌석명(葵軒石銘)」

너의 의관을 바르게 하고, 너의 용모를 게을리 마라.

너의 보고 듣는 것을 삼가고, 몸가짐을 법도에서 벗어나지 않게 하라.

네가 대화할 때 말은 네 마음속의 바른 도리를 따르게 하라.

네가 기거할 때 너의 일상에서 법도를 따르라.

네가 일 할 때는 공경하여 그 소통을 막지 않게 하라.

네가 보존한 것을 곧고 바르게 하여 그 근본을 잃지 않도록 하라.

밖에서 말할 때는 엄숙하고 이에 마음속에 보호하라.

마음속이 굳건하면 밖은 이에 이끄는 데로 따라가리니.

천명(天命)을 두려워하고, 마무리가 어려움을 경계하고 두려워하라.

돌에 이 명(銘)을 새겨서 너의 게으름을 조심하도록 미리 주의를 주노라. (『남헌집』 권36, 「규헌석명(葵軒石銘)」. 10b~11a)

7. **西山眞氏曰. 君子之所以自養者, 無他, 內外交致其功而已. 故姦聲亂色, 不留聰明者, 所以養其外也, 淫樂慝禮, 不接心術者, 所以養其內也. 外無聲色之誘, 則內亦正矣, 內無淫慝之惑, 則外亦正矣. 惰慢之氣, 自內出者也, 邪僻之氣, 自外入者也, 二者不得設於身體. 如是, 則外而耳目鼻口四肢百體, 內而心知, 皆由順正, 以行其義, 自養之功, 畢矣.**

서산 진씨가 말씀하였다. "군자가 스스로 기르는 것에는 다른 것이 아니라 안팎이 서로 그 공부를 지극히 하는 것일 뿐이다. 그러므로 '간사한 소리와 어지러운 색을 이목의 총명에 머물러 두지 않는다'는 것은 밖을 기르는 것이고, '음탕한 음악과 간사한 예를 마음속에 접촉하지 않는다'는 것은 안을 기르는 것이다. 밖에 소리와 색의 꼬드김(유혹)이 없으면 안이 또한 바르게 되고, 안에 음탕하고 간사한 유혹이 없으면 밖이 또한 바르게 될 것이다. 게으르고 업신여기는 기(氣)는 안에서 나오는 것이고, 간사하고 간악한 기는 밖에서 들어오는 것이니, 이 두 기가 신체에 베풀어져서는 안 된다. 이와 같이 하면 밖으로는 이목비구와 사지 및 온몸 구석구석, 안으로는 마음의 지각이 모두 순조로움과 바름을 따라서 그 의(義)를 행할 것이니, 스스로 기르는 공부가 완성되는 것이다." (『대학연의』 권29, 「숭경외」. 22a)

5. 군자낙득기도장(君子樂得其道章)

〈『예기(禮記)』「악기(樂記)」〉

○ 총 10조목

君子, 樂得其道, 小人, 樂得其欲, 以道制欲, 則樂而不亂, 以欲忘道, 則惑而不樂.

군자는 도를 얻는 것을 즐거워하고 소인은 바라는 것[욕구]를 얻는 것을 좋아하니, 도로 욕구를 제어하면 즐거우면서도 어지럽지 않고, 욕구로 도를 망각하면 미혹하고 즐겁지 못하다.

1. 陳氏曰. 君子之樂道, 猶小人之樂欲. 君子以道制欲, 故坦蕩蕩, 小人徇欲忘道, 故長戚戚.

진씨가 말하였다. "군자가 도를 즐거워하는 것은 소인이 욕구를 즐거워하는 것과 비슷하다. 군자는 도로 욕구를 제어하기 때문에 '탄탕탕(坦蕩蕩, 툭 터져 있음)'하고, 소인은 욕구를 좇고 도를 망각하기 때문에 '장척척(長戚戚, 늘상 찌푸려 있음)'[56]하다." (『진씨예기집설』 권7, 「악기」. 19b)

2. *程子曰. 人雖不能無欲, 然當有以制之, 無以制之, 而惟欲之從, 則人道廢, 而入於禽獸矣. 以道制欲, 則能順命.

정자가 말씀하였다. "사람은 비록 욕구가 없을 수 없지만 마땅히 제어할 것이 있어야 하니, 제어할 것이 없이 오직 욕구를 따르게 되면, 인도(人道)는 폐해져서 금수(禽獸)의 경지에 들어간다. 도로 욕구를 제어하면 천명을 따를 수 있다." (『정씨경설』 권3, 11번째 문장)[57]

3. **呂與叔曰. 嘗有一朝士, 久不見伯淳, 謂曰, 以伯淳如此聰明, 因何許多時, 終不肯回頭來. 伯淳答云. 蓋恐回頭錯耳.

여여숙이 말하였다. "일찍이 어떤 조사(朝士, 벼슬에 있는 선비)가 오랫동안 백순(伯淳, 명도 선생의 자)을 못 보다가 (백순을 만나고서) 말하길, '그대 백순은 이처럼 총명한데 어째서 오랜 시간 동안 끝내 머리를 돌려 조정에 오지 않으십니까?'라고 하였다. 백순이 '머리를 돌리다 어그러질까 두려울 뿐입니다'라고 대답했다." (『정씨유서』 권2상, 97번째 문장)

---

56) 『논어』 「술이(述而)」 36장. "군자는 툭 터져서 걸림이 없는 반면에, 소인은 늘 근심 걱정에 휩싸여 있다(君子坦蕩蕩, 小人長戚戚)."

57) 진덕수는 『정씨경설』에 바탕을 두고 약간씩 표현을 바꾸어서 새롭게 문장을 만든 것이다. 『서산독서기』(권4, 「치정」. 54a)와 『심경부주』의 글이 같다.

4. **有人勞伊川曰. 先生謹於禮, 四五十年, 應甚勞且苦. 先生曰. 吾日履安地, 何勞何苦. 他人, 日踐危地, 乃勞苦也.

어떤 사람이 이천 선생을 위로하며 말하였다. "선생께서는 예를 삼가한지 40~50년이나 되니, 마땅히 매우 수고롭고 힘드실 것입니다."

선생이 말씀하였다. "나는 날마다 편안한 곳을 밟고 있으니, 어찌 수고롭고 힘들겠습니까? 다른 사람들은 날마다 위태로운 곳을 밟고 있으니, 이것이 바로 수고롭고 힘든 것이지요." (『이정유서』 권1, 37번째 문장)[58]

5. **朱公掞爲御史, 端笏正立, 嚴毅不可犯. 班列肅然, 蘇子瞻語人曰. 何時, 打破這敬字.

주공섬이 어사(御史)가 되어 단정히 홀(笏)을 잡고 바르게 서서 엄숙하고 굳세어 범접할 수 없으니, 줄지어 선 반열(班列)들이 숙연해졌다. (도학의 경敬을 반대하는) 소자첨(소동파蘇東坡)이 사람들에게 말하였다. "언제쯤이나 이 경(敬)이란 글자를 때려 부술까나?" (『이정외서』 권11, 45번째 문장)[59]

6. **張子曰. 鄭衛之音, 悲哀, 令人意思留連, 又生怠惰之意, 從而致驕淫之心. 雖珍玩奇貨, 其始惑人也, 亦不若是切, 從而生無限嗜好. 故孔子必放之, 亦是聖人經歷過. 但聖人, 能不爲物所移耳.

장자가 말씀하였다. "정나라와 위나라의 음악은 슬퍼서 사람의 생각이 머물러 떠나가지 못하게 하고 또 게으른 뜻이 생겨나게 하니, 이를 따라 교만하고 음탕한 마음에 이르게 한다. 비록 진귀한 물건들이라도 그 처음에 사람을 유혹하는 것이 이처럼 간절하지는 않으니, 이를 따

58) 정구는 기존 『심경부주』의 문장을 그대로 옮기지 않고, 『이정유서』의 문장에 충실하게 옮겨 놓았다.

59) 소동파(1037~1101)는 경(敬) 사상의 엄숙함을 비판하였고, 정치적으로도 소동파의 촉당(蜀黨)은 정이천의 낙당(洛黨)과 당쟁 관계에 있었다.

라 끝없는 즐기고 좋아함이 생겨나게 한다. 그러므로 공자는 반드시 이것을 추방하신 것이니,[60] 또한 성인이 경험한 것이다. 다만 성인은 사물에 의해서 옮겨 다니지 않을 따름이다." (『근사록집해』 권12, 「경계(警戒)」, 32조목)

7. **武夷胡氏曰. 左氏, 公孫敖奔莒, 從己氏也. 男女, 人之大欲, 存焉. 寡欲者, 養心之要, 欲而不行, 可以爲難矣. 然欲生於色而縱於淫, 色出於性, 目之所視, 有同美焉, 不可掩也, 淫出於氣, 不持其志, 則放僻趨蹶, 無不爲矣. 夫以志徇氣, 肆行淫欲而不能爲之帥, 至於棄其家國, 出奔而不顧, 此天下之大戒. 春秋, 謹書其事, 於敖與, 何誅. 使後人爲鑑, 必持其志, 修身窒欲之方也.**

무이 호씨가 말하였다. "『춘추좌씨전』에 '공손오[61]가 거(莒)나라로 달아난 것은 기씨(己氏)를 따른 것이다'라 하였다.' (내가 생각건대) 남녀 사이는 사람의 커다란 욕구가 있는 것이다. 과욕(寡慾)은 마음을 기르는 요점이니, 욕구가 있는 데도 행하지 않는 것이 어렵다. 그러나 욕구는 색정(色情)에서 생겨나서 음탕으로 방종하게 되며, 색정은 본성에서 나오니 눈으로 보는 것에는 똑같이 아름다움이 있어서 가릴 수가 없는 것이다. 음탕함은 기(혈기)에서 나오니 그 뜻(마음)을 간직하지 않으면 방탕하고 편벽되고 달리거나 넘어지는 것을 하지 않음이 없다. 무릇 뜻[志]이 기를 좇아서 음탕한 욕심을 마음대로 행하고 (기를 이끄는) 장수가 되지 못하여, 집과 나라를 버리고 도망하여 돌아보

60) 『논어』 「위령공(衛靈公)」 10장. "정나라 음악을 추방하며 말 잘하는 사람을 멀리하여야 하니, 정나라 음악은 음탕하고 말 잘하는 사람은 위태롭다(放鄭聲遠佞人, 鄭聲淫, 佞人殆)."

61) 춘추 시대 노나라의 종친으로, 중손오(仲孫敖) 혹은 목백(穆伯)이라고도 한다. 노나라 대부 양중(襄仲)이 거(莒) 나라의 기씨에게 장가들 예정이었는데, 마침 공손오가 거나라에 사신으로 가서는 그녀의 미모에 반하여 간통을 한 뒤에 노나라를 떠나 기씨에게 의탁하여 살다가 결국 귀국하고 싶은 소원을 풀지 못한 채 제(齊)나라에서 죽었다. 『춘추좌씨전(春秋左氏傳)』 문공(文公) 8년, 14년, 15년 조 참고.

지 않는 데에 이르렀으니, 이는 천하의 큰 경계이다. 『춘추』에 삼가 이 일을 기록하였으니, 공손오 같은 이를 꾸짖어서 무엇 하겠는가? 다만 뒷사람들이 거울로 삼아서 반드시 그 뜻을 간직하도록 한 것이니, 몸을 닦고 욕심을 막은 '수신질욕(修身窒慾)의 방법'이다." [호안국(胡安國), 『호씨춘추전(胡氏春秋傳)』 권14, 병술(丙戌)년]

8. 程子曰. 飮酒不可使醉, 不及亂者, 不獨不可亂志, 只血氣亦不可使亂, 但使浹洽而已, 可也.

정자가 말씀하였다. "술을 마실 때는 취할 정도가 되어서는 안 되니, 어지럽게 되지 않는 것은 정신을 어지럽게 하지 않을 뿐만 아니라 단지 혈기도 또한 어지럽게 해서는 안 되며, 다만 술기운이 몸에 퍼질 정도가 되면 그치는 것이 적당하다." (『이정유서』 권2상, 95번째 문장)

9. **致堂胡氏曰. 唯酒無量不及亂, 亂者, 內昏其心志, 外喪其威儀, 甚則班伯所謂淫亂之原, 皆在於酒也. 學者, 當知戒.

치당 호씨가 말하였다. "(공자께서는) '술은 일정한 양이 없으셨으나 어지러운 지경에 이르지는 않으셨다'[62]하였으니, 어지럽다는 것은 안으로 마음의 뜻을 어둡게 하고 밖으로 위의를 잃는 것이니, 심하면 반백(班伯)이 말한 '음란의 근원은 모두 술에 있다'[63]는 것이다. 배우는 자들은 마땅히 경계할 줄 알아야 한다." (『사서혹문』 권15, 「논어」, 「향당(鄕黨)」. 6b)[64]

62) 『논어』 「향당(鄕黨)」 8장. "술은 일정한 양이 없으셨으나 어지러운 지경에 이르지는 않으셨다(唯酒無量, 不及亂)."

63) 반고(班固), 『전한서(前漢書)』 권100상(上), 「서전제70상(敍傳第七十上)」. 위의 글은 성제(成帝)에게 간언한 말이다. 반백은 반고(32~92)의 큰 할아버지이다. 반고의 아버지는 반표(班彪, 3~54)였고, 반표의 아버지는 반치(班稚)였는데, 반백은 반치의 형이었다. 반백과 반치의 아버지는 반황(班況)이었고, 반백은 반황의 큰아들이었다. 명문가였던 반가(班家)의 어른이라는 점에서 그 말이 역사에 전해지고 있다.

10. **朱子曰. 樂記云, 好惡無節於內, 知誘於外, 不能反躬, 天理滅矣, 此言情所以流而性之所以失也. 情之好惡, 本有自然之節, 惟其不自覺知, 無所涵養, 而大本不立. 是以天則不明於內, 外物, 又從而誘之, 此所以流濫放逸而不自知也. 苟能於此, 覺其所以然者, 而反躬以求之, 則其流, 庶乎其可制也. 不能如是, 而惟情是徇, 則人欲熾盛而天理滅息, 尙何難之有哉. 此一節, 正天理人欲之機, 間不容息處.

주자가 말씀하였다. "『예기』 「악기」에서, '좋아하고 싫어함이 안에서 절제되지 못하고 지각이 밖에서 유혹되어 스스로 돌아보지 못하면 천리(天理)가 멸하게 될 것이다'[65]라고 하였으니, 이는 정(情)이 흘러가 성(性)을 잃게 되는 것을 말한 것이다. 정의 좋아하고 싫어함은 본래 절로 그러한 절도가 있으나, 오직 스스로 깨닫지 못하고 함양하는 것이 없어서 대본(大本)이 서지 못할 뿐이다. 이래서 천칙(天則, 하늘의 법칙)이 안에서 밝지 못하고 외부의 사물이 또 따라서 꾀어내니, 이 때문에 흘러넘치고 방탕한데도 스스로 알지 못하는 것이다. 진실로 이에 대해 그러한 까닭을 깨닫고 몸에 돌이켜 찾는다면 이를 거의 제어할 수 있을 것이다. 이와 같이 못하고 오직 정만을 좇는다면 인욕이 불처럼 일어나서 천리가 없어져버리는 것에 무슨 어려움이 있겠는가? 이 한 구절은 바로 천리와 인욕의 기틀이니 잠깐의 숨 쉴 틈도 용납하지 않는 곳이다." (『주자대전』 권67, 「악기동정설(樂記動靜說)」)

---

64) 정구는 『심경부주』의 원문을 다소 생략해서 싣고 있다.

65) 『예기』 「악기」. "사람이 태어나서 고요한 것은 하늘의 성(性)이다. 사물에 감촉되어 움직이는 것은 성의 욕(欲)이다. 사물이 이르러 지각을 알게 된 후에 좋아하고 미워하는 것이 드러난다. 좋아하고 미워하는 것이 안에서 절제되지 못하고 지각이 밖에서 유혹되어 스스로 돌아보지 못하면 천리(天理)가 멸하게 될 것이다(人生而靜, 天之性也. 感於物而動, 性之欲也. 物至知知, 然後好惡形焉. 好惡無節於內, 知誘於外, 不能反躬, 天理滅矣)."

6. 인개유불인인지심장(人皆有不忍人之心章)

〈『맹자』「공손추상(公孫丑上)」 6장〉

○ 총 6조목

孟子曰. 人皆有不忍人之心. 先王, 有不忍人之心, 斯有不忍人之政矣, 以不忍人之心, 行不忍人之政, 治天下, 可運之掌上. 所以謂人皆有不忍人之心者, 今人乍見孺子將入於井, 皆有怵惕惻隱之心, 非所以內交於孺子之父母也, 非所以要譽於鄉黨朋友也, 非惡其聲而然也. 由是觀之, 無惻隱之心, 非人也, 無羞惡之心, 非人也, 無辭讓之心, 非人也, 無是非之心, 非人也. 惻隱之心, 仁之端也, 羞惡之心, 義之端也, 辭讓之心, 禮之端也, 是非之心, 知之端也. 人之有是四端也, 猶其有四體也, 有是四端而自謂不能者, 自賊者也, 謂其君不能者, 賊其君者也. 凡有四端於我者, 知皆擴而充之矣, 若火之始然, 泉之始達, 苟能充之, 足以保四海, 苟不充之, 不足以事父母.<公孫丑>

맹자가 말씀하였다. "사람은 모두 '사람에게 차마 모질게 하지 못하는 마음'66)을 가지고 있다. 선왕이 사람을 차마

66) 不忍人之心에 대한 번역은 다양한데 그것은 忍과 人의 번역에 따라 다르다. 忍은 "남, 사람에게, 사람을, 다른 사람 혹은 누구에게나" 등으로 사용하는데, 사람 일반을 가리키는 것이라

모질게 하지 못하는 마음을 가지고서 사람을 차마 모질게 하지 못하는 정사를 시행하였으니, 사람을 차마 모질게 하지 못하는 마음으로 사람을 차마 모질게 하지 못하는 정사를 시행한다면 천하를 다스리는 것은 손바닥 위에 놓고 움직이듯이 쉬울 것이다. 사람들이 모두 사람을 차마 모질게 하지 못하는 마음을 가지고 있다고 말하는 까닭은 지금 어떤 사람이 갑자기 어린아이가 장차 우물로 들어가려는 것을 보게 되면 모두 깜짝 놀라고 측은해 하는 마음을 가지게 되니, 이는 어린아이의 부모와 친교를 맺으려고 한 것이 아니고, 마을사람들과 친구들에게 명예를 구하려 한 것이 아니며, (어린아이를 구하지 않았을 경우에 듣게 될) 비난의 소리를 싫어해서 그런 것도 아니다. 이로부터 살펴본다면, 측은지심(惻隱之心, 가엾고 불쌍히 여기는 마음)이 없으면 사람이 아니며, 수오지심(羞惡之心, 부끄러워하고 싫어하는 마음)이 없으면 사람이 아니며, 사양지심(辭讓之心, 사양하는 마음)이 없으면 사람이 아니며, 시비지심(是非之心, 옳고 그름을 구분하는 마음)이 없으면 사람이

표현이 조금 다르다고 해서 의미상 큰 차이는 없다. 그러나 忍의 번역에 따라서는 그 의미가 다르다. 忍은 대표적으로 ①참다: "사람을 참지 못하는 마음" ②잔인하다(동정심이 없다, 모질게 하다): "남에게 잔인하지 못하는 즉 모질게 하지 못하는 마음" ③무관심하다: "남에게 무관심하지 못하는 마음" 등으로 번역된다. 기존에 많이 쓰이는 "차마 못하는 마음"은 위의 3가지 의미를 포괄하여 모두 쓰일 수 있으나, 구체적이지 않다. 한글의 "차마"는 뒤에 오는 동사의 내용을 부정하는 것과 호응하면서, "부끄럽거나 안타까워서 감히 (못하다)"의 뜻을 가지고 있다. 그래서 "차마" 다음에는 구체적인 동사가 제시되어야 한다. 하지만 "차마 못하다"는 것은 구체적인 동사의 내용이 없어서 다소 모호한 번역이라고 할 수 있다. 그래서 忍을 "모질게 하다"(②)의 뜻으로 생각해서, 不忍은 "차마 남을 모질게 하지 못하다"의 뜻으로 쓴다. 그러나 이것은 또한 남의 불행을 내 불행으로 공감해서 "참지 못하는 마음"(①)이기도 하다. 그래서 여기서는 不忍人之心을 "사람을 차마 모질게 하지 못하는 마음"으로 일관되게 사용하기로 하겠다.

아니다. 측은지심은 인(仁)의 단서이고, 수오지심은 의(義)의 단서이며, 사양지심은 예(禮)의 단서이고, 시비지심은 지[智]의 단서이다. 사람이 이 네 가지 단서 즉 사단(四端)을 가지고 있음은 사지를 가지고 있는 것과 같으니, 이 사단을 가지고 있으면서도 스스로 인의(仁義)를 행할 수 없다고 말하는 자는 자신을 해치는 자이고, 우리 군주는 인의를 행할 수 없다고 말하는 자는 군주를 해치는 자이다. 무릇 사단이 나에게 있음을 알아서 다 넓혀 채운다면 마치 불이 처음 타오르고 샘물이 처음 나오는 것과 같을 것이니, 만일 이것을 채운다면 충분히 사해(四海)를 보호할 수 있고, 만일 채우지 못한다면 부모도조차도 섬길 수 없을 것이다."<『맹자』「공손추상(公孫丑上)」 6장>

1. *朱子曰. 人之所以爲心, 不外乎是四者. 故因論其惻隱而悉數之, 言人若無此, 則不得謂之人, 所以明其必有也.

주자가 말씀하였다. "사람이 마음으로 삼는 것은 이 네 가지에서 벗어나지 않는다. 그러므로 '측은지심'을 논의하는 것에 연유하여 (나머지 단서들을) 다 세어가면서 '사람에게 만약 이것이 없으면 사람이라고 할 수 없다'고 말씀하였으니, 사람이 반드시 가지고 있음을 밝힌 것이다." (『맹자집주』의 주석)

2. *又曰. 擴, 推廣之意, 充, 滿也. 四端在我, 隨處發見, 知皆卽此推廣之, 以滿其所賦之量, 則其日新又新, 將有不能自已者. 能由此而遂充之, 雖保四海, 可也.

또 말씀하였다. "'확(擴)'은 미루어 넓힌다는 뜻이고, '충(充)'은 가득히 채움이다. 사단이 내게 있어서 곳에 따라 발현되니, 모두 이에 나아가 미루어 넓히는 것을 알아서 그 부여받은 양(量)을 가득 채우면 날로 새롭고 또 새롭게 하여 장차 스스로 그만두지 못하게 될 것이다. 이로부터 마침내 가득 채울 수 있다면 비록 사해를 보호하는 것일지라도 할 수 있을 것이다." (『맹자집주』의 주석)[67]

3. *又曰. 此章所論, 人之性情, 心之體用, 最爲詳密, 讀者宜深味之.

또 말씀하였다. "이 장에서 논한 사람의 성정(性情)과 마음의 체용(體用)은 가장 상세하고 정밀하니, 읽는 자들은 마땅히 깊이 음미해야 한다." (『맹자집주』의 주석)[68]

4. *程子曰. 人皆有是心, 惟君子爲能擴而充之, 不能然者, 皆自棄也. 然

67) 진덕수가 『맹자집주』의 표현을 약간 바꾸어서 『심경』의 원주(原注)로 실은 것이다.
68) 진덕수가 『맹자집주』의 표현을 약간 바꾸어서 『심경』의 원주(原注)로 실은 것이다.

其充與不充, 亦在我而已矣.

정자가 말씀하였다. "사람들이 모두 이 마음을 가지고 있으나 오직 군자만이 넓혀서 채울 수 있으니, 그렇지 못한 자는 모두 '스스로 버리는' 것이다. 그러나 채우고 채우지 못함은 또한 자신에게 달려 있을 뿐이다." (『맹자집주』의 주석)

5. 朱子曰. 百行, 皆從仁義禮智中出

주자가 말씀하였다. "백 가지 행실은 모두 인의예지를 따라서 나온다." (『주자어류』 권6, 「성리3」, 「인의예지등명의」, 제60조목. 감절의 기록)

6. 又曰. 每日開眼, 便見這四箇字〈仁義禮智〉在面前, 只趯着脚指頭便是. 這四箇字若看得熟, 於世間道理, 沛然若決江河而下, 莫之能禦矣.

또 말씀하였다. "매일 눈을 뜨자 이 네 글자〈인의예지〉가 앞에 있는 것을 보면, 다만 손과 발끝만 놀리면 된다. 이 네 글자는 보는 것이 익숙하게 되면 세상의 도리에 대해서 강과 하천의 흐름을 터서 시원하게 흘러내려 가는 것이 어떻게든 막을 수가 없는 것과 같다." (『주자어류』 권121, 「주자18」, 「문인들을 가르침9」, 제75조목. 심한의 기록)

7. 시인함인장(矢人函人章)

〈『맹자』「공손추상」 7장〉

○ 총 2조목

孟子曰. 矢人, 豈不仁於函人哉. 矢人, 惟恐不傷人, 函人, 惟恐傷人, 巫匠亦然. 故術不可不愼也. 孔子曰, 里仁, 爲美, 擇不處仁, 焉得智. 夫仁, 天之尊爵也, 人之安宅也. 莫之禦而不仁, 是不智也. 不仁不智, 無禮無義, 人役也. 人役而恥爲役, 由弓人而恥爲弓, 矢人而恥爲矢也. 如恥之, 莫如爲仁. 仁者, 如射. 射者, 正己而後發, 發而不中, 不怨勝己者, 反求諸己而已矣.<公孫丑>

맹자가 말씀하였다. "화살 만드는 사람이 어찌 갑옷 만드는 사람보다 불인(不仁)하겠는가? 화살 만드는 사람은 오직 사람을 해치지 못할까 두려워하고, 갑옷 만드는 사람은 오직 사람을 해칠까 두려워하니, 무당과 관을 짜는 목수 또한 그러하다. 그러므로 기술이란 삼가지 않으면 안 되는 것이다. 공자께서는 '마을에 인후(仁厚)한 풍속(風俗)이 있는 것이 아름다우니, 좋은 마을을 가려 인(仁)에 처하지 않는다면 어찌 지혜로울 수 있겠는가'라고 하셨다. 무릇 인(仁)이란 하늘이 내려주신 높은 벼슬이며 사람이 사는 편안한 집이다. 그러나 이것을 막는 사람이 없는데도 인(仁)하지 못하니, 이는 지혜롭지 못한 것이다. 인하지 못하고 지혜롭지 못하여 예(禮)도 없고 의(義)도 없으면, 남에게 부림을 당하게 된다. 남에게 부림을 당하면서도 부림을 당하는 것을 부끄러워하는 것은 마치 활 만드는 사람이 활 만드는 것을 부끄러워하고, 화살 만드는 사람이 화살 만드는 것을 부끄러워하는 것과 같다. 만일 이를 부끄러워한다면 인을 행하는 것만 한 것이 없다. 인자(仁者)는 활쏘기와 같다. 활을 쏘는 자는 자기를 똑바로 한 뒤에 발사하며, 발사하여 과녁에 적중하지 못하더라도 자기를 이긴 자를 원망하지 않고, 돌이켜 자기에게서 찾을 뿐이다."<『맹자』「공손추상」7장>

1. *朱子曰. 仁義禮智, 皆天所與之良貴, 而仁者, 天地生物之心. 得之最先而兼統四者, 所謂元者, 善之長也. 故曰尊爵. 在人則爲本心全體之德, 有天理自然之安, 無人欲陷溺之危, 人當常處其中, 而不可須臾離者也. 故曰安宅.

주자가 말씀하였다. "'인의예지'는 모두 하늘이 부여하신 양귀(良貴)[69]이며, 인(仁)은 천지가 만물을 낳는 마음으로 가장 먼저 얻어서 네 가지를 겸하여 통합하니, 이른바 '원(元)이란 선의 으뜸'[70]이다. 그러므로 '존작(존귀한 벼슬)'[71]이라 한 것이다. 사람에게 있어서는 본래 마음의 전체의 덕이 되어 천리의 스스로 그러한 편안함이 있고 인욕에 빠지는 위태로움이 없으니, 사람들이 마땅히 항상 이 가운데에 있어야 하고 잠시라도 떠날 수는 없는 것이다. 그러므로 '안택(편안한 집)'이라 한 것이다." (『맹자집주』의 주석)

2. *又曰. 此亦因人愧恥之心, 而引之使志於仁也. 不言智禮義者, 仁該全體, 能爲仁, 則三者在其中矣.

또 말씀하였다. "이 또한 사람들이 부끄러워하는 마음에 근거하여 인에 뜻을 두도록 이끌어 낸 것이다. '지예의(智禮義)'를 말하지 않은 것은 인이 전체를 포괄하니, 인을 행할 수 있다면 세 가지는 이 가운데에 들어있기 때문이다." (『맹자집주』의 주석)

---

69) 『맹자』「고자상(告子上)」 17장. "귀하고자 함은 사람의 똑같은 마음이니, 사람마다 자기에게 귀함이 있건마는 생각하지 않아서 모를 뿐이다. 남이 귀하게 해준 것은 양귀(良貴)가 아니다(孟子曰. 欲貴者, 人之同心也, 人人有貴於己者, 弗思耳. 人之所貴者, 非良貴也)."

70) 『주역』「건 문언전」.

71) 『맹자』「공손추상」 7장. "인은 하늘이 내려준 존귀한 벼슬이고 사람이 살기에 편안한 집이다(夫仁, 天之尊爵也, 人之安宅也)."

8. 적자지심장(赤子之心章)

〈『맹자』「이루하(離婁下)」 12장〉

ㅇ총 6조목

孟子曰. 大人者, 不失其赤子之心者也.<離婁>

맹자가 말씀하였다. "대인은 어린아이의 마음을 잃지 않은 사람이다."<『맹자』「이루하」 12장>

1. *朱子曰. 大人, 智周萬物, 赤子, 全未有知, 其心, 疑若甚不同矣. 然其不爲物誘而純一無僞, 則未嘗不同也. 故言其所以爲大人者, 特在於此.

주자가 말씀하였다. "대인은 지혜가 만물을 두루 하고 '적자(어린아이)'는 전혀 아직 아는 것이 없으니, 그 마음이 매우 다를 듯하다. 그러나 사물에 유혹되지 않아서 순일하고 거짓이 없는 것은 일찍이 다르지 않다. 그러므로 대인이 된 까닭이 다만 여기에 있음을 말한 것이다." (『심경』, 진덕수의 본주)[72]

2. **問. 雜說中, 以赤子之心爲已發是否. 程子曰. 已發而去道未遠也. 曰. 大人不失赤子之心, 若何. 曰. 取其純一近道也. 曰. 赤子之心, 與聖人之心, 若何. 曰. 聖人之心, 如明鏡如止水.

물었다. "여러 말씀 가운데 어린아이의 마음[적자지심]을 이발(已發)이라 하지 않으셨습니까?"

정자가 말씀하였다. "'이발'하여도 도와 거리가 멀리 않아서이다."

말하였다. "대인은 어린아이의 마음을 잃지 않았다는 것은 어떤 것입니까?"

말씀하였다. "순일하여 도에 가깝다는 뜻을 취한 것이다."

말하였다. "어린아이의 마음과 성인의 마음은 어떤 것입니까?"

말씀하였다. "성인의 마음은 명경지수(明鏡止水) 즉 '때가 끼지 않은 밝은 거울과 같고 물결이 일지 않은 고요한 물과 같다.'" (『이정유서』 권18, 83번째 문장)

**朱子曰. 聖人之心, 未發則爲水鏡之體, 旣發則爲水鏡之用, 亦非獨指未發而言也.

---

72) "聖人智周萬物, 赤子全未有知, 其心固有不同矣"은 여대림의 편지 속에서 나오는 말이다.(『이정문집』 권9, 19번째 문장. 「여여대림논중서(與呂大臨論中書)」 참고) 나머지 말은 진덕수가 『심경』 편찬을 위해 주자의 말을 참고해서 만든 것으로 보인다.

주자가 말씀하였다. "성인의 마음은 '미발'이면 물과 거울의 본체가 되고, '이발'하면 물과 거울의 작용이 되니, 또한 다만 '미발'만을 가리켜 말한 것일 뿐이다." (『사서혹문』 권3, 「중용」, 「제1장에서 10장까지」. 22a)

3. 朱子曰. 大人坦然明白, 事事理會得, 只恁地白直做將去, 都無許多姦巧曲折, 便是赤子之心.

주자가 말씀하였다. "대인은 마음이 평온히 명백하게 여러 일들을 이해할 수 있다. 단지 이와 같이 결백하고 정직하게 해나가는데도 전혀 어떤 간사한 꾸밈이나 우여곡절(복잡한 사정)도 없으니 바로 이것이 어린아이의 마음이다." (『주자어류』 권57, 「맹자7(孟子七)」, 「이루하(離婁下)」, 「대인자장(大人者章)」, 제8조목. 반시거의 기록)[73]

4. *又曰. 大人無不知, 無不能, 赤子無所知, 無所能. 大人者, 是不失其無所知無所能之心. 若失了此心, 使些子機關, 計些子利害, 便成箇小底人, 不成箇大底人了. 大人心下沒許多事.

또 말씀하였다. "대인은 알지 못함이 없고 하지 못함이 없으나 어린아이는 아는 것이 없고 할 수 있는 것도 없다. 대인은 (어린아이의) '아는 것이 없고 할 수 있는 것이 없는' 상태를 잃지 않았다. 만약 이 마음을 잃고서 '조그만 기관'[74]으로 자잘한 이해를 따진다면 작은 사람이 될 뿐 큰 사람이 되지 못한다. 대인의 마음속에는 많은 일이 없다." (위와 같은 곳, 제9조목. 반시거의 기록)

5. 又曰. 赤子是無知覺底純一無僞, 大人是有知覺底純一無僞

---

73) 『주자어류』에는 두 가지 기록이 구분되어 있는데, 정구는 이를 합하고 맥락을 일치시켜서 하나의 문장으로 정리하였다.

74) '조그만 기관'이란 작은 마음을 가리키며, 사사로운 이해관계에 골몰하거나 외물에 유혹당한 마음을 가리킨다.

또 말씀을 하였다. “어린아이는 지각이 없이 순일하여 거짓이 없는 것이고, 대인은 지각을 가지고서 순일하여 거짓이 없는 것이다.” (위와 같은 곳, 제10조목. 섭하손의 기록)

6. **南軒張氏曰. 赤子之心, 無聲色臭味之誘, 無智巧作爲之私. 大人者, 不失其赤子之心者也.**

남헌 장씨가 말하였다. “어린아이의 마음은 소리와 색, 냄새와 맛의 유혹이 없으며, 교묘한 지식이나 인위적인 사사로움이 없다. 대인이란 그러한 어린아이의 마음을 잃지 않은 사람이다.” [장식(張栻), 『계사맹자설(癸巳孟子說)』 권4, 「이루하(離婁下)」. 49b]

9. 우산지목장(牛山之木章)

〈『맹자』「고자상(告子上)」 8장〉

ㅇ총 65조목

孟子曰. 牛山之木, 嘗美矣, 以其郊於大國也, 斧斤伐之, 可以爲美乎. 是其日夜之所息, 雨露之所潤, 非無萌蘖之生焉, 牛羊又從而牧之, 是以若彼濯濯也. 人見其濯濯也, 以爲未嘗有材焉. 此豈山之性也哉. 雖存乎人者, 豈無仁義之心哉. 其所以放其良心者, 亦猶斧斤之於木也, 旦旦而伐之, 可以爲美乎. 其日夜之所息, 平旦之氣, 其好惡與人相近也者, 幾希, 則其旦晝之所爲, 有梏亡之矣. 梏之反覆, 則其夜氣不足以存, 夜氣不足以存, 則其違禽獸不遠矣. 人見其禽獸也, 而以爲未嘗有才焉者, 是豈人之情也哉. 故苟得其養, 無物不長, 苟失其養, 無物不消. 孔子曰, 操則存, 舍則亡, 出入無時, 莫知其鄕, 惟心之謂與.<告子>

맹자가 말씀하였다. "우산(牛山)의 나무는 일찍이 아름다웠는데 큰 나라의 교외이기 때문에 도끼로 나무를 베어대니, 아름다울 수 있겠는가? 그 밤낮으로 자라나고 비와 이슬이 적셔 주어 싹이 나오는 것이 없지 않지만 소와 양이 또 따라서 풀을 뜯으니, 이 때문에 저렇게 헐벗은 민둥산이 되었다. 사람들은 그 헐벗은 것을 보고는 (우산에는) 예전부터 아름다운 재목이 있지 않았다고 생각한다. 이것이 어찌 그 산의 본성이겠는가? 사람에게 보존된 것이라 해도 어찌 인의(仁義)의 마음이 없겠는가? 그 양심(良心)을 잃어버리는 것이 또한 도끼가 나무를 아침마다 베어 가는 것과 같으니, 아름다울 수 있겠는가? 밤낮으로 자라나고 새벽의 맑은 기운일 때는 (나무도 사는 것을) 좋아하고 (죽기를) 싫어하는 것은 사람과 서로 가까워서 (차이가) 얼마 되지 않는데, 아침과 낮에 하는 것에 의해 곡망(梏亡) 즉 '형틀에 묶여서 본성을 잃음'이 있으니, '곡망'이 되풀이 되면 밤의 기운이 보존될 수 없고, 밤의 기운이 보존될 수 없으면 금수와 거리가 멀지 않게 된다. 사람들은 그 금수와 같은 자를 보고는 일찍이 아름다운 재질이 있지 않았다고 여기니, 이것이 어찌 사람의 실제 사정이겠는가? 그러므로 만일 잘 기를 수 있으면 어떤 사물이든 자라지 않는 것이 없고, 만일 그 기르는 것을 잃으면 어떤 사물이든 사라지지 않는 것이 없게 된다. 그래서 공자께서는 '잡으면 보존되고 놓으면 잃어서 나가고 들어옴이 일정한 때가 없어서 그 방향을 알 수 없는 것은 오직 마음을 이른 것일 뿐이다'라고 하셨다."<『맹자』「고자상」 8장>

1. *朱子曰. 良心者, 本然之善心, 卽所謂仁義之心也. 平旦之氣, 謂未與物接之時, 淸明之氣也. 好惡與人相近, 言得人心之同然也. 幾希, 不多也. 梏, 械也. 反覆, 展轉也. 言人之良心, 雖已放失, 然其日夜之間, 亦必有所生長. 故平旦未與物接, 其氣淸明之際, 此心, 必猶有發見者, 但其發見至微而旦晝所爲之不善者, 又已隨而梏亡之, 如山木旣伐, 猶有萌蘖, 而牛羊又牧之也. 晝之所爲旣熾, 則必有以害其夜之所息, 夜之所息, 旣薄, 則愈不能勝其晝之所爲, 是以展轉相害, 至於平旦之氣亦不能淸, 而不足以存其仁義之良心也.

주자가 말씀하였다. "'양심(良心)'이란 본래의 선심(善心, 선한 마음)이니, 곧 이른바 인의지심(仁義之心)이란 것이다. '평단지기(平旦之氣)'란 아직 사물과 접촉하지 않았을 때의 맑고 밝은 기운을 이른다. '좋아하고 미워함이 사람들과 서로 가깝다'란 사람의 마음에 똑같이 옳게 여기는 것을 얻음을 말한다. '기희(幾希)'는 많지 않음이다. '곡(梏)'은 형틀이다. '반복(反覆)'은 되풀이함이다.

사람의 양심이 비록 이미 놓쳐서 잃어버렸으나 밤낮의 사이에 또한 반드시 생겨나고 자라는 것이 있다. 그러므로 새벽에 아직 사물과 접촉하지 않아서 그 기운이 맑고 밝을 때에는 이 양심이 반드시 발현되는 것이 있다. 다만 그 발현됨이 지극히 미미한데 낮에 하는 불선한 것이 또 이미 따라서 '곡망' 즉 형틀에 묶여서 본성을 잃어버린 듯하니, 이것은 마치 산의 나무를 이미 베어가나 오히려 싹이 돋아나지만 소와 양이 또 따라서 방목되는 것과 같다. 낮에 하는 행위가 이미 불처럼 일어나면 반드시 밤에 자라는 것을 해치고, 밤에 자라는 것이 이미 적어지면 또 낮에 하는 나쁜 행위를 이기지 못한다. 이 때문에 되풀이하여 서로 해쳐서 새벽의 기운도 맑고 밝지 못해서 인의(仁義)의 양심을 보존할 수 없는 데에 이르는 것이다." (『맹자집주』의 주석)

2. *又曰. 孔子言心操之則在此, 捨之則失去, 其出入, 無定時, 亦無定處, 孟子引之, 以明心之神明不測, 得失之易而保守之難, 不可頃刻失其養也. 學者當無時而不用其力, 使神清氣定, 常如平旦之時, 則此心常存, 無適而非仁義矣.

또 말씀하였다. "공자께서는 '마음은 잡으면 여기에 있고 놓으면 잃어버려서 그 나가고 들어옴이 일정한 때가 없고 또한 정해진 곳이 없다'고 하셨는데, 맹자가 이를 인용하여 마음이 신명(神明)하고 헤아릴 수 없어 잃어버리기는 쉽고 그것을 지켜서 보존하는 것은 어려우니, 잠시라도 그 기르는 것을 잃어서는 안 됨을 밝힌 것이다. 배우는 사람은 마땅히 어떤 때로도 그 힘을 쓰지 않음이 없어야 하며, 정신이 맑고 기가 안정되게 하여 항상 새벽의 때처럼 한다면, 이 마음은 항상 보존되어 무엇을 만나고 어디를 가든 인의가 아닌 것이 없게 될 것이다." (『맹자집주』의 주석)[75]

3. *程子曰. 心豈有出入, 亦以操舍而言耳. 操之之道, 敬以直內而已.

정자가 말씀하였다. "마음에 어찌 나가고 들어옴이 있으리오, 또한 잡고 놓는 것으로 말할 수 있을 뿐이다. 잡아두는 방법이란 '경이직내' 뿐이다. (『맹자집주』의 주석)[76]

*仁山金氏曰. 此章, 孟子切於救人, 山木一段與良心一段相對, 養與失養, 亦相對, 而養之得失, 又在操舍之間. 程子又發敬以直內一句, 指示操存之

---

75) 진덕수의 『심경』 본주에서는 『맹자집주』의 본문인 '得失之易而保守之難(잃어버리기는 쉽고 그것을 지켜서 보존하는 것은 어렵다)'는 문장을 정리하여 '危動難安如此(위태롭게 동하여 편안하기 어려움이 이와 같다)'으로 바꾸고 말미의 내용을 생략했다. 그러나 정구는 『맹자집주』의 본래 문장을 살리고 말미에 생략된 부분까지 다시 복원하여 실었다.

76) 이 조목은 『맹자집주』에 실려 있는 정자의 말인데, 본래는 정자의 두 가지 어록을 합해서 만든 말이다. '心豈有出入亦以操捨而言也'(『이정유서』 권18, 105번째 문장), '操之之道敬以直內也(『이정유서』 권15, 61번째 문장) 등이다.

方, 可謂切要. 學者讀之, 急宜警省. 存得則人, 存不得則禽獸, 吁可畏哉.

인산 김씨(김이상金履祥)가 말하였다. “이 장은 맹자가 사람들을 구제하는데 간절하신 것이니, ‘산목’ 한 단락은 ‘양심’ 한 단락과 짝이 되고, ‘기르는 것과 기르는 것을 잃는 것’이 또한 짝이 되며, 기르는 것의 얻고 잃음은 또 잡고 놓는 사이에 달려 있다. 정자가 또 ‘경이직내’ 한 구절을 분명하게 하여서 ‘조존(操存)’의 방법을 가리켜 보여 주었으니, 간절하고 요긴하다고 이를 만하다. 배우는 자는 이것을 읽을 때에 급히 경계하고 살펴야 할 것이다. 이를 보존하면 사람이며 이를 보존하지 못하면 금수이니, 아아 두려울 만하도다!” [김이상(金履祥), 『맹자집주고증(孟子集註攷證)』 권6, 「고자상(告子上)」. 6a]

4. 又曰. 夜氣之所存者, 良知也, 良能也. 苟擴而充之, 化旦晝之所害爲夜氣之所存, 然後可以至於聖人.

또 말씀하였다. “야기가 보존된 것이 양지(良知, 타고난 앎)이고 양능(良能, 타고난 능력)이다. 진실로 이를 넓혀 채워나가서 아침과 낮에 해를 입은 것을 야기가 보존된 것으로 변화시킨 뒤라야 성인에 이를 수 있다.” (『이정유서』 권25, 44번째 문장)

5. 朱子曰. 愚聞之師曰, 人理義之心, 未嘗無, 惟持守之, 卽在爾. 若於旦晝之間, 不至梏亡, 則夜氣愈淸, 夜氣淸, 則平旦未與物接之時, 湛然虛明氣象, 自可見矣. 孟子發此夜氣之說, 於學者, 極有力, 宜熟玩而深省之也.

주자가 말씀하였다. “나는 스승에게 이렇게 들었다. ‘사람은 의리(義理)의 마음이 일찍이 없지 않았으니, 오직 유지하고 지키면 곧 여기에 있을 뿐이다. 만약 아침과 낮 동안에 ‘곡망’에 이르지 않으면 야기는 더욱 맑아지고, 야기가 맑으면 새벽에 아직 사물을 접촉하지 않을 때는 고요하고 비어 있으며 밝은 기상이 절로 드러날 수 있다. 맹자가 이 야기의 말씀을 분명하게 드러내시어서 배우는 자에게는 지극히 설득력이 있으니, 익숙하게 완미하고 깊이 살펴야 할 것이다.'" (『맹자집주』의 주석)

6. **范純夫之女, 讀孟子操存章曰, 孟子不識心, 心豈有出入. 伊川先生, 聞之曰. 此女雖不識孟子, 却能識心.**

범순부(범조우范祖禹)의 딸이 『맹자』의 「조존장」을 읽고서 "맹자는 마음을 모르셨다. 마음이 어찌 들고 나옴이 있겠는가?"라고 하였다. 이천 선생이 그 말을 듣고서 말씀하였다. "범순부의 딸이 비록 『맹자』는 몰랐으나, 도리어 마음은 알 수 있었구나." (『이정외서』 권11, 53번째 문장)

朱子曰. 淳夫女知心而不知孟子. 此女當是完實, 不勞攘, 故云無出入. 而不知人有出入者多, 猶無病者不知人之疾痛也.

주자가 말씀하였다. "범순부의 딸은 마음은 알았으나 『맹자』는 알지 못했다. 이 범순부의 딸은 완벽하고 튼실하여 (나고 드는 마음의 혼란스러운 상황들을) 힘들이지 않고 물리치기 때문에 '(마음은) 들고 나옴이 없다'고 했으나, 사람들은 들고 나옴이 많다는 것을 몰랐다. 마치 병이 없는 사람은 다른 사람이 겪는 질병의 고통을 알지 못하는 것과 같다." (『주자어류』 권59, 「맹자9」, 「고자상」, 「우산지목장(牛山之木章)」, 제115조목. 양방의 기록)

又曰. 想此女子自覺得他个心常湛然無出入, 故如此說.

또 말씀하였다. "아마도 이 여자는 그녀의 마음이 항상 고요하고 맑아 들고 나옴이 없음을 스스로 깨달았기 때문에 이와 같이 말한 것일 듯하다." (위와 같은 곳, 제116조목. 황순의 기록)[77]

---

77) 이름이 알려지지 않은 범씨의 딸은 매우 훌륭한 자질을 가진 것으로 보인다. 그런데 『이정외서』에서는 이 조목에는 다음과 같이 짧게 주석을 달고 있다. "(범씨의 딸은) 후에 경씨(耿氏)에게 시집갔는데, 일찍 죽었다(後嫁耿氏而卒)."

7. 朱子曰. 平旦之氣, 只是夜間息得許多時節, 不與事物接, 才醒來便有得這些自然清明之氣, 此心自恁地虛靜. 少間才與物接, 依舊又汨沒了. 只管汨沒多, 雖夜間休息, 是氣亦不復存, 所以有終身昏沈, 展轉流蕩, 危而不復者.

주자가 말씀하였다. "'평단지기(새벽의 기)'는 밤사이 많은 시간을 쉬면서 사물과 접촉하지 않은 것인데, 잠에서 깨면 이 자연스러운 맑고 밝은 기를 가지며, 이 마음은 절로 이와 같이 비어 있고 고요하다. 잠깐이라도 사물과 접촉하면 예전처럼 또 골몰히 정신을 쏟게 된다. 골몰히 정신을 쏟는 일이 많게 되면 비록 밤에 쉬더라도 이 기는 또한 다시 보존되지 않기 때문에, 몸을 마칠 때까지 (마음을 놓아) 혼미해지고 되풀이하여 방탕한 데로 흘러가 위태로운데도 회복하지 못하는 것이다." (위와 같은 곳, 제69조목. 섭하손의 기록)

8. 又曰. 人心每日梏於事物, 斲喪戕賊, 所餘無幾, 須夜氣靜, 庶可以少存耳. 至夜氣之靜而猶不足以存, 則去禽獸不遠, 言人理都喪也. 前輩皆無明說, 某因將孟子反復熟讀, 方看得出. 後看程子說夜氣之所存者, 良知良能也, 與臆見合. 以此知觀書不可苟, 熟讀深思, 道理自見.

또 말씀하였다. "사람의 마음은 날마다 (형틀에 묶이듯) 사물에 묶여서 깎여 없어지고 죽일 듯이 해를 당해서 남아나는 것이 거의 없지만, 모름지기 야기 즉 밤의 기운은 고요하여 조금이나마 보존될 수 있다. 야기의 고요함에 이르러서도 오히려 보존하기에 부족하다면 짐승과 거리가 멀지 않으니, 사람의 도리는 모두 잃어버린 것이라 말들 한다. 그러나 선배들의 명확한 설명이 없어서, 나는 『맹자』를 반복해서 숙독하였더니 비로소 알게 되었다. 나중에 정자가 '야기가 보존된 것이 양지이고 양능이다'라고 한 말을 보니 내 견해와 부합했다. 이로써 글을 보는 것은 구차하게 해선 안 되며 숙독하고 깊이 생각하면 도리가

저절로 드러난다는 것을 알았다." (위와 같은 곳, 제80조목. 여대아의 기록)

9. **氣與理本相依. 旦晝之所爲不害於其理, 則夜氣之所養益厚, 夜之所息既有助於理, 則旦晝之所爲益無不當矣. 日間梏亡者寡, 則夜氣自然淸明虛靜, 至平旦亦然, 且晝應事接物時, 亦莫不然.**

(또 말씀하였다.) "기(기운)와 리(이치)는 본래 서로 의존한다. 아침과 낮에 하는 일이 그 이치에 해가 되지 않으면 야기가 길러지는 것이 더욱 두텁고, 밤에 자라나는 것이 이치에 도움이 되면 아침과 낮에 하는 일이 더욱 이치에 합당하지 않음이 없다. 낮 사이에 '곡망'이 적으면 야기는 저절로 맑고 밝으며 비어 있으며 고요하니 새벽이 되어도 또한 그러하며, 아침과 낮에 일을 응대하고 사물과 접촉할 때에도 또한 그렇지 않음이 없게 된다." (위와 같은 곳, 제87조목. 섭하손의 기록)

10. **又曰. 孟子激發人, 說放心良心諸處, 說得人都汗流.**

또 말씀하였다. "맹자께서는 사람의 마음을 격렬하게 자극시켜서 '방심' '양심' 등을 여러 곳을 말하였는데, 그 말씀이 모두를 땀이 흐르게 한다." (위와 같은 곳, 제64조목)

11. **又曰. 心體固本靜, 然亦不能不動. 其用固本善, 然亦能流而入於不善. 夫其動而流於不善者, 固不可謂心體之本然. 然亦不可不謂之心也. 但其誘於物而然耳. 故先聖只說操則存,**〈存則靜, 而其動也無不善矣〉 **舍則亡,**〈於是乎有動而流於不善者〉 **出入無時, 莫知其鄕.**〈出者亡也, 入者存也, 本無一定之時, 亦無一定之處, 特係於人之操舍如何耳〉 **只此四句, 說得心之體用始終眞妄邪正無所不備. 又見得此心不操卽舍, 不出卽入, 別無閑處可安頓之意.**

또 말씀하였다. "심체 즉 마음의 본체는 진실로 본래 고요하지만, 또한 움직이지 않을 수 없는 것입니다. 마음의 작용[用]은 본래 진실로 선한 것이지만 또한 흘러서 불선(不善)에 들어갈 수 있습니다. 무릇 움직여서 불선에 흐르는 것은 진실로 심체의 본연이라고 할 수 없습니다. 그러나 또한 마음이 아니라고 할 수도 없는 것입니다. 다만 사물에 유혹되어서 그런 것일 뿐입니다. 그러므로 앞의 성인들께서는 단지 '잡으면 보존되고,〈보존되면 고요하고 움직여도 선하지 않음이 없다〉 놓으면 잃어서,〈여기에서 움직여서 불선에 흐르게 되는 것이다〉 나가고 들어옴이 일정한 때가 없어서 그 방향을 알 수 없다.〈나가는 것은 잃고 들어오는 것은 보존되는데, 본래 일정한 때가 없으며 또한 일정한 곳도 없으니, 다만 사람이 잡고 놓는 것이 어떠한가에 달린 것일 뿐이다〉'라고 말씀하신 것입니다. 단지 이 네 구절에서 마음의 본체와 작용, 시작과 끝, 참과 거짓, 간사함과 바름 등을 말하여 갖추어지지 않은 것이 없습니다. 또한 이 마음은 잡지 않으면 곧 놓는 것이고, 나가지 않으면 곧 들어오는 것으로 달리 한가한 곳에서 편안히 있을 수 없다는 뜻을 알 수 있습니다."(『주자대전』 권45, 「유성지에게 답함2(答游誠之)」)[78)]

12. 又曰. 胡文定公所謂不起不滅心之體, 方起方滅心之用, 能常操而存, 則雖一日之間百起百滅, 而心固自若者, 自是好語. 但讀者當知所謂不起不滅者, 非是塊然不動, 無所知覺也, 又非百起百滅之中別有一物不起不滅也. 但此心瑩然, 全無私意, 是則寂然不動之本體. 其順理而起, 順理而滅, 斯乃所以感而遂通天下之故者云爾.

또 말씀하였다. "호문정공(호안국胡安國)이 '일어나지도 않고 소멸하지도 않는 것이 마음의 본체이고, 바로 일어났다가 바로 소멸하는 것이 마음의 작용이니, 항상 잡아서 보존한다면 비록 하루 사이에도 백 번 일어났다가 백 번 소멸하더라도 마음은 진실로 자약(自若, 본래 그대로 있음)하다'[79)]라고 한 말은 본래 좋은 말입니다. 다만 독자는 '일

78) 이 편지는 1173년(건도 9년, 44세)에 쓴 것이다. (『편년고증』, 114쪽 참고)

어나지도 않고 소멸하지도 않는다'는 것이 우두커니 움직이지 않으면서 지각이 없는 것이 아니며, 또한 '백 번 일어났다가 백 번 소멸하는' 가운데 별도로 어떤 것[一物]이 있어서 '일어나지도 않고 소멸하지도 않는다'는 것이 아님을 마땅히 알아야 합니다. 다만 이 마음이 밝게 빛나서 전혀 사사로운 뜻이 없다면, 이것이 곧 '고요히 움직이지 않는' 본체입니다. 이치에 순조롭게 따라서 일어나고 이치에 순조롭게 따라서 소멸되므로 이에 곧 '감응하여 천하의 모든 일에 마침내 통하게 됨'을 말할 따름입니다." (『주자대전』 권42, 「석자중에게 답함3(答石子重)」)[80]

*程子曰. 若不能存養, 只是說話.

정자가 말씀하였다. "만약 존양할 수 없다면 이는 단지 말뿐인 것이다." (『이정유서』 권1, 19번째 문장)[81]

〈以下論操存(아래는 '조존'에 대해 논의한 것이다)〉

13. 又曰. 只有一箇天理, 却不能存得, 更做甚人也.

또 말씀하였다. "사람에게는 단지 하나의 천리가 있을 뿐인데, 보존하지 못한다면 다시 어떤 사람이 되겠는가?" (『이정유서』 권18, 132번째 문장)

14. **又曰. 學者, 患心慮紛亂, 不能寧靜, 此則天下公病. 學者, 只要立箇

79) 호인(胡寅), 『비연집(斐然集)』 권25, 「선공행장(先公行狀)」(69b). "일어나지도 않고 소멸하지도 않는 것이 마음의 본체이고, 바로 일어났다가 바로 소멸하는 것이 마음의 작용이며, 본체와 작용은 하나의 근원이고, 드러남과 미묘함은 사이가 없으니, 항상 잡아서 보존할 수 있는 자는 움직여도 또한 보존하고, 고요해도 보존하니, 비록 하루 사이에도 백 번 일어났다가 백 번 소멸하더라도 마음은 진실로 본래 그대로 이다(不起不滅心之體, 方起方滅心之用, 體用一源, 顯微無間, 能常操而存者, 動亦存, 靜亦存, 雖一日之間, 百起百滅, 而心固自若)." *「선공행장」은 호안국의 아들인 호인이 쓴 것이다.

80) 이 편지는 1174년(순희 원년, 45세)에 쓴 것이다. (『편년고증』, 126쪽)

81) 『심경』(「인인심장(仁人心章)」)의 본주이다.

心, 此上頭儘有商量.

또 말씀하였다. "배우는 자는 생각이 어지럽고 혼란스러워 안정되지 못한 것을 걱정하니, 이는 천하에 공통된 병이다. 배우는 자는 단지 마음을 세워야 할 따름이니, (마음을 세운) 이 위에서 참으로 헤아릴 수 있다." (『이정유서』 권15, 37번째 문장)

15. ****又曰. 人多思慮, 不能自寧, 只是做他心主不定. 要作得心主定, 惟是止於事, 爲人君止於仁之類, 如舜之誅四凶, 四凶已作惡, 舜從而誅之, 舜何與焉. 人不止於事, 只是攬他事, 不能使物各付物, 物各付物, 則是役物, 爲物所役, 則是役於物. 有物必有則, 須是止於事.**

또 말씀하였다. "사람이 생각이 많아서 스스로 편안할 수 없는 것은 단지 그 마음의 주재가 안정되지 못해서이다. 마음의 주재를 안정하려 한다면 오직 일에 머물러야 하니, 임금이 되어서는 인(仁)에 머무르는 것[82] 같은 종류이다. 예컨대, 순임금이 사흉을 주살할 때에는 사흉이 이미 악행을 해서, 순임금은 따라서 그들을 주살한 것이니, 순임금이 무슨 관여를 하였겠는가? 사람이 일에 머무르지 않는 것은 단지 다른 일을 잡고 있어서 사물을 각각 사물에 맡겨두지 못하기 때문이니, 사물을 각각 사물에 맡겨두면 이는 사물을 부리는 것이며, 사물에게 부림을 받게 되면 이는 사물에게 부림을 당하는 것이다. 사물이 있으면 반드시 법칙이 있으니, 모름지기 일에 머물러야 한다." (위와 같은 곳, 16번째 문장)[83]

---

82) 『대학장구』 「전 3장」. "임금이 되어서는 인에 머무르고, 신하가 되어서는 공경에 머무르고, 자식이 되어서는 효에 머무르고, 아비가 되어서는 자애에 머무르고, 나라 사람들과 사귀면서는 믿음에 머무른다(爲人君止於仁, 爲人臣止於敬, 爲人子止於孝, 爲人父止於慈, 與國人交止於信)."

83) 정구는 『심경부주』의 글이 『이정유서』의 원문과 다소 출입이 있기 때문에, 『이정유서』의 원문을 충실히 발췌하여 인용하고 있다.

16. **又曰. 人心作主不定, 正如一箇翻車, 流轉動搖, 無須臾停. 所感萬端, 若不做一箇主, 怎生奈何.

또 말씀하였다. "사람의 마음이 주재로 삼을 것을 정하지 못하는 것은 바로 하나의 물레방아[翻車]가 돌면서 움직이고 흔들리며 잠시라도 정지함이 없는 것과 같다. 감응하는 것이 만 가지이나 만약 하나의 주재를 삼지 못하면 뭘 더 어찌할 수 없다." (『이정유서』 권2하, 18번째 문장)

17. 呂與叔嘗問爲思慮紛擾. 某答以但爲心無主. 若主於敬, 則自然不紛擾.

여여숙이 일찍이 생각이 어지럽고 혼란스럽다고 물었다. 나는 "다만 마음에 위주로 삼을 것이 없어서 그렇다. 만약 경에 주안을 둔다면 절로 어지럽고 혼란스럽지 않을 것이다"라고 답했다. (『이정유서』 권18, 42번째 문장)

18. 又曰. 必有事焉, 而勿正, 心勿忘勿助長, 乃存之之道.

또 말씀하였다. "(맹자의) '필유사언, 이물정, 심물망물조장(반드시 일삼는 것을 두고 그 성과를 미리 기대하지 말아서 마음에 잊어버리지 말며 자라는 것을 돕지 말라)'이 곧 보존하는 방법이다." (『이정유서』 권2상, 28번째 문장)

19. 又曰. 持其志, 無暴其氣, 內外交相養也.

또 말씀하였다. "(맹자의) '그 뜻을 유지하되 그 기도 함부로 하지 말라'[84]는 안팎을 서로 기르는 것이다." (『이정유서』 권18, 98번째 문장)

20. 又曰. 存養熟後, 泰然行將去, 便有進.

또 말씀하였다. "존양이 익숙한 뒤에 편안하게 실행해 가면 진전됨

84) 『맹자』 「공손추상」 2장.

이 있을 것이다.” (『이정유서』 권6, 45번째 문장)

21. 又曰. 學至涵養其所得而至於樂, 則淸明高遠矣.

또 말씀하였다. “학문이 그 얻은 것을 지극히 함양하여 즐기는 경지에 이른다면 맑고 밝으며 높고 원대해진다.” (『이정수언』 제2편, 63번째 문장)

22. 問. 出辭氣, 莫是於言語上用工夫否. 曰. 須是養乎中, 自然言語順理. 若是愼言語不妄發, 此却可著力.

물었다. “말을 할 때에는 언어에 대한 공부가 아닐른지요?”

말씀하였다. “모름지기 마음속을 기르면 절로 언어는 이치에 순조롭게 따른다. 언어를 삼가하여 거짓되게 발출하지 않는 것과 같은 것은 힘을 써야 한다.” (『이정유서』 권18, 107번째 문장)

23. 又曰. 心定者, 其言重以舒, 不定者, 其言輕以疾.

또 말씀하였다. “마음이 안정된 사람은 그 말이 중후하고 차분하며, 안정되지 못한 사람은 그 말이 가볍고 빠르다.” (『이정외서』 권11, 42번째 문장)

朱子曰. 心定則言必審, 故的確而舒遲, 不定則內必紛擾, 有不待思而發, 故淺易而急迫. 此亦志動氣之驗也.

주자가 말씀하였다. “마음이 안정되면 말이 반드시 자세하기 때문에 정확하고 차분하며, 안정되지 못하면 마음속이 반드시 어지럽고 혼란스러워 생각하고서 말하지 못하기 때문에 얕고 쉬우며 급박하다. 이 또한 ‘뜻이 기를 움직인다’는 증험이다.” (『주자어류』 권96, 「정자지서2」, 제55조목. 황직경의 기록)

24. **又曰. 人於夢寐間, 亦可以卜自家所學之淺深. 如夢寐顚倒, 卽是心志不定, 操存不固.**

또 말씀하였다. "사람은 잠자며 꿈꾸는 사이에도 자신의 학문이 얕은지 깊은지를 미리 알 수 있다. 예컨대 꿈속에서 이 배운 바의 깊고 얕음을 징험할 수 있으니, 예컨대 꿈속에서 엎어지면 곧 이는 마음의 뜻이 안정되지 못하고 붙잡아 보존하는 것이 굳건하지 않은 것이다." (『이정유서』 권18, 84번째 문장)

朱子曰. 魂與魄交而成寐, 心在其間, 依舊能思慮, 所以做出夢. 若心神安定, 夢寐亦不至顚倒.

주자가 말씀하였다. "혼과 백이 교섭하여 잠을 이루니, 마음이 이 사이에 있으면 지나간 예전 것들에 의존해서 생각할 수 있기 때문에 꿈을 만들어내는 것이다. 만약 정신이 안정되면 잠자며 꿈을 꾸어도 엎어지는데 이르지 않는다." (『주자어류』 권114, 「주자11」, 「문인들을 가르침2」, 제45조목. 요덕명의 기록)[85]

25. **問. 人心所繫着之事, 果是善事, 夜夢見之, 莫不害否. 曰. 雖是善事, 心亦是動. 凡事有兆朕, 入夢者, 却無害, 捨此皆是妄動.**

물었다. "사람의 마음에 얽어매어 있는 일이 과연 선한 일이라면 밤에 꿈속에서 보는 것이 해로울 것이 없지 않습니까?"

말씀하였다. "비록 선한 일이라도 마음이 또한 움직인 것이다. 무릇 일에는 조짐이 있는데 꿈속에 들어오는 것은 해롭지 않지만 이를 제외하면 모두 거짓되게 움직이는 것이다." (『이정유서』 권18, 85번째 문장)

致堂胡氏曰. 心官, 萬物之至靈, 非但藏往亦能知來. 凡天地古今之所有,

---

85) "정신이 안정되면…"의 마지막 문장은 『심경부주』에서 삽입한 것이다.

無一外乎此者, 無明晦古今遠邇通塞之間, 此人之所以有夢, 夢之所以多變也. 然聖人誠存, 則其夢治. 若夫思慮紛擾, 神情不定, 則所夢雜亂, 或正或邪, 亦與旦晝之所爲等耳. 善學者, 旣謹其言動, 而又必驗諸夢寐之間也.

치당 호씨가 말하였다. "마음이라는 기관은 만물 가운데 가장 영험하니 지난 것을 간직할 뿐 아니라 올 것을 알 수 있다. 무릇 천지고금에 있는 것은 여기에서 하나라도 벗어나는 것이 없으며, 밝음과 어두움, 옛과 지금, 멂과 가까움, 통함과 막힘의 사이도 없으니, 이것이 사람들이 꿈을 꾸는 이유이며, 꿈에 많은 변화가 있는 까닭이다. 그러나 성인은 성실함이 보존되어 있으니 그 꿈을 다스린다. 만약 생각이 어지럽고 혼란스러우며 정신이 안정되지 않으면 꿈이 복잡하고 혼란되어 바르거나 간사하게 되니, 또한 아침과 낮에 하는 일과 같을 뿐이다. 잘 배우는 자는 이미 그 말과 행실을 삼가고 또한 반드시 잠자며 꿈꾸는 사이에서 이를 증험해야 한다." (『서산독서기』 권3, 「심」. 44a)

朱子曰. 某平生每夢見故舊親戚, 次日若不接其書信及見之, 則必有人說及. 看來惟此等是正夢, 其他皆非正.

주자가 말씀하였다. "나는 평소 꿈을 꾸면서 옛 친구나 친척을 볼 때마다, 그 다음날에 그들의 편지를 받거나 직접 보지 않는다면, 반드시 누군가 그 사람들에 대해 언급하였다. 살펴보건대, 이러한 것들은 '편하게 저절로 꾸는 꿈[正夢]'[86]이지만, 그 외의 것들은 모두 이러한 꿈이 아

---

86) 정몽은 『주례(周禮)』에 따르면 '여섯 가지 꿈'[六夢] 가운데 하나이다. "꿈을 점치는 직함은 세시로 천지의 회합을 관찰하고 음양의 기운을 분별하는 일을 관장한다. 해와 달과 별로 육몽(六夢)의 길흉을 점친다(占夢, 掌其歲時觀天地之會, 辨陰陽之氣, 以日月星辰占六夢之吉凶)." 이에 대한 정현(鄭玄)의 주석이다. "첫째는 정몽(正夢)이니, 느낀 바가 없이 편안하게 저절로 꾸는 꿈을 말한다. 둘째는 악몽(噩夢)이니, 놀라 꾸는 꿈을 말한다. 셋째는 사몽(思夢)이니, 생시에 생각함이 있어서 꾸는 꿈을 말한다. 넷째는 오몽(寤夢)이니, 생시에 조는 속에서 꾸는 꿈을 말한다. 다섯째는 희몽(喜夢)이니, 기뻐서 꾸는 꿈을 말한다. 여섯째는 구몽(懼夢)이니, 두려워서 꾸는 꿈을 말한다(一曰正夢, 無所感動, 平安自夢. 二曰噩夢, 驚愕而夢. 三曰思夢, 覺時所思念之而夢.

니다."(『주자어류』 권86, 「예3(禮三)」, 「주례(周禮)」, 제70조목. 심한의 기록)

東萊呂氏曰. 常以晝驗之妻子, 以觀其行之篤與否也, 夜考之夢寐, 以卜其志之定與未也. 須於此等處, 常常體察, 唯此最可驗學力.

동래 여씨가 말하였다. "항상 낮에는 처와 자식들로 증험해 그 행동이 독실한가 그렇지 않은가를 관찰하고, 밤에 꿈속에서 살펴서 그 뜻이 안정되었나 그렇지 않는가를 미리 알았다. 모름지기 이와 같은 곳에서 항상 몸소 살펴야 하니, 오직 이것만이 학문의 공력을 증험할 수 가장 좋은 곳이었다."(『여택논설집록』 권10, 「문인소기잡설2」. 1b)

26. 又曰. 今志於義理, 而心不安樂者, 何也. 此則正是剩一箇助之長. 雖則心操之則存, 捨之則亡, 然而持之大甚, 便是必有事焉而正之也, 亦須且恁去. 如此者, 只是德孤, 德不孤, 必有鄰. 到德盛後, 自無窒礙, 左右逢其原也.

또 말씀하였다. "이제 의리에 뜻을 두고서도 마음이 편안하고 즐겁지 않은 것은 어째서인가? 이는 바로 조장하는 것이 남아서이다. 비록 마음이란 잡으면 보존되고 놓으면 없어지나, 유지하기를 너무 심하게 하면 '반드시 일삼는 것을 두고 그 성과를 미리 기대하는 것'이니, 또한 반드시 우선 이렇게 해 나가야 한다. 이와 같이 하는 것은 다만 덕이 외로워서이니, '덕은 외롭지 않아 반드시 이웃이 있다.'[87] 덕이 성대한 경지에 도달한 뒤엔 자연히 막히는 것이 없어 어디에서든 그 근원을 만나게 된다."(『이정유서』 권2상, 181번째 문장)

27. 又曰. 德盛者, 物不能擾, 而形不能病, 形不能病, 以物不能擾也. 故

四曰寤夢, 覺時道之而夢. 五曰喜夢, 喜說而夢. 六曰懼夢, 恐懼而夢)." 정현(鄭玄) 주(注), 『주례(周禮)』 권6, 「춘관종백하(春官宗伯下)」. (28b)

87) 『논어』 「이인(里仁)」 25장.

善學者, 臨死生, 而色不變, 疾痛慘戚, 而心不動, 由養之有素也, 非一朝一夕之力也.

또 말씀하였다. “덕이 성대한 사람은 사물이 어지럽힐 수 없고 몸과 마음을 병들게 할 수 없으며, 몸과 마음을 병들게 할 수 없으니 사물이 어지럽힐 수 없다. 그러므로 잘 배우는 자는 죽고 사는 일에 안색이 변하지 않고, 질병의 고통과 처참한 일에도 마음이 움직이지 않는 것은 평소에 수양했기 때문이며, 일조일석의 노력이 아니다.” (『이정유서』 권25, 47번째 문장)

28. 又曰. 心之躁者, 不熱而煩, 不寒而慄, 無所惡而怒, 無所悅而喜, 無所取而起. 君子莫大於正其氣, 欲正其氣, 莫若正其志. 其志旣正, 則雖熱不煩, 雖寒不慄, 無所怒, 無所喜, 無所取, 去就猶是, 死生猶是, 夫是之謂不動心.

또 말씀하였다. “마음이 조급한 사람은 열이 나지 않아도 답답하고 춥지 않아도 몸을 떨며, 싫어할 것이 없는데도 노여워하고, 기뻐할 것이 없는데도 기뻐하며, 가질 것도 없는데 시작한다. 군자는 그 기(氣)를 바르게 하는 것보다 더 큰 것이 없으니, 그 기를 바르게 하려면 뜻을 바르게 하는 것만 한 것이 없다. 그 뜻이 이미 바르게 되면 비록 열이 나도 답답하지 않고, 비록 추워도 몸을 떨지 않으며, 노여워하는 것이 없고 기뻐할 것이 없으며 가지려고 할 것도 없으니, 물러섬과 나아감도 이와 같고, 죽음과 삶도 이와 같으니, 무릇 이를 일러 ‘부동심’[88]이라 한다.” (『이정유서』 권25, 48번째 문장)

---

88) 공손추가 물었다. “선생님께서 제 나라의 경상(卿相) 자리에 오르시어 도(道)를 행할 수 있게 되신다면, 비록 이로 인해 패업이나 왕업을 이루더라도 이상할 것이 없습니다. 그렇게 되신다면 마음이 흔들리실 것 같습니까, 안 흔들릴 것 같습니까?” 맹자께서 말씀하셨다. “흔들리지 않을 것이다. 나는 마흔부터 부동심(不動心)하였다.” 공손추가 말하였다. “그렇다면 선생님은 용맹으로 유명한 맹분(孟賁)보다도 훨씬 뛰어나십니다.” 맹자께서 말씀하셨다. “이것은 어렵지

29. **張子曰. 心, 淸時少, 亂時多, 其淸時, 視明聽聰, 四體不待羈束而自然恭謹, 其亂時, 反是, 何也. 蓋用心未熟, 客慮多而常心少也, 習俗之心未去而實心未完也. 人又要得剛, 剛則守得定不回, 進道勇敢.

장자(장재)가 말씀하였다. "마음이 맑을 때는 적고 혼란할 때는 많으니, 맑을 때는 보는 것이 분명하고 듣는 것이 밝고 사지를 고삐로 묶듯 단속하지 않아도 자연 공손하고 삼가며, 혼란할 때에는 이와 반대가 되니 어째서인가? 대개 마음을 씀이 익숙하지 못하여 잡생각이 많고 항상된 마음이 적으며, 세속에 물든 마음이 아직 제거되지 못하여 진실한 마음이 미완에 그치기 때문이다. 사람은 또한 굳세어야 하니, 굳세면 지킴이 안정되고 굽히지 않아서 도(道)에 나아감이 용감하게 된다."(『장자전서』 권7, 「학대원하(學大原下)」. 2b)

**朱子曰. 橫渠說做工夫處, 便精切似二程. 二程, 資稟高潔淨, 不大段用工夫. 橫渠, 資稟, 有偏駁夾雜處, 他大段用工夫來. 觀此言, 說得來大段精切.

주자가 말씀하였다. "횡거 선생이 공부하는 곳을 말한 것이 이정(二程)보다 정밀하고 절실하다. 이정은 부여받은 자질이 높고 깨끗하여 크게 공부하지 않았다. 그러나 횡거 선생은 부여받은 자질이 치우치고

않으니, 고자(告子)도 나보다 먼저 부동심 하였다." … 공손추가 말하였다. "감히 여쭙겠습니다. 선생님의 부동심과 고자의 부동심에 대해 들려주실 수 있겠습니까?" 맹자께서 말씀하셨다. "고자는 '말이 막혀 궁하더라도 그 원인을 마음에서 찾으려 하지 말고, 마음이 편치 않더라도 기의 도움을 구하지 말라' 하였는데, 마음이 편치 않더라도 기의 도움을 구하지 말라는 말은 괜찮지만, 말이 막혀 궁하더라도 그 원인을 마음에서 찾으려 하지 말라는 말은 옳지 않다. 무릇 뜻(마음)은 기를 거느리는 장수인 셈이고 기는 몸에 가득 차 있는 것이니, 뜻(마음)이 가장 중요하고 기가 그 다음인 것이다. 그래서 '그 뜻을 (붙들어) 유지하되, 그 기도 함부로 하지 말라'고 한 것이다(公孫丑問曰. 夫子加齊之卿相, 得行道焉, 雖由此霸王, 不異矣. 如此則動心否乎. 孟子曰. 否. 我四十不動心. 曰. 若是則夫子過孟賁, 遠矣. 曰. 是不難. 告子, 先我不動心. … 曰. 敢問夫子之不動心, 與告子之不動心, 可得聞與. 告子曰, 不得於言, 勿求於心, 不得於心, 勿求於氣, 不得於心. 勿求於氣, 可, 不得於言, 勿求於心, 不可. 夫志, 氣之帥也, 氣體之充也. 夫志至焉, 氣次焉. 故曰, 持其志, 無暴其氣)."

불순한 곳이 있어서, 크게 공부하였다. 이 말씀을 보면 말씀한 것이 대단히 정밀하고 절실하다.” (『주자어류』 권113, 「주자10」, 「문인들을 가르침1」, 제24조목)

**又曰. 客慮是泛泛思慮, 習俗之心, 便是從來習熟偏勝心, 實心是義理底心.

또 말씀하였다. “잡생각은 둥둥 떠돌아다니는 생각이고, 세속에 물든 마음은 이전부터 익숙하게 한 곳으로 매우 치우친 마음이며, 진실한 마음은 의리의 마음이다.” (『주자어류』 권98, 「장자의 글1(張子之書一)」, 제118조목. 심한의 기록)

30. **又曰. 正心之始, 當以己心爲嚴師, 凡有動作, 則知所懼, 如此一二年間, 守得牢固, 則自然心正矣.

또 말씀하였다. “마음을 바르게 하는 처음에는 마땅히 자기의 마음을 엄한 스승으로 여겨서, 무릇 움직이고 무언가를 할 때에 두려워할 줄을 알아야 하니, 이처럼 한두 해 사이에 지킴이 확고해지면 저절로 마음이 바르게 된다.” (『장자전서』 권6, 「학대원상」. 13b)

**又曰. 定然後有光明, 若常移易不定, 何由光明. 易, 大抵以艮爲止, 止, 乃光明. 故大學, 定而至於能慮, 人心多, 則無由光明.

또 말씀하였다. “(마음이) 안정된 뒤에야 광명이 있으니, 만약 항상 옮기고 바뀌어서 안정되지 않다면, 어떻게 광명할 수 있겠는가? 『주역』에서 대저 ‘간괘는 머무름’이라 했으니, 머무름이 곧 광명이다. 그러므로 『대학』에서 ‘안정하여 생각함에 이르렀으니, 사람은 마음이 잡다하면 광명할 길이 없다.” (『장자전서』 권9, 「역설상(易說上)」, 「대축(大畜)」. 60a)

**西山眞氏曰. 多者, 思慮紛雜之謂.

서산 진씨가 말씀하였다. "'잡다[多]'라는 것은 생각이 어지럽고 복잡한 것을 말한다." (『서산독서기』 권3, 「심」. 47b)[89]

31. 延平李氏答朱子書曰. 常存此心, 勿爲他事所勝, 即欲慮非僻之念, 自不作矣. 孟子有夜氣之說, 更熟 味之, 當見涵養用力處也. 於涵養處著力, 正是學者之要. 若不如此, 存養終不爲己物也.

연평 이씨가 주자에게 답신하면서 말하였다. "항상 이 마음을 보존하여 다른 일이 이기지 못하게 하는 것은 간사한 마음이 저절로 일어나지 않기를 생각하고자 하는 것이다. 『맹자』에 '야기(夜氣)'에 대한 말씀이 있으니, 다시 자세히 음미해 본다면 마땅히 함양에 힘쓸 곳을 볼 수 있을 것이다. 함양하는 곳에 힘을 기울이는 것이 바로 배우는 자의 중요한 일이다. 만약 이와 같지 않다면, 존양은 결국 자기의 것이 되지 않을 것이다." (『연평답문』, 「정축년 6월 26일 서신(丁丑六月二十六日書)」. 1a)

32. 朱子曰. 心若不存, 一身便無所主宰.

주자가 말씀하였다. "마음이 만약에 보존되지 못하면, 한 몸에는 곧 주재하는 것이 없게 된다." (『주자어류』 권12, 「학문6」, 「지수」, 제4조목. 증조도의 기록)

33. 又曰. 心在, 群妄自然退聽.

또 말씀하였다. "마음이 있게 되면 온갖 거짓된 것은 저절로 물러간다." (위와 같은 곳, 제6조목. 진문위의 기록)

34. 又曰. 人不自知其病者, 是未嘗去體察警省也.

또 말씀하였다. "사람이 스스로 그 자신의 병폐를 알지 못하는 것은

89) 이 조목의 세 구절은 모두 『서산독서기』와 『심경부주』 「정심장(正心章)」에 발췌되어 있다.

일찍이 몸소 살펴서 경계하고 반성하지 않아서이다." (위와 같은 곳, 제22조목. 황승경의 기록)

35. 又曰. 只是頻頻提起, 久之自熟.

또 말씀하였다. "단지 자주 깨워 일으키기를 오래하면 저절로 익숙해질 따름이다." (위와 같은 곳, 제23조목. 진문위의 기록)

36. 又曰. 孔子曰, 居處恭, 執事敬, 與人忠, 便是存心之法. 如說話覺得不是, 便莫說, 做事覺得不是, 便莫做. 亦是存心之法.

또 말씀하였다. "공자께서 '거처하기를 공손히 하고, 일을 집행하는 데 공경히 하고, 남을 대하기를 충실하게 하라'고 하신 것이 바로 마음을 보존하는 방법이다. 예컨대 말할 때 옳지 않다고 느끼면 곧 말하지 않고, 일을 할 때 옳지 않다고 느끼면 곧 하지 말라. 이것도 역시 마음을 보존하는 방법이다." (위와 같은 곳, 제37조목. 이계찰李季札의 기록)

37. 問存心. 曰. 存心只是知有此身. 謂如對客, 但知道我此身在此對客.

"'마음을 보존한다[存心]'에 대해 묻습니다."

말씀하였다. "'마음을 보존한다'는 것은 단지 이 몸이 있다는 것을 아는 것일 따름이다. 예컨대 손님을 대접할 때는 단지 나의 이 몸이 여기서 손님을 대접한다는 것을 알고 있을 뿐이라는 것을 이른다." (위와 같은 곳, 제40조목. 이방자의 기록)

38. 又曰. 人心於應事時, 只如那無事時, 方好.

또 말씀하였다. "사람의 마음이 사물과 감응할 때는 단지 일이 없는 듯이 하면 좋다." (『주자어류』 권59, 「맹자9」, 「고자상」, 「우산지목장」, 제88조목. 보광의 기록)

39. 又曰. 持養之說, 言之則一言可盡, 行之則終身不窮.

또 말씀하였다. "'유지하고 기른다'는 말씀은 말로 하면 한 마디로 다할 수 있어도, 행한다면 몸을 마칠 때까지 해도 끝이 없다." (『주자어류』 권12, 「학문6」, 「지수」, 제46조목. 황간의 기록)

40. 又曰. 大凡氣俗不必問. 心平則氣自和. 惟心麤一事, 學者之通病. 橫渠云, 顔子未至聖人, 猶是心麤. 一息不存, 卽爲麤病. 要在精思明辨, 使理明義精. 而操存涵養, 無須臾離, 無毫髮間. 則天理常存, 人欲消去, 其庶幾矣哉.

또 말씀하였다. "대개 몸에 밴 기질은 물을 필요도 없다. 마음이 평안하면 기질은 저절로 온화해진다. 오직 마음이 거칠다는 것만이 배우는 자들의 공통된 병폐이다. 횡거 선생은 '안자가 성인의 경지에 이르지 못한 것은 마음이 거칠어서였다'라고 하였다. 한 순간이라도 마음을 보존하지 못하면 곧 (마음이) 거칠다는 병이 된다. 요점은 정밀하게 생각하고 분명하게 분별하여 이치가 밝아지고 의리가 정밀해지도록 하는 데 있다. 붙잡아 보존하고 함양하여 잠시라도 떠나거나 털끝만큼도 틈새가 없어야 한다. 그러면 천리가 항상 보존되고 인욕이 사라지는 경지에 도달할 수 있을 것이다." (위와 같은 곳, 제54조목. 여대아의 기록)

41. 又曰. 人能操存此心, 卓然而不亂, 亦自可與入道. 況加之學問探討之功, 豈易量耶.

또 말씀하였다. "사람이 마음을 붙잡아 보존할 수 있으면 빼어나게 혼란하지 않으니 역시 저절로 도에 들어갈 수 있다. 하물며 배우고 물으며 살피고 찾는 공부를 더하는 경우라면 어찌 쉽게 헤아릴 수 있겠는가?" (위와 같은 곳, 제55조목. 습개경의 기록)

42. 又曰. 操則存, 捨則亡, 却是用功緊切處, 是箇生死路頭.

또 말씀하였다. "'잡으면 보존되고 놓으면 잃는다'는 말은 공부의 핵심이 있는 곳이며 생사의 갈림길이다." (『주자어류』 권59, 「맹자9」, 「고자상」, 「우산지목장」, 제92조목. 여도의 기록)

43. 又曰. 心不是死物, 須把做活物看. 操存者, 只是於應事接物之時, 事事中理, 便是存.

또 말씀하였다. "마음은 죽어 있는 것이 아니니 반드시 살아 있는 것으로 보아야 한다. '잡아 보존한다'는 것은 단지 일과 사물을 응대하고 접촉할 때에 일마다 이치에 들어맞아야 곧 보존되는 것이다." (위와 같은 곳, 92조목. 제95조목. 유지의 기록)

44. 又曰. 若處事不是當, 便是心不在. 若只管兀然守在這裏, 驀忽有事至于吾前, 操底便散了, 却是舍則亡也.

또 말씀하였다. "만약 일처리가 합당하지 않으면 바로 마음이 보존되지 않는 것이다. 만약 우두커니 여기에 두고 지키고만 있다가 갑자기 일에 내 앞에 닥치면 잡고 있던 것이 흩어져버리니, 이것이 '놓으면 잃는다'는 것이다." (위와 같은 곳)

45. 問. 於未應接之時, 如何. 曰. 只是戒謹恐懼而已. 又問. 若戒謹恐懼, 便是把持. 曰. 也須是持, 但不得硬捉在這裏. 只要提教他醒, 便是操, 不是塊然自守.

물었다. "아직 (사물과) 응대나 접촉을 하지 않을 때는 어떻게 합니까?"

말씀하였다. "단지 '계근'[90]하고 '공구'할 따름이다."

---

90) 『주자어류』 본문에는 戒愼으로 되어 있는데, 정구는 이를 戒謹으로 고쳤다.

또 물었다. "'계근'하고 '공구'하는 것이 바로 붙잡아 유지하는 것[把持]입니까?"

말씀하였다. "또한 반드시 유지하는 것이지만, 다만 억지로 붙잡아 여기에 두는 것이 아닐 뿐이다. 단지 그것을 깨어있게 하는 것이 바로 '붙잡는다'는 것이지 우두커니 스스로 지키는 것이 아니다." (위와 같은 곳)

46. 又曰. 人心, 操則存, 舍則亡, 須是常存得, 造次顚沛必於是, 不可有一息間斷. 於未發之前, 須是得這虛明之本體分曉. 及至應事接物時, 只以此處之, 自然有箇界限節制, 揍著那天然恰好處.

또 말씀하였다. "사람의 마음은 '잡으면 보존되고 놓으면 잃으니' 반드시 항상 보존하여 '엎어지고 자빠지는 급하고 경황이 없는 상황이라도 반드시 여기에 힘써야 하며,' 한 순간도 그치거나 끊어짐이 있어서는 안 된다. '미발' 이전에 반드시 이 '비어 있으며 밝은' 허명한 본체를 분명하게 깨달아야 한다. 그리고 일과 사물을 응대하고 접촉할 때에는 단지 이로써 처리하면 저절로 한도와 절제가 있어서 자연히 꼭 알맞게 될 것이다." (위와 같은 곳, 제96조목. 보광의 기록)

47. 又曰. 孟子言操舍存亡, 都不言所以操存求放之法, 只操之求之便是.

또 말씀하였다. "맹자는 '잡고 놓으면 보존하고 잃는다'라고 말하고, 잡고 보존하며 놓은 것을 찾는 방법은 아무것도 말하지 않았으나, '잡으라' '찾으라'는 것이 바로 이 방법이다." (위와 같은 곳, 102조목. 동백우의 기록)

48. 又曰. 某常說, 操則存, 克己復禮, 敬以直內等語, 不須講量, 不須論辨. 只去操存克復便了. 只今眼下便是用功處, 何待擬議思量.

또 말씀하였다. "나는 항상 '조즉존(잡으면 보존된다)' '극기복례' '경이직내' 등의 말을 하는데, 모름지기 따지거나 짐작해서도 안 되고 논의하고 분별해서도 안 된다, 단지 '잡아 보존'하고 '극기복례'하려고 할 뿐이다. 지금 눈앞에 있는 것이 바로 공부할 곳일 뿐이니, 어찌 미리 따지고 생각하는 것을 기다리겠는가?" (위와 같은 곳, 제107조목. 심한의 기록)

49. 又曰. 觸物而放去是出, 在此安坐, 不知不覺被他放去, 也是出. 故學先求放心.

또 말씀하였다. "사물과 접촉하여 잃어버리는 것이 나가는 것이며, 여기에 편안하게 앉아 이를 잃어버리는 것을 알지도 느끼지도 못하는 것 역시도 나가는 것이다. 그러므로 학문은 '잃어버린 마음을 찾는 것'을 먼저 하는 것이다." (위와 같은 곳, 제110조목. 황승경의 기록)

50. 又曰. 持守之要, 大抵只要得此心常自整頓, 惺惺了了, 卽未發時, 不昏昧, 已發時, 不放縱耳.

또 말씀하였다. "'유지하고 지킴'의 요체는 대저 이 마음을 항상 정돈하여 맑게 깨어서 '미발'의 때에는 흐리고 어둡지 않고, '이발'의 때에는 방종하지 않아야 할 따름입니다." (『주자대전』 권54, 「항평보(안세)에게 답함1」)

51. 問. 靜中常用存養. 曰. 說得有病, 一動一靜, 無時不養.

물었다. "고요한 가운데 항상 존양(보존하고 기름)을 합니다."

말씀하였다. "말하면 병폐가 있게 되니, 움직일 때나 고요할 때나 언제고 기르지 않는 때가 없는 것이다." (『주자어류』 권12, 「학문6」, 「지수」, 제47조목. 심한의 기록)

52. 又曰. 此心操舍存亡, 只在瞬息間, 本不須大段著力. 然又不可不著力,

久之, 自然見效.

또 말씀하였다. "이 마음을 '잡고 놓아서 보존하고 잃는 것'은 단지 눈 깜짝할 사이에 일어나는 것일 뿐이니, 본래 대단한 힘을 쓸 필요는 없는 것입니다. 그러나 또한 힘을 쓰지 않을 수 없으니, 오래 동안 한다면 저절로 효험이 나타날 것입니다." (『주자대전』 권61, 「임덕구에게 답함 3(答林德久)」)91)

53. 問. 學者, 工夫多間斷. 曰. 聖賢教人, 只是要救一箇間斷.

물었다. "배우는 자들이 공부하는데 도중에 그치거나 끊어지는 경우가 많습니다만?"

말씀하였다. "성현께서 사람을 가르치는 것은 단지 그치거나 끊어지는 것을 구제하고자 하는데 있을 따름이다." (『주자어류』 권121, 「주자18」, 「문인들을 가르침9」, 제25조목. 진문위의 기록)

54. 又曰. 思慮多走作, 亦只是不熟, 熟後自無.

또 말씀하였다. "생각할 때 이리저리 일어나는 일이 많은 것도 또한 익숙하지 않아서일 뿐이니, 익숙해진 뒤에는 저절로 없어진다." (『주자어류』 권118, 「주자15」, 「훈문인6」, 제48조목)

55. 又曰. 學者工夫, 且去翦截那浮泛底思慮.

또 말씀하였다. "배우는 자가 공부할 때는 우선 실제적이지 않은 뜬 생각을 잘라내 버려야 한다. (『주자어류』 권12, 「학문6」, 「지수」, 제62조목. 진문위의 기록)

56. 又曰. 人須打疊了心下閑思雜慮. 如心中紛擾, 雖求得道理, 也沒頓處.

---

91) 이 편지는 1194년(소희 5년, 65세)에 쓴 것이다. (『편년고증』, 378쪽 참고)

또 말씀하였다. "사람은 반드시 마음에 있는 한가하고 복잡한 생각을 수습해야 한다. 예컨대 마음이 어지러우면 비록 도리를 찾더라도 머무를 곳이 없다." (『주자어류』 권118, 「주자15」, 「훈문인6」, 제5조목)

57. 問. 若是大段邪僻之思却, 容易制, 惟是許多無頭面不緊要之思慮, 不知何以制之. 曰. 此亦無他, 只是覺得不當思慮底, 便莫要思, 便從脚下做將去. 久久純熟, 自然無此等思慮矣.

물었다. "대개 간사하고 치우친 생각 같은 것은 다스리기 쉬운데, 오직 두서도 없고 중요하지도 않은 많은 생각들은 어떻게 다스려야 할지를 모르겠습니다."

말씀하였다. "이 역시도 다른 방법이 없으니, 단지 생각할 것이 아니라고 알아채면 더 이상 생각하지 않아야 하고, 당장에 해나가야 할 뿐이다. 이를 오래도록 하여 아주 잘 익숙해지면, 저절로 이와 같은 생각들이 없어지게 될 것이다." (『주자어류』 권113, 「주자10」, 「문인들을 가르침1」, 제26조목)

58. *又曰. 人有一正念, 自是分曉, 又從旁別生一小念, 漸漸放闊去, 不可不察.

또 말씀하였다. "사람에게 하나의 바른 생각이 있다는 것이 절로 분명해도, 또한 곁에서 또 다른 한 가지 작은 생각이 생겨나 점점 넓게 퍼져 가는 것이니, 잘 살피지 않을 수 없다." (『주자어류』 권104, 「주자1」, 「자논위학공부」, 제33조목. 요덕명의 기록)

59. 又曰. 李先生嘗云, 人之念慮, 若是於顯然過惡萌動, 此却易見易除. 却怕於相似閑底事爆起來, 纏繞思念將去, 不能除, 此尤害事."

또 말씀하였다. "연평 이 선생은 일찍이, '사람의 생각이 분명하게 드러나는 잘못에서 싹이 튼다면 이는 도리어 쉽게 알고 쉽게 제거할 수 있다. 그러나 오히려 흡사 급하지 않은 일에 갑자기 일어나서 생각을 얽어매면 제거할 수 없는 것이 두려울 뿐이니, 이것이 더욱 일을 해롭게 한다'라고 하셨다." (『주자어류』 권103, 「나씨의 문인」, 「이원중」, 섭하손의 기록)

60. 問. 常苦私意紛攪. 雖卽覺悟而痛抑之, 然竟不能得潔靜不起. 曰. 惟此心無主宰, 故爲私意所勝. 若常加省察, 使良心常在, 見破了這私意只是從外面入. 縱饒有所發動, 只是以主待客, 以逸待勞, 自家這裏亦容他不得. 此事須是平日著工夫, 若待他起後方省察, 殊不濟事.

물었다. "항상 사사로운 뜻이 어지러워서 괴롭습니다. 비록 즉시 알아채고서 힘을 다해서 억누르지만, 마침내는 깨끗하고 고요히 만들어서 일어나지 못하게 하지 못합니다."

말씀하였다. "오직 이 마음에 주재하는 것이 없기 때문에 사사로운 뜻이 이기는 것이다. 만약 항상 성찰을 더해서 양심이 항상 있게 한다면 이 사사로운 뜻은 단지 바깥에서 들어오는 것임을 간파하게 된다. 아무리 (마음이) 피어나 움직이는 것이 많다고 하더라도 단지 이는 주인이 손님을 대접하는 것이며, 편안하게 쉬면서 피곤함을 상대하는 것일 뿐이니, 자기 안에서도 그것을 용납하지 않게 된다. 이 일은 모름지기 평소에 공부해야 하며, 만약 그것이 일어난 뒤에서야 성찰한다면 전혀 일을 이루지 못한다." (『주자어류』 권120, 「주자17」, 「문인들을 가르침8」, 제61조목. 양도부의 기록)

61. 問. 私意竊發, 隨卽鉏治. 雖去枝葉, 本根更在, 感物又發, 如何. 曰. 只得如此, 所以曾子戰戰兢兢, 如臨深淵, 如履薄氷.

물었다. "사사로운 뜻이 슬며시 피어나면 곧 따라서 뿌리 뽑아 다스립니다[鉏治]. 비록 가지와 잎은 없앴으나 뿌리는 여전히 남아 있어서, 사물과 감응하면 또 (사사로운 뜻이) 피어나니, 어떻게 해야 합니까?"

말씀하였다. "단지 이와 같이 해야 할 뿐이다. 증자께서 '전전긍긍하여, 깊은 못에 임한 듯이 하고, 엷은 얼음을 밟는 듯'이 한 까닭이다. (『주자어류』 권114, 「주자11」, 「문인들을 가르침2」, 제2조목)

62. 又曰. 人若於日間閑言語省得一兩句, 閑人客省見得一兩人, 也濟事. 若渾身都在鬧場中, 如何讀得書. 人若逐日無事, 有見成飯喫, 用半日靜坐, 半日讀書, 如此一二年, 何患不進.

또 말씀하였다. "사람이 만약 일상생활에서 별로 필요 없는 말을 한두 구절 줄이고, 별로 중요하지 않은 손님을 한두 사람 적게 본다면, 일을 이룰 수 있을 것이다. 만약 온몸과 마음이 모두 저 시끄러운 세상 속에 있다면, 어떻게 책을 읽을 수 있겠는가? 사람이 만약 하루하루 일이 없이 먹을 것이 있으면 반나절은 정좌하고 반나절은 독서하며, 이와 같이 한두 해를 보내면 어찌 진전하지 못할까를 근심하겠는가?" (『주자어류』 권116, 「주자13」, 「문인들을 가르침4」, 제55조목. 심한의 기록)

63. 東萊呂氏曰. 良心起處, 須要接續.

동래 여씨가 말씀하였다. "양심이 일어나는 곳은 모름지기 계속 이어가야 한다." (『여택논설집록』 권10, 「문인소기잡설2」. 2a)

64. 又曰. 君子, 思不出其位, 此位隨在隨有. 如對客時只是對客底位, 舍而他思, 即是出其位也.

또 말씀하였다. "'군자는 생각이 그 지위를 벗어나지 않는다'[92]고 하

92) 『논어』 「헌문(憲問)」 28장. 증자가 말씀했다. "군자는 생각이 자기 지위를 벗어나지 않는다(曾子曰. 君子, 思不出其位)."

는데, 이 지위는 어떤 자리를 따라서 어떤 지위를 가졌는가를 따르는 것이다. 예컨대 손님을 상대할 때는 단지 손님을 상대하는 위치일 뿐이지만, 이를 버리고 다른 것을 생각하면 곧 그 지위를 벗어나는 것이다." (위와 같은 곳, 「지양 체찰 주경 치지 관과(持養 體察 主敬 致知 觀過)」. 19a)

65. 又曰. 操存, 則血氣循軌而不亂, 收斂則精神內守而不浮.

또 말씀하였다. "'조존'하면 혈기가 올바른 길을 따라서 어지럽지 않고, '거두어들이면[收斂]' 정신이 안에서 지키고 떠다니지 않는다." [시란(時瀾)93), 『증수동래서설(增修東萊書說)』 권25, 「무일17(無逸第十七)」. 5a]

93) 시란(時瀾, 1156~1222)은 여조겸의 제자이다. 송나라 무주(婺州) 난계(蘭溪) 사람. 자는 자란(子瀾)이고, 호는 남당졸수(南堂拙叟)다. 효종(孝宗) 순희(淳熙) 8년(1181) 진사가 되고, 조산랑(朝散郎)과 대주통판(臺州通判)을 지냈다. 형 시운(時澐)과 함께 여조겸(呂祖謙)에게 배웠다. 여조겸이 『서설(書說)』을 편집하다가 끝내지 못하고 죽었는데, 그가 이어 완성했다. 저서에 『남당집(南堂集)』이 있다. 『중국역대인명사전』 관련 항목 참고.

10. 어아소욕장(魚我所欲章)

〈『맹자』「고자상(告子上)」 10장〉

○총 4조목

孟子曰. 魚, 我所欲也, 熊掌, 亦我所欲也, 二者, 不可得兼, 舍魚而取熊掌者也. 生亦我所欲也, 義亦我所欲也, 二者, 不可得兼, 舍生而取義者也. 生亦我所欲, 所欲, 有甚於生者. 故不爲苟得也. 死亦我所惡, 所惡有甚於死者, 故患有所不辟也. 如使人之所欲, 莫甚於生, 則凡可以得生者, 何不用也. 使人之所惡, 莫甚於死者, 則凡可以辟患者, 何不爲也. 由是, 則生而有不用也, 由是, 則可以辟患而有不爲也. 是故, 所欲, 有甚於生者, 所惡, 有甚於死者, 非獨賢者有是心也. 人皆有之, 賢者, 能勿喪耳. 一簞食, 一豆羹, 得之則生, 弗得則死, 嘑爾而與之, 行道之人, 弗受, 蹴爾而與之, 乞人, 不屑也. 萬鍾, 則不辨禮義而受之, 萬鍾, 於我何加焉. 爲宮室之美, 妻妾之奉, 所識窮乏者得我與. 鄕爲身死而不受, 今爲宮室之美, 爲之, 鄕爲身死而不受, 今爲妻妾之奉, 爲之, 鄕爲身死而不受, 今爲所識窮乏者得我而爲之, 是亦不可以已乎. 此之謂失其本心.<告子>

맹자가 말씀하였다. "물고기도 내가 원하는 것이고 웅장(곰 발바닥 요리)도 내가 원하는 것이다. 그러나 이 두 가지를 한꺼번에 얻을 수 없다면 물고기를 버리고 웅장을 가지겠다. 삶 또한 내가 원하는 것이고 의(義)도 또한 내가 원하는 것이다. 그러나 이 두 가지를 한꺼번에 얻을 수 없다면 사생취의[舍生取義] 즉 '삶을 버리고 의(義)를 택하겠다.' 삶도 또한 내가 원하는 것이지만 삶보다 더 원하는 것이 있기 때문에 구차하게 얻으려고 하지 않다. 죽음도 또한 내가 싫어하는 것이지만 죽음 보다 더 싫은 것이 있기 때문에 환란을 당해도 피하지 않는 것이다. 만일에 사람들이 삶보다 더 바라는 것이 없다고 하면, 무릇 삶을 얻기 위해서 무슨 방법이라도 쓰지 않겠는가? 만일 사람에게 죽음보다 더 싫은 것이 없다고 한다면, 무릇 환란을 피하기 위해서 무슨 방법인들 쓰지 않겠는가? 이런 연유로 삶을 얻을 수 있는데도 쓰지 않는 게 있고, 이렇기 때문에 환란을 피할 수 있는데도 하지 않는 것이 있다. 이런 까닭으로 삶보다 더 바라는 것이 있고 죽음보다 더 싫어하는 것이 있다. 오직 현명한 사람만 이 마음을 가지고 있는 것이 아니라, 사람이라면 모두 이 마음을 가지고 있는데, 다만 현명한 사람은 이를 잃지 않았을 뿐이다. 한 그릇의 밥과 한 그릇의 국을 얻으면 살고 얻지 못하면 죽는 것인데, 혀를 차고 꾸짖으면서 준다면 길가는 사람도 받지 않고, 발로 밟고 준다면 걸인이라도 달갑게 여기지 않는다. 만종(萬鍾)의 녹(祿)[94]이라면 사람들이 예의(禮義)를 따지지 않고 받는 것이지만, 만종의 녹이 나에게 무슨 보탬이 되겠는가? 아름다운 저택을 위해서? 처첩들의 떠받들어 줌을 위해서? 내가 아는 궁핍한 자들이 내가 준 것을 알아주도록 하기 위해서인가? 지난번에는 자신을 위해서 죽어도 받지 않다가 이제는 아름다운 저택을 위해서 받고, 저번에는 자신을 위해서 죽어도 받지 않다가 이제는 처첩들이 떠받들어주는 것을 위해 받으며, 저번에는 자신을 위해서 죽어도 받지 않다가 이제는 내가 아는 궁핍한 자들이 내가 준 것을 알아주도록 하기 위해서 받는데, 이 또한 그만둘 수 없는 것인가? 이를 일러 '그 본심(本心)을 잃었다'고 한다. <『맹자』「고자상(告子上)」10장>

94) 만종의 녹은 벼슬의 댓가로 받는 매우 큰 녹봉을 뜻한다. 종(鍾)은 도량의 단위로 64두(斗)에 해당한다.

1. *朱子曰. 本心, 謂羞惡之心. 言三者, 身外之物, 其得失, 比生死爲甚輕, 鄉爲身死, 猶不肯受嘑蹴之食, 今乃爲三者而受無禮義之萬鍾, 是豈不可以止乎. 蓋羞惡之心, 人所固有, 然或能決死生於危迫之際, 而不免計豊約於宴安之時. 是以, 君子不可頃刻而不省察於斯焉.

주자가 말씀하였다. "'본심'은 '수오지심' 즉 부끄러워하고 싫어하는 마음을 이른다. 세 가지는 몸 밖의 것이니, 얻고 잃은 것이 삶과 죽음에 비해 매우 가볍다. 지난번은 자신을 위해서 죽음을 각오하고서 오히려 꾸짖거나 발로 밟아 주는 음식을 달게 먹지 않는다고 했으나, 지금 세 가지를 위해서는 예의(禮義)가 없이 주는 만종의 녹(祿)을 받으니, 이 어찌 그만둘 수 없는 것이겠는가? 대개 '수오지심'은 사람이 진실로 가지고 있는 것이지만, 혹 위태하고 급박할 때에는 삶과 죽음을 결단하면서도 즐겁고 편안할 때에는 좀 더 풍족하게 살려고 계산하는 마음을 면하지 못한다. 이 때문에 군자는 잠시라도 이를 살피지 않을 수 없는 것이다." (『맹자집주』의 주석)

2. 又曰. 孟子所論三者, 或物欲之尤, 人所易溺, 或意氣之私, 人所不能免者, 自非燭理素明, 涵養素定, 而臨事有省察之功, 未有不以此而易彼者也.

또 말씀하였다. "맹자가 논의한 세 가지는 혹은 물욕의 허물로 해서 사람이 쉽게 빠지는 것이고, 혹은 의지의 사사로움으로 해서 사람이 피할 수 없는 것일 것이다. 본래 이치를 밝히고 함양하며, 함양으로 평소 안정하여 일을 할 때에 성찰의 공을 들이지 않고서는 이것을 저것과 바꾸지 않을 자가 없다." (『사서혹문』 권36, 「맹자(孟子)」, 「혹문10장(或問十章)」. 13a~13b)

3. *南軒張氏曰. 嘑爾而不受, 蹴爾而不屑, 此其羞惡之心也. 人之困窮, 其欲未肆故, 其端尙在, 至於爲萬鍾所動, 則有不復顧者矣. 曰, 萬鍾, 於我何加焉，人能深味斯言而得其旨，則亦可見外物之無足慕矣.

남헌 장씨가 말하였다. “혀를 차고 꾸짖고서 주면 받지 않고 발로 밟고서 주면 달갑지 않는 이것이 그 ‘수오지심’이다. 사람이 곤궁할 때에는 바라는 것이 제멋대로가 아니어서 그 (수오의) 단서가 아직 남아 있다가, 만종이나 되는 재물에 흔들리게 되면 다시 (예의를) 돌아보지 않는 것이다. (맹자께서) ‘만종의 녹이 나에게 무슨 보탬이 되겠는가?’라고 하셨으니, 사람이 이 말을 깊이 음미하여 그 뜻을 안다면, 또한 바깥의 사물은 그리워할 것이 못됨을 알게 될 것이다.” (『계사맹자설』 권6, 「고자상」. 23a~23b)[95]

4. 問. 孟子所以出處去就辭受，都從禮門也，義路也，惟君子能由是路，出入是門也做出. 曰. 固是不出此二者. 然所謂義，所謂禮，裏面煞有節目，其中毫釐必辨. 如往役，義也，往見，不義也，周之則受，賜之則不受之類，便都是義之節目. 如云廩人繼粟，庖人繼肉，不以君命將之之類，都是禮之節目，此便是禮. 以君命將之，使己僕僕爾亟拜也，便不是禮. 又如於齊，王餽兼金一百而不受，於宋，餽五十鎰而受，於薛，餽七十鎰而受，這箇都有箇則，都有義. 君子於細微曲折，一一都要合義，所以易中說，精義入神，以致用也. 義至於精，則應事接物之間，無一非義. 不問小事大事，千變萬化，改頭換面出來，自家應副他，如利刀快劍相似，迎刃而解，件件剖作兩片去. 孟子平日受用，便是得這箇氣力. 今觀其所言所行，無不是這箇物事. 初見梁惠王，劈初頭便劈作兩邊去.

물었다. “맹자께서는 출처(벼슬에 나가고 나가지 않음), 거취(벼슬을 물러남과 벼슬에 나감), 사수(벼슬을 사양하거나 받아들임) 등은 모두 ‘예는 문(門)이고, 의는 길이니, 오직 군자만이 그 길을 걸어가고 그

95) 현재 문장은 『계사맹자설』의 원문을 약간 손본 것인데, 『서산독서기』(권33, 「심경중(審輕重)」. 100a)의 것과 같다.

문으로 드나들 수 있는 것이다'[96]를 따라 하였습니다."

말씀하였다. "진실로 이 두 가지를 벗어나지 않았다. 그러나 이른바 의와 예에는 그 속에 절목의 수효가 많으니, 그 속에서 털끝만큼도 반드시 변별해야 한다. 예컨대 '가서 부역하는 것은 도리이지만, 만나러 가는 것은 도리가 아니다,'[97] '구휼해 주면 받고 녹(祿)으로 주면 받지 않는다'[98]는 것 같은 부류이니, 곧 모두가 의(義)의 절목이다. 예를 들어 '창고지기가 곡식을 대주고 푸주 간에 있는 사람이 고기를 계속 대주더라도, 임금의 명을 내세우지 않고 가져다주면 되는 것'이라고 하는 부류는 모두 예의 절목이니, 이것이 바로 예다. 임금의 명으로 가져다 주니, '번거롭게 자주 나를 절하게 만든다'[99]는 것은 곧 예가 아니다.

또 예를 들어 '제나라에서 왕이 좋은 금 100일(鎰)[100]을 주었는데 받지 않았고, 송나라에서는 70일을 주자 받았고, 설나라에서는 50일을 주자 받았다'[101]는 이것들은 모두 개별적인 원칙이 있으나, 모두 의(義)가 있다. 군자는 미세하고 은미한 일의 변화도 하나하나 모두 의에 합치되어야하기 때문에, 『주역』에서 '정의입신, 이치용야(의리를 정밀히 연구하여 신묘한 경지에 드는 것은 극진하게 쓰기 위함이요, 그 씀을 순조롭게 하여 몸을 편안히 하는 것은 덕을 높이기 위함이다)'[102]

---

96) 『맹자』「만장하(萬章下)」 7장. "무릇 의는 (사람이 가야 할) 길이고, 예는 (사람이 드나드는) 문이니, 오직 군자만이 그 길을 걸어가고 그 문으로 드나들 수 있는 것이다(夫義路也, 禮門也, 惟君子, 能由是路, 出入是門也)."

97) 『맹자』, 위와 같은 곳. "가서 부역하는 것은 도리이지만, 만나러 가는 것은 도리가 아니다(往役義也, 往見不義也)."

98) 『맹자』「만장하」 6장. 만장이 말하였다. "구휼해 주면 받고 녹(祿)으로 주면 받지 않는 것은 어째서입니까?" 맹자께서 말씀하셨다. "감히 못해서이다."(周之則受, 賜之則不受, 何也. 曰. 不敢也)

99) 『맹자』, 위와 같은 곳. "자사께서는 '삶은 고기가 번거롭게 자주 나를 절하게 하니, 군자를 봉양하는 예가 아니다'라고 생각하신 것이다(子思以爲鼎肉, 使己僕僕爾亟拜也, 非養君子之道也)."

100) 일(鎰)은 20냥 정도에 해당한다.

101) 『맹자』「공손추하」 3장. 진진이 물었다. "지난번 제나라에서는 왕이 좋은 금 100일을 주었는데 받지 않으셨고, 송나라에서는 70일을 주자 받으셨고, 설나라에서는 50일을 주자 받으셨습니다(陳臻問曰. 前日於齊, 王餽兼金一百而不受, 於宋餽七十鎰而受, 於薛餽五十鎰而受)."

라고 한 것이다. 의(義)가 정밀한 데 이르면, 일과 사물에 응대하고 접촉하는 사이에 하나라도 의가 아닌 것이 없다. 크고 작은 일을 가리지 않고 끊임없이 변화하여 머리와 얼굴을 바꾸어 나오더라도, 스스로가 다른 것에 부응하는 것이 마치 예리한 칼이나 잘 드는 검과 같아서, 칼을 들이대는 대로 똑바르게 잘려 나가서, 온갖 것들이 두 조각으로 갈라진다. 맹자께서는 평상시에 받아들이고 베풀어 쓰는 것이 바로 이러한 기력(氣力)이다. 이제 맹자가 말한 것 행동한 것을 보면 이러한 일들이 아닌 것이 없다. 처음 양나라의 혜왕을 만나고 처음부터서 바로 두 쪽으로 쪼개버린 것이다.[103)]"[104)] (『주자어류』 권58, 「맹자8(孟子八)」, 「만장하(萬章下)」, 제64조목. 섭하손의 기록)

102) 『주역』 「계사하」 5장. "자벌레가 몸을 굽히는 것은 장차 펴기 위해서이고, 용이나 뱀이 땅속에 들어앉은 것은 몸을 보존하기 위해서이다. 마찬가지로 사람이 의리를 정밀히 연구하여 신묘한 경지에 드는 것은 극진하게 쓰기 위함이요, 그 씀을 순조롭게 하여 몸을 편안히 하는 것은 덕을 높이기 위함이다(尺蠖之屈, 以求信也, 龍蛇之蟄, 以存身也. 精義入神, 以致用也, 利用安身, 以崇德也)."

103) 『맹자』 「양혜왕상(梁惠王上)」 1장. 맹자께서 양나라의 혜왕을 만나셨는데, 왕이 말하였다. "노인장께서 천리를 멀다 여기지 않고 오셨는데, 앞으로 우리나라를 이롭게 할 수 있겠습니까?" 맹자께서 대답하셨다. "왕은 하필 이익을 말씀하십니까? 인의가 있을 뿐입니다(孟子見梁惠王. 王曰. 叟不遠千里而來, 亦將有以利吾國乎. 孟子對曰. 王何必曰利, 亦有仁義而已矣)."

104) 벽초두(劈初頭)란 말은 처음부터라는 뜻인데, 이를 말 그대로 풀어서 처음에 쪼갠 것으로 써서, 뒤이어 맹자가 양나라의 혜왕이라는 임금의 우매함을 일도양단(一刀兩斷)으로 쪼개버리는 기력을 나타내는 표현으로 사용하였다.

11. 인인심장(仁人心章)

〈『맹자』「고자상(告子上)」 11장〉

○ 총 30조목

孟子曰. 仁, 人心也, 義, 人路也. 舍其路而不由, 放其心而不知求, 哀哉. 人有雞犬放, 則知求之, 有放心而不知求. 學問之道, 無他, 求其放心而已矣.<告子>

맹자께서 말씀하셨다. “인은 사람의 마음이고, 의는 사람의 길이다. 그 길을 버려두고 가지 않고, 그 마음을 잃고도 찾을 줄을 모르니, 슬프구나. 사람들은 닭이나 개를 잃어버리면 찾을 줄 알면서, 마음을 잃고서는 찾을 줄 모른다. 학문의 도란 다른 것이 아니라 그 잃어버린 마음을 찾는 것일 뿐이다.”<『맹자』「고자상(告子上)」 11장>

1. *程子曰. 心本善而流於不善, 所謂放也.

정자가 말씀하였다. "마음은 본래 선한데 불선에 흐르니, 이른바 '잃어버림[放]'이다." (『이정유서』 권18, 105번째 문장)[105]

2. *朱子曰. 仁者, 心之德也. 程子所謂心譬如穀種, 生之性乃仁也, 卽此意也. 然但謂之仁, 則不知其切於己, 故反而名之曰人心, 則可見其爲此身酬酢萬變之主, 而不可須臾失矣. 義者, 行事之宜, 謂之人路, 則可見其爲出入往來必由之道, 而不可須臾舍矣.

주자가 말씀하였다. "인은 마음의 덕이니, 정자가 이른바 '마음은 곡식의 씨와 같고 낳는 본성[106]이 바로 인이다'[107]라는 것이 바로 이 뜻이다. 그러나 다만 인이라고만 하면 자기에게 절실한 것인 줄 알지 못하기 때문에 돌이켜 인심(人心)이라 이름을 붙이니, 이 몸이 수만 가지 변화를 주고받는 주체가 되어 잠시라도 잃을 수 없는 것을 알 수 있을 것이다. 의는 일을 함의 마땅함이니 이를 인로(人路) 즉 사람이 가야 하는 길이라 일렀으니, 나가고 들어오며 가고 올 때에 반드시 따라야 할 길이 되어 잠시라도 버려두어서는 안 되는 것을 알 수 있다." (『맹자집주』의 주석)

3. *又曰 至貴在我而自失之, 是可哀已.

또 말씀하였다. "지극히 귀한 것이 나에게 있는데 스스로 잃으니, 이는 애석할 따름이다." (『심경』의 원주)

4. *又曰. 學問之事, 固非一端, 然皆以求夫不失本心之正而已, 無他道也.

또 말씀하였다. "학문을 하는 일은 진실로 한 가지 단서가 아니지

---

105) 『이정유서』의 문장은 약간 다르나. 정구는 진덕수가 고친 것을 따랐다.
106) 단순한 본성이 아니라 태극의 리를 갖춘 본질 즉 성리(性理)를 가리킨다.
107) 『이정유서』 권18, 6번째 문장.

만, 모두 본심의 바름을 잃지 않는 것을 찾으려는 것일 뿐이니, 다른 길은 없다.” (『맹자집주』의 주석)[108]

5. *程子曰. 聖賢千言萬語, 只是欲人將已放之心約之, 使反復入身來. 自能尋向上去, 下學而上達也.

정자가 말씀하였다. “성현의 천 마디 말씀과 만 마디 말씀은 단지 사람들이 이미 잃어버린 마음을 묶어서 다시 몸에 들어오게 하려고 한 것일 뿐이니, 저절로 위를 찾아가서 ‘하학이상달’[109] 즉 아래로부터 배워 위로 이르게 될 것이다.” (『이정유서』 권1, 22번째 문장)[110]

朱子曰. 此乃孟子開示切要之言, 程子又發明之, 曲盡其指, 學者, 宜服膺而勿失也.

주자가 말씀하였다. “이것은 곧 맹자가 열어 보이신 절실한 말인데, 정자가 또 분명하게 해서 그 뜻을 매우 정성스럽게 다 한 것이니, 배우는 이는 마땅히 마음에 간직하고 잃지 말아야 할 것이다.” (『맹자집주』의 주석)

6. **又曰. 心要在腔子裏.

또 말씀하였다. “마음은 몸통 안에 있어야 한다.” (『이정유서』 권7, 10번째 문장)

**又曰. 只外面, 有些罅隙, 便走了.

또 말씀하였다. “단지 바깥에 조금의 틈이라도 있으면 바로 달아날

---

108) 진덕수가 “다른 길은 없다”는 말을 덧붙이고, 정구가 이를 따랐다.

109) 『논어』 「헌문(憲問)」 37장. “나는 하늘을 원망하지도 않고 사람을 탓하지도 않는다. 아래로는 사람의 일을 배우고 위로는 하늘의 일에 통달하려 하는데, 나를 알아주는 분은 아마도 하늘뿐일 것이다(不怨天, 不尤人. 下學而上達, 知我者, 其天乎).”

110) 『맹자집주』의 주석이다.

뿐이다." (『이정유서』 권7, 15번째 문장)

**問. 心如何, 在腔子裏. 朱子曰. 敬, 便在腔子裏.

물었다. "마음을 어떻게 해야 몸통 속에 있게 합니까?"

주자가 말씀하였다. "경을 하면 몸통 속에 있게 된다." (『주자어류』 권96, 「정자지서2」, 제15조목. 섭하손의 기록)

7. 朱子曰. 放心, 不獨是走作喚做放, 才昏睡去, 也是放. 只有些昏惰, 便是放."

주자가 말씀하였다. "'방심(마음을 잃음)'이란 단지 내달리는 것만을 '잃었다'고 부르는 것이 아니라, 어둡고 꾸벅꾸벅 조는 것도 '잃었다'는 것이다. 단지 조금이라도 어둡고 게으르다면 '잃었다'는 것이다." (『주자어류』 권59, 「맹자9」, 「고자상」, 「인인심야장(仁人心也章)」, 제131조목. 임각의 기록)

8. 又曰. 用力甚不多, 但只要常知提醒爾. 醒則自然光明, 不假把捉. 今言操之則存, 又豈在用把捉. 亦只是說欲常常醒覺, 莫令放失, 便是. 此事用力極不多, 只是些子力爾.

또 말씀하였다. "힘을 쓰는 것이 그다지 많이 들지 않으니, 다만 항상 깨어나 있어야 한다는 것을 알아야 할 뿐이다. 깨어있으면 저절로 밝게 빛나니, 붙잡아 둘 필요도 없다. 지금 '잡으면 보존된다'고 말하는 것이 붙잡는 것에 있겠는가? 또한 항상 깨어있으면서 잃어버리지 말라고 말한 것이 바로 이것일 뿐이다. 이 일에 힘을 쓰는 것이 너무도 적으니, 아주 조금의 힘만 들 뿐이다." (위와 같은 곳, 제132조목. 여대아의 기록)

9. 問. 求放心. 曰. 知得心放, 此心便在這裏, 更何用求. 適見道人題壁云,苦海無邊, 回頭是岸, 說得極好. 知言中或問求放心, 答語擧齊王見牛事. 某謂不必如此說, 不成不見牛時, 此心便求不得. 若使某答之, 只曰, 知其放而求之, 斯不放矣. 而求之三字, 亦自剩了.

물었다. "'구방심'을 여쭙습니다."

말씀하였다. "마음을 잃었다는 것을 알았다면, 이 마음은 곧 여기에 있는 것이니 다시 무엇을 찾겠는가? 마침 어떤 도인이 벽에다 '고해는 끝이 없으나 고개를 돌리면 여기가 피안이네'111)라고 쓴 글을 보았는데, 그 말이 매우 좋았다. 『지언』에서는 어떤 사람이 '구방심'에 대해 묻자, (맹자의) 제나라 선왕이 소를 본 일화를 들어서 답했다.112) 나는 반드시 이렇게 설명할 필요는 없다고 본다. 소를 보지 못했을 때는 이 마음을 찾아도 얻을 수 없다는 말은 성립하지 않는다. 만일 나더러 답하라고 하면, 단지 '잃어버린 줄을 알고서 찾는다면 이는 잃어버리지 않은 것이다'라고 했을 텐데, (뒤의) '알고서 찾는다면'이라는 말은 역시 군더더기이다." (위와 같은 곳, 제134조목. 임학몽의 기록)

---

111) 당시 회자되던 유명한 선시이다. 이 구절은 송나라 요면(姚勉, 1216-1262)의 『설파집(雪坡集)』에도 등장한다. 『설파집』 권46, 「소어(疏語)」. (3a) 요면은 호가 비경(蜚卿), 비경(飛卿) 이고, 당시(唐詩)의 정통을 이탈하여 참신함을 추구했던 강서시파(江西詩派)의 문인이었다.

112) 호오봉(胡五峰), 『지언(知言)』 권4. 물었다. "사람이 불인한 이유는 그 양심을 잃었기 때문입니다. 마음을 잃어버렸는데 마음을 찾을 수 있는 일입니까?" 말씀하였다. "제나라 왕이 [흔종(釁鍾)을 위해 끌려가는] 소를 보고 차마 죽이지 못한 것, 이것이 바로 양심의 싹이 이욕(利欲) 가운데에서 발현된 것이다. 그것이 발현되었을 때, 그것을 잡아서 보존하고, 보존하여 그것을 기르고, 길러서 그것을 확충해감으로써 크게 함에 이르고, [이러한] 크게 함을 멈추지 않는다면 하늘과 같아질 것이다. 이 마음은 사람마다 그 발현의 단서가 같지 않으니, 중요한 것은 그것을 인식하는데 있을 뿐이다(問曰. 人之所以不仁者, 以放其良心也. 以放心求心, 可乎. 曰. 齊王見牛而不忍殺, 此良心之苗裔, 因利欲之間而見者也. 一有見焉, 操而存之, 存而養之, 養而充之, 以至于大, 大而不已, 與天同矣. 此心在人, 其發見之端不同, 要在識之而已)." *제선왕의 고사는 『맹자』 「양혜왕상(梁惠王上)」 7장에 있다. 어느 날 제나라의 선왕은 새로 만든 종에 소의 피를 바르는 제사[흔종]를 지내기 위해 소를 끌고 가는 것을 보았다. 선왕은 소가 두려워 벌벌 떨면서 죄 없이 사지(死地)로 나아가는 것을 내 차마 볼 수가 없어, 양으로 대치하라 명령했다. 맹자는 이런 선왕의 '차마 모질게 구하지 못하는 마음'이 곧 양심이고 이를 바탕으로 왕도정치를 시행할 수 있다고 논변을 펼친다.

10. 又曰. 學問之道, 無他, 求其放心而已, 不是學問之道只有求放心一事. 乃是學問之道, 皆所以求放心. 如聖賢一言一語, 都是道理.

또 말씀하였다. "'학문의 도란 다른 것이 아니라 그 잃어버린 마음을 찾는 것일 뿐이다'는 것은 학문의 도가 단지 '구방심' 한 가지만이라는 것이 아니다. 이는 바로 학문의 도는 모두가 '구방심'일 뿐이라는 것이다. 예컨대 성현들이 하신 낱낱의 말들이 모두 도리인 것과 같다." (위와 같은 곳, 제146조목. 섭하손의 기록)

11. *又曰. 學問固亦多端矣, 而孟子直以爲無他. 蓋身如一屋子, 心如一家主. 有此家主, 然後能灑掃門戶, 整頓事務. 若是無主, 則此屋不過一荒屋爾, 實何用焉.

또 말씀하였다. "학문에는 진실로 또한 많은 단서가 있지만 맹자는 다만 '다른 도가 없다'고 했을 뿐이다. 대개 몸은 하나의 집과 같고 마음은 한 집의 주인과 같다. 이 집의 주인이 있은 다음에야 드나드는 문을 청소하고 사무를 정돈할 수 있다. 만일 주인이 없다면, 이 집은 황량한 하나의 건물에 불과할 뿐이니, 실제 무슨 쓰임이 있겠는가?" (위와 같은 곳, 제147조목. 이장조의 기록)

12. *又曰. 學問之道, 孟子斷然說在求放心. 學者, 須先收拾這放心. 不然, 此心放了, 博學, 也是閑, 審問, 也是閑, 如何而明辨, 如何而篤行.

또 말씀하였다. "학문의 도를 맹자는 단호하게 '구방심'에 있다고 말하였다. 배우는 자는 모름지기 먼저 이 '방심'을 수습하여야 한다. 그렇지 않고 이 마음을 잃어버리면 '박학(博學, 널리 배움)'도 한가한 것이며, '심문(審問, 자세히 물음)'도 한가한 것이니, 어떻게 '명변(明辯, 밝게 분별함)'하고 어떻게 '독행(篤行, 독실히 행함)'하겠는가?[113]" (위와 같

113) 『중용』 20장. "성실한 것은 하늘의 도(道)이고, 성실하려고 하는 것은 사람의 도(道)이다.

은 곳, 제148조목. 동수의 기록)[114)]

13. 又曰. 大抵人心流濫四極, 何有定止. 一日十二時中有幾時在軀殼內? 與其四散閑走, 無所歸著, 何不收拾令在腔子中. 且今縱其營營思慮, 假饒求有所得, 譬如無家之商. 四方營求, 得錢雖多, 若無處安頓, 亦是徒費心力耳.

또 말씀하였다. "대저 사람의 마음은 사방으로 흘러넘치는 것이니 어디에서 안정되게 머무름이 있을 것이며, 하루 밤낮 가운데 어느 때 몸통[軀殼][115)] 안에 있겠는가? 사방으로 흩어져 목적 없이 내달리면서 돌아 올 곳이 없는 것을 어째서 몸통 속에 거두어들이지 않는 것인가? 게다가 이제 (명예와 이익을 구하려고) 온 생각을 다 짜내서 넉넉하게 얻은 것이 있다 해도, 비유하자면 집이 없는 장사꾼과 같다. 사방으로 영리를 구해 번 돈이 많다고 해도 만약 편히 보관할 곳이 없다면 또한 헛되이 마음과 힘을 낭비한 것과 같을 뿐이다." (위와 같은 곳, 제158조목. 여대아의 기록)

14. **問. 程子說, 吾作字甚敬, 只此便是學. 這也可以收放心, 非是要字好也. 曰. 然. 如灑掃應對, 博學審問謹思明辨, 皆所以求放心.

물었다. "정자는 '나는 글자를 쓰는데 매우 경건하니, 단지 이것이

성실한 사람은 노력하지 않아도 도에 맞고 생각하지 않아도 도를 알아 마음을 쓰지 않고 자연히 도에 부합되니, 성인(聖人)이시고, 진실하게 하려는 자는 선(善)을 택하여 굳게 지켜가는 자이다. (자신을 성실하게 하려면) 널리 배우고, 자세히 묻고, 신중히 생각하고, 명확하게 분별하고, 독실히 행해야 한다(誠者, 天之道也, 誠之者, 人之道也. 誠者, 不勉而中, 不思而得, 從容中道, 聖人也. 誠之者, 擇善而固執之者也. 博學之, 審問之, 愼思之, 明辨之, 篤行之)."

114) 여기 11조목과 12조목은 『주자어류』에는 서로 독립적인 어록인데, 『심경』에서는 하나로 합해서 싣고 있다.

115) 앞서 나온 강자(腔子)와 구각(軀殼)은 같은 의미이다. 모두 피부의 겉껍질로 둘러싸이고 안이 비어 있는 구조를 가리키며, 보이지 않는 무형의 마음을 담고 있는 용기(容器)의 의미이다. 이는 현대 심리학에서 자아를 피부로 둘러싸인 것으로 보는 관점과 유사하여 흥미롭다.

바로 배움일 뿐이다'라고 하였습니다. 이 또한 '방심'을 거둘 수 있는 것이며 글자를 좋게 쓰려는 것은 아닐 것입니다?"

말씀하였다. "그렇다. 예컨대 쇄소응대 즉 '물을 뿌리고 쓸며 청소하고 응대하고 대접하는 일'이나, 박학, 심문, 근사[116], 명변 등도 모두 '구방심'이다.[117]" (위와 같은 곳, 제163조목. 섭하손의 기록)[118]

15. **又曰. 陳烈初年讀書, 不理會得, 又不記. 因讀孟子求放心一段, 遂謝絶人事, 靜坐室中. 數月後, 看文字記性加數倍, 又聰明.**

또 말씀하였다. "진열(陳烈, 1012~1087)[119]은 어린 시절에 독서할 때는 이해하지도 못하고 기억도 못했다. 『맹자』의 '구방심'의 한 단락을 읽다가 마침내 평소 사람을 맞이하는 일을 사양하고 거절하면서 방에서 정좌하기를 여러 달 지난 뒤에, 글자를 보고 기억하는 힘이 몇 배나 늘어났고 총명해졌다." (『주자어류』 권129, 「본조3(本朝三)」, 제42조목. 포양包揚의 기록)

16. **又曰. 人精神飛揚, 心不在殼子裏面, 便害事.**

또 말씀하였다. "사람의 정신은 위로 날아오르는 것이니 마음이 몸통 안에 있지 않으면 일에 해가 된다." (『주자어류』 권12, 「학문6」, 「지수」, 제9조목. 감절의 기록)

17. **又曰. 此一箇心, 須每日提撕, 令常惺覺. 頃刻放寬, 便隨物流轉, 無**

---

116) 정구는 신사(愼思)를 근사(謹思)로 바꾸어 쓰고 있다.

117) 쇄소응대는 소학(일상의 기본적인 작은 배움)의 일이고, 박학, 심문, 신사, 명변 등은 대학(큰 배움)의 일이다.

118) 『심경부주』(「예악불가사수거신장」)에 의미는 유사하나 다소 변형된 형태로 기록되어 있다.

119) 진열(陳烈)은 주렴계와 동시대에 살았던 유명한 선비이다. 자는 계자(季慈), 존칭은 계보 선생(季甫先生)이다. 원우 연간에 복주 교수(福州教授)를 지냈고, 진양(陳襄), 주희맹(周希孟), 정목(鄭穆) 등과 더불어 해빈 사선생(海濱四先生)이라 불렸다. 『송원학안(宋元學案)』 권5, 참고.

復收拾.

또 말씀하였다. "이 한 마음은 모름지기 매일 이끌어내어서 항상 깨어있게 해야 한다. 잠깐이라도 내버려둔다면 사물에 따라 흘러가버려서 다시는 거두어들이지 못한다." (『주자어류』 권16, 「대학3」, 「전6장 석성의」, 제103조목. 여대아의 기록)

18. 又曰. 求放心, 非是心放出去, 又討一箇心去求他. 如人睡著覺來, 睡是他自睡, 覺是他自覺, 只是要常惺惺. 問. 學者, 只緣斷續處多. 曰. 只要學一箇不斷續.

또 말씀하였다. "'구방심'은 마음이 밖으로 나가버리자, 또 하나의 마음으로 다른 것을 찾게 하는 것이 아니다. 예컨대 사람이 잠에서 깨어날 때, 자는 것도 그가 스스로 자는 것이고, 깨는 것도 그가 스스로 깨는 것과 같다. 단지 '상성성' 즉 항상 깨어있어야 하는 것일 뿐이다."

물었다. "배우는 자는 다만 끊어졌다 이어졌다 하는 곳이 많기 때문인 듯합니다."

말씀하였다. "끊어졌다 이어졌다 하지 않는 것을 배워야 할 뿐이다. (『주자어류』 권59, 「맹자9」, 「고자상」, 「공도자문균시인야장(公都子問鈞是人也章)」, 제171조목. 진문위의 기록)

19. 又曰. 須是打撲精神, 莫教恁地慢. 慢底須是擂教緊, 緊底須是莫放教慢.

또 말씀하였다. "모름지기 정신을 다 쏟아 부어야 하며 이렇게 게으르게 해서는 안 된다. 게으른 것은 모름지기 바짝 조여야 하며, 바짝 조인 것은 모름지기 태만하게 풀어놓아서는 안 된다." (『주자어류』 권120, 「주자17」, 「문인들을 가르침8」, 제26조목. 섭하손의 기록)

20. **又曰. 學者工夫, 只在喚醒上.

또 말씀하였다. "배우는 자의 공부는 단지 마음을 불러 깨우는 데에 있을 뿐이다." (『주자어류』 권12, 「학문6」, 「지수」, 제18조목. 황사의의 기록)

21. 又曰. 只是常要提撕, 令胸次湛然分明.

또 말씀하였다. "단지 항상 (기운을) 이끌어 내서 마음을 맑고 고요히 분명하게 만들어야 할 따름이다." (『주자어류』 권114, 「주자11」, 「문인들을 가르침2」, 제43조목. 요덕명의 기록)

22. 又曰 須是猛省.

또 말씀하였다. "모름지기 맹렬히 (자신을) 살펴보아야 한다." (『주자어류』 권12, 「학문6」, 「지수」, 제21조목. 진순의 기록)

23. 又曰. 須是收拾此心, 令專靜純一, 日用動靜間都在, 不馳走散亂, 方看得文字精審. 如此, 方是有本領.

또 말씀하였다. "모름지기 이 마음을 거두어들여 오로지 고요하고 순일하게 하여 일상생활 속에서 하는 모든 것들 안에 있게 해서 치달려 흩어지지 않아야 문자를 정밀하고 자세하게 볼 수 있게 된다. 이와 같이 하면 본령을 얻게 된다." (『주자어류』 권120, 「주자17」, 「문인들을 가르침8」, 제58조목. 동수의 기록)

24. 又曰. 大概人只要求個放心, 日夕常照管令在. 力量旣充, 自然應接從容.

또 말씀하였다. "대개 사람이란 단지 '잃어버린 마음'을 찾아 밤낮으로 항상 단속하여 여기에 있도록 해야 한다. 역량이 이미 충분해지면 저절로 응대하고 접대하는 것이 (마음을 쓰지 않아도) 자연스럽게 된

다."(『주자어류』 권12, 「학문6」, 「지수」, 제32조목. 유경중游敬仲의 기록)

25. **又曰. 人常須收斂箇身心, 使精神常在這裏. 似擔百十斤擔相似, 須硬著筋骨擔.

또 말씀하였다. "사람은 항상 몸과 마음을 거두어들여서 정신이 항상 여기에 있도록 해야 한다. 흡사 천근의 짐을 진 것과 같으니, 모름지기 힘줄과 뼈를 굳세게 만들어서 짊어져야 한다."(『주자어류』 권12, 「학문6」, 「지수」, 제26조목. 섭하손의 기록)

26. 又曰. 求放心不須注解, 只日用十二時中常切照管, 不令放出, 卽久久自見功效, 義理自明, 持守自固, 不費氣力也.

또 말씀하였다. "(『맹자』의) '구방심'장에 대해서는 주해를 낼 필요가 없습니다. 단지 평소 매 시간 항상 절실하게 단속해서 (마음이) 밖으로 나가버리지 않게 하고, 오래 하다 보면 저절로 공을 들인 효과가 나타나서, 의리가 절로 분명해지며 유지하고 지키는 것이 절로 견고해져 기력을 허비하지 않을 것입니다."(『주자대전』 권52, 「이숙문에게 답함4(答李叔文)」)[120]

27. **又曰. 今日, 學者不長進, 只是心不在焉. 嘗記少年時, 在同安, 夜聞鐘聲, 聽其一聲未絶, 此心已自走作, 因是警省, 乃知爲學須是致志.

또 말씀하였다. "오늘날 배우는 자들이 많이 나가지 못하는 것은 단지 '마음이 여기에 있지 않기'[121] 때문이다. 일찍이 소년 시절 동안(同安)[122]에 있으면서 밤에 종소리를 들었는데, 그 한 소리가 끝나기도

120) 이 편지는 1181년(순희 8년, 52세)에 쓴 것이다.(『편년고증』, 203쪽 참고)
121) 『대학장구』 「전7장」. "마음이 있지 않으면 보아도 보이지 않고 들어도 들리지 않고 먹어도 그 맛을 알지 못한다. 이것을 일러 '몸을 닦는 것이 그 마음을 바르게 하는 데에 있다'고 한다(心不在焉, 視而不見, 聽而不聞, 食而不知其味. 此謂修身, 在正其心)."

전에 이 마음이 이미 제멋대로 내달리고는 했다. 이 때문에 경계하고 살폈으니, 학문을 하는 것은 모름지기 전심치지(專心致志, 마음을 오로지 하고 뜻을 지극히 해야 함)[123]해야 한다는 것을 알게 되었다.”(『주자어류』 권104, 「주자1」, 「자논위학공부」, 제33조목. 요덕명의 기록)

28. 又曰. 某所得處甚約, 只是一兩切要句上, 却日夜就此一兩句上用意玩味, 胸中自是灑落. 又云, 放心不必是走在別處去. 但一劄眼間便不見, 纔覺得, 又便在面前. 不是苦難收拾, 自去提撕, 便見得是如此.

또 말씀하였다. “내가 얻은 곳은 매우 간략하니 단지 한 두 가지 중요한 구절에서였는데, 오히려 낮과 밤으로 이 한 두 구절에 나아가 뜻을 완미했더니 가슴 속이 저절로 쇄락(灑落, 깨끗함)하였다. 또 말씀하길 ‘방심이 반드시 다른 곳으로 달아나 있는 것이 아니다. 다만 한 번 눈을 깜빡이는 순간에도 보이지 않다가, 깨달으면 또 바로 눈앞에 있는 것이다. 그러니 거두어들이기가 어려운 것이 아니라, 스스로 일깨워 가면 바로 볼 수 있는 것이 이와 같다’고 했다.”(위와 같은 곳, 제29조목. 임각의 기록)

29. **又曰. 學者爲學, 未問眞知與力行, 且要收拾此心, 令有個頓放處. 若收斂都在義理上安頓, 無許多胡思亂想, 則久久自於物欲上輕, 於義理上重. 須是教義理心重於物欲, 如秤令有低昂. 即見得義理自端的, 自有欲罷不能之意, 其於物欲, 自無暇及之矣. 苟操舍存亡之間無所主宰, 縱說得, 亦何益.

또 말씀하였다. “배우는 자가 학문을 할 때는 진실로 아는 것[眞知]과 역행(力行, 힘써 실천함)을 따지지 않고, 우선 이 마음을 거두어들

122) 주자는 후일 이 현(縣)의 주부(主簿)를 역임했다.

123) 『맹자』 「고자상」 9장. “저 바둑이라는 기예는 하찮은 기예이긴 하지만 마음을 오로지 하고 뜻을 지극히 하지 않으면 터득할 수 없다(今夫奕之爲數, 小數也, 不專心致志, 則不得也).”

여서 편히 놓을 곳이 있게 해야 한다. 만약 거두어들여서 의리에 편히 두어 수많은 어지러운 생각을 없앤다면, 오래 되어 저절로 외물에 대한 욕심은 가벼워지고 의리는 무겁게 될 것이다.[124] 모름지기 의리에 대한 마음이 외물에 대한 욕심보다 무거워야 하니, 예컨대 저울에 무게를 달아 높아졌다 낮아졌다 하게 하는 것과 같다. 곧 의리를 분명하게 깨달으면 저절로 그만두려 해도 그럴 수 없는 생각이 들어서, 외물에 대한 욕심에 다가설 겨를이 저절로 없어지게 된다. 만약 '붙잡으면 보존되고 놓으면 잃어버리는' 사이에서 주재하는 것이 없다면, 설령 통달한들 또한 무슨 유익함이 있겠는가?" (『주자어류』 권12, 「학문6」, 「지수」, 제29조목. 동수의 기록)

30. **又曰. 荀子曰, 心臥則夢, 偸則自行, 使之則謀. 某自十六七讀時, 便曉得此意. 蓋偸心, 是不知不覺, 自走去, 不由自家使底. 佛家亦有所謂流注想, 他最怕這箇. 潙山禪師云, 某參禪幾年, 至今不會斷得流注想, 此卽荀子所謂偸則自行之心也.**

또 말씀하였다. "순자는 '마음은 누워 자면 꿈을 꾸고, (마치 도둑질하듯이 몰래 돌아다니게) 그냥 두면[偸] 제멋대로 행동하게 되고, 부리면 꾀를 낸다'[125]고 했다. 나는 16~17세에 이 글을 읽을 때 바로 이 뜻을 깨달았다. '투심(偸心)'이란 자신도 모르는 사이에 스스로 도망가서 자신의 부림을 따르지 않는 것이다. 불가에도 또한 이른바 '유주상(流注想, 왔다갔다하는 상념)'[126]이란 것이 있으니, 저들은 이것을 가장

---

124) 『심경부주』에는 여기까지만 발췌되어 있다. 정구는 온전한 문장을 모두 되살렸다.

125) 『순자(荀子)』 「해폐(解蔽)」. "마음은 누워 자면 꿈을 꾸고, (도둑질하듯 몰래 돌아다니게) 그냥 두면 제멋대로 행동하게 되고, 부리면 꾀를 낸다. 그러므로 마음은 일찍이 움직이지 않은 적이 없다. 그러나 이른바 고요함이 있다고 한 것은 헛생각이 지각을 어지럽히지 않기 때문에 고요함이라 이른다(心臥則夢, 偸則自行, 使之則謀. 故心未嘗不動也, 然而有所謂靜, 不以夢劇亂知謂之靜)."

126) 유주상은 '방심'과 유사하고, 선가(禪家)는 유주상을 막기 위해 화두(話頭)를 쓰며 유가에서

두려워한다. 위산(潙山)선사[127]는 '나는 수년 동안 참선하였으나 지금까지도 유주상을 끊지 못했다'라고 했으니, 이것이 바로 순가가 말한 '그냥 두면 제멋대로 행동하는' 마음이다." (『주자어류』 권16, 「대학3」, 「전6장 석성의」, 제86조목. 여대아의 기록)[128]

는 지수(持守)를 한다. 선가에서 화두를 사용하는 것은 '왔다 갔다 하는 마음'을 화두에 붙잡아 두기 위한 것이다. 화두를 붙들면 화두를 풀 때까지 오직 그것만을 생각하므로 마음이 딴 곳으로 흐르지 않기 때문이다.

127) 위산(潙山, 771~853) 선사는 호남성 영향현(寧鄕縣)에 있는 위산에서 7년 동안 법을 닦아 위산이라는 법호를 얻었다. 백장 회해(百丈 懷海, 720~814)의 법을 이어 중국 선종(禪宗)의 5가(五家)의 하나인 위앙종의 개조가 되었다. 『위산영우어록(潙山靈祐語錄)』 등에 그의 전기(傳記)와 행장(行狀)이 기록되어 있다. 『중국역대불교인명사전』 관련 항목 참고.

128) 『심경부주』 「성의장」에 있다.

12. 무명지지장(無名之指章)

〈『맹자』「고자상(告子上)」 12장〉

○ 총 4조목

孟子曰. 今有無名之指, 屈而不信. 非疾痛害事也, 如有能信之者, 則不遠秦楚之路, 爲指之不若人也. 指不若人, 則知惡之, 心不若人, 則不知惡, 此之謂不知類.<告子>

맹자께서 말씀하셨다. "지금 어떤 사람의 무명지(약손가락)가 굽어 펴지지 않는다고 하자. 아프거나 일하는 데 방해가 되지 않지만, 만약 이를 펼 수 있는 사람이 있다고 하면 진나라나 초나라까지 가는 길도 멀다 않고 찾아 가는데, (굽어 펴지지 않는) 손가락이 남들과 같지 않아서이다. 손가락이 남과 같지 않으면 싫어할 줄 알면서, 마음이 남들과 같지 않으면 싫어할 줄 모르니, 이를 일러 종류에 따라 다른 것을 미루어 추측하는 것을 모른다고 한다."<『맹자』「고자상(告子上)」 12장>

1. *朱子曰. 不知類, 言其不知以類而推之.

주자가 말씀하였다. "'부지류(不知類)'는 같은 종류에 따라 (다른 것을) 미루어 추측하는 것을 알지 못함을 말한 것이다." (『심경』의 본주)

2. *程子曰. 人於外物奉身者, 事事要好, 只有自家一箇身與心, 却不要好. 苟得外物好時, 却不知道自家身與心, 已自不好了也.

정자가 말씀하였다. "사람들이 몸을 봉양하는 외물(마음 밖의 사물)에 대해서는 일마다 좋은 것을 요구하지만, 자신의 몸과 마음에 있어서만은 오히려 좋게 하려 하지 않는다. 만약 외물이 좋은 것을 얻었을 때에는 자신의 몸과 마음은 이미 저절로 좋지 않게 된 것을 알지 못한다." (『이정유서』 권1, 53번째 문장)

3. **永嘉鄭氏曰. 覽鏡, 面目有汙, 則必滌之, 振衣而領袖有垢, 則必濯之, 居室而几案窓壁有塵, 則必拂之, 不如是, 則不能安焉. 至於方寸之中, 神明之舍, 汚穢垢塵, 日積焉, 而不知滌濯振拂之, 察小而遺大, 察外而遺內, 其爲不能充其類, 不亦甚乎.

영가 정씨(정백웅鄭伯熊, 1127~1181)가 말하였다. "거울을 보아 얼굴에 더러운 것이 있으면 반드시 씻어내고, 옷을 털면서 옷깃과 소매에 때가 있으면 반드시 빨래하고, 방에 거처하면서 책상과 창과 벽에 먼지가 있으면 반드시 털어내니, 이렇게 하지 않으면 편치 못하다. 그런데 방촌(方寸, 마음) 속 신명의 집에 이르러서는 더러운 것과 때와 먼지가 날로 쌓이는데도 씻어내고 빨래하며 털어낼 줄을 모르고 작은 것은 살피면서 큰 것은 버려두는 것이며, 겉은 살피면서 안은 버려두는 것이니, 충분히 유추하지 못함이 또한 심하지 않은가?" (진덕수, 『맹자집편(孟子集編)』 권11, 「고자장구상(告子章句上)」, 22a)

4. 西山眞氏曰. 身有垢, 皆知沐浴以去之, 心者, 神明之舍, 乃甘爲私欲所汙, 是以形體爲重, 心性爲輕也, 豈不謬哉.

서산 진씨가 말씀하였다. "몸에 먼지가 묻으면 모두 목욕해서 없앨 줄 안다. 마음은 신명의 집이나 의외로 사사로운 욕심에 의해서 더렵혀지는 것을 달게 여긴다. 이래서 형체를 중하게 여기고 심성을 가볍게 여기니, 어찌 잘못이 아니겠는가?" (『사서대전』, 「대학장구대전(大學章句大全)」. 33a)

13. 인지어신야겸소애장(人之於身也兼所愛章)

〈『맹자』「고자상」 14장〉

○ 총 5조목

孟子曰. 人之於身也, 兼所愛, 兼所愛則兼所養也. 無尺寸之膚, 不愛焉, 則無尺寸之膚, 不養也, 所以考其善不善者, 豈有他哉. 於己, 取之而已矣. 體有貴賤, 有小大, 無以小害大, 無以賤害貴, 養其小者爲小人, 養其大者爲大人. 今有場師, 舍其梧檟, 養其樲棘, 則爲賤場師焉. 養其一指, 而失其肩背而不知也, 則爲狼疾人也. 飮食之人, 則人賤之矣, 爲其養小以失大也. 飮食之人, 無有失也, 則口腹, 豈適爲尺寸之膚哉.<告子>

맹자께서 말씀하셨다. "사람은 자기 몸에 대해서는 (몸의 어느 부분이나) 함께 아낀다. 함께 아끼니 (몸을 돌보고) 기르는 것도 함께 한다. 한 자 한 치의 살갗을 아끼지 않음이 없다면 한 자 한 치의 살갗을 기르지 않는 일이 없다. 자기 몸을 잘 기르고 못 기르는지를 살피는 것을 어찌 다른 데서 찾겠는가? 자신에게서 찾을 뿐이다. 몸에는 귀함과 천함이 있고 크고 작은 것이 있다. 작은 것으로 큰 것을 해치지 말아야 하고 천한 것으로 귀한 것을 해쳐서는 안 된다. 작은 것을 기르는 자는 소인이 되고 큰 것을 기르는 자는 대인이 된다. 지금 정원사가 오동나무와 가래나무 같은 귀한 나무를 버리고 가시가 많은 나무들을 기른다면 하급의 천한 정원사가 된다. 누군가 손가락 하나만 기르느라 어깨와 등을 잃고서도 모른다면 질병이 낭자한 데도 모르는 사람129)이 되고 만다. 먹고 마시기만을 밝히는 사람은 남들이 그를 천하게 여기는데, 그것은 작은 것을 돌보느라 큰 것을 잃었기 때문이다. 마시고 먹기만을 밝히는 사람일지라도 (크고 귀한 것을 아직) 잃지 않는 경우라면, 그 입과 배가 어찌 한 자 한 치의 살갗을 기르는 데서만 그치겠는가? (크고 귀한 것을 기르는데 종사하게 될 것이다)130)"<『맹자』「고자상」 14장>

129) 낭질(狼疾)은 조기(趙岐)의 주에 따르면 다음과 같다. "의자가 사람의 병을 치료할 때 그 손가락 하나를 치료하다 어깨와 등에 병이 있는 것을 몰랐다가 해롭게 된데 이른 것이니, 이는 어지럽게 흩어지고 혼란스러워서 병의 치료를 모르는 사람이다(謂醫養人疾, 治其一指而不知其肩背之有疾, 以至於害之, 此爲狼藉亂不知治疾之人也)." 이에 따라서 병이 깊어져서 병이 이미 낭자해진 사람 즉 치료가 어려운 지경에 이르게 된 사람이라고 해석했다. 보통은 주자의 주석을 따르는데 그 요지는 '승냥이는 잘 돌아보는데 빨리 달리면 돌아볼 수 없으니, 사람이 눈앞의 일에만 급급하고 뒷날의 생각에는 미치지 못함을 비유한 것'이다. 이에 따르면 돌이켜 살피지(반성) 못하는 사람이 된다.

130) 마지막 문장은 석연하게 이해하기 어렵다. 주자도 이에 대해 말하고 있지만 이 역시도 석연하게 이해되지 않는다. "(맹자는) '음식을 밝히는 사람이 잘못함이 없다면 입과 배가 어찌 다만 한 자나 한 치의 살이 될 뿐이겠는가'라고 하였으니, 이 몇 구절은 말을 도치(倒置)되게 하여 또한 스스로 깨닫기 어렵다(朱子曰. 飮食之人, 無有失也, 則口腹, 豈適爲尺寸之膚哉, 此數句被恁說得倒了, 也自難曉)." 내가 보기에는, 이미 음식을 밝히는 자는 큰 것을 상실한 자 즉 소인라고 규정을 했는데, 이런 소인이 대인의 덕을 잃지 않는다라고 다시 가정하고 있다는 것에 이유가 있는 것 같다. 이것은 비록 소인일지라도 대인의 덕이 완전히 사라지지 않는다는 것을 암시하는 것이다. 그래서 이전에는 소인이었지만 큰 것을 돌보기만 하면, 소인에 봉사해왔던 구복이 작고 천한 몸의 부분을 넘어서 크고 귀한 것을 기르는데 종사할 것이라고 한다. 즉 소인의 회복을 말하는 문장이다. 구복은 먹고 마시기만을 밝히는 사람에 속하지만 한자 한 치의 살갗 보다 상대적으로 조금 더 크고 귀하다. 그러므로 구복은 중간에 속해서 아래가 아닌 위의 높고 크고 귀한 차원에 봉사해야 한다.

1. *朱子曰. 賤而小者, 口腹也, 貴而大者, 心志也.

주자가 말씀하였다. "천하고 작은 것은 입과 배이고, 귀하고 큰 것은 마음의 뜻이다." (『맹자집주』의 주석)

2. **張子曰. 湛一, 氣之本, 攻取, 氣之欲. 口腹於飮食, 鼻口於臭味, 皆攻取之性也. 知德者, 屬饜而已, 不以嗜欲累其心, 不以小害大, 末喪本焉爾.

장자가 말씀하였다. "담일(湛一, 맑고 고요히 하나됨)은 기의 근본이고, 공취(攻取, 공격해서 빼앗음)는 기의 욕구이다. 입과 배가 음식에 대한 것과 코와 입이 냄새와 맛에 대한 것은 모두 '공취의 본성'이다. 덕을 아는 자는 만족하고 그만두며 즐기고 좋아하므로 그 마음에 누를 끼치지 않으며, 작은 것으로 큰 것을 해치거나 말단으로 근본을 잃지 않는다." (『장자전서』 권2, 「정몽」, 「성명편6(誠明篇第六)」. 35a)

3. **武夷胡氏曰. 治心修身, 以飮食男女爲切要. 從古聖賢, 自這裏做工夫, 其可忽乎.

무이 호씨가 말하였다. "마음을 다스리고 몸을 닦음은 '음식남녀(飮食男女, 식욕과 성욕)'를 절실하고 중요한 것으로 삼는다. 예로부터 성현들께서 여기서부터 공부하셨으니, 어찌 소홀히 할 수 있겠는가?" (『소학집주』 권5, 「외편」, 「가언(嘉言)」. 12b)

4. **又曰. 人於一切世味, 淡薄, 方好, 不要有富貴相. 孟子謂堂高數仞, 食前方丈, 我得志不爲, 學者須先除去此等, 常自激昻, 便不到得墜墮.

또 말씀하였다. "사람은 일체의 세상맛[世味]에 담박하여야 좋게 되니, 부귀한 모습이 있어서는 안 된다. 맹자께서 '몇 길 높이의 집과 앞에 한 상 가득 차려진 음식을 나는 뜻을 이루더라도 하지 않을 것이다'[131]라고 하셨으니, 배우는 자는 모름지기 우선 이러한 것들을 없애 버리고 항상 스스로 감정을 격렬하게 움직여서 드높아지게 해야 (세상의 부귀영화가 주는 맛을 보다가) 타락하고 추락하지 않게 될 것이다." (위와 같은 곳. 34b)

5. **南軒張氏曰. 何以爲大且貴. 人心是已, 小且賤, 則血氣是已. 血氣亦稟於天, 非可賤也, 而心則爲之宰者也. 不得其宰, 則倍天遁情, 流爲一物, 斯爲可賤矣. 人惟不知天理之存. 故憧憧然獨以養其口腹爲事, 自農工商賈之競乎利, 以至公卿大夫士之競乎祿仕, 皆然也. 良心日喪, 人道幾息而不自知, 此豈不類於場師之舍梧檟而從事於樲棘, 治疾者養其一指而失其肩背者與. 雖然, 人飢渴而飮食是亦理也, 初何罪焉, 然飮食之人, 人所爲賤之者, 爲其但知有口腹之養, 而失其大者耳. 如使飮食之人而不失其大者, 則口腹豈但爲養其尺寸之膚哉. 固亦理義之所存也. 故失其大者, 則役於血氣, 而爲人欲, 先立乎其大者, 則本諸天命, 而皆至理. 人欲流, 則口腹之須何有窮極, 此人之所以爲禽獸不遠者也. 天理明, 則一飮一食之間, 亦莫不有焉, 此人之所以成身, 而通乎天地者也. 然則可不謹其源哉.

남헌 장씨가 말하였다. "무엇이 크고 또 귀한 것이 되는가? 사람의 마음이 이것이며, 작고 또 천한 것은 혈기가 이것이다. 그러나 혈기 또한 하늘에서 부여받은 것이니 천히 여길 수 있는 것이 아니지만, 마음은 주재하는 것이니, (혈기가) 주재를 얻지 못하면 하늘[天理]을 배반

131) 『맹자』 「진심하(盡心下)」 34장. 맹자께서 말씀하셨다. "존귀한 사람을 설득할 때에는 그를 가볍게 보고, 그의 높은 지위는 의식하지 말아야 한다. 몇 길 높이의 집과 몇 자 되는 서까래를 나는 뜻을 이루더라도 하지 않을 것이며, 앞에 한 상 가득 차려진 음식과 시중드는 수백 명의 첩들을 나는 뜻을 이루더라도 하지 않을 것이며, 마냥 즐기며 술을 마시고, 말을 달리며 사냥하고, 행차 때마다 수레 천 대가 뒤따르는 것을 나는 뜻을 이루더라도 하지 않을 것이다. 저 사람에게 있는 것은 모두 내가 하지 않으려는 것들이고, 나에게 있는 것은 모두 옛 성인의 법도이다. 내 무엇 때문에 저 사람을 두려워하겠는가(孟子曰. 說大人, 則藐之, 勿視其巍巍然. 堂高數仞, 榱題數尺, 我得志, 弗爲也, 食前方丈, 侍妾數百人, 我得志, 弗爲也, 般樂飮酒, 驅騁田獵, 後車千乘, 我得志, 弗爲也. 在彼者, 皆我所不爲也, 在我者, 皆古之制也. 吾何畏彼哉)."

하고 인정을 저버려서 흘러가 한낱 사물이 되니, 이는 천하게 여길 만한 것이다. 사람들은 천리를 보존할 줄 모른다. 그러므로 끊임없이 오직 입과 배를 기르는 것만을 일삼으니, 농·공·상고(상업)가 이익을 다툼으로부터 공·경·대부·사(선비)가 녹봉과 벼슬을 다툼에 이르기까지 모두 그러하다. 양심이 날로 상실되어 인도가 거의 끊기는 데도 스스로 알지 못하니, 이 어찌 정원사가 오동나무를 버리고 가시나무를 기르는 데 종사하며, 병을 치료하는 자가 손가락 하나만 기르고 어깨와 등을 잃는 것과 같은 종류가 아니겠는가?

비록 그렇지만 사람이 배고프고 목마르며 마시고 먹는 것 또한 천리이니, 애초에 무슨 죄가 되겠는가? 하지만 먹고 마시고만 하는 사람은 사람들이 천하게 여기는 자들이니 그들은 다만 입과 배를 키우는 것만을 알뿐 큰 것을 잃어버린 자들이기 때문이다. 가령 먹고 마시는 것만을 밝히는 사람이지만 그 큰 것을 잃지 않은 자라면, 입과 배가 어찌 그 한 자 한 치의 살갗을 기르기만 할 뿐이겠는가? 진실로 또한 의리가 있는 것이다. 그러므로 그 큰 것을 잃는 자는 혈기에 부림을 받아서 인욕이 되고, '먼저 그 큰 것을 세우는 것'[132]은 천명에 근본하니 모두 지극한 이치이다. 인욕에 흐르게 되면 입과 배가 바라는 것에 어찌 끝이 있으리오? 이것이 사람이 금수와 거리가 멀지 않은 이유인 것이다. 천리가 밝아지면 한 번 먹고 마시는 사이에 또한 (천리가) 있지 않음이 없으니, 이것이 사람이 자신을 완성하여 천지에 통달하는 이유이다. 그러니 그 근원을 삼가지 않을 수 있겠는가?" (『계사맹자설』 권6, 「고자상」. 28a~29a)[133]

132) 『맹자』 「고자상」 15장. "그 중에 먼저 큰 것(마음)을 확립한다면 작은 것(귀와 눈)이 빼앗을 수 없다(先立乎其大者, 則其小者不能奪也)." 이어지는 14조목의 주제이다.

133) 『심경부주』는 장경부의 말 전체를 싣지 않았다. 정구는 생략된 부분(주로 가운데 부분)을 복원해서 싣고 있다.

14. 균시인야장(鈞是人也章)

〈『맹자』「고자상」 15장〉

○ 총 9조목

公都子問曰. 鈞是人也, 或爲大人, 或爲小人, 何也. 曰. 從其大體爲大人, 從其小體爲小人. 曰. 鈞是人也, 或從其大體, 或從其小體, 何也. 曰. 耳目之官, 不思而蔽於物, 物交物, 則引之而已矣. 心之官則思, 思則得之, 不思則不得也. 此天之所與我者. 先立乎其大者, 則其小者弗能奪也, 此爲大人而已矣.<告子>

공도자가 물었다. "다 같은 사람인데, 누구는 대인이 되고 누구는 소인이 되는 것은 무슨 이유입니까?"
맹자께서 말씀하셨다. "그 대체(大體)를 따르면 대인이 되고, 그 소체(小體)를 따르면 소인이 된다."
"다 같은 사람인데, 누구는 대체를 따르고 누구는 소체를 따르는 것은 무슨 이유입니까?"
맹자께서 말씀하셨다. "귀와 눈이라는 기관은 생각하지 못해서 바깥의 사물에 가려지니, 사물이 (귀와 눈이라는) 사물과 만나면 이를 끌어당길 뿐이다. 그러나 마음이라는 기관은 생각을 하는데, 생각하면 (이치를) 알게 되고 생각하지 못하면 (이치를) 알 수가 없다. 이것은 하늘이 나에게 부여해 준 것이다. (그러므로) 먼저 그 큰 것을 세운다면 그 작은 것이 (큰 것을) 빼앗을 수 없으니, 이런 사람이 대인이 되는 것이다."<『맹자』「고자상」 15장>

1. *朱子曰. 官之爲言, 主也. 耳主聽, 目主視, 而不能思. 是以蔽於外物. 心則主思, 而外物, 不得蔽, 此耳目所以爲小體, 而心所以爲大體也. 耳目, 旣爲小體而蔽於物, 則亦一物耳, 以外物, 交於此物, 則引之而去 必矣. 心雖大體而能不蔽於物, 然或不思, 則不得於理而耳目用事, 終亦不免爲物所引而去也. 此二者, 所以雖皆出於天賦, 而其大者, 又不可以不先立也.

주자가 말씀하였다. "관(官)이란 말은 '주관한다'[主][134]는 뜻이다. 귀는 듣는 것을 주관하고 눈은 보는 것을 주관하나 생각은 못한다. 이 때문에 바깥의 사물에 가려지며, 마음은 생각을 주관해서 바깥의 사물에 가려지지 못하니, 이것이 귀와 눈은 '소체'가 되고 마음은 '대체'가 되는 이유이다. 귀와 눈이 이미 소체가 되어 바깥의 사물에 가려지면 또한 하나의 사물일 뿐이니, 바깥의 사물로써 이 사물(귀와 눈)과 만나면 거기에 끌려가버릴 것이 틀림없다. 마음은 비록 대체여서 사물에 가려지지 않으나 혹 생각하지 않으면 도리를 얻지 못하여 귀와 눈이 주도권을 장악[用事]해서 결국 사물에게 끌려감을 면치 못한다. 이 '두 가지'[135]는 비록 모두 하늘이 부여해 준 것에서 나왔으나 그 큰 것은 또한 먼저 서지 않으면 안 된다." (『맹자집주』의 주석)[136]

2. **荀子曰. 耳目口鼻能各有接而不相能也. 夫是之謂天官. 心居中虛, 以治五官, 夫是之謂天君. 聖人, 淸其天君, 正其天官.

순자가 말씀하였다. "이목비구와 신체는 각각 밖의 것들과 접촉해 기능을 발휘하나 기능을 함께 할 수는 없다. 이것을 '천관'이라 한다. 마음은 가운데 빈 곳에 거처하여 오관을 다스리니 이를 '천군'이라 한다. 성인은 그 천군을 맑게 하여 그 천관을 바르게 한다." (『순자(荀子)』

---

134) 이 조목에서 주(主)는 원본이 되는 『맹자집주』의 주석에서는 모두 사(司)로 되어 있다. '주관한다, 주재한다'의 주(主)와 '맡다'의 사(司)는 유사한 뜻을 가지고 있다.

135) 『맹자집주』에는 '세 가지(三者)'로 되어 있다. 세 가지는 귀, 눈, 마음을 가리킨다.

136) 이 조목은 『맹자집주』를 옮긴 것이지만 내용에 있어서 약간의 출입이 있다.

「천론(天論)」)[137]

3. 又曰 虛壹而靜, 謂之淸明. 心者, 形之君也, 而神明之主也, 出令而無所受令.

또 말씀하였다. "비어서 한결같고 고요한 것을 맑고 밝다고 한다. 마음은 형체(신체)의 임금이고, 신명의 주인이니, 명령을 내리나 명령을 받는 일은 없다." (위와 같은 책, 「해폐(解蔽)」)[138]

西山眞氏曰, 虛謂無物欲之礙, 壹謂無思慮之雜. 如是而又靜以養之, 是之謂淸明.

서산 진씨가 말씀하였다. "'비어 있음'이란 사물에 사로잡혀 생겨난 욕심에서 생겨난 장애가 없는 것이고, '한결같음'이란 생각이 잡다한 것이 없음을 말한다. 이와 같은데 또한 고요하게 기르는 것을 '맑고 밝음'이라 한다." (『서산독서기』 권3, 「심」. 34b)

137) 『순자』의 원문에서 가운데 부분의 내용을 생략했다. "이목비구와 신체는 각각 밖의 것들과 접촉해 기능을 발휘하나 기능을 함께 할 수는 없다. 이것을 천관이라 한다. 마음은 가운데 빈 곳에 거처하여 오관을 다스리니 이를 천군이라 한다. 그 종류가 아닌 것을 제재하여 그 종류를 기르니 이를 천양(天養)이라 한다. 그 종류를 따르는 것을 복(福)이라 하고, 그 종류를 거스르는 것을 화(禍)라하고 하니, 이를 천정(天政)이라 한다. 그 천군을 어둡게 하고 그 천군을 어지럽히고 그 천양을 버리며 그 천정을 거스르고 그 천정을 위배하여 천공(天功)을 잃으니, 이를 대흉(大凶)이라 한다. 성인은 그 천군을 맑게 하고 그 천관을 바르게 하며 그 천양을 갖추고 그 천정을 따르며 그 천정을 길러서 그 천공을 온전하게 한다(耳目鼻口形能各有接而不相能也, 夫是之謂天官. 心居中虛, 以治五官, 夫是之謂天君. 財非其類以養其類, 夫是之謂天養. 順其類者謂之福, 逆其類者謂之禍, 夫是之謂天政. 暗其天君, 亂其天官, 棄其天養, 逆其天政, 背其天情, 以喪天功, 夫是之謂大凶. 聖人淸其天君, 正其天官)."

138) 『순자』의 원문을 상당히 생략하고 글자의 출입이 있다. "사람은 어떻게 도를 아는가? 마음이다. 마음은 어떻게 도를 아는가? 비어서 한결같고 고요하기 때문이다 … 마음이 비고 한결같고 고요한 것을 크게 맑고 밝다고 한다. … 마음이란 형체(신체)의 임금이며 신명의 주인이다. 명령을 내리지만 명령을 받는 일이 없다(人何以知道. 曰心. 心何以知. 曰虛壹而靜. … 虛壹而靜謂之大淸明 … 心者, 形之君也, 而神明之主也, 出令而無所受令)."

4. 朱子曰. 君子當於思處用工, 能不妄思, 是能先立其大者也. 立字下得有力.

주자가 말씀하였다. "군자는 마땅히 생각하는 곳에서 공부를 하여 거짓된 생각을 못하게 해야 하니, 이것이 능히 '먼저 그 큰 것을 세운다'는 것이다. '세운다'라는 글자에 힘을 써야 한다." (『주자어류』 권59, 「맹자9」, 「고자상」, 「공도자문균시인야장(公都子問鈞是人也章)」, 제166조목. 여대아의 기록)

5. 又曰. 心之官, 固是主於思, 然須是思方得. 若不思, 却倒把不是做是, 是底却做不是. 心雖主於思, 又須著思, 方得其所思. 若不思, 則邪思雜慮便順他做去, 卻害事.

또 말씀하였다. "마음이란 기관은 진실로 생각을 주관하나, 반드시 생각해야만 그럴 수 있다. 만일 생각하지 않는다면 오히려 옳지 않은 것을 거꾸로 옳다 하고, 옳은 것을 도리어 옳지 않다고 하게 된다. 마음이 비록 생각을 주관하지만, 또한 모름지기 생각을 해야만 그 생각한 바를 얻을 수 있다. 만일 생각하지 않는다면 간사한 생각과 잡다한 근심들에 순응해서 일을 처리해나니, 오히려 일을 해치게 된다." (위와 같은 곳, 제167조목. 섭하손의 기록)

6. 又曰. 心元有思, 須是人自主張起來.

또 말씀하였다. "마음에는 원래 생각이 있지만 반드시 사람이 스스로 주재해서 추스르고 분발해야 하는 것이다."[139] (위와 같은 곳, 제170조목. 섭하손의 기록)

---

139) 이 조목과 관련해서 정구와 임탁이의 문답이 있어 참고해 본다. (임탁이) "'공도자문왈장' 제3권에 '朱子曰須是人自家主張起來'이라고 하였는데, '起來'는 곧 추스르고 분발한다는 뜻입니까? (公都子問曰章第三圈, 朱子曰須是人自家主張起來云. 起來, 卽提掇振拔之意邪.)" (정구) "추스르고 분발하는 뜻이라는 그대의 설이 옳네(提掇振拔之意, 來說是)." 『한강집-속집』, 제3권, 「문답(問答)」, 「답임탁이(答任卓爾)」 참고.

7. **又曰. 古人言志帥心君, 須心有主張始得.

또 말씀하였다. "옛 사람은 '뜻은 장수이고, 마음은 임금이다'[140]라고 말하니, 모름지기 마음에는 주재가 있어야 비로소 얻을 수 있다." (『주자어류』 권12, 「학문6」, 「지수」, 제85조목)[141]

8. **又曰. 孟子說先立乎其大者, 此語最有力. 且看他下一箇立字. 昔有人, 問譙先生爲學之道, 譙曰某只是先立乎其大者, 他之學. 亦自有要. 卓然竪起自心, 便是立, 所謂敬以直內也.

또 말씀하였다. "맹자께서 '먼저 그 큰 것을 세우라'고 하셨으니, 이 말씀이 가장 힘을 쓸 곳이다. 우선 여기에 '세우다'라는 글자를 놓은 것을 보아야 한다. 옛날 어떤 사람이 초선생(초정譙定)[142]에게 학문하는 방법을 묻자, 초선생은 '나는 단지 그 큰 것을 먼저 세울 뿐이다'라고 하였으니, 그의 학문 또한 스스로 요점이 있었다. 눈에 띄게 자기 마음을 일으켜 세우는 것이 곧 '세우다[立]'이니, 이른바 '경이직내'라는 것이다." (『주자어류』 권59, 「맹자9」, 「고자상」, 「공도자문균시인야장」, 제171조목. 진문위의 기록)

又答南軒書曰. 乃知焦公之學, 於躬行上有得力處.

또한 「답남헌서」에서 말씀하였다. "초공(초원焦瑗)[143]의 학문이 몸소

140) 앞의 말은 맹자, 뒤의 말은 순자가 한 것이다. 『맹자』 「공손추상」 2장. "무릇 (마음의) 뜻은 기를 거느리는 장수이다(夫志, 氣之帥也)."

141) 『심경부주』 「인인심장」.

142) 초정(譙定, 1023~미상)은 정이천의 문인이다. 자는 천수(天授)이며 자호는 부릉(涪陵) 선생이다. 흠종 정강 초에 부름을 받아 숭정전설서(崇政殿說書)가 되었으나 의론이 받아들여지지 않자 사직하고 나아가지 않았다. 청성산(青城山)에 은거하였고, 세상에서 초부자(譙夫子)라고 불렀다. 특히 역학에 깊이가 있었다. 『송사』 권459, 「은일전하(隱逸傳下)」, 「초정전(譙定傳)」 참고.

143) 정이천의 문인이다. 자는 공로(公路). 정이의 낙학(洛學)이 박해를 당하자 질강(浙江)의 은(鄞)으로 거처를 옮겼으며 이로 인해서 그곳에 낙학이 전파되었다. 『송원학안(宋元學案)』 권30, 「유이제유학안(劉李諸儒學案)」, 「포의초공로선생원(布衣焦公路先生瑗)」 참고.

실행하는 데에서 (장차 깨달음을 위한) 힘을 얻을 곳이 있다는 것을 알았습니다." (『주자대전』 권31, 「답장경부맹자설의의30(答敬夫孟子說疑義)」)[144]

9. **東萊呂氏曰. 公都子此問, 有洙泗間氣象.**

동래 여씨가 말씀하였다. "공도자의 이 질문에는 수사의 기상[145]이 서려 있다." (『여택논설집록』 권7, 「문인집록맹자설(門人集錄孟子說)」. 52a)

144) 이 편지는 1176년(순희 3년, 47세)에 쓴 것이다. (『편년고증』, 143쪽 참고)

145) 수수(洙水)와 사수(泗水)는 공자가 활동한 곳으로 공자의 도를 상징한다.

15. 기자감식장(飢者甘食章)

〈『맹자』「진심상(盡心上)」 27장〉

○ 총 5조목

孟子曰. 飢者甘食, 渴者甘飮, 是未得飮食之正也. 飢渴, 害之也. 豈惟口腹, 有飢渴之害. 人心, 亦皆有害. 人能無以飢渴之害, 爲心害, 則不及人, 不爲憂矣.<盡心>

맹자께서 말씀하셨다. "굶주린 자는 무엇이든 달게 먹고 목마른 자는 무엇이든 달게 마시니, 이는 음식의 바른 맛을 알지 못하는 것이다. 굶주림과 목마름이 바른 맛을 해쳤기 때문이다. 어찌 입과 배에만 굶주림과 목마름의 해가 있겠는가? 사람의 마음도 또한 모두 해로움이 있는 것이다. 사람이 굶주림과 목마름의 해로움으로 마음에 해를 입지 않게 할 수 있다면, (부귀영화가) 남보다 못한 것이 걱정거리가 되지 않을 것이다."<『맹자』「진심상(盡心上)」 27장>

1. *朱子曰. 口腹, 爲飢渴所害, 故於飮食, 不暇擇而失其正味. 人心, 爲貧賤所害, 故於富貴, 不暇擇而失其正理也.

주자가 말씀하였다. "입과 배가 굶주림과 목마름의 해를 입기 때문에 음식에 대해서 가릴 겨를이 없어 그 바른 맛을 잃는 것이다. 사람의 마음이 가난과 천함에 해를 입기 때문에 부귀영화에 대해서 가릴 겨를이 없이 그 바른 이치를 잃는 것이다." (『맹자집주』의 주석)

2. 又曰. 人能不以富貴之故而動其心, 則過人, 遠矣. 此章, 言人不可以小害大, 不可以末害本.

또 말씀하였다. "사람이 부귀영화의 이유 때문에 그 마음을 동요하지 않는다면 남보다 뛰어남이 먼 것이다. 이 장은 사람이 작은 것을 가지고 큰 것을 해쳐서는 안 되고, 말단을 가지고 근본을 해쳐서는 안 됨을 말한 것이다." (『심경』의 본주)[146)]

3. 又曰. 人須是有廉恥. 人有恥, 則能有所不爲. 今有一樣人不能安貧, 其氣消屈, 以至立脚不住, 不知廉恥, 亦何所不至. 呂舍人詩云, 逢人卽有求, 所以百事非. 曾子平日是箇剛毅有力量, 壁立千仞底人, 觀其所謂, 士不可以不弘毅, 可以託六尺之孤, 可以寄百里之命, 臨大節而不可奪. 晉楚之富不可及也, 彼以其富, 我以吾仁, 彼以其爵, 我以吾義, 吾何慊乎哉, 底言語, 可見. 緣他資質剛毅, 先自把捉得定, 故得卒傳夫子之道. 又如論語必先說, 富與貴是人之所欲也, 不以其道得之, 不處也, 貧與賤是人之所惡也, 不以其道得之, 不去也, 然後說, 君子去仁, 惡乎成名. 必先敎取舍之際界限分明, 然後可做工夫. 不然, 則立脚不定, 安能有進. 又云, 學者不於富

146) 이 조목은 진덕수가 『맹자집주』의 주자 주석을 약간 바꾸고 자신의 견해를 넣은 것이다. 앞 문장은 주자의 주석이고 뒷 문장은 진덕수의 것이다. 그런데 『맹자집주』에서는 '그 마음을 동요하지 않는다(動其心)'라고 되어 있는 것을 진덕수(『심경』)는 '빈천을 싫어하지 않는다면(厭貧賤)'이라고 바꾸어서 싣고 있다. 정구는 『맹자집주』의 원래 주석을 그대로 옮겨놓고 있다.

貴貧賤上立定, 則是入門便差了也.

또 말씀하였다. "사람은 모름지기 '염치[부끄러움]'가 있어야 한다. 사람에게 부끄러움이 있다면 능히 하지 못하는 (마음이) 있게 된다.147) 요즘 어떤 사람들은 가난을 편안히 여기지 못하여 그 기운이 꺼져가고 위축되어서 발을 붙이고 단단히 서지 못해 불안정하게 되어서는 염치도 모르니 어떤 짓인들 하지 못하겠는가? 사인(舍人) 여본중(呂本中)148)은 시에서 '사람을 만나면 곧 뭔가를 찾으려하니 백사를 그르치네'라고 했다. 증자는 평소에 굳세어 역량이 있고, 천 길의 절벽처럼 우뚝 서 있는 사람이었으니, 말씀하신 것을 살펴보면 그렇다. 곧 '선비는 도량이 넓고 뜻이 굳세지 않으면 안 된다'149) '나이 어린 임금을 부탁할 만하고, 100리 되는 나라를 맡길 만하며, 큰 절개가 드러나는 생사의 기로에서도 그 뜻을 빼앗을 수 없다'150) '진나라와 초나라의 부유함을 내가 따라갈 수는 없지만, 저들이 부(富)를 내세우면 나는 나의 인(仁)을 내놓고, 저들이 관작을 내세우면 나는 나의 의(義)를 내놓으면 되니, 내가 무엇이 부족한가?'151)

---

147) 『맹자』 「진심하」 31장. "사람에게는 모두 (부끄러워서) 하지 않는 마음이 있는데, 이 마음을 부끄러워하지 않고 하는 데에까지 확충시켜 나간다면, 그것이 바로 의(義)이다(人皆有所不爲, 達之於其所爲, 義也)."

148) 여본중(1084~1145)은 자는 거인(居仁)이며 호는 동래선생(東萊先生), 시호는 문청(文淸)이다. 기거사인(起居舍人)을 거쳐 권직학사원(權直學士院)을 지냈다. 재상 진회(秦檜)의 미움을 사서 탄핵을 받고 파직당했다. 양시(楊時)와 유초(游酢), 윤돈(尹焞)을 사사했다. 저서에 『춘추집해(春秋集解)』, 『동몽훈(童蒙訓)』, 『강서시사종파도(江西詩社宗派圖)』, 『자미시화(紫微詩話)』, 『사우연원록(師友淵源錄)』, 『동래선생시집(東萊先生詩集)』 등이 있다. 『중국역대인명사전』 관련 항목 참고.

149) 『논어』 「태백(泰伯)」 7장. 증자가 말하였다. "선비는 마음이 넓고 크며 굳세지 않으면 안 되니, 짐은 무겁고 갈길은 멀기 때문이다. 인이 내가 질 짐이니, 무겁지 않은가? 죽은 뒤에야 멈추니, 멀지 않은가?(士不可以不弘毅, 任重而道遠. 仁以爲己任, 不亦重乎. 死而後已, 不亦遠乎)."

150) 『논어』 「태백」 6장. 증자가 말하였다. "나이 어린 임금을 부탁할 만하고, 100리 되는 나라를 맡길 만하며, 큰 절개가 드러나는 생사의 기로에서도 그 뜻을 빼앗을 수 없는 사람이면 군자라 할 수 있는가? 참으로 군자다운 사람이라 할 수 있을 것이다(曾子曰. 可以託六尺之孤, 可以寄百里之命, 臨大節而不可奪也, 君子人與, 君子人也)."

증자는 그 자질이 굳센 것에 연유해서 먼저 스스로 붙잡아 두어 안정할 수 있었기 때문에 마침내 공자의 도를 전할 수 있었다. 또한 『논어』에서는 반드시 먼저 '부귀는 사람이면 누구나 원하는 것이지만 정당한 방도로 얻은 것이 아니면 누리지 말아야 하며, 빈천은 사람이면 누구나 싫어하는 것이지만 정당한 방도로 얻은 것이 아니라도 버리지 말아야 한다'[152]라고 말한 뒤에, '군자가 인을 떠난다면 무엇으로 '군자'라는 이름을 이루겠는가?'[153]라고 말했다. 반드시 먼저 취하고 버릴 때 그 한계를 분명하게 한 뒤에야 공부를 할 수 있었다. 그렇지 않으면 발을 붙이고 단단히 서지 못해 불안정하게 되니 어찌 진전이 있을 수 있겠는가? 또 '배우는 자가 부귀와 빈천에 대해서 똑바로 서지 못하면 입문에서부터 잘못된 것이다'라고 말씀하였다." (『주자어류』 권13, 「학문7」, 「역행」, 제124조목. 보광의 기록)[154]

4. 南軒張氏曰. 人心虛明知覺, 萬理森然, 其好惡是非, 本何適而非正. 惟夫動於私欲, 則有所忿懥, 有所恐懼, 有所好樂, 有所憂患, 而其正理始昧矣. 人能正其心, 不使外物害之, 如飢渴之害於口腹, 則無適而非天理之所存矣.

남헌 장씨가 말하였다. "사람 마음의 비어 있으며 밝은 허명(虛明)한 지각은 온갖 이치가 다 들어차 있어서 그 호오와 시비는 본래 어디를 간들 바르지 않겠는가? 오직 저 사사로운 욕심에 동요되면 '분노하는 것이 있거나 두려워하는 것이 있거나 좋아하는 것이 있거나 근심하는 것이 있게' 되어 그 바른 이치가 어두워지기 시작한다. 사람은 그 마음을 바르게 하여 굶주림과 목마름이 입과 배에 해를 끼치는 것처럼

151) 『맹자』 「공손추하」 2장.
152) 『논어』 「이인(里仁)」 5장.
153) 『논어』, 위와 같은 곳.
154) 정구는 『주자어류』 원문에서 뜻을 다치지 않게 부분 부분 생략하여 싣고 있다.

바깥의 사물이 해를 끼치지 못하게 한다면 어디를 간들 천리가 보존되어 있는 곳이 아니겠는가?" (『계사맹자설』 권7, 「진심상(盡心上)」. 27b~28a)

5. **西山眞氏曰. 人心亦皆有害一句, 趙氏謂人心爲利欲所害, 此說, 甚善. 蓋飢渴, 害其知味之性, 則飮食, 雖不甘, 亦以爲甘, 利欲, 害其仁義之性, 則所爲雖不可, 亦以爲可也.**

서산 진씨가 주자의 말씀을 들어 말하였다.[155] "'사람의 마음도 또한 모두 해로움이 있는 것이다'라는 한 구절에 대해 조씨(조기趙岐, 108~201)[156]는 '사람의 마음이 이익에 사로잡힌 욕심에 의해 해를 당한다'고 했는데, 이 설명은 매우 좋습니다. 대개 굶주림과 목마름이 그 맛의 본성을 해치면 음식이 달지 않더라도 또한 달다고 여기게 됩니다. 이익에 사로잡힌 욕심이 그 인의(仁義)의 본성을 해치면, 하는 바가 비록 안 되는 것이라도 또한 되는 것으로 여기게 됩니다." (『주자대전』 권40, 「하숙경에게 답함7(答何叔京)」)[157]

155) 이 조목은 주자의 말이다. 『심경부주』와 『서산독서기』에서는 '朱子曰'로 되어 있는데, 정구는 이를 '西山眞氏曰'로 바꾸었다. 이는 착오인 것 같다. 정구의 뜻은 진덕수의 『서산독서기』에서 발췌한 것을 나타내려고 한 데 있는 것으로 보인다.

156) 후한 경조(京兆) 장릉(長陵, 섬서성 咸陽) 사람. 초명은 가(嘉)고, 자는 빈경(邠卿) 또는 대경(臺卿)이다. 처음에 주군(州郡)에서 벼슬을 시작했고, 헌제(獻帝) 때 의랑(議郞)에 오르고 태상(太常)으로 옮겼다. 저술로는 『맹자장구(孟子章句)』가 십삼경주소(十三經注疏)에, 『삼보결록(三輔決錄)』이 묘반림(茆泮林)의 십종고일서(十種古逸書)에 각각 수록되어 있다. 『중국역대인명사전』 관련 항목 참고.

157) 이 편지는 1167년(건도 3, 38세)에 쓴 것이다. (『편년고증』, 43쪽 참고)

16. 계명이기장(雞鳴而起章)

〈『맹자』「진심상」25장〉

○ 총 19조목

孟子曰. 雞鳴而起, 孶孶爲善者, 舜之徒也, 雞鳴而起, 孶孶爲利者, 蹠之徒也. 欲知舜與蹠之分, 無他. 利與善之間也.<盡心>

맹자께서 말씀하셨다. "닭이 울면 일어나서 부지런히 선을 행하는 자는 순 임금의 무리이고, 닭이 울면 일어나서 부지런히 이익을 추구하는 자는 도척(盜蹠)의 무리이다. 순 임금과 도척의 구분을 알고자 한다면, 다른 것이 없다. 이익과 선의 차이일 뿐이다."<『맹자』「진심상」25장>

1. *程子曰. 舜蹠之分只在義利之間. 言間者, 謂相去不遠, 所爭毫末耳. 義與利只是箇公私也. 才出於義便以利言也. 只那計較便是爲有利害. 若無利害何用計較. 利害者天下之常情也. 人皆知趨利而避害. 聖人則更不論利害, 惟看義當爲與不當爲.

정자가 말씀하였다. "순임금과 도척의 구분은 단지 의와 이익의 사이에 있을 뿐이다. '사이'를 말한 것은 서로의 거리가 멀지 않아 다투는 것이 털끝만한 것일 뿐이라고 이른 것이다. 의와 이익[158]은 단지 공(公)과 사(私)일 뿐이니, 조금이라도 의에서 벗어나면 곧 이익이라고 말할 수 있다. 다만 계산하고 비교함이 곧 이해가 있음이 된다. 만약 이익과 손해가 없다면 어찌하여 계산하고 비교할 것인가? 이익과 손해라는 것은 천하의 통용되는 실정이다. 그래서 사람들은 모두 이익을 좇고 손해를 피할 줄을 안다. 성인은 다시 이익과 손해를 논하지 아니하고 오직 의에 마땅한지 마땅하지 않는지를 본다."[159] (『이정유서』 권17, 14번째 문장)[160]

2. *又曰. 舜孶孶爲善, 若未接物, 如何爲善. 只是主於敬, 便是爲善也.

또 말씀하였다. "순임금은 부지런히 선을 행하는데, 만약 아직 사물과 접촉하지 않았을 때는 어떻게 선을 하는가? 단지 경에 위주를 두는 것이 곧 선을 행하는 것이다." (『이정유서』 권15, 184번째 문장)[161]

3. 又曰. 大凡出義則入利, 出利則入義, 天下之事, 惟義利而已

158) 『심경』에는 선과 이익(善與利)으로 되어 있다. 그러나 『이정유서』의 원문에는 의와 이익(義與利)으로 되어 있으며, 정구는 이를 따랐다.

159) 『이정유서』는 마지막에 "곧 명(命)이 그 가운데에 있는 것이다(便是命在其中也)"로 끝맺는데, 정구는 이를 제거했다.

160) 『심경』에는 앞 쪽 문장만 있는데, 정구가 이를 『이정유서』의 원문을 충실히 살려서 복원했다.

161) 『심경』에는 『이정유서』의 원문과 달리 孶孶爲善 대신에 雞鳴而起으로 대치되어 있다. 정구는 『이정유서』에 충실하게 했다.

또 말씀하였다. “대개 의에서 벗어나면 (사사로운) 이익으로 들어가고 이익에서 벗어나면 의로 들어가니, 천하의 일이 오직 의와 이익일 따름이다.” (『이정유서』 권11, 83번째 문장)

4. **又曰. 董仲舒曰, 正其義, 不謀其利, 明其道, 不計其功. 此仲舒所以度越諸子.

또 말씀하였다. “동중서는 ‘의를 바르게 행하고 그 이익을 도모하지 않으며, 도를 밝히고 그 공을 계산하지 않는다’[162]라고 말했다. 이것이 동중서가 여러 선생들[諸子]을 뛰어 넘는 이유이다.” (『이정유서』 권25, 77번째 문장)

**朱子曰. 仲舒所立, 甚高, 後世所以不如古人者, 以道義功利關, 不透耳.

주자가 말씀하였다. “동중서가 자리한 곳은 매우 높다. 후세 사람들이 옛 사람들만 못하다고 하는 까닭은 도의와 공리의 관문을 통과하지 못했기 때문일 따름이다.” (『주자어류』 권137, 「전국한당제자(戰國漢唐諸子)」, 제33조목)

5. 又曰. 所謂利者, 不獨財利之利, 凡有利心便不可. 如作一事, 須尋自家穩便處, 皆利心也.

또 말씀하였다. “이른바 ‘이익’이란 다만 재리(財利)의 이익만이 아니니, 무릇 이익을 낼 마음이 있으면 안 된다. 예컨대 한 가지 일을 하는 데 반드시 자기의 편리한 곳을 찾는 것이 모두 이익을 내는 마음(利心)이다.” (『이정유서』 권16, 3번째 문장)

162) 『한서』 권56, 「동중서전(董仲舒傳)」. 동중서(기원전 170~120)는 전한(前漢) 때의 유학자로서 유가를 국가의 이념으로 높이는데 기여했다. 저술로는 『동자문집(董子文集)』, 『춘추번로(春秋繁露)』 등이 있다.

6. 又曰. 雖公天下事, 若用私意爲之, 便是私.

또 말씀하였다. "비록 천하에 공공을 시행하는 일을 한다고 해도 만약 사사로운 뜻으로 그 일을 한다면 곧 사사로움이다." (『이정유서』 권5, 21번째 문장)

7. *楊氏曰. 舜蹠之相去遠矣, 而其分, 乃在利善之間而已. 是豈可以不謹. 然講之不熟, 見之不明, 未有不反以利爲義者, 又學者所當深察也.

양씨가 말하였다. "순임금과 도척의 서로 떨어진 거리가 멀지만, 그 구분은 이익과 선의 사이에 있을 뿐이니 이 어찌 삼가지 않을 수 있겠는가? 그러나 강론하는데 익숙하지 않고 보는데 밝지 못하면 반대로 이익을 의라고 여기지 않을 자가 없으니, 또한 배우는 자는 마땅히 깊게 살펴야 할 것이다." (『맹자집주』의 주석)

8. 上蔡謝氏曰. 君子小人之分, 義與利之間而已. 然所謂利者, 豈必殖貨財之謂. 以私滅公, 適己自便, 凡可以害天理者, 皆利也.

상채 사씨가 말씀하였다. "군자와 소인의 구분은 의와 이익의 사이일 뿐이다. 그러나 이른바 이익이라는 것이 어찌 반드시 재화를 증식하는 것만을 말하는 것이겠는가? 사사로움으로 공공을 없애버리고 자신에게 적합하게 하여 스스로만 편해서 무릇 천리를 해칠 수 있는 것은 모두 (사사로운) 이익이다." (『논어집주』 「옹야(雍也)」 11장의 주석)163)

9. **又曰. 透得名利關, 方是小歇處, 今之士大夫, 何足道, 能言, 眞如鸚鵡也.

또 말씀하였다. "명예와 이익의 관문을 통과해야 비로소 조금 쉴 수

---

163) 『논어』 「옹야(雍也)」 11장. 공자께서 자하에게 말씀하셨다. "너는 군자다운 선비가 되어야지 소인 같은 선비는 되지 마라(子謂子夏曰. 女爲君子儒, 無爲小人儒)."

있는 곳이다. 지금 사대부들은 어찌 말할 것이 있으랴마는 능란하게 말하는 것이 참으로 앵무새와 같다."(『상채어록』 권3, 「답호강후소편(答胡康侯小簡)」. 6b)[164)]

**朱子曰. 上蔡此言, 深可畏. 須是此處. 立得脚定然後, 博文約禮之工, 有所施耳.

주자가 말씀하였다. "상채 선생의 이 말은 몹시 두려워할 만하다. 모름지기 이곳에 곧게 서서 발을 붙이고 안정된 뒤에야 '박문'과 '약례'의 공부[165)]가 시행될 곳이 있게 된다."(『주자대전』 권52, 「오백풍에게 답함 18(答吳伯豊)」)[166)]

10. **朱子曰. 利與善之間, 若纔有心要人知, 要人道好, 要以此求利祿, 皆爲利也. 這箇極多般樣, 雖所爲皆善, 但有一毫歆慕外物之心, 便是利了. 如一塊潔白物事上面, 只着一點黑, 便不得爲白矣.

주자가 말씀하였다. "이익과 선의 사이에 만약 조금이라도 남이 알아주기를 바라고 남이 좋다고 말해 주기를 바라고 이것으로 이익과 녹봉을 구하려는 마음이 있다고 한다면 모두 (사사로운) 이익이 된다. 여기에는 지극히 많은 양상이 있으니, 비록 행하는 것이 모두 선이라 해도 다만 한 터럭만큼이라도 바깥의 사물을 흠모하는 마음이 있으면 곧 이익이다. 예컨대 한 덩어리의 깨끗하고 흰 사물의 표면에 단지 한 점의 검은 것을 붙여 놓으면 흰 것이 될 수 없는 것과 같다."(『주자어

---

164) 호강후(胡康侯)는 호안국을 가리킨다. 본래는 이어지는 문장이 아니며, 편지에서 두 문장을 끄집어내어서 하나로 일관되게 엮었다. 선비가 앵무새 같다고 조롱하는 부분이 실은 더 앞에 있는 문장이다.

165) 『논어』 「자한(子罕)」 10장. "선생님께서는 차근차근히 사람을 잘 이끌어 주시어, 글으로써 나의 지식을 넓혀 주시고, 예(禮)로써 나의 행동을 단속하게 해 주셨다(夫子, 循循然善誘人, 博我以文, 約我以禮)."

166) 이 편지는 1197년(경원 3년, 68세)에 쓴 것이다. (『편년고증』, 437쪽 참고)

류』 권60, 「맹자10(孟子十)」, 「진심상(盡心上)」, 「계명이기장(鷄鳴而起章)」, 제126조목. 심한의 기록)

11. 又曰. 君子只知得箇當做與不當做, 當做處便是合當如此. 小人則只計較利害, 如此則利, 如此則害. 君子則更不顧利害, 只看天理當如何.

또 말씀하였다. "군자는 단지 마땅해 해야 할 것과 하지 말아야 할 것을 알아서, 마땅히 해야 할 곳에서는 곧 이와 같이 할 뿐이다. 소인은 단지 이익과 손해를 계산하고 비교할 뿐이니 이와 같이 하면 이익이고 이와 같이 하면 손해이다. 군자는 다시 이익과 손해를 돌아보지 않고 단지 천리가 마땅히 어떠한지를 볼 뿐이다." (『주자어류』 권27, 「논어9(論語九)」, 「이인편하(里仁篇下)」, 「군자유어의장(君子喩於義章)」, 제2조목. 심한의 기록)

12. 又曰. 君子之心, 虛明洞徹, 見得義分明. 小人只管計較利, 雖絲毫底利, 也自理會得.

또 말씀하였다. "군자의 마음은 비어 있으면서 맑고 막힘없이 통해서 의를 분명하게 할 수 있다. 반면에 소인은 단지 이익을 계산하고 비교하는 것을 추구할 뿐이니 아주 조금의 이익일지라도 또한 저절로 알 수 있다." (위와 같은 곳, 제4조목. 정남승의 기록)

13. 又曰. 義利之間, 只得著力分別, 不當預以難辨爲憂.

또 말씀하였다. "의리와 이익의 사이는 힘을 쏟아 분별할 뿐 미리 분별하기 어렵다고 근심해서는 안 됩니다." (『주자대전』 권54, 「모순경에게 답함」)

14. 又曰. 天下只有一理, 此是卽彼非, 此非卽彼是, 不容並立. 故古之聖賢, 心存目見, 只有義理, 都不見有利害可計較. 日用之間, 應事接物, 直

是判斷得直截分明，而推以及人，吐心吐膽，亦只如此，更無回互．若信得及，卽相與俱入聖賢之域，若信不及，卽在我亦無爲人謀而不盡底心，而此理是非，昭著明白．

또 말씀하였다. "천하에는 단지 하나의 이치만 있으니, 이것이 옳으면 곧 저것은 그르고 이것이 그르면 곧 저것이 옳아서 (두 가지가) 나란히 서는 것을 허용하지 않습니다. 그러므로 옛 성현들은 마음에 보존하고 눈으로 보는 것에 단지 의리만 있었지, 이익과 손해를 계산하고 비교하는 경우를 전혀 보지 못했습니다. 일상생활 속에서 일에 응대하고 사물을 접촉할 때는 곧바로 판단하여 곧이곧대로 분명히 하고, 미루어 남에게 미칠 때도 '마음과 쓸개까지를 토로'하는 것(속내를 다 보여줌)이 또한 이와 같아서 다시 말을 빙빙 돌려서 하는 것이 없었습니다. 만약 믿음을 줄 수 있다면 곧 함께 성현의 영역에 들어갈 것이고, 만약 믿음을 주지 못하더라도 곧 내게는 남과 일을 도모하는데 다하지 못했다는 마음은 없을 것이니, 이 이치의 옳고 그름이 명백하게 환히 드러났습니다." (『주자대전』 권53, 「유계장에게 답함(答劉季章)」)[167]

15. 又曰. 才有欲順適底意思，卽是利．

또 말씀하였다. "조금이나마 욕심에 거스르지 않고 좇는 의사가 있으면 곧 이는 이익이다." (『주자어류』 권13, 「학문7」, 「역행」, 제42조목. 증조도의 기록)

16. 又曰. 學無淺深，並要辨義利．

또 말씀하였다. "배움이 얕거나 깊은 것과 무관하게 모두 의리와 이익을 변별해야 한다." (위와 같은 곳, 제34조목. 증조도의 기록)

---

167) 이 편지는 1197년(경원 3년, 68세)에 쓴 것이다. (『편년고증』, 438쪽 참고)

17. 又曰. 義利之辨, 正學者所當深知.

또 말씀하였다. "의리와 이익의 변별은 바로 배우는 자가 마땅히 깊이 알아야 하는 것이다." (『주자어류』 권120, 「주자17」, 「문인들을 가르침8」, 제67조목. 양도부의 기록)

18. **南軒張氏孟子講義序曰. 學者潛心孔孟, 必求其門而入, 愚以爲莫先於明義利之辨. 蓋聖賢無所爲而然也. 無所爲而然者, 命之所以不已, 性之所以不偏, 而教之所以無窮也. 凡有所爲而然者, 皆人欲之私, 而非天理之所存, 此義利之分也. 自未知省察者言之, 終日之間鮮不爲利矣. 非但名位貨殖而後爲利也, 斯須之頃, 意之所向, 一涉於有所爲, 雖有淺深之不同, 而其爲徇己自私, 則一而已. 如孟子所謂內交要譽, 惡其聲之類是也. 是心日滋, 則善端遏塞, 欲邇聖賢之門墻以求自得, 豈非却行而望及前人乎. 學者當立志以爲先, 持敬以爲本, 而精察於動靜之間, 毫釐之差, 審其爲霄壤之判, 則有以用吾力矣. 學然後知不足, 平時未覺吾利欲之多也, 灼然有見於義利之辨, 將日救過之不給, 由是而不舍, 則趣益深, 理益明, 不可以已也. 孔子曰, 古之學者爲己, 今之學者爲人. 爲人者, 無適而非利, 爲己者, 無適而非義. 曰利, 雖在己之事, 皆爲人也. 曰義, 則施諸人者, 亦莫非爲己也. 嗟乎, 義利之辨大矣. 豈特學者治己之所當先. 施之天下國家一也. 王者, 所以建立邦本, 垂裕無疆, 以義故也, 而伯者所以陷溺人心, 貽毒後世, 以利故也. 孟子當戰國横流之時, 發揮天理, 遏止人欲, 深切著明, 撥亂反正之大綱也.

남헌 장씨가 「맹자강의서」에서 말씀하였다. "배우는 자는 공자와 맹자에 대해 마음을 가라앉혀서 반드시 그 문을 찾아서 들어가야 하는데, 나는 의리와 이익의 분별을 분명히 하는 것보다 우선인 것은 없다고 생각한다. 대개 성현들은 무소위이연[168] 즉 '무언가를 하려는 의도

168) 무소위(無所爲)는 마치 도가의 무사(無事)나 무위(無爲)를 연상시킨다. 이에 대해 양자의 차

가 없이 절로 그러하다.' '무언가를 하려는 의도가 없이 절로 그러하다'는 것은 하늘의 명이 그치지 않고, 성리가 치우치지 않고, 가르침이 끝이 없는 것이다. 무릇 유소위이연 즉 '무언가를 하려는 의도를 가지고 그렇게 한다'는 것은 모두 인욕의 사사로움이며 천리가 보존된 것은 아니니, 이것이 의리와 이익의 구분이다.

성찰할 줄 모르는 자의 입장에서 말한다면, 하루를 마치는 사이에 이익을 도모하지 않는 경우가 드물다. 다만 명예와 지위, 재물을 늘린 뒤에 이익이 된다는 것은 아니며, 잠깐 사이에 (마음의) 뜻이 지향하는 것에 하나라도 무언가를 하려는 의도에 관여되면 비록 얕고 깊음의 차이가 다를지라도 자기를 따라서 스스로 사사롭게 되는 것은 똑같을 뿐이다.

예컨대 맹자가 말한 것처럼 (어린아이가 우물에 기어들어가는 비유에서) '(아이의 부모와) 교제를 맺으려 하거나 명예를 구하거나 나쁜 소문이 날까 꺼려하는' 종류가 이것이다. 이 마음이 날로 불어나면 선의 단서가 막히니, 성현의 문과 담에 가까이 가서 자득(自得)하고자 한다면 어찌 뒷걸음질 치면서 앞사람에게 이르기를 바라는 것이 아니겠는가? 배우는 자는 마땅히 뜻을 세우는 것을 먼저 해야 하며 특히 경을 유지하는 것을 근본으로 삼아 움직이고 고요한 사이에서 정밀하게

이를 지적하는 조선의 유자들의 논의를 소개한다. 유가의 '무소위'가 도가의 '무위'와 변별된다는 논리이다. (김도언의 질문) "무소위(無所爲)는 무사(無事)를 행한다는 것과 동일한 어법입니다(無所爲, 與行其所無事, 同語法). 이상정(李象靖, 1711~1781)의 답. "무소위(無所爲)는 마땅히 해야 할 일로 기대하거나 계산하고 비교하는 바가 없다는 뜻이고, 무사(無事)를 행한다는 것은 순리대로 자연스럽게 하고 사사로운 지혜로 억지로 하지 않는다는 말이니 그 뜻이 같지 않은 점이 있습니다(無所爲是當下做去, 無所期望計謀之意, 行其所無事, 是順理自然, 不以私智強爲, 其意義有不同耳)." (『대산집(大山集)』 권26, 「서(書)」, 「답김도언(答金道彥)」) 요컨대, 유가와 달리 도가는 이 우주에는 실현해야 하는 당위가 존재하지 않다고 보는 것이고, 유가는 실현해야 하는 당위 즉 성리가 존재한다고 보는 철학적 입장을 가지고 있기 때문에 양자의 언어가 외형은 유사할 수 있으나 내용은 본질적으로 다르다고 본 것이다. 유가와 도가의 철학적 차이가 첨예하게 대립하는 자리라고 할 수 있어서, 흥미롭다.

관찰하여 털끝만한 차이에서 소양지판(하늘과 땅의 차이)이 된다는 것을 환히 안다면, 자신의 힘을 쓸 수 있을 것이다.

배운 뒤에야 부족함을 아닌 것이니 평소에는 나에게 이익을 좇는 욕심이 많다는 것을 알아채지 못하다가 분명하게 의리와 이익의 분별을 알게 되면 날마다 허물을 구제하는데도 부족할 지경이나, 이를 행하면서 그치지 않는다면 그 의미는 더욱 깊어지고 이치는 더욱 분명해져서 그칠 수 없게 될 것이다.

공자께서는 '옛날의 배우는 자들은 위기지학 즉 자기의 성장과 발전을 위해 배웠는데, 요즘의 배우는 자들은 위인지학 즉 나와 무관한 남들의 기준을 위해서 배운다'169)라고 하셨다. '남을 위하는 자'는 가는 곳마다 이익이 아닌 것이 없고, '자기를 위하는 자'는 가는 곳마다 의리가 아닌 것이 없다. 왈리(曰利) 즉 '이익을 말하면' 비록 자기에게 있는 일이라도 모두 남을 위한 것이며, 왈의(曰義) 즉 '의리를 말하면' 남에게 베푸는 것이라도 또한 자기를 위하지 않는 것이 없다.

아아, 의리와 이익의 분별은 참으로 크도다. 어찌 배우는 자가 자기를 다스리는 데만 마땅히 먼저 해야 하는 것이리오? 천하와 국가에 베풀어도 똑같은 것이다. 왕이 되는 자가 나라의 근본을 세워서 무궁한 세대에 까지 물려주는 것은 의리 때문이며, 패자가 인심(人心)에 빠져서 후세에 해독을 끼치는 것은 이익 때문이다. 맹자는 전국(戰國)이라는 횡류가 몰아치는 시대에 살아서 천리를 발휘하고 인욕을 막고 그치게 하여 난세를 다스려 안정을 회복시키는170) 큰 강령을 깊고 간절하게 드러내 밝히셨다." (『남헌집』 권14, 「맹자강의서(孟子講義序)」. 7a~8b)

---

169) 『논어』 「헌문」 25장.

170) 발난반정(撥亂反正). 『춘추공양전(春秋公羊傳)』 「애공(哀公) 14년조」. "난세를 다스려 그것을 정도(正道)로 되돌아가게 하여 춘추(春秋)에 가까워지지 않게 한다(撥亂世, 反諸正, 莫近於春秋)."

朱子曰. 義也者, 無所爲而然者也. 此言蓋可謂廣前聖之所未發, 而同於性善養氣之功者與.

주자가 말씀하였다. "의라는 것은 '무언가를 하려는 의도가 없이 절로 그러하다'는 것이다. 이 말은 아마도 앞선 성인들이 아직 밝히지 않는 것을 확충해서[171] 성선(性善)과 양기(養氣, 호연지기)를 보여준 맹자의 공과 같다고 할 수 있을 듯하다." (『주자대전』 권89, 「우문전수찬 장공신도비(右文殿修撰張公神道碑)」)[172]

19. **又曰. 義利之際, 固當深明而力辨. 然伊洛發明未接物時主敬一段工夫, 更須精進, 乃佳. 不爾, 幾無所據以審夫義利之分也.

또 말씀하였다. "의리와 이익의 사이를 진실로 깊이 밝히고 힘써 변별해야 합니다. 그러나 이락(정자)이 '아직 사물을 접촉하지 않았을 때 경을 위주로 해야 한다'고 말한 한 단락의 공부를 밝히셨으니, 다시금 반드시 정력을 다해 나아가면 아름답겠습니다. 그렇지 않으면 저 의리와 이익의 구분을 살필 수 있는 근거가 거의[173] 없게 될 것입니다." (『주자대전』 권58, 「이차장에게 답함(答李次張)」)[174]

**西山眞氏曰. 此說, 尤學者所當知.

서산 진씨가 말하였다. "이 말씀은 더욱 배우는 자가 마땅히 알아야 할 것이다." (『서산독서기』 권8, 「의리(義利)」. 11b)

171) 『주자대전』의 원문에는 확(擴)으로 되어 있는데, 『심경부주』에는 광(廣)으로 되어 있고, 정구도 이를 따랐다. 이는 송나라 영종(寧宗)의 휘(諱)이기 때문에 바꿔 쓴 것이다.

172) 남헌 장씨(장경부)의 신도비이다.

173) 『심경부주』에는 기(幾)가 혹(或)으로 되어 있으나, 『주자대전』의 원문에는 기(幾)로 되어 있고, 정구도 이를 따랐다.

174) 이 편지는 1180년(순희 7년, 51세)에 쓴 것이다. (『편년고증』, 193쪽 참조)

17. 양심장(養心章)

〈『맹자』「진심하(盡心下)」 35장〉

○ 총 21조목

孟子曰. 養心, 莫善於寡欲. 其爲人也寡欲, 雖有不存焉者, 寡矣. 其爲人也多欲, 雖有存焉者, 寡矣.<盡心>

맹자께서 말씀하셨다. "마음을 기르는 것은 '과욕' 즉 욕심을 적게 갖는 것보다 더 좋은 것이 없다. 그 사람됨이 '과욕'하면 비록 (선한 마음을) 보존하지 못하는 일이 있더라도 그런 일은 적을 것이다. 그 사람됨이 욕심이 많으면 비록 (선한 마음을) 보존하고 있더라도 그런 일이 적을 것이다."<『맹자』「진심하(盡心下)」 35장>

1. *朱子曰. 欲謂口鼻耳目四肢之所欲. 雖人所不能無, 然多而不節, 則未有不失其本心者. 學者所當深戒也.

주자가 말씀하였다. "'욕(欲)'은 이목구비와 사지가 바라는 것을 이른다. 비록 사람에게 없을 수 없는 것이나, 많기만 하고 절제하지 않으면 그 본래의 마음을 잃지 않을 자가 없다. 배우는 자가 마땅히 깊이 경계해야 하는 것이다." (『맹자집주』의 주석)

2. **程子曰. 人於天理昏者, 只爲嗜欲亂著他. 莊子言, 其嗜欲深者, 其天機淺, 此言, 却最是.

정자가 말씀하였다. "사람이 천리에 어두운 것은 다만 즐기려는 욕심[嗜慾]이 천리를 어지럽히기 때문이다. 장자는 '즐기려는 욕심이 깊은 자는 천기(天機)가 얕다'[175]고 말하였는데, 이 말은 (그가 한 말 치고는) 매우 옳다." (『이정유서』 권2상, 187번째 문장)

3. 又曰. 不欲則不惑所欲, 不必沈溺, 只有所向便是欲.

또 말씀하였다. "욕심을 내지 않으면 욕심을 내는 것에 미혹되지 않으니, 반드시 깊이 빠지지 않더라도 뜻이 향하는 바가 있으면 곧 욕심이다." (『이정유서』 권15, 27번째 문장)

4. 又曰. 寡欲, 則心自誠.

또 말씀하였다. "'과욕' 즉 욕심을 적게 가지면 마음이 저절로 성실해진다." (『이정유서』 권2상, 39번째 문장)

5. **呂氏曰. 欲者, 感物而動也. 治心之道, 莫善於少欲. 少欲則耳目之官, 不蔽於物, 而心常寧矣. 心常寧, 則定而不亂, 明而不暗, 道之所由生, 德

175) 『장자(莊子)』 「대종사(大宗師)」. 其嗜欲深者, 其天機淺.

之所自成也. 不存者, 梏亡之謂, 寡欲之人, 則無梏亡之患矣. 其爲人也多欲, 則好動而無節, 妄作而失常, 善端所由喪而天理虧焉. 故雖有存焉者, 寡矣.

여씨(여희철呂希哲)[176)]가 말하였다. "'욕(欲)'이라는 것은 사물에 느껴 움직이는 것이다. 마음을 다스리는 방도는 과욕하는 것보다 더 좋은 것이 없다. 과욕하면 귀와 눈 같은 기관이 사물에 가려지지 않아서 마음이 항상 편안하다. 마음이 항상 편안하면 안정되어 어지럽지 않고 밝아서 어둡지 않으니, 도가 여기에서 생겨나고 덕(德)이 이로부터 이루어진다. (마음이) 보존되지 못한다는 것은 곡망(梏亡, 형틀에 묶여서 본성을 잃어버림)을 이르니, 과욕한 사람은 곡망의 근심이 없다. 그 사람됨이 욕심이 많으면 움직이기를 좋아하여 절도가 없고 함부로 행동하여 정상(定常)을 잃으니, 선한 마음의 단서가 이로 말미암아 상실되고 천리가 이지러진다. 그러므로 비록 (마음의 선함이) 보존함이 있더라도 적은 것이다." [유순(劉荀), 『명본석(明本釋)』 권상(上). 15b][177)]

---

176) 여기서의 여씨는 여대림이 아니고, 여희철(1039~1116)이다. 자는 원명(原明)이며 저술로는 『여씨잡기(呂氏雜記)』 2권이 있다. 원우(元祐) 년간(1086-1093)에 시강(侍講)을 지냈으며, 큰 눈이 와도 강론을 쉬지 않았다고 한다. 『주자대전』(권64, 「어떤 사람에게 답함(答或人)」)에 다음과 같은 기록이 있다. (혹문) 여시강의 과욕에 관한 논의. (답) 이는 곧 여원명 시강(侍講)입니다(呂侍講論寡欲. 此乃呂原明待講).

177) 『명본석』에 대해서는 이규경(李圭景, 1788~1856)의 『오주연문장전산고(五洲衍文長箋散稿)』에 잘 소개되어 있다. "무릇 세상에 유익한 책은 없어져서는 안 된다. 『명본석』 한 책을 상고하건대, 곧 송나라 사람 유순(劉荀)의 찬(撰)인데 순은 바로 문숙공(文肅公) 지(摯)의 손자이다. 책 속의 인용은 모두 육경(六經)과 『논어』, 『맹자』 속에서 학문을 하는 방도의 가장 절실한 것들이어서, 『대학』과 서로 표리가 되니 학자들이 하루도 폐할 수 없는 책이다. 『송사(宋史)』 「예문지(藝文志)」 및 『문헌통고(文獻通考)』에는 모두 실려 있지 않고 오직 명(明) 나라 『문헌총목(文獻總目)』과 『경적지(經籍志)』에만 있어서, 청(淸)나라의 『사고전서(四庫全書)』 속에 들어있게 되었고 또 『사고전서회요(四庫全書薈要)』에도 실렸는데, 모두 33조(條)이다. 혹 단행본으로 세상에 유행되었기 때문에 이 편책(篇冊)이 우리나라에도 오게 되었는데, 내가 마포(麻浦)의 강루(江樓)에 있을 때에 서좌소산인(徐左蘇山人) 〈유본(有本)의 자(字)는 준원(準源)인데 교관(敎官)을 지냈다. 상서(尙書) 호수(浩修)의 맏아들로서 일찍이 행정(杏亭)에 살면서 학문을 강론하였다〉의 장서 중에서 빌어다 읽어 보니, 진실로 초학자에게 절실한 것이로되 표장(表章)한

6. **又曰. 天下之難持者, 莫如心, 天下之易染者, 莫如欲.

또 말하였다. "천하에 간직하기 어려운 것은 마음만한 것이 없고, 천하에 물들기 쉬운 것은 욕심만한 것이 없다." (위와 같은 곳, 16b)

7. **或問謝氏. 於利如何. 曰. 打透此關, 十餘年矣. 當初, 大段做工夫, 揀難捨底棄却. 後來漸漸輕, 至今日, 於器用之類, 置之只爲合用, 更無健羨底心.

누군가 사씨에게 물었다. "이익에 대해서는 어떻게 해야 합니까?"

말하였다. "나는 이 관문을 통과한 지 십여 년이 되었다. 처음에는 대단하게 공부를 하여 버리기 어려운 것을 가려서 버리곤 했다. 뒤에는 점점 쉬워져서 지금에 이르러서는 물건들 가운데 쓸 것만 남겨 두고, 다시는 크게 부러워하는 마음이 없었다." (『상채어록』 권1. 14b)[178]

8. **問於外間, 一切放得下否. 曰. 實就上面做工夫來. 凡事須有根. 屋柱無根, 折却便倒, 樹木有根, 雖剪, 枝條相次又發. 如人要富貴, 要他做甚. 必須有用處, 尋討要用處病根, 將來斬斷, 便沒事.

물었다. "집 밖의 다른 곳에서는 모든 것을 잃어버려야 합니까?"

말하였다. "실로 (집 밖의) 일과 사물에 나아가 공부해나간다. 모든 일에는 모름지기 뿌리가 있다. 집의 기둥은 뿌리가 없어서 부러지면 쓰러지지만, 땅에 심은 나무는 뿌리가 있어서 비록 자르더라도 가지가

사람이 없었으므로 이제 간략히 언급한다. 그러나 다시 얻어 보기가 어려운데 만일 연경(燕京)의 서방(書坊)에 가면 살 수 있을 것이다. 뒤에 배움에 뜻을 둔 자는 힘써 찾아서 『대학』과 함께 참고하여 읽으면 다른 데 구할 것도 없이 지극한 이치가 그 가운데 있을 것이다. 이 때문에 변증한다." 『오주연문장전산고』, 「경사편4」, 「경사잡류2」, 「기타 전적(其他典籍)」, 「중국 전적」, 「명본석(明本釋)에 대한 변증설」. 한국고전종합DB 참고.

178) "사상채가 처음에는 (물건을) 감상하기를 매우 좋아했는데, 뒤에 극기의 학문을 하여 모두 버렸다. 뒤에 좋은 벼루 하나가 있었는데, 역시 남에게 주었다(上蔡家始初極有好玩, 後來爲克己學, 盡捨之. 後來有一好硯, 亦把與人)." 『주자어류』 권101, 「정자문인」, 「사현도」, 제68조목(양방의 기록).

차례로 또다시 나온다. 예컨대 사람이 부귀를 구하는 것은 그것으로 무엇을 하려고 해서인가? 반드시 쓰려는 곳이 있을 것이니, 쓰려는 곳을 찾아서 다스리되 병이 난 뿌리를 잡아내서 끊어버려야만 탈이 없게 될 것이다." (위와 같은 곳. 14a)

延平李氏曰. 此語, 可時時經心也.

연평 이씨가 말하였다. "(상채 선생의) 이 말은 항상 마음에 둘 만하다." (『연평답문』, 「임오년6월11일 서신(壬午六月十一日書)」. 38a)

****西山眞氏曰. 上蔡此二段語, 乃去人欲存天理切實工夫.**

서산 진씨가 말하였다. "사상채의 이 두 가지 말씀은 바로 '거인욕존천리' 즉 인욕을 버리고 천리를 보존하는 절실한 공부이다." (『서산독서기』 권4, 「치정(治情)」. 61b)

9. 范氏曰. 神龍, 或潛或飛, 能大能小, 其變化不測, 然得而畜之若犬羊然, 有欲故也. 唯其可以畜之, 是以亦得醢而食之, 凡有欲之類, 莫不可制焉. 唯聖人無欲, 故天地萬物不能易也.

범씨(범조우范祖禹)가 말하였다. "신령스러운 용은 물에 잠기거나 하늘로 나르거나 하며, 크게도 작게도 할 수 있으니 그 변화가 헤아릴 수 없다. 그러나 (그 용을) 개나 양처럼 키울 수 있는데, (용에게) 욕심이 있기 때문이다. 용을 가축처럼 키울 수 있으면 젓갈로 담가서 먹을 수도 있다. 무릇 욕심을 가진 종류들은 다스릴 수 없는 것이 없다. 오직 성인만이 욕심이 없기 때문에 천지만물이 (그 정상을) 바꿀 수 없다." (주자, 『시경집전(詩經集傳)』 권3, 「빈풍(豳風)」, 「낭발(狼跋)」. 60a)

10. 五峯胡氏曰. 物欲不行, 則志氣淸明, 而應變無失.

오봉 호씨(호굉)가 말하였다. "사물에 사로잡힌 욕심이 행해지지 않는다면 (마음의) 뜻과 기운이 맑고 밝아지고 변화에 응대하는 데 실수가 없게 된다." [호굉(胡宏), 『지언(知言)』 권4. 6b]

11. **朱子曰. 天理人欲之分, 只爭些子, 故周先生, 只管說幾字. 然辨之, 又不可不早, 故橫渠每說豫字.

주자가 말씀하였다. "천리와 인욕의 구분은 단지 매우 미세한 것을 다툴 따름이라, 주렴계 선생은 다만 '기미 기(幾)'자를 말씀하였다. 그러나 이것을 분별할 때는 또한 일찍이 하지 않을 수 없으므로 장횡거 선생은 매번 '미리 예(豫)'자를 말씀하였다." (『주자어류』 권13, 「학문7」, 「역행」, 제19조목. 여대아의 기록)179)

12. 又曰. 天理人欲, 要須驗之此心, 眞知得如何是天理, 如何是人欲, 幾微間極索理會. 此心常常要惺覺, 莫令頃刻悠悠憒憒.

또 말씀하였다. "천리와 인욕은 모름지기 마음에서 징험하여, 무엇이 천리이고 무엇이 인욕인지를 진정으로 알아야 하니, (선악의) 기미가 생길 때 모두 찾아내어 이해해야 한다. 이 마음은 항상 깨어 있어야 하니, 잠시라도 어둡거나 혼란하지 않게 해야 한다." (위와 같은 곳, 제33조목. 여대아의 기록)

13. 又曰. 未知學問, 此心渾爲人欲. 旣知學問, 則天理自然發見, 而人欲漸漸消去者, 固是好矣. 然克得一層, 又有一層, 大者固不可有, 而纖微尤要密察.

또 말씀하였다. "아직 학문을 알지 못할 때는 이 마음은 인욕과 뒤섞여 있다. 학문을 알고 나서면 천리가 저절로 드러나고 인욕이 점차

---

179) 『심경부주』 「계명이기장」.

사라져 가는 것은 진실로 좋은 것이다. 그러나 한 층을 극복하면 또 한 층이 있으니, 큰 것은 진실로 있어서는 안 되며 미세한 인욕은 더욱 정밀하게 살펴야 한다." (위와 같은 곳, 제29조목. 주모의 기록)

14. 又曰. 學者, 須是革盡人欲, 復盡天理, 方始是學.

또 말씀하였다. "학문이란 모름지기 인욕을 완전히 혁파하고 천리를 완전히 회복해야 비로소 학문이다." (위와 같은 곳, 제28조목. 오수창의 기록)

15. 又曰. 人能於天理人欲界分上立得脚住, 則儘長進在.

또 말씀하였다. "사람이 천리와 인욕이 나누어지는 경계에서 곧게 서서 다리를 세울 수 있으면, 성큼 나아가 있을 것이다." (위와 같은 곳, 제18조목. 증조도의 기록)

16. 問寡欲. 曰. 未說到事, 只是纔有意在上面, 便是欲, 便是動自家心. 人好寫字, 見壁間有碑軸, 便要看別是非. 好畫, 見掛畫軸, 便要識美惡. 這都是欲, 這皆足以爲心病. 某前日病中閑坐無可看, 偶中堂掛幾軸畫, 才開眼, 便要看他, 心下便走出來在那上. 因思與其將心在他上, 何似閉著眼坐得此心寧靜.

"'욕심을 적게 한다[寡欲]'에 대해 물었다."

말씀하였다. "일에 대해 아직 말하지 않았어도 단지 일에 있어서 조금이라도 뜻이 있으면 곧 욕심이고 자기의 마음을 움직이는 것이다. 사람이 글자 쓰기를 좋아하면 벽 틈사이로 비석이 있을 때 (그곳에 적힌 글에 대해) 시비를 분별하려 한다. 그림을 좋아한다면 걸어 놓은 그림(화축)을 보고 미추(美醜)를 감식하려고 한다. 이는 모두 욕심이며, 이것은 모두 마음의 병이 되기에 충분하다. 나는 지난번 병이 들었을 때 한가롭게 앉아서 볼만 한 것이 없었는데, 우연히 집에 걸린 몇 가지 그림이 있어서 겨우 눈을 뜨고 그것들을 살펴보고자 하니 마음이 바로 그 곳으로 달려갔다. 생각은 마음과 함께 그 위에 있으니 어떻게 눈을 감고 앉아 이 마음이 편안하고 고요하게 있는 것과 같겠는가?" (『주자어류』 권61, 「맹자11(孟子十一)」, 「진심하(盡心下)」, 「세대인즉막지지장(說大人則藐之章), 제71조목. 섭하손의 기록)

17. **問. 養心莫善於寡欲, 養心也只是中虛. 曰. 固是. 若眼前事事要時, 這心便一齊走出了. 未必邪僻不好底物事, 只眼前事, 才多欲, 便將本心都紛雜了. 且如讀書, 要讀這一件, 又要讀那一件, 又要學寫字, 又要學作詩, 這心一齊都出外去. 所以伊川教人, 直是都不去他用其心, 也不要人學寫字, 也不要人學作文章. 這不是僻, 道理是合如此. 人只有一箇心, 如何分做許多去. 若只管去閑處用了心, 到得合用處, 這本來底都不得力. 只是要得寡欲存這心, 最是難. 以湯武聖人, 孟子猶說湯武反之也. 反, 復也. 如不邇聲色, 不殖貨利, 只爲要復此心. 觀旅獒之書, 一箇犬, 受了有甚大事, 而反復切諫. 於此見欲之可畏, 無小大, 皆不可忽.

물었다. "'마음을 기르는 것은 과욕보다 더 좋은 것이 없다'에서 '마음을 기른다'는 것도 단지 '속(마음)을 비우는 것[中虛]'일 뿐입니까?"

말씀하였다. "진실로 옳다. 만약 눈앞의 일마다 무언가를 구할 때면 이 마음이 (여러 일에) 모두 달려 나간다. 반드시 간사하고 치우친 좋지 않은 사물이 아니라도 단지 눈앞의 일에 욕심이 많으면 본래의 마음은 모두 어지럽고 복잡하게 될 것이다. 예컨대 독서를 한다면 이 책을 읽고 저 책을 읽어야 하며, 또 글자 쓰는 것을 배우고, 시를 짓는 것을 배워야 하니, 이 마음은 모두 밖으로 나가버린 것이다.

그래서 이천 선생이 사람을 가르칠 때는 단지 저기에 가서 그 마음을 쓰지 못하게 한 것이니, 사람에게 글씨 쓰는 것을 배우지 못하게 하고 또한 사람에게 문장 짓는 것을 배우지 못하게 한 것이다. 이는 치우친 것이 아니며, 도리는 마땅히 이와 같아야 하는 것이다. 사람은 단지 하나의 마음이 있을 뿐이니, 어떻게 (마음을) 나누어서 여러 일을 하겠는가? 만약 단지 쓸데없는 곳에다 마음을 써버린다면 마땅히 써야 할 곳에서는 본래의 일에 모두 힘을 얻지 못하게 된다. 단지 과욕하여 이 마음을 보존하려는 것이 가장 어렵다.

그래서 탕(湯)임금이나 무왕 같은 성인에 대해서도 맹자는 오히려 '탕임금과 무왕은 (본성을) 돌이켰다'[180]고 말하였으니, '돌이켰다'는 '회복했다'이다. 예컨대 '음악과 여색을 가까이하지 않고 재화와 이익을 증식하지 않았다'[181]는 것은 단지 이 마음을 회복하기 위한 것이다. 「여오(旅獒)」의 글을 보면 개 한 마리를 받는 것이 무슨 큰일이 있겠는가마는 (소공은) 반복하여 간절히 간언하였다.[182] 여기에서 욕심은 두려울 만한 것이라 작고 큰 것을 가리지 않고 모두 소홀히 할 수 없다는 것을 알 수 있다." (위와 같은 곳, 「양심막선어과욕장(養心莫善於寡欲章)」, 제70조목. 섭하손의 기록)[183]

18. 南軒張氏曰. 心有所向, 則爲欲, 多欲, 則百慮紛紜, 其心外馳, 尙何所存乎. 寡欲則思慮澹, 血氣平, 此心虛而寧, 不存者, 寡矣. 學者, 以寡

---

180) 『맹자』 「진심하」 33장. "요순은 본성대로 이고, 탕무는 돌이켰다(孟子曰. 堯舜性者也, 湯武反之)."

181) 『서경』 「상서(商書)」, 「중훼지고(仲虺之誥)」. "왕께서는 음악과 여색을 가까이하지 않고 재화와 이익을 증식하지 않으시며, 덕이 많은 자에게는 관직을 성대하게 내리고 공이 많은 자에게는 상을 성대하게 내리시며, 사람을 등용하되 자신으로 생각하고, 허물을 고치되 인색하게 하지 않으시어 능히 너그럽고 능히 인자하여 드러내서 조민들에게 믿음을 받으셨습니다(惟王不邇聲色, 不殖貨利, 德懋懋官, 功懋懋賞, 用人惟己, 改過不吝, 克寬克仁, 彰信兆民)."

182) 주(周)나라 무왕(武王)이 천하를 평정하자 서려(西旅, 서쪽 오랑캐)에서 오(獒, 키가 4척이 되는 사납고 영리한 개)를 선물로 바쳤다. 당시의 태보(太保)인 소공(召公) 석(奭)이 그것을 받아서는 안 된다고 하면서 글을 지어 무왕을 경계하였다. 그 글이 『서경』의 「여오편(旅獒)」이다. 이 글에서 소공은 '작은 행실을 삼가지 않으면 마침내 큰 덕에 누(累)가 된다'고 했다.

183) 정구는 『심경부주』에서 『주자어류』의 원문을 많이 생략한 내용을 본래대로 돌려놓으면서, 자신도 약간의 생략을 하여 이 조목을 만들었다.

欲爲要, 則當存養擴充, 由寡欲以至於無欲, 則其清明高遠者, 爲無窮矣.

남헌 장씨가 말씀하였다. "마음에 지향하는 바가 있으면 욕심이 된다. 욕심이 많으면 수백 가지의 생각이 어지럽게 생겨나 그 마음이 밖으로 달려 나가니 어찌 보존되겠는가? 과욕하면 생각은 맑고 고요하고 혈기는 평온해지니 이 마음은 비고 안정되어 (마음이) 보존되지 않는 자가 적을 것이다. 배우는 자가 과욕을 중요한 것으로 여긴다면 마땅히 존양하고 확충해야 하니, 과욕을 거쳐 무욕에 이르면 그 맑고 밝으며 고원하기가 끝이 없게 될 것이다." (『계사맹자설』 권7, 「진심하」. 82a)

19. **勉齋黃氏曰. 孟子嘗言求放心矣, 又言存其心矣. 操之則存, 舍之則亡, 心之存亡, 決於操舍, 而又曰 莫善於寡欲, 何也. 操存, 固學者之先務, 然人惟一心, 攻之者衆. 聲色臭味交乎外, 榮辱利害動乎內, 隨感而應, 無有窮已, 則淸明純一之體, 又安能保其常存而不放哉. 出門如賓, 承事如祭, 夫子之告仲弓, 操存之謂也. 非禮勿視聽言動, 夫子之告顔淵, 寡欲之謂也. 二子之問仁, 則同, 而夫子告之異者, 豈其所到固有淺深與. 高城深池, 重門擊柝, 固足以自守矣, 內姦外宄, 投隙伺便, 一有少懈而乘之者至矣. 良將勁卒, 堅甲利兵, 掃除妖氛, 而乾淸坤夷矣. 此孟子發明操存之說, 而又以爲莫善於寡欲也. 雖然, 寡欲固善矣, 然非眞知天理人欲之分, 則何以施其克治之功哉. 故格物致知 又所以爲寡欲之要, 此學者所當察也.

면재 황씨가 말하였다. "맹자는 일찍이 '잃어버린 마음을 찾아라'라고 말씀하시고, 또 '그 마음을 보존하라'고 말씀하셨다. '잡으면 보존되고 놓으면 잃으니' 마음이 보존되고 없어지는 것이 잡고 놓는 데에서 결정되는데, 또 '과욕보다 더 좋은 것이 없다'고 말씀한 것은 어째서인가? '조존' 즉 잡아서 보존함은 진실로 배우는 자들의 급선무이지만, 사람의 한 마음을 공격하는 것이 많을 뿐이다. 소리와 색, 냄새와 맛이 밖에서 교차하고 영욕(榮辱)과 이해(利害)가 안에서 요동치는데, 느낌을 따라서 응대하는 것이 끝없이 그치지 않으면, 맑고 밝으며 순일한 마음의 본체가 또 어찌 항상 보존되어 잃지 않음을 보장할 수 있겠는가? '문을 나서면 손님을 대하듯 하고 일을 받들 때는 제사를 모시듯 하라'는 것은 공자가 중궁에게 말씀한 것이니, 조존(操存, 잡아서 보존함)을 말한 것이요, '예가 아니면 보지도 듣지도 말하지도 움직이지도 말라'는 것은 공자가 안연에게 말씀한 것이니, 과욕을 말한 것이다.

두 제자가 인에 대해 질문한 것은 같았지만 공자가 알려줌이 다른 것이 어찌 (제자들이) 도달한 경지에 진실로 얕고 깊음이 있기 때문이겠는가? 성을 높게 쌓고 해자(垓字)를 깊이 파고 성문을 겹겹이 하고 (적의 위협을 알리는) 목탁을 치는 것은 진실로 스스로 지킬 수 있으나, 안에 있는 간교한 무리와 외부의 적들이 틈을 엿보고 편리한 기회를 노리고 있어서, 한 치라도 조금만 게을리 하면 이를 틈타는 자들이 온다. 훌륭한 장수와 정예병, 견고한 갑옷과 예리한 병기로 요사스러운 기운을 쓸어 버려야 하늘은 맑고 땅은 평화롭게 된다. 이것이 맹자가 밝히신 '조존'의 말씀이고, 또 '과욕보다 더 좋은 것이 없다'는 것이다. 비록 그렇지만 과욕은 진실로 좋은 것이나, 천리와 인욕의 구분을 진정으로 알지 못한다면, 어찌 극치(克治, 이겨서 다스림)의 공부를 베풀 수 있겠는가? 그러므로 격물치지(格物致知, 사물에 나가 앎에 이른다)가 또한 과욕의 요점이 되는 것이니, 이는 배우는 자가 마땅히 살펴야 할 바이다." (『면재집』 권2, 「강의(講義)」. 12a~13a)

20. 西山眞氏曰. 凡人於物所不可無, 若耽玩不舍, 則喪志矣. 非獨聲色貨利爲然, 雖書史圖畫之淸玩, 而著之, 其害亦然. 若謝氏記誦之博, 程子猶以此譏之, 惟以道養志, 則志不爲物所移.

서산 진씨가 말씀하였다. "무릇 사람에게 사물은 없어서는 안 되는 것이나, 만약 깊이 빠져서 탐닉하는 것을 버리지 못하면 '상지' 즉 뜻을 잃게 된다.[184] 소리와 색이나 재화의 이익만 그런 것이 아니고, 비록 책과 그림 가운데 감상할 만한 좋은 것들이라 해서 이를 드러내면 그 해로움도 또한 그렇다. 사씨가 책을 잘 읽고 외우자 정자(정명도)께서 이를 핀잔하신 일화가 있으니,[185] 오직 도(道)로 뜻을 길러야만 뜻이 사물에 의해서 옮겨 다니지 않게 된다." (『서산독서기』 권4, 「지」. 1a~1b)

21. 又曰. 南軒先生臨終, 再三誦曰, 春融天理之妙, 蟬蛻人欲之私, 可以觀所養矣.

또 말씀하였다. "남헌 선생이 임종하실 때 서너 번 다음과 같이 외우시길 '춘융천리지묘, 선태인욕지사' 곧 '봄기운이 화락하듯 천리의 신묘함에 녹아들고, 매미가 허물 벗듯 인욕의 사사로움을 벗어 던졌네' 하였으니, 가히 평생 기른 바를 볼 수 있다." (『서산독서기』 권4, 「치정」. 64a)

『심경발휘』 권3(心經發揮卷之三) (끝)

---

184) 완물상지(玩物喪志). 『서경』 「여오」에 있는 말이다. "사람을 완미하면 덕을 잃고 기물을 완상하면 뜻을 잃는다(玩人喪德, 玩物喪志)." 이를 후대의 정명도는 사람이 '사물을 장난감 가지고 놀듯이 탐닉하면' '하늘로부터 부여 받은 참된 마음의 뜻을 잃어버리는' 상태로 해석하여 사용했다.

185) 정명도가 제자가 될 사량좌를 처음 보았던 장면이다. 정명도는 사량좌가 기억하고 묻는 매우 박식한 재능이 있는 것을 보시고 말씀하였다. "그대께서는 무수한 것을 기억하고 있구려." 그러자 사량좌는 몸에서 땀이 나고 얼굴이 붉어지는 것을 알아채지 못할 정도였다. 명도 선생이 말씀하였다. "단지 이것이 바로 측은지심이라오." (明道見謝子記問甚博曰. 賢却記得許多. 謝子不覺身汗面赤. 先生曰. 只此便是惻隱之心. 『이정외서』 권12, 46번째 문장) 정명도는 기문지학(외우고 묻기만 하는 학문)에 탐닉하면 마음의 뜻을 상실한다는 도학의 가르침을 사량좌에게 알려준 것이다. 정명도의 잘 알려진 표준구는 다음과 같다. "잘 외우고 많이 알기만 하는 것은 장난감을 가지고 놀면서 본래 마음의 뜻을 잃는 것과 같다(以記誦博識, 爲玩物喪志)." 『이정유서』(권3, 17번째 문장)

心經發揮

卷之四

심경발휘 권4

1. 양심설(養心說)

〈『주돈이집(周敦頤集)』 권3, 「양심정설(養心亭說)」〉

○ 총 3조목

周子養心說曰. 孟子曰, 養心, 莫善於寡欲, 其爲人也寡欲, 雖有不存焉者, 寡矣, 其爲人也多欲, 雖有存焉者, 寡矣. 予謂養心, 不止於寡而存耳, 蓋寡焉, 以至於無, 無則誠立明通. 誠立, 賢也, 明通, 聖也. 是聖賢, 非性生, 必養心而至之. 養心之善, 有大焉, 如此, 存乎其人而已.<先生名張宗範之亭曰養心而爲之說>

주자의 「양심설」에서 말씀하였다. "맹자께서는 '마음을 기르는 것은 과욕보다 더 좋은 것이 없다. 그 사람됨이 과욕하면 비록 (선한 마음을) 보존하지 못하는 일이 있더라도 그런 일은 적을 것이다. 그 사람됨이 욕심이 많으면 비록 (선한 마음을) 보존하고 있더라도 그런 일이 적을 것이다'라고 하셨다. 내가 생각하기에, 양심(養心) 즉 마음을 기르는 것은 과욕을 하여 (욕심이) 남아 있는 데에 그칠 뿐만이 아니라, 과욕하여 (욕심이) 없는 데까지 이르러야 하니, 욕심이 없으면 성실이 확고하게 서고 밝음이 통한다. 성실이 확고하게 서는 것은 현인이며 밝음이 통함은 성인이다. 이는 성현이 천성에서 나온 것이 아니고 반드시 마음을 길러서 이르는 것이다. 마음을 기르는 좋음은 큰 것이 이와 같으니, 그 사람에게 달려 있을 뿐이다."
<염계 선생이 장종범의 정자를 '양심정'이라 이름하고 이에 대한 설을 지은 것이다.[1]>

1) 『주돈이집(周敦頤集)』 권3, 「잡저(雜著)」, 「양심정설(養心亭說)」.

1. **朱子曰. 誠立, 謂實體安固, 明通則實用流行, 立如三十而立之立, 通則不惑知命, 而鄕乎耳順矣.**

주자가 말씀하였다. "'성실이 확고하게 서다'라는 것은 실체가 안정되고 견고함을 이르고, '밝음이 통함'은 실제의 작용이 유행하는 것을 이른다. '서다'란 (공자가) '나이 서른에 확고하게 섰다'할 때의 '서다'이다. '통'하게 되면, '40에 불혹(의혹하지 않음)하고 50세에 천명을 알고 이어 이순(귀에 거슬리는 것이 없음)으로 향하게 된다."[2] [주돈이(周敦頤), 『통서(通書)』, 「통서후발(通書後錄)」. 23a]

2. **又曰. 濂溪言寡欲以至於無, 蓋恐人以寡欲爲便得了, 故言不止於寡欲而已, 必至於無而後可耳. 然無底工夫, 則由於能寡欲. 到無欲, 非聖人不能也.**

또 말씀하였다. "염계 선생이 '과욕하여 (욕심이) 없는 데까지 이르러야 한다'라고 말한 것은 대개 사람들이 과욕하면 다 되는 것으로 생각할까를 걱정했기 때문에 '과욕에만 그치지 않고' 반드시 '(욕심이) 없는 데까지 이른' 뒤에야 바르게 된다고 말한 것이다. 그러나 욕심이 없는 데까지 이르는 공부는 과욕이 능숙하게 된 것으로부터 욕심이 없는 데까지 이르는 것이니, 성인이 아니고서는 할 수 없다." (『주자어류』 권94, 「주자지서」, 「후록(後錄)」, 제221조목. 정단몽의 기록)[3]

3. **或問. 孟子與周子之言, 果有以異乎. 建安葉氏曰. 孟子所謂欲者, 以耳目口鼻四體之欲, 人所不能無, 然多而無節, 則爲心害. 周子, 則指心之**

---

2) 『논어』 「위정(爲政)」 4장. "나는 15세에 배움에 뜻을 두었고, 30세에 뜻이 (확고하게) 섰으며, 40세에 미혹되지 않았고, 50세에 천명을 알았으며, 60세에 이순하였고, 70세에 마음이 하고자 하는 대로 하여도 법도에서 벗어나지 않았다(吾十有五而志于學, 三十而立, 四十而不惑, 五十而知天命, 六十而耳順, 七十而從心所欲不踰矩)."

3) 『심경부주』에는 앞의 문장만 발췌되어 있다. 정구는 『주자어류』에서 내용을 보완하였다.

流於慾者，是則不可有也．所指有淺深之不同．然由孟子之寡慾，則可以盡周子之無慾矣．

혹자가 물었다. "맹자와 주자의 말씀에 과연 차이가 있습니까?"

건안 섭씨가 말하였다. "맹자가 말씀하신 '욕(欲)'이라는 것은 이목비구와 사지의 욕구[欲]로서 사람에게 없을 수 없는 것이나, (욕구가) 많아져서 절제가 없다면 마음에 해가 된다. 주자는 마음이 욕심[慾]으로 흐른 것을 가리켰으니, 이는 있어서는 안 된다. 가리킨 것에 얕고 깊음의 차이가 있다. 그러나 맹자의 과욕[寡欲]에서부터 말미암는다면, 주자의 욕심이 없음[無慾]을 다할 수 있을 것이다." (『근사록집해』 권5, 「극기(克己)」, 2장)[4]

4) 사고전서본의 『근사록』에서는 欲과 慾의 구분이 날카롭지 않으며, 대부분 欲으로 통용해서 사용된다. 그러나 정구는 欲과 慾을 적어도 이 조목에서는 엄격하게 구분하고 있다. 정구의 입장에서 욕(欲)은 인간의 생리적 조건에서 연유하는 욕구에 해당하며, 욕(慾)은 이러한 욕구가 생리적 조건을 넘어서는 정신적(심리적) 단계에서 등장하는 것으로 본 것 같다.

2. 성가학(聖可學)

〈『통서』「성학(聖學)」〉

○ 총 9조목

通書曰. 聖可學乎. 曰. 可. 有要乎. 曰. 有. 請問焉. 曰. 一爲要, 一者, 無欲也. 無欲, 則靜虛動直. 靜虛則明, 明則通. 動直則公. 公則溥, 明通公溥, 庶矣乎.

『통서』에서 말하였다.
"성인은 배워서 될 수 있습니까?"
말씀하였다. "될 수 있다."
"요점이 있습니까?"
"있다."
"(요점을) 묻고자 합니다."
말씀하였다. "일(一)이 요점이 되니, 일 즉 하나란 욕심이 없는 것이다. 욕심이 없으면 고요할 때는 (마음이) 비워지고 움직일 때는 (마음이) 곧아진다. 고요할 때 (마음이) 비워지면 밝고, 밝으면 통한다. 움직일 때 (마음이) 곧아지면 공정하다. 공정하면 넓어지니, 밝고 통하며 공정하고 넓어지면[明通公溥] 거의 도(道)에 가까울 것이다."

1. **朱子曰. 此章之指, 最爲要切. 然其辭義明白, 不煩訓解. 學者, 能深玩而力行之, 則有以知無極之眞, 兩儀四象之本, 皆不外乎此心, 而日用間自無別用力處矣.

주자가 말씀하였다. "이 장의 뜻이 가장 중요하고 절실하다. 그러나 그 문장의 의미가 명백해서 번거롭게 풀지 않았다. 배우는 자는 깊이 음미해서 힘써 행할 수 있다면, '무극의 참된 이치' '양의' '사상' 등의 근본이 모두 이 마음에서 벗어나지 않아서[5], 일용지간에 절로 힘 쓸 곳이 따로 없다는 것을 알게 된다." (『통서』. 「성학(聖學)」. 14a)

2. **問. 一者, 無欲也. 何如. 曰. 一便是無欲. 今試看無欲之時, 心豈不一. 又問. 比主一之敬, 如何. 曰. 無欲與敬字一般, 比敬字分外分明. 要之, 持敬頗似費力, 不如無欲撇脫. 人只爲有欲, 此心便千頭萬緖. 此章之言, 甚爲緊切, 學者不可不知.

물었다. "'일 즉 하나'란 '욕심이 없는 것[無欲]이다'는 어떤 것입니까?"

말씀하였다. "하나가 바로 '욕심이 없는 것'이다. 이제 시험 삼아 욕심이 없을 때를 살펴보면, 마음이 어찌 하나이지 않겠는가?"

또 물었다. "하나를 위주로 하는 경(敬)과 비교하면 어떻습니까?"

말씀하였다. "'무욕'과 경이라는 글자는 비슷한데, 경이란 글자에 비해서 특별히 분명하다. 요컨대, 경을 간직하는 것은 자못 힘을 써야 하는데 욕심이 없어서 간단하고 편리한 것만 못하다. 사람이 단지 욕심이 있기 때문에 이 마음이 천 갈래 만 갈래로 나누어진다. 이 장의 말은 매우 긴요하고 절실하니 배우는 자는 알지 않을 수 없다." (『주자어류』 권94, 「주자지서」, 「성학(聖學)」. 제190조목)[6]

---

5) 주자는 이 조목을 주렴계의 『태극도설』 논리와 선천역학의 논리를 합해서 이해하고 있다. 그래서 주자의 논리는 반드시 주렴계와 일치하지 않는다. 이는 주자가 집대성자라는 의미의 한 단면을 보여주고 있다.

6) 『심경부주』에 매우 축약된 형태로 있는 것을 정구가 원문에 따라 복원했다.

3. 又曰. 明通, 在己也, 公溥, 接物也. 須是就靜虛中涵養始得. 明通, 方能公溥. 若便要公溥, 定不解得. 靜虛明通, 精義入神也, 動直公溥, 利用安身也.

또 말씀하였다. "'밝음'과 '통함'은 자기에게 있고, '공정'과 '넓음'은 사물을 접촉하는 것이다. 반드시 '고요히 비어 있는' 가운데 나아가 함양해야 비로소 얻게 된다. '밝고 통'하면 '공정하고 넓을' 수 있다. 만약 곧바로 '공정하고 넓게' 되려한다면 반드시 이해할 수 없게 된다. '고요히 비어 있어 밝고 통함'은 (「계사전」의) 정의입신(精義入神) 즉 '의리를 정밀히 연구하여 신묘한 경지에 드는 것'이고, '움직여 곧아져서 공정하고 넓어짐'은 (「계사전」의) 이용안신(利用安身) 즉 '그 씀을 순조롭게 하여 몸을 편안히 하는 것'이다." (위와 같은 곳, 제192조목. 섭하손의 기록)

4. 問. 一是純一靜虛, 是此心如明鑑止水, 無一毫私欲塡於其中. 故其動也, 無非從天理流出, 無一毫私欲撓之. 靜虛是體, 動直是用. 曰. 也是如此. 靜虛易看, 動直難看. 靜虛, 只是伊川云, 中有主則虛, 虛則邪不能入, 是也. 若物來奪之, 則實, 實則暗, 暗則塞. 動直, 只是其動也更無所礙. 若少有私欲, 便礙便曲. 要恁地做, 又不要恁地做, 便自有窒礙, 便不是直. 曲則私, 私則狹.

물었다. "'하나'는 순수하고 전일하며 고요히 비어 있는 것이니, 이 마음이 명경지수 같아서 한 터럭만큼의 사사로운 욕심도 그 가운데 들어있는 것이 없는 것입니다. 그러므로 그것이 움직일 때는 천리에서 흘러나오지 않은 것이 없어서 한 터럭만큼의 사사로운 욕심에도 흔들리지 않는 것입니다. '고요히 비어 있음'이 본체이고 '움직여 곧음'은 작용입니다."

말씀하였다. "또한 이와 같다. 고요히 비어 있는 것은 알아보기 쉽고, 움직여서 곧은 것은 알아보기 어렵다. 고요히 비어 있는 것은 이천 선생이 '마음속에 주재가 있으면 마음이 비게 되고, 비어 있으면 간사한 것이 들어 올 수 없다'[7]고 말씀하신 것이 이것이다. 만약 사물이 와서 빼앗으면 마음속이 들어차고, 들어차면 어두워지고, 어두워지면 막히게 된다. '움직여 곧아지면' 움직일 때 다시 아무런 막힘이 없는 것이다. 만약 조금이라도 사사로운 욕심이 있으면 바로 막히고 구부러진다. 이렇게 하려고 하지만 또한 이렇게 하려 하지 않으니, 곧바로 저절로 막히고 곧지 않은 것이다. 구부러지면 사사로워지고, 사사로우면 좁아진다." (위와 같은 곳, 제191조목. 정단몽의 기록)

5. **又曰. 在人言之, 則明是曉得事物, 通是透徹無窒礙, 公是正無偏陂, 溥是溥徧萬事. 又曰. 所謂誠立明通, 意又別. 彼處以明字爲重. 立如三十而立, 通則不惑, 知天命, 耳順也.**

또 말씀하였다. "사람의 입장에서 말하면 '밝음'은 사물을 분명하게 아는 것이고, '통함'은 투철하여 장애가 없는 것이며, '공정'은 바르며 치우거나 기울어짐이 없는 것이고, '넓음'은 만사에 두루 미치는 것이다."

또 말씀하였다. "이른바 '성실이 확고하게 서고 밝음이 통한다'는 것은 뜻이 또한 다르다. 저기에서는 '밝음'이라는 글자를 중요하게 여겼다. '서다'는 (공자가) '나이 서른에 확고하게 섰다'할 때의 '서다'이고, '통'하면 (마흔에) '불혹'하고 (쉰에) 천명을 알고, (예순에) 이순한다."[8] (위와 같은 곳, 제193조목. 진순의 기록)

6. ****又曰. 周先生, 說一者無欲也. 然這話頭高, 卒急難湊泊. 尋常人, 如何便得無欲. 故伊川, 只說箇敬字, 教人, 只就這敬字上捱去, 庶幾執捉得定, 有箇下手處. 然今之言敬者, 乃皆裝點外事, 不知直截於心上求功. 不**

---

7) 『이정유서』 권15, 177번째 문장. 이곳 『심경발휘』 「경이직내장」 49조목에 전문이 있다.
8) 위 주렴계 「양심설장」의 1조목에 있는 주자의 말 참고.

若眼下於求放心處有功，則尤省力.

또 말씀하였다. "주선생이 '하나란 욕심이 없는 것'이라고 말씀하였다. 그러나 이는 말씀[話頭]의 수준이 높은 것이라서 갑자기 도달하기 어렵다. 보통 사람들이 어떻게 곧바로 욕심이 없을 수 있겠는가? 그러므로 이천 선생은 단지 경이라는 글자를 말해서 사람들을 가르치셨을 뿐이다. 단지 이 경이라는 글자에서 지속해 나가면 거의 붙잡아서 안정되니 시작할 곳이 있을 것이다. 그러나 지금 경을 말하는 자들은 모두 다 바깥일을 꾸미고 곧바로 마음에서 공부해야 하는 줄은 모른다. 당장에 잃어버린 마음을 찾는 곳에서 공부하는 것이 더 나은 것이니, 이러면 힘이 덜 들 것이다." (『주자어류』 권12, 「학문6」, 「지수」, 제79조목. 여대아의 기록)

7. 勉齋黃氏曰. 一爲要, 一字有數樣, 如作左右看, 則一爲純一之一, 如作前後看, 則一爲專一之一. 此所謂一是純一不雜之謂也. 譬如一物恁地光潔, 更無些物塵汚了他. 但看下文言無欲是一, 靜虛, 虛也是一, 動直, 直也是一, 何謂無欲, 只是純然是箇天理, 無一點私欲, 此須作兩路看, 莫非欲也. 飮食男女, 人之大欲, 此不待說. 須看面前許多物, 苟有一念掛著底, 都是欲, 如一切嗜好之類, 此是一路, 又須識得欲不待沈溺其中, 而後謂之欲. 程子云, 纔有所向, 便是欲, 這箇甚微, 纔起念處, 便是欲. 譬如止水上打一動相似, 若到酒池肉林, 已狠當了. 無欲, 則自湛然一物不留, 故靜便虛. 未發時, 這虛靈知覺, 如明鏡止水恁地虛. 動便直, 做事時, 只有一路直出, 那裏有偏曲路徑. 纔虛便明, 明則見道理透徹, 故通. 直便公, 公自是無物我, 故溥, 又曰. 通者, 明之極, 溥者, 公之極.

면재 황씨가 말하였다. "'하나가 요점이 된다'에서 '하나'라는 글자에는 여러 양상이 있다. 예컨대 좌우라는 (대칭의) 관점으로 보면 하나는 '순수하게 하나이다[純一]' 할 때의 하나이다. 또 이전과 이후라는

(시간의) 관점에서 보면 하나는 '오로지 하나이다[專一]'할 때의 하나이다. 이것이 이른바 하나는 순수하게 하나라서 섞이지 않는 것을 말한다. 비유하면 한 사물이 이렇게 빛나고 깨끗하여, 다시 이를 조금이라도 때 묻히고 더럽히는 어떤 것도 없는 것과 같다.[9)]

단지 아래 문장에서 '욕심이 없는 것이 하나'라고 말한 것을 보면, '고요히 비어 있음'의 고요함도 하나이고, '움직여 곧음'의 곧음도 하나이니, 무엇을 '욕심이 없음'이라 한 것인가? 단지 이는 순수하게 천리이니 한 점의 사사로운 욕심도 없는 것이다. 이것은 반드시 두 관점에서 보아야 하니, 어느 것도 욕심이 아닌 것이 없다. 음식남녀 즉 사람의 식욕과 성욕은 사람의 가장 큰 욕구이니, 이는 더 말할 것이 없다. 모름지기 눈앞의 수많은 사물들을 볼 때 진실로 한 가지 생각이라도 걸려 있으면 이 모두가 욕심이다. 모든 즐기고 좋아하는 기호와 같은 종류들이 하나의 측면이다. 그러나 또한 욕심은 그 안에 탐닉한 뒤에 욕심이라고 부르는 것이 아님을 알아야 한다.

정자께서 '조금이라도 (뜻이) 향하는 바가 있으면 곧 욕구이다'라고 말한 것은 매우 미묘한 것이니, 조금이라도 생각이 일어나면 바로 욕구이다. 비유하면 잔잔한 물 위를 한 번 쳐서 움직이게 하는 것과 비슷한데, 만약 주지육림 즉 술로 연못을 이루고 고기로 숲을 이루는 데 이르렀다면, 이미 지저분하게 되어 끝난 것이다. 욕심이 없으면 절로

---

9) 이에 대해 조선 선조 때 이황의 문인인 김융(金隆, 1549~1593)이 주석을 모았다. 『물암집(勿巖集)』 권4, 「통서강록(通書講錄)」. "성학장의 소주에서, 좌우는 몸의 좌우와 같다. 왼쪽이 이와 같고, 오른쪽이 이와 같으니 이것이 순일(純一)이며, 전일(專一)이라고 할 수 없다. 전후는 어제와 오늘과 같다. 어제도 그렇고 오늘도 그러하니, 이는 전일이며 순일이라고 할 수 없다." ○ "순(純)은 순수한 색의 순이다. 물었다. '순(純)은 혼합되어 어느 것이 섞이지 않는 뜻이고, 전(專)은 서로 이어져서 그치지 않는 뜻이 아닌지요?' 말씀하였다. '혼합의 글자는 아니다. 순은 단지 섞이지 않다는 것일 뿐이며, 전은 단지 둘로 나뉘지 않는다는 뜻이니 곧 주일(主一) 즉 하나를 위주로 한다는 것이다(聖學章小註, 左右, 如身之左右也, 左如此, 右亦如此, 則是純一也, 不可曰專一. 前後如昨日今日也. 昨日亦然, 今日亦然, 則是專一也, 不可曰純一. ○ 純, 如純色之純. 問純是渾合不雜之義, 專是相繼不息之意否. 曰. 渾合字非. 純只是不雜也. 專只是不二之義, 卽主一也)."

맑고 고요하여 하나의 사물이라도 머무르지 않기 때문에 고요하면 바로 비어 있게 된다. (마음이) 아직 피어나지 않을 때 이 허령지각 즉 비어 있고 영명한 지각은 마치 명경지수와 같이 비어 있게 된다. 움직이면 곧 바르고 일을 할 때는 단지 한 길로 곧바로 나오니, 어디에 치우치고 굽어 있는 길이 있겠는가? 비어 있으면 밝고, 밝으면 도리를 투철하게 보기 때문에 통한다. 바르면 공정하고 공정은 절로 사물과 나를 구분하는 것이 없기 때문에 넓다."

또 말하였다. "통한다는 것은 밝음의 극치이며, 넓다는 것은 공정의 극치이다." (『성리대전』 권2, 「통서1(通書一)」, 「성학(聖學)」. 49b)

8. 又曰. 靜虛動直, 動字, 當就念慮之萌上看, 不可就視聽言動上看, 念慮之萌既直, 則視聽言動, 自無非禮. 今以視聽言動爲動直, 則念慮之萌處有所略矣. 故動靜當以心言也, 虛直兩字, 亦當仔細體認. 虛者, 此心湛然, 外物不能入, 故虛. 直者, 循理而發外, 邪不能撓, 故直. 敬則靜虛, 亦能動直, 敬該動靜者也. 今但言靜虛, 則偏矣. 心在, 則動皆直, 心不在, 則動, 皆邪, 此兩句却得之.

또 말씀하였다. "허정동직 즉 '고요할 때는 (마음이) 비워지고 움직일 때는 (마음이) 곧아진다'에서 '움직임[動]'이라는 글자는 마땅히 생각의 싹이라는 측면에서 보아야 하며, 보고 듣고 말하고 움직이는 측면에서 보아서는 안 된다. 생각의 싹이 이미 바르면 보고 듣고 말하고 움직이는 것도 저절로 예가 아닌 것이 없다. 이제 보고 듣고 말하고 움직이는 것을 '움직일 때 곧다[動直]'로 여기면 생각이 싹트는 곳에 생략된 것이 있게 된다. 그러므로 동정 즉 움직임과 고요함은 마땅히 마음의 측면에서 말해야 한다. '허직' 즉 비어 있음과 곧음이라는 두 글자도 또한 마땅히 자세하게 몸소 인식해야 한다.

'비어 있음[虛]'이라는 것은 이 마음이 맑고 고요하여 바깥의 사물이 들어 올 수 없는 것이기 때문에 비어 있는 것이다. '곧음[直]'이라는 것은 이치를 따라서 바깥으로 나가니 간사한 것이 흔들 수 없기 때문에 곧은 것이다. 경은 고요하고 비어 있으나 또한 움직이고 곧을 수 있으니, 경은 움직임과 고요함을 포괄하는 것이다. 이제 다만 고요함고 비어 있음만을 말하면 치우친 것이다. 마음이 보존되면 움직임은 모두 곧고, 마음이 보존되어 있지 않으면 움직임은 모두 간사하니, 이 두 구절이 오히려 뜻이 통한다." (위와 같은 곳, 50a)

9. **北溪陳氏曰. 一者是表裏俱一, 純徹無二, 少有纖毫私欲, 便二矣. 內一, 則靜虛, 外一, 則動直, 而明通公溥, 則又無時不一矣. 一者, 此心渾然, 太極之體, 無欲者, 心體粹然, 無極之眞, 靜虛者, 體之未發, 豁然絶無一物之累, 陰之性也, 動直者, 用之流行, 坦然由中道而出, 陽之情也.**

북계 진씨가 말하였다. "'하나'라는 것은 겉과 속을 모두 갖추고 순수로 관철되어 둘로 나뉜 것이 없으니, 조금이라도 털끝만한 사사로운 욕심이 있다면 둘로 나뉘어 버린다. 안이 하나로 되어 있으면 고요히 비어 있고, 바깥이 하나로 되어 있으면 움직여 곧고, 명통공부 즉 '밝고 통하며 공정하고 넓어지면' 또한 언제고 하나가 아닌 적이 없다. '하나'라는 것은 이 마음이 혼연한 것으로 태극(太極)의 본체이고, '욕심이 없다[무욕]'는 것은 마음의 본체가 순수한 것으로 무극(無極)의 참 이치이다. '고요히 비어 있음'은 본체가 아직 피어나지 않은 것이며, 툭 트이듯 결코 하나라도 사물의 얽매임이 없는 것이니 음의 본성이다. '움직여 곧음'은 작용이 유행하는 것이며, 편안하게 중도로부터 나오는 것이니 양의 실정이다." (위와 같은 곳, 50a~50b)

3. 시청언동사잠(視聽言動四箴)

〈『이정문집』 권8, 13~17번째 문장〉

○ 총 13조목

程子曰. 顏淵, 問克己復禮之目, 子曰, 非禮勿視, 非禮勿聽, 非禮勿言, 非禮勿動. 四者, 身之用也, 由乎中而應乎外, 制於外, 所以養其中也. 顏淵, 事斯語, 所以進於聖人. 學者, 宜服膺而勿失也. 因箴以自警.

視箴曰. 心兮本虛, 應物無迹. 操之有要, 視爲之則. 蔽交於前, 其中則遷. 制之於外, 以安其內. 克己復禮, 久而誠矣.

聽箴曰. 人有秉彝, 本乎天性. 知誘物化, 遂亡其正. 卓彼先覺, 知止有定. 閑邪存誠, 非禮勿聽.

言箴曰. 人心之動, 因言以宣. 發禁躁妄, 內斯靜專. 矧是樞機, 興戎出好. 吉凶榮辱, 惟其所召. 傷易則誕, 傷煩則支. 己肆物忤, 出悖來違. 非法不道, 欽哉訓辭.

動箴曰. 哲人知幾, 誠之於思, 志士勵行, 守之於爲, 順理則裕, 從欲惟危, 造次克念, 戰兢自持, 習與性成, 聖賢同歸.

「사잠 병서(四箴幷序)」[10]
정자가 말씀하였다. "안연이 '극기복례'의 조목을 묻자, 공자께서 '예(禮)가 아니면 보지 말며, 예가 아니면 듣지 말며, 예가 아니면 말하지 말며, 예가 아니면 행동하지 말아야 한다'고 말씀하였다. 이 네 가지는 몸의 작용인데 마음속에서 나와서 바깥에 호응하는 것이니, 밖을 제어하는 것은 마음속을 기르는 것이다. 안연이 이 말씀을 따라 실천하여서 성인에 나아간 것이다. 배우는 자들은 마땅히 이를 가슴속에 품고 잃지 말아야 한다. 이 때문에 잠(箴)을 지어 스스로 경계한다."

「시잠(視箴)」
마음이여! 본시 비어 있으니, 사물에 응대할 때 자취가 없네.
마음을 잡는 데는 요점이 있으니, 보는 것이 그 준칙이 되네.
사물이 눈앞에서 가려져 만나면 마음이 옮겨 가니,
밖에서 다스려서 안을 편하게 해야 하네.
자기(의 사사로운 욕심)를 이겨 예로 돌아가서, 오래되면 성실하게 되네.

「청잠(聽箴)」
사람이 떳떳한 양심을 가진 것은 천성에 뿌리를 둔 것이네.
허나 앎이 유혹받아 사물에 동화되면 마침내 그 바름을 잃게 되네.
뛰어난 저 선각자들은 그쳐야 할 곳을 알아서 평소에 정해 둔 바가 있네.

---

10) 병서(幷序)는 글을 지은 배경이나 요점을 적은 일종의 주석 형식을 문장이다.

간사함을 막고 성실을 보존하고, 예가 아니면 들으려 하지 않네.

「언잠(言箴)」
사람의 마음이 움직이면 말을 통해 나타나네.
말할 때는 조급함과 거짓됨을 금하면 마음은 이에 고요하고 전일해지네.
하물며 말은 추기(몹시 중요한 기관)라, 전쟁을 일으키기도 하고 우호를 맺기도 하니, 길흉과 영욕도 오직 말이 자초하는 것이네.
말을 경솔하게 하면 허탄해지고, 말을 많이 하면 지리멸렬해지네.
자기를 치켜세우면 상대방이 어깃장을 놓고, 남을 해치는 말을 하면 남도 어긋나게 응수하네.
법도에 맞지 않으면 말을 하지 않으니, 가르침의 말씀을 공경하고 공경하네.

「동잠(動箴)」
밝은 사람[哲人]은 길흉의 기미를 알고서 생각할 때부터 성실히 하네.
뜻이 있는 선비는 선한 행동을 힘쓰면서 하는 일에서 지키네.
이치를 따르면 여유가 있고 욕심을 따르면 오직 위태롭네.
다급한 순간이라도 제대로 생각해서 전전긍긍하며 스스로 유지하네.
습관이 천성처럼 이루어지면 성현과 똑같은 경지로 돌아가리.

1. 朱子曰. 程子之箴, 發明親切, 學者尤宜深玩.

주자가 말씀하였다. "정자의 「잠」들은 친절하게 밝히신 것이니 배우는 자들은 더욱 깊이 완미해야 할 것이다." (『논어집주』 「안연」 12장의 주석)

2. 又曰. 由乎中, 而應乎外, 制於外, 所以養其中, 上句是說視聽言動, 皆由中出, 下句是用功處.

또 말씀하였다. "'마음속에서 나와서 바깥에 호응하는 것이니, 밖을 제어하는 것은 마음속을 기르는 것이다'에서 앞 구절은 보고 듣고 말하고 움직이는 것을 말한 것이니 모두 마음속에서 나온 것이다. 뒷 구절은 공부하는 곳이다." (『주자어류』 권41, 「논어23」, 「안연편상」, 제68조목. 이광조의 기록)

3. 又曰. 制於外, 所以養其中, 這一句好看.

또 말씀하였다. "'밖을 제어하는 것은 마음속을 기르는 것이다'는 이 구절은 보기 좋다." (위와 같은 곳, 제70조목. 여염의 기록)

4. **問. 視箴何以特說心, 聽箴何以特說性. 曰. 互換說, 也得. 然諺云, 開眼便錯, 視所以就心上說. 人有秉彝, 本乎天性, 道理本自好在這裏, 却因雜得外面言語來誘化, 聽所以就性上說.

물었다. "「시잠」에서는 왜 특별히 마음을 말씀한 것이고, 「청잠」에서는 왜 특별히 성(性)을 말씀한 것입니까?"

말씀하였다. "서로 바꿔서 말해도 된다. 그러나 속담에, '눈을 뜨면 잘못 된다'라고 하니, '보는 것'을 마음에 나가서 말하게 된 까닭이다. '사람이 떳떳한 양심을 가진 것은 천성에 뿌리를 둔 것이네'라고 하였으니, 도리는 본래 절로 여기에 잘 있지만, 바깥의 언어가 섞이게 되면서부터 유혹을 받아 사물에 동화되니, '듣는 것'을 본성에 나가서 말

하게 된 이유이다." (위와 같은 곳, 제72조목. 진식의 기록)

5. 又曰. 人之視聽言動, 視最在先, 爲操心之準則. 此兩句未是不好, 至蔽交於前, 方有非禮而視. 故制之於外, 以安其內, 則克己而復禮也. 如是工夫無間斷, 則久而自從容不勉矣, 故曰久而誠矣.

또 말씀하였다. "사람이 보고 듣고 말하고 행동하는 것 중에 보는 것이 가장 먼저 있는 것은 '마음을 잡는 것[操心]'의 준칙이 돼서이다. 이 두 구절은 좋지 않은 것은 아니지만, '사물이 눈앞에서 가려져 만나는' 상황에 이르면, 예가 아닌데도 보는 경우가 있다. 그러므로 '밖에서 다스려서 안을 편하게 해야 한다,' 이러면 '극기'하여 예를 회복한다. 만일 공부할 때 그치거나 끊어짐이 없으면 오래되어 저절로 '마음이나 힘을 억지로 쓰지 않게'[11]된다. 그러므로 '오래되면 성실하게 되네'라고 한 것이다." (위와 같은 곳, 제73조목. 정단몽의 기록)

6. 問四箴. 曰. 視是將這裏底引出去, 所以云以安其內. 聽是聽得外面底來, 所以云閑邪存誠. 又問. 四者, 還有次第否. 曰. 視爲先, 聽次之. 又曰. 哲人知幾, 誠之於思, 此是動之於心, 志士勵行, 守之於爲, 此是動之於身.

「사잠」에 대해서 물었다.

말씀하였다. "보는 것은 안에서 끌어내어 나가는 것이기 때문에 '안을 편하게 해야 하네'라고 말한 것이다. 듣는 것은 바깥에서 오는 것을 듣는 것이기 때문에 '간사함을 막고 성실을 보존한다'라고 말한 것이다."

또 물었다. "네 가지는 순서가 있지 않겠습니까?"

---

11) 성(誠)을 가리킨다. 『중용』 20장. "성실한 자는 힘쓰지 않고도 도에 맞으며 생각하지 않고도 도에 맞으며 마음을 쓰지 않고 도에 들어맞는다(誠者, 不勉而中, 不思而得, 從容中道)."

말씀하였다. "보는 것이 먼저이고, 듣는 것은 그 다음 순서이다."

또 말씀하였다. "'밝은 사람은 길흉의 기미를 알고서 생각할 때부터 성실히 하네'라는 것은 마음에서 움직이는 것이고, '뜻이 있는 선비는 선한 행동을 힘쓰면서 하는 일에 지키네'라는 것은 몸에서 움직이는 것이다." (위와 같은 곳, 제76조목, 오치의 기록)

7. **又曰. 四者, 惟視爲切, 所以先言視. 而視箴之說, 尤重於聽也.**

또 말씀하였다. "네 가지 가운데 오직 보는 것이 절실하기 때문에 먼저 보는 것을 말했다. 「시잠」의 말씀은 듣는 것보다 더욱 중요하다." (위와 같은 곳, 제82조목. 양도부의 기록)

8. ****又曰. 四箴意思, 都該括得盡, 四箇箴, 有說多底, 有說少底, 多底, 減不得, 少底, 添不得. 只是須要自家下工夫, 實見是如何. 看這意思, 都克去已私, 無非禮之視, 無非禮之聽, 無非禮之言, 無非禮之動, 這是甚麽氣象. 這便是渾然天理, 這便是仁.**

또 말씀하였다. "「사잠」에 담긴 의사는 모두 다 포괄하였으니, 「사잠」은 말씀의 분량이 많은 것도 있고 적은 것도 있는데, 많더라도 줄일 수 없고 적더라도 보탤 수 없다. 다만 모름지기 스스로 공부해야 실제로 어떠한가를 볼 수 있을 것이다. 이 의사를 보면, 모두 자기의 사사로움을 이겨내어 예가 아닌 보는 것이란 없고 예가 아닌 듣는 것이란 없으며 예가 아닌 말이란 없고 예가 아닌 움직임이란 없는 것이니, 이것은 어떠한 기상인가? 이는 바로 혼연한 천리이며, 이것이 곧 인이다." (위와 같은 곳, 제79조목. 섭하손의 기록)12)

---

12) 『심경부주』에는 『주자어류』의 원문을 많이 들어내 편집한 것을 실었는데, 정구도 『심경부주』의 편집을 따르고 있다.

9. **又曰. 言箴上四句是就身上最緊要處, 須是不躁妄, 方始靜專. 纔不靜專, 自家這心自做主不成, 如何去接物. 下云, 矧是樞機, 興戎出好, 四句, 都是說謹言底道理. 下四句却說四項病, 傷易則誕, 傷煩則支, 己肆則物忤, 出悖則來違.

또 말씀하였다. "「언잠」의 네 구절은 자기에 있어서 가장 긴요하고 중요한 곳이니 모름지기 조급하고 거짓되지 않아야 비로소 (마음이) 고요하고 전일하게 된다. 조금이라도 고요하고 전일하지 못하면, 자신의 마음이 스스로 주재할 수 없게 되니, 어떻게 사물을 접촉하려 할 것인가? 아래에서 '하물며 말은 추기(몹시 중요한 기관)라, 전쟁을 일으키기도 하고 우호를 맺기도 하니'라는 구절은 모두 말을 삼가는 도리를 말한 것이다. 아래 구절은 네 가지 병폐를 말한 것이다. 즉 '말을 경솔하게 하면 허탄해지고, 말을 많이 하면 지리멸렬해지네. 자기를 치켜세우면 상대방이 어깃장을 놓고, 남을 해치는 말을 하면 남도 어긋나게 응수하네'." (위와 같은 곳, 제80조목. 섭하손의 기록)13)

10. **又曰. 思是動之微, 爲是動之著. 這箇是該動之精粗. 爲處動, 思處亦動. 思是動於內, 爲是動於外. 蓋思於內, 不可不誠, 爲於外, 不可不守. 然專誠於思, 而不守於爲, 不可; 專守於爲, 而不誠於思, 亦不可.

또 말씀하였다. "생각은 움직임의 은미함이고, '(행위) 하는 것[爲]'은 움직임의 드러남이니, 이것은 움직임의 정조 즉 '미세한 것과 (커서) 거친 것'이다. (행위) 하는 곳이 움직이고, 생각하는 곳이 움직임이다. 생각은 안에서 움직이고, (행위) 하는 것은 밖에서 움직이는 것이다. 안에서 생각함은 성실하지 않을 수 없고, 밖에서 행위 하는 것은 지키지 않을 수 없다. 그러나 오직 생각하는 것에만 성실하고 (행위) 하는 것에 지키지 않는 것은 안 되며, 오직 (행위) 하는 것에 전념할 뿐 생

13) 정구는 『심경부주』에서 생략된 곳을 『주자어류』의 원문에 근거해서 복원시켜 놓았다.

각하는 것에 성실하지 않으면 이 또한 안 된다." (위와 같은 곳, 제82조목. 양도부의 기록)[14]

11. **又曰. 看文字須是得箇骨子. 諸公且道這動箴那句是緊要. 道夫云, 順理則裕, 莫是緊要否. 曰. 更連從欲則危, 兩句都是. 這是生死路頭.

또 말씀하였다. "글을 볼 때는 모름지기 골자를 알아야 한다. 제군들은 이 「동잠」의 어느 구절이 중요한지 말해보겠는가?"

양도부가 "'이치를 따르면 여유가 있고'라는 구절이 중요하지 않겠습니까?"라고 했다.

말씀하였다. "'욕심을 따르면 오직 위태롭네'라는 구절과 다시 연관해 보면 두 구절은 모두 옳다. 이것이 살고 죽는 갈림길이다." (위와 같은 곳)

12. 又曰. 四箴舊見, 只是平常說話, 近乃覺其旨意之精密, 眞所謂一棒一條痕, 一摑一掌血者.

또 말씀하였다. "「사잠」을 예전에 볼 때는 단지 평범하고 일상적인 말일 뿐이었습니다. 그런데 근래에 그 의미가 정밀하다는 것을 깨닫게 되었습니다. 진정 (선가들의) 일봉일괵 즉 '한 번 몽둥이로 치면 한 줄기의 멍 자국이 생기고, 한 번 손바닥으로 치면 핏빛 손자국이 남는다'[15]는 말과 같았습니다." (『주자대전』 권45, 「양자직에게 답함4(答楊子直)」)[16]

---

14) 『심경부주』에서는 정구가 10조목과 11조목으로 나눈 문장이 하나로 합해져 있다. 이 과정에서 생략된 내용이 많았는데, 정구는 『주자어류』의 원문에 따라서 2개의 조목으로 구분하면서 좀 더 풍부한 내용으로 만들어 놓았다.

15) 모호하지 않은 분명한 흔적 즉 명료한 가르침의 내용이 있다는 의미이다. 이로부터 성현이 사람들에게 간절하게 일러 준 가르침 또는 그 가르침을 사람들이 간절하게 받아들여야 하는 것으로 뜻이 바뀌어서 사용되기도 한다.

16) 이 편지는 1200년(경원 6년, 71세), 주자가 서거하던 해에 쓴 것이다. (『편년고증』, 506쪽 참고)

13. **白雲許氏曰. 聽雖主於聲, 而凡係乎言, 皆屬聽, 讀書爲學, 得之於簡册傳聞者, 皆聽類也. 若於事物之來, 應之或差, 猶可改也, 至於學問之差, 爲心術之害. 遂至於亡其性, 則不可救藥矣. 聽言之邪正, 其可畏也如此.**

백운 허씨(허겸許謙, 1270~1337)가 말하였다. "'들음[聽]'은 비록 소리를 위주로 하지만 말에 관계된 것들은 모두 들음에 속한다. 책을 읽고 배울 때 간책(簡册)과 전문(傳聞)에서 얻는 것도 모두 '들음'의 종류이다. 만약 사물이 올 때 응대에 혹 잘못하는 것은 오히려 고칠 수 있지만, 학문의 잘못에 이르러서는 마음의 해로움이 되어 마침내 성리(性理)를 잃는 데에 이르니, 이러면 약으로도 구제할 수가 없다. 말의 간사함과 바름을 들을 때 두려워할 만함이 이와 같다." [허겸(許謙), 『독논어총설(讀論語叢說)』 권하(下), 「안연(顔淵)」, 6b]

4. 심잠(心箴)

〈범준(范浚)[17], 『향계집(香溪集)』 권1, 「심잠(心箴)」〉[18]

○ 총 2조목

范氏心箴曰. 茫茫堪輿, 俯仰無垠. 人於其間, 眇然有身. 是身之微, 太倉稊米, 參爲三才, 曰惟心爾. 往古來今, 孰無此心. 心爲形役, 乃獸乃禽. 惟口耳目, 手足動靜, 投間抵隙, 爲厥心病. 一心之微, 衆欲攻之, 其與存者, 嗚呼幾希. 君子存誠, 克念克敬, 天君泰然, 百體從令.

범씨(범준)가 「심잠」에서 말하였다.
"아득하고 아득한 하늘과 땅은 굽어보고 우러러보아도 끝이 없네.
사람은 그 사이에 자그만하게 몸을 두고 있어라.

---

17) 범준(范浚, 1102~1151)은 남송 무주(婺州) 난계(蘭溪) 사람으로 '남계 범씨'로 잘 쓰인다. 자는 무명(茂明)이고, 호는 향계(香溪)다. 고종(高宗) 소홍 원년(1131) 현량방정(賢良方正)으로 천거되었지만 진회(秦檜)가 정권을 쥐고 있어 나가지 않았다. 문을 닫아걸고 강학(講學)했는데, 제자가 수백 명에 이르렀다. 양시(楊時)의 문인 반묵성(潘默成)과 교유했다. 학문적 성향은 심학(心學)이 중심이었는데, '존심양성'과 '신독', 지치지회(知恥知悔)를 강조했다. 저서에 『향계집(香溪集)』이 있다. 『중국역대인명사전』 관련 항목 참고.

18) 범준의 「심잠」은 이 글을 중요하게 본 주자가 『맹자집주』 「고자상」 15장에 실어서 유명해졌다.

이 작은 몸은 큰 창고의 곡식 낟알과 같은데, 하늘과 땅에 참여하여 삼재가 되는 것은 오직 마음 때문이네.
고금왕래에 어느 누군들 이 마음이 없었겠는가?
마음이 몸에 부림을 받으면 금수가 되는 것이네.
이목비구, 손과 발의 움직임과 고요함이 마음의 빈틈을 파고들어 마음의 병이 되네.
작은 이 마음을 여러 욕심들이 공격해대니, 그나마 보존되어 있는 것도 얼마 되지 않는구나!
군자는 성실을 보존하여 능히 생각하고 능히 공경하니, 천군께서는 태연하시고 온 몸이 명령을 따르네."

1. 問. 范從誰學. 朱子曰. 不曾從人, 但他自見得到, 說得此件物事如此好. 向見呂伯恭甚忽之, 問. 似恁地說話, 人也多說得到, 須取他則甚 曰. 正爲少見有人能說得如此者, 此意蓋有在也.

물었다. "범씨는 누구를 따라 배웠습니까?"

주자가 말씀하였다. "다른 사람을 따르지 않았고, 다만 그 스스로 터득하여 도달 한 것인데, 이러한 일을 말한 것이 이처럼 좋다. 예전에 여백공(여조겸呂伯恭)을 만났을 때는 (여백공은) 이 글을 매우 소홀하게 여기고 있어서, 내게 묻기를 '이런 글 정도는 다른 사람들도 많이 했는데, 이 글을 뽑은 것은 무슨 이유가 있는가요?'라고 하였다. 나는 '이와 같이 말할 수 있는 사람을 정말로 본 적이 거의 없었습니다. 이 글을 뽑은 뜻이 여기에 있습니다'[19]라고 했다." (『주자어류』 권59, 「맹자9」, 「고자상」, 「공도자문균시인야장」, 제174조목. 보광의 기록)

2. **雲峯胡氏曰 念, 卽思之謂, 而敬, 卽存誠之方也. 一誠, 足以銷萬僞, 一敬, 足以敵千邪, 所謂先立乎其大者, 莫切於此.

운봉 호씨(호병문胡炳文, 1250~1333)가 말하였다. "'염(念)'은 '생각'을 이르고 경(敬)은 곧 성(誠)을 보존하는 방법이다. 하나의 성(誠)이 만 가지의 거짓을 없애버릴 수 있고, 하나의 경(敬)이 천 가지의 간사함을 대적할 수 있으니, 이른바 '먼저 큰 것을 세운다'는 것은 이보다 더 간절함이 없다." (『향계집』, 「운봉호씨주(雲峰胡氏註)」. 30a)

---

19) 정구는 마지막 문장 '此意蓋有在也'를 주자가 한 말로 보았다. 그런데 이것이 주자와 여백공의 회고적 대화를 듣고서 기록한 제자가 덧붙인 말로 보는 경우도 있다.

5. 경재잠(敬齋箴)

〈『주자대전』 권85, 「경재잠」〉

○ 총 9조목

朱子敬齋箴曰. 正其衣冠, 尊其瞻視, 潛心以居, 對越上帝. 足容必重, 手容必恭, 擇地而蹈, 折旋蟻封. 出門如賓, 承事如祭, 戰戰兢兢, 罔敢或易. 守口如甁, 防意如城, 洞洞屬屬, 罔敢或輕. 不東以西, 不南以北, 當事而存, 靡他其適. 弗貳以二, 弗參以三, 惟心惟一, 萬變是監. 從事於斯, 是曰持敬, 動靜弗違, 表裏交正. 須臾有間, 私慾萬端, 不火而熱, 不冰而寒. 毫釐有差, 天壤易處, 三綱旣淪, 九法亦斁. 於乎小子, 念哉敬哉, 墨卿司戒, 敢告靈臺.<讀張敬夫主一箴, 掇其遺意, 作敬齋箴, 書齋壁以自警云>

주자가 「경재잠」에서 말씀하였다.
"의관을 바르게 하고 시선을 공손히 하여 마음을 가라앉히고 거처하여 상제를 대하라.
걸음걸이는 반드시 진중하게 하고 손놀림은 반드시 공손해야 하니, 땅을 가려 밟아서 개밋둑조차 돌아가라.
문을 나서면 손님을 대하듯 하고 일을 받들 때는 제사를 모시듯 하여 두려워하고 삼가서 감히 혹시라도 함부로 하지 말라.
입을 지키기를 병 막듯 하고 (간사한) 뜻을 막기를 성을 쌓듯 하여 조심조심하여 감히 혹시라도 가벼이 하지 말라.
동쪽으로 가다가 서쪽으로 가지 말고 남쪽으로 가다가 북쪽으로 가지 말며 일에 임해서는 마음을 보존하여 다른 곳으로 가지 말라.
두 가지의 일이 있다고 해서 마음이 둘이 되면 안 되고, 세 가지의 일이 있다고 해서 마음이 셋이 되면 안 된다.
오직 마음을 한결같이 하여[20] 만 가지 변화를 살펴보라.
여기에 전념하는 것을 '경을 간직함'이라 하니, 움직일 때나 고요할 때나 어기지 말고 겉과 속을 서로 바르게 하라.
잠시라도 끊어짐이 있으면 사사로운 욕심이 갖가지로 일어나 불붙지 않아도 뜨거워지고 얼지 않아도 차가워진다.
털끝만큼이라도 차이가 나면 하늘과 땅이 뒤바뀌어 삼강(三綱)이 이미 없어지고 구법(九法)도 못 쓰게 되리라.
아아, 배우는 자들이여, 생각하고 공경하여라!
묵경(墨卿, 먹)에게 경계하는 임무를 맡게 해서 감히 영대(靈臺, 마음)께 고하노라."<장경부의 「주일잠(主一箴)」[21]을 읽고 그가 남긴 뜻을 모아 「경재잠」을 지어 서재 벽에다 붙여 스스로를 경계한다>

---

20) 『주자대전』의 원문은 '유정유일(惟精惟一)'이지만, 진덕수가 이를 '유심유일(惟心惟一)'로 바꾸었다. 우리나라에서는 『심경』(『심경부주』)가 간행된 이래 모두 '惟心惟一'로 되어 있다. 정구도 이를 따랐다. 주자의 글을 바꾼 것은 주자학이 심학(心學)의 근원이라는 것을 명백히 하려는 진덕수의 의도가 개입한 것이라 볼 수 있다.
21) 「주일잠」은 이곳 『심경발휘』의 「경이직내장」 74조목에 있다.

1. 朱子曰. 守口如甁, 不妄出也, 防意如城, 閑邪之入也. 蟻封, 乃小巷屈曲之地, 是折旋中矩, 不妄動也.

주자가 말씀하였다. "'입을 지키기를 병 막듯 하다'는 거짓되게 말하지 않는 것이며, '(간사한) 뜻을 막기를 성을 쌓듯 하다'는 간사한 것이 들어오는 것을 막는 것이다. '개밋둑'은 곧 좁은 길에 구불구불한 땅이고, 이는 직각으로 돌아 나와 곱자에 들어맞아야 하니 거짓되게 움직이지 않는 것이다." (『주자어류』 권105, 「주자2(朱子二)」, 「논자주서(論自注書)」, 「경재잠(敬齋箴)」, 제47조목. 유경중의 기록)

2. 問主一. 曰. 心只要主一, 不可容兩事. 一件事了, 更加一件, 便是貳, 一件事了, 更加兩件, 便是參. 勿貳以二, 勿參以三, 是不要二三. 不東以西, 不南以北, 是不要走作.

'하나를 위주로 하다'에 대해 묻습니다.

말씀하였다. "마음은 다만 하나에 위주를 두어야 하며, 두 가지 일을 용납해서는 안 된다. 한 가지 일이 끝나고 다시 한 가지 일을 더하면 이(貳, 둘)이고, 한 가지 일이 끝나고 다시 두 가지 일을 더하면 삼(參, 셋)이다. '두 가지의 일이 있다고 해서 마음이 둘이 되면 안 되고, 세 가지의 일이 있다고 해서 마음이 셋이 되면 안 된다'는 것은 두세 가지를 하려고 하지 말라는 것이다. '동쪽으로 가다가 서쪽으로 가지 말고 남쪽으로 가다가 북쪽으로 가지 말라'는 내달리지 말라는 것이다." (위와 같은 곳, 제49조목. 진순의 기록)

3. 問. 勿貳以二, 勿參以三, 不東以西, 不南以北, 如何分別. 曰. 都只是形容箇敬. 敬須主一. 初來有一箇事, 又添一箇, 便是來貳他成兩箇, 元有一箇, 又添兩箇, 便是來參他成三箇. 不東以西, 不南以北. 只一心做東去, 又要做西去, 做南去, 又要做北去, 皆是不主一. 上面說箇心不二三, 下面說箇心不走作.

물었다. "'두 가지의 일이 있다고 해서 마음이 둘이 되면 안 되고, 세 가지의 일이 있다고 해서 마음이 셋이 되면 안 된다'는 말과 '동쪽으로 가다가 서쪽으로 가지 말고 남쪽으로 가다가 북쪽으로 가지 말라'는 말은 어떻게 구별합니까?

말씀하였다. "모두 경(敬)을 형용한 것일 뿐이다. 경은 모름지기 하나를 위주로 해야 한다. 처음에 한 가지 일이 있는데 다시 하나를 덧붙이면 둘이 되어 두 갈래 마음을 이룬다. 원래는 하나였는데, 다시 둘을 덧붙이여 셋이 되어 세 갈래 마음을 이룬다. '동쪽으로 가다가 서쪽으로 가지 말고 남쪽으로 가다가 북쪽으로 가지 말라'는 말은 한 마음은 동쪽으로 가려다가 다시 서쪽으로 가려고 하며, 남쪽으로 가려다가 또한 북쪽으로 가려는 것은 하나에 위주를 둔 것이 아니라는 것이다. 위에서는 마음은 두 갈래 세 갈래가 되어서는 안 된다는 것을 말했고, 아래에서는 마음이 내달려서는 안 된다는 것을 말했다." (위와 같은 곳, 제50조목. 서우의 기록)

4. **或問. 敬齋箴後面少些從容不迫之意, 欲先生添數語. 曰. 如何解迫切. 今未曾下手在, 便要從容不迫, 却無此理. 除非那人做工夫大段嚴迫, 然後勸他勿迫切. 如人相戰, 未曾交鋒, 便要引退. 今未曾做工夫在, 便要開後門. 然亦不解迫切, 只是不曾做, 做著時不患其迫切. 某但常覺得緩寬底意思多耳. 李曰. 先生猶如此說, 學者當如何也.

누군가 물었다. "「경재잠」 뒷부분에 자연스러우며 절박하지 않는 (성실함의) 뜻이 조금 부족한 것 같은데, 선생께서 몇 마디 말을 더해 주셨으면 합니다."

말씀하였다. "무엇을 절박하게 한다고 이해하는가? 지금 일에 착수하기도 전에 자연스러우며 절박하지 말라고 하니 오히려 이러한 이치는 없다. 어쨌든 간에 누군가 공부를 할 때는 대단히 엄격하고 절박하게 한 이후에야 그에게 절박하게 하지 말라고 권하는 것이다. 예컨대 사람들이 서로 전쟁[22]할 때 칼날을 맞대지 않았는데도 물러나라는 것과 같고, 지금 공부를 하지 않았는데도 바로 (도망치라고) 뒷문을 열어주라는 것과 같으니, 또한 절박한지를 이해하지 못하겠다. 다만 일찍이 (공부를) 하지 않았기 때문이니, (공부를) 할 때에는 절박함을 걱정하지 않는다. 나는 (절박하게 공부해야 하는데) 다만 항상 느슨하고 너그러운 의사가 많은 것을 알고 있을 뿐이다."

이번(李燔)[23]이 말하였다. "선생님도 오히려 이렇게 말씀하시는데, 배우는 자들은 마땅히 어떠해야겠는가?"[24] (위와 같은 곳, 제51조목. 심한의 기록)

5. **勉齋黃氏曰. 此箴, 是從粗說入精, 從淺入深. 又曰. 動靜不違, 表裏交正, 是一篇綱領.**

면재 황씨가 말하였다. "이 잠은 커서 거친 곳부터 말해서 정밀한 곳으로 들어가고, 얕은 곳에서 깊은 곳으로 들어간다."

또 말씀하였다. "'움직일 때나 고요할 때나 어기지 말고 겉과 속을 서로 바르게 하라'는 이 편의 강령이다." (『서산독서기』 권19, 「경상」. 43a)

6. **問. 毫釐有差, 天壤易處. 北溪陳氏曰. 此非謂些小事不敬, 便能做大病, 是言大病痛, 只在微細處失起. 故千里之繆, 差之毫釐. 然亦當思微細處差失, 似甚小可, 何故便到天地變亂, 三綱淪, 九法斁. 殆難以空言解釋.**

---

22) 『주자어류』는 전(戰) 대신 살(殺)로 되어 있다. 이러면 "서로 죽이려고 칼부림할 때"이다. 정민정과 정구는 전(戰)으로 고쳐 보았다.

23) 이번은 주자의 제자이다. 자가 경자(敬子)이고, 호는 홍재(弘齋) 혹은 굉재(宏齋)라고도 한다. 소희 원년(1190) 진사가 되었고, 직비각(直秘閣)을 지냈으며, 시호는 문정(文定)이다. 『송사』에 그의 전기가 실려 있다.

24) 『심경부주』에는 이번의 글을 삭제했는데, 정구는 이를 살려서 실었다.

須多歷人情事變之熟, 乃知此不敬之爲害端的處, 凜乎甚可畏. 而非理明義精, 亦不能發到此, 眞可爲切己箴之, 救人免陷於夷狄禽獸之歸也.

"'털끝만큼이라도 차이가 나면 하늘과 땅이 뒤바뀐다'에 대해서 물었다."

북계 진씨가 말하였다. "이것은 사소한 일에도 공경하지 않으면 큰 병이 될 수 있다는 것을 말하는 것이 아니라, 이는 큰 병통은 단지 미세한 곳에서 한 실수에서 일어난다고 말한 것이다. 그러므로 천리나 되는 어그러짐은 털끝만큼의 차이에서 온 것이다. 그러나 또한 미세한 곳의 잘못은 심히 작게 여겨도 될 듯한데, 무슨 이유로 하늘과 땅이 난리가 나서 삼강(三綱)이 없어지고 구법(九法)이 못 쓰게 되는데 이르는가? 자못 빈말로 해석하기가 어려운 것이다. 모름지기 인간의 실정과 일의 변화를 많이 겪고서 익숙해야만 비로소 이는 불경(不敬)의 해로움이 분명해서 매우 두려워할 만한 것임을 알게 된다. 그러나 이치가 밝고 의리가 정밀한 자가 아니면 또한 밝혀서 이에 이를 수 없으니, 참으로 자신에게 절실하게 경계해서 사람들을 구제해 (사람 같지 않은) 오랑캐와 금수가 되는 데 빠짐을 면하게 해 주었다고 할 만하다." [진순(陳淳), 『북계대전집(北溪大全集)』 권41, 「답문(答問)」]

7. **西山眞氏曰. 敬之爲義, 至是, 無復餘蘊, 有志於聖學者, 宜熟復之.

서산 진씨가 말하였다. "경의 뜻이 여기에 이르러 다시 남은 것이 없으니, 성학에 뜻을 둔 자는 마땅히 익숙히 반복해야 한다." (『서산독서기』 권28, 「성의정심지요1」, 「수기지경(修己之敬)」. 5b)

8. 臨川吳氏曰. 敬齋箴, 凡十章, 章四句. 其一, 言靜無違, 其二, 言動無違, 其三, 言表之正, 其四, 言裏之正, 其五, 言心之正而達於事, 其六, 言事之主一而本於心, 其七, 總前六章, 其八, 言心不能無適之病, 其九, 言

事不能主一之病, 其十, 總結一篇, 其言持敬工夫, 周且悉矣

임천 오씨(오징吳澄, 1249~1333)가 말하였다. "「경재잠」은 모두 10장이며, 장마다 4구로 되어 있다. 1장은 고요할 때 어기지 않음을 말하였고, 2장은 움직일 때 어기지 않음을 말하였으며, 3장은 겉이 바름을 말하였고, 4장은 속이 바름을 말하였으며, 5장은 마음이 바르게 되어 일에까지 도달함을 말하였고, 6장은 일 할 때 하나를 위주로 하여 마음에 뿌리를 둠을 말하였으며, 7장은 앞의 여섯 장을 총괄하였고, 8장은 마음이 흐트러지지 않음이 없는 병통을 말하였으며, 9장은 일 할 때 하나를 위주로 하지 못하는 병통을 말하였고,[25] 10장은 한 편을 총괄하여 끝맺었으니, 경을 유지하는 공부를 말한 것이 두루두루 상세하다." [오징(吳澄), 『오문정집(吳文正集)』 권59, 「제주문공경재잠후(題朱文公敬齋箴後)」. 1b]

南軒張子敬齋銘曰.

天生斯人, 良心卽存, 聖愚曷異, 敬肆是分. 事有萬變, 統乎心君, 一頹其綱, 泯焉絲棼. 自昔先民, 修己以敬, 克持其心, 順保常性. 敬匪有加, 惟主乎是, 履薄臨深, 不昧厥理. 事至理形, 其應若響, 而實卓然, 不與俱往. 動靜不違, 體用無忒, 惟敬之功, 協乎天德. 嗟爾君子, 敬之敬之, 用力之久, 其惟自知. 勿憚其艱, 而或怠遑, 亦勿迫切, 而以不常. 毋忽事物, 必精吾思, 察其所發, 以會于微. 忿慾之萌, 則杜其源, 有過斯改, 見善則遷. 是則天命, 不遏于躬, 魚躍鳶飛, 仁在其中. 於焉有得, 學則不窮, 知至而至, 知終而終. 嗟爾君子, 勉哉敬止, 成己成物, 匪曰二致. 任重道遠, 其端伊邇, 毫釐有差, 繆則千里.

남헌 장자(張子)는 「경재명」에 말씀하였다.

"하늘이 이 사람을 낳으심에 양심이 곧 보존되어 있으니, 성인과 우인(어리석은 이)이 어찌 다르리오.

---

25) 『오문정집』에는 9장까지만 설명이 되어 있다.

공경과 방종에서 나누어진다네.

일에 수 만 가지 변화가 있어도 심군(心君, 마음이라는 임금)이 통솔하지만, 한 번 기강이 무너지면 망가져 실 엉키듯 된다네.

예부터 앞선 성현께서 경으로 몸을 닦고 그 마음을 간직하시어서 변함없는 본성을 따르고 보호하셨네.

경은 덧붙이는 것이 아니라 오직 올바름에 위주를 두는 것이니 살얼음을 밟듯 깊은 물에 임한 듯하여 그 이치를 어둡게 하지 않는 것이네.

일이 이르면 이치가 드러나니 그 응대함은 메아리 같아서 진실로 탁월하여 더불어 함께 가지 않네.

움직일 때나 고요할 때나 어기지 않고 본체와 작용은 어긋남이 없으니 오직 경의 공(功)은 하늘의 덕에 합치되네.

아, 그대 군자들이여, 경을 하고 경을 하시게! 힘쓰기를 오래하면 그 오직 스스로 알게 되네.

그 어려움을 꺼려해서 혹시라도 게으르거나 허둥대지 말며, 또한 절박하게 해서 변함없는 본성을 잃지 말아야 하네.

사물을 소홀하게 대하지 말고 반드시 나의 생각을 정밀하게 하여 그것이 피어날 때를 살펴서 미묘함을 이해해야 하네.

분노와 욕심이 싹트면 그 근원을 막고 잘못이 있거든 고치고 선함을 보면 그리로 옮겨가네.

이것이 천명(天命)이니 몸에서 막지 않으면 '물고기가 뛰고 솔개가 나르는'[26] 경지니 인(仁)은 그 가운데 있네.

여기에서 얻으면 배움은 끝이 없으니, 이를 곳을 알아 이르고 마칠 곳을 알아 마치네.

---

26) 『시경』 「대아(大雅)」, 「한록(旱麓)」에 나오는 구절이다. "소리개는 하늘에서 날고, 물고기는 못 속에서 뛰어 오른다(鳶飛戾天, 魚躍于淵)." 이 구절은 『중용장구』 12장에 인용되면서 더욱 유명해졌다. 보이지 않는 본체의 이치가 구체적인 작용으로 드러나는 체용의 원리를 시적으로 보여주는 것으로, 생기가 가득한 활발발(活潑潑)한 생명의 실상을 묘사하고 있다.

아, 그대 군자들이여, 힘쓰시게 경하는 것과 그치는 것을, 자기를 이루고 사물을 이루는 것이 두 가지 이치라 말하지 마시게.

짐은 무겁고 갈 길은 먼데 그 실마리가 이리 가까울 줄이야, 털끝만큼의 차이가 있어도 어그러지면 수천리가 되리니." (『남헌집』 권36, 「경재명(敬齋銘)」, 3b~4b)

9. **西山眞氏曰. 晦庵之箴, 南軒之銘, 其言敬之義, 至矣盡矣.**

서산 진씨가 말씀하였다. "회암의 「경재잠」과 남헌의 「경재명」은 경의 뜻을 말씀한 것이 지극하고 극진하다." (『서산독서기』 권19, 「경상」. 43b)

6. 구방심재명(求放心齋銘)

〈『주자대전』 권85, 「구방심재명」〉

○ 총 3조목

求放心齋銘曰. 天地變化, 其心孔仁. 成之在我, 則主于身. 其主伊何, 神明不測. 發揮萬變, 立此人極. 晷刻放之, 千里其奔. 非誠曷有, 非敬曷存. 孰放孰求, 孰亡孰有. 詘伸在臂, 反覆惟手. 防微謹獨, 玆守之常. 切問近思, 曰惟以相.<朱子自序云爲程正思作>

「구방심재명」에서 말씀하였다.
“천지가 변화하니 그 마음은 매우 인(仁)하네.
(인을) 이루는 것은 내게 있으니, 마음은 몸을 주재하네.
그 주재란 무엇인가? 신명하여 헤아릴 수 없네.
만 가지 변화를 발휘하여 이 인극(人極)을 세우네.
잠시라도 잃게 되면 천리 멀리 달아나네.
성실이 아니고는 어찌 가지며 공경이 아니고서 어찌 보존하리오.
무엇을 잃고 무엇을 찾는 것이며, 무엇이 없고 무엇이 있는 것인가?

굽히고 폄은 팔뚝에 있고 뒤집고 엎는 것은 손에 있는 것이네.
은미할 때 방비하고 홀로를 삼가며 이에 항상 된 도리를 지키네.
절실히 묻고 가깝게 생각하여, 오직 그것을 도우라 하네."
<주자의 「자서」에서 "정정사를 위해 짓는다"라고 했다.[27]>

27) 정구가 요약해서 말한 것이다. 「자서」는 이와 같다. "번양 정정사가 「구방심재」를 짓고, 왕사경과 축여옥이 이미 거기에다 명(銘)을 붙였다. 신안 주희는 그가 남긴 뜻을 모아서 다시 이렇게 짓는다(番陽程正思作求放心齋, 汪子卿祝汝玉旣爲之銘, 新安朱熹掇其遺意, 復爲作此)."

1. **朱子曰. 自古無放心底聖賢. 一念之微, 所當深謹, 心不專靜純一, 故思慮不精明. 要須養得此心, 虛明專靜, 使道理從此流出, 乃善

주자가 말씀하였다. "예부터 '마음을 잃어버린' 성현은 없었다. 한 생각의 미세한 것이라도 마땅히 깊이 삼가야 할 것이니, 마음이 오로지 고요하고 순일하지 않기 때문에 생각이 정밀하고 밝지 못한 것이다. 모름지기 이 마음을 길러서 비고 밝으며 오로지 고요하게 하여 도리가 이로부터 흘러나오게 해야 곧 선한 것이다." (『서산독서기』 권3, 「심」. 52b~53a)[28]

2. **又曰 因良心發見之微, 猛省提撕, 使心不昧, 則是做工夫底本領, 本領旣立, 自然下學而上達矣. 若不察於良心發見處, 卽渺渺茫茫, 無下手處也.

또 말씀하였다. "양심이 피어나 드러나는 것이 미미해서 용맹하게 살피고 일깨워서 마음을 어둡지 않게 하면 이는 공부의 본령이니, 본령이 이미 확립되면 저절로 '하학이상달'하게 된다. 만약 양심이 피어나 드러나는 곳을 살피지 못한다면 까마득하여 착수할 곳이 없게 된다." (『주자대전』 권40, 「하숙경에게 답함11」)[29]

3. **勉齋黃氏曰. 心者, 神明之舍, 虛靈洞徹, 具衆理而應萬物者也. 然耳目口鼻之欲, 喜怒哀樂之私, 皆足以爲吾心之累也. 此心, 一爲物欲所累, 則奔逸流蕩, 失其至理, 而無所不至矣. 是以, 古之聖賢, 戰戰兢兢, 靜存動察, 如履淵冰, 如奉槃水, 不使此心少有所放, 則成性存存而道義行矣. 此孟子求放心之一語, 所以警學者之意, 切矣. 自秦漢以來, 學者所習, 不曰詞章之富, 則曰記問之博也. 視古人存心之學, 爲何事哉. 及周程, 倡明

28) 앞 문장은 『주자어류』(권15, 「대학2」, 「경하」, 제107조목. 동수의 기록)에 있는 것이며, 나머지는 진덕수의 문장이다. 이를 정민정이 옮겨 놓았다.
29) 이 편지는 1167년(건도 3년, 38세)에 쓴 것이다. (『편년고증』, 44쪽 참고)

聖學, 以繼孟子不傳之緖. 故其所以誨門人者, 尤先於持敬, 敬則此心自存, 而所以求放心之要旨歟.

면재 황씨가 말하였다. "마음은 신명의 집이니, 허령통철 즉 '비어 있고 빛나며 밝게 통하여' 온갖 이치를 갖추고 만물에 응대하는 것이다. 그러나 이목구비의 욕구와 희로애락의 사사로움은 모두 나의 마음에 누가 될 수 있다. 이 마음이 하나라도 사사로운 욕심에 얽매이게 되면 달아나버리고 방탕하게 흘러가서 지극한 이치를 잃어서 못하는 짓이 없게 될 것이다. 이 때문에 옛 성현들은 '전전긍긍'하여 고요할 때는 보존하고 움직일 때는 살펴서, 살얼음을 밟고 깊은 물에 임한 듯이하고 쟁반의 물을 받들 듯이 공경하여, 이 마음이 조금이라도 잃어버리도록 하지 않은 것이니, 이렇게 하면 '(하늘에게서 부여받아) 이루어진 본성을 보존하고 보존하여 도의(道義)가 행해질 것'[30]이다. 이는 맹자의 '잃어버린 마음을 찾으라'는 한 말씀이니 배우는 자들을 경계하신 뜻이 간절한 것이다.

진한(秦漢) 이래로 배우는 자들이 익히는 것은 사장(詞章)의 풍부함이거나 기문(記問)의 박학이니, 옛 사람이 마음을 보존한 학문에 비한다면 무슨 일을 하는 것인가? 그러다가 주자(周子)와 정자(程子)에 이르러 성학을 창명(倡明, 더욱 번창시킴)해서 맹자 이후 전하지 않던 실마리를 계승했다. 그러므로 문인들을 가르친 것이란 경(敬)의 유지를 더욱 우선시하였으니, 경을 하면 이 마음은 저절로 보존되고, 잃어버린 마음을 찾는 요지가 될 것이다." (『면재집』 권2, 「강의」. 11b)

30) 『주역』 「계사전상」 7장. "성성(成性)을 보존하고 보존하는 것이 도의로 들어가는 문이다(成性存存, 道義之門)."

7. 존덕성재명(尊德性齋銘)

〈『주자대전』 권85, 「존덕성재명」〉

○ 총 13조목

尊德性齋銘曰.
惟皇上帝, 降此下民, 何以予之, 曰義與仁. 維義與仁, 維帝之則, 欽斯承斯, 猶懼弗克.
孰昏且狂, 苟賤汙卑. 淫視傾聽, 惰其四支. 褻天之明, 嫚人之紀, 甘此下流, 衆惡之委.
我其鑒此, 祗慄厥心, 有幽其室, 有赫其臨, 執玉奉盈, 須臾顚沛, 任重道悠, 其敢或怠.

「존덕성재명」에서 말씀하였다.
"위대한 상제께서 여기 아래 사람들에게 내리시니, 무엇을 주시었는가? 의와 인이네.
의와 인은 상제의 법칙이니, 이를 공경하고 이를 받들어도 오히려 잘하지 못할까 두렵네.
누구라서 어둡고 미친 짓을 하여 구차하게 천하고 더럽고 비속하며, 흘끗흘끗 곁눈질에 말을 엿듣고 사지를 게을리 하는가?

누구라서 하늘의 밝음을 더럽히고 인륜의 기강을 업신여겨 이처럼 아래로 흘러가는 것을 달게 여기나, 뭇 더러운 악이 쌓이네.
나는 이를 거울로 삼아서 그 마음을 공경하고 두려워하여 어두운 방에서도 밝고 빛나게 임한 듯이 하네.
귀한 옥을 잡은 듯 가득 찬 물을 받들 듯, 잠시 동안이나 곤경에 처할 때라도 이러하리니, 짐은 무겁고 갈 길은 머나멀어, 감히 혹여 게으를 수 있으리오."

1. 朱子曰. 尊者, 恭敬奉持之意, 德性者, 吾所受於天之正理.

주자가 말씀하였다. "'존(尊)'이란 공손하고 공경하게 받들어 간직한다는 뜻이고, '덕성'이란 내가 하늘에게서 부여받은 바른 이치이다." (『중용장구』 27장의 주석)

2. 問. 德性, 猶言義理之性. 曰. 然.

물었다. "덕성은 의리의 성을 말하는 것입니까?"

말씀하였다. "그렇다." (『주자어류』 권64, 「중용3」, 제131조목. 이굉조의 기록)

3. 又曰. "尊只是把做一件物事, 尊崇擡夯他相似.

또 말씀하였다. "'존'은 단지 하나의 사물을 잡아서 그것을 높여 들어 올리는 것과 같다." (위와 같은 곳, 제150조목. 감절의 기록)

4. 問. 如何是德性, 如何可尊. 曰. 玩味得, 却來商量.

물었다. "무엇이 덕성이고, 어떻게 높일 수 있습니까?"

말씀하였다. "곰곰이 곱씹어 음미할 수 있으면 헤아리게 된다." (위와 같은 곳, 제133조목. 증조도의 기록)

5. 又曰. 不尊德性, 則懈怠弛慢矣, 學何從而進.

또 말씀하였다. "덕성을 높이지 않으면 게으르고 해이해지니 학문이 무엇을 따라 나가겠는가?" (위와 같은 곳, 제132조목. 황승경의 기록)

6. 又曰. 尊德性, 所以存心, 而極乎道體之大也, 道問學, 所以致知, 而盡乎道體之細也. 二者, 修德凝道之大端也. 不以一毫私意自蔽, 不以一毫私欲自累, 涵泳乎其所已知, 敦篤乎其所已能, 此皆存心之屬也. 析理則不使有毫釐之差, 處事則不使有過不及之謬, 理義則日知其所未知, 節文則日謹其所未謹, 此皆致知之屬也. 蓋非存心, 無以致知, 而存心者, 又不可以不致知.

또 말씀하였다. "'존덕성' 즉 덕성을 높여 마음을 보존하여 도체의 큰 것을 다하는 것이고, '도문학' 즉 학문을 따라 앎을 지극히 하여 도체의 미세한 것을 다 한다는 것이다. 두 가지는 덕을 닦고 도를 모으는 큰 단서이다. 한 터럭이라도 사사로운 뜻으로 스스로 가리지 않고, 한 터럭이라도 사사로운 욕심으로 스스로 매이지 않아서, 그 이미 알고 있는 것을 함영하고, 그 이미 능숙한 것을 돈독히 하는 것은 이 모두가 존심(마음을 보존함)에 속하는 것이다. 이치를 분석할 때는 털끝만큼이라도 차이가 나지 않게 하고, 일을 처리할 때는 지나치거나 모자라는 잘못이 없게 하며, 의리는 날마다 그 아직 알지 못하는 것을 알고, 절문(조절하여 나타냄)은 날마다 그 아직 삼가지 못한 것을 삼가는 것은 이 모두가 치지(앎을 지극히 함)에 속하는 것이다. 대개 존심이 아니면 치지 즉 앎을 지극히 할 수 없고, 마음을 보존한 자는 또 치지하지 않으면 안 된다." (『중용장구』 27장의 주석)

7. 又曰. 尊德性工夫, 甚簡約. 且如伊川只說一箇, 主一之謂敬, 無適之謂一. 只是如此, 別更無事.

또 말씀하였다. "덕성을 높이는 존덕성 공부는 매우 간이하고 요약된 것이다. 게다가 이천선생 같은 경우는 단지 '하나를 위주로 하는 것을 경이라 하고, 다른 곳으로 옮겨가지 않는 것을 하나'라고 했을 뿐이니, 이와 같이 할 뿐이고 별도로 다시 다른 일이 없다." (『주자어류』 권64, 「중용3」, 제149조목. 진문위의 기록)

8. 又曰. 尊德性而道問學, 本是兩事, 細分則有十事. 其實只兩事, 兩事又只一事. 只是箇尊德性, 却將尊德性來道問學, 所以說尊德性而道問學也.

또 말씀하였다. "'존덕성이도문학' 즉 덕성을 높이고 학문을 따른다는 본래 두 가지 일이나, 세분하면 열 가지 일이 있다. 그러나 그 실상은 단지 두 가지 일일 뿐이며, 두 가지 일은 또한 한 가지 일일 뿐이다. 단지 존덕성 즉 덕성을 높이는 것일 뿐인데, 오히려 덕성을 높여서 학문을 따르기 때문에 '덕성을 높이고 학문을 따른다'라고 말한 것이다." (위와 같은 곳, 제154조목. 진병陳枅의 기록)

9. **又曰. 尊德性而道問學, 博我以文, 約我以禮, 兩邊做工夫, 都不偏.

또 말씀하였다. "덕성을 높이고 학문을 따라가서, '글로써 나의 지식을 넓히고, 예(禮)로써 나의 행동을 단속하니', 두 가지로 공부를 해서 모두 치우치지 않게 해야 한다." (위와 같은 곳, 제156조목)

10. **又曰. 若於道理上, 看未精, 便須於尊德性上, 用功, 若德性上, 有不足, 便須於講學上著力. 二者, 竝行, 庶互相發明, 可到廣大輝光之地.

또 말씀하였다. "만약 도리에서 본 것이 정밀하지 못했으면 모름지기 존덕성에서 공부를 해야 하며, 만약 덕성에 부족한 것이 있다면 모름지기 강학에 힘을 써야 한다. 두 가지가 병행되면 서로 밝혀주어서 광대하고 빛나는 경지에 이를 수 있을 것이다." (『주자어류』 권94, 「주자지서」, 「태극도」, 제20조목. 섭하손의 기록)

11. **答劉子澄書曰. 日前爲學, 緩於反己, 追思凡百, 多可悔者. 所論著文字, 亦坐此病, 多無著實處. 回首茫然, 計非歲月功夫所能救治, 以此愈不自快. 前時, 猶得敬夫伯恭, 時惠規益, 得以警省. 二友云亡, 耳中, 絶不聞此等. 今乃深有望於吾子澄, 自此惠書, 痛加鐫誨, 乃君子愛人之意也

「답유자징서」에서 말씀하였다. "이전에는 학문을 할 때 자신을 돌이켜보는 것이 느슨하였기에, 수많은 것들을 회상해 보니 후회할 만한 것이 많습니다. 논저한 문자들도 또한 이런 병통에 놓여 있어서 실제적인 내용이 없는 것이 많습니다. 돌이켜 보니 아득하여, 한두 해 공부하는 정도로는 만족스럽게 구제할 수 있는 것이 아니라는 생각이 듭니다. 이 때문에 더욱 스스로 유쾌하지 못합니다. 전에는 그래도 장경부와 여백공 같은 벗이 이따금 충고해주는 은혜를 입어서 경계하고 살필 수 있었습니다. 그런데 두 벗이 죽고 나니, 귀에 전혀 이러한 말이 들려오지 않습니다. 지금 그대에게 깊이 바라는 것이 있으니, 이 이후로 보내는 편지에서는 통렬하게 가르쳐 주는 것이 바로 군자가 사람을 사랑하는 뜻입니다." (『주자대전』 권35, 「유자징에게 답함 7」)[31)]

12. **答何叔京書曰. 若使道可以多聞博觀而得, 則世之知道者, 爲不少矣. 某近日因事, 方有少省發處, 如鳶飛魚躍, 明道以爲與必有事焉勿正之意同者, 今乃曉然無疑. 日用之間, 觀此流行之體, 初無間斷處, 有下功夫處, 乃知日前自誑誑人之罪, 蓋不可勝贖也. 此與守書册, 泥言語, 全無交涉. 幸於日用間察之. 知此則知仁矣.**

「답하숙경서」에서 말씀하였다. "만약 도(道)를 많이 듣고 널리 관찰해서 얻을 수 있다고 하면, 세상에 도를 아는 자가 적잖을 것입니다. 내가 요즘에 일이 있어서 조금 살펴보아서 밝혀낸 것이 있습니다. 예컨대 연비어약 즉 '솔개가 날고 물고기가 뛴다'는 것을 명도 선생은 '필유사언물정(반드시 일삼음이 있으나 효과를 미리 기대하지 말라)'의 뜻과 같다고 여긴 것을 지금에야 환히 깨달아 의심이 없어졌습니다. 그래서 일상생활 속에 이 유행(流行)하는 본체가 처음부터 그치거나 끊어진 곳이 없으며 공부에 착수할 수 있는 곳이 있음을 보고서, 이전에 자신을 속이고 남을 속인 죄를 이루 다 속죄할 수 없음을 알게 되었습니다. 이는 서책을 지키고 언어에 사로잡혀 빠져있는 것과는 전혀

31) 이 편지는 1182년(순희 9년, 53세)에 쓴 것이다. (『편년고증』, 211쪽 참고)

상관이 없습니다. 일상 속에서 이를 살피면 다행이겠습니다. 이것을 알면 인(仁)을 알 것입니다." (『주자대전』 권40, 「하숙경에게 답함13」)[32)]

13. **又曰. 某緣日前無深探力行之志, 凡所論說, 皆出入口耳之餘, 以故, 全不得力. 今方覺悟, 欲勇革舊習, 而血氣已衰, 心志亦不復疆, 不知終能有所濟否也.**

또 말씀하였다. "내가 이전에는 깊이 탐구하고 힘써 행하려는 뜻이 없어, 무릇 논변하고 설명한 것들이 모두 입에서 나오고 귀로 들어가는 채 고치지 못한 습관이었을 뿐이라, 이 때문에 전혀 확고한 힘을 얻지 못했습니다. 이제서야 비로소 깨닫고서 용감하게 옛 습관을 뜯어 고치고자 하지만 '혈기(血氣)가 이미 쇠하고 마음의 의지도 다시 강하지 못하니, 마침내 구제될 수 있을런지나 모르겠습니다'[33)]." (위와 같은 곳, 「하숙경에게 답함9」)[34)]

『심경발휘』 권4(心經發揮 卷之四) (끝)

---

32) 이 편지는 1168년(건도 4년, 39세)에 쓴 것이다. (『편년고증』, 52쪽 참고)

33) 정구는 「심경발휘서」에서 퇴계 이황이 이 구절의 주자 말씀을 읽고 한탄했다는 회고를 하면서, 스스로도 학문의 끝없는 도정에 공감했다.

34) 이 편지는 1167년(건도 3, 38세)에 쓴 것이다. (『편년고증』, 44쪽 참고)

心經附錄

심경발휘 부록

1. 태극도설(太極圖說)

〈주렴계, 『태극도설』〉

ㅇ 총 4조목

周子太極圖說曰. 無極而太極. 太極動而生陽, 動極而靜, 靜而生陰, 靜極復動, 一動一靜, 互爲其根, 分陰分陽, 兩儀立焉. 陽變陰合, 而生水火木金土, 五氣順布, 四時行焉, 五行一陰陽也, 陰陽一太極也, 太極本無極也, 五行之生也, 各一其性, 無極之眞, 二五之精, 妙合而凝, 乾道成男, 坤道成女, 二氣交感, 化生萬物, 萬物生生, 而變化無窮焉, 惟人也, 得其秀而最靈, 形旣生矣, 神發知矣, 五性感動, 而善惡分, 萬事出矣, 聖人定之, 以中正仁義, 而主靜, 立人極焉, 故聖人, 與天地合其德, 日月合其明, 四時合其序, 鬼神合其吉凶, 君子修之吉, 小人悖之凶, 故曰立天之道曰陰與陽, 立地之道曰柔與剛, 立人之道曰仁與義, 又曰原始反終, 故知死生之說, 大哉易也, 斯其至矣.

주자가 「태극도설」에서 말씀하였다.
"무극(無極)이면서 태극(太極)이다. 태극이 움직여 양(陽)을 낳는데, 움직임의 상태가 지극하면 고요해지고, 고요해지면 음(陰)을 낳는다. 고요함의 상태가 지극하면 다시 움직이게 된다. 일동일정 즉 한 번 움직이고 한 번 고요해 지는 것이 서로 그 뿌리가 되어, 음으로 나뉘고 양으로 나뉘어, 양의(兩儀)가 수립된다.
양이 변하고 음이 합하여 수(水), 화(火), 목(木), 금(金), 토(土)를 낳는데, 이 다섯 가지 기(五氣)가 순차로 퍼져 네 계절이 돌아가게 된다.
오행(五行)은 하나의 음양이고, 음양은 하나의 태극이며 태극은 본래 무극이다.
오행이 생겨날 때에 각각 그 성(性)을 하나씩 가져서, 무극의 진(眞)과 이오(二五)의 정(精)이 묘하게 합하여 응결되면 건도(乾道)는 남성을 이루고, 곤도(坤道)는 여성을 이룬다. 두 가지 기가 서로 감화하여 만물을 낳고, 만물이 계속 생성함으로써 변화가 무궁하게 된다.
오직 인간만이 그 빼어난 것을 얻어 가장 영명하다. 형체가 이미 생기자 정신이 앎을 피어나게 하고, 오성(五性)이 감동하니 선악이 나뉘고 만사가 나오게 되는 것이다.
이에 성인이 중정(中正)과 인의로써 이것을 정하고, 고요함을 위주로 두고 인극(人極)을 세웠다. 그러한 까닭에 '성인은 그 덕성이 천지와 합치하고, 그 밝음이 일월과 합치하며, 그 질서가 네 계절과 합치하고, 그 길흉이 귀신과 합치한다.' 군자는 이것을 닦으므로 길하게 되고, 소인은 이것을 어기므로 흉하게 된다.
그러므로 이르기를 '하늘의 도를 세워 음과 양이라 하고, 땅의 도를 세워 유(柔)와 강(剛)이라 하며, 사람의 도를 세워 인과 의라 한다'고 하며, 또 이르기를 '원시반종(原始反終)하면 사생(死生)의 설(說)을 안다'[1]고 한 것이니, 위대하도다. 역(易)이여! 이것이야말로 그 지극한 것이로다."

---

1) 『주역』「계사전상」4장. "만물의 시초를 고찰하고 만물의 마지막을 궁구하므로 삶과 죽음의 원리를 안다(原始反終, 故知死生之說)."

1. 朱子曰. 太極圖, 首言陰陽變化之原, 其後卽以人所稟受明之. 自唯人也得其秀而最靈, 純粹至善之性也, 是所謂太極也. 形生神發, 則陽動陰靜之爲也. 五性感動, 則陽變陰合而生水火木金土之性也. 善惡分, 則成男成女之象也. 萬事出, 則萬物化生之義也. 至聖人定之以中正仁義而主靜, 立人極焉, 則又有以得乎太極之全體, 而與天地混合而無間矣. 故下又言天地日月四時鬼神四者, 無不合也.

주자가 말씀하였다. "「태극도설」 첫 머리에서는 음양이 변화하는 근원을 말하고, 그 뒤는 바로 사람이 부여받은 것을 밝혔다. '오직 인간만이 그 빼어난 것을 얻어 가장 영명(靈明)하다'는 것은 순수지선 즉 순수하고 지극히 선한 성(性)이니 이것이 이른바 태극이다. 이어 '형체가 이미 생기자 정신이 앎을 피어나게 한다'는 양이 움직이고 음이 고요해져서 이루어진 것이다. '오성이 감동한다'는 양이 변하고 음이 합하여 수화목금토의 성을 낳는 것이다. '선과 악이 나뉜다'는 남성을 이루고 여성을 이루는 상징[象]이다. '만사가 나온다'는 것은 만물이 변화해서 생겨나는 상징이다. 그리고 '성인이 중정과 인의로써 이것을 정하고, 고요함을 위주로 두고 인극(人極)을 세웠다'는 또한 태극의 전체를 얻어서 천지와 더불어 섞이고 합해서 어떤 틈도 없다는 것이다. 그러므로 그 아래에서 또한 천지, 일월, 사시, 귀신 등 네 가지와 합하지 않음이 없다고 말하였다." (『주자어류』 권94, 「주자지서」, 「태극도」, 제104조목. 정단몽의 기록)

2. 又曰. 衆人具動靜之理, 而常失之於動也. 蓋人物之生, 莫不有太極之道焉. 然陰陽五行氣質交運, 而人之所稟獨得其秀. 故其心爲最靈, 而有以不失其性之全, 所謂天地之心而人之極也.

또 말씀하였다. "모든 사람들은 움직임과 고요함[動靜]의 이치를 갖추고 있으나 항상 움직임에서 잃는다. 대개 사람과 사물이 태어남에 태극의 도(道)가 있지 않음이 없다. 그러나 음양오행(陰陽五行)의 기질(氣質)이 서로 운행하는데, 사람이 부여받은 것이 유독 그 빼어난 기운을 얻었다. 그러므로 그 마음이 가장 영명하여 성(性)의 온전함을 잃지 않을 수 있으니, 이른바 '천지의 마음'이며 사람의 표준[極, 궁극적 표준]이라는 것이다." (『근사록집해』 권1, 「도체(道體)」)[2)]

3. 又曰. 聖人全動靜之德, 而常本之於靜也. 蓋人稟陰陽五行之秀氣, 而聖人之生又得其秀之秀者. 是以其行之也中, 其處之也正, 其發之也仁, 其裁之也義. 蓋一動一靜, 莫不有以全夫太極之道, 而無所虧焉. 則向之所謂欲動情勝利害相攻者, 於此乎定矣. 然靜者, 誠之復而性之眞也. 苟非此心寂然無欲而靜, 則亦何以酬酢事物之變而一天下之動哉? 故聖人中正仁義動靜周流, 而其動也必主乎靜. 此其所以成位乎中, 而天地日月四時鬼神有所不能違也.

또 말씀하였다. "성인은 움직임과 고요함의 덕을 온전하게 갖추고 있으나 항상 고요함에 근본을 두고 있다. 대개 사람은 음양오행의 빼어난 기를 부여받았지만 성인이 나실 때는 또 그 빼어난 것 중에도 가장 빼어난 것을 얻었다. 이 때문에 그 행함은 중도에 들어맞고, 그 처신은 바르며, 그 드러냄은 인(仁)하고, 그 재단함은 의로운 것이다. 대개 일동일정 즉 한 번 움직이고 한 번 고요할 때마다 저 태극의 도를 온전하게 하여 이지러진 적이 없으니, 앞에서 말한 '욕심이 요동치고 감정이 이기고 이익과 손해가 서로 공격하는 것'[3)]이 여기에서 정해진다. 그러나 고요함이란 성실이 회복한 것이며 성(性)의 참된 것이다. 진실로 이 마음이 고요하여 욕심이 없이 고요하지 않다면, 또한 어떻게 사물의 변화를 주고받아서 천하의 움직임을 한결같이 할 수 있겠

2) "오직 인간만이 그 빼어난 것을 얻어 가장 영특하다(惟人也, 得其秀而最靈)"에 대한 주해이다.
3) "오직 인간만이 그 빼어난 것을 얻어 가장 영특하다"에 대한 주해에서 나온 말이다.

는가? 그러므로 성인의 중정과 인의는 움직임과 고요함에 두루 유행하나, 그 움직임은 반드시 고요함에 위주를 두어야 한다. 이것이 (하늘과 땅의) 가운데에서 자리를 이루어 천지, 일월, 사시, 귀신이 어길 수 없는 까닭이다." (위와 같은 곳)[4)]

4. 又曰. 聖人太極之全體, 一動一靜, 無適而非中正仁義之極. 蓋不假修爲而自然也. 未至此而修之, 君子之所以吉也. 不知此而悖之, 小人之所以凶也. 修之悖之, 亦在乎敬肆之間而已矣. 敬, 則欲寡而理明. 寡之又寡以至於無, 則靜虛動直, 而聖可學矣.

또 말씀하였다. "성인은 태극의 온전한 본체로서 일동일정 즉 한 번 움직이고 한 번 고요할 때마다 어디를 가든 중정과 인의의 표준이 아닌 것이 없으니, 성인은 수양이라는 행위에 힘쓰지 않아도 저절로 된다. 그러나 (성인을 제외하고는) 아직 이러한 경지에 이르지 못해서 수양하니 군자가 이 때문에 길하게 되고, 소인은 이런 사실을 모르고 거스르니 이 때문에 흉하게 된다. 수양하느냐 거스르느냐 또한 공경함과 방자함의 사이에 달려있을 따름이다. 경을 하면 욕심이 적어지고 이치가 밝아지니, 적게 하고 또 적게 하여 없는 데까지 이르면 '고요할 때는 비어지고 움직일 때는 곧아지니' 성인을 배울 수가 있다." (위와 같은 곳)[5)]

4) "그러한 까닭에 '성인은 그 덕성이 천지와 합치하고, 그 밝음이 일월과 합치하며, 그 질서가 네 계절과 합치하고, 그 길흉이 귀신과 합치한다(故聖人, 與天地合其德, 日月合其明, 四時合其序, 鬼神合其吉凶)"에 대한 주해이다.

5) "군자는 이것을 닦으므로 길하게 되고, 소인은 이것을 어기므로 흉하게 된다(君子修之吉, 小人悖之凶)"에 대한 주해이다.

2. 정성서(定性書)[6]

〈『이정문집』 권2, 「답횡거선생정성서(答橫渠先生定性書)」〉

○ 총 2조목

張子曰. 定性未能不動猶累於外物, 何如.

장자가 말씀하였다. "성[마음]을 평정하게 하려 하는데, 움직이지 않을 수 없어서 여전히 바깥의 사물에 얽매이게 되니, 어떻게 해야 합니까?"

程子曰. 所謂定者, 動亦定, 靜亦定, 無將迎無內外. 苟以外物爲外, 牽己而從之, 是以己性爲有內外也. 且以性爲隨物於外, 則當其在外時, 何者爲在內, 是有意於絶外誘, 而不知性之無內外也. 旣以內外爲二本, 則又烏可遽語定哉.

정자(정명도)가 말씀하였다. "이른바 평정[定]이라는 것은 움직일 때도 평정하고 고요할 때도 안정하여, 보내고 맞

---

6) 『근사록집해』 권2, 「위학(爲學)」에 실려 있다. 주자가 말씀하였다. "이천 선생의 『호학론(好學論)』은 18세 때에 지은 것이다. 명도 선생은 14~15세 때 성인을 배웠으며, 20세에 급제하여 관직에 나아갔는데 한 방향으로 계속 승진하였다. 『정성서』는 22~23세에 지은 것이며, 이 시기 산을 유람하면서 많은 시(詩)를 지었는데 매우 좋다(伊川好學論, 十八時作. 明道十四五便學聖人, 二十及第, 出去做官, 一向長進. 定性書是二十二三時作. 是時遊山, 許多詩甚好). 『주자어류』 권93, 「공맹주정(孔孟周程)」, 제62조목. (황의강의 기록)

이함(의 구분)도 없고 안과 밖(의 구분)도 없는 것입니다. 만일 바깥의 사물을 밖이라 생각해서, 자기를 끌고 그것을 따라간다면, 이는 자기의 성(性)에 안과 밖이 있다고 여기는 것입니다. 게다가 성을 밖에 있는 사물에 따르게 한다면, 밖에 있을 때는 무엇을 안에 있는 것이라 하겠습니까? 이는 바깥에서 생겨나는 유혹을 끊는 데에 뜻을 둔 것이나, 성에는 안과 밖이 없다는 것을 모르는 것입니다. 이미 안과 밖을 두 가지 근본이라고 생각한다면, 또 어찌 갑자기 평정을 말할 수 있겠습니까?

夫天地之常, 以其心普萬物, 而無心, 聖人之常, 以其情順萬事而無情, 故君子之學, 莫若廓然而大公, 物來而順應. 易曰貞吉, 悔亡, 憧憧往來, 朋從爾思, 苟規規於外誘之除, 將見滅於東而生於西也. 非惟日之不足, 顧其端無窮, 不可得而除也.

무릇 하늘과 땅의 항상됨은 그 마음이 만물에 두루 미치지만 마음이 없기[無心] 때문이요, 성인의 항상됨은 그 정(情)으로 만사에 순순히 응대하지만 (사사로운) 정이 없기 때문입니다. 그러므로 군자의 학문은 '확연대공, 물래순응' 곧 '탁 트여서 크게 공정하여 사물이 다가오면 순순히 응대하는 것'보다 더 좋은 것이 없습니다. 『주역』에서 '바르면 길하여 후회가 없을 것이니, 안절부절 왔다갔다 하면 벗들만 네 생각을 따른다'(함괘咸卦 구사九四의 효사)고 하였으니, 만일 바깥에서 생겨나는 유혹을 없애는 데에 급급하면, 동쪽에서 없어졌다가 서쪽에서 다시 생겨나는 것을 보게 될 것입니다. (급급하기가) 날마다 해도 부족할 뿐 아니라 그 실마리들이 끝이 없어서 도저히 없앨 수가 없습니다.

人之情各有所蔽, 故不能適道, 大率患在於自私, 而用智. 自私, 則不能以有爲爲應迹, 用智, 則不能以明覺爲自然. 今以惡外物之心, 而求照無物之地, 是反鑑而索照也. 易曰艮其背, 不獲其身, 行其庭, 不見其人, 孟氏亦曰, 所惡於智者, 爲其鑿也. 與其非外而是內, 不若內外之兩忘也. 兩忘, 則澄然無事矣. 無事則定, 定則明, 明則尙何應物之爲累哉.

사람의 정(情)은 각각 가려진 것이 때문에 도에 나아가지 못하니, 대체로 근심은 자사(自私)와 용지(用智) 즉 '스스로 사사롭고' '(이기적인) 지식을 사용하는 것'에 있습니다. 스스로 사사로우면 일을 할 때에 (일하면서 생겨난 여러) 모습들에 (적절히) 응대하지 못하게 되며, (이기적인) 지식을 사용하게 되면 영명한 지각은 자연스럽게 될 수가 없습니다. 그런데 이제 바깥의 사물을 싫어하는 마음을 가지고서 아무것도 없는 곳을 비추고자 한다면 이는 거울을 뒤집어 놓고 무언가를 비추려고 하는 것과 같습니다. 『주역』에서 '등에 그치면 그 몸을 보지 못하여, 뜰을 거닐어도 사람을 보지 못한다'(간괘艮卦의 단사彖辭) 하였고, 맹자 또한 '지혜롭다고 하는 자를 미워하는 것은 그가 천착 즉 억지로 파고들기 때문이다'[7]라고 하였습니다. 밖을 그르다 하고 안을 옳다고 하기 보다는 안과 밖 (두 곳을) 모두 잊는 것이 더 나을 것입니다. 두 곳을 모두 잊게 되면 (마음은) 깨끗해져서 아무 일도 없게 됩니다. 아무 일도 없다면 안정하고, 안정되면 밝아지고, 밝아지면 어찌 사물에 응대하는데 얽매임이 있겠습니까?

7) 『맹자』 「이루하」 26장.

聖人之喜, 以物之當喜, 聖人之怒, 以物之當怒, 是聖人之喜怒, 不繫於心, 而繫於物也. 是則聖人豈不應於物哉. 烏得以從外者爲非, 而更求在內者爲是也. 今以自私用智之喜怒, 而視聖人喜怒之正, 爲如何哉.

성인의 기쁨은 사물에 마땅히 기뻐할 만한 것이 있기 때문이고, 성인의 성냄은 사물에 마땅히 성낼 만한 것이 있기 때문이니, 성인의 기쁨과 노여움은 마음에 매달려 있지 않고 사물에 매달려 있습니다. 이렇다면 성인이 어찌 사물에 응대하지 않겠습니까? 어찌 바깥을 따르는 것을 그르다고 여기어서 다시 안에 있는 것을 찾는 것이 옳다고 여기겠습니까? 이제 스스로 사사롭고 (이기적인) 지식을 사용하여 생기는 기쁨과 노여움의 관점에서 성인의 기쁨과 노여움의 바름을 보려한다면 어떠하겠습니까?

夫人之情, 易發而難制者, 惟怒爲甚, 第能於怒時遽忘其怒, 而觀理之是非, 亦可見外誘之不足惡, 而於道亦思過半矣.

무릇 사람의 정은 피어나기는 쉬워도 제어하기는 어려운 것인데, 오직 노여움이 가장 심합니다. 다만 노여워할 때에 바로 그 노여움을 잊고서 이치의 옳고 그름을 살핀다면 또한 바깥에서 생기는 유혹이 싫어할 만한 것이 못되는 것을 알 수 있고, 도에 있어서도 생각이 반쯤은 지나가게 (나머지 반은 저절로 알게) 될 것입니다."

1. 朱子曰. 定性者, 存養之功, 至而得性之本然也. 性定, 則動靜如一, 而內外無間矣. 天地之所以爲天地, 聖人之所以爲聖人, 不以其定乎? 君子之學, 亦以求定而已矣. 故擴然而大公者, 仁之所以爲體也. 物來而順應者, 義之所以爲用也. 仁立義行, 則性定而天下之動一矣, 所謂貞也. 夫豈急於外誘之除, 而反爲是憧憧哉. 然常人之所以不定者, 非其性之本然也, 自私以賊夫仁, 用知以害夫義. 是以情有所蔽, 而憧憧耳. 不知自反以去其所蔽, 顧以惡外物爲心, 而反求照於無物之地, 亦見其用力愈勞而燭理愈昧, 益以憧憧而不自知也. 艮其背, 則不自私矣, 行無事, 則不用知矣. 內外兩忘, 非忘也, 一循於理, 不是內而非外也. 不是內而非外, 則大公而順應, 尙何事物之爲累哉. 聖人之喜怒, 大公而順應天理之極也. 衆人之喜怒, 自私而用知, 人欲之盛也. 忘怒則公, 觀理則順, 二者, 所以爲自反而去蔽之方也. 夫張子之於道固非後學所敢議, 然意其彊探力取之意多, 涵泳完養之功少, 故不能無疑於此. 程子以是發之, 其旨深哉.

주자가 말씀하였다. "'정성'이라는 것은 존양(마음을 보존하고 본성을 기름)의 공부가 지극하여 성(性)의 본래 그러함을 얻은 것이다. 성이 안정하면 움직임과 고요함이 한결 같아서 안과 밖에 틈이 없다. 하늘과 땅이 하늘과 땅인 까닭과 성인이 성인인 까닭은 안정하기 때문이 아니겠는가? 군자의 학문도 또한 안정을 구할 뿐이다. 그러므로 확연대공 즉 '탁 트여서 크게 공정한 것'이 인(仁)이 본체가 되는 까닭이다. 물래순응 즉 '사물이 다가오면 순순히 응대하는 것'이 의(義)가 작용이 되는 까닭이다. 인이 확립되고 의가 행해지면 성이 안정되고 천하의 움직임은 한결같으니, 이른바 '정(貞)'[8]이라는 것이다. 무릇 어찌 바깥에서 생기는 유혹을 없애는 데에 급급해서, 도리어 안절부절 하겠는가?

---

8) 정(貞)은 올바르고 곧다는 의미이다. 또한 生長收藏하는 사시(四時)의 덕(德)인 원형리정(元亨利貞)이 되기 때문에, 정(貞)은 '겨울의 감추고 저장하는 이치'가 된다.

그러나 보통사람들의 마음이 안정하지 않은 것은 성의 본래 그러한 것이 아니다. 스스로의 사사로움[自私]으로 인을 해치고, (이기적인) 지식을 사용[用知]해서 의를 해친다. 이 때문에 정이 가려지게 되어 안절부절 할 뿐이다. 스스로 돌이켜서 그 가려진 것을 없애야 한다는 것을 알지 못하고, 다만 바깥의 사물을 싫어하는 마음을 가지고서 도리어 아무것도 없는 곳을 비추고자 하니, 또한 힘을 쓰면 쓸수록 이치를 밝히는 것은 더욱더 어두워지고, 더욱 안절부절 하여 스스로 모르게 된다.

'그 등에 그치면' 스스로 사사롭지 않고, 행할 때 무언가를 일삼지 않으면 (이기적인) 지식을 사용하지 않는 것이다. 안과 밖 (두 곳을) 모두 잊는다는 것은 (단지) 잊는 것이 아니며, 한결같이 이치에 따라서 안을 옳다 하고 밖을 그르다고 하지 않는 것이다. 안은 옳고 밖은 그른 것이 아니라면 크게 공정하여 순순히 응대하니, 오히려 어찌 사물에 얽매이게 되겠는가? 성인의 기쁨과 노여움은 크게 공정하여 천리의 표준[極]에 순순히 응대하는 것이다. 보통 사람의 기쁨과 노여움은 스스로 사사롭고 (이기적인) 지식을 사용하여 인욕이 번성한 것이다. 노여움을 잊으면 공정해지고 이치를 살피면 순응해지니, 두 가지는 스스로 돌이켜보아 가린 것을 없애는 방법이 된다.

무릇 장자(張子)가 도에 대해 말한 것을 진실로 후학이 감히 논의할 바는 아니지만, 힘써 탐구하고 얻으려는 뜻은 많고 함영하여 완전하게 기르는 공은 적은 것 같다. 그래서 이에 의문이 없을 수 없어서, 정자가 이 편지를 써서 밝게 드러냈으니 그 취지가 깊도다." (『주자대전』 권 67, 「정성설(定性說)」

2. 西山眞氏曰. 定性者, 理定於中, 而事不能惑也, 理定於中, 則當靜之時, 固定也, 動之時, 亦未嘗不定也. 不隨物而往, 不先物而動, 故曰無將

迎. 理自內出, 而周於事, 事自外來, 而應以理, 理卽事也, 事卽理也. 故曰無內外. 夫能定能應有寂有感者, 皆心之妙也, 所以然者, 性也. 若以定與寂爲是, 而應與感爲非, 則是以性爲有內外也. 事物之來, 以理應之, 猶鑑懸於此, 而形不能遁也, 鑑未嘗隨物而照, 性其可謂隨物而在外乎. 故事物未接, 如鑑之本空者, 性也, 事物旣接, 如鑑之有形者, 亦性也. 內外曷嘗有二本哉. 知此, 則知事物不能累吾之性, 雖酬酢萬變, 未嘗不定也.

서산 진씨가 말하였다. "'정성'이라는 것은 이치가 마음속에 안정되어 사물이 미혹할 수 없는 것이다. 이치가 마음속에 안정되면 고요할 때가 되면 진실로 안정되고, 움직일 때도 안정하지 않을 수 없다. 사물을 따라서 가지 않고 사물에 앞서 움직이지 않기 때문에 '보내고 맞이함이 없다'고 했다. 이치는 안에서 나와 일(사물)에 두루 미치고 일은 바깥에서 다가와 이치에 응대하니, 이치가 곧 일이며 일이 곧 이치이다. 그래서 '안과 밖이 없다'고 했다.

무릇 안정할 수 있고 응대할 수 있으며 고요함이 있고 느낌이 있는 것은 모두 마음의 묘함이니, 그렇게 하는 것이 성(性)이다. 만약 안정과 고요함이 옳고 응대와 느낌이 그르다고 여긴다면, 이는 성에 안과 밖이 있다고 여기는 것이다. 사물이 다가와 이치로 응대하는 것은 여기에 거울을 매달아서 형체가 달아날 수 없는 것과 같다. 거울은 사물을 따라가 비추지 않으니, 성이 사물을 따라가 밖에 있다고 말할 수 있겠는가? 그러므로 사물이 아직 접촉하지 않았을 때는 거울이 본래 비어 있는 것과 같으니 성이 그렇다. 사물이 이미 접촉했을 때는 거울에 형체가 있는 것과 같으니 이 역시도 성이다. 안과 밖이 어찌 두 가지 근본이 있으리오. 이를 안다면 사물이 나의 성에 누가 될 수 없다는 것을 알 수 있을 것이니, 비록 수만 가지 변화를 주고받는다고 해도 일찍이 안정하지 않은 적이 없을 것이다." (『서산독서기권』 2, 「성정」. 73b~74b)

3. 호학론(好學論)

〈『이정문집』 권8, 「안자소호하학론(顔子所好何學論)」〉

○ 총 1조목

或問. 聖人之門, 其徒三千, 獨稱顔子爲好學. 夫詩書六藝, 三千子, 非不習而通也. 然則顔子所獨好者, 何學也. 學以至聖人之道也. 伊川先生曰. 學以至聖人之道也. 聖人可學而至歟. 曰. 然. 學之道如何.

누군가 물었다.[9] "성인의 문하에 생도가 3천 명이었는데, 유독 안자만이 배우기 좋아한다고 칭찬하셨습니다. 무릇 시와 서, 육예를 3천 명의 제자가 익혀서 통달하지 않음이 없었습니다. 그렇다면 안자가 유독 좋아한 것은 어떠한 배움입니까?"
이천 선생이 말씀하였다. "배워서 성인에 이르는 방법입니다."
"성인을 배워서 이를 수 있습니까?"
"그렇습니다."

---

9) 정이천은 18세 때에 태학에 있었다. 당시 호원(胡瑗. 胡安定, 993~1059)이 학관이었는데, 태학의 학생들에게 '안자의 호학에 대한' 주제로 시험을 보았다. 이 때 지은 글이다. 보통 이 글을 '안자소호하학론' 또는 '호학론'으로로 부른다. 당시 호원은 정이천이 쓴 답안지를 보고서 크게 놀라서 정이천을 면담하고, 그의 재목을 알아보았다고 한다. 호원은 이학(理學)에 선구적 역할을 한 인물이며, 손복(孫復), 석개(石介)와 함께 '송초삼선생(宋初三先生)'으로 불린다.

"배우는 방법은 어떠한 것입니까?"

曰. 天地儲精, 得五行之秀者, 爲人. 其本也, 眞而靜, 其未發也, 五性具焉, 曰仁義禮智信. 形旣生矣, 外物觸其形, 而動其中矣, 其中動而七情出焉, 曰喜怒哀懼愛惡欲. 情旣熾而益蕩, 其性鑿矣. 是故覺者, 約其情, 使合於中, 正其心, 養其性. 愚者, 則不知制之, 縱其情而至於邪僻, 梏其性而亡之.

말씀하였다.
"천지가 정기를 응집하여 오행의 빼어난 것을 얻어 사람이 됩니다. 그 근본은 참되고 고요하며, 아직 피어나지 않았을 때에는 오성(五性)이 갖추어져 있으니 '인의예지신'이라 합니다. 형체가 이미 생겨나면 바깥의 사물이 그 형체에 접촉하여 마음속을 움직이게 하고, 마음속이 움직여서 칠정(七情)이 나오게 되니 '희노애구애오욕'이라 합니다. 정(情)이 이미 치성하여 더욱 방탕해지면 성(性)이 깎이게 됩니다. 이런 까닭에 깨달은 자는 그 정을 단속하여 중도에 합하게 해서 그 마음을 바르게 하고 그 성을 기릅니다. 어리석은 자는 제어할 줄 몰라서 그 정을 함부로 풀어놓아 간사하고 치우친 데 이르러, 그 성을 질곡해서 없어지게 합니다.

然學之道, 必先明諸心, 知所養, 然後力行以求至, 所謂自明而誠也. 誠之之道, 在乎信道篤, 信道篤, 則行之果, 行之果, 則守之固, 仁義忠信, 不離乎心, 造次必於是, 顚沛必於是, 出處語默必於是. 久而弗失, 則居之安, 動容周旋中禮, 而邪僻之心, 無自生矣.
그러나 배우는 방법은 반드시 먼저 마음을 밝혀서 기르는 것을 알게 한 뒤에야 힘써 행하여 이르기를 구하는 것이니, '밝아짐으로부터 성실해진다'10)는 것입니다. 성실하려고 하는 방법은 도를 믿는 것이 독실한데 있으니, 도를 믿는 것이 독실하면 행하기를 과감하게 하고, 행하기를 과감하게 하면 지킴이 견고합니다. 인의와 충신이 마음에서 떨어져 있지 않게 하여 '아무리 급박한 때라도 반드시 여기에 힘써야 하며, 경황 중에도 반드시 여기에 힘써야 하며,' 출처와 어묵(語默, 말할 때와 하지 않을 때)에도 반드시 이렇게 해야 하니, 오래도록 잃지 않는다면 거처하는데 편하고 '행동과 용모 및 응대와 사교 등이 예에 들어맞아서' 간사하고 치우친 마음이 저절로 생겨나지 않습니다.

故顔子所事, 則曰非禮勿視, 非禮勿聽, 非禮勿言, 非禮勿動. 仲尼稱之, 則曰得一善則拳拳服膺, 而弗失之矣, 又曰不遷怒, 不貳過, 有不善未嘗不知, 知之未嘗復行也. 此其好之篤, 學之之道也.

그러므로 안자가 일삼은 것은 '예가 아니면 보지 않고, 예가 아니면 듣지 않고, 예가 아니면 말하지 않고, 예가 아니면 움직이지 않는 것'이었습니다. 중니(공자)께서 이를 칭찬하시며 '한 가지 선을 얻으면 가슴속에 품고 잘 받들어 잃지 않는다'11)하시고, 또 '노여움을 옮기지 않고 잘못을 두 번 다시 하지 않으며' '선하지 않는 것이 있으면 일찍이 알지 못한 적이 없고, 알면 일찍이 다시 행한 적

10) 『중용장구』 21장. "성실함으로부터 밝아지는 것을 성이라 하고, 밝아짐으로부터 성실해 지는 것을 가르침이라 한다(自誠明, 謂之性, 自明誠, 謂之敎)."

11) 『중용장구』 8장. "안회의 사람됨은 중용을 택하여 한 가지 선을 얻으면 잘 받들어 가슴속에 품고 잘 받들어 잃지 않는다(回之爲人也, 擇乎中庸, 得一善, 則拳拳服膺, 而弗失之矣)."

이 없다'고 하시었습니다. 이는 좋아하기를 독실하게 한 것이니, 성인을 배우는 방법입니다.

然聖人, 則不思而得, 不勉而中, 從容中道, 顏子, 則必思而後得, 必勉而後中. 故曰顏子之與聖人, 相去一息. 所未至者, 守之也, 非化之也, 以其好學之心, 假之以年, 則不日而化矣. 後人不達, 以謂聖本生知, 非學可至, 而爲學之道遂失. 不求諸己而求諸外, 以博文強記, 巧文麗辭爲工, 榮華其言, 鮮有至於道者, 則今之學與顏子所好異也.

그러나 성인은 '생각하지 않아도 도를 알아 마음을 쓰지 않고 자연히 도에 부합되며,' 안자는 반드시 생각한 뒤에야 알고 반드시 마음을 쓴 뒤에야 도에 부합합니다. 그러므로 안자와 성인의 거리는 숨 한 번 쉬는 정도이며, (성인의) 경지까지 이르지 못한 것은 지키기[守]는 하였으나 저절로 그렇게 되는 데(생각하지 않아도 도를 알고, 힘쓰지 않아도 부합하는 경지)까지는 아니었기 때문입니다. 배움을 좋아하는 마음으로 몇 년을 더 살았더라면 얼마 지나지 않아서 저절로 그렇게 되었을 것입니다. 후대 사람들은 도달하지도 못하고서 성인은 본래 타고나면서부터 아는 것이며 배움으로 이를 수 있는 것이 아니라고 말하여, 학문하는 도를 결국에 잃어버리고서, 자기에게서 찾지 않고 밖에서 찾게 되었습니다. 박문강기(박식하고 기억력이 뛰어남)와 교문여사(글을 솜씨 있게 쓰고 아름답게 꾸밈)를 공부로 여겨서 그 말만 화려하게 꾸미니, 도에 이르는 자가 드뭅니다. 그러니 지금의 배움과 안자가 좋아했던 것은 다른 것입니다."

1. **西山眞氏曰. 此章之要, 在覺者, 約其情, 使合於中, 一語. 蓋情本善, 發不中節, 乃流於不善. 故必檢制其情, 使合於中. 所謂中者, 即中庸所謂中節也, 約之爲言, 正中庸愼獨之功也. 心無不正, 性無不善, 所以害其正, 喪其善者, 爲情所累也. 故必先約其情, 然後能正心, 而養性. 下文, 又言必先明諸心知所往者, 蓋致知而後誠意, 明善而後誠身, 其序固如此也.

서산 진씨가 말씀하였다. "이 장의 요점은 깨달은 자는 정을 단속하여 중도에 합하게 한다'는 한 마디에 있다. 대개 정은 본래 선하나 피어나서 절도에 맞지 않으면 바로 불선으로 흐른다. 그러므로 반드시 그 정을 단속하고 절제하여 중도에 합하게 하는 것이다. 이른바 중(中)이란 곧 『중용』에서 말한 '절도에 들어맞는다[中節]'는 것이고, '단속[約]'이라는 말은 바로 『중용』의 신독 공부이다. 마음은 바르지 않음이 없고 성은 선하지 않음이 없지만, 그 바름을 해치고 선을 잃는 이유는 정에 얽매이기 때문이다. 그러므로 반드시 먼저 정을 단속한 뒤에야 마음을 바르게 해서 성을 기를 수 있다. 아래 문장에 또 반드시 먼저 마음을 밝혀서 가는 곳을 알아야 한다고 말한 것은 대개 앎을 지극히 한 뒤에 뜻을 성실하게 하고 선을 밝힌 뒤에 몸을 성실하게 한다는 것이니, 그 순서가 진실로 이와 같다." (『서산독서기』 권2. 「성정」. 60a~60b)[12]

12) 『심경부주』 「안연문인장」.

4. 서명(西銘)

〈『장자전서』 권1, 「서명」〉

ㅇ 총 6조목

橫渠先生西銘. 乾稱父, 坤稱母. 予茲藐焉, 乃混然中處. 故天地之塞, 吾其體, 天地之帥, 吾其性. 民吾同胞, 物吾與也. 大君者, 吾父母宗子, 其大臣, 宗子之家相也. 尊高年, 所以長其長, 慈孤弱, 所以幼其幼. 聖其合德, 賢其秀也. 凡天下疲癃殘疾惸獨鰥寡, 皆吾兄弟之顚連而無告者也. 于時保之, 子之翼也, 樂且不憂, 純乎孝者也. 違曰悖德, 害仁曰賊, 濟惡者, 不才, 其踐形, 惟肖者也. 知化, 則善述其事, 窮神, 則善繼其志. 不愧屋漏爲無忝, 存心養性爲匪懈. 惡旨酒, 崇伯子之顧養, 育英才, 穎封人之錫類. 不弛勞而底豫, 舜其功也, 無所逃而待烹, 申生其恭也. 體其受而歸全者, 參乎, 勇於從而順令者, 伯奇也. 富貴福澤, 將厚吾之生也, 貧賤憂戚, 庸玉女於成也. 存吾順事, 沒吾寧也.

횡거 선생의 「서명」
건(乾)을 아버지라 일컫고, 곤(坤)을 어머니라 일컫네.
나는 여기 조그맣게 그 가운데에 섞여 있네.
그러므로 천지에 가득 차 있는 기운을 나는 몸으로 삼았고, 천지를 거느리는 것을 나는 성으로 삼았네.

백성은 나와 한 배에서 난 동포이며, 사물들은 나와 더불어 있네.
큰 임금은 (천지라는) 내 부모의 종자(宗子, 종가의 맏아들) 같은 지위이고, 대신(大臣)들은 종자의 가상(家相, 집일을 맡는 집사)이네.
나이 많은 사람을 높이는 것은 어른을 어른으로 섬기는 것이고, 외롭고 약한 이를 보살피는 것은 아이를 아이로 여기는 것이네.
성인은 천지와 덕을 합한 자이고, 현인은 무리 가운데 빼어난 자이네.
무릇 천하의 병들고 장애를 가지고 있으며 궁핍한 자들과 환과고독(鰥寡孤獨, 환鰥은 늙어 아내가 없는 홀아비, 과寡는 늙어 남편이 없는 과부, 고孤는 어려서 부모가 없는 고아, 독獨은 늙어서 자식이 없는 자)의 처지에 있는 이들은 모두 내 형제들 가운데 가난하고 의지할 곳이 없어도 하소연할 데가 없는 자들이네.
(하늘의 위엄을 두려워하여) '이에 보전하네'[13]라는 것은 자식으로서 공경하는 것이고, '천명을 즐거워하고 근심하지 않는 것'[14]은 순수하게 효도하는 것이네.
도리를 어기는 것을 패덕(悖德)이라 하고, 인을 해치는 것을 적(賊)이라 하네. 악한 일을 하는 자는 재목이 못되는 자고, 타고난 모습대로 실천하는 자가 오직 부모를 닮은 자이네.

13) 『시경(詩經)』 「주송(周頌)」, 「아장(我將)」. "하늘의 위엄을 두려워하여, 이에 보전하네(畏天之威, 于時保之)." 『맹자』 「양혜왕하(梁惠王下)」(3장)에 인용되면서 더욱 유명해졌다.
14) 『주역』 「계사전상」 4장. "천명을 즐기고 알기 때문에 근심하지 않으며, 자리에 편안하여 인(仁)을 돈독히 하기 때문에 사랑할 수 있다(樂天知命故不憂, 安土敦乎仁故能愛)."

조화를 알면 그 일을 잘 계승하고 신묘한 이치를 궁구하면 그 뜻을 잘 계승할 것이네.

'방안 귀퉁이에도 부끄럽지 않은' 것이 부모에게 욕됨이 없는 것이며, 마음을 보존하고 본성을 기르는 것은 부모를 섬기는 데 게으르지 않는 것이네.

(고사에서 보듯) 맛 좋은 술을 싫어하는 것은 숭백(崇伯)의 아들 우(禹)가 부모의 봉양을 잘 한 것이고,[15] 영재를 길러내는 것은 영봉인(穎封人)이 자신의 효를 미루어서 남에게 효를 베푼 것이네.[16]

---

15) 숭백(崇伯)은 우임금의 아버지인 곤(鯀)의 작위이다. 맹자는 술에 대해서 두 가지 이야기를 했는데, 이를 장횡거가 하나로 엮어 놓았다. 맹자께서 말씀하셨다. "우임금은 나라를 망치는 맛난 술을 싫어하고, 나라를 흥하게 하는 좋은 말 듣기를 좋아하셨다(孟子曰. 禹惡旨酒, 而好善言. 『맹자』「이루하(離婁下) 20장)." 집주에서는 이에 대해, "『전국책』에 이르기를 의적이 술을 만들자 우임금은 그 술을 마셔보고 맛있게 여기며 말씀하기를 '후세에 반드시 술로서 나라를 망칠 자가 있을 것이다' 하고는 마침내 의적을 소원히 하고 맛있는 술을 입에 끊었다(戰國策曰, 儀狄作酒, 禹飮而甘之曰, 後世, 必有以酒亡其國者, 遂疏儀狄, 而絶旨酒)"라고 하였다. 또한 『맹자』의 같은 곳(「이루하」 30장)에서 "장기나 바둑에 빠지고 술 마시기를 좋아하여 부모의 봉양을 돌아보지 않는다(博奕好飮酒, 不顧父母之養)"라고 하였다.

16) 효에 관한 고사를 들고 있다. 이 고사는 『춘추좌전』에 있다. 춘추 시대 정(鄭)나라의 장공(莊公)이 그의 아우 숙단(叔段)의 반역 때문에 그 어머니 강씨(姜氏)를 유폐(幽閉)하고서, "황천(黃泉)에 가기 전에는 서로 만나지 않을 것이다(不及黃泉, 無相見也)"라고 맹세하고는 이내 후회할 때였다. 영곡(潁谷)의 봉인(封人)으로 있는 영고숙(潁考叔)이 이 소문을 듣고 장공에게 헌상(獻上)하는 기회를 이용해 뵙기를 청하니, 장공이 영고숙에게 음식을 하사하였다. 영고숙이 음식을 먹으면서 고기는 먹지 않고 한 곳으로 모아놓았다. 공이 그 까닭을 물으니, 대답하기를 "소인에게는 어머니가 계신데 소인이 올리는 음식은 모두 맛보았으나 임금의 국은 맛보지 못하였으니 이 고기를 어머니께 갖다 드리고자 합니다."라고 하였다. 그러자 장공은 "그대에게는 가져다드릴 어머니가 있는데 나만이 홀로 없구나."라고 하였다. 영고숙이 "감히 여쭙건대 무슨 말씀이신지요?"라고 하니, 장공은 그 까닭을 이야기하고 또 후회하고 있다는 말까지 하였다. 그러자 영고숙이 대답하기를 "임금님께서는 무엇을 걱정하십니까? 만약 물이 나는 데까지 땅을 파고 들어가서 굴속에서 서로 만나신다면 누가 黃泉에서 만났다고 하지 않겠습니까?"라고 하니, 공이 그 말을 따랐다(潁考叔, 爲潁谷封人, 聞之, 有獻於公, 公賜之食, 食舍肉, 公問之, 對曰, 小人有母, 皆嘗小人之食矣, 未嘗君之羹, 請以遺之. 公曰, 爾有母遺, 繄我獨無.潁考叔曰, 敢問何謂也. 公語之故, 且告之悔. 對曰, 君何患焉, 若闕地及泉, 隧而相見, 其誰曰不然. 公從之). 『춘추좌씨전(春秋左氏傳)』「은공 원년(隱公元年)」.

힘들어도 게으르지 않고 부모를 마침내 기쁘게 한 것은 순(舜)의 공이고[17], 도망하지 않고 죽음을 기다린 것은 신생(申生)의 공손함[18]이네.

부모에게 받은 몸을 온전하게 하고 돌아간 자는 증삼(曾參)[19]이고, 따르는 데 용감하고 명령에 순종한 자는 백기(伯奇)[20]이네.

부귀와 복택(福澤)은 장차 나의 삶을 넉넉하게 해주는 것이고, 빈천과 근심 걱정은 옥을 다듬듯이 나를 완성시켜 줄 것이네.

살아서 나는 하늘을 따르고 섬기리니, 죽어서 나는 평안하리라.

---

17) 순임금은 완악한 부모 밑에서도 효심을 꺾지 않은 것으로 유명하다. 이를 극찬한 것이 『중용』(17장)에 있다. 공자께서 말씀하셨다. "순임금은 참으로 대단한 효자이시다. 덕으로는 성인이 되셨고, 존귀함으로는 천자가 되셨으며, 부유함으로는 사해 안을 모두 소유하시어, 대대로 종묘의 제사를 받으시고 길이 자손을 보전하셨다(子曰. 舜, 其大孝也與. 德爲聖人, 尊爲天子, 富有四海之內, 宗廟饗之, 子孫保之)."

18) 진 헌공(晉獻公)이 여희(驪姬)의 무고로 그 태자 신생(申生)을 죽이려고 했을 때, 주변에서 다른 나라로 도망가기를 권하였지만 그 말을 듣지 않고서 지조를 지키기 위해 목숨을 끊었다. 이런 이유로 시호(諡號)를 공(恭)이라 하였다. 『사기』「진세가(晉世家)」 참고.

19) 증삼은 일생을 전전긍긍(戰戰兢兢)하며 살면서 일신(一身)을 보존하였다.

20) 주(周)나라의 어진 재상인 윤길보(尹吉甫)의 아들 윤백기를 말한다. 후모(後母)가 백기를 참소하여 집을 쫓겨났는데, 백기는 노래를 지어 놀이 나온 선왕(宣王)을 감동시켰다. 선왕은 이를 '효자의 말'이라고 하여 칭찬했는데, 이윽고 윤길보는 백기가 모함 받은 것을 알고 간악한 후모를 활로 쏘아 죽였다. 『초학기(初學記)』 권2, 「천부하(天部下)」 참고.

1. 程子曰. 訂頑立心, 便可達天德.

정자가 말씀하였다. "「정완」(「서명」)으로 마음을 확립하면 천덕에 통달할 수 있다." (『이정유서』 권5, 11번째 문장)

2. 又曰. 學者, 須先識仁. 仁者, 渾然與物同體, 義禮智信, 皆仁也. 識得此理, 以誠敬存之而已. 不須防檢, 不須窮索. 若心懈, 則有防, 心苟不懈, 何防之有. 理有未得, 故須窮索, 存久自明, 安待窮索. 此道與物無對, 大不足以名之, 天地之用, 皆我之用. 孟子言萬物皆備於我, 須反身而誠, 乃爲大樂. 若反身未誠, 則猶是二物有對, 以己合彼, 終未有之, 又安得樂. 訂頑意思, 乃備言此體. 以此意存之, 更有何事. 必有事焉而勿正, 心勿忘勿助長, 未嘗致纖毫之力, 此其存之之道. 若存得, 便合有得. 蓋良知良能, 元不喪失, 以昔日習心未除, 却須存習此心, 久則可奪舊習. 此理至約, 惟患不能守, 旣能體之而樂, 亦不患不能守也.

또 말씀하였다. "배우는 자는 모름지기 먼저 인(仁)을 알아야 한다. 인이라는 것은 혼연(渾然)히 만물과 한 몸을 이루는 것이니, '의예지신'도 모두 인이다. 이 이치를 알고서 성실과 공경[誠敬]으로 보존할 따름이다. 방비하며 점검할 필요도 없고, 궁리하며 사색할 필요도 없다. 만약 마음이 게으르다면 방비가 있어야 하지만, 마음이 진실로 게으르지 않다면 무슨 방비할 것이 있겠는가? 아직 이치를 깨닫지 못했기 때문에 궁리하며 사색해야 하겠지만, 이 이치를 보존하기를 오래 하면 절로 밝아질 것이니, 어찌 궁리하고 사색하기를 기다리겠는가?

이 도는 사물과 상대할 수 없으며 커서 무어라 이름 부르지 못하나, 천지의 작용은 모두가 나의 작용이다. 맹자는 '만물(의 이치)이 모두 나에게 갖추어져 있으니, 모름지기 자신을 돌이켜서 성실해야만 곧 큰 즐거움이 된다'[21]고 하셨다. 만약에 내 몸에 돌이켜서 성실하지 않다

21) 정명도가 인용한 내용은 맹자의 말과 약간 다르다. 『맹자』 「진심상」 4장. 맹자께서 말씀하

면, 이 두 가지는 대립되어서 자기와 저 것을 합하는 것은 끝내 없을 것이니, 또 어찌 즐겁겠는가?

「정완」(「서명」)의 의도는 이 체(體)를 갖추어 말한 것이다. 이 의도를 가지고 보존하면 다시 무슨 일이 있겠는가? '반드시 일삼는 것을 두고 그 성과를 미리 기대하지 말고, 마음에 잊어버리지 말며, 억지로 자라는 것을 돕지 말라'고 한 것은 일찍이 털끝만큼의 힘도 들이지 않는 것이니, 이것이 (인을) 보존하는 방법이다. 만약에 보존할 수 있다면, 곧 합하여 얻는 것이 있을 것이다.

대개 양지(良知)와 양능(良能)은 원래부터 상실한 것이 아닌데, 과거의 습관에 물든 마음이 아직 없어지지 않은 것이니, 모름지기 이 마음을 보존하고 익혀서 오래되면 이전의 구습(舊習)을 없앨 수 있다. 이 이치는 지극히 간략하지만, 오직 지키지 못할 것을 근심할 뿐이니, 이미 이를 몸소 터득하고 즐거워할 수 있다면 또한 지키지 못할 것을 근심하지 않을 것이다." (『이정유서』 권2상, 28번째 문장)[22]

3. 又曰. 弘而不毅, 則難立, 毅而不弘, 則無以居之, 西銘言弘之道. 觀張子厚所作西銘, 能養浩然之氣者也.

또 말씀하였다. "크고 넓기만 하고 굳세지 못하면 서기가 어렵고, 굳세기만 하고 크고 넓지 못하면 거처할 수가 없다. 서명은 (마음을) 크고 넓게 하는 방법을 말하였다." (『이정유서』 권14, 4번째 문장)

"장자후(장자)가 지은 「서명」을 살펴보면 (그는) 능히 호연지기를 기를 수 있는 사람이다." (『외서』 권11, 18번째 문장)[23]

셨다. "만물의 이치는 모두 나에게 갖추어져 있으니, 자신을 돌이켜보아 성실하면 즐거움이 이보다 더 클 수 없고, (남과) 공감하는 마음[恕]을 힘써 행하면, 인을 찾는 것이 이보다 가까운 것은 없다(孟子曰. 萬物, 皆備於我, 反身而誠, 樂莫大焉, 强恕而行, 求仁, 莫近焉)."

22) 이 글은 정명도의 유명한 「식인편(識仁篇)」이다.

23) 정구는 서로 다른 문장을 하나로 만들었다.

4. **和靖尹氏曰. 人本與天地一般大, 只爲人自小了. 若能自處以天地之心爲心, 便是與天地同體. 西銘備載此意, 顔子克己, 便是能盡此道.**

화정 윤씨가 말하였다. "사람은 본래 천지와 똑같이 크지만, 단지 사람이 스스로 작다고 생각할 뿐이다. 만약 천지의 마음을 자신의 마음으로 자처한다면 천지와 한 몸이 된다. 「서명」은 이 뜻을 갖추어 실었고, 안자의 '극기'는 능히 이 방법을 다 한 것이다." (『장자전서』 권1, 「서명」. 24b)

5. **龜山楊氏曰. 西銘, 只是要學者求仁而已**

구산 양씨가 말하였다. "「서명」은 배우는 자가 인을 찾게 하려는 것일 뿐이다." (위와 같은 곳. 25a)

6. **問. 西銘, 仁孝之理. 朱子曰. 他不是說孝, 是將這孝來形容這仁. 事親底道理, 便是事天底樣子.**

물었다. "「서명」은 인과 효의 이치입니까?"

주자가 말씀하였다. "그는 효를 말한 것이 아니고 효를 통해서 이 인을 형용한 것이다. 부모를 섬기는 도리가 곧 하늘을 섬기는 모양이다." (『주자어류』 권98, 「장자지서1(張子之書一)」, 제98조목. 진문위의 기록)

5. 인설(仁說)

〈『주자대전』 권67, 「인설(仁說)」〉

ㅇ 총 7조목

朱子仁說. 天地以生物爲心者也, 而人物之生, 又各得夫天地之心以爲心者也. 故語心之德, 雖其總攝貫通, 無所不備, 然一言以蔽之, 則曰仁而已矣.

주자의 「인설」. "천지는 만물을 낳는 것으로 마음을 삼으며, 또한 사람과 사물이 생겨남에 있어 각각 저 천지의 마음을 얻어 마음으로 삼는 것이다. 그러므로 마음의 덕이 비록 그 총괄하고 꿰뚫어 통해서 갖추어지지 않은 것이 없다고 말할 수 있지만, 한마디로 포괄하면 인(仁)이라고 말할 뿐이다.

蓋天地之心, 其德有四, 曰元亨利貞, 而元無不統. 其運行焉, 則爲春夏秋冬之序, 而春生之氣無所不通. 故人之爲心, 其德亦有四, 曰仁義禮智, 而仁無不包. 其發用焉, 則爲愛恭宜別之情, 而惻隱之心無所不貫. 故論天地之心者, 則曰乾元坤元, 則四德之體用不待悉數而足. 論人心之妙者, 則曰仁, 人心也, 則四德之體用, 亦不待遍擧而該.

대개 천지의 마음은 네 가지 덕을 가지니 '원형리정(元亨利貞)'이라고 하는데, 원(元, 봄의 덕)이 모든 것을 거느리지 않은 것이 없다. 그것이 운행하면 봄, 여름, 가을, 겨울의 순서가 되며, 봄의 생겨나는 기운이 관통하지 않는 곳이 없다. 그러므로 사람의 마음 또한 네 가지 덕을 가지니 '인의예지'라고 하는데, 인(仁)은 모든 것을 포함하지 않은 것이 없다. 그것이 피어나 작용하면 애공의별(愛恭宜別) 즉 '사랑과 공경, 마땅함과 분별' 등의 감정이 되는데, '측은지심(가엾고 불쌍히 여기는 마음)'이 관통하지 않은 곳이 없다. 그러므로 천지의 마음을 논의하는 자가 건원(乾元, 하늘의 덕)과 곤원(坤元, 땅의 덕)을 말하면, 네 가지 덕[四德]의 본체와 작용을 다 헤아리기를 기다리지 않아도 충분하다. 또한 사람의 마음의 미묘함을 논하는 자가 '인이 사람의 마음'이라고 말하면, 네 가지 덕의 본체와 작용을 또한 두루 열거하기를 기다리지 않아도 모두 갖추게 된다.

蓋仁之爲道, 乃天地生物之心, 卽物而在. 情之未發, 而此體已具, 情之旣發, 而其用不窮. 誠能體而存之, 則衆善之源, 百行之本, 莫不在是.

대개 인의 도리는 곧 천지가 만물을 낳는 마음으로 만물에 나아가면 거기에 존재한다. 정(情, 감정)이 아직 피어나지 않았을 때에 이 본체는 이미 갖추어져 있고, 감정이 이미 피어났을 때에 그 작용은 끝이 없다. 진실로 인을 몸소 터득해서 보존할 수 있다면, 모든 선의 근원과 행동의 근본이 인에 있지 않음이 없다.

此孔門之教，所以必使學者，汲汲於求仁也．其言有曰克己復禮爲仁，言能克去己私，復乎天理，則此心之體無不在，而此心之用無不行也．又曰居處恭，執事敬，與人忠，則亦所以存此心也．又曰事親孝，事兄弟，及物恕，則亦所以行此心也．又曰求仁得仁，則以讓國而逃，諫伐而餓，爲能不失乎此心也．又曰殺身成仁，則以欲甚於生惡甚於死，爲能不害乎此心也．

이것이 공자의 문하에서 가르칠 적에 배우는 사람들에게 반드시 인을 찾는데 온 정신을 쏟게 한 까닭이다. 그 말에 '극기복례가 인이다'라는 것이 있는데, 이는 자기의 사사로움을 이겨내 없애서 천리를 회복하면 이 마음의 본체가 있지 않음이 없고, 이 마음의 작용이 행하지 않음이 없다는 것이다. 또 '거처하기를 공손히 하고, 일을 집행하는데 공경히 하고, 남을 대하기를 충실하게 하라'고 말하였는데, 이 또한 이 마음을 보존하는 것이다. 또 '어버이를 섬기는 데는 효도로 하고, 웃어른을 섬기는 데는 공경하며, 사물에 이르러서는 공감[恕]으로 하라'고 하였는데, 이 또한 이 마음을 행하는 것이다. 또한 '인을 찾아 인을 얻었다'[24]고 한 것은 (백이와 숙제가) 나라를 사양하고 도망갔으며, (무왕에게 은나라 주왕을) 정벌해서는 안 된다고 간언하다가 굶주려 죽어서 이 마음을 잃지 않을 수 있게 된 것이다. 또한 살신성인 즉 '자신을 죽여 인을 이룬다'고 한 것은 '삶보다 더 원하고 죽음 보다 더 싫은 것'으로 이 마음에 해가 되지 않게 할 수 있게 된 것이다.

此心，何心也．在天地，則坱然生物之心，在人，則溫然愛人利物

24) 『논어』 「술이」 14장. "인을 찾아 인을 얻었으니 무엇을 원망하겠는가?(求仁而得仁，又何怨)."

之心, 包四德, 而貫四端者也.

이 마음은 어떤 마음인가? 천지에 있어서는 끝없이 만물을 낳는 마음이며, 사람에 있어서는 따뜻하게 사람을 사랑하고 만물을 이롭게 하는 마음이니, 네 가지 덕을 포괄하고 사단(四端)을 관통하는 것이다.

或曰. 若子之言, 則程子所謂愛情仁性, 不可以愛爲仁者, 非歟.

어떤 사람이 말하였다. "만약 그대의 말이라면 정자가 '사랑은 정(情)이고 인은 성(性)이니, 사랑을 인이라고 해서는 안 된다'고 한 말은 잘못입니까?"

曰. 不然. 程子之所謂, 以愛之發而名仁者也, 吾之所論, 以愛之理而名仁者也. 蓋所謂情性者, 雖其分域之不同, 然其脈絡之通, 各有攸屬者, 則曷嘗判然離絶, 而不相管哉. 吾方病夫學者誦程子之言而不求其意, 遂至於判然離愛而言仁. 故特論此以發明其遺意. 而子顧以爲異乎程子之說, 不亦誤哉.

말하였다. "그렇지 않습니다. 정자가 말씀한 것은 사랑이 피어난 것을 가지고 인이라고 부른 것이고, 내가 논한 것은 사랑의 이치를 가지고 인이라고 부른 것입니다. 대개 정과 성이라 하는 것은 비록 그 나뉘어 있는 영역은 같지 않지만, 그 맥락이 통하여 각각 귀속되는 바가 있는 것이니, 어찌 일찍이 딱 자르듯 분리하고 단절시켜서 서로 관련되지 않는다고 하겠습니까? 나는 배우는 자들이 정자의 말씀을 말하면서도 그 뜻을 찾지 않고 마침내 딱 자르듯이 사랑을 분리하고 인을 말하는 데로 나간 것이 병폐라고 생각합니다. 그러므로 특히 이 점을 논하여 그 남겨진 뜻을 드러내 밝히는 것입니다. 그런데 그대는 오히려 정자의 말과 다른 것으로 생각하니, 또한 잘못이 아니겠습니까?"

或曰. 程氏之徒, 言仁多矣. 蓋有謂愛非仁, 而以萬物與我爲一爲仁之體者矣.<陳淵問楊龜山曰. 萬物與我爲一,其仁之體乎. 曰. 然> 亦有謂愛非仁, 而以心有知覺釋仁之名者矣.<上蔡謝氏曰. 心有所覺謂之仁. 仁則心與事爲一. 草木五穀之實謂之仁, 取名於生也. 生則有所覺矣, 四體之偏痺謂之不仁, 取名於不知覺也, 不知覺, 則死矣, 事有感而隨之以喜怒哀樂, 應之以酬酢萬變者, 非知覺不能也, 身與事接, 而心漠然不省者, 以四體不仁, 無異也, 然則不仁者, 雖生無以異於死, 雖有心, 亦鄰於無心, 雖有四體, 亦不爲吾用也, 故視而弗見, 聽而弗聞, 食而不知其味, 此善學者, 所以汲汲於求仁也> 今子之言若是, 然則彼皆非歟.

어떤 사람이 말하였다. "정씨의 문도들은 인을 말한 사람이 많습니다. 대개 사랑은 인이 아니고 만물과 내가 하나 되는 것이 인의 본체라고 말하는 자가 있습니다.<진연이 양구산에게 물었다. "만물과 내가 하나 되는 것이 인의 본체입니까?" 말하였다. "그렇다.">25) 또한 사랑은 인이 아니고 마음에 지각이 있는 것으로 인이란 이름을 해석하는 자도 있습니다.<상채 사씨가 말하였다. "마음에 지각이 있는 것을 인이라 이른다. 인하면 마음과 일이 하나가 된다. 초목과 오곡의 열매를 인이라 이르니, 살아 있는 것에서 이름을 취한 것이다. 살아 있으면 느끼는 것이 있다. 사지가 비틀리는 것을 불인(不仁, 마비증세)이라 이르니, 지각하지 못하는 것에서 이름을 취한 것이다. 지각하지 못하면 죽은 것이다. 일에 있어서 느껴서 희로애락으로 따르고 대응하여 수만 가지 변화를 주고받는 것은 지각이 아니고는 불가능하다. 몸이 일과 접

25) 『구산집』 권11, 「어록2」, 「경사소문(京師所聞)」(1b). 정구는 『성리대전』(권35, 「성리7(性理七)」, 「인(仁)」. 9b)에서 발췌한 것 같다.

촉하는데 마음은 멍하니 살피지 못하는 것은 사지가 불인(不仁) 즉 마비된 증상과 다름이 없다. 그러므로 불인이라는 것은 비록 살아 있으나 죽은 것과 차이가 없다. 비록 마음이 있어도 또한 마음이 없는 것과 가까우며, 비록 사지가 있어도 또한 내가 사용하지 못하는 것이다. 그러므로 '보여도 보지 못하고 들어도 듣지 못하고 먹어도 그 맛을 모르는 것'이니, 이것이 잘 배우는 자들이 인을 찾는데 부지런한 이유이다.">[26] 이제 그대의 말이 옳다고 한다면 저들은 모두 그릇된 것입니까?"

曰. 彼謂物我爲一者, 可以見仁之無不愛矣, 而非仁之所以爲體之眞也. 彼謂心有知覺者, 可以見仁之包乎智矣, 而非仁之所以得名之實也. 觀孔子答子貢博施濟衆之問, 與程子所謂覺不可以訓仁者, 則可見矣. 子尙安得復以此而論仁哉.

말씀하였다. "사물과 내가 하나라고 말하는 자는 인이 사랑하지 않음이 없다는 것을 보여줄 수는 있지만, (이는) 인이 본체가 되는 진실을 보여주는 것이 아닙니다. 마음에 지각이 있다고 말하는 자는 인이 지각[智]을 포함한다는 것을 보여줄 수 있지만, (이는) 인이 이름을 얻게 된 실상을 보여주는 것이 아닙니다. '백성에게 널리 베풀고 대중을 구제한다'라는 자공의 질문에 대해 공자가 답하신 것[27]과 정자가 '지각을 인이라고 풀이해서는 안 된다'라고 말한 것을 살펴보면 알 수 있습니다. 그대는 어찌 다시 이런 것들을 가지고 인을 논하십니까?

---

26) 『성리대전』 권35, 「성리7」, 「인」. (9b)

27) 『논어』 「옹야(雍也)」 28장. 자공이 물었다. "만약 백성에게 널리 베풀고 대중을 구제한다면 어떻습니까? 인이라 할 수 있겠습니까?" 공자가 말씀하였다. "어찌 인뿐이겠느냐? 반드시 성인이라고 할 것이다. 요순도 그 일을 어렵게 여기셨다." (子貢曰. 如有博施於民而能濟衆, 何如, 可謂仁乎. 子曰. 何事於仁, 必也聖乎. 堯舜其猶病諸)

抑泛言同體者, 使人含湖昏緩, 而無警切之功, 其弊或至於認物爲己者, 有之矣. 專言知覺者, 使人張皇迫躁, 而無沈潛之味, 其弊或至於認欲爲理者有之矣. 一忘一助, 二者, 蓋胥失之. 而知覺之云者, 於聖門所示, 樂山能守之氣象, 尤不相似, 子尙安得復以此而論仁哉. 因幷記其語, 作仁說.

도리어 '(만물과) 한 몸'이라고 너무 뭉수리하게 말하는 것은 사람들을 모호하고 혼란스럽게 하고 경계하고 절실하게 만드는 효과가 없게 만들어서, 그 폐단이 혹은 만물을 자기로 잘못 알게 되는 데로 나아가는 경우가 있게 됩니다. (인을) 오로지 지각이라고 말하는 것은 사람들을 당황스럽고 조급하게 만들어 (마음을) 깊이 가라앉히는 맛이 없게 만들어, 그 폐단이 때로 욕심을 이치로 잘못 알게 되는 데까지 이르는 경우가 있게 됩니다. 하나는 망각하고 하나는 조장하는 것이니, 두 가지는 서로 잘못된 것입니다. (인을) 지각이라고 말하는 자들은 성인의 문하에서 보여준 '산을 좋아하고'[28] '(인으로) 지킬 수 있는' 기상과는 더욱 비슷하지도 않으니, 그대는 오히려 어찌 다시 이것으로 인을 논할 수 있다고 합니까?" 이런 이유로 그 말을 함께 기록하여 「인설」을 짓는다.

28) 『논어』 「옹야(雍也)」 21장. 공자께서 말씀하였다. "인자는 산을 좋아하고, 지자는 물을 좋아한다. 지자는 움직이고 인자는 고요하다(子曰. 仁者樂山, 知者樂水. 知者動, 仁者靜)." 주자는 집주에서 말했다. "지자는 사리에 통달하여 두루 흐르고 막힘이 없어서 물과 같은 점이 있으므로 물을 좋아하고, 인자는 의리에 편안하여 중후하고 옮기지 않아서 산과 비슷한 점이 있으므로 산을 좋아하는 것이다. 움직임과 고요함은 본체로 말한 것이다(知者, 達於事理, 而周流無滯, 有似於水, 故樂水, 仁者, 安於義理, 而厚重不遷, 有似於山, 故樂山. 動靜, 以體言)."

1. 南軒問. 天地以生物爲心, 此語恐未安. 朱子答曰. 竊謂此語, 恐未有病. 蓋天地之間, 品物萬形, 各有所事, 惟天確然於上, 地隤然於下, 一無所爲, 只以生物爲事. 故易曰, 天地之大德曰生, 而程子亦曰, 天只是以生爲道. 所謂以生爲道者, 非謂將生來做道也. 凡若此類, 恐當且認正意而不以文害辭, 可也.

남헌 장씨가 물었다. "(인설의 첫머리에서 말씀하신) '천지는 만물을 낳는 것으로 마음을 삼는다'는 이 말은 아마도 맞지 않는 것 같습니다."

주자가 답하시었다. "이 말에는 병폐가 없는 것 같다고 해야겠습니다. 대개 천지간에 있는 사물들과 수많은 형체를 가진 것들은 각각 일삼는 것이 있습니다. 오직 하늘은 확연히 위에 있고 땅은 조용히 아래에 있지만, 하나라도 무언가를 하는 것이 없이 단지 만물을 낳는 것을 일로 삼고 있을 뿐입니다. 그러므로 『주역』은 '천지의 커다란 덕은 (생명을) 낳는 것이다'[29]라고 하였고, 정자도 '하늘은 단지 낳는 것으로 도로 삼는다'[30]라고 하였으니, 이른바 '낳는 것으로 도로 삼는다'라는 것은 역시 (현상적으로) 낳은 것 즉 생겨나오는 것을 도로 삼는다고 말하는 것은 아닙니다.[31] 무릇 이와 같은 것들은 바른 뜻을 생각해야 하며 문자로 말뜻을 해쳐서는 안 될 것입니다." (『주자대전』 권32, 「장흠부에게 답하며 인설을 논함43(答張欽夫論仁說)」)[32]

2. 問. 不忍之心, 可以包四者乎. 朱子答曰. 孟子論四端, 自首章至孺子入井, 皆只是發明不忍之心一端而已, 初無義禮智之說. 至其下文, 乃云無

---

29) 『주역』 「계사하」 1장.

30) 『이정유서』 권2상, 109번째 문장.

31) "낳는 것으로 도로 삼는다"는 단지 '낳는다'는 현상적인 것이 아니라, '낳는다'라는 현상의 소이연(所以然) 즉 존재론적 근거인 '낳는 것의 이치'를 말한다.

32) 이 편지는 1172년(건도 8, 43세)에 쓴 것이다. (『편년고증』, 94쪽 참고)

四者之心非人也, 此可見不忍之心, 足以包夫四端. 蓋仁包四德, 故其用亦如此.

물었다. "'불인지심'이 네 가지 것을 포괄할 수 있습니까?"

주자가 답하시었다. "맹자가 사단을 논할 때 첫 장에서부터 '어린 아이가 우물로 기어들어 간다'까지는 모두 '불인지심'의 한 단서를 밝혀내신 것이며, 처음부터 '의예지'에 대한 말씀은 없었습니다. 그 아래 문장에서 '이 네 가지 마음이 없는 자는 사람이 아니다'라고 했는데, 여기에서 '불인지심'은 저 사단을 충분히 포괄한다는 것을 알 수 있습니다. 대개 인이 사덕을 포괄하기 때문에, 그 작용도 또한 이와 같습니다." (위와 같은 곳)

3. 問云云. 答曰. 蓋人生而靜, 四德具焉, 曰仁, 曰義, 曰禮, 曰智, 皆根於心而未發, 所謂理也, 性之德也. 及其發見, 則仁者惻隱, 義者羞惡, 禮者恭敬, 智者是非, 各因其體以見於用所謂情也, 性之發也. 是皆人性之所以爲善者也. 但仁乃天地生物之心而在人者, 故特爲衆善之長. 雖列於四者之目, 而四者不能外焉. 易傳所謂專言之則包四者, 亦是正指生物之心而言, 非別有包四者之仁, 而又別有主一事之仁也. 惟是卽此一事便包四者, 此則仁之所以爲妙也云云.

이런저런 물음이 있었다.

(주자가) 답하시었다. "'인간은 태어나면서 고요하여' 사덕을 갖추고 있습니다. '인의예지'라 부르는 것은 모두 마음에 뿌리를 두고 있으나 아직 피어나지 않은 것이니 이른바 '리이고, 성의 덕'입니다. 그것이 피어나 드러나면 인은 측은(의 마음)이 되고 의는 수오(의 마음)가 되며 예는 공경(의 마음)이 되고 지는 시비(의 마음)가 되어, 각각 그 본체에 연유해서 작용으로 드러나니 이른바 '정이란, 성이 피어난 것'입니다. 이것은 모두 사람의 성이 선한 까닭이 됩니다.

다만 인은 곧 천지가 만물을 낳는 마음으로 사람에게 있는 것이기 때문에, 특별히 모든 선의 으뜸이 됩니다. 비록 사덕의 항목에 배열되지만 네 가지는 여기서 벗어날 수 없습니다. 『역전』(「건문언전」)에서 '오로지 전적으로 말하면 네 가지를 포괄한다'고 말한 것이니, 또한 만물을 낳는 마음을 곧바로 가리켜 말한 것이며, 네 가지를 포괄하는 인이 따로 있는 것도 아니고, 또한 한 가지 일을 주관하는 인이 따로 있는 것도 아닙니다. 오직 이 한 가지 일에 나아가서 바로 네 가지를 포괄할 뿐이니, 이것이 인이 묘함이 되는 까닭입니다." (위와 같은 곳)

4. 問. 程子之所訶, 正謂以愛名仁者. 答曰. 某按程子曰, 仁, 性也, 愛, 情也, 豈可便以愛爲仁, 此正謂不可認情爲性耳, 非謂仁之性, 不發於愛之情, 而愛之情, 不本於仁之性也. 某前說以愛之發, 對愛之理而言, 正分別性情之異處. 來諭內云, 若專以愛名仁, 乃是指其用而遺其體, 言其情而略其性, 則其察之亦不審矣. 蓋所謂愛之理者, 是乃指其體性而言, 且見性情體用, 各有所主, 而不相離之妙, 與所謂遺體而略性者, 正相南北也.

물었다. "정자가 비판한 것은 바로 사랑으로 인을 이름 부른 것이었습니다."

(주자가) 답하시었다. "내 생각에 정자는 '인은 성이고, 애는 정이니, 어찌 곧바로 사랑을 인이라고 여길 수 있겠는가?'라고 하셨는데, 이것은 바로 정을 성으로 인식할 수 없다고 말한 것일 뿐이지, 인이라는 성은 사랑이라는 정에서 피어나지 않으며 사랑이라는 정은 인이라는 성에 뿌리를 두지 않는다고 말한 것이 아닙니다. 내가 이전에 사랑의 피어남을 가지고 사랑의 이치에 대비해서 말한 것은 바로 성과 정의 차이를 나누어 구별한 것입니다. 그런데 보내 온 편지에서, '만약 오로지 사랑만으로 인을 이름 부른다면, 이는 그 작용을 가리키고 그 본체는 빠트린 것이며, 정을 말하고 성은 소략하게 한 것이니, 상세하게

살피지 못한 것입니다'라고 했습니다. 대개 이른바 사랑의 이치란 바로 그 본체인 성을 가리켜 말한 것이고, 또한 성정과 체용은 각각 위주로 하는 바가 있으면서도 서로 떨어지지 않는 묘함을 보여주니, 이른바 '본체를 버리고 성을 소략하게 했다'는 것과는 완전히 서로 다른 것입니다." (위와 같은 곳)

5. 再書又云. 謹按程子言仁, 本末甚備, 今撮其大要, 不過數言. 蓋曰仁者, 生之性也, 而愛其情也, 孝悌其用也. 公者, 所以體仁, 猶言克己復禮爲仁也. 學者, 於前三言者, 可以識仁之名義, 於後一言者, 可以知其用力之方矣. 今不深考其本末指意之所在, 但見其分別性情之異, 便謂愛之與仁了無干涉, 見其以公爲近仁, 便謂直指仁體, 最爲深切, 殊不知仁乃性之德而愛之本, 因其性之有仁, 是以其情能愛. 但或蔽於有我之私, 則不能盡其體用之妙. 惟克己復禮, 廓然大公, 然後此體渾全, 此用昭著, 動靜本末血脈貫通爾. 程子之言意蓋如此, 非謂愛之與仁了無干涉也. 夫性發爲情, 情根於性, 未有無性之情, 無情之性, 各爲一物而不相管攝. 公者所以體仁, 亦非謂公之一字, 便是直指仁體也. 仁是本有之性, 生物之心, 惟公爲能體之, 非因公而後有也. 由漢以來, 以愛言仁之弊, 正爲不察性情之辨, 而遂以情爲性耳. 今欲矯其弊, 反使仁字汎然無所歸宿, 而性情遂至於不相管, 可謂矯枉過直, 是亦枉而已矣. 其弊將使學者, 終日言仁, 而實未嘗識其名義, 程子之意, 恐不如此.

두 번째 편지에서 다시 말씀하였다. "삼가 생각해 보면, 정자가 인을 말한 것은 본말이 잘 갖추어져 있는데, 이제 그 대요를 골라내면 몇 마디에 지나지 않습니다. 대개 인이라고 하는 것은 낳는 것의 본질이고, 사랑은 그 정이며 효제(孝悌, 효성과 우애)는 그 작용입니다. '공정[公]'이라는 것은 인을 몸소 터득한 것으로 '극기복례가 인'이라는 말과 같습니다. 배우는 자는 앞의 세 마디 말에서 인의 명칭과 의미를 알 수 있으며, 뒤의 한 마디 말에서 힘을 쓰는 방법을 알 수 있습니다. 지금 본말이 가리키는 의미가 있는 곳을 깊이 고찰하지도 않고, 다만 성과 정의 차이를 나누어 구별한 것만을 보고 사랑과 인은 아무런 관계가 없다고 말하고, '공정이 인에 가깝다'[33]는 것을 보고 곧바로 인의 본체를 가리켜 가장 깊고 절실한 것이라고 하면, 단지 인이 곧 성의 덕이고 사랑의 근본이며 본성에 인이 있기 때문에, 그 정이 사랑할 수 있다는 것을 모르는 것입니다. 다만 혹시 내가 가지고 있는 사사로움에 가려진다면, 그 체용의 묘함을 다할 수 없습니다.

오직 '극기복례'하고 '확연대공' 한 뒤라야 이 본체가 혼연히 온전하고 이 작용은 밝게 드러나며 동정과 본말의 혈맥이 관통할 따름입니다. 정자의 말씀과 의미는 대개 이와 같으며, 사랑이 인과 아무 관계가 없다는 것을 말한 것은 아닙니다. 성은 피어나 정이 되고 정은 성에 뿌리를 두니, 성이 없는 정이나 정이 없는 성이 각기 한 가지 것이 되어 서로 관계를 맺지 않은 적은 없었습니다. '공정[公]'이라는 것은 인을 몸소 터득하는 것이며, '공(公)'이라는 한 글자가 곧 곧바로 인의 본체를 가리킨다는 것을 말한 것이 아닙니다. 인은 본래부터 가지고 있는 성(性)이고 사물을 낳는 마음이어서, 오직 '공정'만이 그것을 몸소 터득할 수 있을 뿐이지, '공정'으로 인한 뒤에 있게 되는 것이 아닙니다.

한대(漢代) 이래로 사랑으로 인을 말하는 폐단은 바로 성과 정의 분별을 살피지 못해서 마침내 정을 성으로 여기게 되었습니다. 이제 그 폐단을 바로잡고 싶은데, 오히려 인이라는 글자를 모호하게 만들어 자리 잡고 머물 곳이 없게 했고, 성과 정은 결국 서로 관계가 없는 데 이르게 되었으니, 굽은 것을 바로잡으려다 오히려 바른 곳을 지나쳤다

33) "인의 도는 명칭하기 어려우나, 오직 '공정'이 가깝다. 그러나 공정이 곧바로 인은 아니다(仁道難名, 惟公近之. 非以公便爲仁)." 『이정유서』 권3, 59번째 문장.

고 말 할 수 있으니, 이 역시도 굽은 것입니다. 그 폐단이 장차 배우는 자들이 날이 마치도록 인을 말해도 실제로는 그 명칭과 의미를 알지 못하게 만들 것이니, 정자의 뜻은 이와 같지 않을 것입니다."(『주자대전』 권32, 「또 인설을 논함44(又論仁說)」)[34]

6. 南軒復書略曰. 仁之說, 前日之意, 蓋以爲推原其本, 人與天地萬物, 一體也. 是以其愛無所不至, 猶人之身, 無尺寸之膚, 而不貫通, 則無尺寸之膚, 不愛也, 故以惟公近之之語, 形容仁體, 最爲親切, 以所言愛字, 只是明得其用耳, 後來詳所謂愛之理之說, 方見其親切. 夫其所以與天地一體者, 以夫天地之心之所存, 是乃生生之蘊, 人與物所公共, 所謂愛之理者也. 故探其本, 則未發之前, 愛之理, 存乎性, 是乃仁之體者也. 察其動, 則已發之際, 愛之施, 被乎物, 是乃仁之用者也. 前日所謂元之義, 不專主於生物者, 疑只云生物, 說生生之意不盡, 今詳所謂生物者, 亦無不盡者矣.

남헌의 답장 편지를 간략하게 정리해서 말한다.[35] "인의 설에 대한 이전의 뜻은 대개 그 근원을 미루어보면 사람과 천지만물은 한 몸이라는 것입니다. 이래서 그 사랑은 이르지 않는 곳이 없으니, 사람의 몸에는 한 자나 한 치의 살갗이 관통하지 않는 곳이 없어서 한 자나 한 치의 살갗도 사랑하지 않음이 없는 것과 같습니다. 그러므로 '오직 공정만이 가깝다'는 말로 인의 본체를 형용하는 것이 가장 적당하니, 사랑이라는 글자를 말한 것은 단지 그 작용을 밝히려는 것일 따름입니다.

무릇 천지와 더불어 한 몸인 까닭은 저 천지의 마음이 지니고 있는 것이 바로 온축되어 있는 낳고 낳는 이치를 사람과 만물이 함께 지니

34) 이 편지는 1172년(건도 8, 임진, 43세)에 앞의 「답장흠부논인설(答張欽夫論仁說)」에 이어서 쓴 것이다. (『편년고증』, 94쪽 참고) 정구는 전체 글의 의미를 훼손하지 않고, 군데군데를 덜어내어 싣고 있다.

35) 정구는 남헌의 편지를 정리해서 싣고 있다.

고 있기 때문이니, 이른바 사랑의 이치란 것입니다. 그러므로 그 근본을 찾으면, 아직 피어나기 전에 사랑의 이치는 성에 보존되어 있으니, 이것이 곧 인의 본체입니다. 그 움직임을 살피면 이미 피어났을 때는 사랑이 베풀어져 사물에 미치니, 이것이 곧 인의 작용입니다.

이전에 이른바 원(元)의 뜻은 만물을 낳는 것에만 오로지 주안을 두지 않았다는 것은 만물을 낳는 것을 말할 뿐이고 '생생(生生)'의 뜻을 말하는 데는 다하지 못했던 것 같습니다. 이제 이른바 '만물을 낳는 것[生物]'이라는 것을 상세히 했으니 또한 충분히 다 한 것입니다." (『남헌집』 권20, 「답주원회비서(答朱元晦秘書)」. 8a~9a)[36]

7. 西山眞氏曰. 二先生往返切摩. 始若異而終歸於同.

서산 진씨가 말씀하였다. "두 선생이 편지를 주고받으시면서 서로 격려하고 수양하는 것이 마치 옥을 서로 갈고 비벼대어 빛나게 하는 것과 같다. 그러나 처음에는 다른 듯 했으나 결국에는 같은 곳으로 귀결하였다." (『서산독서기』 권7, 「인하」. 59a~60a)

南軒張氏仁說曰. 人之性, 仁義禮智四德具焉. 其愛之理則仁也, 宜之理則義也, 讓之理則禮也, 知之理則智也. 是四者, 雖未形, 而其理固根於此, 則體實具於此矣. 性之中只有是四者, 萬善皆管乎是焉, 而所謂愛之理者, 是乃天地生物之心, 而其所由生者也, 故仁爲四德之長, 而又可以兼包焉, 惟性之中, 有是四者, 故其發見於情, 則爲惻隱羞惡辭遜是非之端, 而所謂惻隱者, 亦未嘗不貫通焉, 此性情之所以爲體用, 而心之道, 則主乎性情者也. 人惟己私蔽之, 以失其性之理, 而爲不仁, 甚至於爲忮爲忍, 豈人之情也哉. 是以爲仁, 莫要乎克己, 己私既克, 則廓然大公, 而其愛之理, 素具

---

36) 정구가 장남헌의 편지를 간추린 것은 진덕수에 따른 것이다. 『서산독서기』(권7, 「인하(仁下)」. 54b) 참고.

於性者, 無所蔽矣. 則與天地萬物, 血脈貫通, 而其用亦無不周矣. 故指愛以名仁, 則迷其體,〈程子所謂愛是情, 仁是性, 謂此〉 而愛之理, 則仁也. 指公以爲仁, 則失其眞,〈程子所謂仁道難名, 惟公近之, 不可便指公爲仁者, 謂此〉 而公者, 人之所以能仁也. 夫靜而仁義禮智之體具, 動而惻隱羞惡辭遜是非之端達, 其名義位置, 固不容相奪倫. 然而惟仁者, 爲能推之而得其宜, 是義之所存者也. 惟仁者, 爲能恭讓而有節文, 是禮之所存也. 惟仁者, 爲能知覺而不昧, 是知之所存者也. 此可見其兼包而貫通者, 是以孟子於仁, 統言之曰仁人心也, 亦猶在易, 乾坤四德, 而統言乾元坤元也, 然則在學者, 其可不以求仁爲要, 而爲仁, 其可不以克己爲道乎.

남헌 장씨가 「인설」에서 말하였다.

"사람의 성에는 인의예지의 사덕이 갖추어져 있다. 그 사랑의 이치는 인이며, 마땅함의 이치는 의이고, 겸양의 이치는 예이며, 앎의 이치는 지이다. 이 네 가지는 비록 아직 드러나지 않았을 때도 그 이치는 진실로 여기에 뿌리를 두고 있으니, 본체는 실제로 여기에 갖추어져 있다. 성 가운데 단지 이 네 가지가 있는 것은 만 가지 선이 모두 여기에서 주관되며, 이른바 사랑의 이치라는 것은 바로 천지가 만물을 낳는 마음이고, 그것이 말미암아 생겨나오는 것이다. 그러므로 인이 사덕의 으뜸이 되고, 또한 겸해서 포괄할 수 있는 것이다. 오직 성 가운데 이 네 가지가 있으므로 그것이 정으로 피어나 드러나면 측은, 수오, 사양, 시비 등의 단서가 되니 이른바 측은이라는 것이 또한 일찍이 관통하지 않은 적이 없다. 이것이 성과 정이 본체와 작용이 되는 까닭이며, 마음의 도가 성과 정을 주관하는 것이다.

사람은 오직 자기의 사사로운 욕심이 이를 가리고 있어서 그 성의 이치를 잃고서 불인(不仁)을 행하니, 심하게는 남을 해치고 차마 못할 짓을 하는 데 이르니, 어찌 사람의 실정이겠는가? 이러므로 인을 실행하는 것은 '극기'보다 더 긴요한 것이 없으니, 자기의 사사로움을 이미 이겨내면 '확연대공'하고, 그 사랑의 이치는 평소 성에 갖추어진 것이 가려지지 않은 것이다. 이렇게 되면 천지만물과 더불어 혈맥이 관통하고 그 작용도 또한 두루두루 영향을 미친다. 그러므로 사랑을 가리켜서 인으로 명명하면 그 본체를 미혹하는 것이고,〈정자가 이른바 '사랑은 정이고 인은 성이다'가 이를 말한다〉 사랑의 이치는 곧 인이다. '공정'을 가리켜서 인이라 한다면 그 참된 것을 잃는 것이니,〈정자가 이른바 '인의 도는 명명하기 어려우나, 오직 공정이 여기에 가깝다. 그러나 곧바로 공정을 가리켜서 인이라는 것은 안 된다'는 이를 말한다〉 '공정'이라는 것은 사람이 인을 행할 수 있는 것이다.

무릇 고요할 때는 인의예지의 본체가 갖추어져 있고, 움직일 때는 측은, 수오, 사손(사양), 시비의 단서가 드러나니, 그 명칭과 의미의 위치가 진실로 서로 순서를 빼앗는 것을 허용하지 않는다. 그러나 오직 인이라야 미루어서 그 마땅함을 얻을 수 있게 되니, 이것이 의(義)가 있는 것이다. 오직 인이라야 공경하고 사양하여 절도와 문장이 있게 되니, 이것이 예(禮)가 있는 것이다. 오직 인이라야, 알고 깨달을 수 있어 어둡지 않게 되니, 이것이 지(知)가 있는 것이다. 이는 겸하여 포괄해서 관통하고 있는 것을 볼 수 있는 것이다. 이래서 맹자는 인에 대해 통틀어서 말해 '인은 사람의 마음이다'라고 한 것이니, 또한 역에 있어서 건곤의 사덕(원형리정)은 건원과 곤원으로 통틀어 말한 것이다. 그러므로 배우는 자에 있어서 인을 찾는 것이 긴요하지 않다고 여길 수는 있으나, 인을 행할 때 극기를 방법으로 삼지 않을 수 있겠는가?" (위와 같은 곳)

6. 성설(誠說)[37]

〈『사서혹문』 권4, 「중용」 20장〉

問. 誠之爲義, 其詳可得而聞乎.

물었다. "성실[誠]의 의미를 상세히 들을 수 있습니까?"

朱子曰. 難言也. 姑以其名義言之, 則眞實無妄之云也. 若事理之得此名, 則亦隨其所指之大小, 而皆有取乎眞實無妄之意耳. 蓋以自然之理言之, 則天地之間. 惟天理爲至實而無妄, 故天理得誠之名. 若所謂天之道, 鬼神之德, 是也. 以德言之, 則有生之類, 惟聖人之心, 爲至實而無妄, 故聖人得誠之名. 若所謂不勉而中, 不思而得者, 是也. 至於隨事而言, 則一念之實, 亦誠也, 一言之實, 亦誠也, 一行之實, 亦誠也, 是其大小雖有不同, 然其義之所歸, 則未始不在於實也.

주자가 말씀하였다. "말하기 어려운 일이다. 우선 그 이름과 의미를 말하자면, '진실무망' 즉 '진실하여 거짓됨이 없음'을 말한다. 만약 사물의 이치에서 이 이름을 얻었다

37) 『사서혹문』(권4, 「중용」, 「혹문20장(或問二十章)」)에 실린 글인데, 별노의 제목이 없다. 정구는 이를 「심경발휘 서문」에서 「성설」이라 부르고 있기 때문에, 제목을 '성설'로 했다. 주자의 '인설'과 더불어 호응이 되는 이유도 있다.

면, 또한 그 가리키는 것이 크고 작은 것에 따라 모두 '진실무망'의 뜻을 취하였을 따름이다. 대개 스스로 그러한 이치로 말한다면, 천지 사이에 오직 천지만이 지극히 진실하여 거짓이 없기 때문에 천리에 성실이라는 이름을 붙인 것이다. 이른바 '하늘의 도' '귀신의 덕'[38] 같은 말이 이것이다. 덕으로 말하면 생명을 가진 종류 가운데, 오직 성인의 마음만이 지극히 진실하여 거짓이 없기 때문에 성인이 성실이라는 이름을 얻었다. '불면이중, 불사이득(힘쓰지 않고도 도에 맞으며 생각하지 않고도 도에 맞음)' 같은 말이 이것이다. 일을 따르는 것에 이르러 말한다면, 한 생각의 진실 또한 성실이고, 한 마디 말의 진실도 또한 성실이며, 하나의 행동의 진실 또한 성실이다. 이는 그 크고 작은 것이 같지 않더라도 그 의미의 귀결이 처음부터 진실에 있지 않은 적이 없었을 따름이다."

曰. 然則天理聖人之所以若是其實者, 何也.

말하였다. "그렇다면 천리와 성인이 이처럼 진실한 까닭은 무엇입니까?"

曰. 一則純, 二則雜, 純則誠, 雜則妄, 此常物之大情也. 夫天之所以爲天也, 冲漠無眹, 而萬物兼該, 無所不具. 然其爲體則一而已矣, 未始有物而雜之也. 是以無聲無臭, 無思無爲, 而一元之氣, 春秋冬夏, 晝夜昏明, 百千萬年, 未嘗有一息之謬. 天下之

38) 『중용』 16장. 공자께서 말씀하셨다. "귀신의 덕이 그 성대하다. 보아도 보이지 않고 들어도 들리지 않지만, 사물의 본체가 되어 빠트릴 수 없다(子曰. 鬼神之爲德, 其盛矣乎. 視之而弗見, 聽之而弗聞, 體物而不可遺)."

物, 洪纖巨細, 飛潛動植, 亦莫不各得其性命之正以生, 而未嘗有一毫之差. 此天理之所以爲實而不妄者也.

말씀하였다. "하나는 순수하고 둘이면 섞여서 잡되며, 순수하면 성실하고 섞여서 잡되면 거짓되니, 이는 변함이 없는 사물의 커다란 실정이다. 무릇 하늘이 하늘인 까닭은 충막무짐 즉 '텅 비어 조짐이 없음'이니 만물을 포괄하여 모두 갖추지 않음이 없기 때문이다. 그러나 그 본체가 되는 것은 하나일 뿐이니, 처음부터 어떤 사물도 섞여 있지 않다. 이래서 무성무취 즉 '(하늘은) 소리도 냄새도 없음'이고, 무사무위 즉 '생각함도 없고 (억지로) 함도 없음'인데도, 일원(一元, 우주 전체의 근원)의 기로서 춘하추동과 주야혼명(낮과 밤의 밝음과 어두움)과 백천만 년에 이르기까지 일찍이 한 순간의 착오도 없는 것이다. 또한 천하의 사물에 넓거나 가늘거나 크거나 작은 것, 하늘을 나는 것이나 물속에 사는 것이나 동물과 식물 모두 할 것 없이 또한 각각 그 성명(性命)의 바른 것을 얻어 생겨나 일찍이 한 터럭만큼의 차이도 없는 것이다. 이것이 천리가 진실하여 거짓되지 않는 까닭이다.

若夫人物之生, 性命之正, 固亦莫非天理之實, 但以氣質之偏, 口鼻耳目四肢之好, 得以蔽之, 而私欲生焉, 是以當其惻隱之發而忮害雜之, 則所以爲仁者, 有不實矣, 當其羞惡之發而貪昧雜之, 則所以爲義者, 有不實矣, 此常人之心, 所以雖欲勉於爲善, 而內外隱顯, 常不免於二致, 其甚至於詐僞欺妄而卒墮於小人之歸, 則以其二者雜之故也. 惟聖人氣質淸純, 渾然天理, 初無人慾之私以病之, 是以仁則表裏皆仁而無一毫之不仁, 義則表裏皆義, 而無一毫之不義, 其爲德也固擧天下之善, 而無一事之或遺, 而其爲善也, 又極天下之實, 而無一毫之不備, 此其所以不勉不思, 從容中道, 而動容周旋, 莫不中禮也.

사람과 사물이 생겨날 때 성명의 바름이 진실로 또한 천리의 진실이 아닌 것이 없지만, 다만 기질의 편차와 이목구비와 사지의 기호에 가려져서 사사로운 욕심이 생겨난다. 이래서 측은지심이 피어날 때 남을 해치려는 것이 섞이게 되어 인(仁)을 행하는 것에 진실하지 못함이 있게 되며, 수오지심이 피어날 때 탐욕과 혼미가 섞이게 되어 의를 행하는 것에 진실하지 못함이 있게 되는 것이다. 이것이 보통 사람들의 마음이 비록 선을 행하는 데 힘쓰려고 해도 마음의 안과 밖, 숨겨진 것과 드러난 것이 항상 두 가지 모양새를 피하지 못하는 까닭이니, 심하게는 사기와 기만에 이르러 마침내 타락해서 소인에 이르게 되니, 이 두 가지 모양새가 섞여서 그런 것이다. 오직 성인의 기질은 맑고 순수하여 혼연히 천리와 함께 하여 처음부터 인욕의 사사로움에 따른 병폐가 없으니, 이래서 인을 하면 겉과 속이 모두 인이고 한 터럭만큼의 불인(不仁)한 것도 없다. 또한 의를 행할 때도 겉과 속이 모두 의이어서 한 터럭만큼의 불의(不義)한 것도 없다. 그 덕은 참으로 천하의 선을 다하여 하나의 일이라도 혹여 빠트리는 것이 없고, 그 선을 행하는 데도 또한 천하의 진실을 극진히 다하여 한 터럭만큼이라도 갖추지 않는 것이 없다. 이것이 불면이중 즉 '힘쓰지 않아도 도에 맞고' 종용중도 즉 '자연스럽게 도에 맞아', 동용주선 즉 '일상의 모든 행동과 몸가짐'이 예에 맞지 않는 적이 없는 까닭이다.

曰. 然則常人, 未免於私欲, 而無以實其德者, 奈何.

말하였다. "그렇다면 보통 사람이 사사로운 욕심을 피하지 못하여 그 덕을 진실하게 함이 없는 것은 어째서입니까?"

曰. 聖人固已言之, 亦曰擇善而固執之耳. 夫於天下之事, 皆有以知其如是爲善, 而不能不爲, 知其如是爲惡, 而不能不去, 則其爲善去惡之心, 固已篤矣. 於是而又加以固執之功, 雖其不睹不聞之間, 亦必戒謹恐懼而不敢懈, 則凡所謂私欲者, 出而無所施於外, 入而無所藏於中, 自將消磨泯滅, 不得以爲吾之病, 而吾之德, 又何患於不實哉, 是則所謂誠之者也.

말씀하였다. "성인은 진실로 이미 말씀하였으니, 또한 택선고집 즉 '선을 택해서 굳게 잡는 것'일 뿐이다. 무릇 천하의 일에 있어서 모두 이와 같은 것이 선이 되는 것을 알기에 하지 않을 수 없고, 이와 같은 것이 악이 되는 것을 알기에 버리지 않을 수 없다면, 그 선을 행하고 악을 버리는 마음은 진실로 이미 독실한 것이다. 여기에 또 '택선고집'의 공부를 덧붙여서 비록 그것이 부도불문 즉 '보이지도 들리지도 않는' 사이에서도 또한 반드시 '계신'하고 '공구'하여 감히 게으르지 않는다면, 무릇 사사로운 욕심이라 부르는 것이 드러나도 바깥으로 시행될 곳이 없고, 들어와도 마음속에 숨길 곳이 없으니, 자연히 소멸되고 사라져서 나의 병이 되지 않을 것이며, 나의 덕에 또 어찌 진실하지 못한 것을 근심하겠는가? 이것이 바로 이른바 성지(誠之) 즉 '성실하려고 노력 하는 것'이다.

曰. 然則大學論小人之陰惡陽善, 而以誠於中者目之, 何也.

말하였다. "그렇다면 『대학』에서 소인이 은밀하게 악한 짓을 하고 겉으로는 선을 하는 체하는 것을 논의하면서 성어중 즉 '안이 성실하다'는 말로 지목한 것은 어째서입니까?"

曰. 若是者, 自其天理之大體觀之, 則其爲善也誠虛矣, 自其人欲之私分觀之, 則其爲惡也何實如之, 而安得不謂之誠哉. 但非天理眞實無妄之本然, 則其誠也適所以虛其本然之善, 而反爲不誠耳.

말씀하였다. "이와 같은 것은 천리의 대체라는 관점에서 보면, 그 선을 행하는 것은 진실로 헛된 것이며, 그 인욕의 사사로운 나뉨이라는 관점에서 보면 (천리에서 볼 때 악일지라도) 그 악을 행하는 것은 그 무엇이 이처럼 진실하겠으며, 어찌 성실이라고 하지 않을 수 있겠는가? 다만 천리의 진실무망이라는 본래 그러함이 아니라면, 그 성실은 마침내 본연의 선을 헛되게 만들어, 도리어 성실하지 못하게 될 뿐이다."

7. 명도선생행장략(明道先生行狀略)

〈정이천, 『이정문집』 권11, 「명도선생행장」〉

先生, 資稟旣異, 而充養有道, 純粹如精金, 溫潤如良玉. 寬而有制, 和而不流, 忠誠貫於金石, 孝悌通於神明. 視其色, 其接物也, 如春陽之溫, 聽其言, 其入人也, 如時雨之潤. 胸懷洞然, 徹視無間, 測其蘊, 則浩乎若滄溟之無際. 極其德, 美言, 蓋不足以形容.

선생은 타고난 자질이 이미 남들과 달랐고 확충하고 수양하여 도를 가지셨으니, 순수함은 순금과 같고 따스하게 빛나는 것은 좋은 옥과 같으셨다. 너그러우면서도 절제가 있으셨고 온화하면서도 휩쓸리지 않으며, 충성스러움은 금석을 뚫을 정도이고 효성과 우애는 신명에 통할 정도셨다. 그 얼굴빛을 보면 사물을 대할 때는 봄볕처럼 따스하시었고, 그 말소리를 들으면 사람들이 받아들이기에 때맞춰 내리는 비가 땅을 적시는 소리처럼 들렸다. 가슴에 품은 뜻은 탁 트이셨고 사물을 환히 꿰뚫어 보셨으며, 가슴 속에 쌓인 것을 헤아려 보면 저 넓은 푸른 바다가 끝이 없는 것과 같으셨다. 그 덕을 지극히 표현하려해도 어떤 아름다운 말로도 충분히 형용할 수가 없을 정도였다.

先生行己，內主於敬而行之以恕，見善若出於己，不欲弗施於人. 居廣居而行大道，言有物而動有常.

선생이 몸소 행하신 것은 안으로는 경을 위주로 하시고 공감[恕]을 행하시었으니, 남의 선함을 보면 자기에게서 나온 것처럼 여기고 자기가 하고 싶지 않은 것은 남에게도 베풀지 않으셨다. (인이라는) 넓은 집에 거처하고 '큰 길[大道]'을 걸으셨으며, 말할 때는 실질이 있었고, 움직일 때는 변함이 없으셨다.

先生爲學，自十五六時，聞汝南周茂叔論道，遂厭科擧之業，慨然有求道之志. 未知其要，泛濫於諸家，出入於老釋者，幾十年，返求諸六經，而後得之. 明於庶物，察於人倫，知盡性至命，必本於孝弟，窮神知化，由通於禮樂. 辨異端似是之非，開百代未明之惑，秦漢而下，未有臻斯理也.

선생이 학문을 시작한 것은 15~16세부터였는데, 여남(汝南)의 주무숙(주렴계)이 도를 강론하는 것을 듣고, 마침내 과거공부를 싫어하여 크게 분발하여 구도(求道)의 뜻을 두었다. 그러나 아직 그 요체를 알지 못하여 제가(諸家)를 두루 섭렵하고, 노장과 불교에 출입하기를 10년 가까이 하다가, 육경(六經)으로 다시 돌아온 뒤에야 도를 깨우쳤다. 여러 사물에 밝았고 인륜을 더욱 살폈으며, 본성을 다하고 천명에 이르는 것은 반드시 효성과 우애에 근본하고, 신묘한 이치를 궁리하고 조화를 아는 것은 예와 악을 통해서라는 것을 알게 되셨다. 이단과 사이비를 가려내고, 백대 동안 분명하게 하지 못한 의혹을 풀어내셨으니, 진한 이후로 이러한 이치에 이른 이가 없었다.

謂孟子沒而聖學不傳, 以興起斯文爲己任, 其言曰, 道之不明, 異端害之也. 昔之害, 近而易知, 今之害, 深而難辨, 昔之惑人也. 乘其迷暗, 今之入人也, 因其高明, 自謂之窮神知化, 而不足以開物成務, 言爲無不周遍, 實則外於倫理, 窮神極微, 而不可以入堯舜之道. 天下之學, 非淺陋固滯, 則必入於此, 自道之不明也. 邪誕妖異之說, 競起, 塗生民之耳目, 溺天下於汙濁. 雖高才明智, 膠於見聞, 醉生夢死, 不自覺也. 是皆正路之蓁蕪, 聖門之蔽塞, 闢之而後, 可以入道.

선생은 '맹자가 돌아가신 뒤로 성학이 전해지지 못하였다' 고 말하시고는 사문을 일으키는 것을 자기의 소임으로 여기셨다. 그래서 말씀하시길 '도가 밝아지지 못함은 이단이 이를 해쳐서이다. 옛날의 폐해는 그 수준이 낮아서 알기도 쉬웠는데, 지금의 폐해는 그 수준이 높고 깊어서 분변하기가 어렵다. 옛날에 사람들을 유혹할 때는 혼미하고 어리석은 틈을 탔는데, 지금은 사람을 끌어드릴 때 뜻이 높고 명석한 사람들이 들어간다. 노장과 불교는 스스로 신묘한 이치를 궁리하고 조화를 아는 것이라고 말하나 사물의 이치를 밝혀내어 천하의 일을 완수하는 것에는 부족하고, 모든 것을 두루 포괄한다고 말하나 실제로는 윤리에서 벗어나 있으며, 신묘한 것을 궁리하고 은미한 것을 극진하게 한다고 하나 요순의 도에는 들어갈 수가 없다. 천하의 학문이 수준이 낮거나 고루하지 않으면 반드시 이 노장에 들어가니, 도가 밝지 못한 뒤로부터 간사하고 허망하며 요사하고 괴이한 설들이 다투어 일어나서 사람들의 귀와 눈을 호도하고 천하를 더럽고 혼탁한 데에 빠뜨리고 말았다. 비록 높은 재주와 명석한 지혜를 가진 자라도 견문에 집착해서, 술에 취해 살다가 꿈속에서 죽어도 스스로 깨닫지 못한다.[39] 이는 모두 바른 길에 자라난 우거진 잡초이고, 성학의 문을 가로 막는 장벽이니, 이를 없앤 뒤에야 도에 들어갈 수 있다'라고 하셨다.

先生, 進將覺斯人, 退將明之書, 不幸早世, 皆未及也. 其辨析精微, 稍見於世者, 學者之所傳爾. 先生之門, 學者多矣. 先生之言, 平易易知, 賢愚皆獲其益, 如群飮於河, 各充其量.

선생이 나아가서는 사람들을 깨우치게 해주시고 물러나서는 글을 지어 밝히려 하였는데, 불행히도 일찍 세상을 떠나 미처 다 하지 못하셨다. 정밀하게 가려내고 분석한 것이 조금이나마 세상에 드러난 것은 배운 자들이 전한 것일 뿐이다. 선생의 문하에서 배운 자들이 많았다. 선생의 말씀은 평이하고 알기 쉬워서 어진 자나 어리석은 자들을 할 것 없이 모두 도움을 얻었으니, 여럿이 강물을 마시는데 저마다 양껏 배를 채울 수 있는 것과 같았다.

先生教人, 自致知, 至於知止, 誠意, 至於平天下, 灑掃應對, 至於窮理盡性, 循循有序. 病世之學者, 舍近而趨遠, 處下而窺高, 所以輕自大而卒無得也.

---

39) 정구는 15세 이 '취생몽사'라는 구절을 가지고 「취생몽사탄(醉生夢死嘆)」이라는 시를 지었다. 이 시는 수양론의 기본 논리를 매우 명석하게 구성하고 제시한 것인데, 이를 보면 정구는 이른 나이에 이미 학문의 입장을 확립한 것 같다. 『한강선생문집』 권1, 참고.

선생은 사람을 가르치실 때는 치지(致知)에서 지지(知止)에 이르고 성의(誠意)에서 평천하(平天下)에 이르기까지, 쇄소응대(灑掃應對)에서 궁리진성(窮理盡性)에 이르기까지 차근차근 순서가 있었다. 선생은 세상의 배우는 자들이 가까운 것을 버려두고 먼 것을 쫓고, 낮은 데에 처해 있으면서도 높은 것을 엿보아, 경솔하게 스스로를 대단하게 여기나 결국 아무런 소득도 얻지 못하는 것을 병으로 생각하셨다.

先生接物, 辨而不間, 感而能通, 敎人而人易從, 怒人而人不怨, 賢愚善惡, 咸得其心. 狡僞者, 獻其誠, 暴慢者, 致其恭, 聞風者, 誠服, 覿德者, 心醉. 雖小人, 以趨向之異, 顧於利害, 時見排斥, 退而省其私, 未有不以先生爲君子也.

선생은 사물을 대할 때 분별하면서도 빈틈이 없었으며 사물을 느끼고는 통할 수 있었고, 사람들을 가르치면 사람들이 쉽게 따르고 사람을 야단쳐도 사람들이 원망하지 않아서 어진 자와 어리석은 자나 선한 사람이나 악한 사람이라도 모두에게서 그 마음을 얻으셨다. 교활하고 남을 속이는 자라도 성실을 바쳤고, 포악하고 거만한 자라도 공손함을 다 했다. 멀리서 명성을 들은 자라도 진실로 복종하였고 그 덕을 본 자들은 심취하였다. 비록 소인이라서 생각이 다른 자라고 해도 이해와 손해를 돌아다보고는 언제는 선생을 배척하였으나, (관직에서) 물러나 자신을 살펴보면, 선생을 군자로 여기지 않은 적이 없었다.

先生爲政, 治惡以寬, 處煩而裕, 當法令繁密之際, 未嘗從衆爲應文逃責之事, 人皆病於拘礙, 而先生處之綽然, 衆憂以爲甚難,而先生爲之沛然. 雖當倉卒, 不動聲色, 方監司競爲嚴急之時, 其待先生, 率皆寬厚, 設施之際, 有所賴焉. 先生所爲綱條法度, 人可效而爲也. 至其道之而從, 動之而和, 不求物而物應, 未施信而民信, 則人不可及也.

선생은 정사를 처리할 때는 악한 자를 다스려도 관용으로 하고, 번거로운 일을 처리하면서도 여유를 가졌으며, 번잡하고 촘촘한 법령을 적용할 때에도 다른 관리들이 하던 대로 (백성을 돌보지 않고) 법의 조문대로만 실시해 책임을 회피하는 일은 전혀 없었으니, 다른 사람들이 (법을 적용하는 것을) 구속으로 여겨 괴로워했으나 선생은 태연하게 대처했으며, 백성들이 매우 어렵게 생각해서 근심한 것을 선생은 시원스레 해결했다. 비록 갑작스러운 일을 당했을 때도 목소리와 얼굴빛이 동요하지 않으셨다. (상부의) 감사들이 다투어 엄하게 다그치는 때라도 선생을 대해서는 모두 너그럽고 후하였고, (사무를) 실시할 때에 선생에게 의뢰하기도 했으며, 선생이 만든 강령과 조문과 법도를 사람들이 본받아 실행할 수 있었다. 인도하면 그대로 따랐고 움직이면 화답했으며, 요구하지 않아도 저절로 호응하고 믿게 하지 않았어도 백성이 믿는데 이르러서는 다른 사람들로서는 미칠 수 없었다.

8. 회암선생행장략(晦庵先生行狀略)

면재황씨(勉齋黃氏) 〈『면재집』 권36〉

自韋齋先生得中原文獻之傳, 聞河洛之學, 推明聖賢遺意, 日誦大學中庸, 以用力於致知誠意之地. 先生蚤歲已知其說, 而心好之.

(주자의 아버지) 위재 선생은 중원의 문헌 전통을 얻었고 하락의 학문(이정의 학문)을 들었으며, 성현이 후세에 남긴 뜻을 미루어 밝혔고 매일 『대학』과 『중용』을 읽고서 '치지'와 '성의'의 경지에 힘을 쓰셨다. 선생(주자)은 어린 나이에 이미 그 학설을 알고 마음으로 이를 좋아하였다.[40]

韋齋病且亟囑曰. 籍溪胡原仲, 白水劉致中, 屛山劉彦冲, 三人吾友也, 學有淵源, 吾所敬畏. 吾卽死, 汝往事之. 而惟其言之聽, 則吾死不恨矣.

위재 선생은 병이 위중하게 되자 당부하며 말하였다. "적

---

40) 주자의 아버지는 주송(朱松, 1097~1143)이다. 휘주(徽州) 무원 사람으로 자는 교년(喬年)이고, 호는 위재(韋齋)이다. 송대 태학의 외사(外舍)인 동상사(同上舍) 출신이다. 친금(親金) 정책을 반대하여 벼슬길이 순탄치 않았다. 나종언에게 수학하여 이정(二程)의 이학(理學)을 배웠으며, 사마광의 학문을 존중했다. 이정과 나종언의 학문이 주희에게 이어지도록 교량적 역할을 했다. 저서에 『위재집(韋齋集)』 등이 있다. 『중국역대인명사전』 관련 항목 참고.

계(籍溪) 호원중(胡原仲), 백수(白水) 유치중(劉致中), 병산(屛山) 유언충(劉彦冲) 세 사람은 내 벗이고, 학문에 연원이 있어 내가 공경하고 두려워하는 분들이다. 내가 죽거든 너는 이 분들에게 가서 섬기도록 하여라. 오직 그분들의 말만 듣는다면, 나는 죽어도 여한이 없을 것이다."41)

先生既孤, 則奉以告三君子, 而稟學焉. 時年十有四, 慨然有求道之志, 博求之經傳, 徧交當世有識之士. 雖釋老之學, 亦必究其歸趣, 訂其是非.

선생은 이미 아버지가 돌아가시자 아버지의 세 벗인 군자들께 아버지의 뜻을 알리고 학문을 익혔다. 이 때 나이 14세였는데, 크게 분발하여 구도(求道)의 뜻을 가지고서 널리 경전에서 구하고, 당시에 식견이 있는 선비들과도 두루 교제하였다. 비록 불교와 노장의 학문이라도 또한 반드시 귀결되는 뜻을 궁구해서 그 옳고 그름을 바로 잡았다.

延平李先生學於豫章羅先生, 羅先生學於龜山楊先生, 延平於韋齋爲同門友. 先生歸自同安, 不遠數百里, 徒步往從之.

연평 이선생은 예장(豫章) 나(羅)선생에게 배웠고, 예장 선생

41) 1143년(소흥 13)에 아버지 주송이 죽고 나서, 위 세 사람에게서 수학을 시작했다. 그러나 실제로 주자는 유자휘(劉子翬)의 가숙에서 주로 가르침을 받았다. 사상적인 계열은 병산(屛山) 유자휘는 호원, 정이, 호안국에서 많이 취했고, 적계(籍溪) 호헌(胡憲)은 사량좌, 호안국, 초정, 주진, 호상파로부터 많은 것을 취했으며, 백수(白水) 유면지(劉勉之)는 초정, 유안세, 양시, 장재로부터 많은 것을 취했다. 이 밖에도 주자는 세 선생을 통해서 불교, 선학, 시학 등을 배워서, 후일 집대성을 위한 풍부한 사상적 토양을 마련해 주었다. 「제2장. 무이의 세 선생을 사사하다」, 『주자평전』 참고.

은 구산 양(楊)선생에게 배는데, 연평 선생은 위재 선생과 동문의 벗이었다. 선생은 동안(同安)에서 돌아오자 수백 리 길을 멀다하지 않고 걸어가서 연평 선생을 따랐다.42)

延平稱之曰. 樂善好義, 鮮與倫比. 又曰. 穎悟絶人, 力行可畏, 其所論難, 體認切至. 自是從遊累年, 精思實體, 而學之所造者, 益深矣.

연평 선생은 (주자를) 칭찬하며 말하였다. "선한 일을 즐거워하고 의를 좋아하는 것에는 비슷한 자가 없을 정도로 드문 자였다." 또 말씀하길 "머리가 남들보다 매우 뛰어났고 힘써 행하는 것은 두려워할 만하였다. 어려운 곳을 논변할 때는 절실하게 몸소 파악하였다." 이때부터 수년간 종유하여, 정밀하게 생각하고 실제 몸소 파악하니, 학문이 나아간 곳이 점점 깊어갔다.

其爲學也, 窮理以致其知, 反躬以踐其實. 居敬者, 所以成始成終也, 謂致知不以敬, 則昏惑紛擾, 無以察義理之歸, 躬行不以敬, 則怠惰放肆, 無以致義理之實.

학문을 하는 것은 (사물의) 이치를 궁구하여 그 앎을 지극히 하고, 자신의 몸을 돌이켜서 그 참됨을 실천하는 것이다. 거경 즉 '경에 늘 머무는 것'은 (학문의) 시작과 끝

---

42) 주자는 28세(1157년)에 당시 65세였던 이통을 만나게 된다. 이후 이통이 죽을 때까지 7년을 배우는데, 불교에 심취했던 주자가 불교를 극복할 수 있는 유학 체계를 구성하려는 사명을 자각하는 계기가 되었다. 『스승 이통과의 만남과 대화: 연평답문』, 11쪽 참고.

을 이루는 것이니, 치지 즉 앎을 지극히 하는 것을 경으로 하지 않으면 어둡고 어지러워져서 의리가 돌아갈 곳을 살피지 못하며, 몸소 행하는 것을 경으로 하지 않으면 게으르고 방자해져서 의리의 실천을 다하지 못함을 이른다.

持敬之方, 莫先主一, 旣爲之箴以自警, 又筆之書, 以爲小學大學, 皆本於此, 終日儼然, 端坐一室, 討論典訓, 未嘗少輟. 自吾一心一身, 以至萬事萬物, 莫不存理, 存此心於齊莊靜一之中, 窮此理於學問思辨之際, 皆有以見其所當然, 而不容已, 與其所以然而不可易.

경을 유지하는 방법은 주일 즉 '하나를 위주로 하는 것'보다 우선하는 것이 없으니, (선생은) 이미 잠(箴)을 써서 스스로 경계하였다. 또 책에 쓰기를 『소학(小學)』[43]과 『대학』이 모두 여기에 근본을 둔다고 생각하였으니, 하루 종일 엄숙하게 방 안에 단정히 앉아서 경전의 뜻을 깊이 궁구하면서 일찍이 조금도 그만두는 일이 없었다. 나의 한 마음과 한 몸에서 만사만물까지 이치를 보존하고 있지 않은 것이 없으니, 가지런하고 장중하며 고요한 가운데 이 마음을 보존하고, 학문사변 즉 '배우고 묻고 생각하고 분별을 할 때' 이 이치를 궁구하는 것은 모두 소당연 즉 '마땅히 그렇게 해야 하며' 그만두지 못하는 것이며 소이연 즉 '그렇게 해야 하는 이유'는 바꿀 수 없는 것임을 것을 알게 된다.

---

43) 주자가 제자인 유자징(劉子澄)에게 편찬하도록 하였다. 일상생활의 예의범절, 수양을 위한 격언, 충신과 효자의 사적 등을 모아 놓았다.

然充其知而見於行者, 未嘗不反之於身也, 不睹不聞之前, 所以戒懼者, 愈嚴愈敬, 隱微幽獨之際, 所以省察者, 愈精愈密, 思慮未萌而知覺不昧, 事物相接而品節不差, 無所容乎人欲之私, 而有以全乎天理之正, 不安於偏見, 不急於小成, 而道之正統在是矣.

그러나 그 지식을 채워서 행동에 드러내는 것은 일찍이 자신에게서 돌아보지 않으면 안 되니, 보이지 않거나 들리지 않는 그 이전에라도 '계구'하는 것은 더욱 엄격할수록 더욱 더 공경해지기 때문이며, 은미하고 숨겨진 곳에서 홀로 일 때도 성찰하는 것이 정밀할수록 더욱 더 치밀해지기 때문이다. 그래서 생각이 아직 싹트지 않고 지각이 어둡지 않아서 사물을 서로 만날 때 절도에 맞게 대하여 잘못이 없으며, 인욕의 사사로움을 용납하지 않아서 천리의 바름을 온전하게 할 수 있으며, 치우친 견해를 편치 않게 여기고 작은 성공에 급급하지 않았으니 도의 정통이 여기에 있다.

其爲道也, 有太極而陰陽分, 有陰陽而五行具, 禀陰陽五行之氣以生, 則太極之理, 各具於其中, 天所賦爲命, 人所受爲性, 感於物爲情, 統性情爲心. 根於性, 則爲仁義禮智之德, 發於情, 則爲惻隱羞惡辭遜是非之端, 形於身, 則爲手足耳目口鼻之用, 見於事, 則爲君臣父子夫婦兄弟朋友之常. 求諸人, 則人之理, 不異於己, 參諸物, 則物之理, 不異於人, 貫徹古今, 充塞宇宙, 無一息之間斷, 無一毫之空闕, 莫不析之極其精而不亂, 然後合之盡其大而無餘.

그 도는 태극이 있어서 음양으로 나뉘고, 음양이 있어서 오행이 갖추어지며, 음양오행의 기를 부여받아 생겨나니 태극의 이치가 각각 그 가운데 구비되었으니, 하늘이 부여하여 명이 되고 사람이 받아서 본성이 되며, 사물에 감동하여 정이 되고 성과 정을 총괄하는 것은 마음이 된다. 성에 뿌리를 두면 인의예지의 덕이 되고, 정에서 피어나면 측은, 수오, 사손(사양), 시비의 단서가 되며, 몸에 형태로 드러나면 손과 발, 이목비구의 쓰임이 되고, 일에 나타나면 군신, 부자, 부부, 형제, 붕우의 항상됨이 된다. 다른 사람에게서 찾으면 사람의 이치란 나와 다르지 않고, 사물에서 참고하면 사물의 이치란 사람과 다르지 않으니, 고금을 관통하고 우주에 가득 차 있어서 한 순간도 그치거나 끊어짐이 없고 한 터럭만큼의 빈 곳도 없어서, 분석할 때 정밀함을 다하지 않음이 없어서 혼란스럽지 않은 뒤에야 그 규모를 다하여 합치해도 남김이 없게 된다.

先生之於道, 可謂建諸天地而不悖, 質諸聖賢而無疑矣. 故其得於己而爲德也, 以一心而窮造化之原, 盡性情[44]之妙, 達聖賢之蘊, 以一身而體天地之運, 備事物之理, 任綱常之責. 明足以察其微, 剛足以任其重, 弘足以致其廣, 毅足以極其常, 其存之也虛而靜, 其發之也果而確, 其用之也應事接物而不窮, 其守之也歷變履險而不易, 本末精粗, 不見其或遺, 表裏初終, 不見其或異.

선생은 도에 있어서, 천지에 세우더라도 어그러지지 않고 성현들에게 물어보아도 의심이 없었다. 그러므로 자기에

44) 『심경발휘』에는 이 부분이 공난으로 되어 있어서, 『사고전서』본에서 찾아 넣었다.

게서 얻어 덕이 된 것은 한 마음으로 조화의 근원을 궁구하고 성정의 신묘함을 다 해서 성현의 깊은 뜻에 이르렀고, 한 몸으로 천지의 운행을 몸소 얻고 사물의 이치를 갖추어서 강상(綱常, 사람이 지켜야 할 도리)의 책무를 맡았다. 밝음은 그 미묘한 것을 살필만하고, 굳음은 그 무거운 짐을 맡을 만하며, 넓음은 그 광대함에 이를 만하고 굳셈은 그 항상됨을 극진히 할 만하니, 이를 보존하는 것은 비어 있고 고요함이고, 이를 피워내는 것은 과감하고 확고함이며, 이를 쓰는 것은 일에 응대하고 사물을 대하는 데 끝이 없는 것이고, 이를 지킴은 변란을 겪고 위험을 당해도 변하지 않으니, 근본과 말엽, 정밀과 조야에서 그 혹여 빠트린 것을 보지 못하며, 겉과 속, 처음과 나중에서 그 혹여 다른 것을 보지 못했다.

至其養深積厚, 矜持者純熟, 嚴厲者和平, 心不待操而存, 義不待索而精, 猶以爲義理無窮, 歲月有限, 常歉然有不足之意. 蓋有日新又新, 不能自已者, 而非後學之所可擬議也.

그 수양이 깊고 쌓은 것이 두터운데 이르러서는 긍지는 순수하고 성숙하게 되며 엄격하고 매서운 기운은 온화하고 평안해 지며, 마음은 굳이 잡고 보존할 필요가 없고 의는 굳이 찾아서 정밀하게 할 필요가 없으니, 의리는 무궁한데 세월은 유한하다고 생각해서 항상 마음에 꺼림칙하게 부족한 뜻이 있는 것 같았다. 대개 날마다 새롭고 또 새롭게 하여 스스로 그칠 수 없는 것은 후학이 의론할 것이 못된다.

其可見之行, 則修諸身者, 其色莊, 其言厲, 其行舒而恭, 其坐端而直, 其閒居也未明而起, 深衣幅巾方履, 拜於家廟, 以及先聖, 退坐書室, 几案必正, 書籍器用必整, 其飮食也, 羹食行列有定位, 匕箸舉措有定所. 倦而休也瞑目端坐, 休而起也整步徐行. 中夜而寢, 既寢而寤, 則擁衾而坐, 或至達旦. 威儀容止之則, 自少至老, 祁寒盛暑, 造次顚沛, 未嘗有須臾之離也.

그 볼만한 행실이란 수신하는 것이니 그 얼굴빛은 장중하고 그 말씀은 엄격하며 그 행동은 여유가 있고 공손하며 그 앉을 때는 단정하고 곧았다. 한가할 때는 날이 밝기 전에 일어나, 심의(深衣, 소매가 넓고 검은 비단으로 가를 두른 흰 베의 두루마기 모양의 겉옷)와 복건(幅巾, 머리에 쓰는 건)과 방리(方履, 모난 신)을 신고 가묘에서 절하고 선성(先聖)에까지 미쳤으며, 물러나서 서실에 앉을 때는 책상이 반듯하였으며 서적과 기물은 반드시 정돈되었고, 음식을 먹을 때에는 국과 밥을 놓는 자리가 정해져 있었고, 수저를 들고 놓는 데도 정한 곳이 있었다. 피로해서 쉴 때는 눈을 감고 단정히 앉았으며, 쉬다가 일어나서는 바른 걸음걸이로 서서히 거닐었다. 한밤중에야 잠자리에 들고 잠을 깨 일어나면 이불을 두르고 앉아 있다가 어떤 때는 아침까지 그렇게 했다. 위의와 행동거지의 준칙들이 어려서부터 늙어서까지 추울 때나 더울 때나 다급하거나 어려움에 처했을 때나, 잠시라도 떨어진 적이 없었다.

行於家者, 奉親極其孝, 撫下極其慈, 閨庭之間, 內外斬斬, 恩義之篤, 怡怡如也. 其祭祀也, 事無纖鉅, 必誠必敬, 小不如儀, 則終日不樂, 已祭無違禮, 則油然而喜. 死喪之禮, 哀戚備至, 飮食衰経, 各稱其情. 賓客往來, 無不延遇, 稱家有無, 常盡其歡. 於親故, 雖疎遠, 必致其愛, 於鄕閭, 雖微賤, 必致其恭. 吉凶慶弔, 禮無所遺, 賙恤問遺, 恩無所闕. 其自奉. 則衣取蔽體, 食取充腹, 居止取足以障風雨. 人不能堪, 而處之裕如也.

집에서 행하는 것은 어버이를 봉양할 때 효성을 극진히 하였고, 아랫사람을 보살필 때 자애를 극진히 하였으며, 가정에 있을 때는 안팎을 엄격하게 구분했고, 밖의 분간이 엄격하였으되 은혜와 의리가 돈독해서 화락하였다. 제사를 지낼 때는 크고 작은 일을 가리지 않고 반드시 정성과 공경을 다하지만 조금이라도 격식에 맞지 않으면 종일토록 즐거워하지 않았고, 제사를 마칠 때까지 예에 어긋남이 없으면 환하게 기뻐하였다. 상사(喪事)의 예는 슬픔과 근심을 지극하게 하였고, 음식과 상복은 각각 그 슬픔의 실상에 맞추었다. 조문객이 오갈 때는 나아가 맞이하지 않은 적이 없었으며, 가정의 형편에 맞게 대접하되 항상 그 기쁨을 다하였다. 친척들에 대해서는 비록 멀리 있어도 반드시 그 사랑을 다하였고, 향리 사람들에게는 비록 미천한 자들이라도 반드시 공손함을 다하였다. 그래서 길사나 흉사나 경사나 조문하는 데 예를 빠뜨린 일이 없었으며, 어려운 이들을 돕고 안부를 묻고 물건을 선사할 때도 은혜를 빠뜨리는 일이 없었다. 그러나 자신을 돌보는 일은 옷은 몸을 가릴 정도면 되고, 음식은 배를 채울 정도면 되고, 거처하는 곳은 비바람을 막을 정도면 되었으니, 다른 사람은 감당할 수 없는 일인데도 만족스럽게 거

처하였다.[45)]

若其措諸事業, 則州縣之施設, 立朝之言論, 經綸規畫, 正大宏偉, 亦可槪見. 雖達而行道, 不能施之一時, 然退而明道, 足以傳之萬代.

조처한 사업을 본다면, 주현(州縣)에서는 계획을 실행하고, 조정에서는 정책에 관해 의견을 제시한 것에서 경륜(經倫)과 계책이 바르고 크며 굉장한 위업이라는 것을 개괄해서 볼 수 있다. 비록 현달하여 도를 행하는 것을 한 시대에 베풀지 는 못했지만, (벼슬에서) 물러나 도를 밝힌 것은 만대(萬代)에 전해질만 한 것이었다.

謂聖賢道統之傳, 散在方册, 聖經之旨不明, 則道統之傳始晦, 於是竭其精力, 以硏窮聖賢之經訓. 於大學中庸, 則補其闕遺, 別其次第, 綱領條目, 粲然復明. 於論語孟子, 則深原當時答問之意, 使讀而味之者, 如親見聖賢而面命之. 於易與詩, 則求其本義, 攻其末失, 深得古人遺意, 於數千載之上. 凡數經者, 見之傳注, 其關於天命之微, 人心之奧, 入德之門, 造道之域者, 旣已極深硏幾, 探賾索隱, 發其旨趣, 而無遺矣. 至於一字未安, 一詞未備, 亦必沈潛反覆, 或達旦不寐, 或累日不倦, 必求至當而後已. 故章旨字義, 至微至細, 莫不理明詞順, 易知易行.

45) 주자는 사대부와 서민이 준칙으로 삼을 수 있는 가정의 생활규범을 크게 통례(通禮)와 관혼상제(冠婚喪祭)의 사례(四禮)로 나누고, 그 실천적 세칙을 정한 『가례(家禮)』(『주자가례』)를 저술했다.

성현의 도통이 전한 것이 서책에 흩어져 있는데 성스러운 경전의 뜻이 밝혀지지 않으니, 도통의 전함이 비로소 어두워졌다하여 여기에 그 정력을 다하여 성현의 경전에 담긴 가르침을 깊이 연구하고 궁리하였다. 『대학』과 『중용』에 대해서는 빠지고 유실된 것을 보완하고 그 순서를 구별하였으니 강령과 조목들이 찬연히 밝음을 회복하였다.[46] 『논어』와 『맹자』에 대해서는, 당시의 질문과 답변에 담긴 뜻을 깊게 근원을 탐구해서, 읽는 자가 음미하게 해준 것은 마치 친히 성현을 뵙고 면전에서 말씀을 듣는 것 같았다.[47] 『주역』[48]과 『시경』[49]에 대해서는, 그 본래의 의미를 찾고 지엽을 쫓는 학설들의 과실을 공박해서, 고인이 수천 년 전에 남긴 뜻을 깊이 깨달았다. 무릇 몇 가지 경전들은 주석을 내고[50] 천명의 미묘함, 인심의 오묘함, 덕에 들어가는 문호, 도에 나가는 영역 등과 관련해서

---

46) 주자는 60세에 『대학장구』와 『중용장구』를 저술하였고, 곧이어 『대학혹문』과 『중용장구』를 완성하였다. 세상을 떠나기 3일 전까지도 『대학』 「성의장(誠意章)」의 주석을 개정했다는 이야기는 유명하다.

47) 주자는 34세에 『논어요의(論語要義)』를 지었고, 9년 뒤에 『논어정의(論語精義)』를 저술하였으며, 다시 5년 뒤에 『논어집주』와 『맹자집주』를 완성했다. '집주'는 주로 도학의 중요한 주석들을 모아서 내용을 선별하고, 여기에 주자 자신의 의견을 덧붙이는 형식을 따르고 있다. 그리고 '집주'에 담지 못한 좀 더 깊은 논의는 『논어혹문』과 『맹자혹문』을 저술하여 담았다. 61세 되는 해에 『논어』, 『맹자』, 『대학』, 『중용』 등을 묶어 『사서(四書)』로 간행하였다.

48) 당시 정이천의 주역해석은 의리(義理)에 입각한 것에 비해, 주자는 『주역』을 점서(占書)라는 기본적 측면을 한 축으로 놓고 의리를 절충하는 형태로 이해하여, 『주역본의(周易本義)』를 주석했다. 아울러 소강절에 연원을 둔 선천역학(先天易學)에 조예가 깊었던 채원정에게 영향을 받아서 『역학계몽(易學啟蒙)』을 저술하였다. 이로 인해 『주역』의 역사에서 도서상수역(圖書象數易)을 중요한 역학이해 방식으로 높이는 결과가 만들어졌다.

49) 주자는 48세(1177년)에 『시경집전(詩經集傳)』을 완성하여, 기존 『시경』 해석의 오류를 비판하고 『시경』의 본문에 의거하여 시를 지은 작자의 본뜻을 탐구해야 한다는 입장을 견지했다. 또한 경전(經傳)으로서의 위상을 존중하고 이를 배우는 자들의 수양을 위한 도구, 모범이 되는 준칙과 경계를 위한 것으로 삼았다.

50) 대표적으로 『효경간오(孝經刊誤)』, 『주역참동계고이』 등을 들 수 있다.

는 '사물의 심오하고 은미한 곳을 깊이 연구'[51]하고 '숨겨진 것을 찾고 심원한 것을 끌어내서'[52] 그 깊은 의미를 발휘하여 그 뜻을 빠트리는 것이 없었다. 한 글자라도 적당하지 않거나 한 구절이 채 갖추어지지 않았을 때도 또한 반드시 마음을 깊이 가라앉히고 거듭하여 어떤 때는 아침에 이르러도 잠을 자지 않았고, 어떤 때는 여러 날이 지나도 싫증내지 않고 반드시 지극히 마땅한 것을 찾은 뒤에야 그쳤다. 그러므로 문장의 뜻과 글자의 의미가 매우 미세하더라도 이치가 명확하고 문장이 순조롭지 않은 것이 없어서 알기 쉽고 행하기 쉬웠다.

於書, 則疑今文之艱澁, 反不若古文之平易, 於春秋, 則疑聖心之正大, 决不類傳注之穿鑿. 於禮, 則病王安石, 廢罷儀禮, 而傳記獨存. 於樂, 則憫後世律尺旣亡, 而淸濁無據.

『서경』에 대해서는 금문(今文)의 난삽함을 의심하고 오히려 고문(古文)의 평이함만 못하다고 하였고,[53] 『춘추』에 대해서는 성인의 마음은 바르고 커서 주석가들이 천착한 것

---

51) 『주역』 「계사전상」 10장. "무릇 역이란 성인께서 심오하고 은미한 곳을 깊이 연구하여 그 기미를 밝혀 놓으신 것이다(夫易, 聖人之所以極深而硏幾也)."

52) 『주역』 「계사전상」 10장. "숨겨진 것을 찾고 심원한 것을 끌어내어 천하의 길흉을 정하고 천하의 힘써야 할 일을 이루는 것은 시초와 거북보다 더 큰 것이 없다(探賾索隱, 鉤深致遠, 以定天下之吉凶, 成天下之亹亹者, 莫大乎蓍龜)."

53) 진시황이 분서갱유(焚書坑儒)를 한 이후에 책이 사라지자, 이에 대한 지식을 가진 박사(博士)들이 현재에 남겨진 기록으로 재구성한 경전을 금문(今文)이라 하고, 분서를 피해서 감추어 두었다가 환란 이후에 세상에 나온 것을 고문(古文)이라 한다. 금문과 고문은 서체와 내용이 사뭇 다른 것들이 있어서, 경전 이해에 혼란을 더했지만 역설적으로 다양해지는 결과를 낳게 되었다. 주자는 『서경』의 진위(眞僞)를 확립하고 그 의미를 밝히는데 있어서 의리(義理)에 입각한 기준을 적용하여 주석을 했지만, 미완에 그쳤다. 주자가 못 다한 주석을 제자 채침이 이어서 『서경집주(書經集註)』를 완성했다.

과 결코 같은 종류가 되지 못한다고 의심하였다.[54] '예학'에 대해서는 왕안석이 『의례』를 폐지하고 전기(『예기』)만을 남기게 된 것을 병폐로 생각했다.[55] '악학'에 대해서는 후세에 음률의 표준이 되는 척도가 이미 없어져서 청음과 탁음이 근거할 곳이 없음을 유감으로 생각했다.[56]

是數經者, 亦嘗討論本末, 雖未能著爲成書, 然其大旨, 固已獨得之矣. 若歷代史記, 則又考論西周以來, 至於五代, 取司馬公編年之書, 繩以春秋紀事之法, 綱擧而不繁, 目張而不紊, 國家之理亂, 君臣之得失, 如指諸掌.

이 여러 경전들도 또한 일찍이 본말을 검토하고 의론하였으니, 비록 저술해서 책을 이루지는 못했으나 그 대강의 요지는 진실로 이미 홀로 터득하였다. 역대의 역사 기록에 대해서도 또한 서주 이래로 오대에 이르는 역사를 살피고 논의하였고, 사마공(사마광)이 지은 편년체 사서(『자치통감』)를 택해서 『춘추』에서 쓴 방법을 표준으로 하였다. 그래서 대강을 드러내어 번잡하지 않고 세목을 늘여

---

54) 주자는 『춘추』가 도를 밝히고 의를 바로 잡는 척도이며 경세(經世)의 대법이라고 평가했으나, 다른 경전과 달리 주석서를 내지 못했다.

55) 왕안석(王安石, 1021~1086)은 신법(新法)을 추진하여 제도개혁을 단행하였다. 이 과정에서 새로운 경전 이해 방식을 제정하였고, 『삼경신의(三經新義)』(『주례신의(周禮新義)』, 『시경신의』, 『서경신의』)를 저술해서 각 학교에 보급하였다. 이 가운데 왕안석이 직접 저술한 것은 『주례신의』이다. 이에 비해 주자는 51세(1180년)부터 『의례(儀禮)』를 중심으로 『주례(周禮)』와 『예기(禮記)』를 통합하는 『의례경전통해(儀禮經傳通解)』를 저술하기 시작했으나 완성하지 못하고, 뒤이은 황간(黃幹)과 양복(楊復) 등이 완성하였다. 주자는 『의례』가 예의 근본이고, 이를 해석한 『예기』는 지엽이라고 인식했다. 아울러 『주례』는 주공(周公)의 저작이므로 주공의 뜻이 담긴 것으로 그 권위를 인정했다.

56) 채원정은 이 때문에 『율려신서(律呂新書)』를 지었다.

도 어지럽지 않았으니, 국가의 치란과 군신의 득실이 마치 손바닥을 보는 듯 눈에 들어왔다.[57]

周程張邵之書, 所以繼孔孟道統之傳, 歷時未久, 微言大義, 鬱而不章, 爲之裒集發明, 而後得以盛行於世. 太極先天二圖, 精微廣愽, 不可涯涘, 爲之解剝條畫, 而後天地本原, 聖賢蘊奧, 不至於泯沒. 程張門人, 祖述其學, 所得有深淺, 所見有疏密. 先生旣爲之區別, 以悉取其所長, 至或識見小偏, 流於異端者, 亦必研窮剖析, 而不沒其所短.

주자(주렴계), 이정, 장자(장재), 소자(소옹)의 책은 공자와 맹자의 도통의 전함을 계승하는 것이나 시일이 오래되지도 않았는데 미묘한 말과 웅대한 뜻이 꽉 막혀서 드러나지 않았다. 이를 위해 여러 책들을 모으고 밝혀내니 후일에는 세상에 성행할 수 있게 되었다.[58] (주렴계의) 「태극도」와 (소강절의) 「선천도」 두 그림은 정밀하고 미세하며 드넓어서 그 끝을 알 수 없었다. 이를 위해 (막힌 것을) 제거하고 벗겨서 조목을 나눈 뒤에야 천지의 본원과 성현의 심오한 뜻이 사라져 없어지는데 이르지 않았다. 이정

57) 주자는 『자치통감』이 '무원칙'하다고 여겨 그것을 다시 재편집하여, 1172년에 『자치통감강목(資治通鑑綱目)』을 완성하였다. 역사적인 사실의 기술보다는 의리(義理)를 중시하는 특징을 가지고 있다.

58) 주자는 소위 북송오자(北宋五子)의 사상을 집대성하였고, 이에 대해 저술을 내었다. 이정의 글인 『이정문집(二程文集)』, 『이정유서』, 『이정외서』 등을 정리하고 편집했다. 주렴계의 글인 『통서』를 주석한 『통서해(通書解)』와 『태극도설』에 주석을 한 『태극도설해(太極圖說解)』를 내었다. 장재의 『서명』에 대해 『서명해의(西銘解義)』가 있고, 소강절의 선천역학을 토대로 저술한 『역학계몽』이 있다. 이 밖에 주렴계와 이정에게 교유한 문하 제자들의 언행을 기록한 『이락연원록(伊洛淵源錄)』이 있고, 주렴계, 이정, 장재 등의 학설에서 일상생활의 수양에 필요한 일까지 6백 22조를 14문(門)으로 분류하여 정리한 『근사록(近思錄)』을 여조겸과 함께 편찬했다.

과 장자(장재)의 문인들은 스승의 학문을 계승하였지만, 깨우친 것에 깊이가 달랐고 알고 있는 것에 밀도가 저마다 달랐다. 선생이 이미 구별해서 그 장점만을 모두 취했는데, 혹 식견이 작고 편협하여 이단으로 흘러가는 경우가 있어도 또한 반드시 궁리하고 분석하여서 그 단점에 빠지지 않게 하였다.[59]

南軒張公東萊呂公, 同出其時, 先生以其志同道合, 樂與之友. 至或識見少異, 亦必講磨辯難, 以一其歸. 至若求道而過者, 病傳注誦習之煩, 以爲不立文字, 可以識心見性, 不假修爲, 可以造道入德. 守虛靈之識, 而昧天理之眞, 借儒者之言, 以文老佛之說, 學者利其簡便, 詆訾聖賢, 捐棄經典, 猖狂叫呶, 側僻固陋, 自以爲悟. 立論愈下者, 則又崇獎漢唐, 比附三代, 以便其計功謀利之私. 二說並立, 高者, 陷於空無, 下者, 溺於卑陋, 其害, 豈淺淺哉. 先生力排之, 俾不至亂吾道以惑天下, 於是學者, 靡然向之.

남헌 장공과 동래 여공은 선생과 같은 시대에 태어났는데, 선생은 뜻이 같고 도가 부합하였기 때문에 즐거움을 나누는 벗이 되었다.[60] 혹여 식견이 적고 다른 경우가 있을 때는 반드시 학문을 갈고 닦고 옳고 그름을 따져 변론

59) 장재는 일찍 세상을 떠났기 때문에 문하의 수제자 여대림(呂大臨)과 일부의 제자들이 이정의 문하로 옮겨 간다. 이후 정이천 계열의 사상적 흐름에서 주자는 이들의 사상을 집대성한다.

60) 주자는 장식, 여조겸과 더불어 동남삼현(東南三賢)이라고도 불린다. 장식(1133~1180)은 부친에게서 이학(理學)을 배웠고, 스승 호굉의 학문을 이어받아 호상학파(湖湘學派)의 기틀을 다졌다. 경과 같은 마음의 수양에 대해 주자에게 큰 영향을 미쳤다. 여조겸(1137~1181)은 주희보다 일곱 살 아래였지만, 인격과 학식으로 당시 학자들의 존경을 받은 인물이었다. 사상적으로는 제가(諸家)의 사상을 두루 익혀 절충적인 색채가 강했다. 사학과 문장에 뛰어났다.

해서 귀결을 하나로 하려고 하였다. 구도(求道)를 하는데 너무 지나친 자들인 경우는 경전의 주석을 암송하고 익히는 번거로움을 병이라 여기고 '불립문자'로 마음을 알고 본성을 깨달을 수 있다고 하고, 수양의 행위를 빌리지 않고도 도에 나가고 덕에 들어갈 수 있다고 생각했다. (불교의) 비어 있고 밝은 저 허령한 인식을 고수하지만 천리의 참됨에 어두워서 유자의 말을 빌려 노자와 불교의 학설을 꾸미니, 배우는 자들은 그 간편함을 이롭게 여겨서 성현을 헐뜯고 경전을 내버리고는 미쳐 날뛰며 소리치고 있는데, 편벽되고 고루한 것을 스스로 깨달았다고 한다.61) 이론을 세운 것 중에 하격에 속한 자는 또한 한나라와 당나라를 숭배하며 삼대의 업적에 가깝다고 해서 공적을 계산하고 이익을 추구하는 사사로움에 편리하도록 하였다.62) 이 두 설이 함께 일어나, 자질이 높은 자는 공(空)과 무(無)에 떨어지고, 낮은 자는 비루한 곳에 빠지니, 그 해로움이 어찌 적겠는가? 선생은 힘써 이를 배척하시어서 우리 도를 어지럽혀서 천하를 미혹시키는데 이르지 않게 하였으니,

---

61) 육상산(陸象山, 1139~1193)의 심학을 가리킨다. 이른바 강서돈오지설(江西頓悟之說)이다. 주자는 도문학의 '경전 공부'를 등한시 하고, 존덕성의 '마음 공부'만을 중심에 놓거나 천착하는 학설을 이단으로 보았다. 이는 모두 경전(책)을 통하지 않기 때문이다. 이들은 현허(玄虛)와 고상(高尙)을 추구하는 도가, 언어문자를 불신하고 경전에 의지하지 않고서 돈오를 얻으려는 선가(禪家) 등과 같다고 보았다. 또한 사문(斯文)의 말을 빌고는 있으나, 양지(良知)를 통해 곧장 인의(仁義)를 소통시켜 만물일체(萬物一體)를 이룬다는 생각도 도가와 선가의 사상과 궤를 같이한다고 통렬히 비판하였다.

62) 진용천(陳龍川) 즉 진량의 사공학(事功學)을 가리킨다. 이른바 영강공리지설(永康功利之說)이다. 주자는 사공 즉 현실적인 일에서 성과를 중시하는 현실주의적 입장에 대해 무시하지는 않으나, 근본에 대한 경시나 무시 즉 의리를 추구하여 선한 마음을 회복하는 본령 공부가 사공에 앞서 공론(公論)이 되어야 함을 강조했다. 이러한 본(本)을 갖추지 못하고 말(末)에 치우친 사공학은 다만 사욕에 바탕 한 이익을 추구하는 것에 불과하여, 천하를 이익 다툼의 구렁텅이에 빠지게 하고 천지를 궤멸시킬 것이라고 준엄하게 비판했다.

이에 배우는 자들이 바람에 쏠리듯 여기로 향했다.

先生教人, 以大學語孟中庸, 爲入道之序, 而後及諸經. 以爲不先乎大學, 則無以提綱挈領, 而盡論孟之精微, 不參之以論孟, 則無以融會貫通, 而極中庸之旨趣. 然不會其極於中庸, 則又何以建立大本, 經綸大經, 而讀天下之書, 論天下之事哉.

선생이 사람을 가르칠 때는 『대학』, 『논어』, 『맹자』, 『중용』을 도에 들어가는 순서로 삼은 뒤에 다른 경전에 미치었다. 『대학』을 먼저 읽지 않으면 강령을 잡아내어 『논어』와 『맹자』의 정밀하고 미세한 내용을 다하지 못하고, 『논어』를 참고하지 않으면 융합하고 관통하여 『중용』의 깊은 뜻을 극진하게 하지 못한다. 『중용』을 극진하게 이해하지 못하면 또 어찌 대본(大本)을 건립해서 천하의 대경(大經)을 경륜하며[63], 천하의 경서를 읽고 천하의 일을 논의하겠는가?

其於讀書也, 又必使之辯其音, 釋正其章句, 玩其辭, 求其義, 研精覃思, 以究其所難知, 平心易氣, 以聽其所自得. 然爲己務實, 辯別義利, 毋自欺, 謹其獨之戒, 未嘗不三致意焉. 蓋亦欲學者, 窮理反身, 而持之以敬也.

글을 읽을 때는 또한 반드시 음(音)을 변별하고 그 장구를 풀어서 바르게 하며, 그 말을 완미하고 그 의미를 찾으며 정밀하게 연구하고, 깊이 생각하여 알기 어려운 것을 탐

63) 『중용』 22장. "오직 천하에 지극한 성실이라야 천하의 대도를 경륜해가고, 천하의 대본을 세우며, 천지의 화육을 알 수 있다(唯天下至誠, 爲能經綸天下之大經, 立天下之大本, 知天地之化育)."

구하게 하며, 마음을 평정하게 하고 기운을 편하게 만들어 자득한 것을 따른다. 그러나 위기(爲己)의 학문을 하여 실질적인 것을 힘쓰고 의와 리를 분별하며, 스스로 속이지 말고 그 홀로 있을 삼가는 경계를 하라고, 일찍이 거듭해서 간절하게 마음을 쓰셨다. 대개 배우는 자들이 이치를 궁구하고 자신을 돌이키며, 이를 유지하는데 경으로써 하기를 바라신 것이다.

從遊之士, 迭誦所習, 以質其疑. 意有未諭, 則委曲告之, 而未嘗倦. 問有未切, 則反覆戒之, 而未嘗隱. 務學篤, 則喜見於言, 進道難, 則憂形於色. 講論經典, 商略古今, 率至夜半. 雖疾病支離, 至諸生問辨, 則脫然沈痾之去體. 一日不講學, 則惕然常以爲憂. 摳衣而來, 遠自川蜀. 文詞之傳, 流及海外, 至於夷虜, 亦知慕其道, 竊問其起居. 窮鄕晩出, 家蓄其書, 私淑諸人者, 不可勝數.

문하의 선비들은 서로서로 익힌 것을 암송하고 의문나는 것을 질의했다.64) 뜻을 아직 이해하지 못했으면 자세하고 소상히 알려주는데도 게으르지 않으셨다. 질의가 적절하지 못하면 반복해서 훈계하고 덮어두지 않았다. 배우기를 힘쓰는 것이 독실하면 기뻐하는 기색이 말씀에 나타났고, 도에 나가는 것이 어려우면 근심이 얼굴빛에 드러났다. 경전을 강론하고 고금을 헤아리다 보면 한밤중에 이르렀

64) 이 기록을 모아 『주자어류』가 성립되었다. 주자 사후 이도전(李道傳)이 1215년(가정 8)에 간행하고, 이어 1219년에는 황사의(黃士毅)가 주제별 분류를 하여 새로 간행하였다. 이어지는 각 시기 기록들을 보완하면서 편찬되었는데, 1263년(경정景定 4)에 여정덕(黎靖德)이 대대적인 수정을 하고 이전 황사의가 한 분류 방식을 따라 26문(門) 140권으로 완성한 것이 기본이 되었다.

다. 병이 들어 거동이 불편할 때도 문하의 학생들이 묻고 논변할 경우는 씻은 듯이 묵은 병이 몸에서 떠난 것 같았다. 하루라도 강학하지 않으면 두려운 듯 항상 근심으로 여겼다. 옷을 걷어 부치고 오는 사람들은 멀리 사천과 촉 지방에서도 왔다. 선생의 글이 전해져서 해외까지 유통되었는데 오랑캐들까지도 또한 그 도를 알고 흠모하며, 은밀하게 안부를 물었다. 외진 시골에서 철지나 태어난 이들도 집마다 선생의 서책을 쌓아놓고, 사숙하는 사람들이 이루 헤아릴 수 없을 정도였다.

先生既歿, 學者, 傳其書, 信其道者, 益衆, 亦足以見理義之感於人者深矣. 繼往聖將微之緒, 啟前賢未發之機, 辨諸儒之得失, 闢異端之訛謬, 明天理正人心, 事業之大, 又孰有加於此者.

선생이 돌아가시고 나자 배우는 자들은 그 서책을 전하고 그 도를 믿는 자들이 더욱 많아졌으니, 또한 의리가 사람들을 감복시킨 것이 매우 깊다는 것을 충분히 볼 수 있다.[65] 지난 성인들이 미묘한 단서로 남긴 것을 계승하고, 이전 현인들이 아직 말씀하지 않은 기미를 밝히고, 여러 유자들의 득실을 분별하며, 이단의 거짓과 오류를 물리치

65) 경원학금(慶元學禁)의 사건은 1196년(慶元 2년) 8월에 시작되어 주자가 서거한 2년 뒤인 1202년(嘉泰 2년) 2월에야 해금(解禁)되었다. 주자를 대표하는 도학을 위학(僞學)의 죄명으로, 이를 따르는 인물들을 중앙정계로부터 축출당하거나 제거하였다. 이런 파란을 겪었으나, 1209년과 1230년에 주자에게 시호가 내려졌고 1241년에는 주자의 위패가 정식으로 공자사당에 모셔졌다. 모두 주자가 서거한지 40년만의 일이다. 이제 도학은 유가의 정통적인 흐름으로 인정받았다. 이 시기에 진덕수와 같은 도학자들이 위축된 도학을 다시 일으켜 세우고, 국가적으로 공인을 받기 위한 노력을 크게 기울였다. 진덕수가 『심경』을 편찬해서 이종(理宗)에게 올린 시기는 1234년이었다.

고, 천리를 밝히고 인심을 바르게 한 업적의 위대함이 또 누가 여기에 더 보탤 것이 있겠는가?

至若天文地志律曆兵機, 亦皆洞究淵微. 文詞字畫, 騷人才士, 疲精竭神, 常病其難, 至先生未嘗用意, 而亦皆動中規繩, 可爲世法.

천문, 지리, 율력, 병기와 같은 것에 이르러도 또한 모두 심오하고 은미한 것을 막힘없이 밝혔다. 시문과 서화는 시인과 재주 있는 문사라도 정신을 고갈시켜서 항상 그 어려움에 병이 드는데, 선생은 일찍이 거기에 뜻을 쏟지 않았으니, 또한 모두 움직임 가운데 법도에 들어맞았으니 세상의 모범이 될 만하였다.

是非姿禀之異, 學行之篤, 安能事事物物, 各當其理, 各造其極哉. 學修而道立, 德成而行尊, 見之事業者又如此.

이제 타고난 자질이 남과 다르고 학문과 실천의 독실함이 아니라면 어찌 모든 일과 사물에서 각각 그 이치에 합당할 수 있고 각각 그 극치에 도달할 수 있었겠는가? 학업을 닦고 도가 확립되고 덕이 이루어지고 행함에 존경을 받으며 사업에 들어난 것이 또한 이와 같았다.

秦漢以來, 迂儒曲學, 既皆不足以望其藩墻, 而近代諸儒, 有志乎孔孟周程之學者, 亦豈能以造其閫域哉. 嗚呼, 是殆天所以相斯文, 篤生哲人以大斯道之傳也.

진한 이래로 세상물정에 어두운 우유(迂儒)와 참된 실정을 왜곡한 곡학(曲學)들은 이미 모두 선생의 울타리와 담장을 바라다보기에도 부족하고,[66] 지금 시대의 여러 유자들은 공자와 맹자, 주자(주렴계)와 정자의 학문에 뜻을 두고 있지만, 또한 어찌 그 문지방에라도 이를 수가 있겠는가? 아아, 이는 반드시 하늘이 사문(斯文, 우리 유가의 문화)을 도우시려고 진심을 다해서 철인(哲人)[67]을 세상에 나게 하여 사문의 전통을 대성(大成)하려하심이리라!

---

66) '울타리(藩)'와 '담장(墻)'을 거쳐 '문간(閾)'을 지나 '마루'에 오르고[升堂], '방'에 들어가는 것[入室]의 비유는 학문의 수준이 점차 상승하는 경지를 보여준다. 『논어』「자장(子張)」 23장. 자공이 말하였다. "대궐의 담장에 비유하면 나의 담장은 어깨에 닿을 정도여서 집 안의 좋은 모습을 들여다 볼 수 있지만, 선생님의 담장은 몇 길이나 되어서 그 문을 찾아 들어가지 못하면 아름다운 종묘와 수많은 백관들을 볼 수가 없다(子貢曰. 譬之宮墻, 賜之墻也, 及肩, 窺見室家之好, 夫子之墻, 數仞, 不得其門而入, 不見宗廟之美, 百官之富)." 다른 곳에서 자로의 경지가 심상치 않다는 의미로 공자가 말하였다. 『논어』「선진(先進)」 14장. "유(자로)는 마루에까지 올라왔고, 방에만 들어오지 못했을 뿐이다(由也, 升堂矣, 未入於室也)."

67) 철인(哲人)은 성인(聖人)을 가리킨다. 『예기』「단궁상(檀弓上)」. (공자가 돌아가시기 7일 전에 아침 일찍 일어나) 뒷짐을 지고 지팡이를 끌며 문앞을 거닐면서 노래하시기를, "태산이 무너지려나, 들보가 꺾어지려나, 철인(哲人)이 시들려나?"라고 하고는 들어가 문을 마주하고 앉아 계셨다. 자공이 듣고 말하였다. "태산이 무너지면 우리는 누구를 우러르며, 들보가 꺾이고 철인이 시들면 우리는 장차 누구를 본받을 것인가? 부자께서 장차 병이 드실 것이다(負手曳杖, 消搖於門, 歌曰. 泰山其頹乎, 梁木其壞乎, 哲人其萎乎. 既歌而入, 當戶而坐. 子貢聞之曰. 泰山其頹, 則吾將安仰, 梁木其壞, 哲人其萎, 則吾將安放. 夫子殆將病也)." 과연 7일 뒤에 공자가 돌아가셨다.

9. 심경찬(心經贊) 진덕수(陳德秀)

舜禹授受, 十有六言, 萬世心學, 此其淵源.
人心伊何, 生於形氣, 有好有樂, 有忿有懥.
惟欲易流, 是之謂危. 須臾或放, 衆慝從之.
道心伊何. 根於性命, 曰義曰仁, 曰中曰正.
惟理無形, 是之謂微. 毫芒或失, 其存幾希.
二者之間, 曾弗容隙, 察之必精, 如辨白黑.
知及仁守, 相爲始終, 惟精故一, 惟一故中.
聖賢迭興, 體姚法姒, 提綱挈維, 昭示來世.
戒懼謹獨, 閑邪存誠, 曰忿曰慾, 必窒必懲.
上帝寔臨, 其敢或貳, 屋漏雖隱, 寧使有愧.
四非皆克, 如敵斯攻, 四端旣發, 皆廣而充.
意必之萌, 雲卷席撤, 子諒之生, 春噓物茁.
雞犬之放, 欲其知求, 牛羊之牧, 濯濯是憂.
一指肩背, 孰貴孰賤, 簞食萬鍾, 辭受必辨.
克治存養, 交致其功, 舜何人哉, 期與之同.
維此道心, 萬善之主, 天之予我, 此其大者.
斂之方寸, 太極在躬, 散之萬事, 其用弗窮.
若寶靈龜, 若奉拱璧, 念茲在茲, 其可弗力.
相古先民, 以敬相傳, 操約施博, 孰此爲先.
我來作州, 茅塞是懼, 爰輯格言, 以滌肺腑.
明窓棐几, 清晝鑪薰, 開卷肅然, 事我天君.

순임금과 우임금이 주고받은 열여섯 마디의 말은 만세의 심학이니 이것이 그 연원이네.
인심이란 무엇인가? 형기에서 생겨나니 좋음과 즐거움, 노여움을 가지고 있네.
욕심으로 흐르기 쉬우니 이를 위태롭다 하고, 잠깐 사이에도 잃어버리면 뭇 악이 이를 따르네.
도심이란 무엇인가? 성과 명에 뿌리를 두고 있으니 의와 인이라 하고, 중과 정이라 하네.
이치는 형태가 없으니 이를 미세하다 이르며, 털끝만큼이라도 잃게 되면 보존되기가 거의 드물다네.
인심과 도심 사이는 어떤 틈이라도 허락지 않으니, 살피기를 반드시 정밀히, 흑백을 가리는 듯해야 하네.
앎이 이르고 인(仁)으로 지켜서 서로 시작과 끝으로 삼으니 오직 정밀하니 한결같고 오직 한결같으니 중도에 맞네.
성인과 현인이 번갈아 흥기하시어 요(姚, 순임금의 성)와 사(姒, 우임금의 성)를 본받고, 으뜸이 되는 핵심을 뽑아내어 후세에게 밝게 보이시네.
경계하고 두려워하며 홀로를 삼가고 간사함을 막고 성실을 보존하니, 노여움이라 하고 욕심이라 하는 것을 반드시 막고 징계해야 하네.
상제께서 실로 내려다보시니 감히 두 마음을 품으리오만, 방의 귀퉁이가 은밀해도 정녕 부끄러움이 있게 하겠는가?
예가 아니면 하지 말아야 할 네 가지는 모두 이겨야 하니 적을 공격하듯 하고, 마음의 네 가지 단서가 이미 피어나면 모두 넓혀서 채워야하네.
사사로운 뜻과 기필코 하려는 마음의 싹이 구름이 걷히고 자리를 거두듯 하고, 사랑과 진실의 마음이 생겨날 때는 따사로운 봄의 숨결로 만물을 자라게 하듯 하네.
키우던 닭과 개를 잃으면 찾을 줄 알려 하고, 소와 양이 풀을 뜯어 민둥산이 될까 근심하네.
손가락 하나, 어깨와 등 가운데 무엇이 귀하고 무엇이 천하리오만, 밥 한 그릇과 만 냥의 재물을 사양하고 받는 것을 반드시 분별해야 하리.
이기고 다스림과 보존하고 기름은 서로 공부를 다 해야 하니, 순임금은 어떤 사람이시겠는가, 더불어 똑같이 되기를 기약하네.
오직 이 도심이야 말로 만 가지 선의 주인이니 하늘이 내게 주신 것이라 이것이 가장 큰 것이라네.
방촌에 거두면 태극이 내 몸에 있고 만 가지 일에 흩어지면 그 쓰임은 끝이 없네.
신령스러운 거북을 보물로 여기듯 큰 구슬을 받들 듯이 하니, 이를 생각하면 늘 여기에 있어야 하니 힘쓰지 않을 수 있으리오.
옛 성현들을 살펴보니 경으로써 서로 전하시고 (마음을) 잡아 간략히 하여 널리 베푸시니[68], 무엇이 이보다 앞서리오.
내가 이 곳 천주(泉州)에 와서 임무를 맡을 때 마음을 잡초가 길을 막듯[69] 하는 것을 두려워하여 이에 성현의 격

68) 『맹자』 「진심하」 32장. 맹자께서 말씀하셨다. "말은 평범하지만 뜻이 원대한 것이 좋은 말이고, 지키기는 간단해도 널리 베풀어질 수 있는 것이 좋은 도이니, 군자의 말은 눈앞의 일상을 얘기하지만 거기에는 도가 존재한다(孟子曰. 言近而指遠者, 善言也, 守約而施博者, 善道也, 君子之言也, 不下帶而道存焉)." 守約을 操約으로 바꾸어 쓴 것은 정자의 영향이다. 정자는 操約이 경이라고 하였다. 「5. 경이직내장」 44조목 참고.
69) 『맹자』 「진심하」 21장. 맹자께서 고자에게 말씀하셨다. "산중의 작은 길도 사람이 다니면 금방 길이 되지만, 한동안 다니지 않으면 잡초가 자라 길을 막는데, 지금 잡초가 그대의 마음을 꽉 막아 버렸구나(孟子謂高子曰. 山徑之蹊間, 介然用之而成路, 爲間不用, 則茅塞之矣, 今茅塞子之心矣)."

언을 모아서 폐부를 씻으려 하네.

밝은 창 아래 귀한 비자나무 책상 위로, 맑은 한낮에 향로에 향을 피우고, 책을 펼쳐 놓고서 엄숙하게 나의 천군(天君)을 모시고 있네.

『심경발휘』「부록」(心經附錄) (끝)

心經發揮跋

심경발휘 발

발(跋)

○ 이 글은 진덕수의 「심경찬(心經贊)」에 뒤이어 안약우(顔若愚)가 지은 글인데, 보통 '안약우의 발문(跋文)' '후서(後敍)' '소지(小識)' 등으로 부르나 정해진 명칭은 없다. 안약우는 진덕수의 제자이며, 1234년 천주(泉州)에서 『심경』을 간행하면서 이 발문을 쓴 것이다.
『심경부주』의 체제에서는 정민정의 「서문」, 「심경찬」에 뒤이어 배치되었는데, 정구는 이를 『심경발휘』의 가장 뒤에 놓았다. 「발문」으로 인식했기 때문이다.

右, 心經, 西山先生, 摭聖賢格言, 自爲之贊者也. 先生之心學, 繇考亭而遡濂洛洙泗之源, 存養之功, 至矣.

故其行己也, 上帝臨女, 可以對越而無愧. 其臨民也, 若保赤子, 痒痾疾痛, 眞切於吾身. 其立朝也, 憂國如飢渴, 所言, 皆至誠惻怛之所形而非以衒直也. 其將勸講, 若齋戒以交神明, 而冀其感悟也. 迨退而築室粤山之下, 雖宴息之地, 常如君父之臨其前.

其著書, 皆本於中庸大學, 雖遊戲翰墨, 一出於正也. 然猶夜氣有箴, 勿齋有箴, 敬義齋有銘, 晩再守泉, 復輯成是書, 晨興, 必焚香危坐, 誦十數過, 蓋無一日不學, 亦無一事非學, 其內外交相養如此. 若愚, 老將至矣, 學不加進, 然尙竊有志焉, 手抄此經, 晝誦而夜思之, 庶幾其萬一. 復鋟板于郡學, 與同志勉云.

端平改元十月旣望, 後學顔若愚, 敬書.

위 『심경』은 서산 선생이 성현의 격언을 모아서 스스로 찬(贊)을 지은 것이다. 선생의 심학은 고정(考亭, 주자의 호)에서 시작하여 염락(濂洛, 주렴계와 이정의 학문)과 수사(洙泗, 공자와 맹자)의 근원으로 거슬러 올라가니, 존양의 공부가 지극하였다.

그러므로 자기 몸가짐을 단속하는 데서는 상제께서 자기를 내려다보는 듯 상제를 대하는데 부끄러움이 없었다. 백성에 임해서는 어린 아이를 보호하듯이 하여, 남의 가려움과 병의 고통을 내 몸의 아픔과 같이 간절히 여겼다. 조정에 서서는 나라를 걱정하기를 굶주리고 목마른 듯하여, 말씀한 것들은 모두 지극히 성실하고 가엽고 불쌍하게 여기는 마음에서 드러났으며 자신의 곧음을 자랑하려 한 것이 아니었다. 임금에게 강학을 권유할 때는 재계하고 신명과 교감하여 감동하고 깨닫기를 바랐다. 자리에서 물러나서는 월산(粤山) 아래에 집을 지었는데, 비록 편히 쉬는 자리였으나 항상 군부(君父, 임금)가 앞에 이르신 듯 하였다.

저술은 모두 『중용』과 『대학』에 근본을 두었는데, 비록 문장과 글씨를 유희하였으나 하나라도 바른 것에서 벗어나지 않았다. 그러나 오히려 「야기잠」, 「물재잠」, 「경의재명」 등을 지었으며, 만년에는 다시 천주(泉州) 지방을 맡게 되자 다시금 이 책을 집성하여, 새벽에 일어나 반드시 향을 사르고 꿇고 앉아 열댓 번 외웠으니, 하루라도 배우지 않은 적이 없었고, 또한 어떤 일이라도 배움이 아닌 것이 없었으니, 그 안과 밖을 서로 기르는 것이 이와 같았다. 나 안약우는 나이가 들어서 (이제는) 배워도 더 이상 진전하는 것이 없다. 그러나 속으로는 뜻이 있었으니, 이 『심경』을 손으로 베끼고 낮에는 외우고 밤에는 생각하니 거의 그 만분의 일이나마 얻었으면 한다. 다시 이곳 천주의 향교에서 판각하여 동지들과 함께 힘쓰는 바이다.

서평(端平) 개원(改元, 1234년) 10월 16일, 후학 안약우는 공경하며 쓰다.

-끝-

참고문헌

이정(二程) 관련 문헌(『유서(遺書)』, 『외서(外書)』, 『문집(文集)』, 『수언(粹言)』, 『정씨경설(程氏經說)』)

『心經』(『心經附註』) [학민문화사 영인본]

『心經發揮』(한국학중앙연구원 장서각 소장본)

『宋史』「列傳」

성백효 역주, 『역주 심경부주』, 전통문화연구회, 2002.

성백효 역주, 『근사록집해(1~3)』, 전통문화연구회, 2016.

이광호 외 역주, 『국역 심경주해총람』(상·하), 동과서, 2014.

이익 지음(실시학사 경학연구회 옮김), 『성호 이익의 심경질서』, 성균관대 사람의 무늬, 2016.

임종욱 외, 『중국역대인명사전』, 이회문화사, 2010.

黎靖德 編, 王星賢 點校(이주행 외 옮김), 『주자어류』, 소나무, 2001.

정약용 저(이광호 외 공역), 「심경밀험(心經密驗)」, 『역주 대학공의, 대학강의, 소학지언, 심경밀험』(사암, 2016).

『한강집』(한국고전종합DB, 한국고전번역원)

『한국민족문화대백과』(한국학중앙연구원)

성광동 외, 『스승 이통과의 만남과 대화: 연평답문』, 이학사, 2006.

수징난(束景南) 지음(김태환 옮김), 『주자평전(상/하)』, 역사비평사, 2015.

이창일 외, 『심경철학사전』, 한국학중앙연구원, 2014.

임종욱 외, 『중국역대인명사전』, 이회문화사, 2010.

제이슨 루오마(Jason B. Luoma) 외 지음(최영희 외 공역), 『수용전념치료 배우기』, 학지사, 2012.

陳榮捷 著, 『朱子門人』, 臺北 : 臺灣學生書局, 1982.

권오영, 「조선조 심경 강론과 그 사상사적 의의」, 『심경』, 한국학중앙연구원, 2009.

엄연석, 「한강 정구 심경발휘의 경학사상적 특징과 의의」, 『퇴계학논집』 13, 영남퇴계학연구원, 2013.

오석원, 「심경의 구성과 수양론 연구(1)」, 『동양철학연구』 36, 동양철학연구회, 2004.

윤상수, 「진덕수의 '심학'-심학 개념의 탄생 과정을 중심으로」, 『동양철학』 48, 한국동양철학회, 2017.

이범학, 「원대 오징의 심학과 왕양명의 주자만년정론」, 『한국학논총』 33, 국민대 한국학연구소, 2010.

이봉규, 「심경부주에 대한 조선성리학의 대응-이황과 송시열을 중심으로」, 『태동고전연구』 12, 한림대 태동고전연구소, 1995.

이창일, 「집과 도량, 경수행과 그 현대적 적용」, 『심경』, 한국학중앙연구원, 2009.

정경주, 「『오선생예설분류(五先生禮說分類)』의 편차와 그 의의」, 『퇴계학과 유교문화』 58, 경북대 퇴계연구소, 2016.

전재강, 「심경발휘에 나타난 한강 심학의 특징」, 『한강 정구』(남명학연구원 엮음), 예문서원, 2011.

홍원식, 「이황과 그의 직전(直傳) 제자들의 심경부주 연구」, 『퇴계학보』 121, 퇴계학연구원, 2007.

한국고전종합DB(한국고전번역원, http://db.itkc.or.kr/)

한적 리포지토리(漢籍リポジトリ, Kanseki Repository) [京都大學 人文科学研究所, http://www.kanripo.org/]

역주부록

등장인물

『심경발휘』에 등장하는 인물은 <본문의 등장인물>, <주자어류 기록자> 등으로 나누었다. 주로 『심경발휘사전』(한중연, 2014), 『중국역대인명사전』(이회문화사, 2010), 『주자평전(하)』(역사비평사, 2015), 陳榮捷 著, 『朱子門人』(臺北: 臺灣學生書局, 1982), 『주자어류』(소나무, 2001) 등을 참고하여 간략하게 발췌한 것이다.

〈본문의 등장인물〉 (가나다 순)

○ 각헌채씨(覺軒蔡氏)

남송(南宋) 시대의 학자. 생몰년 미상. 이름은 채모(蔡模), 자는 중각(仲覺). 각헌(覺軒)은 호이다. 건양(建陽: 福建省) 출신. 주희의 외손자로 주희가 직접 이름과 자를 지었다. 채원정(蔡元定)의 손자이자 채침(蔡沈)의 아들로 가학을 계승하였다. 1244년 천거되어 적공랑(迪功郎)과 건양교수(建陽敎授) 등을 지냈다. 저술로는 『속근사록(續近思錄)』, 『역전집해(易傳集解)』, 『대학연설(大學衍說)』, 『논맹집소(論孟集疏)』, 『하락탐색(河洛探賾)』 등이 있다.

○ 건안섭씨(建安葉氏), 섭채(葉采)

남송 시대의 학자. 생몰년 미상. 이름은 섭채(葉采), 자는 중규(仲圭). 건안(建安: 福建省) 출신. 이종(理宗) 때의 문신. 이방자(李方子)의 사위이며, 그에게

수학하였다. 저술로는 『근사록집해(近思錄集解)』가 있다. (『심경철학사전』 관련 항목)

○ 경원 여씨(慶源 輔氏), 보광(輔廣)

남송 시대의 학자. 생몰년 미상. 이름은 보광(輔廣), 자는 한경(漢卿), 호는 잠암(潛庵). 숭덕(崇德: 浙江省) 출신. 처음에는 여조겸(呂祖謙)에게 배웠고, 1194년 주희의 문인이 되었다. 가정(嘉定: 1208~1224) 연간 초에 정부서(政府書)가 되었다. 관직에서 물러나서는 전이서원(傳貽書院)을 세워 강학하여, 전이선생(傳貽先生)이라고도 불린다. 저술로는 『어맹학용답문(語孟學庸答問)』, 『사서찬소(四書纂疏)』, 『육경집해(六經集解)』, 『시동자문(詩童子問)』, 『통감집의(通鑑集義)』, 『잠암일신록(潛庵日新錄)』, 『사훈편(師訓編)』 등이 있다. (『심경철학사전』 관련 항목)

○ 경재호씨(敬齋胡氏), 호거인(胡居仁)

명나라의 학자. 강서(江西) 여간(餘幹) 사람. 자는 숙심(叔心)이고, 호는 경재(敬齋)다. 성인(聖人)의 학문에 뜻을 두고, 오여필(吳與弼) 문하에 들어가 정주학(程朱學)의 정통을 이어받았다. 충신(忠信)을 위주로 하면서 방심(放心)을 구하는 것을 요점으로 삼았다. 백록서원(白鹿書院)과 동원서원(洞源書院)의 초청을 받아 강의했다. 저서에 『거업록(居業錄)』, 『경재집』, 『역상초(易象鈔)』, 『호문경공집(胡文敬公集)』 등이 있다.

○ 구산 양씨(龜山楊氏), 양시(楊時)

북송(北宋) 시대의 학자. 이름은 양시(楊時), 자는 중립(中立). 구산(龜山)은 호. 시호는 문정(文靖). 남검주(南劍州) 장락현(將樂縣: 福建省) 출신. 1076년 진사가 되어 저작랑(著作郎), 공부시랑(工部侍郎) 등을 지냈다. 정호(程顥), 정이(程頤) 형제에게 배웠고, 사량좌(謝良佐), 유초(游酢), 여대림(呂大臨)과 함께 '정문사선생(程門四先生)'으로 일컬어졌으며, 나종언(羅從彦), 이동(李侗)과 함께 '남검삼선생(南劍三先生)'으로 불리었다. 그의 학문은 나종언(羅從彦), 이동(李侗) 등을 거쳐 주자에게로 이어져, 이학(理學)의 형성과 발전 과정에 중요한 영향을 끼쳤다. 문하에서 많은 학자들이 배출되었다. 저술로는 왕안석(王安石)의 신학(新學)을 반대한 『삼경의변(三經義辨)』과 『이정수언(二程粹言)』, 『구산어록(龜山語錄)』, 『구산집(龜山集)』 등이 있다.

○ 나종언(羅從彦)

자가 중소(仲素), 호는 예장(豫章), 시호는 문질(文質)이다. 남검(南劍: 福建省) 출신. 정이와 양시에게 배웠으며, 양시, 이통과 함께 '남검삼선생(南劍三先生)'으로 불리었다. 주자 학맥의 중요한 위치에 있다. 정좌(靜坐)와 무욕(無慾)을 가르쳤다. 저술로는 『준요록(遵堯錄)』, 『춘추지귀(春秋指歸)』, 『중용설(中庸說)』, 『춘추해(春秋解)』, 『논어해(論語解)』, 『맹자해(孟子解)』, 『모시해(毛詩解)』, 『논어요어(論語要語)』 등이 있다.

○ 남전 여씨(藍田呂氏), 여대림(呂大臨)

북송 시대의 학자. 이름은 여대림(呂大臨), 자는 여숙(與叔). 남전(藍田)은 호이다. 경조(京兆) 남전(藍田: 陝西省) 출신. 처음에는 장재(張載)에게 배웠고, 뒤에는 정호, 정이 형제에게 배웠다. 사량좌(謝良佐), 유초(游酢), 양시(楊時)와 함께 '정문사선생(程門四先生)'으로 불리었다. 원우(元祐: 1086~1094) 연간에 태학박사(太學博士), 비서성정자(祕書省正字) 등을 지냈다. 육경(六經)에 해박하고, 특히 예학(禮學)에 밝았다. 저술로는 『역장구(易章句)』, 『대역도상(大易圖象)』, 『맹자강의(孟子講義)』, 『대학중용해(大學中庸解)』, 『노자주(老子注)』, 『서명집해(西銘集解)』 등이 있었으나 대부분 일실되었다. 현재 「극기명(克己銘)」, 『고고도(考古圖)』, 『속고고도(續考古圖)』, 『석문(釋文)』만이 사고전서(四庫全書)에 수록되어 있다.

○ 남헌 장씨(南軒 張氏), 장식(張栻)

남송 시대의 학자. 자는 흠부(欽夫), 경부(敬夫), 낙재(樂齋), 호는 남헌(南軒), 시호는 선(宣)이다. 한주(漢州) 면죽(綿竹: 四川省 廣漢) 출신. 형양(衡陽: 湖南省)으로 옮겨가 살았다. 이부원외랑(吏部員外郞), 우문전수찬(右文殿修撰) 등을 역임하였다. 호굉(胡宏)에게 이정(二程)의 학문을 배웠는데, 정호의 학문에 더 가깝다는 평을 받았다. 주자, 여조겸(呂祖謙)과 친구 관계였으며, '동남삼현(東南三賢)'에 속한다. 송나라 이종(理宗) 때 공묘(孔廟)에 종사(從祀)되었다. 저술로는 『논어해(論語解)』, 『맹자해(孟子解)』, 『시해(詩解)』, 『서해(書解)』, 『태극도설해(太極圖說解)』, 『남헌역설(南軒易說)』, 『경세편년(經世編年)』, 『남헌집(南軒集)』 등이 있다.

○ 노재 허씨(魯齋許氏), 허형(許衡)

남송 시대의 학자. 이름은 허형(許衡), 자는 중평(仲平), 노재(魯齋)는 호이다. 시호는 문정(文正)이다. 하내(河內: 河南省) 출신. 과거에 뜻을 두지 않고 학문에만 전념하였다. 남방의 허겸(許謙)과 함께 '남북이허(南北二許)'로 불리었다. 1271년 집현대학사(集賢大學士), 국자좨주(國子祭酒) 등을 지냈다. 유인(劉因), 오징(吳澄)과 함께 원대(元代)의 저명한 학자로 손꼽힌다. 저술로는 『독역사언(讀易私言)』, 『노재심법(魯齋心法)』, 『노재유서(魯齋遺書)』, 『허노재집(許魯齋集)』 등이 있다.

○ 도향 추씨(道鄕鄒氏), 추호(鄒浩)

북송 시대의 학자. 이름은 추호(鄒浩), 자는 지완(志完). 도향(道鄕)은 호이다. 진릉(晉陵: 江蘇省) 출신. 철종(哲宗)과 휘종(徽宗) 기간 문신이었다. 학문의 연원이 낙학(洛學)에 있으면서도 선(禪)을 좋아하였고, 왕안석의 학문 또한 수용하였다. 저술로는 『논어해의(論語解義)』, 『맹자해의(孟子解義)』, 『도향집(道鄕集)』 등이 있다.

○ 동래여씨(東萊呂氏), 여조겸(呂祖謙)

남송 시대의 학자. 이름은 여조겸(呂祖謙), 자는 백공(伯恭). 동래(東萊)는 호이다. 시호는 충량(忠亮)이다. 무주(婺州) 금화(金華: 浙江省) 출신. 1163년 진사시 및 박학굉사과(博學宏詞科)에 합격한 이후 관료로 지냈다. 주자, 장식(張栻) 등과 함께 동남삼현(東南三賢)이라 불리운다. 주자와 육구연(陸九淵) 사이의 학술을 조화시키기 위하여 아호사(鵝湖寺)에서의 회합을 주선하였다. 주자와 함께 북송(北宋) 시대 도학자들의 어록(語錄)을 편집하여 『근사록(近思錄)』을 편찬하였다. 저술로는 『동래춘추좌씨전설(東萊春秋左氏傳說)』, 『춘추좌씨속설(春秋左氏續說)』, 『동래좌씨박의(東萊左氏博議)』, 『여씨가숙독시기(呂氏家塾讀詩記)』, 『좌씨유편(左氏類編)』, 『고정고주역(考定古周易)』, 『주역계사정의(周易繫辭精義)』, 『동래역설(東萊易說)』, 『소의외전(少儀外傳)』, 『역대제도상설(歷代制度詳說)』, 『대사기(大事記)』, 『변지록(辨志錄)』, 『동래집(東萊集)』 등이 있다.

○ 면재황씨(勉齋黃氏), 황간(黃榦)

남송 시대의 학자. 이름은 황간(黃榦), 자는 직경(直卿). 면재(勉齋)는 호이다. 시호는 문숙(文肅)이다. 복주(福州) 민현(閩縣: 福建省) 출신. 장사랑(將仕郎)을 거쳐 지한양군(知漢陽軍)·지안경부(知安慶府) 등을 지냈다. 주자의 문인이고 주자의 셋째 딸을 아내로 맞이하였다. 주자는 1196년 『의례경전통해(儀禮經傳通解)』를 편찬할 때 「상례(喪禮)」와 「제례(祭禮)」 두 편을 그에게 맡겼다. 주자의 서거 뒤에 문인들을 결집시키는 데 많은 공헌을 하였다. 백록동서원(白鹿洞書院)에서 강학하였으며, 무이(武夷)의 충우관(沖佑觀)과 박주(亳州)의 명도궁(明道宮)을 주관하였다. 저술로는 『육경강의(六經講義)』, 『예기집주(禮記集注)』, 『논어통석(論語通釋)』, 『논어원의(論語原意)』, 『중용총론(中庸總論)』, 『중용총설(中庸總說)』, 『면재집(勉齋集)』 등이 있다.

○ 무이 호씨(武夷胡氏), 호안국(胡安國)

북송 시대의 학자. 이름은 호안국(胡安國), 자는 강후(康候). 무이(武夷)는 호이다. 시호는 문정(文定)이다. 건녕(建寧) 숭안(崇安: 福建省) 출신. 1097년 진사가 되어 관료 생활을 시작했다. 정이(程頤)의 학문을 사숙하고 사량좌(謝良佐), 양시(楊時), 유초(游酢)와 교유하였다. 정이의 학문을 계승하여 송대 이학(理學)의 발전에 중요한 역할을 담당하였다. 왕안석이 『춘추(春秋)』를 학관(學官)에서 폐지함으로써 춘추학이 쇠퇴하였다고 여겨, 20여 년간 『춘추』를 정밀히 연구하여 『춘추전(春秋傳)』을 저술하였으며, 자주 『춘추』의 역사적 사건을 인용하여 정치를 논하였다. 저술로는 『자치통감거요보유(資治通鑑擧要補遺)』가 있다.

○ 범조우(范祖禹)

북송 성도(成都) 화양(華陽) 사람. 자는 순부(純夫), 순보(淳甫), 몽득(夢得), 시호는 정헌(正獻)이다. 인종(仁宗) 가우(嘉祐) 8년(1063) 진사(進士)가 되었다. 사마광(司馬光) 밑에서 『자치통감(資治通鑑)』을 편수했고, 한림학사(翰林學士)를 역임했다. 젊어서 이정을 사사했으며, 사마광의 학문을 추종했다. 저술로는 『논어설(論語說)』, 『당감(唐鑑)』, 『중용론(中庸論)』, 『범태사집(范太史集)』 등이 있다.

○ 백운허씨(白雲許氏), 허겸(許謙). 동양허씨(東陽許氏)

원(元)나라 때의 학자. 이름은 허겸(許謙), 자는 익지(益之), 백운(白雲)은 호이다. 시호는 문의(文懿)이다. 금화(金華: 浙江省) 출신. 금릉강학(金陵講學)을 지냈다. 김이상(金履祥)의 문하에서 수학하였으며, 정주학(程朱學)을 전파하는 데 크게 공헌하였다. 하기(何基), 김이상(金履祥), 왕백(王伯)과 함께 금화사선생(金華四先生), 북산사선생(北山四先生)으로 불렸다. 북방의 허형(許衡)과 함께 남북이허(南北二許)로 불리었다. 저술로는 『독사서총설(讀四書叢說)』, 『독서총설(讀書叢說)』, 『시집전명물초(詩集傳名物鈔)』, 『춘추온고관규(春秋溫故管

窺)』, 『춘추삼전소의(春秋三傳疏義)』, 『자성편(自省編)』, 『백운문집(白雲文集)』 등이 있다.

○ 북계진씨(北溪陳氏), 진순(陳淳)

남송 시대의 학자. 이름은 진순(陳淳), 자는 안경(安卿). 북계(北溪)는 호이다. 시호는 문안(文安)이다. 장주(漳州) 용계(龍溪: 福建省) 출신. 황간(黃榦)과 함께 주자 문하의 고제(高弟)이다. 저술로는 『북계자의(北溪字義)』, 『엄릉강의(嚴陵講義)』, 『이변(二辨)』, 『논맹학용구의(論孟學庸口義)』, 『여학(女學)』, 『북계문집(北溪文集)』 등이 있다.

○ 사마광(司馬光), 사마온공(司馬溫公)

북송 섬주(陝州) 하현(夏縣) 사람. 자는 군실(君實), 호는 우부(迂夫) 또는 우수(迂叟), 시호는 문정(文正). 속수선생(涑水先生)이라고도 하고, 사후에 온국공(溫國公)에 봉해져 사마온공이라고도 한다. 왕안석의 신법(新法)을 반대하고, 후일 재상으로 유지(劉摯)와 범순인(范純仁), 범조우(范祖禹), 여대방(呂大防) 등을 기용하면서 신법을 철폐하고 옛 제도를 회복을 꾀했다. 경사(經史)에 박식하였으며, 저술로는 『자치통감(資治通鑑)』, 『속수기문(涑水紀聞)』, 『사마문정공집(司馬文正公集)』, 『계고록(稽古錄)』 등이 있다. 『중국역대인명사전』 관련 항목 참고.

○ 상채 사씨(上蔡謝氏), 사량좌(謝良佐)

북송 시대의 학자. 자는 현도(顯道), 호는 상채(上蔡). 시호는 문숙(文肅)이다. 수춘(壽春) 상채(上蔡: 河南省) 출신. 정호, 정이 형제에게 배웠으며, 특히 정호의 학설에 많은 영향을 받았다. 유초(游酢), 양시(楊時), 여대림(呂大臨)과 함께 '정문사선생(程門四先生)'으로 불리었다. 1085년 진사가 되어 응성현령(應城縣令) 등을 지냈다. 경(敬)을 '상성성법(常惺惺法)'이라 하고, 인(仁)을 각

(覺), 생의(生意)로 풀이하였는데, 선학(禪學)의 영향을 받은 것이라고 하여 주자로부터 비판을 받기도 하였다. 이학(理學)이 심학(心學)으로 변해가는 경향을 나타내며, 육구연(陸九淵) 심학(心學)의 선구적 역할을 하였다. 저술로는 『논어해(論語解)』, 『상채어록(上蔡語錄)』이 있다.

○ 서산 채씨(西山蔡氏), 채원정(蔡元定)

남송 시대의 학자. 자는 계통(季通), 호는 서산(西山), 시호는 문절(文節)이다. 건양(建陽: 福建省) 출신. 주자는 그의 학문을 인정하여 제자가 아닌 벗으로 대우하였고, 배우러 오는 사람들로 하여금 먼저 그에게 질정(質正)하도록 하였다. 역학(易學)과 악학(樂學)의 기초를 이루는 수리(數理)철학에 뛰어났다. 저술로는 『대연상설(大衍詳說)』, 『율려신서(律呂新書)』, 『연악원변(燕樂原辯)』, 『황극경세(皇極經世)』, 『태현잠허지요(太玄潛虛指要)』, 『홍범해(洪範解)』, 『팔진도설(八陣圖說)』 등이 있다.

○ 소계명(蘇季明), 소병(蘇昞)

자는 계명(季明)이고, 빈주(邠州) 무공(武功) 출신. 태상박사(太常博士)를 역임하였고, 처음에 장재(張載)에게 수학하였으나, 뒤에는 이정에게 배웠다.

○ 소자(邵子), 소옹(邵雍)

북송 시대의 학자이자 시인. 이름은 소옹(邵雍), 자는 요부(堯夫), 시호는 강절(康節)이다. 범양(范陽: 河北省) 출신. 이지재(李之才)로부터 하도(河圖)·낙서(洛書)의 선천상수학(先天象數學)을 배웠다. 낙양(洛陽)에 거주할 때에는 정호, 정이 형제 및 장재(張載)와 많은 교류를 하였다. 공성(共城) 소문산(蘇門山) 백원(百源)에서 독서하고 농사지으면서, 자신의 거처를 '안락와(安樂窩)'라 하였다. 그리하여 그를 안락선생(安樂先生)이라 불렀고, 그를 따르는 학자들을 '백원학파(百源學派)'라 하였다. 사후에 문묘(文廟)에 종사(從祀)되었으며, 신안백(新安伯)에 추봉되었다. 주돈이(周敦頤), 장재, 정호, 정이와 함께 '북송오자(北宋五子)'로 불린다. 저술로는 『황극경세서(皇極經世書)』, 『선천도(先天圖)』, 『관물편(觀物篇)』, 『이천격양집(伊川擊壤集)』, 『어초문답(漁樵問答)』 등이 있다.

○ 연평 이씨(延平李氏), 이통(李侗)

남송 시대의 학자. 이름은 이동(李侗), 자는 원중(愿仲). 연평(延平)은 호이다. 시호는 문정(文靖)이다. 남검(南劍: 福建省) 출신. 평생 은거하여 제자 양성에 힘썼다. 양시, 나종언과 함께 '남검삼선생(南劍三先生)'으로 불렸다. 문하에서 주자가 배출됨으로써 정호, 정이 형제의 학문이 주자에게 이어지는 교량 역할을 하였다. 저술로는 주자가 편찬한 『이연평집(李延平集)』이 있다.

○ 영가 정씨(永嘉鄭氏), 정백웅(鄭伯熊)

자는 경망(景望)이고, 시호는 문숙(文肅)이다. 소흥(紹興) 15년(1145) 진사가 되었고, 같은 고장의 설계선(薛季宣)과 함께 학행으로 이름을 떨쳤다. 동생 정백영(鄭伯英), 정백해(鄭伯海)와 함께 이정(二程)의 학문을 진흥시켜, 영가의 학자들이 모두 정씨(鄭氏)를 종정으로 받들었다. 진부량(陳傅良)과 섭적(葉適) 등에게 사상적 영향을 주었다. 저술로는 『정부문서설(鄭敷文書說)』, 『정경망집(鄭景望集)』 등이 있다.

○ 오봉 호씨(五峯胡氏), 호굉(胡宏)

남송 시기의 학자. 이름은 호굉(胡宏), 자는 인중(仁仲). 오봉(五峯)은 호이다. 숭안(崇安: 福建省) 출신. 호안국(胡安國)의 막내아들이다. 양시(楊時)를 만나 수학하였으며, 뒤에는 후중량(侯仲良)에게 배웠다. 장식(張栻)이 그에게 배웠다. 장식으로 이어지는 호상학(湖湘學)의 종사(宗師)이다. 이통(李侗), 주자로 이어진 도남학(道南學)이 미발시(未發時)의 기상을 체인하는 공부를 중시한 반면, 호굉, 장식으로 이어진 호상학은 이발시(已發時)의 단서를 살펴 보는 '찰식단예(察識端倪)'의 공부를 우선적으로 요구하고, 그 다음 경(敬)에 의한 함양(涵養) 공부를 요구하는 '선찰식후함양(先察識後涵養)'의 공부론을 주장하였다. 저술로는 『지언(知言)』, 『오봉집(五峯集)』, 『오봉역외전(五峯易外傳)』 등이 있다.

○ 운봉 호씨(雲峯胡氏), 호병문(胡炳文)

송나라 말기, 원나라 초기의 학자. 이름은 호병문(胡炳文), 자는 중호(仲虎). 운봉(雲峯)은 호이다. 휘주(徽州) 무원(婺源: 江西省) 출신. 『주역』에 뛰어났다. 저술로는 『역본의통석(易本義通釋)』, 『서집해(書集解)』, 『춘추집해(春秋集解)』, 『예서찬술(禮書纂述)』, 『사서통(四書通)』, 『대학지장도(大學指掌圖)』, 『오경회의(五經會義)』, 『이아운어(爾雅韻語)』 등이 있다.

○ 인산 김씨(仁山金氏), 김이상(金履祥)

송나라 말기, 원나라 초기의 학자. 이름은 김이상(金履祥), 자는 길부(吉父), 호는 차농(次農). 시호는 문안(文安)이다. 난계(蘭溪: 浙江省) 출신. 왕백(王柏), 하기(何基)에게 배웠다. 왕백(王柏), 하기(何基), 허겸(許謙)과 함께 '금화사선생(金華四先生)', '북산사선생(北山四先生)'으로 불리었다. 원나라가 들어서자 벼슬하지 않고 인산(仁山)에 은거하였다. 그리하여 사람들이 인산선생(仁山先生)이라 일컬었다. 저술로는 『상서주(尚書注)』, 『서표주(書表注)』, 『논어집주고증(論語集注考證)』, 『맹자집주고증(孟子集注考證)』, 『대학장구소의(大學章句疏義)』, 『중용표주(中庸標注)』, 『통감전편(通鑑前編)』, 『인산집(仁山集)』 등이 있다.

○ 임천 오씨(臨川吳氏), 오징(吳澄)

송나라 말기, 원나라 초기의 학자. 이름은 오징(吳澄), 자는 유청(幼清), 백청(伯淸), 호는 초려(草廬). 시호는 문정(文正)이다. 무주(撫州) 숭인(崇仁: 江西省) 출신. 함순(咸淳: 1265~1274) 연간에 진사가 되었으나 벼슬하지 않고 은거하였다. 1308년 국자감승(國子監丞)이 되어 국자사업(國子司業)에 올랐으며, 한림학사(翰林學士)·태중대부(太中大夫) 등을 지냈다. 1324년 경연강관(經筵講官)이 되어 『영종실록(英宗實錄)』을 편수하였다. 요로(饒魯)의 제자인 정약용(程若庸)에게 배웠으며, 뒤에는 주자와 육구연(陸九淵)의 사상을 조화시키려 하였던 정소개(程紹開)에게 수학하였다. 주자의 사전제자(四傳弟子)로 이학(理學)을 위주로 하면서 심학(心學)을 아울러 취하여 주자와 육구연의 사상을 조화시켰다. 『도통도(道統圖)』를 지어 자신이 주자 이후의 도통을 계승한 사람이라 자부하였다. 허형(許衡), 유인(劉因)과 함께 원대(元代)의 저명한 학자로 손꼽힌다. 저술로는 『시찬언(詩纂言)』, 『서찬언(書纂言)』, 『역찬언(易纂言)』, 『춘추찬언(春秋纂言)』, 『예기찬언(禮記纂言)』 등 오경(五經)의 찬언(纂言)이 있고, 그 외에 『초려정어(草廬精語)』, 『제경서설(諸經序說)』, 『의례일경전(儀禮逸經傳)』, 『오문정집(吳文正集)』 등이 있다.

○ 의상(倚相)

『춘추좌씨전(春秋左氏傳)』, 『국어(國語)』의 저자로 알려진 춘추시대 노나라 좌구명(左丘明, 기원전 502~422)의 할아버지이다. 초나라 좌사(左史)로, 초나라의 『훈전(訓典)』에 정통하였다. 항상 초나라 임금에게 지난 일로 간언하여 선왕의 유업을 잊지 않도록 하였고, 초나라 사람이 의문이 있으면 그에게 가르침을 청하였다고 한다. 사신(史臣)의 대표로 꼽히는 인물이다.

○ 잠실 진씨(潛室陳氏), 진식(陳埴)

남송 시대의 학자. 생몰년 미상. 이름은 진식(陳埴), 자는 기지(器之), 호는 목종(木鐘). 온주(溫州) 영가(永嘉: 浙江省) 출신. 가정(嘉定) 연간에 진사가 되어 통직랑(通直郞)을 지냈다. 처음에 섭적(葉適)에게 배웠고, 뒤에는 주자에게 수학하였다. 저술로는 『우공변(禹貢辯)』, 『홍범해(洪範解)』, 『왕제장구(王制章句)』, 『목종집(木鐘集)』, 『근사록잡문(近思錄雜問)』 등이 있다.

○ 유초(游酢)

자는 정부(定夫), 자통(子通), 호는 치산(廌山), 광평(廣平), 시호는 문숙(文肅)이다. 건양(建陽: 福建省) 출신. 1083년 진사가 되어 관직을 시작했다. 정호, 정이 형제에게 배웠으며, 사량좌(謝良佐), 양시(楊時), 여대림(呂大臨)과 함께 '정문사선생(程門四先生)'으로 불리었다. 만년에 선학(禪學)에 몰입하여 유학과 불교를 절충해서, 호굉으로부터 '정자(程子) 문하의 죄인'이라는 혹평을 받기도 하였다. 저술로는 『역설(易說)』, 『중용의(中庸義)』, 『논어맹자잡해(論語孟子雜解)』, 『시이남의(詩二南義)』 등이 있었지만 모두 일실(逸失)되었다. 후세 사람들이 유문(遺文)을 모아서 엮은 『유치산집(游廌山集)』이 남아 있다.

○ 장자(張子), 장재(張載)

북송 시대의 학자. 자는 자후(子厚), 호는 횡거(橫渠), 시호는 헌(獻)이다. 봉상(鳳翔) 미현(郿縣: 陝西省) 출신. 1058년 진사가 되어 관직 생활을 했다. 관중(關中)에서 강학하였으므로 그의 학문을 '관학(關學)'이라 부른다. 정호, 정이 형제와는 먼 친척 관계이며, 그들과 함께 『주역』을 강론하였다. 왕안석의 신법(新法)에 반대하여 옥고를 치르기도 하였다. 서거 후 문하의 많은 제자들이 이정(二程)에게 입문하였다. 그의 기(氣) 사상은 주자에게 큰 영향을 끼쳤기 때문에 '북송오자(北宋五子)'로 불린다. 저술로는 『정몽(正蒙)』, 『서명(西銘)』, 『동명(東銘)』, 『횡거역설(橫渠易說)』, 『이굴(理窟)』 등이 있으며, 모두 『장자전서(張子全書)』에 수록되어 있다.

○ 정민정(程敏政), 정황돈(程篁墩)

명(明)나라 때의 학자. 자는 극근(克勤), 호는 황돈(篁墩). 안휘성(安徽省) 출신. 1466년 과거에 급제하여 한림원(翰林院)에 들어가 봉직하고 예부시랑(禮部侍郞)에 올랐으나, 1499년 회시(會試)의 고관(考官)이 되었을 때 뇌물을 받고 시제(試題)를 유출시켰다가 탄핵을 받아 투옥되었다. 이후 벼슬을 그만두고 나아가지 않았다. 1492년 진덕수(眞德秀)의 『심경(心經)』에 송대(宋代)와 원대(元代) 학자들의 견해를 추가로 부기(附記)하여 『심경부주(心經附註)』를 편찬하였다. 학문 경향에 있어서는 육구연(陸九淵)의 심학(心學)에 물들었다는 비판을 받았다. 특히 『심경부주』를 만들면서 도문학(道問學)보다 존덕성(尊德性)을 주로 하여 은연중 주희보다 육구연을 숭배했다는 지탄을 받았다.

○ 정자(程子), 정이(程頤), 정이천(程伊川)

북송 시대의 학자. 자는 정숙(正叔), 호는 이천(伊川), 시호는 정(正)이다. 낙양(洛陽: 河南省) 출신. 형 정호(程顥)와 더불어 정자(程子) 혹은 이정(二程)이라 불린다. 비서성교서랑(祕書省校書郞), 숭정전설서(崇政殿說書) 등을 지냈다. 정호와 함께 주돈이(周敦頤, 주렴계)에게 수학한 적이 있다. 오랫동안 낙양(洛陽)에서 강학하여 이정의 학문을 '낙학(洛學)'이라 불렀다. 정치적으로는 사마광과 노선을 함께 하며 왕안석의 신법(新法)을 반대하였다. 정호를 맹자 이래로 끊긴 도(道)를 1,500년이 지난 후에 처음으로 다시 밝힌 사람이라고 칭송했으며, 자신들의 학문을 도학(道學)이라 불렀다. 정호가 이른 나이에 죽었기 때문에 사실상 도학의 체계를 완성하였다. 이전의 유학과 불교 및 도교를 비판하고 종합하여 새로운 유학으로서의 도학을 설계하였다. 이것이 주자에게 결정적인 영향을 미쳤기 때문에, 정이와 주자를 함께 불러 '정주학(程朱學)'이라고도 한다. 북송오자 가운데 한 사람이다. 저술로는 『역전(易傳)』, 『춘추전(春秋傳)』, 『안자소호하학론(顔子所好何學論)』 등이 있다. 후인들이 정호의 저술과 합하여 『이정전서(二程全書)』를 편찬하였다.

○ 정자(程子), 정호(程顥), 정정호(程明道)

북송 시대의 학자. 자는 백순(伯淳), 호는 명도(明道), 시호는 순(純)이다. 낙양 출신. 동생 정이와 더불어 정자 혹은 이정이라 불리었다. 1058년 진사가 되어 상원현주부(上元縣主簿), 태자중윤(太子中允) 등을 지냈다. 노자와 불교를 공부하였지만 육경(六經)으로 돌아와 도리를 깨우쳤다. 북송오자이다. 저술로는 『식인편(識仁篇)』, 『정성서(定性書)』 등이 있으며, 그가 남긴 글과 어록이 모두 『이정전서』에 수록되어 있다.

○ 정현(鄭玄)

후한(後漢) 말기의 학자. 자는 강성(康成). 북해(北海: 山東省) 고밀(高密) 출신. 평생 재야의 학자로 지내며 훈고학(訓詁學), 경학(經學)의 시조로 존경을 받았다. 지방의 말단관리가 되었으나 그만두고, 낙양(洛陽)에 올라가 태학(太學)에 입학하였다. 마융(馬融) 등에게 『역』, 『서』, 『춘추』 등을 배웠다. 44세 때 '당고(黨錮)의 화'를 입고, 집안에 칩거하여 연구와 저술에 몰두하였다. 14년 뒤 금고가 풀리자 여러 곳에서 초빙되고, 만년에는 대사농(大司農)에 제수되었으나 모두 사양하였다. 경학의 금문(今文)과 고문(古文) 외에 천문(天文) ·역수(曆數)에 이르기까지 광범한 범위를 연구하였다. 저술로는 『발묵수(發墨守)』, 『침고황(鍼膏肓)』, 『기폐질(起廢疾)』 등이 있으며, 『주역』, 『상서(尙書)』, 『모시(毛詩)』, 『주례(周禮)』, 『의례(儀禮)』, 『예기(禮記)』, 『논어』, 『효경(孝經)』 등을 주석하였다. 저술 중 완전하게 현존하는 것은 『모시』의 전(箋)과 『주례』, 『의례』, 『예기』의 주해뿐이며, 그 외에는 단편적으로 남아 있다.

○ 주자(周子), 주돈이(周敦頤), 주렴계(周濂溪)

북송 시대의 학자. 본명은 돈실(敦實)이었으나 영종(英宗)의 초명 종실(宗實)을 피하여 돈이(敦頤)로 고쳤다. 자는 무숙(茂叔), 호는 염계(濂溪), 시호는 원(元)이다. 도주(道州) 영도(營道: 湖南省) 출신. 음직으로 분령현주부(分寧縣主簿)가 된 뒤 남창현령(南昌縣令), 건주통판(虔州通判) 등을 지냈다. 1241년 공묘(孔廟)에 배향되었다. 『태극도설(太極圖說)』을 도학의 형이상학으로 해석한 주자에 의해 격상되어 마침내 북송오자로 추앙되었다. 저술로는 『태극도설』, 『통서(通書)』 등이 있다. 청나라 때 그의 저술을 모두 합하여 『주자전서(周子全書)』를 편찬하였다.

○ 주자(朱子), 주희(朱熹)

남송 시대의 대학자. 자는 원회(元晦), 중회(仲晦), 호는 고정(考亭), 회암(晦庵), 회옹(晦翁), 창주병수(滄洲病叟), 창주조수(滄洲釣叟), 둔옹(遯翁), 자양(紫陽), 시호는 문(文)이다. 복건성(福建省) 우계현(尤溪縣) 출신. 22세에 과거에 급제하여 관직생활을 시작했다. 24세 때 이동(李侗)과 만났고, 호상학의 계승자인 장식과 교류하였으며, 여조겸과 북송 유학의 선집본인 『근사록(近思錄)』을 편찬하였다. 주자는 민(閩) 땅에서 벼슬하고 고정(考亭)에 살았으므로 그의 학문을 '민학(閩學)', 그를 따르는 학파를 '고정학파(考亭學派)'라 부르기도 한다. 북송오자의 학설을 종합하여 송대 이학(理學)을 집대성하고, 주자학의 방대한 철학 체계를 건립하여, 공맹(孔孟) 이후 유학의 성인으로 추앙받았다. 말년에는 조정의 권신들에게 미움을 받아 위학(僞學, 거짓된 학문)의 모함을 받았으나, 1241년 공묘(孔廟)에 배향되었고, 남송 말부터 국가의 정통사상이 되었으며, 원나라 때에는 과거시험에 주자의 사서장구집주(四書章句集註)를 표준으로 삼았다. 저술로는 『논어장구(論語章句)』, 『맹자장구(孟子章句)』, 『대학장구(大學章句)』, 『중용장구(中庸章句)』, 『주역본의(周易本義)』, 『역학계몽(易學啓蒙)』, 『시집전(詩集傳)』, 『의례경전통해(儀禮經傳通解)』, 『주자가례(朱子家禮)』, 『대학혹문(大學或問)』, 『중용혹문(中庸或問)』, 『중용집략(中庸輯略)』, 『논어혹문(論語或問)』, 『논어정의(論語精義)』, 『논어집의(論語集義)』, 『맹자혹문(孟子或問)』, 『맹자집의(孟子集義)』, 『맹자지요(孟子指

要)』, 『효경간오(孝經刊誤)』, 『태극도설해(太極圖說解)』, 『주역참동계(周易參同契)』, 『자치통감강목(資治通鑑綱目)』, 『초사집주(楚辭集注)』 등이 있다. 그 외에도 문인과의 문답을 기록한 『주자어류(朱子語類)』와 후세 사람들이 편찬한 『주자대전(朱子大全)』 등이 있다.

○ **서산 선생(西山先生), 진덕수(眞德秀)**

남송 시대의 학자. 자는 경원(景元), 희원(希元), 경봉(景峰), 경희(景希), 호는 서산(西山), 시호는 문충(文忠)이다. 건주(建州) 포성(浦城: 福建省) 출신. 1199년 진사가 되어 관직을 시작했다. 정주학(程朱學)을 계승하고 발전시키는 데 힘썼으며, 이학(理學)을 통치이념으로 확립하는 데 큰 역할을 하였다. 불교와 노장을 적극적으로 배척하지 않아 주자학에 순수하지 못했다는 후세의 평이 있다. 저술로는 『서산갑을고(西山甲乙稿)』, 『대월갑을집(對越甲乙集)』, 『경연강의(經筵講義)』, 『삼례고(三禮考)』, 『대학연의(大學衍義)』, 『사서집편(四書集編)』, 『진문충공집(眞文忠公集)』 등이 있다. 육경(六經) 가운데 수양의 글귀와 이에 대한 도학자들의 주석을 엮어 『심경(心經)』을 편찬했다.

○ **유청지(劉淸之)**

남송 임강군(臨江軍) 출신. 자는 자징(子澄)이고, 호는 정춘선생(靜春先生)이다. 고종(高宗) 소흥(紹興) 27년(1157) 진사(進士)가 되었다. 여조겸(呂祖謙), 장식(張栻)과 교유했고, 왕응전(汪應辰)과 이도(李燾)의 존경을 받았다. 저술로는 『증자내외잡편(曾子內外雜篇)』과 『제의(祭儀)』, 『시령서(時令書)』, 『속설원(續說苑)』, 『훈몽신서(訓蒙新書)』, 『계자통록(戒子通錄)』, 『묵장총록(墨莊總錄)』 등이 있다.

○ **치당 호씨(致堂胡氏), 호인(胡寅)**

남송 시기의 학자. 이름은 호인(胡寅), 자는 명중(明仲), 중강(仲剛), 중호(仲

虎), 치당(致堂)은 호이다. 시호는 문충(文忠)이다. 호안국(胡安國)의 아들이며, 양시에게 수학하였다. 1121년 진사가 되어 관직을 시작했다. 호안국이 승상 진회(秦檜)와 친했으나, 그는 진회를 싫어하여 관직에서 물러나 형주(衡州)로 돌아갔다. 저술로는 『논어상설(論語詳說)』, 『독사관견(讀史管見)』, 『숭정변(崇正辯)』, 『비연집(斐然集)』 등이 있다.

○ 호씨 계수(胡氏季隨), 호대시(胡大時)
남송 시대의 학자. 이름은 호대시(胡大時), 호는 반곡(盤谷), 계수(季隨)는 자이다. 건녕(建寧) 숭안(崇安: 福建省) 출신. 호굉의 막내아들이며, 호안국의 손자이다. 처음에는 호굉의 제자인 장식에게 수학하였으며, 그의 사위가 되었다. 장식이 죽은 뒤에는 진부량(陳傅良)에게 배웠고, 그 뒤에는 육구연(陸九淵)에게도 배웠다. 주자와도 교유하였으며, 호상(湖湘) 지역에서 명성이 높았다. 장식의 주장을 계승하면서 육구연의 심학(心學)과 영가학파(永嘉學派)였던 진부량의 경세학(經世學), 그리고 주자의 학문을 함께 수용하여 융합을 시도하였다. 저술로는 『호남답문(湖南答問)』 등이 있다.

○ 화정 윤씨(和靖尹氏), 윤돈(尹焞)
남송 시기의 학자. 이름은 윤돈(尹焞), 자는 언명(彦明), 덕충(德充), 화정(和靖)은 호이다. 낙양 출신. 정이의 제자이며, 관리가 되는 것을 원하지 않아 '화정처사(和靖處士)'로 불렸다. 함양(涵養) 공부를 중시하고 평생 『논어』, 『맹자』만을 연구하였다. 경(敬)의 방법으로 '기심수렴, 불용일물(其心收斂, 不容一物)'을 내세웠다. 정이의 다른 문인들처럼 선학(禪學)에 빠지지 않고 순정함을 지킨 것이 특징이라 할 수 있다. 저술로는 『논어해(論語解)』, 『맹자해(孟子解)』, 『문인문답(門人問答)』, 『화정집(和靖集)』 등이 있다.

〈주자어류 기록자〉

○ 감절甘節

자가 길보(吉父, 吉甫)이다. 무주(撫州) 임천현(臨川縣, 浙江) 사람이다. 감절이 기록한 어록은 계축년(1193)년 이후에 들은 것으로 대략 300조목이 있다. 『주자대전』 권62에는 주자가 감절에게 답하는 2통의 편지가 있다.

○ 곽우인(郭友仁)

자는 덕원(德元)이고, 초주(楚州) 산양현(山陽縣, 江蘇省) 사람이다. 무오년(1198)에 들은 것을 30여 조목 기록했다. 선(禪)을 공부했고, 노장(老莊) 또한 섭렵했다.

○ 김거위(金去僞)

자가 경직(敬直)이며, 초창(草窓) 선생이라고 불렀다. 요주(饒主) 낙평현(樂平縣, 江西) 사람이다. 을미년(1175년)에 들은 것으로 거의 100조목을 남겼다.

○ 난연(暖淵)

자가 아부(亞夫)이고, 호는 연당(蓮塘)이다. 부주(涪州) 부릉현(涪陵縣, 四川) 사람이다. 저서로 『맹자주(孟子註)』가 있다. 계축년(1193년)에 들은 것을 기록했다.

○ 동공수(董拱壽)

자는 인숙(仁叔)이고, 요주(饒州) 파양(鄱陽, 江西) 사람이다. 갑인년(1194년)에 들었던 내용으로 16조목이 있다.

○ 동백우(童伯羽)

자는 비경(蜚卿) 혹은 비경(飛卿)으로도 쓰여져 있다. 경의(敬義) 선생이라고 불렀다. 건영부(建寧府) 구령현(甌寧縣, 福建) 사람이다. 경술년(1190년)에 들은 것으로 대략 60여 조목이 있다.

○ 동수(董銖)

동수의 자는 숙중(叔重)이고, 반간(槃澗) 선생이라고 불렀다. 요주(饒州) 덕흥현(德興縣, 江西) 사람이다. 무주(婺州) 금화현위(金華縣尉)를 역임하였다. 경원 3년(1197년) '위학 금지령'이 내려져서 여러 학생들이 동요할 때 동수는 그들을 엄하게 꾸짖었다고 전한다. 병진년(1196년) 이후에 들은 것으로 대략 300-400여 조목이 있다. 『주자대전』 권51에는 10통의 편지가 있다.

○ 두종주(竇從周)

자는 문경(文卿)이고, 진강부(鎭江府) 단양현(丹陽縣, 江蘇) 사람이다. 1186년 나이가 이미 50세가 되었을 때 비로소 주자를 건양(建陽)에서 만나서 공부했다. 병오년(1186년) 이후에 들은 것으로 30여 조목이 있다. 『주자대전』 권59에는 그에게 보내는 4통의 편지가 있다.

○ 등린(滕璘)

자는 덕수(德粹) 이고, 호는 계재(溪齋)이며, 휘주(徽州) 무원현(婺源縣, 江西) 사람이다. 사천제사간관(四川制司幹官) 등의 벼슬을 지냈다. 신해년(1191년)에 들은 것으로 100여 조목이 있다. 『주자대전』 권49에는 11통의 편지가 있다.

○ 만인걸(萬人傑)

자가 정순(正淳) 또는 정순(正純)이며, 호는 시재(止齋)이다. 흥국군(興國軍) 대야현(大冶縣, 湖北) 사람이다. 육상산(陸象山)에게 배우다가, 이후 주자의 학문을 배우게 되었다. 경자년(1180년) 이후에 들은 것으로 400여 조목이 있다. 『주자대전』 권51에는 만인걸에게 답하는 7통의 편지가 있다.

○ 반병(潘柄)

자는 겸지(謙之)이고, 과산(瓜山) 선생이라고 불렸다. 회안(懷安, 福建) 사람이다. 계묘년(1183년) 이후에 들은 것으로 20여 조목이 있다. 『주자대전』 권55에는 3통의 편지가 있다.

○ 반시거(潘時擧)

자가 자선(子善)이고, 태주(台州) 천태현(天台縣, 浙江) 사람이다. 국자정록(國子正錄)에 올랐다. 계축년(1193년) 이후에 들었던 내용으로 거의 400여 조목에 달한다. 『주자대전』 권60에 11통의 편지가 있다.

○ 반리손(潘履孫)

자는 탄옹(坦翁)이고, 무원(婺源) 사람이다. 갑인년(1194년)에 들은 것을 30여 조목으로 기록했다., 『주자대전』 권62에 1통의 편지가 있다.

○ 보광(輔廣)

자가 한경(漢卿)이고, 호는 잠암(潛庵)이다. 가흥부(嘉興府) 숭덕현(崇德縣, 浙江) 사람이다. 처음에 여조겸(呂祖謙)에게 배웠고 후에는 주자의 문인이 되었다. 위학금지령이 내렸을 때도 동요하지 않았고, 1220년 전후에 전태서원(傳貽書院)을 지어서 학생들을 가르쳤기 때문에 전태(傳貽) 선생으로 불렸다. 갑인년(1194년) 이후에 들은 것으로 모두 400여 조목이 있다. 『주자대전』 권59에는 7통의 편지가 있다.

○ 서우(徐寓)

자가 거보(居父, 居甫]이고, 호는 반주수(盤州叟)이며, 온주(溫州) 영가현(永嘉

縣, 浙江) 사람이다. 경술년(1190년) 이후에 들은 것으로 300조목이 넘는다. 『주자대전』 권58에는 2통의 편지가 있다.

○ 섭하손(葉賀孫)

자는 미도(味道)라고 전한다. 서산(西山) 선생이라 불렸고, 시호는 문수(文修)이며, 괄창(括蒼) 사람이다. 가정 13년(1220년) 진사가 되었고, 이종(理宗) 때 비서저작좌랑(秘書著作佐郎)에 올랐다. 신해년(1191년) 이후에 들었던 내용으로 300-400조목에 이른다. 『주자대전』 권58에 4통의 편지가 있다.

○ 소좌(蕭佐)

자가 정부(定夫)이고, 담주(潭州) 상향현(湘鄉縣, 湖南) 사람이다. 아버지는 호굉(胡宏)을 따라 배웠으며, 장식(張栻)과 동문이었기 때문에 소좌도 장식에게 배우다가 이후 주자를 배웠다. 갑인년(1194년)에 들은 것으로 대략 40조목이 있다.

○ 소호(邵浩)

자가 희맹(希孟)이고 금화(金華) 사람이다. 아버지 곽흠지는 장구성(張九成)의 문하에 있었고, 그의 형제들은 주자와 여조겸(呂祖謙)에게 함께 배웠다.

○ 습개경(襲蓋卿)

자가 몽석(夢錫)이고, 형주(衡州) 상령현(常寧縣, 湖南) 사람이다. 처음에는 장식의 문인이었다. 갑인년(1194년)에 들은 것으로 20여 조목이다.

○ 심한(沈僩)

자가 장중(莊仲)이고, 온주(溫州) 영가현(永嘉縣, 浙江) 사람이다. 무오년(1198년) 이후에 들은 것으로 700-800여 조목이 있다.

○ 양도부(楊道夫)

자가 중사(仲思)이고, 건령부(建寧府) 사람이다. 기유년(1189년) 이후에 들은 것으로 모두 150여 조목이다. 『주자대전』 권58에 4통의 편지가 있다.

○ 양방(楊方)

자가 자직(子直)이고, 호는 담헌노수(淡軒老叟)이다. 융흥(隆興) 원년(1163년) 진사가 되었고, 관직이 제형광서(提刑廣西)에 이르렀다. 경인년(1170년)에 들었던 것으로 200여 조목에 달한다. 그는 주자와 50여 년 동안 교류했지만, 주자와 가장 뜻이 맞지 않는 문인 가운데 한 사람이었다. 『주자대전』 권45에는 5통의 편지가 있다.

○ 양양(楊驤)

자가 자앙(子昂)이고, 양도부의 형이다. 건령부(建寧府) 포성(浦城, 福建)사람이다. 기유년(1189년)부터 갑인년(1194년)까지 들었던 내용으로 대략 40조목이 있다.

○ 여대아(余大雅)

자가 정숙(正叔)이고 신주(信州) 상요현(上饒縣, 江西) 사람이다. 관직이 광서경략(廣西經略)에 이르렀다. 무술년(1178년) 이후에 들은 것으로 대략 150조목이 있다. 『주자대전』 권59에는 3통의 편지가 있다.

○ 여도(呂燾)

자가 덕소(德昭)이고, 남강(南康) 사람이다. 형 여환(呂煥), 아우 여염(呂炎)과 함께 주자에게 배웠다. 기미년(1199년)에 들었던 강의를 기록했는데, 300여 조목이다.

○ 오수창(吳壽昌)

자가 대년(大年)이고, 소무군(邵武軍) 소무현(邵武縣, 福建)사람이다. 병오년(1186년)에 들은 것으로 40여 조목이 있다.

○ 오종(吳琮)

자는 중방(仲方)이고 임천(臨川) 사람이다. 갑인년에 들은 것을 10여 조목으로 기록하였다.

○ 오치(吳雉)

자가 화중(和中)이고, 건녕부(建寧府) 건양현(建陽縣, 福建) 사람이다. 여러 조목의 어록이 실려 있다.

○ 오필대(吳必大)

자가 백풍(伯豐)이고, 흥국군(興國軍, 湖北) 사람이다. 장식과 여조겸에게 배우다가, 늙어서 주자에게 배우러 왔다. 무신년(1188년)과 기유년(1189년)에 들은 것으로 모두 200여 조목이 있다. 『주자대전』 권52에는 24통의 편지가 있다.

○ 요덕명(寥德明)

자가 자회(子晦)이고, 호는 사계(槎溪)이다. 남검주(南劍州) 순창현(順昌縣) 사람이다. 건도 5년(1169년) 진사가 되었다. 어릴 때 석씨(釋氏)의 학문을 배우다가 양시(楊時)의 책을 읽고 나서 주자에게 배웠다. 이부좌선랑(吏部左選郎)의 관직을 역임했으며, 주자의 『가례(家禮)』와 이정의 여러 책들을 출간했다. 계사년(1173년) 이후에 들은 것으로 300여 조목이 있다. 『주자대전』 권45에는 18통의 편지가 있다.

○ 위춘(魏椿)

자가 원수(元壽)이고, 건령부(建寧府) 건양현(建陽縣, 福建) 사람이다. 무신년(1188년)에 들은 것으로 대략 20조목이 있다.

○ 유경중(游敬仲)

자가 연숙(連叔)이고, 남검주(南劍州) 검포현(劍浦縣, 福建) 사람이다. 신해년(1191년)에 들은 것으로 모두 30여 조목이 있다.

○ 유자환(劉子寰)

자가 기보(圻父), 호는 황률옹(篁㮚翁)이다. 건녕부 건양현 사람이다. 가정 10년(1217년)에 진사가 되고, 시로 이름이 높았다. 기미년(1199년)에 들은 것을 5조목으로 남겼다.

○ 유지(劉砥)

자가 리지(履之)이고, 호는 존암(存庵)이며, 복주(福州) 장락현(長樂縣, 福建) 사람이다. 경술년(1190년)에 들은 것으로 대략 70조목이 있다. 동생 유려(劉礪)와 함께 주자에게 배웠고, 주자가 예서(禮書)를 편찬하는 데 많은 도움을 주었다.

○ 이계찰(李季札)

자는 계자(季子)이고, 휘주(徽州) 무원현(婺源縣, 江西) 사람이다. 병신년(1176년)과 을묘년(1195년)에 들은 것으로 30여 조목이 있다.

○ 이굉조(李閎祖)

자가 수약(守約)이고, 호는 강재(綱齋) 또는 경재(絅齋)이며, 소무(邵武) 사람이다. 가정 4년(1211년) 진사가 되었다. 무신년(1188년) 이후에 들은 것으로 200여 조목이 있다. 『주자대전』 권55에는 14통의 편지가 있다.

○ 이방자(李方子)

자가 공회(公晦)이고, 호는 과재(果齋)이며, 소무현(昭武縣, 福建) 사람이다. 가정 7년(1214년) 진사가 되었다. 무신년(1188년) 이후에 들은 것으로 200여 조목이 있다. 『주자대전』 권59에는 3통의 편지가 있다.

○ 이번(李燔)

자가 경자(敬子)이며, 호는 홍재(弘齋) 또는 굉재(宏齋)이다. 남강군(南康軍) 건창현(建昌縣, 湖南) 사람이다. 시호는 문정(文定)이다. 소희(紹熙) 원년(1190년) 진사가 되었다. 『송사』 권430에 그의 전기가 있다. 『주자어류』에 대략 20조목의 기록이 있다. 『주자대전』 권62에 1통의 편지가 있다.

○ 이장조(李壯祖)

자가 처겸(處謙)이고, 소무 사람이며, 이굉조의 동생이다. 가정 4년(1211년) 진사에 급제하여 현위(縣尉)를 지냈다. 『주자대전』 권59에 1통의 편지가 있다.

○ 임각(林恪)

자가 숙공(叔恭)이고, 태주(台州) 천태현(天台縣, 浙江) 사람이다. 계축년(1193년)에 들은 것으로 모두 100조목이 있다. 『주자대전』 권60에 1통의 편지가 있다.

○ 임기손(林夔孫)

자가 자무(子武)이고, 호는 몽곡(蒙谷)이다. 복주(福州) 고전현(古田縣, 福建) 사람이다. 가정 7년(1214년) 현위가 되었다. 정사년(1197년) 이후에 들은 것으로 대략 150조목이 있다.

○ 임사(林賜)

자가 문일(聞一)이다. 을묘년(1195년) 이후에 들은 것으로, 100여 조목이 있다.

○ 임학몽(林學蒙)

자가 정경(正卿)이고, 복주 영복현(永福縣, 福建) 사람이다. 갑인년(1194년)

이후에 들은 것으로 100여 조목이 있다. 『주자대전』 권59에는 4통의 편지가 있다.

○ 장흡(張洽)
자가 원덕(元德)이고, 시호는 문헌(文憲)이며, 임강군(臨江軍) 청강현(淸江縣, 江西) 사람이다. 『송사』 권430에 전기가 실려 있다. 관직이 직비도주관건강숭희관(直秘圖主管建康崇禧觀)에 이르렀다. 정미년(1187년)과 계축년(1193년)에 들은 것으로 대략 30조목이 있다. 『주자대전』 권62에 9통의 편지가 있다.

○ 정가학(鄭可學)
자가 자상(子上)이고, 호는 지재(持齋)이다. 흥화군(興化軍) 보전현(莆田縣, 福建) 사람이다. 신해년(1191년)에 들은 것으로 400여 조목이 넘는다. 『주자대전』 권56에는 17통의 편지가 있다.

○ 정남승(鄭南升)
자가 문진(文振)이고, 조주(潮州) 조양현(潮陽縣, 廣東) 사람이다. 계축년(1193년)에 들은 것으로 100여 조목에 이른다.

○ 정단몽(程端蒙)
자가 정사(正思)이고 호는 몽재(蒙齋)이며, 파양현(鄱陽縣, 江西) 사람이다. 기해년(1179년) 이후에 들은 것으로 200여 조목이 있다. 『주자대전』 권50에 20통의 편지가 있다.

○ 주명작(周明作)
자가 원흥(元興)이고, 건녕부(建寧府) 건양(建陽, 福建) 사람이다. 임자년(1192년) 이후에 들은 것으로 100여 조목이 있다.

○ 주모(周謨)

자가 순필(舜弼)이고, 남강군(南康軍) 건창현(建昌縣, 江西) 사람이다. 기해년(1179년)에 들은 것으로 모두 200여 조목이 있다. 『주자대전』 권50에는 10통의 편지가 있다.

○ 증조도(曾祖道)

자가 택지(擇之) 또는 택지(宅之)이다. 길주(吉州) 여릉현(廬陵縣, 江西) 사람이다. 처음에는 육자정(陸子靜)에게 배웠다. 정사년(1197년)에 기록한 어록이 100여 조목에 이르고, 『주자대전』 권60에 4통의 편지가 있다.

○ 진병(陳枅)

자가 자수(自修)이다. 그가 기록한 어록은 20여 조목이다.

○ 진문위(陳文蔚)

자가 재경(才卿)이고, 극재(克齋) 선생이라고 불렀다. 신주(信州) 상요현(上饒縣, 江西) 사람이다. 같은 고향의 여대아를 통해서 주자를 만나게 되었고, 주자와 매우 친밀한 관계였다. 무신년(1188년) 이후에 들은 내용으로 대략 230조목에 이른다. 『주자대전』 권59에는 16통의 편지가 있다.

○ 진순(陳淳)

자가 안경(安卿)이고, 북계(北溪) 선생이라고 불렀으며, 시호는 문안(文安)이다. 장주(漳州) 용계현(龍溪縣, 福建) 사람이다. 경술년(1190년)과 기미년(1199년)에 들은 내용으로 500-600여 조목에 이른다.

○ 진식(陳埴)

자가 기지(器之)이고, 온주(溫州) 영가현(永嘉縣, 浙江) 사람이다. 삼실(潛室) 선생이라고 불렀다. 저술로 『근사록잡문(近思錄雜問)』 1권이 있다. 『주자어류』에 34조목의 기록이 있다. 『주자대전』 권58에 2통의 편지가 있다.

○ 채여(蔡輿)

자가 행부(行夫)이고, 단안부(端安府) 평양현(平陽縣, 浙江) 사람이다. 임자년(1192년)에 들은 것으로 5조목이 있다.

○ 채연(蔡淵)

자가 백정(伯靜)이고, 절재(節齋) 선생이라고 불렀으며, 채원정의 첫째 아들이다. 『주자어류』와 『주자대전』에 기록과 편지가 있다. 평생 동안 관직에 나아가지 않았으며, 저서로는 『역상의언(易象意言)』 등이 있다.

○ 탕영(湯永)

자가 숙영(叔永)이고, 정일(靜一) 선생이라고 불렀으며, 진강부(鎭江府) 단양현(丹陽縣, 江蘇) 사람이다. 을묘년(1195년)에 들은 것으로 100여 조목이 있다.

○ 포양(包揚)

자가 현도(顯道)이고, 호는 극당(克堂)이다. 남강군(南康軍) 건양현(建陽縣, 福建) 사람이다. 육상산에게 배우고, 후에 육상산이 죽자 제자들과 주자의 문인이 되었다. 계묘년(1183년)과 갑진년(1184년), 을사년(1185년)에 들은 내용으로 300여 조목에 이른다. 『주자대전』 권55에는 2통의 편지가 있다.

○ 호영(胡泳)

자가 백량(伯量)이고, 남강군(南康軍) 건창현(建昌縣, 江西) 사람이다. 통원(洞源) 선생이라고 불렀다. 무오년(1198년)에 들은 것으로 대략 200조목이 있다. 『주자대전』 권63에는 2통의 편지가 있다.

○ 황사의(黃士毅)

자가 자홍(子洪)이고, 흥화군(興化軍) 보전현(莆田縣, 福建) 사람이다. 『주자대전』 150권과 『주자어류』 138권을 편찬하였다.

○ 황순(黃㽦)

황정견(黃庭堅)의 질손(姪孫)으로, 군기감승(軍器監丞), 지원주(知袁州) 등을 지냈다.

○ 황승경(黃升卿)

황간(黃榦)의 맏형이고, 신해년(1191년)에 들은 내용으로 대략 100조목이 있다.

○ 황의강(黃義剛)

자가 의연(毅然)이다. 계축년(1193년) 이후에 들은 100여 조목을 기록하였다. 관심이 매우 넓은 문인이었다.

○ 황탁(黃卓)

자가 선지(先之) 또는 덕미(德美)이다. 대략 10조목을 남겼다.

정구연보

『한강연보』 제1권(한국고전종합DB, 한국고전번역원)에 수록된 사항들 가운데 중요하다고 생각되는 부분을 발췌하여 작성했다. 관직을 제수하고 사양하는 일은 가급적 중요한 것만 빼고 많이 덜어내었고, 상소문을 발췌한 내용들은 거의 싣지 않았다.

1세(중종 38년, 癸卯, 1543)

○ 7월 9일 임자(壬子)일 자시(子時)에 성주(星州) 사월리(沙月里) 본가에서 출생하였다.

5세(명종 2년, 丁未, 1547)

○ 똑똑하고 영리하여 보통 아이와는 달랐으므로 보는 이들이 신동(神童)이라 불렀다.

12세(명종 9년, 甲寅, 1554)

○ 선성(先聖, 공자)의 초상화를 손수 모사하여 벽에 걸어 두고 매일 반드시 우러러보며 절하였다.

13세(명종 10년, 乙卯, 1555)

○ 덕계(德溪) 오건(吳健)에게 수업하였다. 오건은 성주의 향교에서 생도들을 가르쳤다.

15세(명종 12년, 丁巳, 1557)

○ 「취생몽사탄」의 시를 지었다.

21세(명종 18년, 癸亥, 1563)

○ 봄에 퇴계 이황을 찾아가 인사했다. 퇴계는 유희범(柳希范)에게 답한 편지에서, "정구라는 자가 와서 하루를 머물러 있다가 갔는데, 매우 영민하였네" 하였다.

○ 풍기(豐基)로 가서 금계(錦溪) 황준량(黃俊良)의 상사를 조문하였다.

○ 가을에 향시(鄕試)의 진사시(進士試)에 합격하였다.

○ 12월에 부인 광주 이씨(光州 李氏)에게 장가들었다.

22세(명종 19년, 甲子, 1564)

○ 봄에 회시(會試)에 응시하러 갔다가 시험장에 들어가지 않고 그만 돌아왔다. 구도(求道)의 삶을 살기로 했기 때문이다.

23세(명종 20년, 乙丑, 1565)

○ 봄에 퇴계 선생에게 가서 『심경』의 의심난 부분을 질문하였다.

○ 12월에 딸자식이 출생하였다. 장성하여 교리(校理) 강린(姜繗)에게 시집갔다.

24세(명종 21년, 丙寅, 1566)

○ 봄에 남명 조식을 찾아가 인사드렸다. 남명은 뒷날에, "사군자(士君子)의 큰 절개는 오직 출처를 어떻게 하느냐에 달려 있는데, 너는 출처에 대해 약간 아는 것이 있기에 나는 마음속으로 너를 인정한다"고 하였다.

26세(선조 1년, 戊辰, 1568)

○ 봄에 천곡서원(川谷書院)의 이름을 퇴계에게 여쭈어 정하였다.

○ 11월에 모친상을 당하였다. 이때는 상례(喪禮)가 훼손되어 세속에서는 무당의 굿과 불가의 의식을 뒤섞어 따르고 있었다. 상례를 치르고 상복을 입는 방식을 오로지 『의례(儀禮)』의 내용대로 따랐다. 또 도식(圖式)을 살피고 제

도를 상고하여 처음으로 작은 방상(方床)을 만들었는데, 그 방식이 매우 신기하여 많은 사대부들이 그것을 본떠 만들었다.

27세(선조 2년, 己巳, 1569)

○ 6월에 아들 장(樟)이 출생하였다.

28세(선조 3년, 庚午, 1570)

○ 12월에 퇴계 선생의 부음이 이르자 자리를 만들고 곡하였다. 모친상을 당한 뒤에 여러 해 동안 병석에서 일어나지 못해 퇴계 선생의 장례 때 달려가지 못하였다.

30세(선조 5년, 壬申, 1572)

○ 2월에 남명 선생이 별세하였다. 장지로 달려가 곡하고 아버지와 임금을 위하는 정도와 같은 정성을 충분히 다하였다.

○ 이달에 딸자식이 출생하였다. 장성하여 봉사(奉事) 노승(盧勝)에게 시집갔다.

31세(선조 6년, 癸酉, 1573)

○ 12월에 예빈시 참봉(禮賓寺參奉)에 제수되었으나 나아가지 않았다.

○ 한강정사(寒岡精舍)가 완성되었다. 한강은 창평산(蒼坪山) 선영(先塋)의 서쪽 기슭에 있다. 선영을 돌보기 위해 그 자리에 집을 짓고 주자의 한천(寒泉) 의미를 취해 이름을 붙였다. 북쪽 바위 위에는 어시헌(於是軒)이 있고 남쪽 산마루에는 유연대(悠然臺)가 있다.

○ 『주자서절요』 총목(總目)을 고쳐 확정하였다. 『가례집람보주』를 편찬하여 간행하였다.

32세(선조 7년, 甲戌, 1574)

○ 7월에 스승 오건이 별세하였다.

○ 8월에 딸자식이 출생하였다. 장성하여 부사(府使) 홍찬(洪燦)에게 시집갔다.

33세(선조 8년, 乙亥, 1575)

○ 『한훤당연보(寒暄堂年譜)』, 『사우록(師友錄)』을 편찬하였다.

37세(선조 12년, 己卯, 1579)

○ 9월에 가야산을 유람하였다.

○ 겨울에 『혼의(昏儀)』를 편찬하였다.

○ 학도(學徒)를 모아 『소학』을 강론하였다.

38세(선조 13년, 庚辰, 1580)

○ 2월에 창녕 현감(昌寧縣監)에 제수되자 상소하여 사양하였으나 윤허하지 않는다는 비답이 내렸다.

○ 4월에 폐사(陛辭, 임금에게 하직하고 돌아감)하였다.

선조가 말하였다. "그대는 이황과 조식을 스승으로 모셨는가?"

답하였다. "신은 두 사람의 문장(門墻)에 출입하면서 의심나는 부분을 물어본 일은 있으나 책을 들고 글을 배우지는 못했습니다."

선조가 물었다. "이황과 조식은 기상과 학문이 어떠한가?"

답하였다. "이황은 덕량(德量)이 혼후(渾厚)하고 실천이 독실하며 공부가 매우 숙련되어 그 단계가 분명하므로 배우는 자가 그 길을 쉽게 찾아 들어갈 수 있는 반면, 조식은 기량(器量)이 엄정하고 재기(才氣)가 호탕하며 초연히 스스로 도를 깨달아 우뚝 서서 혼자 나아가므로 배우는 자가 그 요체를 파악하기 어렵습니다."

선조가 물었다. "그대는 무슨 글을 읽었는가?"

답하였다. "신은 일찍이 『대학』을 배웠습니다."

선조가 물었다. "『대학』 공부는 무엇이 본령인가?"

답하였다. "삼강령(三綱領)과 팔조목(八條目)이 다 자신을 닦고 남을 다스리는 방도입니다만, 선유(先儒)의 말씀에 '천덕(天德)과 왕도(王道)는 그 본령이 다만 근독(謹獨)에 있다'고 하였습니다. 제왕의 학문과, 나라를 다스리는 근본과, 마음을 정밀하고 전일하게 지니는 공부와 온갖 변화의 근원이 다 근독에 배어 있지 않은 것이 없습니다. 무엇보다 뜻을 세우는 일과 실천하는 일이 가장 중요합니다."

선조가 물었다. "그대는 고을에 부임하여 어떻게 백성을 다스릴 것이며, 또 무엇을 먼저 시행할 것인가?"

답하였다. "신은 본디 재능이 모자라고 학문이 얕아 맡은 소임을 감당하지 못할까 두려울 뿐입니다. 다만 옛사람의 말에 '어린아이를 보살피듯 하라.' 라는 말이 있습니다. 신이 비록 어리석지만 이 말을 실천하도록 노력하겠으며 먼저 학교의 교육을 진흥시키겠습니다." 하였다.

선조는 매우 감탄하며 말했다. "그대의 명성은 헛되이 얻은 것이 아니구나."

○ 윤4월에 부임하여, 사방 각지에 서재(書齋)를 설치하고 선비를 양성하였다. 문묘(文廟)에 나아가 참배하고, 각처에 단(壇)을 살펴 고쳐 쌓았으며, 효자와 열녀의 정문(旌門)을 새롭게 수리하고, 향사례(鄕射禮), 향음주례(鄕飮酒禮), 양로례(養老禮)를 행하고, 선행과 악행을 문서로 기록하여 선을 권장하고 악을 징계하는 뜻을 보였다.

○ 『창산지(昌山志)』가 완성되었다.

40세(선조 15년, 壬午, 1582)

○ 우계(牛溪) 성혼(成渾)과 왕래하며 서로 찾아다녔다.

○ 『관의(冠儀)』를 편찬하였다.

41세(선조 16년, 癸未, 1583)

○ 1월에 아들 장(樟)의 관례(冠禮)를 행하였다.

○ 문하의 제생과 함께 매달 초하룻날 강회(講會)를 갖는 계(契)를 결성하였다.

○ 회연초당(檜淵草堂)이 완성되었다. 회연은 창평에서 남쪽으로 1리 남짓한 지점에 있다. 선생이 그곳의 천석(泉石)이 아름다운 것을 사랑하여 작은 집을 짓고 머물러 있을 장소로 삼았다. 침실을 이름하여 불괴침(不愧寢)이라 하고, 창문을 매창(梅窓)이라 하고, 헌(軒)을 옥설헌(玉雪軒)이라 하였으며, 또 죽유(竹牖)니 송령(松欞)이니 하는 이름이 있었다. 100그루의 매화와 대나무를 정원에 심고 백매원(百梅園)이라 이름하였다.

○ 겨울에 형조 정랑(刑曹正郞)과 호조 정랑(戶曹正郞)에 제수되었으나 다 나아

가지 않았다.

○ 이율곡(李栗谷)이 정구를 천거하였다.

42세(선조 17년, 甲申, 1584)

○ 12월에 변산(邊山)을 유람하였다.

○ 『동복지(同福志)』가 완성되었다.

43세(선조 18년, 乙酉, 1585)

○ 1월에 『소학』과 『사서언해(四書諺解)』 교정청 낭청(校正廳郎廳)으로 부름을 받고 조정으로 들어갔다.

44세(선조 19년, 丙戌, 1586)

○ 8월에 함안 군수(咸安郡守)에 제수되자 상소하여 사양하였으나 윤허하지 않는다는 비답이 내려 10월에 부임하였다.

45세(선조 20년, 丁亥, 1587)

○ 『함주지(咸州志)』가 완성되었다.

46세(선조 21년, 戊子, 1588)

○ 8월에 병으로 사직하고 집으로 돌아왔다.

47년(선조 22년, 己丑, 1589)

○ 배우는 자들과 『심경』을 강론하였다.

48년(선조 23년, 庚寅, 1590)

○ 배우는 자들과 『근사록』을 강론하였다.

49년(선조 24년, 辛卯, 1591)

○ 11월에 통천 군수(通川郡守)에 제수되어 12월에 폐사(陛辭)하였다.

50년(선조 25년, 壬辰, 1592)

○ 1월에 통천 임지에 부임하였다.

○ 금강산을 유람하였다.

○ 여름에 왜적이 침략했다. (임진왜란)

○ 『통천지(通川志)』가 완성되었다.

51세(선조 26년, 癸巳, 1593)

○ 11월에 강릉 대도호부사(江陵大都護府使)에 제수되고, 윤12월에 부임하였다. 전란 속에서 둔전(屯田)을 통해 곡물을 비축하여 군량을 대주고 자신의 녹봉을 떼어 굶주린 백성을 구제함으로써 많은 생명을 건졌다.

52세(선조 27년, 甲午, 1594)

○ 『임영지(臨瀛誌)』가 완성되었다.

53세(선조 28년, 乙未, 1595)

○ 명나라 사신을 문안하는 문안사(問安使) 자격으로 남원(南原)을 거쳐 밀양(密陽)으로 갔다.

○ 10월에 좌부승지로 옮겼다.

54세(선조 29년, 丙申, 1596)

○ 1월에 강원도 관찰사에 제수되어 폐사(陛辭)하였다.

○ 2월에 원주(原州)에 도착하여 석전제(釋奠祭)를 몸소 행하였다.

○ 영월(寧越)에 이르러 노산군(魯山君)의 제단을 봉심(奉審)하고 강릉(江陵)에 이르러 몸소 순국열사들을 위해 제사를 지냈다.

○ 영원산성(鴒原山城)을 쌓아서 왜적의 침공에 대비하였다.

○ 『관동지(關東志)』가 완성되었다.

55세(선조 30년, 丁酉, 1597)

○ 6월에 성천 도호부사(成川都護府使)에 제수되고 7월에 부임하였다.

56세(선조 31년, 戊戌, 1598)

○ 『중화집설(中和集說)』, 『고금충모(古今忠謨)』를 편집하였다.

57세(선조 32년, 己亥, 1599)

○ 『고금회수(古今會粹)』, 『낙천한적(樂天閒適)』, 『주자시분류(朱子詩分類)』를 편집하였다.

58세(선조 33년, 庚子, 1600)

○ 10월에 오위도총부 부총관(五衛都摠府副摠管)에 제수되었다.

○ 상소하여 산릉(山陵)의 일을 논하였다. 이때 의인왕후(懿仁王后)가 서거하여 산릉의 작업이 거의 마무리되어 가고 장사를 치를 기일이 목전에 닥쳤는데, 지사(地師) 박자우(朴子羽)가 요망한 설을 주장하여 장차 큰일을 혼란스럽게 할 판이었다. 선생이 상소하여 그의 황당무계한 작태를 극력 개진하였다.

59세(선조 34년, 辛丑, 1601)

○ 『성현풍범(聖賢風範)』을 편집하였다.

60년(선조 35년, 壬寅, 1602)

○ 충주 목사(忠州牧使)에 제수되어 부임하였다.

○ 탄금대(彈琴臺)에서 전사한 장졸들에게 제사를 지냈다.

61세(선조 36년, 癸卯, 1603)

○ 9월에 고향으로 돌아왔다.

○ 한강 북쪽에 있는 숙야재(夙夜齋)가 완성되었다.

○ 『심경발휘』. 『오선생예설분류』 등을 편찬하였다.

○ 정인홍(鄭仁弘)과 절교하였다.

62세(선조 37년, 甲辰, 1604)

○ 무흘정사(武屹精舍)가 완성되었다. 무흘은 성주의 서쪽 수도산(修道山) 속에

있다. 편액을 서운암(棲雲庵)이라 하였다. 서운암 밑에는 비설교(飛雪橋)와 만월담(滿月潭)이 있고, 만월담 위쪽에 자이헌(自怡軒)이 있는데 나무를 얽어 만들었다. 서운암 동쪽에는 산천암(山泉庵)이 있다. 바위틈에서 샘물이 쏟아져 나오는데 그 소리가 마치 옥을 굴리는 것처럼 맑다. 주자가 지은 '깊은 밤 베갯머리 산골 샘 소리(夜枕山泉響)'의 뜻을 취해 이름하였다. 그 위쪽에는 와룡암(臥龍巖)이 있고 그 위에 장암(場巖)이 있는데, 바위 비탈이 깎아지른 듯 서 있고 반석이 평평하게 깔려 있다. 그 위에는 폭포가 흐르고 높이가 100여 척이나 된다. 그 왼쪽 곁으로 가서 말라죽은 고목을 태우고 터를 고른 뒤에 정자를 짓고 완폭정(玩瀑亭)이라 이름하였다.

○ 「야영(夜詠)」이란 제목의 절구 한 수가 있다. "산봉우리 지는 달 시냇물에 어리는데, 나 홀로 앉았을 제 밤기운 싸늘하다. 여보게 벗님네들 찾아올 생각 마소, 구름 짙고 쌓인 눈에 오솔길 묻혔거니(峯頭殘月點寒溪, 獨坐無人夜氣凄, 爲謝親朋休理屐, 亂雲層雪逕全迷)."

○ 『염락갱장록(濂洛羹墻錄)』, 『수사언인부록(洙泗言仁附錄)』 등 서적을 편집하고, 『경현속록(景賢續錄)』, 『와룡암지(臥龍巖志)』 등을 저술하였다.

○ 현풍(玄風) 사류들과 의논하여 송림(松林)에 서원을 세웠다. 현풍현 동쪽에 지난날 쌍계서원(雙溪書院)이 있었다. 이곳은 한훤당 김굉필을 향사하는 곳이었는데 임진왜란에 불타 버렸다. 한훤당의 무덤 밑에 터를 잡아 서원을 옮겨 세웠다. 방백(方伯)이 계청(啓請)하여 도동서원(道東書院)이라 사액(賜額)하였다.

○ 『곡산동암지(谷山洞庵志)』를 저술하였다. 일생 동안 주자를 존경하여 주자가 도를 강론하거나 깃들어 쉬었던 장소까지도 상상하며 흠모하지 않은 것이 없었다. 그리하여 운곡(雲谷), 무이산(武夷山), 백록동(白鹿洞), 회암(晦庵) 등지에 관련된 서(序), 기(記), 제영(題詠), 사적(事跡)을 수집하여 모아 한 책으로 만들고 그와 같이 이름하였다.

63세(선조 38년, 乙巳, 1605)

○ 회연초당을 재건하였다. 초당 동쪽에 초가 한 칸을 따로 짓고 편액을 망운암(望雲庵)이라 하였다. 회연이 선영이 있는 곳과 가깝다는 이유로 이 망운

암을 짓고 아침저녁으로 한가로이 지내면서 선영을 우러러 바라보는 정성을 들였기 때문에 이름을 그렇게 지었다.

64세(선조 39년, 丙午, 1606)

○ 5월에 초하루와 보름에 모여 독서(讀書)하는 모임의 규약을 정하였다.

○ 9월에 현풍으로 가서 도동서원 사우를 참배하고, 10월에 한훤당의 무덤에 제사를 지냈다.

○ 11월에는 삼가(三嘉)에 가서 용암서원(龍巖書院) 사우를 참배하고 이어 진주(晉州)로 가서 덕산서원(德山書院) 사우를 참배한 뒤에 남명의 무덤에 제사 지냈다. 산음(山陰)을 지나가다가 오건의 무덤에 제사 지냈으며, 함양(咸陽)에 이르러 남계서원(藍溪書院) 사우를 참배하고 정여창(鄭汝昌)의 무덤에 제사 지냈다.

○『치란제요(治亂提要)』를 저술하였다.

65세(선조 40년, 丁未, 1607)

○ 1월에 안동 대도호부사(安東大都護府使)에 제수되고 이어 부임하였다.

○ 풍기(豐基)에 도착하여 황준량의 무덤에 제사 지냈다. 예안(禮安)으로 가서 도산서원(陶山書院)과 역동서원(易東書院)의 사우를 참배하고 퇴계 선생과 월천 조목의 무덤에 제사 지냈다.

○ 안동부에 도착해서는 학봉(鶴峯) 김성일(金誠一)의 무덤에 제사 지냈다.

○ 서애(西厓) 유성룡(柳成龍)의 상을 당해 두 번 글을 지어 제사를 지냈다.

○ 조정의 명에 따라『역전(易傳)』,『태극도설(太極圖說)』,『계몽도서(啓蒙圖書)』등을 판각하였다.

○『서원세고(西原世稿)』를 판각하여 무흘정사(武屹精舍)에 수장하였다.

○『고금인물지(古今人物志)』,『유선속록(儒先續錄)』,『복주지(福州志)』등이 완성되었다.

○ 11월에 사직하고 돌아왔다.

66세(선조 41년, 戊申, 1608)

○ 2월에 선조가 승하하여 즉시 대궐로 달려가 곡을 하였다.
○ 광해군(光海君)이 즉위하였다.
○ 3월에 사헌부대사헌 겸 세자보양관(司憲府大司憲兼世子輔養官)에 제수되었다.
○ 임해군(臨海君)을 사형에서 용서해 줄 것을 청하는 상소를 거듭 올렸다.
○ 19일에 국상(國喪)의 복제(服制)에 관해 질문해 온 예조 판서의 편지에 답하였다. 또 절목(節目) 18조항과 예조의 계목(啓目)을 강정(講定)하였다.

67세(광해 1년, 己酉, 1609)
○ 8월에 부인 이씨가 죽었다. 12월에 창평 선영의 동쪽 간좌(艮坐 남서향) 언덕에 장사 지냈다.

68세(광해 2년, 庚戌, 1610)
○ 고을 사람 박이립(朴而立)의 무함을 받아 고을 관아에 나아가 상소하고 대죄하여 무고를 밝혔다.

69세(광해 3년, 辛亥, 1611)
○ 『역경』, 『시경』, 『서경』 등 경문(經文)의 구결(口訣)을 바로잡았다.

70세(광해 4년, 壬子, 1612)
○ 1월에 팔거현(八莒縣) 노곡(蘆谷)으로 거처할 곳을 옮겨 잡았다.

72세(광해 6년, 甲寅, 1614)
○ 1월에 노곡의 정사(精舍)에 불이 나서, 몇몇 책만 화를 면하고 모두 잿더미가 되었다.
○ 사수(泗水) 가로 터를 옮겨 정했다.
○ 여름에 불에 타다 남은 것들을 수습하고 『오선생예설분류』를 다시 편찬하였다.
○ 10월에 아들 장(樟)을 잃었다.

73세(광해 7년, 乙卯, 1615)

○ 5월에 풍병에 걸려 오른쪽이 마비되었다.

○ 『예기상례분류』를 편집하였다.

74세(광해 8년, 丙辰, 1616)

○ 7월에 영천(榮川) 초정(椒井)에 가서 목욕하고 8월에 돌아왔다.

75세(광해 9년, 丁巳, 1617)

○ 7월에 동래(東萊) 온천에 가서 목욕하고 8월에 돌아왔다.

○ 사양정사(泗陽精舍)를 짓고 자호(自號)를 사양병수(泗陽病叟)라 하였다. 사양정사는 세 칸의 집으로 되어 있다. 서쪽 두 칸은 서재로 하여 그 이름을 지경재(持敬齋)와 명의재(明義齋)라 하고, 동쪽 한 칸은 대청으로 하여 이름을 경회당(景晦堂)이라 하였으며, 남쪽 행랑채는 누각으로 하여 이름을 망로헌(忘老軒)이라 하였다.

○ 『오복연혁도』가 완성되었다.

76세(광해 10년, 戊午, 1618)

○ 「하락도(河洛圖)」와 「태극도(太極圖)」를 그린 두 병풍을 만들었다.

77세(광해 11년, 己未, 1619)

○ 6월에 약수와 온천수에 목욕하기 위해 여행을 떠나 도동서원과 남명을 향사하는 김해(金海) 신산서원(新山書院)의 사당에 들러 참배하였다.

○ 7월에 울산(蔚山) 초정(椒井)과 동래 온천에서 목욕한 뒤에 창원(昌原) 관해정(觀海亭)에서 머물러 몸조리하다가 10월에 돌아왔다.

78세(광해 12년, 庚申, 1620)

○ 1월 1일에 병세가 위급해졌다.

○ 5일 갑신일 아침에 『가례회통(家禮會通)』을 펼쳐 읽었다. 그리고 『오선생예설분류』를 교정할 당시 참여한 사람의 이름을 써서 벽에 붙여 둔 종이가

똑바르지 않은 것을 보고, 곁에서 시봉을 드는 자에게 정돈해서 다시 붙이라고 하였다.

유시(酉時)에 이르러 돗자리가 바르지 않다는 말을 세 번 연이어 말하였으나 기운이 약하고 말이 유창하지 않았다. 손으로 돗자리를 가리킨 뒤에야 곁에 있는 사람이 비로소 그 뜻을 알고 선생을 부축해 안고서 바르게 하였다. 조금 뒤에 지경재(持敬齋)에서 운명하였다.

이전 해인 기미년(1619)에 가야산의 북쪽 모서리가 무너졌고 5일인 이날 아침에는 사수(泗水) 가의 나뭇가지에 상고대가 끼는 이변이 있었는데, 사람들이 모두 선생이 운명할 조짐이라고 말하였다.

○ 4월 2일 기유일에 부인의 무덤에 합장하였다.

○ 8월에 광해군이 예조 좌랑 이유일(李惟一)을 보내 사제(賜祭)하였다.

대구(大丘)의 연경서원(研經書院)[광해 14년, 1622], 성주의 천곡서원(川谷書院)[(인조 원년, 癸亥, 1623)], 창원(昌原)의 회원서원(檜原書院)[인조 12년, 甲戌, 1634], 성천(成川)의 용천서원(龍泉書院)[인조 13년, 乙亥, 1635], 창녕(昌寧)의 관산서원(冠山書院)[인조 16년, 戊寅, 1638], 목천(木川)의 죽림서원(竹林書院)[인조 27년, 己丑, 1649], 칠곡(漆谷)의 사양서원(泗陽書院)[효종 2년, 辛卯, 1651], 충주(忠州)의 운곡서원(雲谷書院)[현종 2년, 辛丑, 1661], 옥천(沃川)의 삼양서원(三陽書院)[숙종 3년, 丁巳, 1677], 현풍(玄風)의 도동서원[숙종 4년, 戊午, 1678] 등에 위패를 봉안했다.

(인조 3년, 乙丑, 1625)

○ 9월에 임금이 이조 정랑 김시양(金時讓)을 보내 '문목(文穆)'이라는 시호를 내렸다. '부지런히 배우고 묻기를 좋아한 것(勤學好問)'을 문(文)이라 하고, '덕을 지니고 의리를 지킨 것(抱德執義)'을 목(穆)이라 한다.

(인조 5년, 丁卯, 1627)

○ 9월에 회연서원(檜淵書院)이 완성되었다.

(인조 11년, 癸酉, 1633)

○ 4월에 신도비(神道碑)를 창평산 밑에 세웠다.

(효종 8년, 丁酉, 1657)

○ 10월에 대광보국숭록대부(大匡輔國崇祿大夫) 의정부영의정 겸 영경연홍문관 예문관춘추관관상감사 세자사(議政府領議政兼領經筵弘文館藝文館春秋館觀象監事 世子師)에 증직되었다.

(현종 9년, 戊申, 1668)

○ 2월에 신도비를 회연서원 곁으로 옮겨 세웠다.

(숙종 4년, 戊午, 1678)

○ 3월에 임금이 예조 정랑 이상제(李尙悌)을 보내 시호를 바꾸고 사제(賜祭)하였다. '부지런히 배우고 묻기를 좋아한 것(勤學好問)'의 문(文)을 '도덕이 높고 견문이 넓은 것(道德博聞)'의 문(文)으로 바꿨다.

(숙종 16년, 庚午, 1690)

○ 12월에 임금이 예조 정랑 권만제(權萬濟)을 보내 치제하고 회연서원의 편액을 사액하였다.

(대한민국, 戊戌, 2018)

○ 1603년『심경발휘』간행 후 416년이 지나 한글로 번역되었다.

에필로그: 허물이 있으면 고친다(有過則改)

2017년 7월 20일 목요일부터 다음날 21일 금요일까지 나는 경북 성주에 머물게 되었다. "서원연구"의 일환으로 성주의 '회연서원' 답사팀에 합류한 것이다. 서원은 선철(先哲)의 혼백을 모시고 제향(祭享)을 하는 곳이다. 말하자면 유가의 사원인 것이다. 그뿐 아니라 이곳에서 학문을 연구했고, 작게는 그 지역 자치의 중심이었으며, 크게는 치국(治國)의 귀감이 되는 정신적 지주 역할을 했던 성소(聖所)였다. 그런데, 예전에 그랬다. 이제는 그 쓰임이 거의 없어서, 흥미를 끌지 못하는 형편이다. 적에도 내게는 말이다.

수요일부터 동해안과 경상북도에 폭염경보가 발효되어 있었다. 고온다습한 남서쪽의 기류가 한반도에 끝없이 유입되고 있어서, 낮에는 무덥고 밤에는 열대야가 이어지고 있었다. 성주로 가는 날, 대구는 섭씨 37도였고, 성주는 35도였다. 전국에서 가장 더운 지역이었다.

길 떠나는 날, 너무나도 더운 날씨였기 때문에 나는 반바지를 입고 가방을 메었다. 집에서 내주는 긴바지를 한사코 물리쳤으나, '그래도' 하면서 가방에 찔러 넣어 주는 것까지 마다하지 못했다.

성주는 불볕더위였다. 땅에서 올라오는 열기는 마치 열사(熱砂)의 사막처럼 느껴졌다. 숨 쉬지 않는 아스팔트 위로 화로를 쏘이는 것 마냥 뜨거운 기운이 푹푹 솟아올랐다. 회연서원 앞마당에서부터 돌아나올 때까지, 사우나에서 발한하듯 비처럼 땀이 흘러내렸다. 답사팀 전원이 모두 그랬다. 그런데 팀의 어느 누구도 나처럼 반바지를 입은 사람은 없었다. 문제를 느끼는 순간이었다. '그래도.'

이제는 쓰임을 찾을 길이 없다고 해도, 변치 않는 것은 성소라는 사실이었다. 더워서 그늘을 찾아 옷을 벗어 던지는 것이 자연스러운 인지상정일지는 몰라도, 성소에서는 그것이 자연스러운 일이 아니다. 막연한 예감을 했고 집에서도 예감했다. 그것이 현실화되었을 때 고적한 서원에서 피어나는 어떤 생각이 있었다. 그 때문에 더 더웠으나, 한기를 동반한 더위를 느꼈다.

다음 날도 폭염경보는 해제되지 않았다. 도동서원과 옥산서원을 답사할 때는, 평복이지만 바지를 입고 나름 구색을 맞추었다. 답사팀원들의 눈치를 보아서가 아니고, 누가 핀잔을 주어서도 그런 것이 아니었다. 사당에 절을 올리고 옛 사람들이 남긴 자취를 따라가 보면서, 그 곳 성소에서 저절로 느껴지는 감정은 경(敬)을 체험해서 생겨난 것이다.

회연서원에서 한강의 『심경발휘』를 무심코 바라보다가, 답사를 끝내고 돌아와 이리저리 보니 『심경부주』와 전혀 다른 책이었다. 한두 장씩 읽다가 적어 놓은 것이 쌓였다. 이렇게 하다가 번역에 이르게 되었다. '불경' 했던 날을 경계하는 의미이다.

한강 선생은 주자의 말을 빌어서, "허물을 고치는 것은 우레가 맹렬한 것처럼 해야 한다"고 하셨다. 그런데 맹렬하기만 했던 것은 아닌가, 지금은 성현의 말씀을 잘 못 옮겼을지도 모르겠다는 생각뿐이다.

2017년의 회원서원 답사를 기리며
무술년(2018년) 여름에 이창일 삼가 적음